KB210324

효당 최범술의 불교와 차도(茶道)

효당 최범술의 불교와 차도(茶道)

• 효당 최범술의 생애와 국학 연구 •

원화(元和) 채정복 지음

민족사

간행사

이 책은 십수 년 전에 끝마쳐야 하는 나의 박사학위논문을 2년 전에서야 가까스로 끝마쳐 책으로 펴낸 것이다. 본래 학위논문의 제목은『효당 최범술의 생애와 국학 연구 – 불교 활동과 차문화 정립을 중심으로-』이다. 출판사 측의 조언에 따라 좀 더 쉽고 평이한 제목으로 바꾸어 간행했다.

나는 그동안 효당을 주제로 하는 몇 편의 소논문을 비롯해 짧은 글, 혹은 효당의 일대기 연재 등의 글을 써 왔다. 하지만 효당의 일생에 걸친 활동 전체를 조명하여 그 성격을 규정짓는 글은 쓰지 못했다. 그 규명 작업을 위해 20여 년 전부터 여러 가지 자료를 모으며 고심해 왔다. 오랫동안 수집한 자료를 모아 2013년에『효당 최범술 문집』(1, 2, 3권)을 펴내었다.

효당은 평생 불교인이며 원효학 연구자이고 독립운동가이며 차도인이다. 그동안 효당의 일생에 걸친 활동 전체를 조명하여 그 성격과 지향점까지를 학문적으로 규명해 놓은 논문이나 책은 없었다. 내가 효당을 주제로 한 논문을 쓰고 책으로까지 출판하게 된 데는 이유가 있다. 효당과의 인연에 대한 책무감(責務感)에서이다. 먼저 60여 년 전, 효당을 만나게 된 동기부터 되돌아보겠다.

나는 아주 젊은 시절, 삶에 관해 '왜, 어디에서, 어디로'라는 물음에 대한 답을 찾고 싶어 정신적으로 몹시 방황하였다. '어디서 와서 어디로 가나?', '죽음 너머는 뭐가 있는가?' 등등의 의문으로 깊은 관념의 병을 앓았다. 그 해답을 찾지 못한 나는 고2에서 고3으로 올라갈 무렵 자나 깨나 간절한 그 생각으로 심신이 피폐해져 학교를 휴학했다.

그 무렵 사범학교를 졸업하고 선생 노릇을 하다가 출가하여 스님이 된 외삼촌이 있었다. 그 스님 외삼촌이 내게 해답을 줄 수 있는 큰스님이 두 분 있다고 하였다. 한 사람은 효봉 스님이고 또 한 사람은 최범술 스님이라고 했다. 효봉 스님은 서울 뚝섬의 봉은사에 살고 있고 최범술 스님은 곤양 다솔사에 살고 있다고 했다. 봉은사는 너무 멀고 다솔사는 내가 살고 있는 진주와 가까워 해답을 줄 수 있다는 큰스님을 찾아 다솔사로 갔지만 출타하여 만나보지 못했다. 그때는 '효당'이라는 호도 몰랐다.

두 번째로 찾아갔을 때도 출타 중이었지만 그다음 날 돌아오니 기다리라고 하며 대신 총무가 큰스님이 거처하는 큰방을 보여 주었다. 열쇠로 문을 열고 들어서는 순간, 마치 알라딘의 램프를 부비며 '열려라 참깨' 하고 오래된 동굴에 들어선 듯 충격을 받았다. 수십 년 묵은 듯한 낡은 벽지와 장판지는 셀 수 없이 덧댄 데가 많았으나 떨어져서 너풀거리는 곳은 한 군데도 없었으며 반질반질했다. 무엇보다 처음 보는 수많은 장서와 진기한 차도구들은 내게 엄청난 문화적 충격을 주었다. 이 많은 책과 야릇한 진기한 도구들을 갖고 있는, 내게 해답을 줄 수 있다는 큰스님을 꼭 만나봐야겠다고 생각했다. 그리하여 큰절에 딸린, 비구니들이 거처하는 북암(현 봉일암)으로 올라갔다. 나는 하룻밤 묵는 시골 암자의 허름한 변소간에서 일대사적인 정신적 전환점을 맞았다.

휴지 대용으로 걸어둔 원고 뭉치를 무심코 떼 내어 펼쳐보니 "도를 통하고 이 세상을 보니 보이는 바 모든 것이 공한 것이더라." "현실상이 곧 진리성이요, 진리성이 곧 현실상이다." "존재하는 모든 개념은 공한 것이다"라는 내용과 함께 '공(空)'이라는 글자를 마주한 순간 머리끝에서 발끝까지 전류가 흐르는 듯한 강한 전율을 느꼈다. 온 몸이 떨리며 말할 수 없는 황홀감으로 펑펑 울었다. '공(空)'이라는 글자에 표현할 수 없는 아득한 편안함과 무상함을 느꼈다. 논리정연하게 설명할 수 없었지만 '공(空)'의 개념이 직관적으로 와 닿았다. 원문과 해석이 차례로 곁들여진 원고 뭉치를 들고나와 비구니에게 물으니 수년 전에 큰절의 큰스님이 강의한 '반야심경'이라고 하였다. 나는 그때까지 '반야심경'을 들어본 적이 없었다. '어디서 와서 어디로 가는지'를 누군가가 핀셋으로 콕 집듯이 가르쳐주지 않아 너무도 괴로웠는데 어쩌면 내가 알고자 하는 이것도 공한 짓이 아닌가 하는 생각과 함께 인생은 미완성인 채로 완성을 향해 가는 과정이라는 생각이 문득 들었다. 나 스스로 나름의 해답을 찾은듯하여 큰스님을 더 이상 기다리지 않고 뒷날 아침에 집으로 돌아왔다.

차츰 물도 마시고 밥도 먹고 겨우 복학하여 졸업하고서도 덜 회복되어 다시 일 년을 쉬었다. 그런 끝에 당시 연대 철학과 조교이던, 고향 이웃 사람이 즐겁게 답사하며 놀러 다니라면서 사학과를 권유하였다. 그때 연세대 사학과 합격 정원이 30명이었는데 지원은 668명이었다. 교과서도 제대로 갖추지 못했고 학교 수업 일수도 채울락 말락 했지만, 세 번째 성적이었다. 신문보도에는 행정학과 26대1 비율 다음으로 높았다. 2년이 늦은 입학이었다.

성장하며 주위의 기대는 내가 법대로 들어가 사법 고시에 패스하여 판사나 변호사가 되기를 바라고 있었다. 내가 다닌 진주여자고등학교에서는 아예 제2외국어를 가르치지 않아 불어 혹은 독일어를 선택해야 하는, 국내에서 사법 고시 합격률이 가장 높은 대학의 법대에는 지망할 수가 없었다. 연세대 사학과에 다니면서 재도전하기로 하였다.

나는 극단적 염세 사상에서는 빠져나왔지만 대신 이미 '공(空)' 사상에 깊숙이 빠져들어 그 속에서 살고 놀았다. 낙공(落空) 상태였다. 번뇌롭고 힘들 때마다 무수한 밤하늘의 별을 보며 내 마음대로 곡조를 붙여 '반야심경'을 실컷 읊조리면 모든 번뇌가 씻은 듯이 녹아내렸다. 반야심경은 오늘날까지 이 세상의 수많은 글 가운데 내가 가장 애송하는 글이요, 경전이다.

대학 1학년 무렵에 효봉 스님을 만나보러 스님 외삼촌과 함께 뱃사공이 노를 젓는 쪽배를 타고 지금의 강남 봉은사인 뚝섬 봉은사에 갔다. 당시에 뚝섬은 물 가운데 있는 섬이었다. 효봉 스님은 출타하고 계시지 않았다. 대신에 한쪽 켠 건물에 있는 법정 스님을 만나보았다. 입구에 외부인 출입을 금지하는 나뭇가지를 걸쳐놓고 있었다. 젊은 시절의 법정 스님이 내어주는 차를 맛보며 몇 마디 대화를 나누었는데 잘 기억나지 않는다.

감정의 한쪽에서는 '공(空)'의 무상함에 매료되어 있었고, 또 다른 한쪽에서는 주위의 기대에 부응해야 한다는 의무감이 충돌하고 있었지만 이미 맛본 광활한 우주적인 '공(空)'에 기울어져 있었다. 대부분의 사물에 상당히 초연할 수 있었음에도 나보다 이삼 년이 어린 동생들과 동급생이라는 현실은 잘 극복되지 않았다. 그러다 보니 원활한 소통 관계를 맺지 못했다.

무엇보다도 남몰래 법대 입시 준비를 다시 하고 있었기에 외부의 시선에 구애받음 없이 편해서 잠바와 바지만을 입고 다녔고 입학해서 졸업 때까지 그리했다. 연세대에서 바지를 입고 다니는 여학생은 오직 나뿐이었고 학교 내 괴짜로 통했다. 또한 그 시절 서울 거리에 바지를 입고 다니는 여성은 눈에 띄지 않을 때였다. 외양에 신경 쓰지 않아 간편하고 경제적이었다. 딱 한 번 가정대학장인 최이순 교수가 교정을 지나가는 나를 불러 세워 명문교에서 여학생이 바지를 입고 다닌다고 힐난했지만 개의치 않았다.

방학 때도 고향으로 내려가지 않고 도서관에서 살다시피 하며 꼬박 일 년을 준비해 온, 지원하고자 한 대학의 원서 마감일을 하루 전날에서야 알게 되었다. 연·고대 마감일은 일주일이나 남아 있어 같은 줄만 알고 시간을 아껴 공부하고 있었다. 부랴부랴 서울역에서 진주로 8시간 걸리는 '재건호' 기차를 타고 연착하여 밤 12시 30분 정도에 도착했다. 진주역에서 역무원이 통행금지 단속에 걸리지 않도록 손바닥에 붉은 도장을 찍어주었다.

집에 도착하여 곧바로 어머니와 이웃집에 사는 순경을 대동하여 진주여고 앞에 사는 여고 1학년 때 담임 선생님을 깨워 함께 학교 교무실로 갔다. 숙직 선생께 자초지종을 얘기하고 원서에 학교 관인을 찍어 달라고 했다. 그 관인은 교감 선생님이 관장하는데 마침 교감 선생님이 지방 출장을 가고 없다는 것이었다. 숙직 선생님이 대신 캐비넷을 열고 관인을 꺼내어 찍어 달라고 사정했지만, 열쇠를 교감 선생님이 갖고 있어 그럴 수가 없다고 했다. 다른 기물로 캐비넷을 부수고서라도 열어주기를 감히 간청했지만 소용없었다. 그 당혹감과 낭패감을 무엇으로 표현할 수 있을까! 원서 제출도 해보지 못한 채 그렇게 무위로 끝났다. 이후 망연자실하여 한동안 방황했다.

방황해 오던 나는 3학년이 되어 민영규 교수의 지도 아래 불교와 관계되는 졸업논문 준비를 시작하면서 비로소 안정되어 갔다. 민교수는 '송광사의 16국사'에 관한 주제를 권유했지만, 그동안 내가 관심 가져온 원효와 관련된 논문을 쓰고 싶다고 제안하니 승락하면서 원효에 관한 자료를 가장 많이 갖고 있는 경남 다솔사 효당 최범술 스님을 찾아보라고 하였다. 효당은 내가 고등학교 시절 염세병에 걸려 학교를 휴학하고 있을 때 두 번이나 찾아갔다가 출타하여 만나지 못한 바로 그 큰스님이었다. 내가 그 큰스님이 강의한 반야심경의 내용을 보고 특히 '공(空)'에 대한 직관으로 격렬한 전율을 느꼈던, 바로 그분이었다. 효당은 민영규 교수와 일본 대정대학 불교학과 선후배 사이였다.

마침내 3학년 겨울에 효당을 찾아가 스님의 후배인 민영규 교수의 소개로 원효에 관한 논문지도의 도움을 받고자 찾아왔다고 했다. 효당은 절 안에서 입을 간단한 도복과 쌀 한 말을 준비하여 다솔사로 오라고 하였다. 겨울 방학 내내 효당 문하에서 원효의 저술인『열반경 종요』 원문 전체를 원고지에 옮겨 적으며 강독 받았다.『열반경 종요』는 모든 중생이 한맛으로 평등하다는 '일미사상(一味思想)'이 주제이다. 나의 논문 제목은 '원효의 사회사상사적 소고찰'로 정하였고 효당은 실질적인 논문지도를 하였다.

효당은 일제강점기 만해 한용운 스님의 직계 제자로 항일운동을 하며 옥고를 수없이 치렀고, 해방 공간에서는 제헌국회의원으로 의정활동을 하였다. 신익희와 함께 국민대학을 설립하였으며 한국전쟁 때는 해인사 주지스님으로 해인사와 팔만대장경을 지켜내었다. 효당은 인멸된 원효교학 복원에 평생을 바친 인물이다. 또한 차나무를 심어 차를 직접 만들어 마시며 잊혀져 가던 차문화를 중흥시키고자 노력하였다. 그는 『한국의 차도』를 저술하여 처음으로 상업판으로 출판해 한국 차문화를 대중화시켰다.

효당은 일제강점기인 1937년 5월에 인경(印經)도감을 맡아 해인사 『고려대장경』 인경을 불교계의 동지들과 함께 6개월간 작업하여 11월에 완성했다. 효당의 감독 아래 진행된 국간판 대장경 인경 작업은 열 번째로서, 2부 인경하여 총독부에 의해 1부는 묘향산 보현사에 보내졌고 또 다른 1부는 만주국 황제 부의에게로 보내졌다. 이때 효당은 국간판 대장경 외에 그동안 해인사 장경판고의 동서재에 방치되어 오던 사간판장경도 빠짐없이 인간(印刊)하여 11,391판에 달하는 「해인사 사간루판목록(海印寺寺刊鏤板目錄)」을 완성하였다. 이 사간판에서 국간판보다 훨씬 정교하고 우아한 요나라 대안본과 수창본이 발견되었고 또한 그때까지 발견되지 않았던 원효대사의 『십문화쟁론』 상권판 네 쪽, 고려 『대각국사문집』 완질, 의상대사의 『백화도량발원문』 등이 발견되어 세상에 처음으로 알려졌다. 국간판 고려대장경이 한문으로 번역된 경전 중심으로 구성된 데 비해, 이들 사간판은 경전의 주석, 중국과 한국 승려들의 개인 찬술, 고승의 전기 어록, 불교 의례 등 다양한 전적들을 포함하고 있었다.

나는 효당에 관한 이러한 사실들을 사학과 교수들과 가끔 찾아뵙던 동양학에도 해박한 신학과 한태동 교수에게 적극적으로 전달했다. 1970년 봄, 경남 일대 답사 때 사학과의 황원구, 이종영, 고성환 교수 등이 다솔사를 방문하여 효당의 여러 연구물을 살펴보고 투고를 논의하였다. 그리하여 1937년 정축년 해인사 인경 작업 때 효당이 작성해 놓은 「해인사사간루판목록」이 33년 후인 1970년에 연세대 국학연구원에서 발행하던 『동방학지』 11집에 실려 처음으로 학계에 알려졌다. 또한 1971년에는 『동방학지』 12집에 효당이 그동안 복원연구해 온 「원효대사반야심경복원소」가 게재되었다. 효당은 그 외 외솔회의 『나라사랑』 등에도 활발하게 기고하였다. 그러한 동력으로 효당은 1973년에는 『한국의 차도』를 저술하였고 1974년에는 『사람은 어떻게 살아야 하나』 등을 저술하여 출간하였다. 나아가 한국 사상사의 대표적 연구자인 홍이섭 교수와도 교유하여 김해 〈남강 조정환 선생 구국기적비〉를 건립할 때 그 비문을 촉탁하기도 하였다.

위에서 서술한 바처럼 효당의 연구 성과가 세상에 처음으로 알려지게 된 데는 나와의 인연으로 인해서였다. 따라서 이러한 인연의 책무로 부족한 내가 효당의 일생에 걸친 활동과 연구의 성격과 지향점이 국학임을 정리하여 학계와 대중에게 소개하고자 논문을 쓰게 되었고 책으로 간행하게 된 첫 번째 이유이다.

더 중요한 이유가 있다. 고답적인 관념의 유희에 매몰되어 있던 내가 살아있는 '사람'임을 자각하고 생동감 있는 사람 노릇을 할 수 있도록 효당이 눈을 뜨게 해주었기 때문이다. "어디서 와서 어디로 가나?"라는 메마른 허깨비 화두에서 벗어나 현재 내가 위치한 시공간에서 벌어지는 일상사의 소중함을 알게 해주었기 때문이다.

댓돌에서 가지런히 신발 벗어놓는 법, 문고리를 철거덕거리지 않고 방문을 여닫는 법, 식사하는 법, 앉고 서는 법, 삼차원 공간인 방 청소 제대로 하는 법, 절간 도량을 건사하는 법도 등을 포함해 모든 살림살이를 건사함에 알뜰해야 한다는 가르침에 어디서도 배우지 못한 생동감을 느꼈다. 하찮게 여겼던 일상사가 사람을 살아가게 하는 원동력임을 절실히 깨달았다. 효당은 해진 옷은 손수 기워 입었고 절 안에 머물 때는 작업복을 입고 절 일꾼과 함께 끊임없이 나무를 심었다. 오늘날 다솔사 주변의 울창한 숲은 수십 년 전의 효당의 공력이 크다.

> "도는 멀리 있는 것이 아니라 빈도 수가 잦은 데서 찾아야 한다."
> "도는 엇절나지 않는 것이다."
> "사람은 원(願)을 세워서 부단히 정진(精進)해야 한다."

효당이 자주 우리 후학에게 한 말이다. 효당의 이 말은 직면한 일상사의 소중함과 자연스러운 순리와 부지런한 정진을 강조한 것이다. 그리고 효당은 안거 기간에는 반드시 강좌를 개설하였다. 주로 「원효대사반야심경복원소』, 『천태사교의』, 『법화경』, 『금강삼매경론』, 『열반경종요』, 불교학개론 등을 사내 대중들에게 강설하였다. 효당은 우리 후학들이 따라가기 힘들 만큼 부지런했다. 이제 효당의 가르침으로 살아있는 '사람'임의 소중함과 그 자각으로 사람답게 살려고 노력하게 되었으니 미진하나마 그 은혜에 보답하고자 이 책을 출간하여 효당스님 영전에 올리고자 한다.

이 책을 출간하게 된 두 번째 이유는 효당의 일생을 통한 활동과 연구의 성격이 국학임을 밝히고자 함이다. 또한 그 지향점이 살아있는 '사람'임을 자각하여 그 내연성을 외연적으로 확장하고 사회화하여 '대사회성'의 실현에 있음을 밝히고자 함이다.

『조선불교통사』를 저술한 이능화, 조선사를 연구한 신채호로부터 '조선학'을 정의한 최남선에게 이르기까지 20세기 초반의 많은 조선의 지식인들이 탈중국화의 방편으로 불교에 주목하였다. 나아가 근대 중국 국고학(國故學)의 장병린도 불교에 주목하였다. 이들은 모두 불교를 통하여 아시아의 사상적 보편성을 설명하고자 하였다. 우리나라도 예외가 아니었다. 효당 또한 그 흐름에 속해 있었다.

효당의 국학적 불교 연구의 요점은 석가모니 부처님이 수행 방편으로써 탈속적인 승가제도를 세우셨으나 원효 보살은 불교의 궁극적 가치를 사회화에 두었다고 본 점이다. 따라서 효당은 부처와 중생을 나누어 성불(成佛)을 어떻게 하는지 묻지 않고 '사람은 어떻게 살아야 하나'라고 물었다. 그 가치가 '일심(一心)'이었다. 효당은 이를 '대사회성(大社會性)'이라고도 하였는데 '자비'의 다른 사회적 이름이자 실천이었다. 즉 부처님의 '대자대비(大慈大悲)'이다.

불교는 초기부터 석가모니 부처님이 불교의 궁극적인 가치를 대중교화에 두어 극단적으로 사회를 저버리는 제바달다의 고립적인 수행방법과는 차별을 두었다. 이를 통해서 불교는 보살의 사회적 수행을 중시하는 대승불교의 가치로 발전하였다. 예로서 대표적인 대승경전인 『법화경(法華經)』의 「수학무학인기품(授學無學人記品)」에서 석가모니 부처님의 아들인 라후라(羅睺羅) 존자는 미래세의 수많은 부처님의 큰 아들(長子)로 태어나서 불도를 구하다가 성불을 이룬다는 수기를 받는다. 이 말은 사실상 모든 미래세의 부처님들이 사회적인 존재임을 보여 준다. 원효 보살은 이것을 몸소 실천하신 분이다.

효당은 팔정도(八正道)에서 시작된 계(戒)와 그에 따른 행동규범인 율(律)의 본질을 계(戒)에서 정(定)으로, 정(定)에서 혜(慧)로, 혜(慧)에서 해탈(解脫)로, 해탈(解脫)에서 해탈지견(解脫知見)으로 가는 수행의 흐름, 즉 '결'로 보았다. 이 흐름의 결은 계향·정향·혜향·해탈향·해탈지견향으로 흐른다고 하였다. 즉 계(戒)에서 정(定), 정(定)에서 혜(慧)로 이어지는, 계·정·혜 삼학(三學)이 해탈(解脫)로 이어져서 중생을 해탈케 하는 보살의 해탈지견(解脫知見)으로 삼보(三寶)에 회향하는 것이다.

효당은 계향·정향·혜향·해탈향·해탈지견향, 다섯 지계(持戒)의 흐름을 진화하여 사회화하는 과정으로 해석하였다. 이러한 내면적 흐름이 스스로 사회화하는 대사회성을 효당은 원효가 말하는 '일심'이라고 보았다. 그리고 스스로 진여(眞如)인 대사회성은 유(有)와 무(無)라는 양극단을 초월한다고 하였다. 유무(有無)를 초월한 이 '중도(中道)'

는 궁극적으로 '상구보리 하화중생(上求菩提 下化衆生)'의 보살도이며 동시에 공자가 말한 '수신제가 치국평천하(修身齊家 治國平天下)'인 군자의 도리이다. 또 만해가 말하는 '님'의 뜻이기도 한 것이다.

효당은 대승이란 바로 진여인 '대사회성'으로 어떤 관념적인 형태가 아닌 '내가 사람이다'라고 하는 확실한 자각이라고 하였다. 효당은 굳이 '불성'이나 '여래장'이라는 말을 사용하지 않았다. 이것은 부처가 아닌, 그냥 스스로 '사람'이라는 확실한 자각이었다. 사람이라는 내면의 자각에서 사회적인 외연으로 확대된 것이 대사회성이다. 이 연장선의 확장이 곧 해탈로서 그 진화의 과정이 대승의 보살도이다.

따라서 효당의 삶, 불교와 차도를 일관하는 주제는 '사람'이라는 확실한 자각을 사회화하여 '대사회성'을 자각하는 것이다. 그 자각으로 조화로운 멋있는 세상인 대사회, 불국토를 건설하는 것이다. 다시 말하면 효당의 삶을 일관하는 주제는 '대사회성'의 실천, 곧 불국토건설을 위한 새로운 역사 창조를 지향하는 것이다.

막상 이 책을 출간하려 하니 여러 면에서 부족하여 주저되는 바가 있었다. 그러나 출간을 권유하던 교수님들의 격려에 힘입어 늦으나마 출간한다. 그리고 이후의 효당 연구에 작은 지침이라도 되고자 하기에 용기를 내었다.

이 책의 바탕이 된, 부족한 노학생의 논문 체제와 내용 전개를 세밀히 검토하며 지도해 주신 이영학 지도교수님을 비롯해 지적과 조언을 아끼지 않으시며 심사를 맡아주신 반병률 교수님과 여호규 교수님, 박진경 교수님, 조영한 교수님께 깊은 감사를 드린다. 여러 교수님의 심사 과정을 통해 참으로 많이 배웠음을 이 지면을 통해 고백한다.

그 누구보다도 논문을 쓰도록 항상 격려하며 모든 자료를 찾아주고 챙겨주며 함께 논의해 준 아들 화정에게 깊은 감사의 말을 전한다. 특히 이 책을 출간하기 위해 사진 자료와 문서 자료 정리를 수일간 밤을 새워가며 도맡아 준 그 공덕에 다시 한번 고마움을 전한다. 또한 묵묵히 성원한 딸 화인에게도 감사의 말을 전한다. 영문초록을 지도해 주신 안선재 교수님께도 감사드린다. 책 출간을 뒤늦게나마 알고 기뻐하는 '반야로차도문화원' 문도들에게도 고마움을 전한다.

무엇보다도 이 책이 출간될 수 있도록 선뜻 승낙해 준 민족사의 윤창화 사장님을 비롯해 처음부터 끝까지 책임지고 교정을 맡아준 '민족사'의 편집주간 사기순 선생님, 그리고 애쓰신 '민족사' 모든 식구분께 진심으로 감사드린다.

끝으로 시방 삼세 제불 보살님의 무한한 자비에 깊은 감사의 절을 바친다.

차례

I
사진자료

1. 효당

만년의 曉堂(1975년 1월 9일)

만년의 효당

1) 광복 전 사진

1933년 大正대학 졸업기념
(앞줄 왼쪽에서 2번째가 효당)

천태종 승려이자 大正 대학교수였던
사카도 치카이(坂戸智海)

만당 당원들(뒷줄 오른쪽 두 번째부터 효당, 김법린,
허영호, 앞줄 오른쪽 첫 번째 김상호, 네 번째가 강유문)

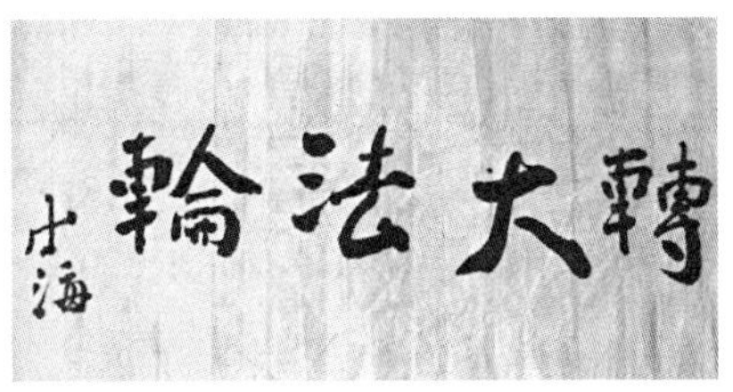

만해가 효당에게 전한 '전대법륜'

효당이 1934년 3월 설립한 광명학원
학생들의 모습

1941년 3월 28일 광명학원 제1회 졸업 기념
사진(아랫줄 오른쪽에서 세 번째 효당, 4번째 교사
김동리, 왼쪽 끝 김동리 첫 부인)

1930년대 다솔사 주지 시절의 효당과 만당 당원들(뒷줄 왼쪽부터 효당, 안경 쓴 오종식, 앞줄 중앙의 김범부)

다솔사 시절의 김범부와 만당 당원

1930년대 다솔사의 새벽

1930년대 다솔사 법당 앞의 파초

일제강점기 다솔사의 전경

1930년대 다솔사 주지 시절의 효당

친족과 함께 있는 두루마기 차림인 30대의 효당

만해가 장례를 지낸 김동삼 선생(효당 개인 소장)

1937년 해인사『고려대장경』인경 작업 당시 팔만대장경 현판 앞에서 맨아래 오른쪽 끝에 양복을 입은 효당

인경 작업을 감독하고 있는 왼쪽 두 번째 양복 입은 효당

인경 작업을 검토하는 왼쪽부터 두 번째 효당, 김범부, 그리고 만당의 당원들

해인사의 만당 당원들
왼쪽 첫 번째 효당

해인사의 만당 당원들

1939년 8월 22일부터 7일간 열린 '기묘다솔사하안거' 법회 기념사진
일본 히에이산(比叡山) 천태종 학승들과 후일 '해인사사건'의 주인공들이 되는 다솔사와 해인사의 만당 당원들(이고경, 임환경, 효당, 김범부, 김법린 등)

법회에서 청담파의 현리(玄理) 사상을 강연하는 김범부와 부채를 들고 있는 효당

1939년 다솔사 회갑연에서
양복을 입은 만해

회갑 기념으로 만해가 직접 심은 다솔사 향나무 앞의 효당

1944년경에 만난
운전허민이 그린 효당(석란화상)

석란(石蘭)은 효당의 호이다. 이 무렵 다솔사의 사정에 대하여 효당은 "내가 있는 다솔사에는 당시 김범부·김법린 선생 등 학자와 구상·조지훈·노천명·김동리·손풍산 등 문인들이 은거하고 있었다. 이들 외에도 일일이 열거할 수는 없으나 항일투사와 우국지사들이 다솔사에 집결하고 있어서 다솔사는 마치 민족운동자들의 은신처나 다름이 없었다"라고 하였다. 효당은 1944년에 다솔사에서 만난 운전이 단재에 심취했던 것으로 회상하였다.[1)]

---

1) (圖錄)『藝田許珉』(부산: 국제신문, 1977), pp.127~128.

2) 광복 후 사진

대한민국 제헌국회 의원 단기 4281년(서기 1948년) 5월 30일

해인대학 제4회 졸업기념(1953년 3월 21일) 맨 아랫줄 오른쪽부터 일곱 번째 안경 쓴 효당

50대의 효당

오른쪽부터 두 번째 이용조, 효당

뒷줄 왼쪽부터 의재 허백련, 지운 김철수, 백곡 김진구 앞줄 모자 쓴 효당

석굴암 방문 기념 앞줄 왼쪽부터 효당, 의재, 지운

1970년 초 연세대 사학과 고성환, 황원구 교수와 효당과 채원화

효당과 동양화가 근원(槿園) 구철우

『한용운전집』 간행으로 만해 묘소에서 추도문을 읽는 효당

앞줄 오른쪽 효당, 뒷줄 왼쪽부터 채벽암, 강석주, 김관호

만해 딸 한영숙(왼쪽 여성)과 함께

1970년 12월 18일
효당의 강의를 듣는 제자 목정배

1970년 12월 19일
제자들인 왼쪽의 함량(含量) 고익진,
오른쪽의 미천(彌天) 목정배

다솔사 법당 앞의 원화, 아들 화정, 효당

다솔사 죽로지실에서 효당과 아들 화정

아들 화정과 딸 화인을 안은 원화

아들 화정을 안은 원화

1973년 동국사상연구회 제12회 겨울 안거 법회(다솔사) 초대 불교학회장 홍정식 교수, 초대 불교학회 고문 효당

효당과 제자인 의사 김종해

왼쪽부터 문후근, 효당, 의재, 안경 쓴 박종한

1974년 12월 광주 단군 무등산 개천궁 기공식 가운데 양복을 입은 효당

1976년 말 춘설헌 화정을 안은 의재와 이를 바라보는 효당의 뒷모습

1976년 말 춘설헌 화정을 안은 의재를 바라보는 원화

다솔사 죽로지실에서 전형적인 직필(直筆)의 모습인 효당

죽로지실 앞마루에서 서도(書道) 중인 효당

효당의 전형적인 직필(直筆)

죽로지실에서 서도 중인 효당과 오윤덕(당시 판사) 일행

1976년 한일교류 차회기념(세종호텔)
오른쪽부터 두 번째 효당, 네 번째 원화

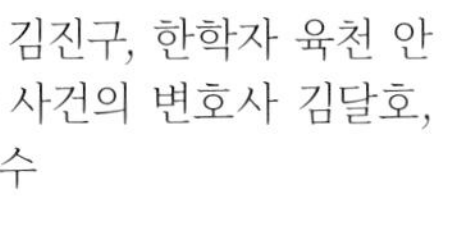

왼쪽부터 제헌의원 김진구, 한학자 육천 안붕언, 효당, 진보당 사건의 변호사 김달호, 제헌의원 인석 강달수

오른쪽부터 세 번째가 효당,
조각가 문신부부

미국인 제자 시보덕(施補德, T.H. Siebold)과 함께

왼쪽부터 효당, 원화,
다라(陀羅) 강석희 교수

금오(金鰲) 김차섭 화백의 유관순 벽화 앞에서
왼쪽부터 김차섭, 네 번째 김상현, 여섯 번째 차녀 채경, 일곱 번째 비서 고순철, 효당, 아홉 번째 정희경 이화여고 교장, 청사 안광석, 오른쪽부터 다섯 번째 연세대 윤병상 교수

29주년 제헌절 국회기념식장에 초대된 제헌국회의원들 뒷줄 왼쪽에서 4번째 효당 최범술

1977년 1월 15~16일 '한국차도회(韓國茶道會)' 발족 후 남은 이들과 기념촬영
효당을 중심으로 오른쪽의 두루마기 입은 문후근, 왼쪽 뒤 토우 김종휘, 그 뒤의 강석희, 그 뒤의 여연 등

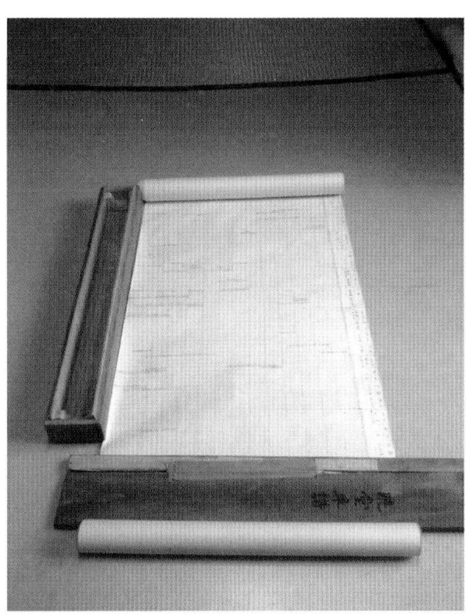

효당이 손수 작성한 수기연보(手記年譜)

효당의 다솔사 앞 부도
(현재 국립 대전현충원으로 이장)

효당의 저서『한국의 차도』

효당본가 원화의 수제차(手製茶)『반야로』

1996년 10월 9일 국립 대전현충원 애국지사(현 독립유공자) 제2묘역에 안장되는 효당

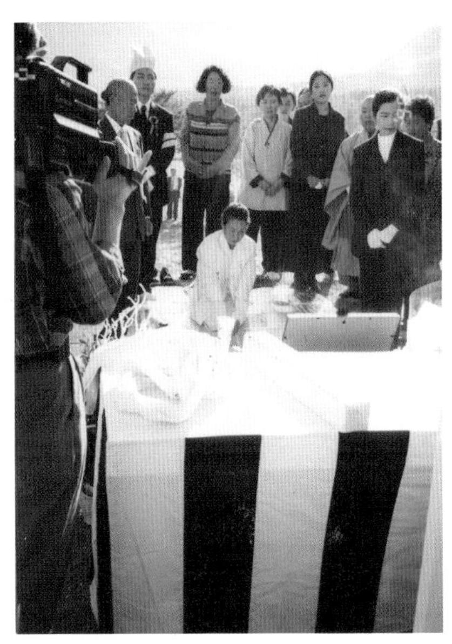

안장식에서 원화, 아들 화정, 딸 화인과 일가들

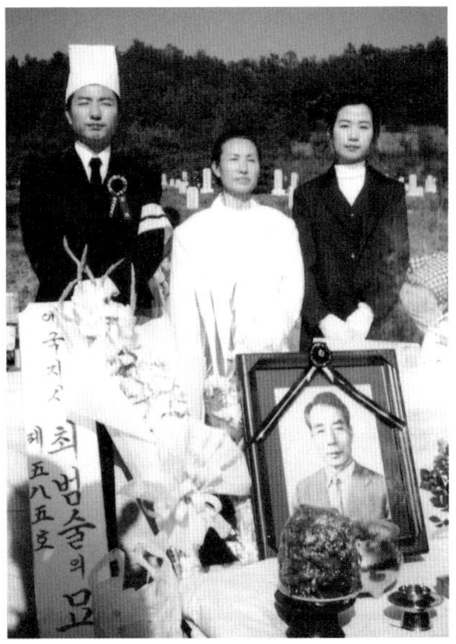

원화와 아들 화정, 딸 화인

국립 대전현충원 독립유공자 제2묘역 585호

2. 효당본가 반야로차도문화원

1) 차와 우리 음악의 다리 놓기

회주(會主) 원화(元和) 채정복 반야로 독수선차(獨修禪茶) 공연(1998년 국립국악원 예악당)

반야로 공수선차(共修禪茶) 공연(1999년도 국립국악원 예악당)

2) 효당 최범술 스님 탄신 백주년 전년제

(2003년 12월 25일 경남문화예술회관)

효당 탄신 백주년기념전년제 행사 공수선차

3) 효당 탄신 백주년 기념행사

(2004년 12월 19일 동국대학교 예술극장)

효당 탄신 백주년기념행사에서 효당추모집 초고본을 봉정하는 효당가 회주(會主) 원화(元和) 채정복

목정배 대회장의 인사말

아들 화정의 헌차(獻茶)

추모하는 효당의 제자들과 차인들
(앞줄 오른쪽부터 박권흠, 목정배, 김상현, 한지원 스님, 뒷줄 오른쪽부터 두 번째 변율관, 이철우, 고순철 등)

효당의 제자들
(왼쪽부터 윤병상, 세 번째 오윤덕)

효당의 제자들

왼쪽 두 번째 아인(亞人) 박종한

효당본가 반야로 공수선차도(共修禪茶道)를 시연하는 회주 채원화와 그 제자들

행사 후 축하떡을 자르는 회주 채원화와 귀빈들
(오른쪽부터 반야로문도 화린, 화용, 화현과 최석환, 이건호, 한지원 스님, 회주 채원화, 목정배, 김상현, 윤병상, 전보삼, 반야로문도 화윤)

행사 후 기념촬영

4) 효당 추모

대전 국립현충원 효당 헌차례(獻茶禮) 추모식
(대전 현충원 독립유공자 제2묘역 585호)

효당에 대한 일당(日堂) 김태신 스님의 회고
(2004년 4월 4일 직지사 중암에서 채원화와 일당 스님)

5) 효당 최범술 스님 추모학술대회

(2006년 8월 15일, 한국불교역사문화기념관)

효당 추모학술대회

(왼쪽부터 김광식 교수, 전보삼 교수, 김상현 교수, 회주 채원화, 안선재 교수, 김용표 교수, 고영섭 교수)

학술대회 청중들

영상축사 중인 석종사 금봉선원장
혜국(慧國) 스님

석종사에서 혜국 스님과 함께

축사를 하는 불교학회장 이평래 교수

사회자 김선근 교수

효당의 제자 김종규 씨

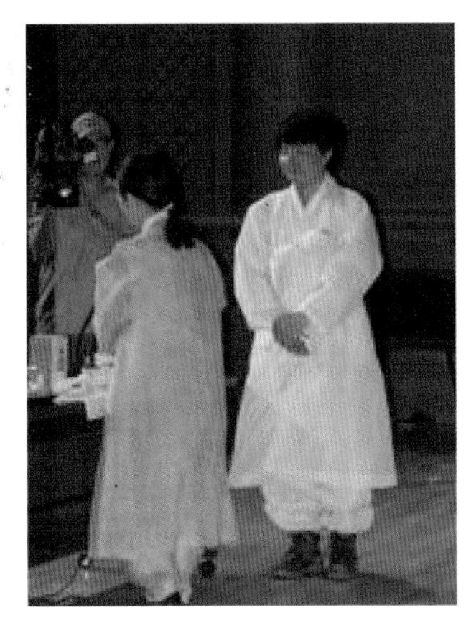

헌차를 하는 회주 채원화와 아들 화정

논문발표 중인 회주 채원화

논평 중인 김충렬 고려대 명예교수와 논문 발표자들

효당추모학술대회 후 기념촬영
(왼쪽부터 아들 화정, 김선근 교수, 김상현 교수, 김광식 교수, 전보삼 교수, 김충렬 교수, 이평래 교수, 채원화 회주, 안선재 교수, 김용표 교수, 고영섭 교수)

효당가 반야로 문도들과 기념 촬영

행사 후 진주지부 반야로 문도들과 함께

오른쪽 이춘구 KBS기자,
반야로문도 화종 오승택과 내빈들

6) 캐나다 몬트리올 공연

세계적 아트마켓 'CINARS 2006'에서 선차도 시연(캐나다 몬트리올 모뉴망 내셔널 극장)

7) 한·불 수교 120주년 기념 파리 초청 공연

(2006년 12월 1~2일 파리 께브랑니 국립 민속박물관 레비·스트로스극장)

한·불 수교 120주년 기념 초청 공수선차 공연(12월 1일)

한·불 수교 120주년 기념 초청 독수선차 공연(12월 2일)

파리 께브랑니 국립 민속박물관 정문 앞에서

차도(茶道) 공연 앞서 인사말 하는 채원화 원장

공연 후 관객들에게 차를 대접하며

공연 후 박물관장과 기념 촬영

8) 벨라루스 국립박물관 한국실 개관기념 공연
(2009년 5월 18~19일)

벨라루스 국립박물관 관장의 인사말

한국실 개관기념 차회(茶會)

한국실에서 회주 채원화 독수선차 시연

왼쪽부터 벨라루스 주재 이연수 대사 부부, 채원화, 김창규 공사(민스크 우정의 집)

9) 러시아 모스크바 차도(茶道) 공연

(2009년 5월 21~22일)

모스크바 주재 한국문화원에서 회주 채원화 반야로 문도 공수선차 시연

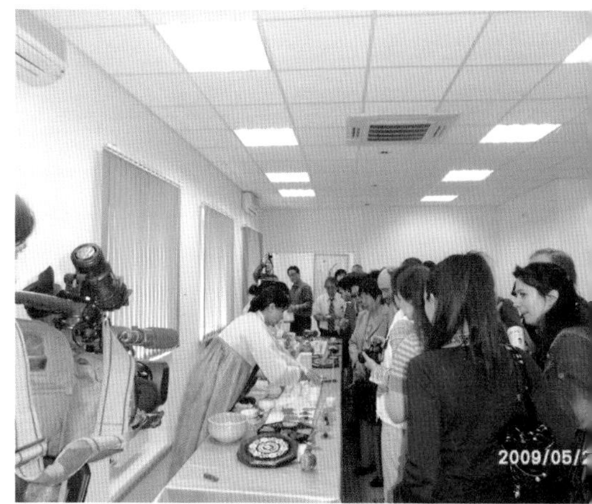

공연 후 한국문화원에서 차 시음회

모스크바국립대 아시아·아프리카대학에서 차도 공연 후 회주 채원화와 미하일 학장과의 선물 교환

차도 공연 후 모스크바대학 VIP만찬장에서

10) 연세대학교 한태동 명예교수댁 방문(2013년 2월 21일)

왼쪽부터 최화인, 채원화, 사모님, 한교수님, 최화정

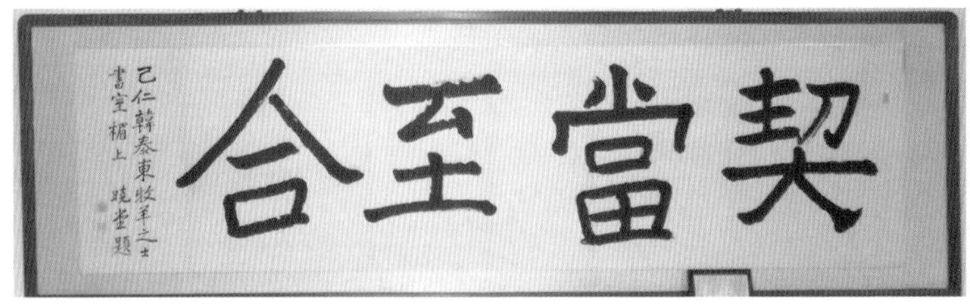

서재에 걸려 있는 효당의 '계당지합'

거실에 걸려 있는 효당의 '기인사도' ('기인(己人)'은 효당께서 한태동 교수에게 지어준 호이다.)

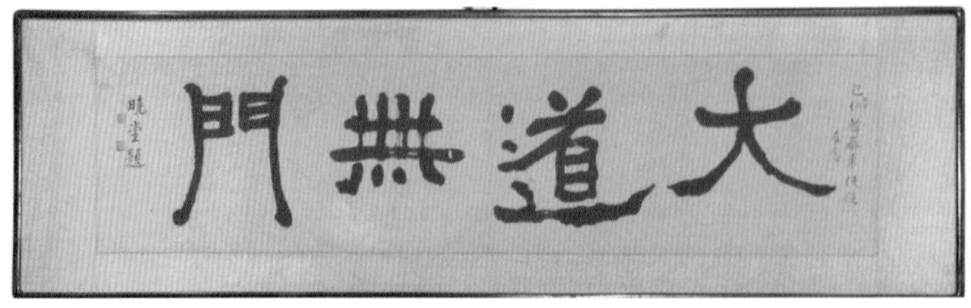

거실 중앙에 걸려 있는 효당의 '대도무문'

11) 중국 절강성 제8회 세계선차문화 교류대회(2013년 5월 16일)

반야로 공수선차 공연(長興 대극장)

제8회 세계선차문화교류대회 모습들

12)『효당 최범술문집』 발간 및 반야로 차도문화원 개원 30주년 기념

(2013년 12월 20 한국불교역사문화기념관 지하공연장)

인사말을 하는 원장 채원화

효당 문집을 올리는 효당본가 회주 채원화, 아들 최화정, 딸 최화인

제1회 '효당차문화상'을 수상하는 안선재 교수

귀빈들

행사 후 축하 떡 절단

행사 후 기념사진 촬영

13) 만해학회 제17회 학술 세미나 '만해와 효당 최범술'

(2017년 7월 27일 한국불교역사문화기념관 국제회의장)

축사를 하는 효당 제자 오윤덕 변호사

발표하는 회주 채원화

발표하는 최화정과 청중들

반야로 문도들과 귀빈들

세미나 후 기념사진 촬영

14) 효당본가 반야로 차도문화원 수료식 및 제2회 '효당차문화상' 시상식

제1기 수료식 후 기념 촬영
(1995년 11월 12일 한국걸스카우트회관 10층 대강당)

수료생 13인은 원화(元和) 원장으로부터 '화(和)'자 돌림의 차호를 받았다. 이후 수료한 모든 문도들도 '화(和)'자 돌림의 차호를 받았다.
앞줄 왼쪽부터 화린(和麟) 김춘희, 화성(和城) 이재춘, 화당(和堂) 고민경, 채원화 원장, 화정(和廷) 추시경, 화원(和園) 정옥희, 화서(和瑞) 오명희, 화림(和林) 김희선, 뒷줄 왼쪽부터 화안(和安) 정혜정, 화현(和賢) 전경애, 화윤(和胤) 박남식, 화향(和香) 조고희, 화전(和田) 허숙희, 화래(和來) 김혜숙

반야로 제15기 수료식 및 제2회 효당차문화상 시상식 기념 촬영(2016년 2월 19일 한국불교역사문화기념관 지하공연장)

제2회 효당차문화상 수상자 김정수 교수와 회주 채원화

Ⅱ
문서자료

1. 출가

1) 효당의 해인사 승적(僧籍)[1]

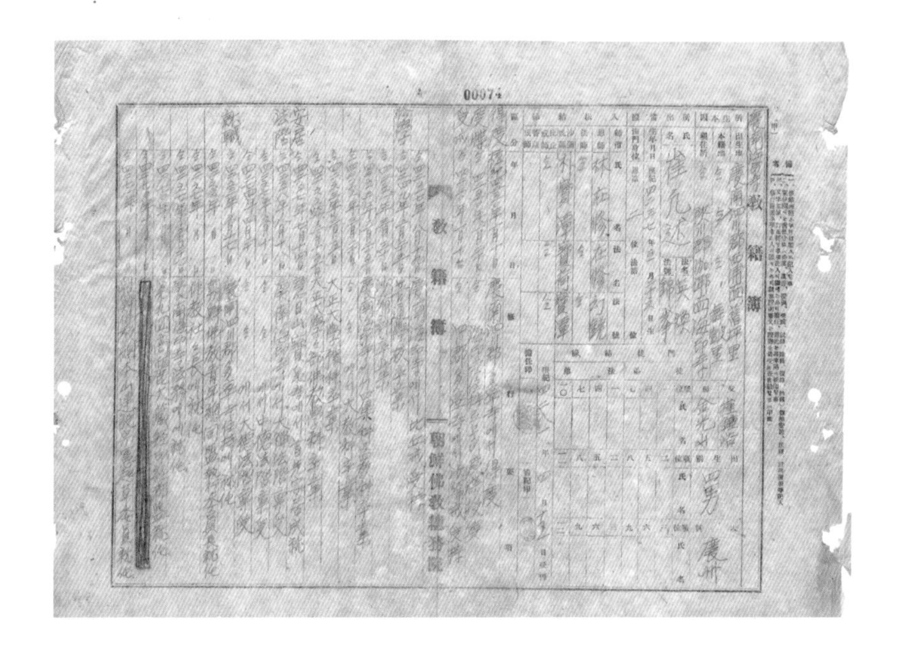
00074

敎籍簿

敎籍簿

朝鮮佛教總務院

효당의 승적에 따르면 그는 단기(檀紀) 4250년(서기 1917년) 1월 10일 경남 사천군 다솔사(多率寺)에 득도(得度)하였다. 여기에 따르면 효당의 씨명(氏名)은 '범술(凡述)', 법명(法名)은 '영환(英煥)', 법호(法號)는 '금봉(錦峰)'이다. 그리고 효당의 은사(恩師)는 임재수(林在修)로 법명은 '재수(在修)', 법호는 '환경(幻鏡)'이다. 또한 사미계와 비구계의 계사(戒師)는 박보담(朴寶潭)이다. 이후 효당은 1930년 6월 17일에 다솔사에

1) 자료 출처: 해인사.

주지로 취임하였다. 그러나 효당이 직접 작성한 연보(年譜)에 따르면 1928년 7월 1일 다솔사의 주지로 피선(被選)되었다.

2. 3·1운동

1) 일본 외무성 기록[2)]

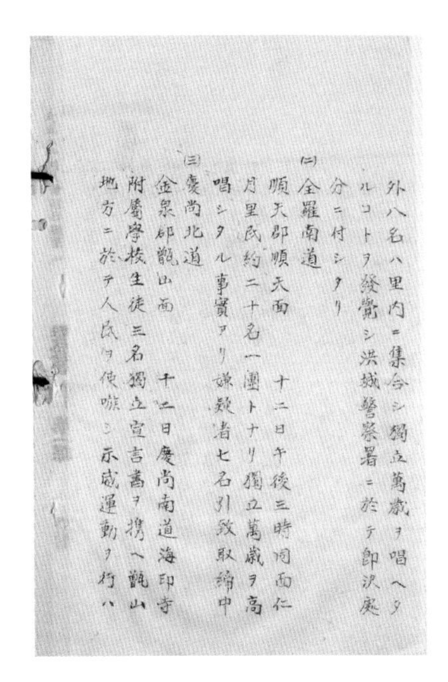
外八名ハ里内ニ集合シ獨立萬歳ヲ唱ヘタ
ルコトヲ發覺シ洪城警察署ニ於テ即決處
分ニ付シタリ
(二)全羅南道
順天郡順天面　十二日午後三時同面仁
月里民約二十名一團トナリ獨立萬歳ヲ高
唱シタル事實アリ嫌疑者七名引致取締中
(三)慶尚北道
金泉郡甑山面　十二日慶尚南道海印寺
附屬學校生徒三名獨立宣言書ヲ携ヘ甑山
地方ニ於テ人民ヲ使嗾シ示威運動ヲ行ハ

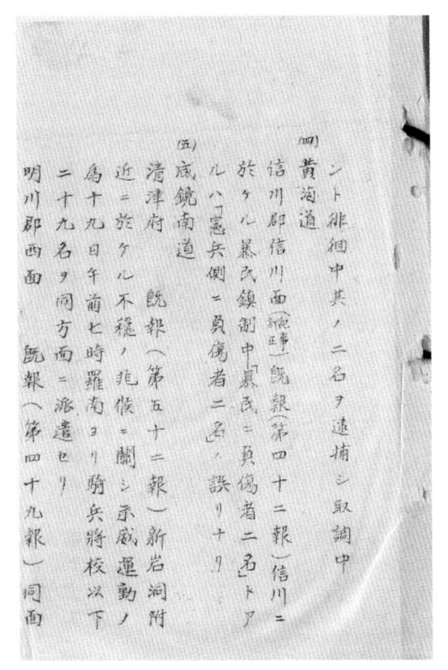
ント徘徊中其ノ二名ヲ逮捕シ取調中
(四)黄海道
信川郡信川面（訂正）既報（第四十二報）信川ニ
於ケル暴民鎮圧中「暴民ニ負傷者二名」トア
ルハ「憲兵側ニ負傷者二名」ノ誤リナリ
(五)咸鏡南道
清津府　既報（第五十二報）新岩洞附
近ニ於ケル不穏ノ兆候ニ關シ示威運動ノ
爲十九日午前七時羅南ヨリ騎兵將校以下
二十九名ヲ同方面ニ派遣セリ
明川郡西面　既報（第四十九報）同面

2) 일본 패전 전의 외무성 기록은 일본 외무성의 외교 문서를 주제 또는 사건별로 편철(編綴)한 기록으로 일본영사관 경찰의 보고서 등 항일운동 관련 자료가 다수 포함되어 있다. '일본 외무성 기록'은 항일 민족운동 연구를 위한 기초자료로 활발히 활용되어 국사편찬위원회, 국가보훈처 등에서 선별하여 자료집으로도 다수 간행하였다.[※ 자료출처: 국사편찬위원회]

문서철명: 不逞團關係雜件 朝鮮人ノ部 在內地 五

문서번호: 騷密 第550號; 秘受04750號

문서제목: 獨立運動ニ關スル件(第五十三報)

발신일: 1919년 04월 20일

수신일: 1919년 04월 24일

> "…(三), 慶尙北道
> 金泉郡甑山面 十二日慶尙南道海印寺附屬學校生徒三名獨立宣言書ヲ携ヘ甑山地方ニ於テ人民ヲ使嗾シ示威運動ヲ行ハント徘徊中其ノ二名ヲ逮捕シ取調中….”

효당은 3·1운동 당시 해인사의 학생들이 전국적으로 3인의 행동대를 보내어 시위를 선동했다고 회고하였다. 이에 대하여 3·1운동에 관한 일본 외무성의 기록에 따르면 김천군 증산면에서 4월 12일 경상남도 해인사 부속학교 학생 3인이 독립선언서를 가지고 시위를 선동하기 위해 배회하다가 그중 2인이 일제 관헌(官憲)에게 체포되어 조사 중임을 보여준다. 이와 같은 내용으로는 조선 헌병대 사령관 고지마 소지로(兒島惣次郞)가 조선 총독 하세가와 요시미치(長谷川好道) 등에게 1919년 4월 20일에 발신한 『조선소요사건관계서류』인 「獨立運動에 관한 건(제53보)」이 있다.[3] 효당은 그들을 경북 김천과 성주를 맡았던 김도운·이봉정·남성엽이라고 회고하였다.[4]

---

3) 자료 출처: 국사편찬위원회.

4) 최범술, 「三·一運動과 海印寺」 3, 『大韓佛敎』 제289호(서울: 대한불교사, 1969년 3월 2일).

2) 해인사 부속학교의 불온 문서5)

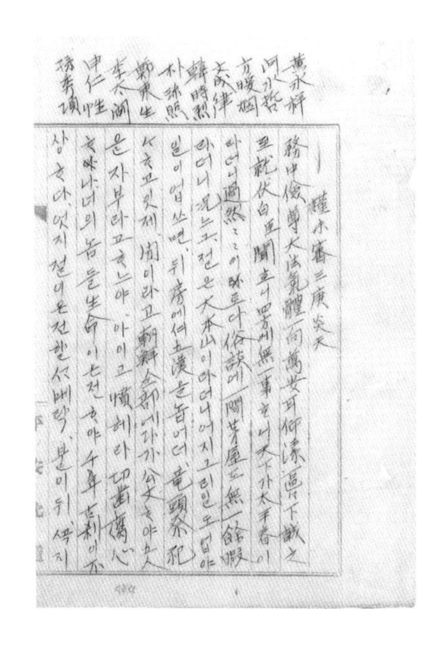

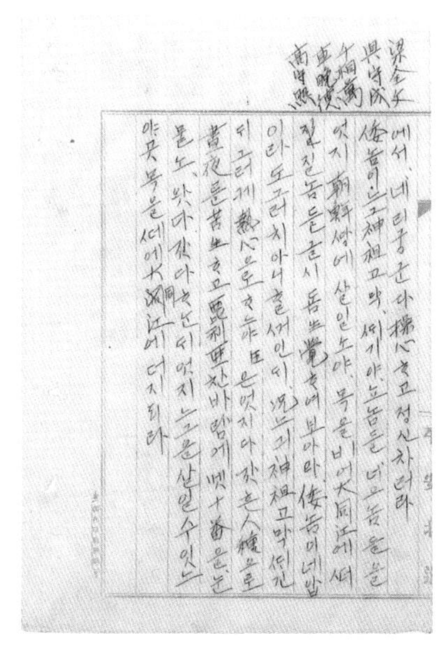

문서철명: 大正八年 騷擾事件ニ關スル道長官報告綴 七冊ノ內七

문서번호: 秘第572號; 朝鮮總督府 內秘補 1440

문서제목: 不穩文書ニ關スル件

발신자: 藤川利三郎(평안북도장관)

수신자: 宇佐美勝夫(조선총독부 내무부장관)

발신일: 1919년 08월 07일

5) 자료 출처: 국사편찬위원회.

"謹未審三庚炎天

務中儉尊大法氣體一向萬安耳仰溸區區下誠之至就伏白臣聞ᄒᆞ니 四方에 無一事ᄒᆞ니 天下가 太平春이라더니 過然過然이로다 俗談에 一間茅屋도 無一餘暇라더니 況느그, 절은 大本山이라더니 어지그리 일도 업야 일이 업쓰면, 뒤房에셔 五漢을 놉어더, 龍頭祭祀ᄂᆞ ᄒᆞ고잇제, 閉이라고 朝鮮全部에다가 公文ᄒᆞ야 五人을 자부라고 ᄒᆞ느야, 아이고 憤헤라 切齒腐心ᄒᆞ나, 너의 놈들 生命이 온전ᄒᆞ야 千年古刹이 不상ᄒᆞ다, 엇지 절이 온전할ᄉᆡ빼락, 불이뒤, ᄭᅩᆨ지에서, 네리궁군다 操心ᄒᆞ고 정신차려라

倭놈이 느그 神祖고막, ᄯᅧ기야, 뇨놈들, 너으놈들을 엇지 朝鮮ᄯᅡᆼ에 살일소야, 목을 비어 大同江에 ᄲᅥ질 놈들 글시 돔 生覺ᄒᆞ여보아라, 倭놈이 네압이라도 그러치 아니ᄒᆞᆯ써인ᄃᆡ, 況 느긔 神祖고막ᄯᅧ긴ᄃᆡ 그러케 熱心으로 ᄒᆞ느야 臣은 엇지 다갓흔 人種으로 晝夜를 苦生ᄒᆞ고 西比利亞찬바람에 멧十番을, 눈물노, 왓다갓다ᄒᆞ는ᄃᆡ 엇지 느그을 살일수잇느야, 곳 목을 ᄲᅦ에 大同江에 던지리라."

위의 문서는 3·1운동 직후 해인사 부속학교의 학생들이 묘향산 보현사의 친일승려들에게 보낸 것으로 추정되는 협박 편지의 내용이다. 평안북도장관 후지카와 리자부로(藤川利三郎)는 1919년 8월 9일 조선총독부 내무부장관 우사미 가츠오(宇佐美勝夫)에게 해당 사건을 발신하였는데 그 내용에 따르면 해인사 부속학교의 선생과 학생들은 일본을 배척(排斥)하였다.

3. 일본 유학과 의열단

1) 『현사회(現社會)』[6]

효당이 박열과 같이 발간한 잡지 『현사회』의 표지이다. 효당은 이 잡지를 순보(旬報)로 기억하고 있었으나 월간지였다. 그러나 제호(題號)는 은사인 임환경에게서 서예(書藝)를 배운 효당의 필체(筆體)이다. 이에 대하여 효당은 스스로 제자(題字)했음을 「청춘은 아름다워라」 21화에서 회고하였다.

---

6) 자료 출처: 박열의사기념관

2) 「청춘은 아름다워라」 21화[7]

青春은 아름다워라

내고장 名士들의 人生備忘錄

<127>

崔凡述

朴烈과 結社에 참여

會 만들어 行動統一을 결의

週報「불령鮮人」펴내

船員꾀어 上海가서 爆彈가져와

1923년 6월 박열과 모의한 효당은 의열단원의 신분으로 혼자 중국 상하이(上海)로 갔다. 그곳에서 효당은 다물단(多勿團)으로부터 일왕(日王) 암살(暗殺)을 위한 폭탄을 입수하여 일본 도쿄(東京)로 운반하였다. 여기서 효당이 회고한 '박열의 투쟁기'는 1948년 강일석(姜一錫)

---

7) 최범술, 「청춘은 아름다워라」 127(최범술 21화),『국제신보』(부산: 국제신보사, 1975년 2월 23일), 5면.

이『運命の勝利者 朴烈』을 번역한『박열투쟁기』를 말한다. 그러나 이 책은 효당이 상하이에서 도쿄로 간 것을 상하이에서 서울로 간 것으로 잘못 번역하였다.[8]

3)『運命の勝利者 朴烈』[9]

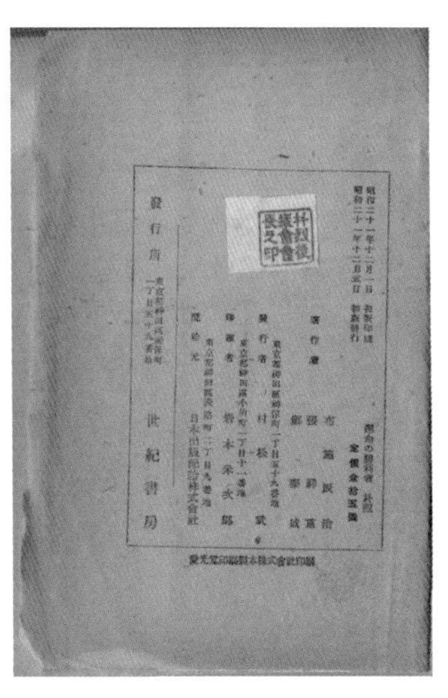

일본인 변호사 후세 다쓰지(布施辰治, ふせ たつじ: 1880~1953)는 일제가 패망한 이듬해인 1946년에 그가 변호했던 박열 등이 일왕(日王)을 암살(暗殺)하려고 모의한 대역(大逆)사건에 대하여 다룬『운명의 승리자 박열』이라는 서적을 일본 도쿄(東京)에서 출간하였다. 이 책에는 효당[崔英煥]이 의열단원으로서 일왕 암살에 사용할 폭탄을 구하기 위하

8) 布施辰治 著, 姜一錫 譯,『朴烈闘争記』(서울: 朝洋社出版部, 1948), p.95.
9) 布施辰治·張祥重·鄭泰成,『運命の勝利者 朴烈』(東京: 昭和21年, 世紀書房).

여 중국 상하이(上海)를 다녀온 사실이 명기(明記)되어 있다.

후세 다쓰지가 이러한 책을 내게 된 배경에는 그가 단순히 서민들뿐만 아니라 조선인과 항일 투사들을 위하여 적극적으로 변호했던 그의 이력과 관련이 깊었다. 그는 1880년 미야기현(宮城縣) 이시노마키(石巻)에서 태어났다. 1902년에 메이지(明治) 법률학교를 졸업하고, 이듬해 사법시험에 합격하였다. 조선이 국권을 상실한 이듬해인 1911년 조선 의병(義兵) 운동을 다룬 논문을 발표하여 일본 경찰의 조사를 받은 뒤부터 조선 독립운동과 조선인의 인권을 보호하는 데 앞장섰다. 1919년에는 일본에서 2·8 독립선언으로 체포된 조선 유학생 최팔용(崔八鏞, 1891~1922), 백관수(白寬洙, 1889~1961) 등의 변론을 맡은 뒤, 1920년에는 조선 민중의 해방운동에 노력할 것을 공개적으로 밝혔다.

이후 1923년에 일어난 박열 등의 일왕 암살 모의, 1924년에 일어난 의열단원 김지섭(金祉燮, 1885~1928)의 일본 궁성(宮城) 폭탄 투척을 변론하는 등 일본 내의 조선인과 관련된 대부분의 법률 사건을 변론하였다. 또한 1923년 관동대지진 때에는 조선인학살에 대한 사죄와 책임을 통감한다는 내용의 사죄문을 작성해 동아일보사와 조선일보사에 보냈다.

특히 세 차례(1923년, 1926년, 1927년)에 걸쳐 조선을 방문하여 의열단원 김시현(金始顯, 1883~1966)의 조선총독부 요인 암살 기도, 제1·2차 조선공산당 사건 등의 무료 변론을 맡았다. 이 때문에 1930년대에만 3회에 걸쳐 변호사 자격을 박탈당하였고 두 번이나 투옥되었다. 1946년에는 광복된 한국을 위해 『조선 건국 헌법 초안』을 저술하였다. 그 결과로 대한민국 정부에서는 광복 후 최초로 일본인 변호사 후세 다쓰지에게 건국훈장 애족장을 수여하였다.

『運命の勝利者 朴烈』 일문(日文) 번역

대역사건의 사상적 배경(p.104~)

천황 타도의 폭탄 입수 방법에 대해 어떤 때는 프랑스 혁명당에 연락하는 선원에게 자문을 구하고 또 어떤 때는 재일(在日) 동지를 결합하여 일본 안의 약국에서 0.02그램까지 발매가 허용된 화약을 수천 점사 모으려 한 적도 있지만, 역시 조국 조선의 강탈을 저주하는 조선 동지들이 일본 천황 타도를 목표로 하는 의열단 본거지인 상하이(上海)와 연락하는 것이 가장 편의(便宜)에 맞았다. 폭탄 입수 가능성이 확실했기 때문에 의열단원 김한(金翰)에게 폭탄 입수 연락을 자문을 구했고, 박열이 두 번이나 조선에 갔으며, 상하이(上海)에서 의열단원 최영환(崔英煥=최범술)이 왔던 관계 등등, 의열단의 대일증오를 결집한 혁명 선언으로 나타나게 되었을 영향이 크다. 필자는 조선에서 의열단 사건의 변

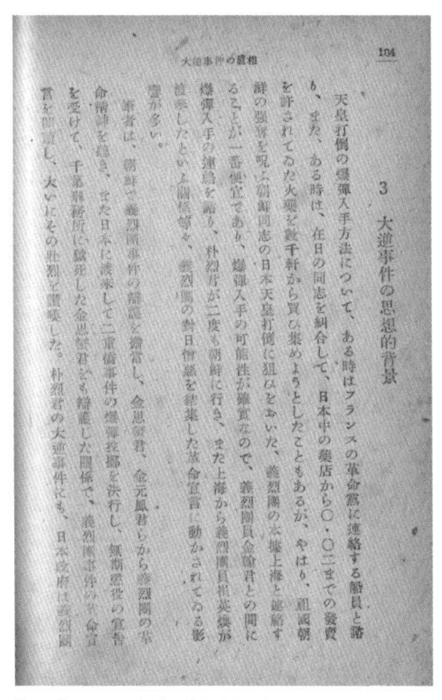

大逆事件の眞相　104

3　大逆事件の思想的背景

天皇打倒の爆弾入手方法について、ある時はフランスの革命黨に連絡する船員と諮り、また、ある時は、在日の同志を糾合して、日本中の藥店から〇・〇二までの發賣を許されてゐた火藥を數千軒から買ひ集めようとしたこともあるが、やはり、祖國朝鮮の強奪を呪ふ朝鮮同志の日本天皇打倒に狙ひをおいた、義烈團の本據上海と連絡することが一番便宜であり、爆弾入手の可能性が確實なので、義烈團員金翰君との間に爆弾入手の連絡を諮り、朴烈君が二度も朝鮮に行き、また上海から義烈團員崔英煥が渡來したといふ關係等々、義烈團の對日憎惡を結集した革命宣言に動かされてゐる影響が多い。

筆者は、朝鮮で義烈團事件の辯護を擔當し、金思燮君、金元鳳君らから義烈團の革命精神を聽き、また日本に渡來して二重橋事件の爆弾投擲を決行し、無期懲役の宣告を受けて、千葉刑務所に獄死した金祉燮君をも辯護した關係で、義烈團事件の革命宣言を閲讀し、大いにその壯烈を讚嘆した。朴烈君の大逆事件にも、日本政府は義烈團

『運命の勝利者 朴烈』의 p.104(대역사건의 사상적 배경)

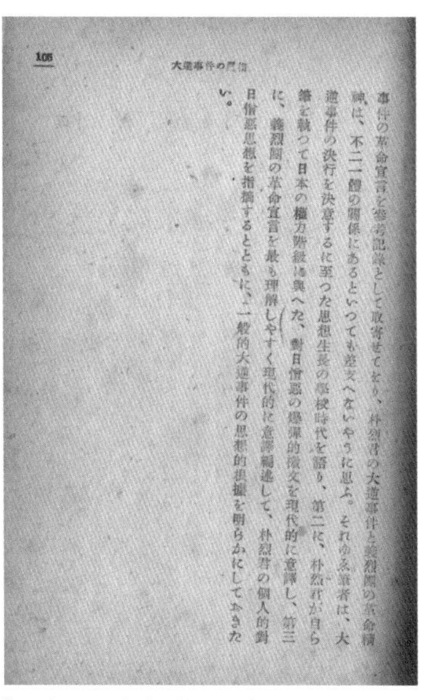

105　大逆事件の眞相

事件の革命宣言を參考記錄として取寄せてをり、朴烈君の大逆事件と義烈團の革命精神は、不二一體の關係にあるといつても差支へないやうに思ふ。それゆゑ筆者は、大逆事件の決行を決意するに至つた思想生長の學校時代を語り、第二に、朴烈君が自ら筆を執つて日本の權力階級に與へた、對日憎惡の爆弾的檄文を現代的に意譯し、第三に、義烈團の革命宣言を最も理解しやすく現代的に意譯編述して、朴烈君の個人的對日憎惡思想を指摘するとともに、一般的大逆事件の思想的根據を明らかにしておきたい。

『運命の勝利者 朴烈』의 p.105

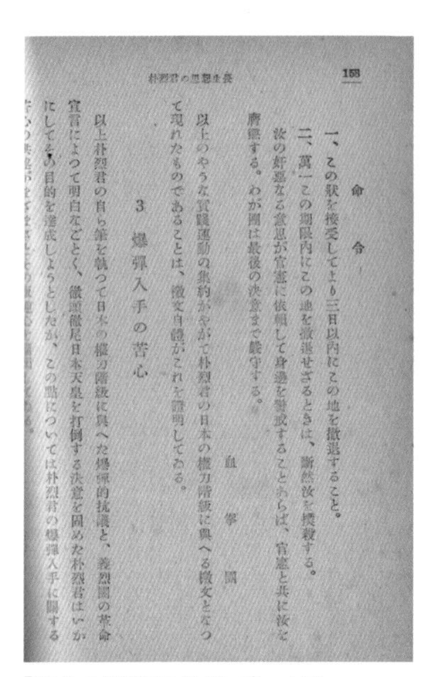

158　朴烈君の思想生長

命令

一、この狀を接受してより三日以內にこの地を撤退すること。

二、萬一この期限內にこの地を撤退せざるときは、斷然汝を撲殺する。汝の奸惡なる意思が官憲に依頼して身邊を警戒することあらば、官憲と共に汝を膺懲する。わが團は最後の決意まで嚴守する。

血　拳　團

以上のやうな實踐運動の集約がやがて朴烈君の日本の權力階級に與へる檄文となつて現れたものであることは、檄文自體がこれを證明してゐる。

3　爆彈入手の苦心

以上朴烈君の自ら筆を執つて日本の權力階級に與へた爆彈的抗議と、義烈團の革命宣言によつて明白なごとく、徹頭徹尾日本天皇を打倒する決意を固めた朴烈君はいかにしてその目的を達成しようとしたか、この點については朴烈君の爆彈入手に關する

『運命の勝利者 朴烈』의 p.158
(폭탄 입수의 고심)

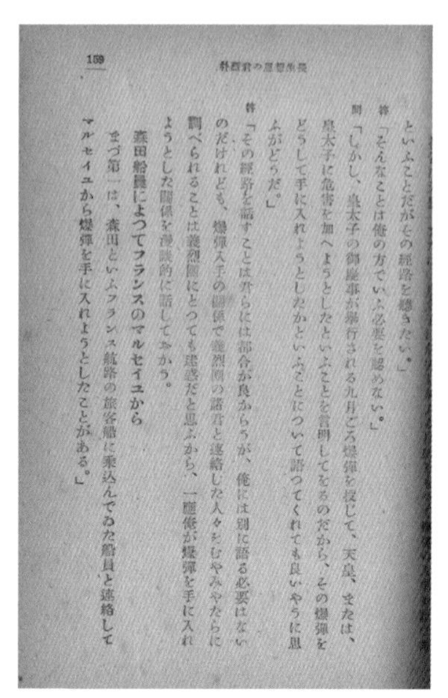

159　朴烈君の思想生長

といふことだがその經路を聽きたい。」

答「そんなことは俺の方でいふ必要を認めない。」

問「しかし、皇太子の御慶事が擧行される九月ごろ爆彈を投じて、天皇、または、皇太子に危害を加へようとしたといふことを言明してをるのだから、その爆彈をどうして手に入れようとしたかといふことについて語つてくれても良いやうに思ふがどうだ。」

答「その經路を話すことは汝らには都合が良からうが、俺には別に語る必要はないのだけれども、爆彈入手の關係で義烈團の諸君と連絡した人々をむやみやたらに調べられることは義烈團にとつても迷惑だと思ふから、一應俺が爆彈を手に入れようとした關係を漫談的に話してみやう。

森田船員によつてフランスのマルセイユから

まづ第一は、森田といふフランス航路の旅客船に乘込んでゐた船員と連絡してマルセイユから爆彈を手に入れようとしたことがある。」

『運命の勝利者 朴烈』의 p.159

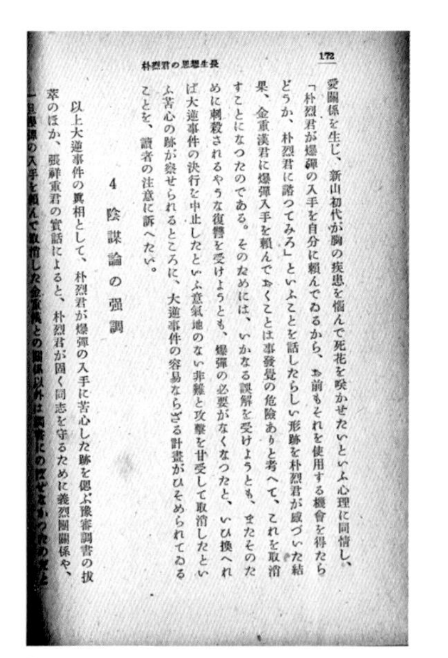

172　朴烈君の思想生長

愛關係を生じ、新山初代が胸の疾患を惱んで死花を咲かせたいといふ心理に同情し、「朴烈君が爆彈の入手を自分に頼んでゐるから、お前もそれを使用する機會を得たらどうか、朴烈君に諮つてみろ」といふことを話したらしい形跡を朴烈君が感づいた結果、金重漢君に爆彈入手を頼んでおくことは事發覺の危險ありと考へて、これを取消すことになつたのである。そのためには、いかなる誤解を受けようとも、またそのために刺殺されるやうな復讐を受けようとも、爆彈の必要がなくなつたと、いひ換へれば大逆事件の決行を中止したといふ意氣地のない非難と攻擊を甘受して取消したといふ苦心の跡が察せられるところに、大逆事件の容易ならざる計畫がひそめられてゐることを、讀者の注意に訴へたい。

4　陰謀論の强調

以上大逆事件の眞相として、朴烈君が爆彈の入手に苦心した跡を偲ぶ豫審調書の拔萃のほか、張祥重君の實話によると、朴烈君が固く同志を守るために義烈團關係や、

『運命の勝利者 朴烈』의 p.172
(음모론의 강조)

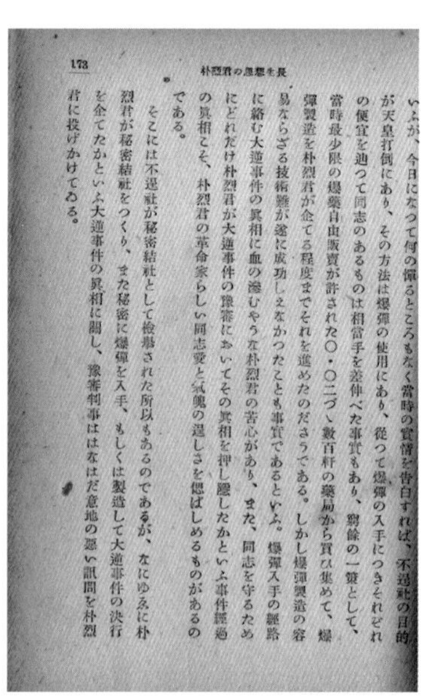

173　朴烈君の思想生長

いふが、今日になつて何の憚るところもなく當時の實情を告白すれば、不逞社の目的が天皇打倒にあり、その方法は爆彈の使用にあり、從つて爆彈の入手につきそれぞれの便宜を辿つて同志のあるものは相當手を差伸べた事實もあり、窮餘の一策として、當時最少限の爆藥自由販賣が許された〇・〇二づゝ數百軒の藥局から買ひ集めて、爆彈製造を朴烈君が企てる程度までそれを進めたのださうである。しかし爆彈製造の容易ならざる技術難が遂に成功しえなかつたことも事實であるといふ。爆彈入手の經路に絡む大逆事件の眞相に血の滲むやうな朴烈君の苦心があり、また、同志を守るためにどれだけ朴烈君が大逆事件の豫審においてその眞相を押し隱したかといふ事件經過の眞相こそ、朴烈君の革命家らしい同志愛と氣魄の逞しさを偲ばしめるものがあるのである。

そこには不逞社が秘密結社として檢擧された所以もあるのであるが、なにゆゑに朴烈君が秘密結社をつくり、また秘密に爆彈を入手、もしくは製造して大逆事件の決行を企てたかといふ大逆事件の眞相に關し、豫審判事ははなはだ意地の惡い訊問を朴烈君に投げかけてゐる。

『運命の勝利者 朴烈』의 p.173

호를 담당하면서 김사섭, 김원봉 등에게서 의열단의 혁명정신을 들었고, 일본에 온 이중교사건의 폭탄 투척을 결행하면서 무기징역을 선고받고 치바(千葉) 형무소에서 옥사한 김사섭을 변호한 관계로, 의열단 사건의 혁명 선언을 읽고 크게 찬탄했다. 박열의 대역사건에서도 일본 정부는 의열단사건의 혁명 선언을 참고 기록으로 조사하면서 박열의 대역사건과 의열단의 혁명 정신은……

폭탄 입수의 고심(p.158~)[10]

이상으로 박열이 스스로 펜을 들고 일본의 권력 계급에 대한 폭탄과도 같은 항의(抗議)와, 의열단의 혁명 선언에 의해 명백해진 것처럼, 철두철미하게 일본 천황을 타도하려는 결의를 굳힌 박열은 어떻게 그 목적을 달성하고자 하였는가. 이 점에 대해서는 박열이 폭탄 입수에 관한 고심의 공술(供述)이 생생히 그 반역심을 묘사하고 있다.

음모론의 강조(p.172~)[11]

이상으로 대역사건의 진상으로 박열이 폭탄 입수에 고심한 흔적을 회상한 예심조서의 발췌 이외에 장상중의 실화에 의하면, 박열이 진실

---

10) 여기서 말하는 의열단의 혁명 선언이란 단재(丹齋) 신채호가 1923년 1월에 의열단의 독립운동이념과 방략을 이론화해 천명한 선언서인 『조선혁명선언』을 말한다. 효당은 1942년부터 단재와 사촌 간이던 경부(耕夫) 신백우와 더불어 단재의 유고(遺稿)인 『조선혁명선언』과 『조선사』 등을 비밀리에 수집하다가 1943년 초에 구금되었고, 이후 다시 9월부터 13개월간 구금되었다. 이후 유고의 일부가 1946년에 『新生』에 게재되었다. [※「曉堂 崔凡述(1904~1979)의 年譜」 참조]

11) 대역(代役)사건의 심문조서(審問調書)를 통해서 오늘날까지 알려진 사건의 내용을 부정(不正)하고 있다. 실제로 야마다 쇼지(山田昭次)의 『가네코 후미코(金子文子)』에서는 효당(최영환)이 의열단원임을 모르고서, 재판과정에서 비정치적이고 나약한 인물로만 묘사하고 있다.[야마다 쇼지(山田昭次), 정선태 역, 『가네코 후미코(金子文子)』(서울: 산처럼, 2003), p.175, pp.227~228 ; 야마다 쇼지, 정선태 역, 『가네코 후미코(金子文子)』(서울: 산처럼, 2017), p.143, p.189]

로 동지를 지키기 위해서 의열단 관계와 한번 폭탄 입수를 부탁했다가 취소한 김중한과의 관계 이외에는 조서에 실려 있지 않다는 것이 오늘이 되어서는 너무나 통탄스러운 점이기도 하지만, 당시 실정을 고백하자면 불령사의 목적이 천황 타도이며 그 방법은 폭탄 사용이고 따라서 폭탄 입수에 대한 이런저런 편의에 따라서 동지인 자들 상당수가 포함된 사실도 있어서 궁여지책으로 당시 최소한의 폭탄 자유 판매가 허용된 0.02그램씩 수백 번 약국에서 사 모으고 폭약 제조를 박열이 기도한 정도까지 나아갔다고 되어 있다.

그러나 폭탄 제조가 쉽지 않은 기술적 어려움에 따라서 성공하지 못했던 것도 사실이다. 폭탄 입수의 경로로 연결된 대역사건의 진상에 피를 말리는 박열의 고심이 있었고, 동지를 지키기 위해서 그것만으로 박열이 대역사건의 예심(豫審)에서 진상을 숨겼던 사건경과의 진상을 통해 박열이 혁명가다운 동지애와 기상을 추측할 수 있다.

4)「청춘은 아름다워라」 23화[12]·24화[13]

우측에 고려공산당 지운(芝雲 혹은 遲耘) 김철수(金綴洙, 1893~1986) 선생의 소련 레닌의 상하이 임시정부에 대한 자금지원(資金支援)에 대한 친필편지가 붙어있다. 23화의 내용 중에 고려공산당에 관한 내용은 당사자인 김철수 선생이 실제와 사뭇 다르다며 편지를 효당에게 보내왔다. 김철수 선생의 편지 내용은 대략 다음과 같다.

---

12) 최범술,「청춘은 아름다워라」 129(최범술 23화),『국제신보』(부산: 국제신보사, 1975년 2월 26일), 5면.
13) 최범술,「청춘은 아름다워라」 130(최범술 24화),『국제신보』(부산: 국제신보사, 1975년 2월 27일), 5면.

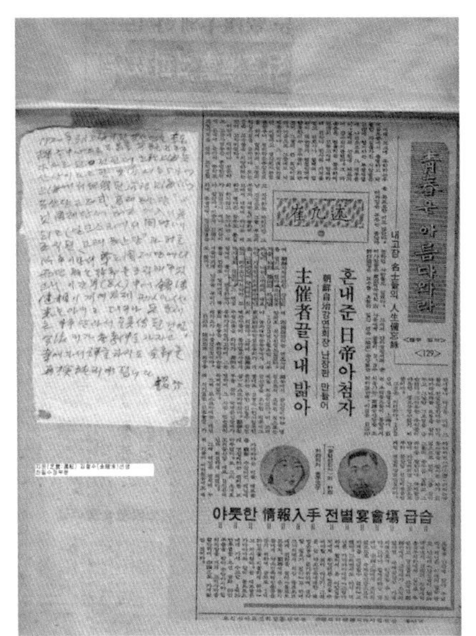

靑春은 아름다워라

내고향 名士들의 人生備忘錄

혼내준 日帝아첨자

主催者끌어내 밟아

야릇한 情報入手 전별宴會場 급습

靑春은 아름다워라

내고향 名士들의 人生備忘錄

僞裝共産黨 만들어

蘇자금 消費에 분개

실제資金使用處는 義烈團등에

"1920년 3월 上海서 된 공산당은 李東輝를 중심으로 呂運亨, ○○○, 김○○ 등으로 된 것인데 世稱 상해공산당이라고 함. 其後 21년 5월에 상해에서 조직된 소위 '正式고려공산당'이 이것. 국제당(=코민테른)에 正式加入이 못 되고 일크스크(=이르쿠츠크)에서 동시에 조직된 '고려공산당'과 對立鬪爭이라서 蘇聯국제당(=코민테른)에서 양당 聯合幹部를 조직해 주었으니 이 간부(8인) 중에 김철수, 건상(=張建相, 1883~1974)이 끼어 있지만 兩人 다 代表는 아니고 더구나 돈 문제는 아주 달라서 誤傳된 것임. 금후 내가 參考件을 가지고 寺에 가서 詳言하지요. 전부를 再檢討해야 됩니다."

이에 대하여 상하이 임시정부에서 김철수 선생 등과 함께 생활하신 연세대 한태동 교수(부친은 松溪 韓鎭教)의 기억에 따르면 레닌의 자금은 전혀 오지 않았고 그 결과 실망한 이회영·신채호 등은 미국와 소련 어느 쪽도 믿지 못하고 무정부주의를 따르게 되었다고 회상하였다. 또한 이러한 사실을 비밀로 하여 실망할 동지들의 해산(解散)을 막은 결과, 자금의 사용처에 대하여 이회영 선생은 여러 가지 오해를 사게 되었다고 한다.[14]

5) 원효대성찬앙회의 선언문[15]

1925년 12월 15일에는 효당(당시 최영환)을 포함하여 재일본 조선불교 유학생 43인은 도쿄(東京) 금강저사(金剛杵社)에 모여서 '원효대성찬앙회(元曉大聖讚仰會)'를 조직하였고 회칙을 정하였다. 이 모임의 「원효대성찬앙회선언」은 다음과 같았다.

"성철(聖哲)은 어두운 대지의 광명이요 목이 마려운 인류의 단물이 나오는 샘입니다. 여러 별이 태양을 감싸 안고 그의 광명에 원함과 같이 인류의 역사는 성철로부터 자연히 비추는 정신을 대한 연후에 비로소 그의 광휘를 얻게 됩니다.…(중략)…그럼으로 공자나 노자를 말하는 자 있으나 대성(大聖)을 말하는 자 없고, 칸트나 맑스를 말하는 자 있으나 대성을 말하는 자 없습니다. 얼마나 한심한 일입니까? 이것이 사상 동요에 큰 원인인가 합니다. 오늘로부터 우리 조선도 조선의 특색인 종교·철학·문학·예술 등 온갖 문화사상에 체계를 세울 때가 되었습니다. 그러면 이 여러 문화사상(文化史上)에 대표적 인물은 누가 될까요? 물론 대성일 것입니다.…(중략)…그러함으로 본회는 몹시 분하게

---

14) 채정복 편, 『효당최범술문집』 1(서울: 민족사, 2013), p.587.
15) 「元曉大聖讚仰會宣言」, 『佛教』 19(京城, 佛教社, 1926.1.1), pp.57~58.

元曉大聖讚仰會宣言

聖哲은黑暗한大地의光明이요 飢渴된人類의甘泉입니다。衆星이日輪을圍繞하야 그외光明에浴함과가치 人類의歷史는聖哲自然照의精神을待한然後에 비로소그의光輝를엇게됩니다。

그러나聖哲가운데는 智에만치우치는哲學的聖哲도잇고 情에만치우치는宗教的聖哲도잇습니다。前者는소쿠라테스 푸라토를비롯하야 哲學科學의元祖되는多數의哲學者가그요 後者는예수그리스도 메호메토 후란시스를비롯하야 原始的古代宗教思想에批判업시信從하는宗教的聖哲이그입니다。

그래서 哲學及科學的世界觀은「多」를分析하고究明하기에汲汲하야意를勞하는지라「一」에미치지못하고 倫理及宗教的世界觀은「一」을信受하고 體達하기에餘念이無한지라「多」를忘却합니다。그럼으로今日의世所謂宗教家는 偏頗한信仰만을高調하야 부질업시迷妄을增케하고 科學者는推究的分析的發達에心醉하야 人間的意義를沒却합니다。

이러한때를當하야 法界緣起觀의「一即多 多即一」「色即空 空即色」인圓融無礙門을設하야 一塵도버리지아니하는無量妙門의神秘를莊嚴하야 人類生命의싹이자라는대로向上一路를開示함은 오즉우리佛陀의敎가잇슬뿐인가합니다。그런데元曉大聖께서는天下가共知하는바와가치 天縱의資質로 일즉히佛陀에歸依하야 東方에敎主가되시엿습니다。朝鮮에獨特한海東宗、芬皇宗은 只今도오히려 그일홈이그록하고새롭지안습닛가

大聖은實로東方에出現하신釋尊의化身佛이라하겟습니다。大聖의人格은釋尊을除하고比할길이업슬가합니다。大聖의偉德鴻業은東洋天地를울즉이고 오히려西歐人을驚歎케하야 東洋人보다泰西人이더욱히大聖의偉德을讚仰하고 大聖의思想을研究한다고傳합니다。그러나大聖을出生한우리朝鮮本土는如何합니까 中世에잇서서는支那崇拜에意識을이럿고 近代에잇서서는西洋崇拜에心醉하야他尊自卑에斃가極端에이르럿습니다。그럼으로孔子나老子를말하는者잇스나 大聖을말하는者업고 칸트나맑스를말하는者잇스나大

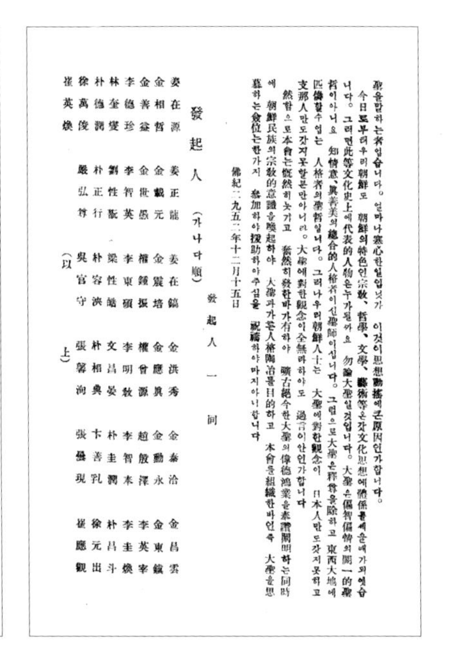

聖을말하는者업습니다。얼마나寒心한일입닛가 이것이思想動搖에큰原因인가합니다。

今日로부터우리朝鮮도 朝鮮의特色인宗教、哲學、文學、藝術等온갓文化思想에體係를세울때가되엿습니다。그러면此等文化史上에代表的人物은누가될까요 勿論大聖일것입니다。大聖은偏智偏情의關一的聖哲이아니요 知情意、眞善美의總合的人格者이신聖師이십니다。그럼으로大聖은釋尊을除하고 東西大地에匹儔할수업는 人格者의聖哲입니다。그러나우리朝鮮人士는 大聖에對한觀念이 日本人만도갓지못하고支那人만도갓지못할뿐만아니라。大聖에對한觀念이全無라하야도 過言이안인가합니다

然함으로本會는慨然히늣기고 奮然히發한바가有하야 曠古絶今한大聖의偉德鴻業을奉讚闡明하는同時에 朝鮮民族의宗教的意識을喚起하야 大聖과가튼人格陶冶를目的하고 本會를組織한바인즉 大聖을思慕하는僉位는한가지 參加하야援助하야주심을 祝禱하야마지아니합니다

佛紀二九五二年十二月十五日

發起人 一同

發起人 (가나다順)

姜在源 金相哲 金善益 李德珍 林奎燮 朴德潤 徐萬俊 崔英煥

姜正龍 金觀元 金世感 李智英 劉性甑 朴正行 嚴弘尊

姜在鎬 金震培 權鍾振 李東碩 梁性喆 朴容洪 吳官守

金洪秀 金應眞 權會源 李明敎 文昌晏 朴相典 張馨洵

金泰洽 金動永 趙般澤 李智本 朴圭潤 卞善乳 張疊現

金昌雲 金東鎬 李英宰 李圭煥 朴昌斗 徐元出 崔應觀

(以上)

원효대성찬앙회의 선언문

느끼고 분연히 일으킨 바가 있어 지금까지 전례가 없는 대성의 크신 덕과 대업을 삼가 찬양하며 널리 알리는 동시에 조선 민족의 종교적 의식을 환기하여 대성과 같은 인격도야를 목적으로 하고 본회를 조직한 바인즉 대성을 사모하는 여러분은 한 가지 참가하여 원조하여 주심을 축도(祝禱)하여 마지아니합니다."

여기서 주목되는 바는 '조선도 조선의 특색인 종교·철학·문학·예술 등 온갖 문화사상에 체계를 세울 때'가 되었고, 우리 문화사에 대표적 인물로 원효를 지목한 사실로 이것은 내용상 국학적인, 당시로서는 불교의 '조선학' 선언이었다.

6) 해인사 불교학회와 효당(최영환)의 『반야심경』 강의[16]

1928년 8월 23일 경남 합천 해인사에서 불교학회가 조직되었다. 회장에 백경하(白景霞), 이사에 이고경(李古鏡) · 임환경(林幻鏡) · 백변성(白采成)이 선임(選任)되었다. 다음 날인 8월 24일 다이쇼(大正)대학에 재학 중인 효당(최영환)은 해인사 불교학회에 초청받아 『반야심경』을 강의하였다.

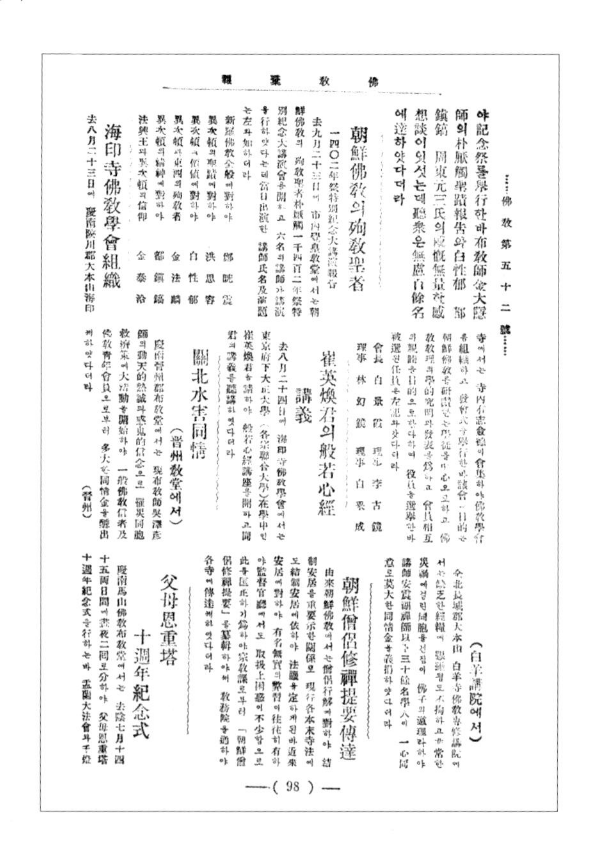
佛教彙報

……佛教第五十二號……

야記念祭를擧行한바布教師金大隱師의朴厭觸聖蹟報告와白性郁 都鎭鎬 開東元三氏의感慨無量한感想談이잇섯는대聽衆은無慮百餘名에達하얏다더라

朝鮮佛教의殉教聖者

一四〇二年祭特別紀念大講演報告

去九月二十三日에 市內覺皇教堂에서는朝鮮佛教의 殉教聖者朴厭觸一千四百二年祭特別紀念大講演會를開하고 六名의講師가講演을行하얏다는데當日出演한 講師氏名及演題는左와如하더라

新羅佛教全般에對하야 鄭晄震
異次頓의聖蹟에對하야 洪思容
異次頓의價値에對하야 白性郁
異次頓과東西의殉教者 金法麟
異次頓의精神에對하야 都鎭鎬
法興王과異次頓의信仰 金泰洽

海印寺佛教學會組織

去八月二十三日에 慶南陜川郡大本山海印寺에서는 寺內有志僉位의會集하야佛教學會를組織하고 發會式을擧行한바該會의目的은朝鮮佛教를研究하는學徒들을中心으로하고 佛教教理의學的研究와發表를爲하고 會員相互의親睦을目的으로한다하며 役員을選擧한바被選된任員은左記와갓다더라

會長 白景霞 理事 李古鏡
理事 林幻鏡 理事 白采成

崔英煥君의般若心經講義

去八月二十四日에 海印寺佛教學會에서는東京府下大正大學(各宗聯合大學)在學中인崔英煥君을請하야 般若心經講座를開하고同君의講義를聽講하엿다더라

關北水害同情 (晉州教堂에서)

慶南晉州郡布教堂에서는 現布教師吳澤彦師의動天的熱誠과感鬼的信念으로 罹災同胞救濟策에大活動을開始하야 一般佛教信者及佛教靑年會員으로부터 多大한同情金을醵出케하얏다더라 (晉州)

(白羊講院에서)

全北長城郡大本山 白羊寺佛教專修講院에서는 缺乏한經費에 艱難함도不拘하고 非常한災禍에걸린同胞를건지랴 佛子의道理라하야講師安震湖禪師以下三十餘名學人이 一心同意로莫大한同情金을義捐하얏다더라

朝鮮僧侶修禪提要傳達

由來朝鮮佛教에서는僧侶行解에對하야 結制安居를重要示한關係로 現行各本末寺法에도結制安居에依하야 法臘을定하게된바近來安居에對하야 有名無實의弊習이往往히有하야監督官廳에서도 取扱上困惑이不少함으로此를匡正하기爲하야宗教課로부터 「朝鮮僧侶修禪提要」를纂輯하야써 教務院을通하야各寺에傳達케하엿다더라

父母恩重塔 十週年紀念式

慶南馬山佛教布教堂에서는 去陰七月十四十五兩日間에晝夜二回로分하야 父母恩重塔十週年紀念式을行하는바 盂蘭大法會와千燈

—(98)—

16) 「佛教彙報」, 『佛教』 52號(京城: 佛教社, 1928년 10월 1일), p.98.

7) 효당 최범술 다이쇼(大正)대학 예과(豫科) 졸업 『동아일보』 신문기사[17]

京畿▲經濟學部朴寅奎、崔逸淑

立敎大學【二名】史學科全國乾、哲學科玄仁圭

法政大學【十三名】經濟學部經濟科金學天、金鍾鐸、金鍵七、李東根、全柱鉉▲法文學部法律科裵采建、吳昌杰▲同英文學科金國顯▲哲學科申衡鎬▲法律科李承老▲商科金海天李興鉉▲法科金龍鐸

中央大學【九名】法學部李序敎▲法科元敬仲、金秉億、金斗洙、金炳達、申吉文、李奎錫▲經濟科李德得▲商科林潭洙

明治大學【二十五名】法學部金相匯、成大一、金寧基▲法科鄭鳴植、劉基泰、白南赫、白周洙、咸尙奘、金炳大、卞在戊、李斗贊、李始榮、韓毅愚、崔成坤、鄭福洙▲商學部商科金海植、安智謙、金承傑、徐達淳▲政經科金泰圭、李殷植▲法科

朴允根、孫泰出、閔在淸

東洋大學【四名】支那哲學東洋文學尹錫奘、崔中祿▲倫理學敎育學科劉東煥、閔丙琦

日本大學【四十名】法科金埃容、金升鎰、金瑨起、金健龍、金永辰、崔順福、卓鍾銖、金興斗、朴明國、林俊洙、金相漢、徐承郁、蘇完奎、金昌日、金瀞俊、吳熙稷、金渭鎮、金德相、金容植、金鍾化▲政治科閔萬植▲法政科羅舜政、李喜鼎、安枚洙、黃圭述▲社會科崔憲獻▲高等師範部陳奉浩、韓永敎▲經濟科李基業、申哲、南秉熙、皇甫旭、全加林完植、李今德▲商學部李鐵洙▲經濟科李道植、金大得▲法文學部法律科丁錫萬▲政治科韓炳國▲法律科宋熙奘、呂封登

立正大學【二名】歷地科劉述、金明運▲宗敎科徐萬倚

駒澤大學【四名】佛敎科朴贊範▲國語漢文科李康吉、李東熙▲實科金遜實

上智大學【一名】文學科梁興錫

專修大學【六名】經濟學部殷鴻基、朴明奎、崔潭集、裵彰建、申西範▲計理科沈萬化

日大齒科【一名】李幹運

日本醫科大學【二名】鄭正弘、劉永明

大正大學【二名】豫科崔凡述▲佛敎科劉龍孫

日本女子大學【四名】家庭學部鮮于信、李承愛▲師範家庭學部林今世▲商學部文科金午男

商科大學【八名】專門部金仁炯、徐仁鎬、崔商奎、李相寀、李殷成、姜元秀、朴永贊、孫龍得

慈惠醫大【二名】李弘敎、

崔錫㮾

東京高等音樂科洪承裕、

朴喚景

東京美術【

李海濤、宋秉

師範科金道

金剛等

朝鮮

事件의續報

交火

遊戲萬歲에 警官이出動

永新生出監 一二名은今日

효당은 그의 연보에 따르면 1930년 3월 1일 다이쇼(大正)대학 예과를 졸업하였다. 이후 같은 해 4월 4일 같은 대학 불교학과에 입학하여 1933년 3월 1일 졸업하였다. 그의 대학 졸업논문은 「소승시대(小乘時代)에 있어서의 세친교학(世親敎學)」이었다.[18]

---

17) 「今春卒業하는 東京留學生(上)」, 『동아일보』(경성: 동아일보사, 1930년 3월 13일), 7면.

18) 최범술, 「청춘은 아름다워라」 147(최범술 41화), 『국제신보』(부산: 국제신보사, 1975년 3월 23일), 5면.

8) 다솔사 주지 취임(관보)[19]

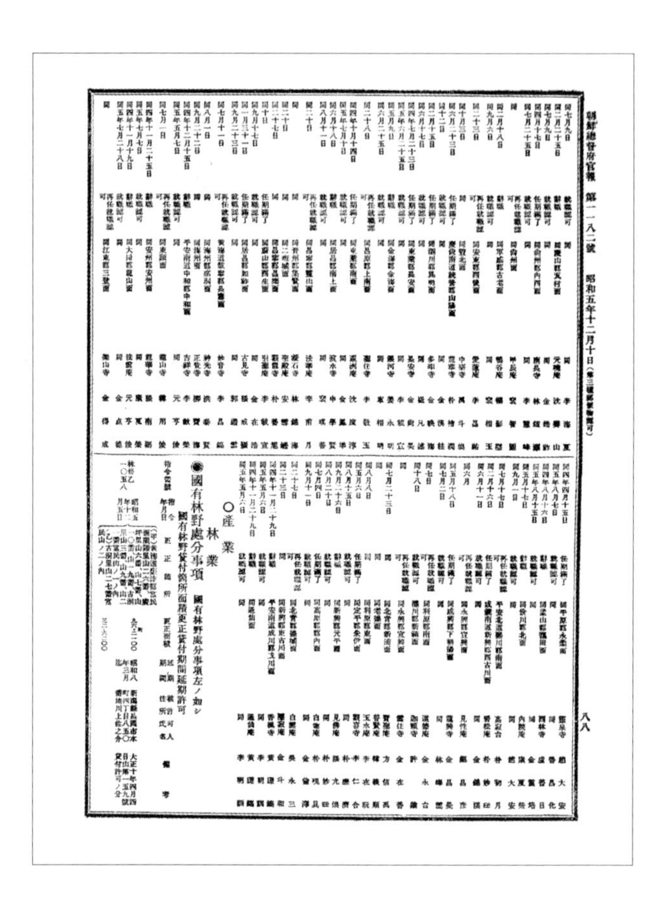

朝鮮總督府官報 第一一八二號 昭和五年十二月十日

○産業

林業

◉國有林野處分事項

國有林野處分事項左ノ如シ

國有林野貸付豫約所面積更正貸付期間延期許可

효당의 연보에는 1928년 7월 1일 다솔사(多率寺) 주지에 피선되었다. 이후 일본 유학 시절에는 방학 때마다 일본과 국내를 오가며 주지직을 수행하였다.[20] 그러나 정식취임은 1930년 6월 17일이었다.

19) 「彙報」, 『朝鮮總督府官報』 第1182號(京城: 朝鮮總督府, 1930년 12월 10일), 4면.

20) 최범술, 「청춘은 아름다워라」 147(최범술 41화), 『국제신보』(부산: 국제신보사, 1975년 3월 23일), 5면.

9) 1933년 다이쇼(大正) 대학 졸업 기념 휘호첩

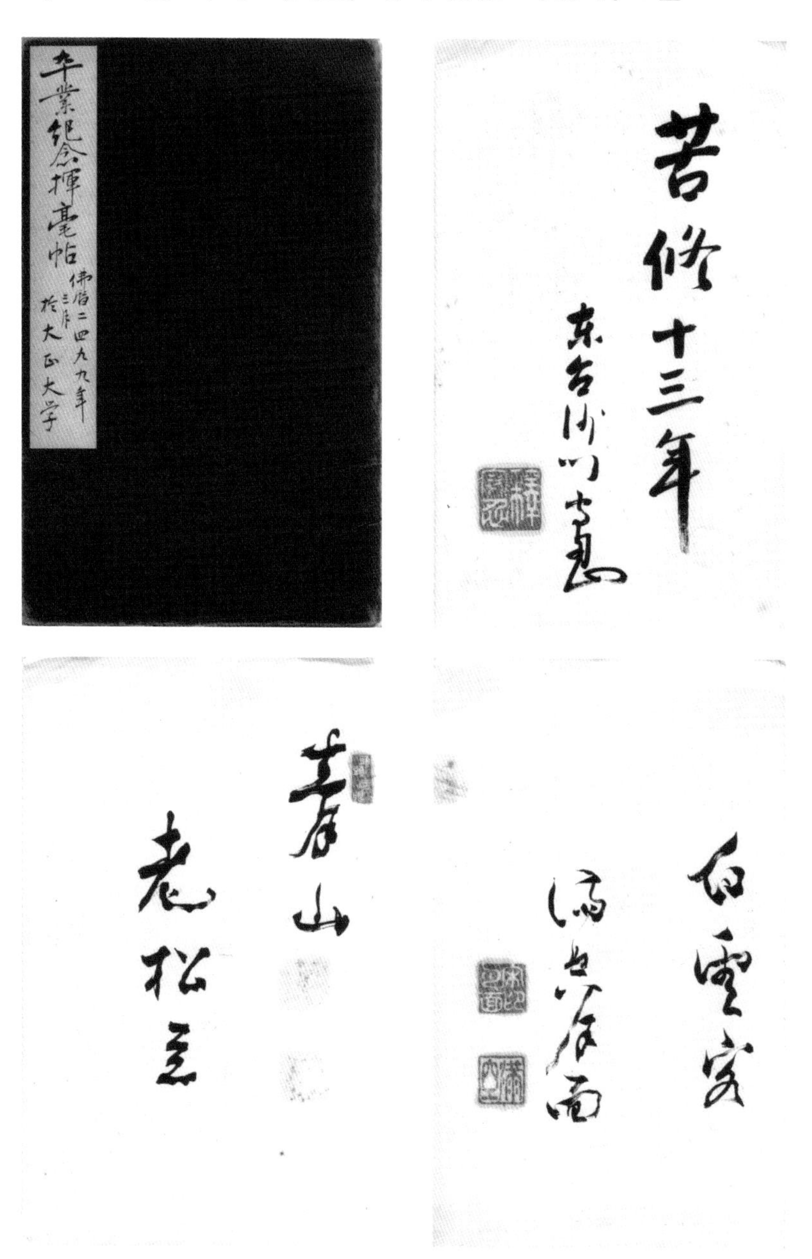

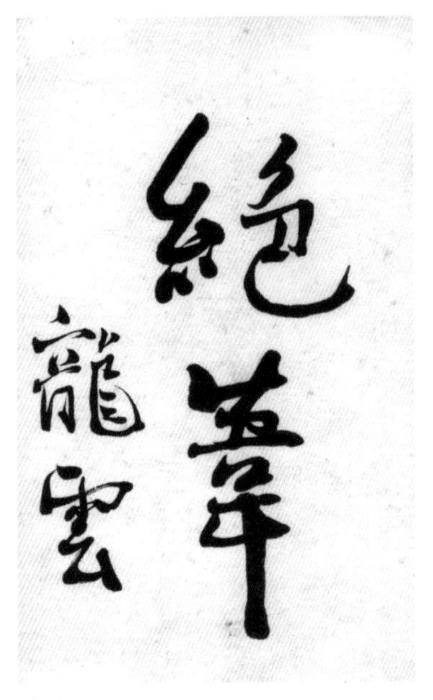

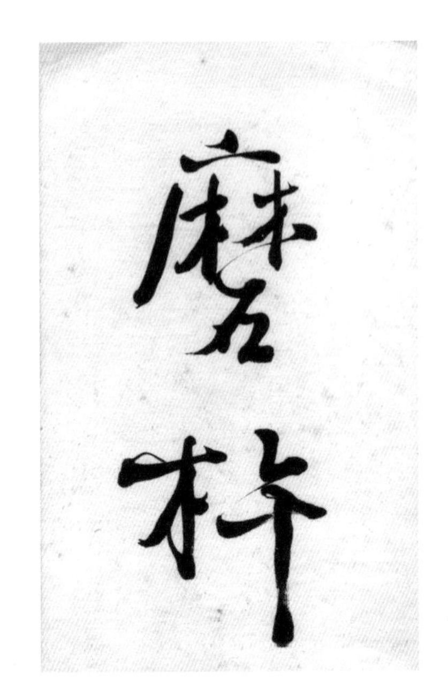

만해

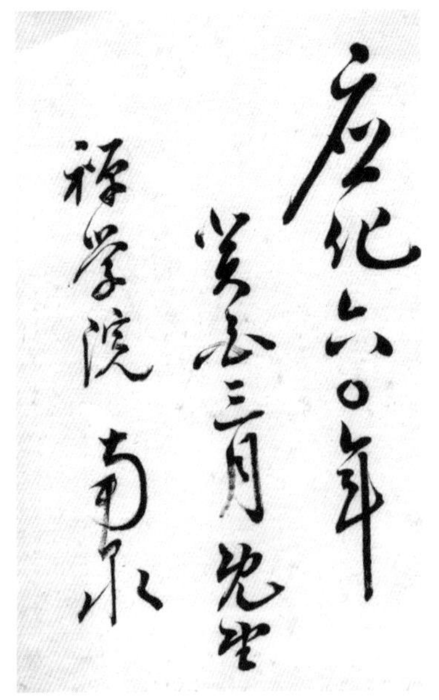

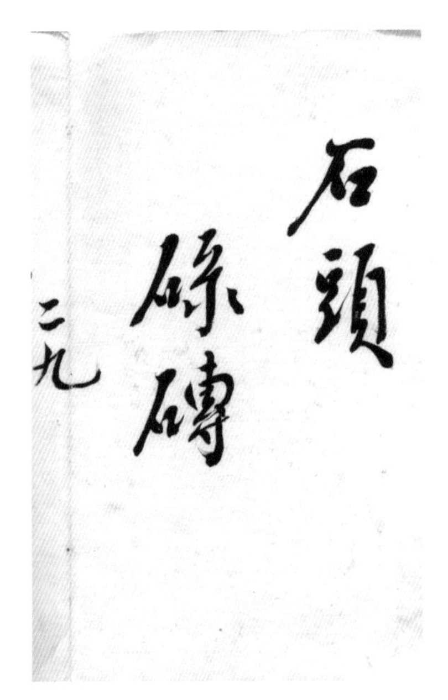

남전

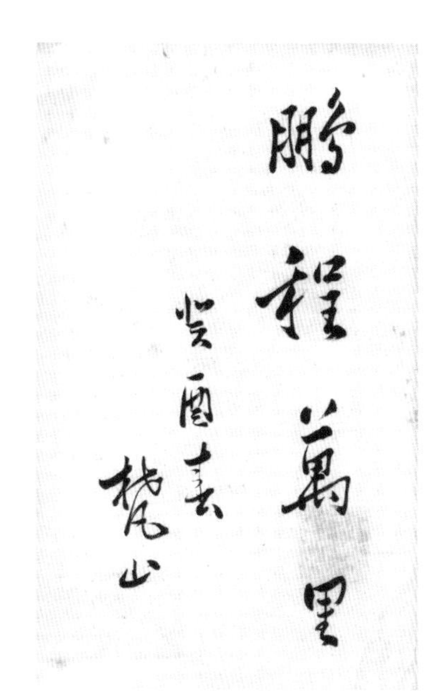

김법린

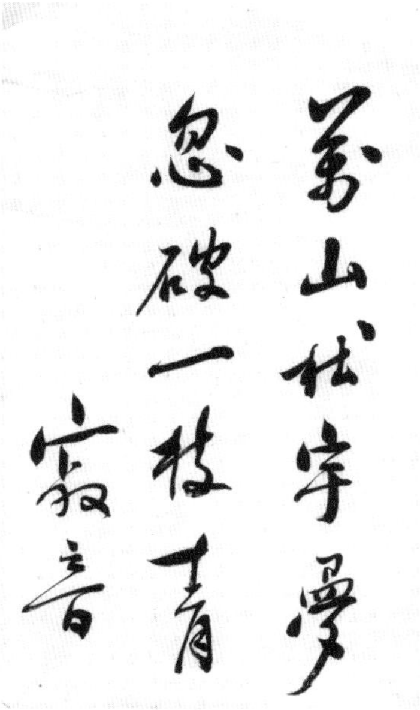

적음

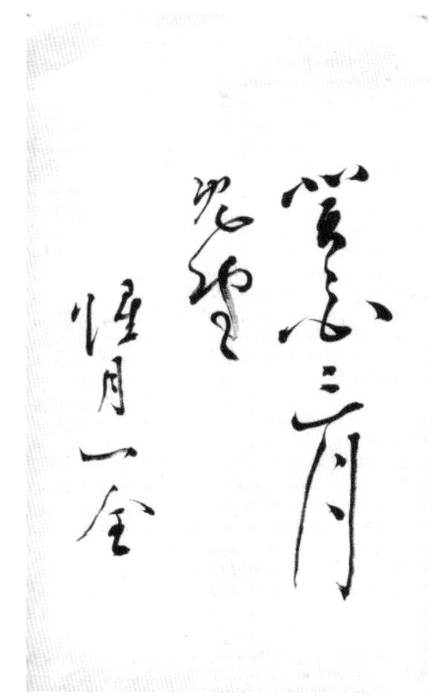

성월

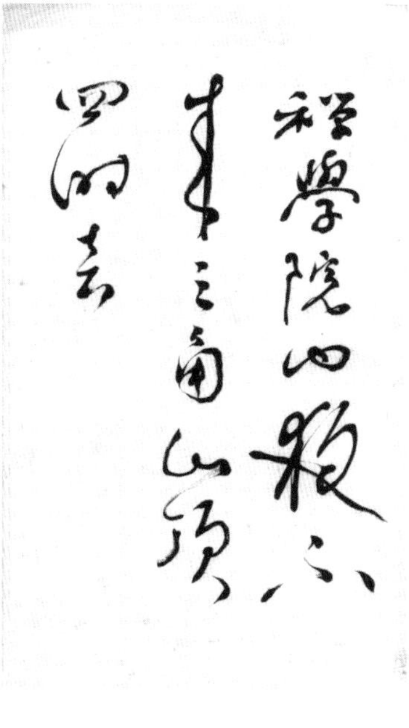

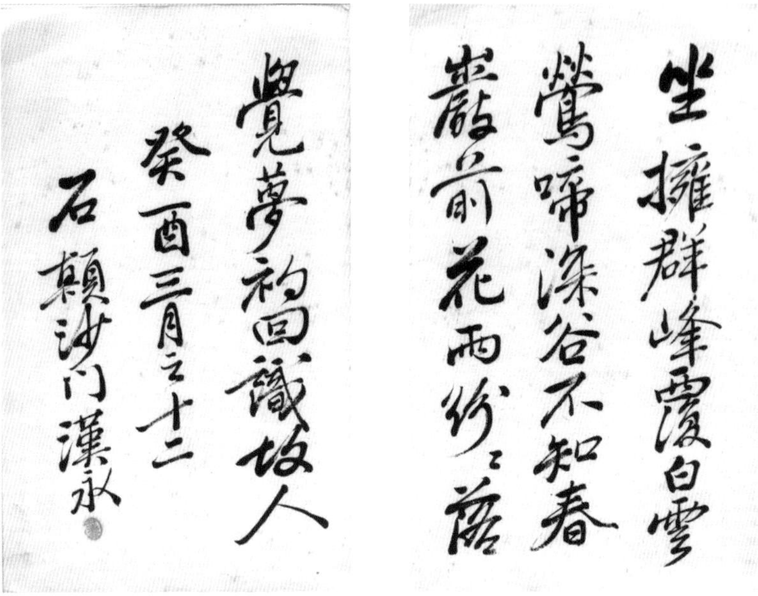

坐擁群峰霞白雲
鶯啼深谷不知春
巖前花雨紛紛落

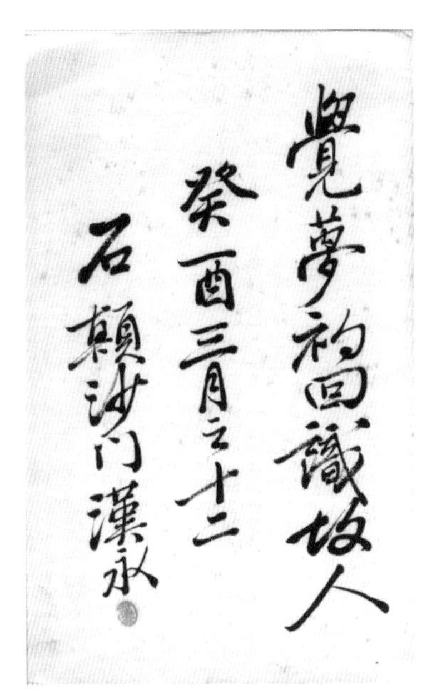

覺夢初回識故人
癸酉三月二十二
石顚沙門漢永

박한영

4. 만당(卍黨)과 독립운동

1) 해인사 순례기[21]

海印寺巡禮記

海印寺巡禮記

萬海

此行은 數處를經行하얏으나 特히 海印寺巡禮에 置重하얏음으로 海印寺巡禮記라하노라

나는이때까지 海印寺를 參拜치못하얏다 이것이 나의羞恥라면 羞恥다 웨그러냐하면 海印寺는 朝鮮의名刹일뿐아니라 朝鮮文化의最高峰인同時에 世界的重寶인 高麗藏經板이 海印寺에奉安되야잇음으로 尋常한外國人이라도 足跡을朝鮮에印하는者는 다투어海印寺를拜觀하거늘 하물며朝鮮人、特히僧侶된者리오 이러한理由로 나는일직이海印寺를 參拜치못함으로 羞恥라한다 그러하야 海印寺를參拜코자하는것은 宿年의志望이엇다。

八月一日午後九時五分京城驛發釜山行의汽車를타고 一路、勿禁驛에着하니 翌日午前七時半頃이엇다 自動車로 通度寺에至하는途中 梁山邑에서 朝食을마치고 곳通度寺에到着하야 住持金雪岩氏外多數의知舊를 반갑게맛나보앗다 조곰잇다가 金鏡峰氏의懇懃한茶果會에臨하고 宗務所로오니 東京에留學中인姜裕文氏가와다「金剛杵」의發刊을爲하야 數個寺에行脚中이라한다 共公事를爲하는그熱心에 感激하얏다 가티寺中의茶果會에臨하야 主客相互의情話를爭할때 맛칠비가나린다 旱餘의甘雨임으로 누구든지 깃분빛을띄엇다 夕飯을맛친後에 客室로옴겻다 그客室은 通度寺의貴賓室이라하는데 그構造와裝置가 實로貴賓室답게되엇다 비는繼續하야온다 住持和尙이오더니 나를向하야우스면서「先生이오서비가옴니다 龍이出動을하나 비가아니오겟읍니까 누가썻는지 事務室漆板에 異常한글이씨여저잇음되다「人龍乘雲八鷲山」이라는글이씨어저잇는대 그것도異常한일입니다 先生이 조곰일직왓으면 비가벌서왓지오」한다 이것은 나의이름이 龍雲임으로 하는말이다 나도우섯다 이것이한尋常한談話에지나지안는것이나 主人으로 客을위로하는 外交的辭令임을 깨다랏다 古寺雨聲 하루ㅅ밤꿈이맑엇다

三日午後二時頃 通度寺를出發하얏는대 住持和尙과金鏡峰和尙이 六七里나되는新坪까지 徒步로餞送하야주심은 感謝를無雖하야 恐縮하얏다 自動車로東萊八松亭에至하야 吳惺月和尙의私宅을訪問하고 곳梵魚寺에至하니 住持和尙은出他하고 吳梨山和尙의 周到한接待

(111)

「해인사 순례기」, p.111

1931년 무렵부터 만해(卍海 혹은 萬海) 한용운(韓龍雲, 1879~1944)을 중심으로 만당이 비밀리에 결성되었다. 이후 1933년 8월 만해는 해인사를 방문하고 『불교』 100호에 「해인사 순례기」를 기고하였다. 이 글에서 만해는 이때까지 해인사를 참배하지 못하였다고 글을 시작하였다. 이는 거짓으로 특정한 목적을 위한 일종의 위장(僞裝) 술책이었다. 효

21) 萬海, 「海印寺巡禮記」, 『佛敎』(京城: 佛敎社, 1933년 10월), pp.111~115.

당은 1918년 10월 무렵 해인사에서 만해의 강연을 들었고 효당의 사형제인 서예가 청남(菁南) 오제봉(吳濟峰, 1908~1991)도 1920년대에 '옥은 부서져도 아름답다'라는 한시(漢詩)로 독립정신을 일깨우는 만해의 강연을 해인사에서 들었다.[22] 따라서 만해의 해인사 순례는 만당의 재정비와 관련된 어떤 특정한 목적을 가지고 있었다.

「해인사 순례기」, p.115

만해는 해인사로 가던 중 1933년 8월 5일 오후 1시에 부산 범어사 강원에서 조선불교 청년동맹의 요청으로 약 1시간 강연을 하였고, 이

22) 채정복 편, 『曉堂崔凡述文集』 1(서울: 민족사, 2013), p.404 ; 최범술, 「萬海 韓龍雲 선생」, 『新東亞』 第75號(서울: 동아일보사, 1970년 11월), p.314 ; 「「釜山書道」 지켜온 墨香 일생 원로서예가 吳濟峰 씨」, 『동아일보』(서울: 동아일보사, 1991년 8월 13일), 석간 15면 문화.

후 출발 전에 만당 당원 강유문을 만나고 오후 5시경에 머물던 여관에서 형사 2인으로부터 검문과 수색을 당하였다. 이후 대구를 거쳐 자동차로 해인사에 도착한 후 7일 아침을 먹고 여러 전각과 승려들을 방문하였다.[23] 이어서 만해는 효당의 은사인 임환경이 머무는 영자전(影子殿)을 참배하였고, 임환경과 돌배(石梨) 차를 마시며 깊은 이야기를 나누었다. 이후 이듬해 1월 무렵 해인사 주지 이고경의 요청으로 효당이 법무를 맡게 되자 해인사에는 항일결사체 만당이 점차 자리 잡게 되었다.

2) 만당의 「18인 인상기」[24]

강유문이 쓴 「18인 인상기」에는 아래와 같은 항일(抗日) 비밀결사체인 만당의 선언문과 강령이 실려있었다. 효당은 이 글을 사실상 만당의 당원 명부로 회고하였다.[25]

> "보라! 三千年法城이 넘어가는 꼴을! 들으라! 二千萬同胞가 헐떡이는 소리를! 우리는 참을 수 없는 義憤에서 일어선다. 이 法城을 지키기 爲하여! 이 同胞를 구하기 위하여! 안으로 敎政의 確立을 關하고 밖으로는 大衆佛敎化를 위하여 佛陀와 自性에 盟誓코 이에 ××을 ×는다.
> 一, 政敎分立 一, 敎政確立 一, 大衆佛敎化."

---

23) 萬海, 「海印寺 巡禮記」, 『佛敎』(京城: 佛敎社, 1933년 10월), pp.112~114.
24) 一佛子, 「十八人印象記」, 『金剛杵』 21(東京: 金剛杵社, 1933년 12월 16일), pp.30~40.
25) 최범술, 「청춘은 아름다워라」 148(최범술 42화), 『국제신보』(부산: 국제신보사, 1975년 3월 24일), 5면.

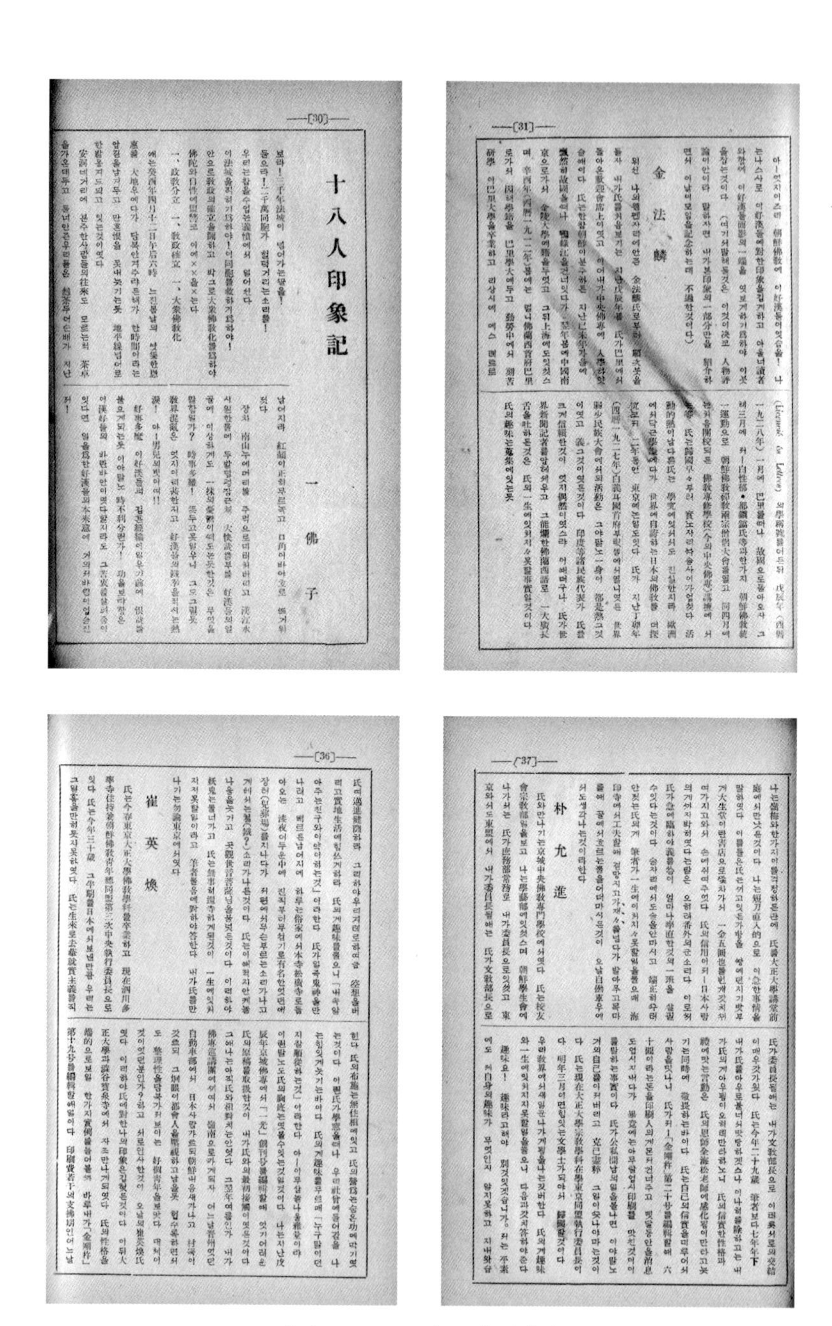

—〔30〕—

十八人印象記

一佛子

—〔31〕—

金法麟

—〔36〕—

崔英煥

—〔37〕—

朴允進

효당(당시 최영환)의 18인 인상기

위의 내용은 후일 이용조의 회고와 거의 일치한다.

"<黨宣言文> 보라! 三千年法城이 넘어가는 꼴을! 들으라! 우리는 참을 수 없는 義憤에서 敢然히 일어선다. 이 法城을 지키기 爲하여! 이 民族을 구하기 위하여! 向者는 同志요 背者는 魔眷이다. 團結과 撲滅이 있을 뿐이다. 우리는 안으로 教政을 確立하고 밖으로 大衆佛教를 建設하기 위하여 身命을 睹하고 果敢히 前進할 것을 宣言한다.
<綱領> 一, 教政分立 一, 教政確立 一, 佛教大衆化."[26]

※ 아랫줄 왼쪽에서 2번째 안경 쓴 효당[27]

이 무렵 효당은 30세가 되는 1933년 3월 일본 다이쇼(大正) 대학을 졸업하였다. 그 무렵 만해로부터 조선불교청년총동맹 제3대 중앙집

26) 李龍祚, 「내가 아는 卍字黨 사건」, 『大韓佛教』 55(서울: 대한불교사, 1964년 8월 30일).
27) 「卒業生送別記念撮影」, 『金剛杵』 21(東京: 金剛杵社, 1933년 12월 16일), 卷頭言의 앞장.

행위원장으로 선임되었으니 속히 귀국하라는 연락을 받았다. 이후 효당은 불교계의 내분으로 와해된 동맹을 표면적으로 해산하고 만당을 비밀리에 재정비하였다.

3) 다솔사 강원의 광고[28]

효당은 일제의 주시를 피하면서 만당 당원들과 함께 민족운동을 지속할 방책으로 1933년에 불교전수강원인 '다솔강원(多率講院)'을 다솔사에 창립하였다.[29] 이후 효당은 이듬해인 1934년 1월에 이고경 스님의 해인사 주지 취임과 동시에 해인사 법무로 피임되어 두 사찰을 오갔다. 그리고 3월에는 농민 자제를 위한 광명학원(현 봉계초교)을 다솔

28) 『金剛杵』 21(東京: 金剛杵社, 1933년 12월 16일), 뒤표지 안쪽(p.68).
29) 「우리 뉴스」, 『金剛杵』 21(東京: 金剛杵社, 1933년 12월 16일), p.56.

사 인근인 원전에 설립하였다. 또 6월에는 만당 당원 동지인 쌍계사 주지 박근섭과 함께 경기도지사의 인가를 얻어 경성에 명성여자학교(현 서울 구이동 소재, 동국대학교 사범대 부속 여고)를 설립하였다. 효당은 초대 교장을 역임하며 민족 여성 교육을 꾀하였다.

그 결과 효당이 설립한 광명학원과 불교전수강원은 대외적으로는 일제의 예리한 주시를 가릴 수 있는 명분이 되었고, 실제로는 김법린·김범부 등의 범(凡) 만당 당원들이 공식적으로 생활하고 활동할 수 있는 터전이 되었다. 이후 다솔사 강원과 해인사의 강원은 1935년 이후 통합되어 운영되었다.

4) 독립운동가 일송(一松) 김동삼(金東三, 1878~1937) 선생의 한시(漢詩)

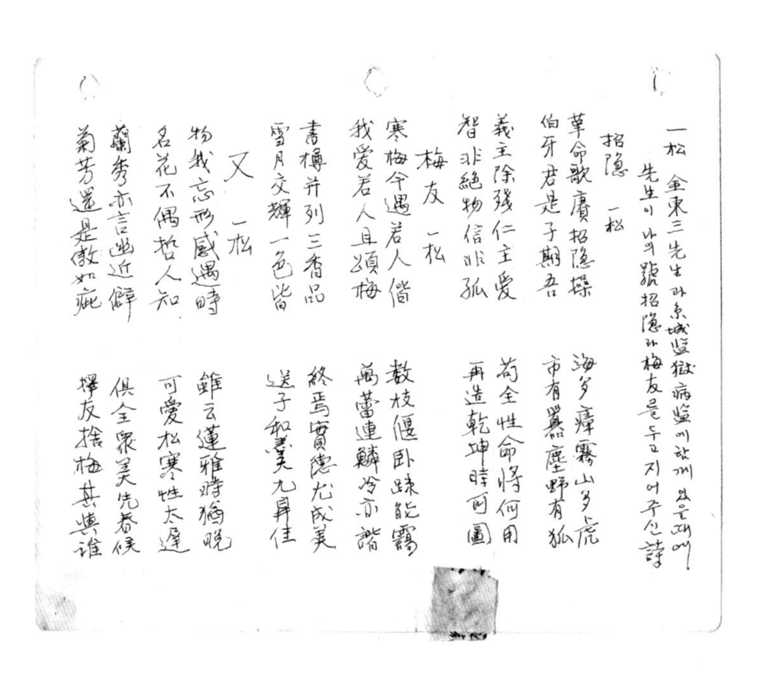
一松 金東三先生과 京城監獄 病監에 함께 있을 때에
先生이 나의 號 招隱과 梅友를 두고 지어주신 詩

招隱 一松
革命歌賡招隱操 伯牙君是子期吾
義主除殘仁主愛 智非絕物信非孤
海多瘴霧山多虎 市有囂塵野有狐
苟全性命將何用 再造乾坤時可圖

梅友 一松
寒梅今遇君人偕 我愛君人且須梅
書榻并列三香品 雪月交輝一色皆
數枝偃臥踈能靄 萬蕾連鋪冷亦諧
終焉實德尤成美 送子和羹九鼎佳

又 一松
物我忘形感遇時 名花不偶哲人知
蘭秀亦言幽近僻 菊芳還是傲如癡
雖云蓮雅時猶晩 可愛松寒性太遲
俱全衆美先春候 擇友捨梅其與誰

김철수 선생이 다솔사로 효당을 심방(尋訪)하고 회고한 김동삼 선생의 한시이다. 김동삼 선생은 경성 감옥 병감(病監)에서 만난 김철수 선생의 호(號) 소은(昭隱)과 매우(梅友)를 가지고 시를 지었다. 이후 김동삼 선생은 1937년 옥사하였고, 그의 장례를 만해가 심우장(尋牛莊)에서 치렀다.

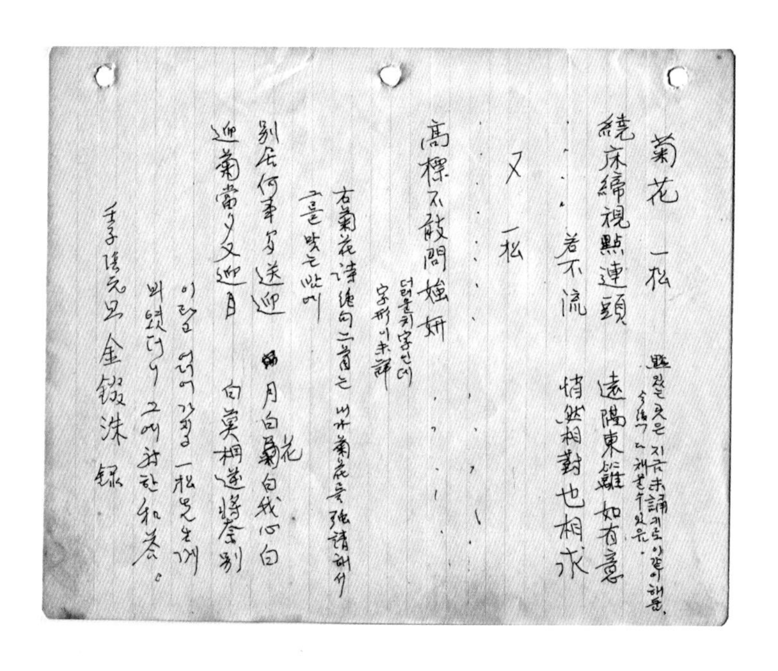

菊花　一松

繞床締視點連頭　遠陽東籬如有意

若不流　情然相對也相求

又　一松

高標不敵問嬋妍

右菊花詩絶句二首는 내가 菊花를 强請해서 二를 맞는 밤에

別后何年可送迎　月白菊花白我心白

迎菊當夕又迎月　白莫桐遂將奈別

金錣洙 錄

왼쪽은 김철수 선생이 감옥에서 억지로 청해서 국화(菊花)를 얻고서 그날 밤에 쓴 한시이고 오른쪽은 김동삼 선생의 화답시(和答詩)이다.

5) 해인사사건

(1) 해인사 주지 선거와 일제의 탄압

僧にも冷い 厳然たる法

海印寺の中林幻鏡師 森林令違反で罰金

【陝川】陝川郡海印寺中林幻鏡師は信徒からも相當信望を得て居る僧侶であるが去る十月廿九日森林令違反の廉に撮り罰金百圓の略式命令を受けたが不服であると正式裁判を請求した、この本件の内容は同寺院基本財産中の山林中より五、六十年生の樹木七百五十餘本を伐採したと云ふのであって右は同寺院大寂光殿の屋根修繕に要する瓦を焼く爲め枝木を切り枯木の燃料に供したもので幹木を伐採した事實なしと主張正式裁判を仰いだもので居昌支廳からは甲藤判事一行現地檢證に出張した

1936년 12월 22일 『부산일보』 석간 4면

海印寺森林 盜伐問題再展開

喪家飲食먹고 又十五名呻吟

瑞山防護團發團式

1937년 8월 24일 『동아일보』 8면

寺財橫領等事實로 海印寺法務收容

事件은意外擴大될듯

【釜山】주지(住持)선거문제를 둘러싸고 가진추태를 세상에 폭로한 소위신성하고 억만민생의기 의처로 자처하는 불교의 전당 인경남합천군(陜川郡)에잇는 해인사(海印寺)의 적기주지 선거문제로 말미암은 부산검사국 정사실이 탄로되여 부산검사국 거창분국에서 각방면으로 내사를하더바 지난십칠일 오후세시 경동사법무(法務) 최영환(崔英煥)을 정식으로 검거하야 다가동검사분국의 곡전(谷田)검사가 엄중히 취조를하고 잇다는데 그내용은 자세히는 알수 업스나 듯는바에 의하면 수년간에 사재(寺財)횡령과 문서위조행사(文書僞造行使)등의 사실이발각된것이라하며 금후취조에 따라 의외의 방면에까지사건이 확대될듯하다고 일반은 그취조결과를 주목하고 잇다고한다

1937년 7월 24일 『조선일보』 8면

海印寺의內訌 總辭職說擡頭

甕津軍事講演

1937년 9월 2일 『동아일보』 4면

※ 본문에 나오는 최모는 효당(최영환)으로 박보담은 효당의 계사(戒師)였다.

이 무렵 해인사는 주지 선거에서 압도적인 지지로 당선된 이고경의 체제였다. 뒤이어 1936년 6월의 주지 선거에서 효당의 은사인 임환경

[林在修]과 장보해[張戒憲] 양쪽이 동점으로 나왔다. 이듬해 2월의 재선거 끝에 임환경이 당선되었지만, 사내(寺內)의 불만 세력을 이용하여 일제의 탄압(삼림령 위반)으로 효당은 1937년 검찰의 조사와 해인사 법무직의 사직을 강요받았다. 따라서 다솔사에서 해인사로 진출한 만당과 그 지지자들은 효당이 인경도감을 맡아서 『고려대장경』의 인경(引經) 작업을 수행하였고, 또한 위장의 술책으로 국방헌금과 중앙종무원의 결정인 효당의 '북지 위문사' 파견을 받아들이게 되었다. 그러나 이후 만당은 발각되었고, 효당을 비롯한 당원들은 여러 차례 검거되었다.

(2) 『라훌라의 사모곡』[30]에 나오는 만당의 독립운동과 '해인사 사건'

비구니 김일엽(金一葉, 1896~1971)의 아들인 일당(日堂) 김태신(金泰伸, 1922~2014)은 일본 혼고(本鄕) 중학교 재학시절에 방학 때마다 자주 한국에 왔다. 그는 올 때마다 효당이 편지로 가장한 독립운동자금을 만주로 전달하는 것을 도왔다. 김태신이 본 효당은 당시 의열단에 깊숙이 관여한 독립운동가 박광(朴洸, 1882~1970)과도 자주 접촉하였다.

1943년 대학 3학년 여름방학 때 해인사사건을 목격한 김태신의 증언에 따르면, 해인사사건 당시 이고경 · 임환경 · 효당 등의 만당 당원들이 검거된 이유도 일제가 주목했던 중국 상하이(上海)와의 연관성 때문이었다. 의열단과 임정(臨政)이 있었던 상하이(上海)는 박열과의

---

30) 김태신, 『라훌라의 思母曲』 상(서울: 한길사, 1991), pp.178~180, pp.261~265.

178

"난 마침 대구로 해서 경성엘 다녀올 일이 있는데, 내가 돌아올 때까지 이곳에 있겠느냐?"

최영환 선생이 없는 다솔사에 내가 머물고 있을 필요가 없을 것 같았다.

"그럼 저도 가야지요."

"나와 같이 대구로 해서 경성으로 갈 생각은 없느냐? 즐거운 여행이 될 수 있을 게다."

나는 최영환 선생의 말대로 그를 따라 여행을 하기로 했다. 신나는 일이 있을 것 같은 기대감을 느꼈다. 그는 승복이 아니라 신사복 정장을 했고, 중절모를 쓴 모습으로 절을 나섰다. 후리후리한 키에 잘 어울리는 차림이었다.

우리는 대구로 오기 전 지난 여름에도 하룻밤 신세를 진 일이 있는 진주의 최영환 선생 친구 집에서 일박했다. 최영환 선생의 속가 친구 이름은 기억하지 못하는 것을 유감으로 생각한다. 그는 우리에게 융숭한 대접을 해주었고, 마음씨가 참으로 좋아 보였다. 내 생각이 틀림없다면, 그는 진주 지역에 살고 있는 유지들로부터 독립운동자금을 모으는 역할을 했던 사람이었다.

최영환 선생은 대구에 도착하여 나를 큰 요릿집의 별채로 데리고 갔다. 그 별채는 영업장소가 아니라 집주인이 사용하는 것이었다. 요릿집 주인의 이름은 박광(朴侊)이었다. 박광 선생은 후일에도 여러 번 만난 일이 있어 나는 그의 이름을 잊지 않고 분명하게 기억하고 있다.

박광 선생은 우리를 위해 큰 교자상에 상다리가 휘어질 만큼의 진귀한 요리들을 차려 내놓았다. 멀리서 가야금 탄주소리와 창소리가 뒤섞여 들려왔다. 박광 선생은 대구에서 독립운동자금을 조달하던 분이었다. 요릿집을 차려놓은 것은 자금을 마련하는 방편이기도 했지만, 사람들이 파출소의 주목을 받지 않고 쉽게 출입할 수 있도록 위

『라훌라의 사모곡』 p.178

운수납자(雲水衲子)가 되어 179

장한 것이기도 했다는 사실을 나는 나중에 어림해보았다.

이튿날 아침, 수많은 편지봉투를 한지에 싼 다음 가방에 넣고 있는 박광 선생에게 내가 물었다.

"웬 편지가 이렇게 많아요?"

"만주에 가서 살고 있는 동포들에게 조선에 있는 일가 친척들이 안부편지를 보내는 것이다."

나는 편지를 왜 우편으로 부치지 않을까 생각했다. 거기에 대해서 최영환 선생이 설명했다.

"마침 만주로 가는 사람이 있어서 편지를 모아 인편으로 보내주는 것이란다."

"그렇군요."

"별로 무겁지 않으니까 네가 이 편지가 든 가방을 좀 들고 가겠니?"

나는 아무 의심 없이 답했다.

"알겠습니다."

내가 가방을 들고 앞장섰다. 그가 뒤따라왔다. 경성행 밤기차 안에는 특무계 형사들이 오락가락하며 수상하게 보이는 사람들의 몸과 짐을 뒤지고 있었다. 그러나 형사들은 도쿄의 혼고중학교 제복을 입고 있는 나에 대해서는 어떤 의심도 하지 않았다. 나는 그때까지도 가방 속에 들어 있는 것이 진짜 편지라고만 생각했기 때문에 경계할 필요도 없었다. 자연스럽게 행동하는 나를 형사들이 수상하게 보지 않은 것은 당연한 일이다.

우리는 이튿날 아침에 무사히 경성역에 도착했다. 전차를 타고 종로 3가에서 내린 나와 최영환 선생은 함께 와룡동으로 갔다. 이당 아버지와 최영환 선생은 전부터 깊은 친교가 있었다.

최영환 선생이 이당 아버지에게 말했다.

"마사오가 똑똑하게 행동해서 이번에는 편지들을 고생하지 않고

『라훌라의 사모곡』 p.179

180

잘 가져왔습니다."

나는 편지 운반이 이번이 처음이 아니라는 것을 알았다. 그 편지 운반 건에는 이당 아버지도 관련되어 있다는 것도 알았다.

늦은 아침 밥을 먹고 났을 때 최영환 선생이 나에게 말했다.

"피곤하지만 나하고 같이 한군데만 더 갔다 오자꾸나."

이당 아버지도 그렇게 하라고 권했다. 와룡동을 나온 나와 최영환 선생은 성북동으로 갔다. 성북동 언덕을 걸어 올라가 한 솟을대문 앞에 섰다.

"만해 한용운 선생님 댁이다."

한용운 선생은 건강이 좋아 보이지 않았다. 머리를 흔들거렸다. 나는 최영환 선생의 소개로 한용운 선생에게 큰절을 올렸다. 그는 편지봉투가 든 가방을 한용운 선생에게 건넸다.

"앞으로는 마사오가 종종 편지 심부름을 할 것입니다."

나는 내가 어른들께 도움이 될 수 있다는 사실을 알고 말했다.

"언제든지 심부름 시키실 일이 있으면 저를 시키십시오."

한용운 선생이 나를 보았다. 그의 얼굴에 아주 잠깐 사이 그늘이 스쳐갔다. 아마도 그 그늘은 철없는 나를 이용하고 있다는 죄책감에서 나온 것은 아니었을는지. 그 편지봉투 속에 편지가 아니라 여러 사람들로부터 모은 돈이 들어 있다는 것을 나는 나중에서야 알았다.

한용운 선생은 헤어지기 전에 나에게 5원을 주면서 요긴할 때 쓰라는 말씀을 했다.

최영환 선생은 나를 원남동 네거리에서 그리 멀지 않은 곳에 위치해 있는 선학원(禪學院)으로 데리고 갔다. 선학원의 원장 스님은 김적음(金寂音)이었다. 최영환 선생의 소개로 적음스님께 인사를 드렸다. 그는 코밑에 수염을 기르고 있었다.

선학원에서 나온 최선생은 그날 저녁 진주행 밤차를 타기 위해 경성역으로 향했고, 나는 와룡동으로 들어갔다. 이당 아버지는 나에게

『라훌라의 사모곡』 p.180

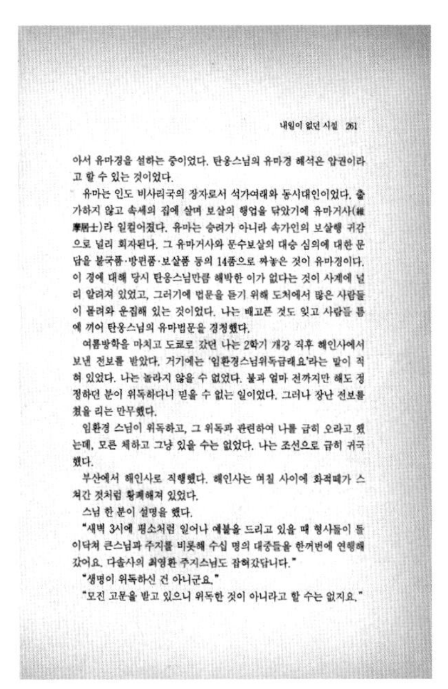

내일이 없던 시절 261

아서 유마경을 설하는 중이었다. 탄옹스님의 유마경 해석은 압권이라고 할 수 있는 것이었다.

유마는 인도 비사리국의 장자로서 석가여래와 동시대인이었다. 출가하지 않고 속세의 집에 살며 보살의 행업을 닦았기에 유마거사(維摩居士)라 일컬어졌다. 유마는 승려가 아니라 속가인의 보살행 귀감으로 널리 회자된다. 그 유마거사와 문수보살의 대승 심의에 대한 문답을 불국품·방편품·보살품 등의 14품으로 짜놓은 것이 유마경이다. 이 경에 대해 당시 탄옹스님만큼 해박한 이가 없다는 것이 사계에 널리 알려져 있었고, 그러기에 법문을 듣기 위해 도처에서 많은 사람들이 몰려와 운집해 있는 것이었다. 나는 배고픈 것도 잊고 사람들 틈에 끼어 탄옹스님의 유마법문을 경청했다.

여름방학을 마치고 도쿄로 갔던 나는 2학기 개강 직후 해인사에서 보낸 전보를 받았다. 거기에는 '임환경스님위독급래요'라는 말이 적혀 있었다. 나는 놀라지 않을 수 없었다. 불과 얼마 전까지만 해도 정정하던 분이 위독하다니 믿을 수 없는 일이었다. 그러나 장난 전보를 쳤을 리는 만무했다.

임환경 스님이 위독하고, 그 위독과 관련하여 나를 급히 오라고 했는데, 모른 체하고 그냥 있을 수는 없었다. 나는 조선으로 급히 귀국했다.

부산에서 해인사로 직행했다. 해인사는 며칠 사이에 화적떼가 스쳐간 것처럼 황폐해져 있었다.

스님 한 분이 설명을 했다.

"새벽 3시에 평소처럼 일어나 예불을 드리고 있을 때 형사들이 들이닥쳐 큰스님과 주지를 비롯해 수십 명의 대중들을 한꺼번에 연행해갔어요. 다솔사의 최영환 주지스님도 잡혀갔답니다."

"생명이 위독하신 건 아니군요."

"모진 고문을 받고 있으니 위독한 것이 아니라고 할 수는 없지요."

『라훌라의 사모곡』 p.261

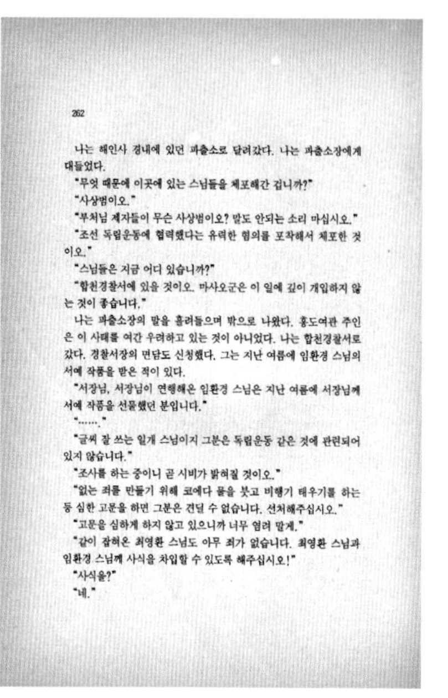

262

나는 해인사 경내에 있던 파출소로 달려갔다. 나는 파출소장에게 대들었다.

"무엇 때문에 이곳에 있는 스님들을 체포해간 겁니까?"

"사상범이오."

"부처님 제자들이 무슨 사상범이오? 말도 안되는 소리 마십시오."

"조선 독립운동에 협력했다는 유력한 혐의를 포착해서 체포한 것이오."

"스님들은 지금 어디 있습니까?"

"합천경찰서에 있을 것이오. 마사오군은 이 일에 깊이 개입하지 않는 것이 좋습니다."

나는 파출소장의 말을 흘려들으며 밖으로 나왔다. 홍도여관 주인은 이 사태를 여간 우려하고 있는 것이 아니었다. 나는 합천경찰서로 갔다. 경찰서장의 면담도 신청했다. 그는 지난 여름에 임환경 스님의 서예 작품을 받은 적이 있다.

"서장님, 서장님이 연행해온 임환경 스님은 지난 여름에 서장님께서에 작품을 선물했던 분입니다."

"……."

"글씨 잘 쓰는 일개 스님이지 그분은 독립운동 같은 것에 관련되어 있지 않습니다."

"조사를 하는 중이니 곧 시비가 밝혀질 것이오."

"없는 죄를 만들기 위해 코에다 물을 붓고 비행기 태우기를 하는 등 심한 고문을 하면 그분은 견딜 수 없습니다. 선처해주십시오."

"고문을 심하게 하지 않고 있으니까 너무 염려 말게."

"같이 잡혀온 최영환 스님도 아무 죄가 없습니다. 최영환 스님과 임환경 스님께 사식을 차입할 수 있도록 해주십시오!"

"사식을?"

"네."

『라훌라의 사모곡』 p.262

내일이 없던 시절 263

"임환경에게는 사식을 허락할 수 있지만 최영환에게는 안되겠소."

임환경 스님이 최영환 스님보다 나이가 많은 것을 고려해서 한 말인지, 그로부터 서예 작품을 선사받았기 때문에 특별히 배려를 해주는 것인지는 알 수 없었다. 나는 우선 임환경 스님에게 사식을 차입시켜드린 다음 경성으로 향했다. 이 일은 경찰서장의 힘 정도로는 매듭을 풀 수 없는 중대사안이라는 것을 나는 인식했다. 총독부로 아버지를 찾아갔다.

아버지는 학교에 다니고 있어야 할 내가 불쑥 모습을 나타내자 깜짝 놀라며 물었다.

"네가 어떻게 여길……?"

나는 불문곡직 본론을 꺼냈다.

"합천경찰서에 스님을 연행해다놓은 사건을 아버지는 알고 계십니까?"

"그 사건은 내 소관이 아니지만 이야기는 듣고 있다."

"거기 갇혀 있는 임환경 스님과 최영환 스님을 당장 석방시켜주십시오!"

"무슨 소리냐?"

"그분들은 아무 잘못이 없습니다."

"중국 상해에 본부를 두고 있는 조선독립단체에서 국내로 요인을 파견, 조선 내에서 일시에 들고일어날 것을 독려하고 있다는 정보가 포착되었다는구나. 그 요원들과 내통하며 독립운동자금을 걷고, 거사 계획을 세운 주모자가 임환경과 최영환이라고 들었다."

"아버지!"

"말해보아라."

"아버지는 오늘 만나는 것으로 저와 네번째 만나는 것일 뿐입니다. 제가 아직 아버지를 모를 때 신천에 다녀가셨고, 수덕사 보수공사를 부탁드리러 왔을 때 만났고, 제가 대학 합격했을 때 도쿄에서 만났을

『라훌라의 사모곡』 p.263

264

뿐이지요. 그것이 전부입니다."

"……."

"그렇지만 임환경 스님과 최영환 스님은 제가 방학만 되면 조선에 와서 만난 분들이고, 저에게 숙식을 제공해주고 용돈을 주셨던 분들입니다."

"자주 만나지 않아도 내가 네 학비와 네가 쓸 충분한 돈을 신도씨를 통해 주고 있다는 사실을 모르느냐?"

"압니다."

"그런데도 그렇게 말할 수 있느냐?"

"돈이라면 아버지는 누구보다 저에게 잘해주셨어요. 그러나 그분들은 아버지가 저에게 주시지 않은 정을 준 분들입니다. 정신적으로 훌륭한 교훈을 일깨워주시고, 남다른 애정을 저에게 쏟아주었단 말입니다."

"……."

"그분들은 죄가 없습니다. 당장 풀려나게 해주십시오."

"마사오야!"

"제가 은혜를 입은 분들입니다. 아버지는 그들을 도와줄 의무가 있어요. 그것을 거절하신다면 아버지를 원망할 수밖에 없습니다."

아버지의 얼굴은 심각하게 일그러졌다.

"아까도 말했지만 나는 그 사건에 직접 관여하고 있지는 않다."

"여기서 나가면 내일중에 합천에 있을 겁니다. 그분들이 출감하는 것을 보아야 도쿄로 돌아갈 것입니다."

나는 총독부 건물을 나왔다. 와룡동 집에 들러 이당 아버지께 그간의 경위를 말씀드렸더니 우려를 표했다.

"빨리 풀려나야 할텐데 걱정이다. 감옥에서 고생들을 많이 할 거야. 네가 힘닿는 데까지 도와드려라."

"그럴 작정입니다."

『라훌라의 사모곡』 p.264

내일이 없던 시절 265

나는 합천으로 가면서 아버지가 독립지사 투옥사건에 직접 관여하지 않고 있다는 것을 다행으로 생각했다. 아버지는 나의 부탁을 들어줄 것으로 기대했다. 나는 아버지와 자주 만나지 않았던 것을 불평했지만 아버지가 나를 사랑하고 있다는 것만은 확신할 수 있었다. 아버지와 어머니가 헤어진 지 20년이 넘었고 내가 이 세상에 태어난 지도 20년이 넘었지만 아버지는 끝내 다른 여자와 결혼하지 않고 독신으로 지내고 있었다. 아직도 어머니를 사랑하고 있다는 증거이며, 나를 무엇보다 소중하게 여기신다는 반증이었다.

나의 예상은 틀리지 않았다. 아버지는 함께 투옥된 모든 사람을 풀려나게 하지는 못했지만 내가 부탁한 임환경 스님과 최영환 스님의 석방을 위해 손을 써주었다. 내가 합천경찰서에 도착한 직후 두 분의 신병은 나에게 인도되었다.

임환경 스님은 다소 덜 했지만 최영환 스님의 몸은 고문으로 해서 여러 곳이 상해 있었다. 나는 그런 처참한 모습을 대하자 분노가 울컥 치미는 것을 느꼈다.

임환경·최영환 두 분은 나를 보자 얼싸안았다. 우리 세 사람은 한몸이 되어 울음을 터뜨렸다. 해인사 사건은 항일운동사에 일획을 그은 큰 사건이다. 해인사와 그 말사인 다솔사의 주지를 비롯한 승려와, 그들과 연관이 있던 독립지사를 포함하여 수십 명이 일경에 체포되어 모진 고초를 받아야만 했다.

할머니의 장례식장에서

이즈의 대저택에 살고 있던 할머니께서 세상을 뜨셨다는 소식이 날아온 것은 대학교 3학년 겨울방학을 며칠 앞둔 그 해 12월의 일이었다.

나는 신도 아라키 부부와 함께 아타미의 이즈로 갔다. 친척과 친지

『라훌라의 사모곡』 p.265

밀의로 효당이 폭탄을 입수한 곳이었다. 그러나 일시적으로 합천경찰서를 나온 효당은 1943년 9월부터 김범부를 비롯한 여러 만당의 당원들과 경남 도경(道警)의 감옥에서 오랜 고초를 겪었다.

(3) 계간 『다심(茶心)』 창간호

다심창간기념 범부선생추모특집

내가 만난 凡父선생과 曉堂스님

申烱魯
(전고려해운(주) 상무이사)

범부 김정설(金鼎卨 1897~1966) 선생과 효당 최범술(崔梵述 1904~1979)스님은 일제 침략에 의한 우리 민족의 피눈물 나는 수난과, 8·15 해방 후에 국토 분단 아래 극심한 혼란과 처참한 비극으로 얼룩진 격동의 시대를 살다 간 선각자들이다.

내가 이 두 분을 처음 만나게 된 것은 일본이 "대동아공영권 건설"이란 미명아래 침략의 아욕이 극에 달했던 1941년 초가을 무렵 어느 날이었다.

나는 그 당시 23살의 젊은 나이로 일제에 의해 전쟁터로 가야하는 강제적 지원병과 징용을 피하기 위해 부끄럽게도 일본 경찰에 투신하여 경남도경 유치장 간수 근무를 한던 시기였는데 우연인지 필연인지 범부 선생과 효당 스님을 내가 근무하는 유치장에서 만나게 되었던 것이다.

내가 근무하던 곳은 일본 경찰의 비밀 유치장으로 파염치범은 별로 없었고 대부분이 일제 통치에 반대하거나 우리 민족의 자주독립을 위해 활동하고 투쟁하는 애국지사들이나 일본의 신사참배를 거부하는 항일 기독교인 등 사상범들을 구속 조사하는 곳으로 구속자는 거의 조선 사람이었다.

그때에 두 분은 사천 다솔사에서 독립운동 혐의인 이른바 '해인사 사건'으로 관할 경찰서에 검거 구속되어 있다가 다른 동지들과 함께 경남도경으로 이송되어 왔었는데 처음엔 어떤 분들인지 잘 몰랐으나 입감 수속을 밟는 과정

茶心/77

다심창간기념 범부선생추모특집

◀1943년 겨울, 효당스님과 찍은 사진(필자 오른쪽)

에서 지켜 본 그 첫 인상이 너무나 침착하고 온화한 인품이며 시종 담담하고 의연한 태도에 젊은 내 마음에 외경심(畏敬心)이 일어나 그 때부터 우러러 모시게 되었던 것이다.

두 분은 쇠창살이 처진 살벌하고 음침한 간방에 수감되어 1년이 넘도록 모진 옥고를 치르면서도 시종일관 그 자세와 마음가짐이 조금도 흩어짐이 없이 유연하게 기거 하시는 태도가 다른 수감자들에게 정신적 기둥이 되는 어른들로서 존경을 받았다.

그러하여 나는 자연이 그 두 분이 당대 조선의 저명한 석학이며 애국자임을 알게 되어 마음 깊이 존경하면서 내 나름대로 두 분을 보살피고 도와 드릴려고 애쓰곤 했었다.

당시 그 유치장은 본관 건물과는 상당히 떨어진 곳에 있어서 야간이면 경찰부 숙직 감독이 간혹 순시를 왔다 가기는 했으나, 오지 않는 경우가 많았으므로 나는 내가 당번인 때를 틈타 심야에 겁도 없이 자물쇠로 범부 선생이 수감된 감방문을 열고는 선생을 나오시게 해서 따뜻한 난롯가 의자에 마주 앉아 따끈한 차를 마셔가며

78/茶心

『다심』 창간호 p.77　　『다심』 창간호 p.78

1993년 봄에 신형로(申烱魯)는 계간 『다심』 창간호에 '해인사사건'에 대하여 회고하였다. 그는 일제강점기에 강제징병을 대신해 경남 도경(道警) 감옥의 간수가 되어 투옥된 효당과 김범부 등의 만당 당원들을 감옥에서 만났다. 그러나 신형로와 같이 개인의 기억에 따라 연도(年度)의 차이는 있으나 효당의 연보(年譜)에 의하면 1943년 9월부

다심창간기념 범부선생추모특집

그분의 해박한 지식으로 들려주는 동서 고금의 역사와 철학과 문화에 관한 얘기에 심취하여 시간 가는줄 몰랐다.

또 효당 스님도 자주 나오시게 해서 불교의 교리며, 원효대사의 일화며, 자장율사와 금개구리의 설화며, 스님이 일본 동경서 신문 배달을 하면서 고학을 할 때, 사이고(西鄕) 후작 저택의 얄미운 맹견(猛犬)을 삶은 무우를 먹여 처치한 얘기 등을 흥미 진진하게 들었다. 스님은 이러한 얘기를 하는 도중에 차를 연거푸 마시는 걸로 보아서 차를 대단히 즐기시는 분이라는 생각이 들었다.

그 당시 일본은 태평양전쟁에 돌입하여 초전의 헛된 승리감에 들 떠 있을 때 였으나 나는 일제의 유치장 안에서 존경하는 두 분을 만나 우주의 진리와 바른 삶에 대하여 참으로 많은 것을 배우고 깊은 감화를 받았던 것이다.

유치장에서 해가 바뀐 1942년 봄철 어느날 두분이 나에게 공초(空超)라는 좀 별난 떠돌이 시인이 영주동 동산소아과 김형기(金炯璣) 원장의 호의로 병원 별관에 머물고 계실테니 한번 찾아 보라고 말씀하셨다. 나는 두분 말씀 따라 '홍아'라는 배급 담배를 몇 갑 사서 들고 동산소아과로 공초 선생을 찾아 온 뜻을 전하고 방문을 열었더니 담배 연기가 자욱한 굴뚝같은 방안에서 태연히 앉아 담배를 피우고 계시는 선생의 모습에 우선 놀랐고 초대면 인사에서 그 인상이 매우 괴위(魁偉)함에 다시 놀랐다.

그 후에도 틈나는 대로 담배를 사들고 공초 선생을 찾아 뵈었는데 무엇보다도 그분의 담배 애호와 끽연 방식에는 놀라지 않을 수 없었다. 하루 종일토록 줄담배를 피우는가 하면 심지어는 밥상에 담배를 놓고 간간히 피우며 식사를 했으니 내심 어이가 없었고, 가히 성냥이 필요 없을 지경이었다. 그러나 동래 온천장에 모시고 가기 위하여 전차를 탈때는 담배를 피우시지 않았다. 내가 웃으며 어떻게 전차 안에서는 용케도 담배를 피우시지 않습니까? 하고 물었더니 "엄! 공중(公衆)의 장소에서 남이 싫어하는 짓을 하면 안되지" 하셨다.

茶心/79

『다심』 창간호 p.79

다심창간기념 범부선생추모특집

▲ 1942년 겨울 어느날 (오른쪽이 필자)인데 옆에 두분이 누구인지 기억이 잘 나질 않아서 안타깝다.

공초 선생의 담배는 고급과 하급을 일체 가리지 않고 오로지 연기만 나면 된다고 하시며 꽁초가 다 되도록 끝까지 태우시니 손끝이 누렇게 물들어 있어서 보기에 민망스러워 파이프를 하나구해 드리겠다고 말씀하였더니 "담배는 물부리에 끼어 피우는 것이 아니여" 하시며,

산아, 무너져라!
답답지도 않느냐?

바다야, 넘쳐라!
심심치도 않느냐?

라는 시를 나에게 써 주셨다.

그 때에 나는 서로 속 마음을 털어 놓을 수 있는 안(安)이라는 민족의식이 남달리 강한 동갑나기의 친구가 있었다. 어느 날인가 이 친구와 함께 공초 선생을 찾아갔더니 선생은 이미 정처없이 어디론가 훌쩍 떠난 뒤였었다.

내가 공초 선생과의 만남을 그때 그때 범부 선생과 효당 스님께 말씀 드리면 범부 선생은 그저 빙그레 웃기만 하시고 효당 스님은 파안대소하셨다.

유치장 세월도 그러구러 1년 넘게 흘러 두분은 1942년 가을과 겨울을 전후하여 영어(囹圄)의 몸이 풀려서 범부 선생은 동래 온천장 벽초관 여주인의 가륵한 호의로 그곳에 머물게 되었고 효당 스님은 영도 어느 여염집에 거처를 정하여 쇠약해진 몸을 조섭하면서 지내시게 되었었다.

두분이 자유의 몸이 되자 나는 내 친구 안군을 두 분께 진배(進拜)케 하였고, 그 뒤로 안군과 자주 두분을 찾아 뵙고 다시 많은 가르침을 받았으며 때로는 당돌하게 토론 비슷한 것을 벌리기도 하였다.

80/茶心

『다심』 창간호 p.80

다심창간기념 범부선생추모특집

한번은 온천장 벽초관으로 범부 선생을 찾아가서 안군이 주안상을 마련하여 함께 저녁 식사를 마치고 후원(後園) 숲속을 거닐면서 내옆에 있던 안군이 느닷없이 범부 선생께,

"선생님 조선이 언제 쯤이나 독립이 되겠습니까? 라고 물어 순간 나는 놀라 부지중에 주위를 살펴 봤고 범부 선생께서도 "글쎄" 라는 말만 하시고 화제를 돌리셨다. 그때는 일제가 가슴을 부리고 발악을 하던 때라 말 한 마디 하는 것도 어렵기만 했던 시절이었다.

이런 일이 있은 뒤에도 우리 두 사람은 틈나는 대로 두 분을 번갈아 찾아뵈었는 데 그 무렵 영도로 찾아간 나에게 효당 스님이 정표(情表)라며 주신 서화 두 폭을 표구를 하여 지금도 소중하게 간직하고 있다.

그 다음 해인 1943년 초에 나는 지방으로 전출되었고, 전쟁도 점차로 치열해지면서 세상은 더욱 살벌해지고 일제의 압박은 가혹해져서 두 분의 소식은 전혀 알 도리가 없이 암울한 세월이 몇 해가 지나서 드디어 일제는 패망하고 우리 겨레는 1945년 8·15 광복을 맞이하게 되었던 것이다.

해방후 나는 일제하의 직장을 떠난 자유로운 몸으로 부산에 살면서 두 분을 만나고 싶었으나, 당시 해방 공간의 여러 혼란한 정세 아래 여의치 않아서 친구 안군과 함께 효당 스님은 광복동 입구 "자연장 다방(紫煙莊 茶房)"에서 딱 한번 만났을 뿐이고 범부 선생과는 끝내 상면할 기회가 없었다.

이제 많은 세월이 흘러 범부 선생과 효당 스님은 물론이고, 내 친구 안군마저 유명(幽明)을 달리한 지 오래다.

그러나 지금도 어둠과 광명이 엇갈리던 격동의 역사속에서 잠시나마 만날 수 있었던 두 분의 정신적 감화를 감사하면서 젊은 그 시절의 순한 사연들을 회상하면 만감이 교차하여 가슴이 저려 온다.

茶心/81

『다심』 창간호 p.81

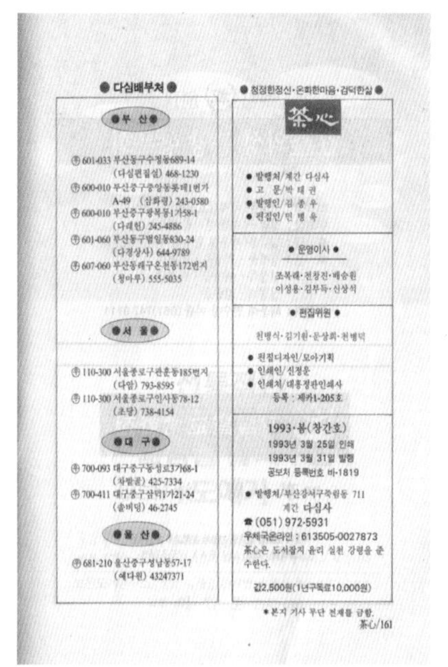

● 다심배부처 ●

●부 산●

㉾601-033 부산동구수정동689-14 (다심편집실) 468-1230
㉾600-010 부산중구중앙동롯데1번가 A-49 (삼화랑) 243-0580
㉾600-010 부산중구광복동1가58-1 (다리헌) 245-4886
㉾601-060 부산동구범일동830-24 (다정상사) 644-9789
㉾607-060 부산동래구온천동172번지 (청마루) 555-5035

●서 울●

㉾110-300 서울종로구관훈동185번지 (다임) 793-8595
㉾110-300 서울종로구인사동78-12 (초당) 738-4154

●대 구●

㉾700-093 대구중구동성로3가68-1 (차향공) 425-7334
㉾700-411 대구중구삼덕1가21-24 (솔바랑) 46-2745

●울 산●

㉾681-210 울산중구성남동57-17 (예다원) 43247371

● 청정한정신·온화한마음·검덕한삶 ●

茶心

● 발행처/계간 다심사
● 고 문/박 태 권
● 발행인/김 종 우
● 편집인/민 병 욱

● 운영이사 ●

조복래·전창진·배승원
이성룡·김두득·신상식

● 편집위원 ●

천병식·김기원·문상희·천병덕

● 편집디자인/모아기획
● 인쇄인/심정웅
● 인쇄처/대흥정판인쇄사
등록 : 제카1-205호

1993·봄(창간호)
1993년 3월 25일 인쇄
1993년 3월 31일 발행
공보처 등록번호 바-1819

● 발행처/부산동래구복천동 711 계간 다심사
☎ (051) 972-5931
우체국온라인 : 613505-0027873
茶心은 도서잡지 윤리 실천 강령을 준수한다.

값2,500원(1년구독료10,000원)

● 본지 기사 무단 전재를 금함.
茶心/161

『다심』 창간호 p.161

오른쪽부터 간수 신형로, 그리고 효당

터 1944년 중순까지 13개월간 옥살이를 하였다. 이른바 '해인사사건'은 1943년 변설호에 의해 해인사와 다솔사를 중심으로 여러 만당의 당원들과 지지자들이 고초를 겪은 사건으로 이때 해인사 사명대사의 비문인 『자통홍제존자사명대사석장비(慈通弘濟尊者四溟大師石藏碑)』가 훼손되었다. 그러나 효당은 이미 1942년 7월에 일어난 조선어학회 사건의 여파로 인해 신채호(申采浩, 1880~1936) 유고(遺孤) 수집 건으로 1943년 초까지 경남 도경 감옥에 투옥되었던 적이 있었다.[31] 신형로는 이 때문에 일부 혼동한 것으로 보인다.

---

31) 최범술, 「청춘은 아름다워라」 155~156(최범술 49~50화), 『국제신보』(부산: 국제신보사, 1975년 4월 5~6일), 5면, 효당 연보 참조.

6) 「청춘은 아름다워라」 45화[32], 50화[33]

青春은 아름다워라

내고장 名士들의 人生備忘錄

崔凡述

<151>

約定書 찢는데 격분

多率寺 出資싸고 말썽

柔道로 통쾌한 一擊

금잔디밭서 머리맞대고…

青春은 아름다워라

내고장 名士들의 人生備忘錄

崔凡述

<156>

憂國之士 검거 선풍

留置場 감방이 부족

제45화에는 당시 좌우를 막론하고 다솔사에 드나들던 만당의 김범부·김법린이나 의열단원 이기주·박희창·이시목 등과 사회주의 계열의 독립운동가들에 대한 효당의 회고가 있었다. 특히 의열단 관련 인

---

32) 최범술, 「청춘은 아름다워라」 151(최범술 45화), 『국제신보』(부산: 국제신보사, 1975년 3월 29일), 5면.

33) 최범술, 「청춘은 아름다워라」 156(최범술 50화), 『국제신보』(부산: 국제신보사, 1975년 4월 6일), 5면.

사들은 만해와 호형호제를 하던 남정(南汀) 박광처럼 만당과 의열단의 관련성을 잘 보여준다. 광복 이후 박광은 보관하던 만해의 유고(遺稿)를 효당에게 전하였다. 효당은 이를 정리하여 간행위원회 대표로서 1973년 『한용운전집』을 간행하였다. 그리고 제50화에는 1942년 7월 홍원에서 일어난 조선어학회사건과 뒤이어 1943년 일어난 해인사사건에 대한 효당의 회고가 있었다. 여기서 효당은 편의를 봐준 조선인 간수인 신형로 등과 신사참배를 거부하여 수감 된 목사 주기철(朱基徹, 1897~1944) 등의 기독교인들에 대하여 회상하였다.

7) 『조선인요시찰인약명부』

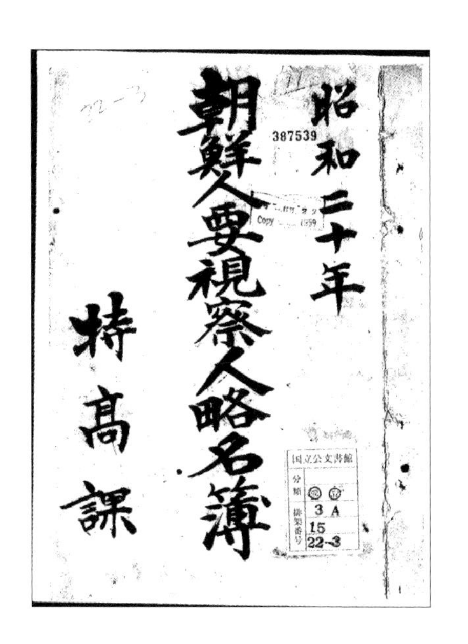
昭和二十年
朝鮮人要視察人略名簿
特高課

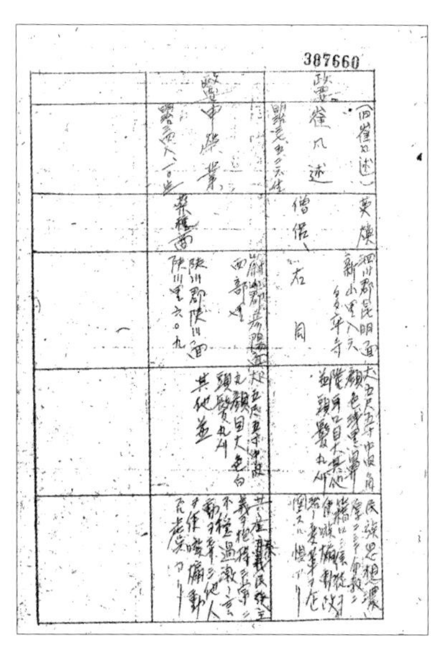

2023년 2월 28일 민족문제연구소는 『조선인요시찰인약명부』를 발간했다. 이 책은 조선총독부가 조선의 요시찰인물들을 전국적으로

조사하여 1945년 5월 무렵, 『조선인요시찰인약명부』로 790명을 일본에 보고한 내용이다. 경남에는 그 대상자가 44명이었다.[34] 그들 중에서 효당은 사상범으로 정치적인 요시찰인물인 '정요(政要)'로 분류되었다. 효당에 대한 그 요시찰의 요점은 아래와 같았다.

"**인상 특징** : 키는 5척 5촌. 보통 체격이다. 각진 얼굴, 피부는 조금 검다. 코가 높고 귀와 입, 눈이 크다. 나머지는 평범하다. 머리를 바싹 짧게 깎았다.

시찰 요점 : 민족사상이 농후하며 포교를 구실로 신도를 사주·선동하고 정치의 변혁을 기도할 우려가 있다."[35]

특히, 『조선인요시찰인약명부』에 기록된 효당에 대한 원문을 살펴보면 원래 '영환(英煥)'은 효당의 족보에 올라간 이름으로 창씨개명을 거부하였기에 '최범술(崔凡述)'로 기록되어 있다.

---

34) 정식 명칭은 『昭和二十年 朝鮮人要視察人略名簿』이다.[민족문제연구소 편, 『조선인요시찰인약명부』(서울: 민연주식회사, 2023), pp.4~6, pp.15~20]

35) 민족문제연구소 편, 『조선인요시찰인약명부』(서울: 민연주식회사, 2023), p.239, p.574.

5. 광복과 대한민국의 건국

1) 비상국민회의 좌우 교섭위원 및 예산위원 최범술

政務委員會를設置

非常國民會議無期休會

第二日經過

法制委員을選任

詮衡委員

委員諸氏

「朝鮮同胞들에게檄함」

金日成氏外八氏連名으로發表

1946년 2월 4일 『조선일보』 1면

광복 후 1946년 2월 효당은 비상국민회의에서 좌우간의 대화를 위한 교섭위원으로 선출되었고 동시에 예산위원으로도 활동하였다. 또한 같은 만당 출신인 김법린은 전형(詮衡)위원으로 선출되었다.

2) 잡지 『신생』에 실린 단재 신채호의 『조선사』 복간본, 만해의 추모(追慕)

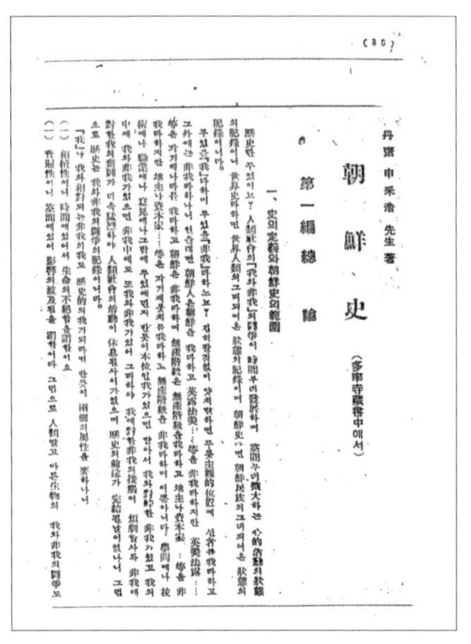

(38)

丹齋 申采浩 先生著

朝鮮史

(多率寺藏稿中에서)

第一編 總論

一、史의 定義와 朝鮮史의 範圍

歷史란 무엇이뇨? 人類社會의「我와 非我」의 鬪爭이 時間부터 發展하며 空間부터 擴大하는 心的 活動의 狀態의 記錄이니 世界史라 하면 世界人類의 그리되어온 狀態의 記錄이며 朝鮮史라면 朝鮮民族의 그리되어온 狀態의 記錄이니라.

무엇을「我」라 하며 무엇을「非我」라 하느뇨? 깊이 팔 것 없이 얏게 말하면 무릇 主觀的 位置에 선 者를 我라 하고 그 外에는 非我라 하나니 한 例를 들면 朝鮮人은 朝鮮을 我라 하고 英露法美…… 等을 非我라 하지만 英美法露…… 等은 자기 제나라를 我라 하고 朝鮮은 非我라 하며 無產階級은 無產階級을 我라 하고 地主나 資本家…… 等을 非我라 하지만 地主나 資本家…… 等은 자기 제 붙이를 我라 하고 無產階級을 非我라 하며 이뿐 아니라 學問에나 技術에나 職業에나 意見에나 그밖에 무엇에든지 반듯이 本位인 我가 있으면 따라서 我와 對峙한 非我가 있고 我의 中에 我와 非我가 있으면 非我中에도 또 我와 非我가 있어 그리하야 我에 對한 非我의 接觸이 煩劇할사록 非我에 對한 我의 奮鬪가 더욱 猛烈하야 人類社會의 活動이 休息될 사이가 없으며 歷史의 前途가 完結될 날이 없나니 그럼으로 歷史는 我와 非我의 鬪爭의 記錄이니라.

「我」나 我와 相對되는 非我의 我도 歷史的의 我가 되라면 반듯이 兩個의 屬性을 要하나니

(一) 相續性이니 時間에 있어서 生命의 不絕함을 이름이오

(二) 普遍性이니 空間에 있어서 影響의 波及됨을 이름이라 그럼으로 人類 말고 다른 生物의 我와 非我의 鬪爭도

1946년 3월 『신생』 1호, p.38

1946년 7월 『신생』 3호, p.25

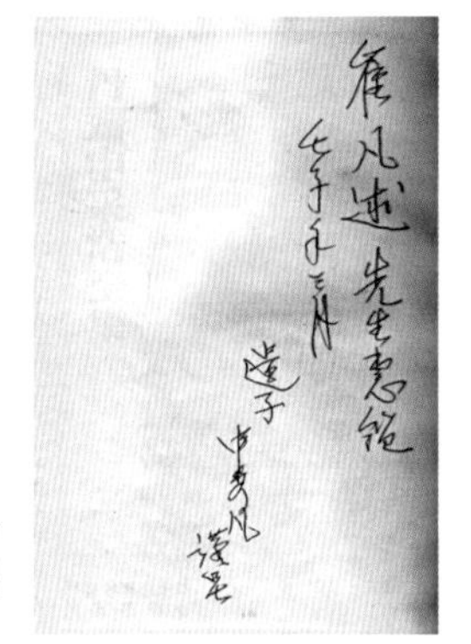

1972년 『단재신채호전집』을 보내온
신수범의 친필

1946년 3월 『신생(新生)』 창간호에 신채호의 「조선사」 복간본이 처음으로 연재되었다. 이후 모두 4번 연재되었다.[36] 여기서 주목할 점은 원고의 소장처를 다솔사로 밝히고 있다. 이에 대하여 효당은 그의 회고에서 다솔사에 보관된 신채호의 원고를 전주(全州) 사괴지(四塊紙)에

36) 『新生』 1호(漢城: 新生社, 1946년 3월), pp.38~42 ; 『新生』 2호(漢城: 新生社, 1946년 4월), pp.33~40 ; 新生』 3호(漢城: 新生社, 1946년 7월), pp.17~20 ; 新生』 4호(漢城: 新生社, 1946년 10월), pp.61~64.

써서 황밀(黃蜜)을 먹인 뒤 이것을 석탑 가운데에 보관하도록 계획을 세웠음을 밝혔다.[37] 이렇게 보존된 유고는 광복후 단재의 아들 신수범에게 전해졌다.

또한 7월『신생(新生)』3호에는 만해를 추모하는 장도환의「만해선생 산소참배기」가 실렸다.[38] 특히 이 글 속에는 만해의 딸인 한영숙과 효당을 비롯한 당시 모인 사람들의 면면을 알 수 있는 방명록이 있다.

3) 부산대학교의 건립과 불교계의 기여[39]

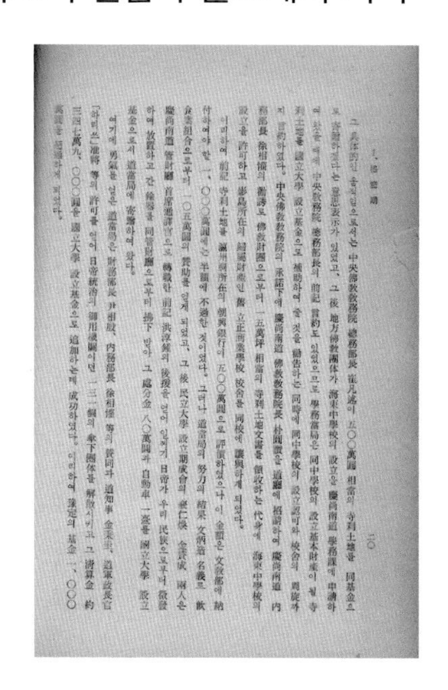
I. 總 論　　二〇

그 具体的인 合意임으로서는 中央佛教教務院 總務部長 崔凡述이 五〇〇萬圓 相當의 寺刹土地를 同基金으로 寄贈하겠다는 意思表示가 있었고, 그 後 地方佛教團体가 海東中學校의 設立을 慶尙南道 學務課에 申請하여 왔을 때에 中央教務院 總務部長의 前記 言約도 있었으므로 學務當局은 同中學校의 設立基本財産이 될 寺刹土地를 國立大學 設立基金으로 補助하여 줄 것을 勸告하는 同時에 同中學校의 設立認可와 校舍의 斡旋까지 言約하였다。 中央佛教教務院의 承諾下에 慶尙南道 佛教教務院長 朴圓讚을 道廳에 招請하여 慶尙南道 內務部長 徐相懽의 勸誘로 佛教財團으로부터 一五萬坪 相當의 寺刹土地文書를 領收하는 代身에 海東中學校의 設立을 許可하고 影島所在의 歸屬財產인 舊 立正商業學校 校舍를 同校에 讓與하게 되었다。

이리하여 前記 寺刹土地를 瀛州洞所在의 朝興銀行이 五〇〇萬圓으로 評價하였으나 이 金額은 文教部에 納付하여야 할 一、〇〇〇萬圓에는 半額에 不過한 것이었다。 그러나 道當局의 努力의 結果 文炳箕 名義로 飲食業組合으로부터 一〇五萬圓의 贊助를 얻게 되었고, 그 後 民立大學 設立期成會의 崔仁俊 金鍾成 兩人은 慶尙南道 管財課 首席通譯官으로 轉職한 前記 洪淳鍾의 後援을 얻어 일찌기 日帝가 우리 民族으로부터 徵發하여 放置하고 간 鍮器를 同管財課으로부터 拂下 받아 그 處分金 八〇萬圓과 自動車 一臺를 國立大學 設立基金으로서 道當局에 寄贈하여 왔다。

여기에 勇氣를 얻은 道當局은 財務部長 尹相殷、內務部長 徐相懽 等의 贊同과 道知事 金秉圭、道軍政長官「하리쓴」准將 等의 許可를 얻어 日帝統治의 御用機關이던 一三一個의 傘下團体를 解散시키고 그 淸算金 約 三四七萬九、〇〇〇圓을 國立大學 設立基金으로 追加하는데 成功하였다。 이리하여 豫定의 基金 一、〇〇〇萬圓을 超過하게 되었다。

37) 최범술,「청춘은 아름다워라」155(최범술 49화),『국제신보』(부산: 국제신보사, 1975년 4월 5일), 5면.
38)『新生』3호(漢城: 新生社, 1946년 7월), pp.24~27.
39) 부산대학교이십년사편찬위원회 편,『二十年史(釜山大學校)』(부산: 부산대학교, 1966), p.20.

1946년 5월 경남 불교교무원 원장 박원찬은 중앙 불교총무원 총무부장인 효당의 지시로 당시 500만원 상당의 고성 옥천사 사답(寺畓) 13만 5천 평을 부산대학교 설립에 기부하였다.

4) 남로당 기관지 『노력인민』의 비방(誹謗)

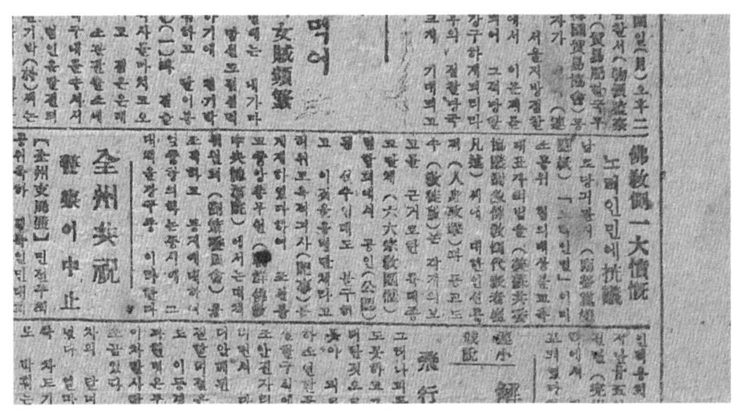

佛教側一大憤慨

노력인민에抗議

全州失火

1947년 7월 31일 『독립신문』 2면

共委에申請한教徒

幽靈數字아니다

佛教總務院聲明發表

조선불교중앙총무원에서는지
난七월五일부시내모좌익신문
에 지재된기사에대하야 二
十四일다음과같은성명서를발
표하야 허위보도임을 지적
하는동시에 동신문사에항의
를하였다한다
一、공위(共委)신청의교도
(教徒)수는 각지의보고
수짜를근거로 大대종교연
합회에서 공인(公認)된
수짜임으로 결코 유령수
짜가않임을 증명한다
二、공위협의대상 불교측대
표 최범술(崔凡述)씨에
대한 인신공격에대하야 기
소(起訴)하는한편 친일
파운운의 허구적선전을
논박한다

全國學生總聯盟

慶北道聯盟結成

新刊紹介

1947년 7월 27일 『동아일보』 4면

1947년 2월 미소(美蘇)공동위원회에 대한불교단체의 대표로 효당이 선임되자, 7월 5일 남로당의 기관지인 『노력인민(勞力人民)』은 적극적으로 반탁운동을 한 효당을 친일파로 비방하면서 불교도의 수(數)가 유령 숫자라고 일방적으로 왜곡하여 보도하였다.[40] 이에 북한 정권과 내통하던 좌익계열의 불교계 비구들과 이외윤·김지복 등의 학생들을 포함하는 불만 세력들이 동조하였다.[41] 특히 농지개혁의 '무상몰수 무상분배(無償沒收 無償分配)'를 주장하던 급진적인 비구들은 '유상몰수 유상분배(有償沒收 有償分配)'를 지지하던 불교 중앙총무원의 효당 등을 반대하였고 동국대의 이외윤 등은 그들이 점거한 적산(敵産)인 박문사(博文寺)를 효당이 광복군의 숙사(宿舍)로 내어준 것에 앙심을 품었던 것으로 보인다.[42]

5) 태고사(현 조계사)와 제헌국회 무소속구락부

제헌국회에서 '삼일구락부' 등의 여러 세력은 점자 '무소속구락부'로 발전하였다. 이들은 불교계 태고사와 역경원 등에서 주로 모였고, 효당은 이 '무소속구락부'의 결성에 깊이 관여하면서 농지개혁을 주도하

---

40) 효당은 반탁대회에 태고사(현 조계사)를 대회 장소로 제공하는 등의 물적 지원을 하였다. 이 대회는 우익 진영의 미소공위 참가파로 이루어진 임정수립대책협의회(臨政樹立對策協議會)가 주도하였다.[「信託은 絶對排擊」, 『동아일보』(서울: 동아일보사, 1947년 6월 20일), 1면]

41) 선우도량 한국불교근현대사연구회 編, 『22인의 증언을 통해 본 근현대 불교사』(서울: 선우도량출판부, 2002), pp.40~42, pp.133~135, pp.150~151, p.176, p.187.

42) 위의 책, p.46, p.152, p.173 ; 김광식, 『한국근대불교의 현실인식』(서울: 민족사, 1998), p.272, p.309, p.331.

게 되는 조봉암 등과 함께 간사를 맡았다. 이들 52명은 1948년 6월 13일 국회 내에서 자주적이면서 평화적인 남북통일과 균등사회를 이룰 것을 선언하였다.

三一俱樂部 國議員이組織

民情에맞는 憲法制定時急

政府形態(二)

1948년 6월 5일
『동아일보』 1면

多數議員參席下 三一俱樂部誕生

1948년 6월 12일
『동아일보』 1면

國防外交委增員

選擧訴請問題도討議

南北統一戰取

無所屬俱52名聲明

憲法草案 (兪氏案 原文) (三)

1948년 6월 15일
『조선일보』 1면

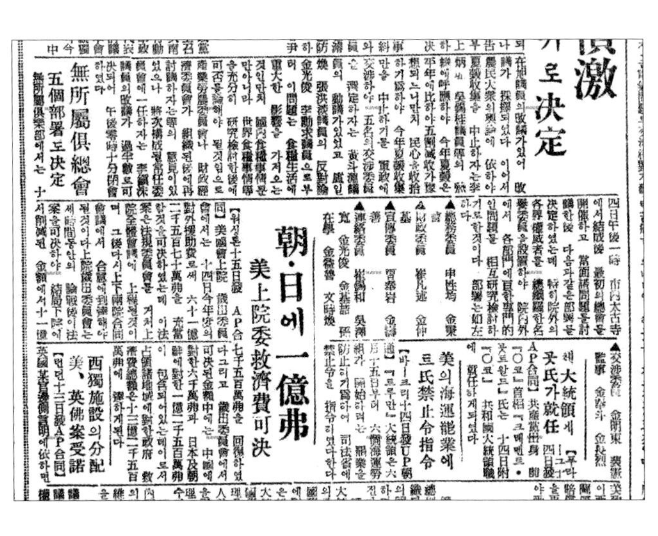

無所屬俱總會

五個部署도決定

朝·日에一億弗

美上院委救濟費可決

美의海運罷業에 트氏禁止令指令

大統領에 곳氏가就任

西獨施設의分配 美、英佛案受諾

1948년 6월 16일
『조선일보』 1면

그리고 다음 날 1948년 6월 14일 오후 1시 태고사(현 조계사)에서 '무소속구락부'는 총회를 열고 각 부서를 결정하였다. 이날 효당은 재정위원으로 선임되었고 조봉암은 선전위원이 되었다. 이후 이들은 제헌국회에서 반민법과 '유상몰수 유상분배'를 원칙으로 하는 농지개혁법을 주도하였다.

6) 『대한민국인사록』43)

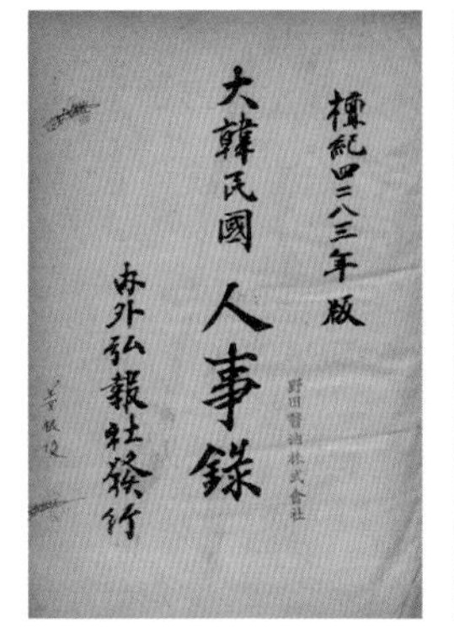

檀紀四二八三年版

大韓民國 人事錄

內外弘報社發行

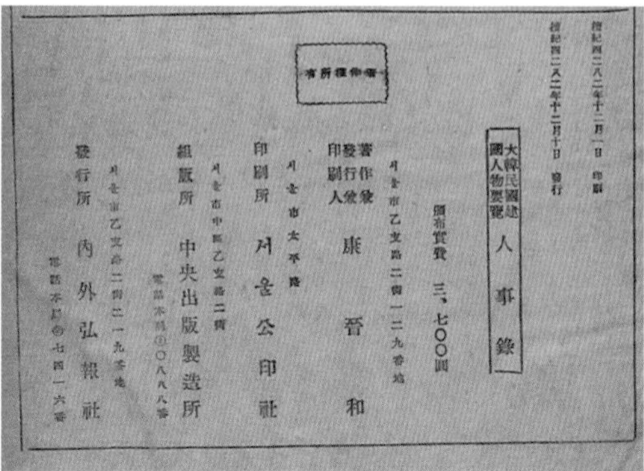

檀紀四二八二年十二月一日 印刷

檀紀四二八二年十二月十日 發行

大韓民國建國人物要覽 人事錄

頒布實費 三、七〇〇圓

著作兼發行人 서울市乙支路二街一二九番地 康晉和

印刷人 서울市太平路

印刷所 서울公印社

組版所 서울市中區乙支路二街 中央出版製造所 電話本局②〇八八番

發行所 서울市乙支路二街一一九番地 內外弘報社 電話本局③七四一六番

著作權所有

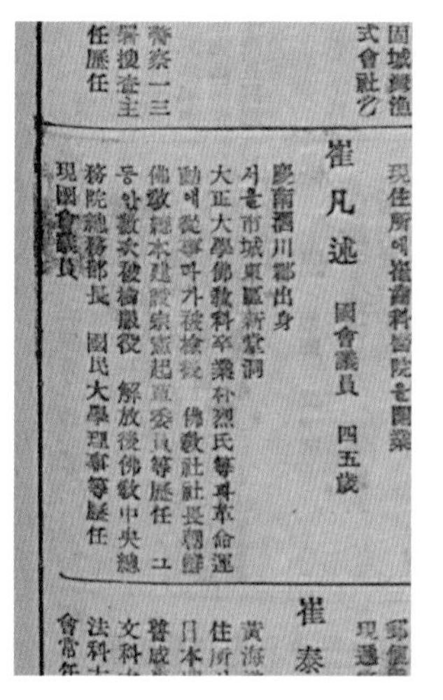

崔凡述 國會議員 四五歲

慶南泗川郡出身

서울市城東區新堂洞

大正大學佛教科卒業 朴烈氏等革命運動에 從事하가 投獄 佛教社社長朝鮮佛教總本山建設宗憲起草委員等歷任 그동안 數次投獄服役 解放後佛教中央總務院總務部長 國民大學理事等歷任

現國會議員

---

43) 자료 출처는 국회도서관으로 제목과 서지사항의 발행 연도가 1년의 차이를 보인다.

○ 최범술 국회의원 45세(1949년).
경남 사천군 출신.
서울시 성동구 신당동.
다이쇼(大正) 대학 불교과 졸업.
박열 씨 등과 혁명운동에 종사하다가 피검 후 불교사 사장,
조선불교총본건설 종헌기초위원 등 역임.
그동안 수차 피검 복역,
해방 후 불교중앙총무원 총무부장, 국민대학 이사 등 역임.
현 국회의원.[44]

7) 국회속기록

(1) 농지개혁[45]

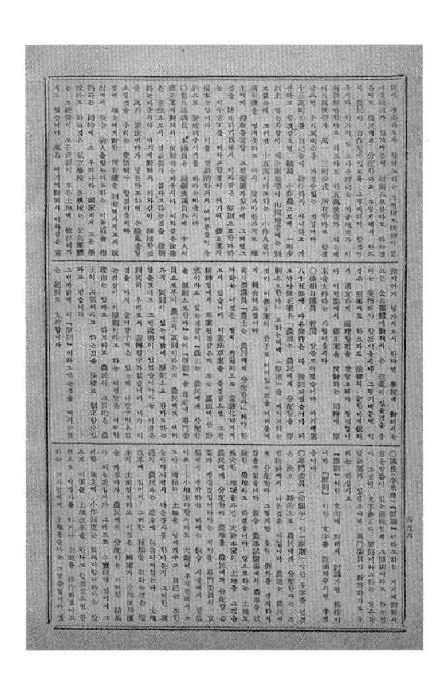

효당은 제헌국회 내에서 농지분배에 대하여 공공단체인 사찰이나 학교 등의 자산이 대부분 토지에 기반하고 있음을 상기시키면서 현실적인 접근을 요구하였다. 이에 대하여 송광사의 방장 보성은 2000년 2월 16일 송광사 주지실에서 다음과 같이 회고하였다.

44) 강진화, 『大韓民國人事錄』(서울: 내외홍보사, 1949), p.168.
45) 제헌국회 속기록 3 : 경제질서 및 기타 논의 [1회 26호] 85조(1948년 7월 6일), p.456.

"…최범술씨는 총림을 밀어주는 역할을 했고.……총림의 공로자야.……그때 내가 다솔사에 많이 다녔어. 식량 얻으러. 그때 지금 살아있는 지원 스님이 총무를 보고 있었는데 우리를 많이 도와줬어. 2, 3년 다녔어. 솔직히 절들이 양식 먹고 사는 것은 최범술 덕이야. 최범술은 당시 제헌의회 국회의원이었어. 토지개혁 때 절 땅 다 잃게 생겼는데 최범술이 힘을 많이 써서 그나마 지킬 수 있게 된 것이 많았어. 토지개혁 이후에도 최범술 씨가 이 대통령을 만나서 사찰과 향교는 그렇게 하면 안 된다 했잖아. 그래서 해인사가 제일 땅을 많이 얻었어."[46]

(2) 반민족행위처벌법(반민법)[47]

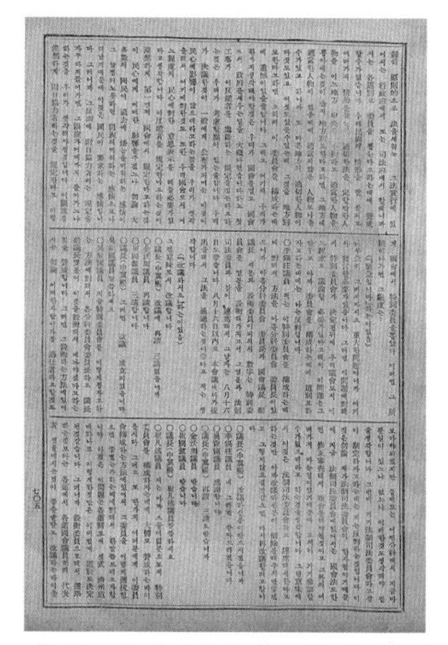

제1회 국회 제40차 속기록, p.705

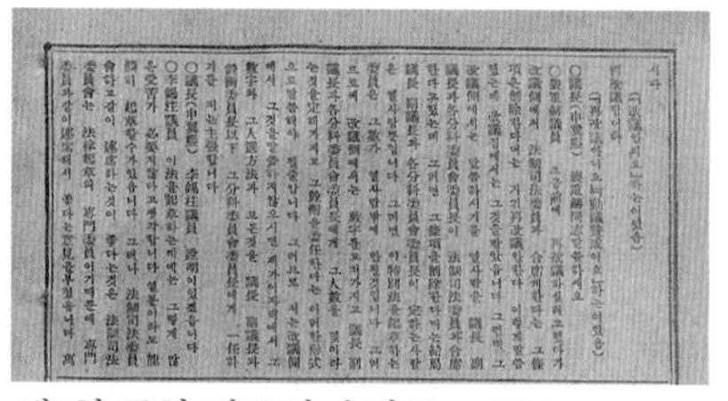

제1회 국회 제40차 속기록, p.706

泗冥堂碑도破壞

22日住持、卞雪醐被逮

1949년 6월 25일 『민주중보(民主衆報)』 2면

46) 선우도량 한국불교근현대사연구회 편, 『22인의 증언을 통해 본 근현대 불교사』(서울: 선우도량출판부, 2002), pp.335~336.

47) 제1회 국회 제40차 속기록(1948년 8월 5일), pp.705~706.

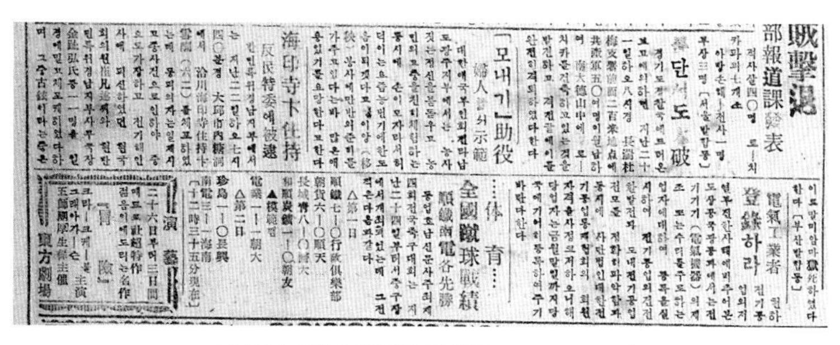
部報道課發表

登錄하라

電氣工業者

全國蹴球戰績

反民特委에被逮

海印寺下住持

「모내기」助役

演藝

東方劇場

1949년 6월 26일 『동광신문(東光新聞)』 4면

'무소속구락부'가 국회 내에서 친일파청산을 위한 반민법을 주도하는 과정에서 효당은 반민특위에 각도별로 출신 국회의원 3인씩 선발할 것을 제안하였다. 이후 이듬해 반민법이 시행되자 이른바 '해인사 사건'의 원흉인 친일파 변설호가 1949년 6월 22일 대구에서 체포되었다. 그러나 당시의 열악한 지방지의 사정으로 인하여 효당과 김법린의 아들 김지홍을 제외한 이고경, 임환경 등의 이름과 사명대사의 비문이 오기(誤記)된 것이 보인다.

8) 태고사 폭력사건

姜己文議員拘束은

暴利·詐欺·贈賄嫌疑로

病을口實

任學長事

崔凡述議員도拘束令狀

太古寺管理爭奪이禍!

崔法大學長의收賄事件公判

1949년 12월 8일 『동아일보』 2면

1949년 12월 '무소속구락부'의 효당과 강기문 의원에게 구속영장이 발부되었다. 검찰은 효당에게는 태고사 폭력사태, 강기문 의원에게는 유리 수입 문제를 영장 발부의 이유로 들었다.

圓을모아 昨十五日昌
原國民學校를訪問하야
極貧兒童救濟의一部에
充當하여달라고 依賴
한바있어 職員과兒童
에게뜨거운感銘을주었
다

崔議員의嫌疑
法務長官發表

【서울十五日發合同】
앞서一部報道에依하면
國會議員崔凡述 許永
鎬兩議員이 某種嫌疑
로逮捕令狀 發付되었
다고 傳하여진바있었
는데 이에對하야 十五
日 權法務長官이 往
訪한記者에게聲明한바
에依하면 許永鎬議員
은 令狀이發付되지않
이하였고 다만崔凡述
議員만이 지난十四日
附로逮捕令狀이發付되
였는데 그理由로는
國民大學學生및 太古
寺職員不法監禁 其他
詐欺橫領等 各部十二
個項目에걸친嫌疑로서
令狀이發付된것이라고
한다

1949년 12월 16일 『남조선민보』 2면

또한 법무장관은 효당과 허영호 의원 중에서 효당에게만 1949년 12월 14일부로 구속영장이 발부되었음을 기자에게 확인하였다.

그러나 1949년 12월 13일 대통령 이승만이 직접 주재한 「제109회 국무회의록」을 살펴보면 최범술, 강기문 두 의원의 혐의는 당시의 보도와는 달리 다분히 '정치적' 사건이었음을 알 수 있다. 이날 이승만이 직접 주재한 국무회의에서 주로 논의된 바는 국채소화대책위원회를 구성하고 귀속재산처리법안 등을 공포하기로 의결하는 것이었다. 대통령의 시정 일반 유시에 대한 보고 사항으로 다음과 같은 내용이 있었다.[48]

> "가. 공산당 박멸 대책의 건 사법당국의 처리가 원만하니 대책을 법무·법제에서 건의하라.
> 나. 적산국공유물(敵産國公有物) 탈취 범죄 박멸의 건
> 다. 가보안법 개정 취지 선전의 건 민간의 의혹에 대한 답을 법무부에서 보고하여 온 것을 적요(摘要)하여 영문·국문으로 발표하라(공보·외무)."

또한 이에 대하여 해당 부처의 보고로써 다음과 같이 보고되었다.

48) 국사편찬위원회 편, 「제109회 국무회의록(1949년 12월 13일)」, 『(자료)대한민국사』 15(과천: 국사편찬위원회, 2001), pp.514~517.

“△법무 : (3) 양심서(자백자)를 재료로 수사된 재판소 세포의 건 서울 판사 2명, 지방 판사 3명, 검사 2명의 프락치를 발견하였으나 판사 3명은 도망, 강기문·최범술은 도망 중(부산)이며, 사용인 6인은 구금 중인 뜻을(旨) 보고하다.”

이것은 새 정부를 구성함에 이승만과 효당 간의 정국(政局)에 대한 근본적인 견해 차이에서 비롯되었다. 제헌의회가 구성되어 헌법이 제정되고 정부조직법이 제정되어 정·부통령 선거가 끝난 후, 효당은 다른 제헌의원 4인과 함께 이화장의 이승만 대통령을 찾아가서 거국일치내각의 모체를 조직할 것을 제안하였지만 거절당하였다. 즉 효당은 이시영·오세창·김성수·박헌영·김구·김규식 등 6인을 천거하며 거국내각 구성 모체를 조직할 것을 제안했다.[49] 실제로 이듬해 2월 당시 김익진 검찰총장은 국회 기자회견에서 이들 최범술·강기문 의원에 대한 구속에 반대의견을 아래와 같이 피력했다.[50]

“金검찰총장은 작 6일 기자단과 회견하고 국정감사 거부문제 등 당면문제에 관하여 요지 다음과 같은 문답을 하였다.……(문) 吳·鮮于양 검사는 주일대표부 내의 프락치를 적발하고 귀국하였다는데 사실인가? (답) 그것은 사실이 아니다. 다만 일본의 검찰·법무 사무 등을 시찰하고자 도일하였던 것이다. 한국의 검사가 어떻게 남의 나라에 가서 사람을 함부로 잡아올 수가 있겠는가? 하여간 그런 것은 허설이다. (문) 검찰청에서는 최근 최범술 의원에 대하여 태고사와 관

---

49) 최범술, 「정치는 무상한 것인가」, 『月刊中央』(서울: 중앙일보, 1975년 10월), pp.154~158.

50) 국사편찬위원회 편, 「김익진 검찰총장, 국회의 파면결의에 대한 입장을 피력(연합신문 1950년 2월 7일)」, 『(자료)대한민국사』16(과천: 국사편찬위원회, 2001), pp.346~347.

련하여 체포할 것을 국회에 동의신청을 하였다는데? (답) 아직 체포 동의를 할 생각은 없다.”

이것은 위의 국무회의록과 달리 실제로는 효당이 정치적으로 좌우간의 대화를 도모하였지만, 불교계 내에서 좌익과의 갈등을 피하지 못하였던 점이 작용하였다. 즉, 앞서 언급했던 바와 같이 반탁과 농지개혁 문제 등으로 야기된 불교계 내의 갈등으로 1949년 9월 29일 태고사에서 효당 등은 불교계 좌익세력과 충돌하였다. 이후 검찰총장 김익진은 이승만 대통령과 여러 가지 시국에 관한 이견(異見)으로 결국 경질되었다.[51]

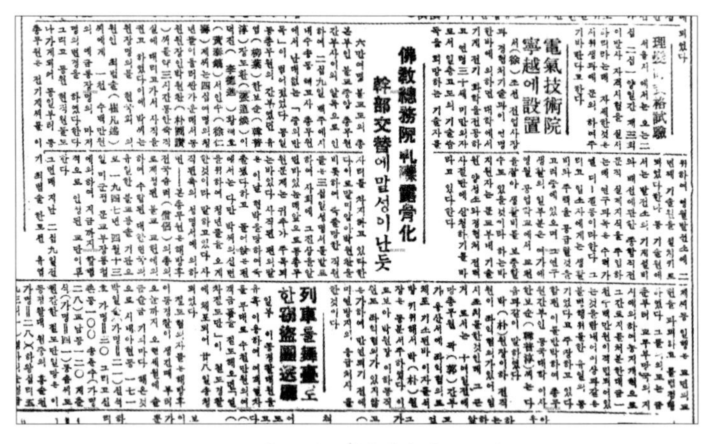
佛教總務院 [illegible]露骨化
幹部交替에 말성이 난듯

電氣技術院
寧越에 設置

1949년 10월 2일 『경향신문』 2면

이에 대하여 당시 전국학련 총연맹장이었던 정치인 이철승은 1975년 『중앙일보』에서 아래와 같이 회고하였다.

51) 「檢察總長更迭」, 『조선일보』(서울: 조선일보사, 1950년 6월 24일), 1면.

"…그 중에서 색다른 것은 불교계의 좌익 축출 요청. 학련은 이 요청을 받아들여 행동에 나서기로 했다. 우선 불교의 총본산인 태고사(현 조계사) 총무원이 문제였다.……학련은 최범술(제헌국회의원, 해인사 주지) 허영호(제헌국회 의원) 유엽(스님, 시인) 씨 등 민족사상에 투철한 우익스님들과 접촉을 가지며 돌파구를 찾으려 했으나 불교라는 특수영역에 제약점이 많았다. 그렇지만 홍관식 손영섭 김재춘 등 불교계인 동국대생과 오홍석 등은 태고사에 상주하면서 집요한 설득전을 폈다. 그 결과 총무원장에 허영호 스님, 불교청년회장에 김은하(학련 서울시위원장·현 신민당총무)가 선출되어 불교계 정비가 착수되었다. 학련은 이처럼 대공(對共)·반탁(反託)투쟁에 무소불위의 위력을 과시했다.…"

그러나 이듬해 1950년 5월 정부에 암묵적으로 호응한 중앙총무원으로부터 효당과 관련된 인사들이 대부분 징계를 받았다. 당시 총무원장 김구하는 교정인 방한암의 재가를 받아 해인사 주지 최범술·유엽·마곡사 주지 한보순·쌍계사 주지 장도환·유점사 주지 서인수·백담사 주지 곽우순 등 6명을 체탈도첩(褫奪度牒)하였다. 또한 범어사 주지 허영호·선학원 김적음·청암사 이덕진·마곡사 황태호·김연배·위봉사 김재봉·구암사 진시헌·범어사 김동수·김필제 등 9명은 분한정지(分限停止)[52] 3년에 처하였다.[53] 또한 이 무렵 효당과 가까운 사이로 직지사 주지를 지낸 만당 당원인 김봉률(金奉律, 1897년 6월 23일~1949

52) 일정 기간 불교계의 어떠한 직책도 맡지 못하는 것을 말한다.
53) 「최범술 외 5명의 승적을 박탈키로」, 『동아일보』(동아일보사: 1950년 5월 18일), 2면 ; 채정복 편, 「효당 최범술 스님의 공적 개요 및 연보」, 『효당최범술문집』 1(서울: 민족사, 2013), pp.39~40.

년 5월 11일)도 한독당을 지지한 이유로 경찰에 끌려가서 남로당 공작원으로 몰려 고문사하였다.[54] 김봉률은 효당과 같은 해인사지방학림 출신이었다.

(5) 第3128號 1975年10月31日 金曜日

남기고 싶은 이야기들 (1476)

全國学联 〈第47話〉

—나의 學生運動 李哲承

國都劇場사건

學聯에서 『法興王』등 演劇도 공연

國都극장에서 봉변…盟員들 「트럭」타고 몰려와

佛教界 左翼제거에도 나서 成功

1975년 10월 31일자 『중앙일보』 5면

54) 김태신, 『라훌라의 사모곡』 하(서울: 한길사, 1991), pp.40~45.

6. 한국전쟁과 해인사의 보존

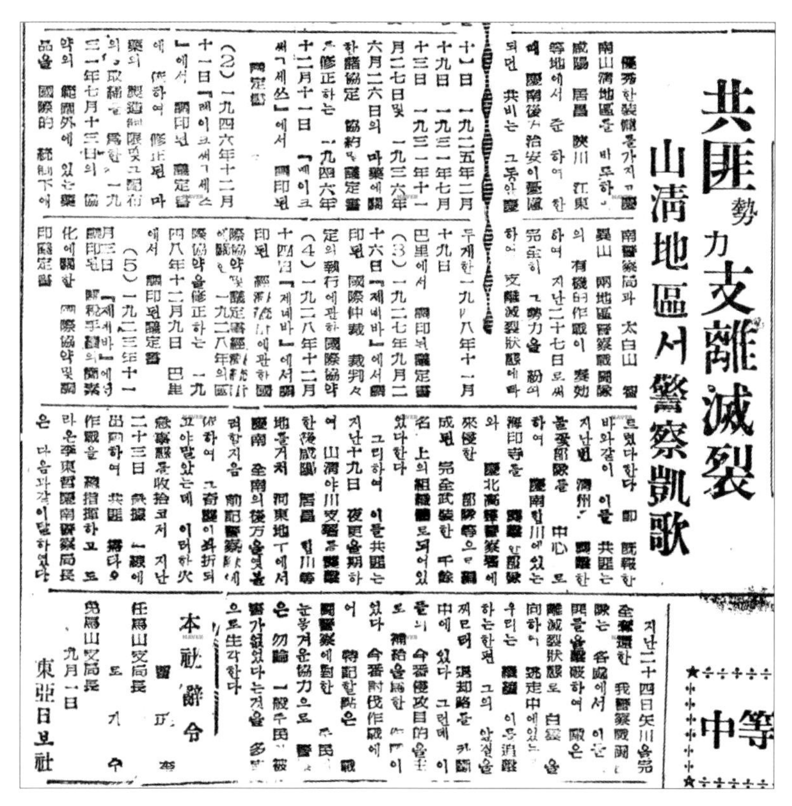

共匪勢力支離滅裂
山淸地區서 警察凱歌

1951년 9월 2일 『동아일보』 2면

한국전쟁 중 해인사는 공비들의 습격으로 인하여 두 차례의 위기가 찾아왔다. 해인사의 첫 번째 위기는 효당이 해인사 주지를 지내던 1951년 7월에 있었다.[55] 효당의 연보에 따르면 남도부, 구주호, 이영애

55) 「共匪勢力支離滅裂 山淸地區서 警察凱歌」, 『동아일보』(서울: 동아일보사, 1951년 9월 2일), 2면.

등 공비 200여 명이 해인사를 내습하였다. 이 당시 해인사를 습격한 공비부대를 지휘한 남도부(南道富)는 해방공간에서 이승만의 경호책임을 맡았던 전력이 있었던 인물로 원래는 공산주의자가 아니었다.[56] 이들과 군경의 토벌대를 동시에 설득하여 효당은 해인사의 팔만대장경을 가까스로 지켜낼 수 있었다.[57] 이러한 배경에는 당시 효당이 좌우합작으로 독립운동을 한 경력이 도움이 되었다고 전해진다. 특히 이 당시에 효당은 해인사에 큰 광목으로 태극기를 그려서 아군 비행기의 공습을 막는 일도 하였다.[58]

해인사의 두 번째 위기는 이듬해 1952년 7월에 있었다. 이때 해인사의 주지는 이용조로 바뀌어 있었다. 남부군 소속이었던 공비들에게 군경이 죽고 해인사의 일부 부속건물들이 방화를 당하는 큰 피해를 입었다. 학생들 약 30명도 납치를 당하였다.[59]

---

56) 노가원,『南道富』上(서울: 월간 말, 1993), p.11, pp.82~83.

57) 채정복 편,「효당 최범술 스님의 연보」,『효당 최범술 문집』(서울: 민족사, 2013), p.40.

58) 인용된『월간 海印』409호의 원문에 나오는 해인사사건 당시 공비들의 사령관 이현상은 남도부의 오류이다.[「유마의 방-1951년 9월 18일 해인사 폭격 하루 전날 밤의 일들」,『월간 海印』409(합천: 해인사, 2016년 3월), pp.28~29 ;「나눔我의 세상풍경-고 김영환 장군 추모제」,『월간 海印』333(합천: 해인사, 2009년 11월), pp.32~33 ; 장지량 구술, 이계홍 정리,『빨간 마후라』(서울: 이미지북, 2006), pp.150~155].

59)「共匪『海印寺』에 放火 學生等卅餘名拉致 八萬大藏經燒失與否未詳」,『동아일보』(서울: 동아일보사, 1952년 7월 18일), 2면 ;「八萬大藏經은 安在! 文化財保全火急」,『경향신문』(서울: 경향신문사, 1952년 7월 20일), 2면 ;「拉致學生脫出歸還中 陜川被襲事件에 朴警察局長談」,『동아일보』(서울: 동아일보사, 1952년 7월 22일), 2면.

7. 국민대학과 해인대학

1) 『자유신문』

國民大學移校後
財團陣容도革新

정규의 고등교육기관
오로작년 十二월에개교
한國民大學은 그간암시

에정이라한다
▲理事長 崔凡述▲理
事 申翼熙(校長)金
法麟 張澤相 尹吉重
外七氏

1947년 10월 30일 『자유신문』 2면

國民大學昇格
二億財團確立

해방후교육문제로 세
간의주목을끌던 국민대
학관을 동재단이사장
凡述씨와 상무이사曾相
萬씨의노력으로 二億五
千萬圓의재단을확립하여
十일부 文敎部의인가로
새 대학으로승격되었다
학장에는 申翼熙씨가유
임하며 법을정치경
제 종교와 전문부의각
과가있스며 昌成洞에는
二千만원의 교사증축도
진행중이라한다

1948년 8월 12일 『자유신문』 2면

해공 신익희는 1946년 12월에 군정청 학무국으로부터 인가를 받아 '국민대학관(國民大學館)'을 설립하였다. 그러던 중에 일본 중앙대학 출신인 조상만이 불교계에서 인재를 기르고자 하는 뜻을 알고 당시 불교계의 실력자였던 효당과 신익희가 서로 협력하도록 주선하였다.

그러므로 효당은 해공과 협력하여 해인사가 농지개혁으로 보상받은 지가증권을 이용하여 정규 4년제 대학으로 국민대학을 출범시켰다. 그 결과 문교부의 발령문서 「문고발(文高發) 제416의 2호」에 의하여 1947년 10월 16일 효당을 초대 이사장으로 하고 신익희·장택상·박승표·조상만·윤길중·김법린·임환경·박영희·한보순·황태호·장도환·한영태 등을 이사로 하는 재단법인 국민대학의 인가를 받았다. 또한 해공이 학장으로 취임하여 광복 후 처음으로 출범하는 사립대학이 되었다. 출범 당시 범(凡) 만당 출신들을 위주로 이사진을 구성한 재단의 규모는 1948년 8월 12일 『자유신문』의 관련 기사에 따르면 2억 5천만 원이었다. 재단 참여 비율은 효당을 중심으로 하는 불교계(해인사 75%, 다솔사 5%)가 8할이었고 해공 측이 2할이었다.[60]

이 무렵에 이러한 정규 대학으로의 승격을 보도한 『자유신문』의 사장은 해공 신익희였다. 당시 『자유신문』의 보도 내용에 의하면 초대 이사장은 효당, 학장은 해공이었음을 알 수 있다.

그러나 1948년 말부터 효당과 해공은 해인사의 지가증권을 사용하는 문제로 이견을 보였고, 당시 국회의장이던 신익희는 태고사 사건과 관련된 효당의 조속한 검거를 촉구하였다.[61] 이것은 서로 정치적 경쟁자였던 대통령 이승만과 국회의장 신익희가 효당을 둘러싸고서는 이해관계가 일치하였음을 알 수 있다. 그 결과 한국전쟁 직전 불교계의 해인대학과 해공 측의 국민대학으로 분리되었다.

---

60) 채정복, 「효당師의 일대기」, 『효당최범술문집』 3(서울: 민족사, 2013), pp.124~126 ; 경남대학교 50년사 편찬위원회, 『경남대50년사』(마산: 경남대학교, 1996), p.69 ; 국민대학교60년사편찬위원회, 『국민대학교 60년사(통사편)』(서울: 국민대학교, 2007), pp.37~38 ; 국민대학교60년사편찬위원회, 『국민대학교 60년사(부문사편)』(서울: 국민대학교, 2007), p.8.

61) 「申翼熙 국회의장, 국정감사는 행정부와 협력하는 데 뜻이 있다고 기자회견(자유신문 1949년 12월 10일)」, 『(자료)대한민국사』15(국사편찬위원회, 2001), p.483.

2) 효당의 『논어』

상편의 표지

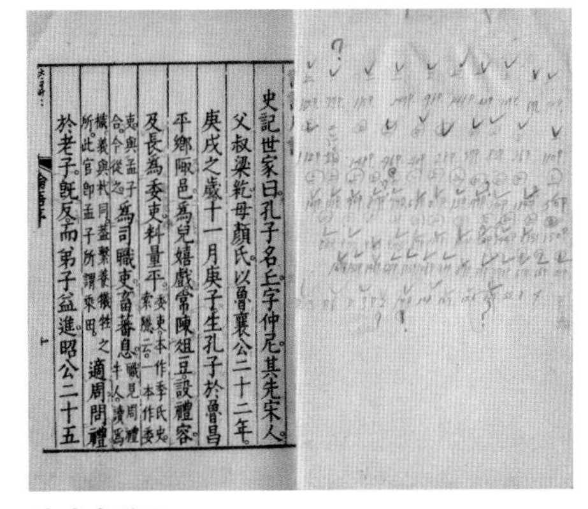
史記世家曰孔子名丘字仲尼其先宋人
父叔梁紇母顏氏以魯襄公二十二年
庚戌之歲十一月庚子生孔子於魯昌
平鄉陬邑爲兒嬉戲常陳俎豆設禮容
於老子既反而弟子益進昭公二十五

상편의 본문

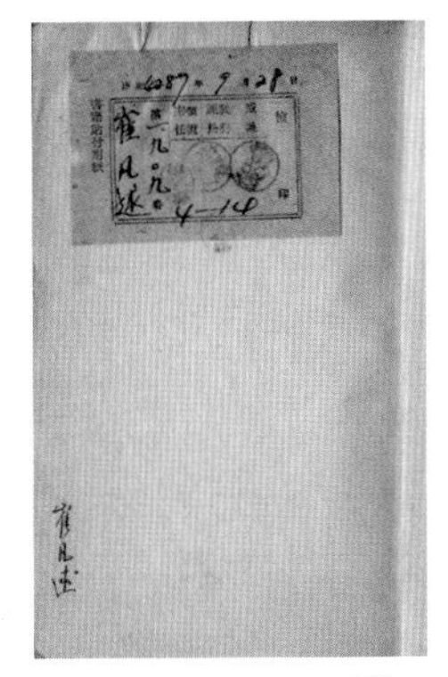

상편의 앞표지 속장[62)]

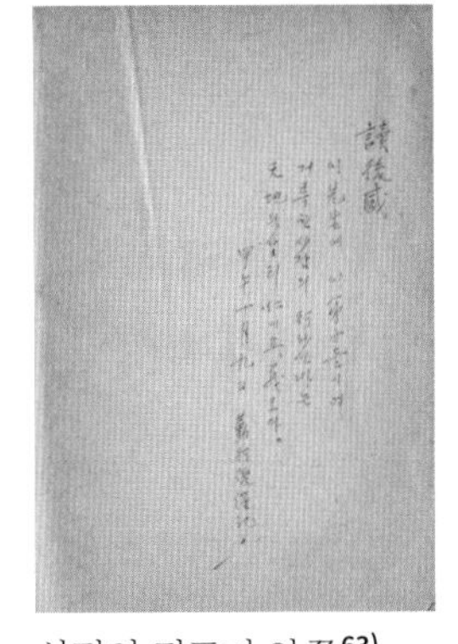

상편의 뒤표지 안쪽[63)]

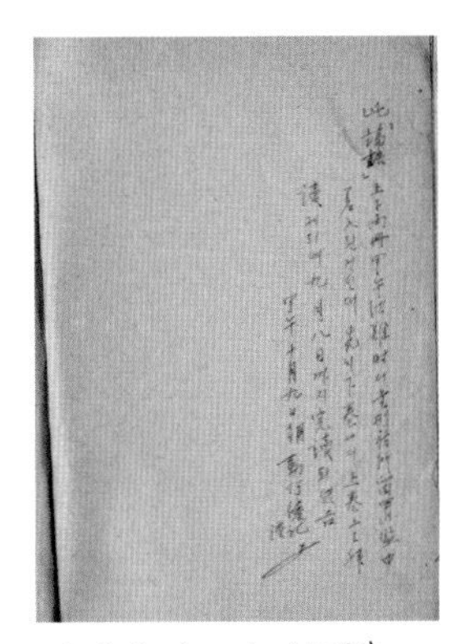

하편의 뒤표지 안쪽[64)]

---

62) 효당의 친필사인이 있다. '단기' 4287년(서기 1954년) 9월 28일, 제1909번 최범술'이 라는 서책첩부용지(書冊貼付用紙)가 붙어 있다.

63) 효당은 상편의 뒷장에 아래와 같은 독후감을 친필로 남겼다.
"讀後感 이 先生에 이 弟子들이여! 거룩한 사람의 行하신 바는 天地의, 같이 仁이요, 義로다. 甲午十月 勤行後 謹記."

64) 효당은 하편의 뒷장에 다음 같은 글을 친필로 남겼다.
"此『論語』上下兩冊 甲午法難時 서울刑務所 留置監中 差入된 것인데 先히 下卷에서 上卷을 速讀하게 되어 九月八日까지 玩讀되었음. 甲午十月九日朝 勤行後謹記."

효당은 개인연보에 의하면 이른바 이승만의 '불교정화유시'가 1954년 5월 20일에 공표되고 곧 5월 26일 표면적으로는 '해인대학'문제로 구속되어 서대문 형무소에 6개월간 투옥되었다.[65] 그러나 실제로는 특무대장 김창룡에 의해서 일어난 정치적 목적을 위한 사건으로 앞에서 언급한 1949년 12월 13일 「제109회 국무회의록」의 연장선 위에 있었다. 수감 후 효당은 서대문 형무소에서 추석날 밤에 "甲午中秋夜 身繫仁王西, 鐵窓明月閑 囪外人多忙"이라는 한시를 지었음을 그의 연보에 남겼다. 다만 구전된 바로는 효당이 부산 피난 시절에 야권의 정변(政變) 계획에 관여한 적이 있었다. 실제로는 이와 관계된 바로 전해진다.

3) 효당 제자 율관(栗觀) 변창헌(邊昌憲)의 회고록

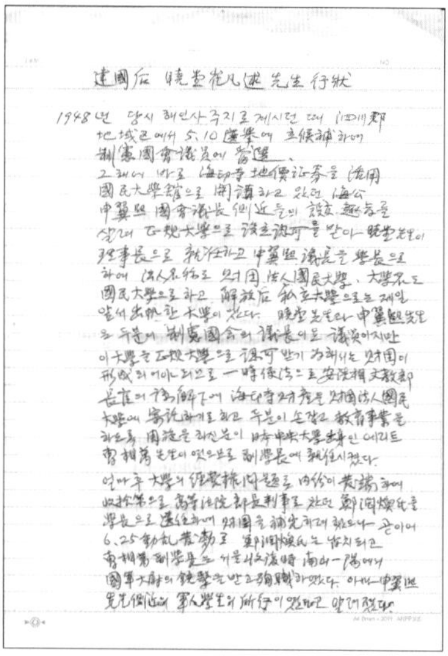

2004년 7월 15일 채원화는 인사동 반야로 차도(茶道) 강의실에서 해인대학 출신으로 효당의 제자인 서예가 변창헌 선생을 만나서 효당이 해공과 설립 후 갈등을 빚은 '국민대학 사건'에 대하여 자필로 기록한 자료를 제공받았다.

65) 「罰金五千圜言渡 崔凡述氏事件」, 『동아일보』(서울: 동아일보사, 1954년 11월 21일), 3면.

8. 원효불교교단의 선포

元曉佛敎 規約

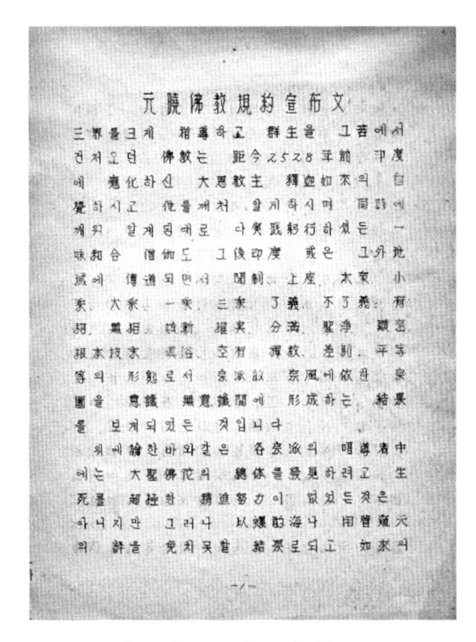
元曉佛敎規約宣布文

三界를크게 指導하고 群生을 그苦에서 건저오던 佛敎는 距今2528年前 印度에 應化하신 大恩敎主 釋迦如來의 自覺하시고 他를깨처 알게하시며 同時에 깨쳐 알게된대로 다實踐躬行하였든 一味和合 僧伽도 그後印度 或은 그外地域에 傳道되면서 [illegible]制 上座 大衆 小乘 大乘 一乘 三乘 了義 不了義 有相 無相 頓漸 權實 分滿 [illegible]淨 顯密 根本枝末 眞俗 空有 禪敎 差別 平等 等의 形態로서 宗派說 宗風에依한 宗團을 意識 無意識間에 形成하는 結果를 보게되었든 것입니다

위에論한바와같은 各宗派의 唱導者中에는 大聖佛陀의 總体를發見하려고 生死를 超越한 精進努力이 없었든것은 아니지만 그러나 以蠡酌海나 用管窺天의 [illegible]을 免치못할 結果로되고 如來의

-1-

원효불교교단규약선포문

효당은 1962년 3월 1일 경남 다솔사에서 '원효불교교단'을 선포하였다. 이것은 효당의 한국불교 정체성에 대한 인식과 관련 깊었다. 효당은 1976년 한국불교의 법맥에 대해서 다음과 같이 기고하였다.

"…한국불교를 말하는 학자들 가운데 흔히 전승(傳承)의 족보를 일삼기도 하고 조계(曹溪) 주류의 선을 정통으로 이어받은 것을 급급하게 말하기도 하며, 이것이 한국불교인 양 하는 분도 있다. 이에 대해서도 중대한 문제가 벽계정심선사(碧溪淨心禪師)에서 이어받은 법맥이 문제이다. 정심선사는 조계종 법계에 속하는 대사는 아니기 때문이다. 여하튼 이 같은 법계라, 종파라, 법맥이라 하는 제이·제삼의 지엽적 말단의 문제가 아니고, 가장 긴요한 중심 문제는 현재까지 전국 각 사찰에서 계승되어 오고 있는 일상 행사며 예불하고 숭봉하는 엄연한 사실이 가장 큰 것으로 보아야 할 것이며, 특히 말하여 두면 이것이 주되는 말이다."[66]

효당은 한국불교의 선맥(禪脈)은 벽계정심선사에서 이어받은 법맥으로 역사적으로 조계종으로 볼 수 없다고 하였다. 이미 해방 직후 만당 출신들이 종무를 인수하여 개혁적인 '조선불교교단'을 창립하여 '종단(宗團)'이 아닌 '교단(教團)'의 형식을 택하고 종조(宗祖)와 관련된 언급이 전혀 없음도 이와 무관하지 않았다.[67] 효당의 이러한 언급은 오늘날까지 이어지고 있는 한국불교의 선종 법맥이 1960년대 이후 조계종의 재출범으로 인하여 중국불교의 아류로 재귀속(再歸屬)되는 문제에 대한 지적일 수 있다.

효당은 평생토록 원효학 복원연구에 매진하며 인도나 중국에서 들어온 불교가 아닌 이 땅에서의 우리의 불교를 추구했다. 따라서 효당은 원효를 보편성을 지닌 불교와 특수성을 지닌 우리의 낭가사상(郎家思想)이 만나는 접점에 두었다. 불교의 보편성과 낭가사상의 특수성이 만나는 그 접점은 바로 원효이자 국학(國學)이었다.

---

66) 최범술, 「全國佛教徒에게 告함」, 『法輪』83(서울: 月刊法輪社, 1976년 1월), p.9.
67) 朝鮮佛教宗會 편, 『朝鮮佛教教憲』(漢城: 朝鮮佛教宗會, 1946), pp.1~2.

9. 단군 무등산 개천궁의 건립 시도

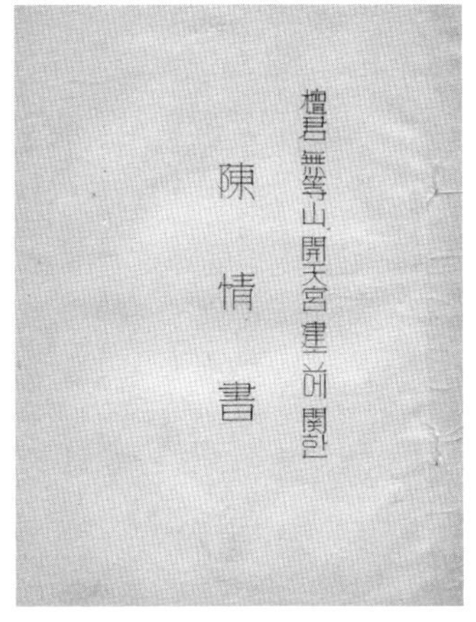

檀君無等山開天宮建立에關한

陳情書

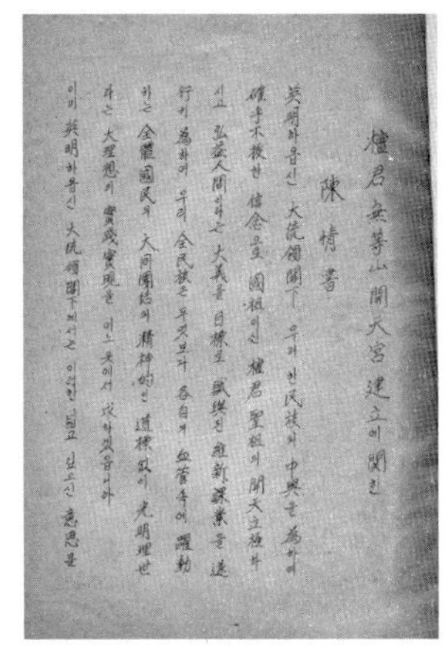

檀君無等山開天宮建立에關한

陳情書

英明하옵신 大統領閣下 우리 한民族의 中興을 爲하여
確乎不拔한 信念으로 國祖이신 檀君聖祖의 開天立極하
시고 弘益人間이라는 大義를 目標로 賦與된 維新課業을 遂
行키 爲하여 우리 全民族은 무엇보다 各自의 血管속에 躍動
하는 全體國民의 大同團結의 精神的인 道標없이 光明理世
라는 大理想의 實踐實現을 어느 곳에서 찾아보았읍니까
이미 英明하옵신 大統領閣下께서는 이러한 뜻을 깊으신 惠恩을

단군 무등산 개천궁 건립에 관한 진정서

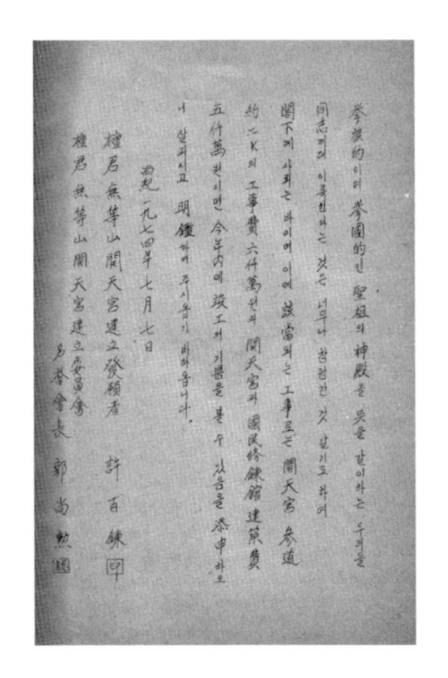

擧族的이며 擧國的인 聖祖의 神殿을 뜻을 같이하는 우리들
同志끼리 이룩한다는 것은 너무나 참람한 것 같기도 하여
閣下께 사뢰는 바이며 이에 該當되는 工事로는 開天宮 參道
約二K의 工事費 六仟萬원과 開天宮과 國民修鍊館 建築費
五仟萬원이면 今年內에 竣工시켜 기쁨을 볼 수 있음을 奉申하오
니 살피시고 明鑑하여 주시옵기 바라옵니다.

西紀一九七四年 七月 七日

檀君無等山開天宮建立發願者 許百鍊 印

檀君無等山開天宮建立委員會 名譽會長 郭尙勳 印

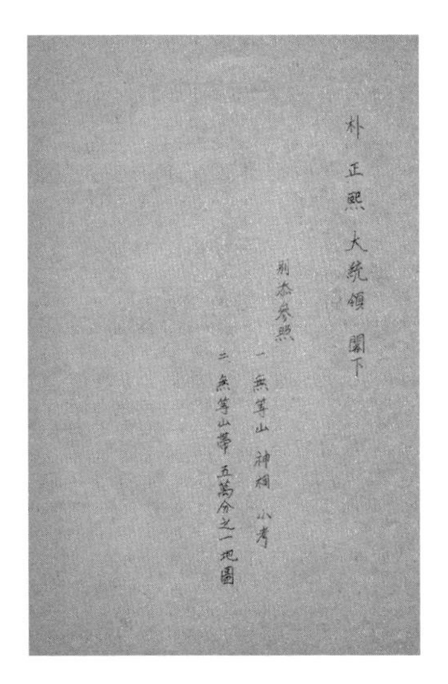

朴正熙 大統領 閣下

別添參照

一. 無等山 神祠 小考

二. 無等山等 五萬分之一地圖

의재(毅齋) 허백련을 중심으로 하는 광주 무등산 단군전 건립을 위한 이 진정서에는 「무등산신사소고(無等山神社小考)」가 첨부되어 있었다. 첨부된 소고는 효당이 『신증동국여지승람(新增東國輿地勝覽)』의 기

록에 근거하여 지었다. 1969년 11월 17일부터 22일까지 의재 허백련과 노산 이은상 등은 이를 위한 전시회를 열었다.[68] 효당의 연보에 따르면 1974년 12월 21일에 무등산에서 단군 개천궁 기공식이 열렸다.

10. 예수 사진

효당의 방에 걸려있던 예수의 사진[69]

효당은 그의 연보와 회고인 「청춘은 아름다워라」 50화에서 다음과 같이 회고하였다.

---

68) 『檀君無等山神殿 許百鍊 獻納圖錄』(光州: 檀君無等山神殿建立委員會, 1974)의 「毅齋 許百鍊 年譜」 및 「毅齋 許百鍊翁 近作東洋畵展」 팸플릿 참조.

69) 다솔사의 竹露之室이다.

"나는 도경(道警) 5호 감방에서 범부 출감 뒤에는 제2호 감방으로 이감(移監)되어 있는 신세가 되어있었다.……이 도경의 감방 안에는 기독교도가 일본의 신사 불참배(不參拜)로 몰리어 주기철, 한상돈, 이약신 등 목사와 최덕지, 김영숙, 전도부인 등 골수 야소교인(耶蘇敎人)들이 수감되었다. 그 중에 주기철은 평양으로 이감되었고,…… 이 같은 감방에서 수용되었던 사람들의 성분은 야소교인이 32명, 나와 관계된 사람이 5인, 기타 경제범 관계인과 그네들이 말하는 사상 관계자들이 우리네와 일인(日人)을 합하면 대략 60명 전후였다.…"70)

또한 효당의 연보에 따르면 1943년 2월에 경남도 경찰국 유치장 제3감방에 수감되어 그 감방 안에서 신사참배 거부 등으로 구금된 기독교인 주기철·한상돈·이약신 목사와 최덕지·김영숙 전도부인 등 25~26명에게 기독교에 대하여 강연하였다. 이후 1944년 2월 6일에도 함께 수감되어 있던 기독교인들에게 강연하였다. 이처럼 효당은 '조선어학회사건'과 '해인사사건'으로 구속되어 주기철 등의 기독교인들을 감방에서 연속해서 만나게 되었다. 그리고 효당은 그곳에서 생사를 넘어선 물음을 가지게 되었던 것으로 보인다. 즉, 1918년 10월 해인사지방학림에서 만난 만해가 '청년의 갈 길'이라는 주제로 강연한 "부처님이건 하느님이건 또한 그 누구에게도 동정받을 필요가 있는 사람이 되어서는 안 된다"라는 그 '사람'이다.71)

---

70) 최범술, 「청춘은 아름다워라」 156(최범술 50화), 『국제신보』(부산: 국제신보사, 1975년 4월 6일), 5면.

71) 최범술, 「만해 한용운 선생」, 『신동아』 75(서울: 동아일보사, 1970년 11월), p.314.

11. 대각사사건[72]

釜山市中区新昌洞所在大覺寺및附属建物의不動産은元來
日本東本願寺의所有財産인바 1945.8.17. 解放과더부러
歸属財産으로國에所有였다.
(1)위歸属財産을 1954.4.9. 当時法人名稱 財団法人
慶南敎務院 理事長 曺秉球가 國으로부터拂下
契約을 締結하였으나. 拂下殘代金 588萬2,400환
및年賦償還遲滞金 24萬8,400환 計 613萬800환
을納付하지못함으로 同拂下契約이取消될處地에
이르자 同法人의理事로서財務部長이던金容[illegible](崔
凡述의생질)이 위와같은法人의다급한事情을崔凡述
에게말하며 비구僧와 대처僧間의분규에서도 唯一하
게 남어있던 대처僧의法人인 慶南敎務院이確
保한財産을保存키위해 崔凡述이로하여금위
拂下代金을 代位 弁済하고 買收하여줄것
을強請함으로 崔凡述은佛教財産의保存을
위해 同法人의理事長 曺秉球을만나서 다음과
같은契約이 成立. 締約됨
(가) 崔凡述은 財団法人 慶南敎務院이 國으로부터

효당의 비서였던 고순철 씨의
부산 '대각사사건'의 회고

2004년 5월 23일 오후 4시경 채원화는 인사동 반야로 차도강의실에서 효당의 비서였던 고순철 씨를 만나서 그가 부산 '대각사사건'에 대하여 자필로 기록한 자료를 받았다.

拘束된 金容午의원 過去

僧服으로 가려온 前科4犯

死亡신고後 새 戶籍…폭력등 立件11회

大覺寺 차려 5百億 致富 東橋系 돈줄

1987년 4월 24일 『경향신문』 3면

무려 호적만 3개인 김용오(법명: 경우)는 '대각사사건'의 반대 측 당사자였다. 김용오는 '대각사사건'을 위해서 효당의 생질인 김용석과 작당을 하였다. 효당의 연보에 따르면 1968년 9월 3일 김용오 등의 무고로 6일간 부산교도소에 수감되었다.

72) 이 사건에 대해서는 『효당최범술문집』 3권 pp.131~141 참조.

12. 한국의 차도(茶道)

1)『한국의 차도』[73)]

1973년 단행본『한국의 차도』의 표지

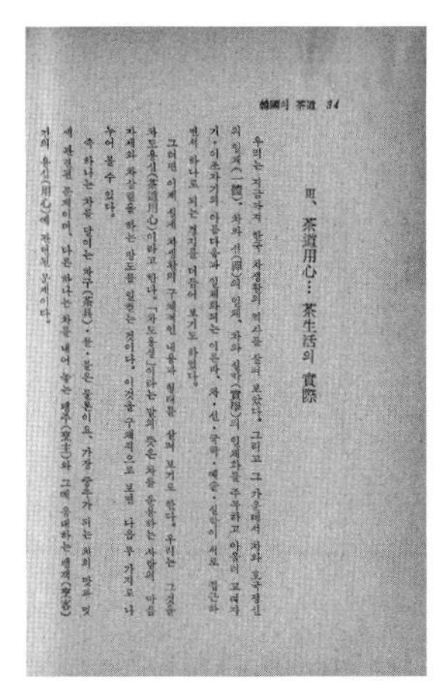

p.34의 '국학(國學)'언급

2) 한국차도회(韓國茶道會)

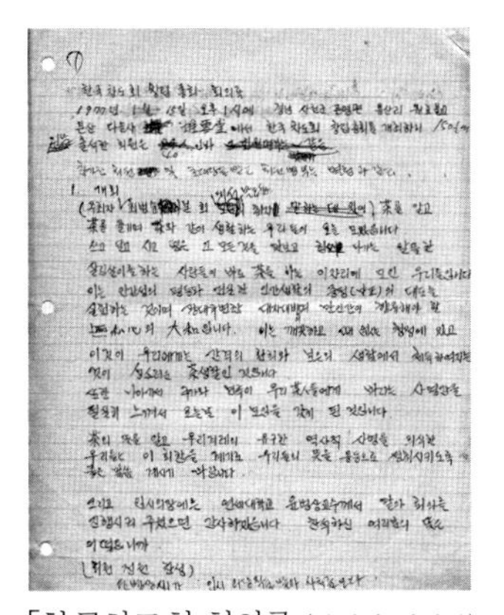

「한국차도회 회의록」(작성자 채원화)

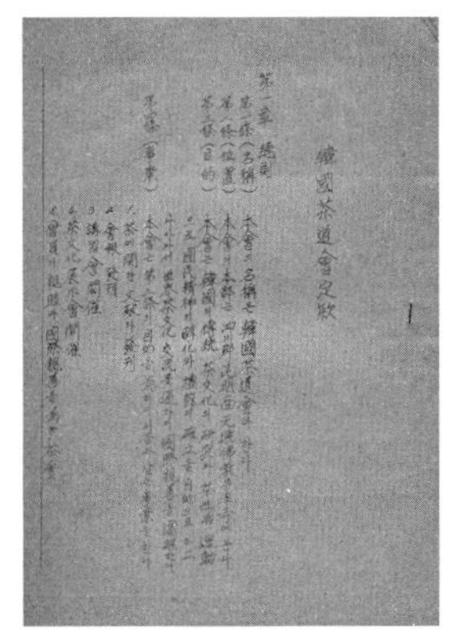

「한국차도회 정관」(작성자 채원화)

---

73) 崔凡述,『韓國의 茶道』(서울: 보련각, 1973).

‘한국차도회’의 결성은 경남 사천시 다솔사에서 1977년 1월 15~16일에 걸쳐 진행되었다.

13. 효당의 입적(1979년 7월 10일)

制憲의원 崔凡述씨

制憲국회의원 崔凡述씨(사진·前다솔사住持)가 9일 낮12시30분 서울성북구정릉補賢암에서 숙환으로 별세했다. 향76세. 발인은 12일상오9시. 장지 경남사천군곤명면용산리다솔사경내 연락처 ㉜7585。

1979년 7월 10일 『경향신문』 7면

制憲議員 崔凡述옹

전晋州 多率寺주지로 제헌국회의원을 지낸 崔凡述옹(본명 英煥)이 10일오후12시30분 서울 貞陵普賢庵에서 숙환으로 별세했다。 향년75세。 유족은 1남3녀。 茶毘式(날짜미정)은 貞陵普賢庵에서、 葬地는 多率寺 연락처 ㉜7585

1979년 7월 10일 『동아일보』 7면

일부 신문은 오기가 있으나 효당은 1979년 7월 10일 낮 12시 30분 입적(入寂)하였다. 지금은 1996년 10월 9일 대전 현충원 당시 애국지사 제2묘역(현 독립운동가 제2묘역) 585호에 이장(移葬)되었다. 아들 화정(和丁)이 지어 올린 비명은 다음과 같다.

> “사람으로 무릇 태어나
> 나라와 민족을 위해 몸을 쾌히 던짐이
> 상구보리 하화중생의 대승진리를 실천함이요
> 출세간의 이변(二邊)을 여읜 진정한 출격(出格) 대장부인 것이다”

제1장

서론

1. 연구 주제와 목적

효당 최범술(1904~1979)은 불교계의 인물로 독립운동가이며 교육자요, 경남 사천시 제헌의원을 지낸 정치가이며 현대 한국 차문화의 중흥조이다. 일제강점기에는 국내외에서 동지들과 함께 열렬한 항일투쟁을 하다가 일제 경찰에 검거되어 수십 회 옥고를 치렀다. 해방 후에는 1947년 미소공동위원회 대한불교단체 대표·해인사 주지·국민대학 창설 및 이사장·제헌의회 국회의원·해인대학 설립 및 이사장 등을 역임했다. 만년에는 오로지 불교인으로서 평생 전념해온 원효 성사 교학 복원과 연구에 매진하며 도제 양성에 힘을 기울였고 잊혀져 가던 한국 차문화를 중흥시켜 현대 한국 차문화의 중흥조로 추앙받고 있다.[1)]

효당 최범술은 1904년에 태어나 대한민국 제4공화국인 유신체제가 끝날 무렵인 1979년에 입적(入寂)한 인물이다. 효당이 태어날 무렵은 유럽의 선진 자본주의 국가들이 앞다투어 해외로 진출하여 무력에 의해서라도 식민제국을 창건 내지 확대하는 제국주의의 절정기였

---

1) 채원화 편, 「효당 최범술 스님」, (소책자)『般若露 茶道』(효당본가 반야로차도문화원, 1983), p.7 ; "…초의스님이 한국근세사에 있어서 차도계의 중흥조라면 효당스님은 한국현대사에서의 차도계의 중흥조라 할 수 있을 것이다."[「효당과 한국차도회, 그리고 한국차인회」, 10주년 특대호 『茶人』(한국차인연합회, 1990.1), p.19]; 김기원은 1975년 12월 진주 비봉루에서 열린 진주 차회에서 진주 차인들이 모여 효당을 "…우선 진주 사람이 전국을 대표하여 한국 근대차 중흥조를 선언합니다"라고 한 진주 차회 회의록 기록을 적시하였다.[김기원, 「효당 최범술의 생애와 한국 차도의 중흥」, 『계명대학교 차문화연구소 학술심포지엄』1(계명대학교 차문화연구소, 2010), pp.107~108]

다. 제1차 세계대전 전까지 구미 열강에 의해 아시아와 아프리카의 여러 지역이 식민지 내지 반식민지화하였던 시기였다.

효당은 이러한 제국 열강에 의해 조선의 문호가 강제로 개방된 이래 청일전쟁·러일전쟁으로 전통적인 동아시아적 질서, 곧 중국적 국제질서 체제가 해체되고 근대적 제국주의 질서로 재편되는 과정 속에 태어나고 성장하였다. 이어 민족의 수난기인 36년간의 일제강점기·광복과 복잡한 해방공간·남북분단과 전란·4·19학생혁명·5·16군사혁명·민주화운동 등 민족사적인 격변의 시대를 겪은 인물이다.[2)]

효당은 성리학적 세계관을 기반으로 한 구한말의 근왕주의 사회 질서 체제에서 일제 강점에 의한 식민지 시기를 거쳐 근대적 질서로 진입한 시대를 산 전환기적 인물이다. 효당은 자신이 활동하며 겪은 전근대와 근대를 한국 사회에 투영하며 실천하였다. 특히 그는 승려 출신으로서 드물게 근대적 대학 교육을 받았고 민족 자주적인 독립운동뿐만 아니라 그 근대적 자각으로 대한민국의 건국 과정에서 제헌국회와 대학설립에 참여하여 사회적으로 실천한 인물이기도 하다.

효당의 활동은 크게 실천적인 일제강점기 항일운동·해방공간에서의 정치 및 불교 사회 활동·한국 불교학 연구·한국의 차문화 정립·만해학 정립 등으로 나눌 수 있다.

이 책의 연구 목적은 식민지를 경험한 전환기적 인물인 효당 최범술이 전통에서 근대로의 사회체제의 변화 속에서 일관된 민족정신으로 대내외적인 활동을 전개하였으며 그 모든 활동의 성격과 지향점이

---

2) 채정복 편, 「근현대 한국 차문화를 중흥시킨 초의와 효당」, 『한국불교학』46(서울: 사단법인 한국불교학회, 2006), pp.583~584 ; 「간행사」, 『효당최범술문집』1~3권(서울: 민족사, 2013), p.3.

'국학'으로 귀결하였음을 논증해보고자 함이다.

여기서 말하고자 하는 '국학'은 단순한 전통의 계승이 아닌 근대적인 민족적 자아의 재발견을 의미한다. 이것은 식민지라는 엄혹한 상황 속에서 민족적인 자아에 대한 긍정과 부정이 교차하던 시기에 이른바 '조선학'이라는 근대적 자각 속에서 "불교 수행자이자 지식인이었던 효당의 행적을 통해서 당시 불교계의 근대적 자각과 그 전승이 현대에 어떻게 이어져 왔는가?"라는 물음에 대한 대답이 될 것이다.

당시 불교계는 안팎에서 원효(元曉)를 중심으로 의상(義湘), 의천(義天) 등의 여러 인물과 『고려대장경(高麗大藏經)』에 대한 재평가가 이루어지고 있었다. 이러한 문화적인 자각의 배경에는 당시 국내 사상계의 민족적 정체성 위기에 대한 지적인 탐구와 고대에 우리가 일본에 불교를 전파한 역사에 대한 불교계의 자각이 있었다. 이와 더불어 직접적으로 1915년 5월 원효에 대한 금석문인 『고선사서당화상비(高仙寺瑞幢和尙碑)』의 발견과 1920년대 일본에서 이루어지던 『고려대장경』을 저본으로 한 『대정신수대장경(大正新脩大藏經)』의 간행은 당시 국내 여러 지식인과 일본으로 간 불교계 조선 유학생들에게 큰 자극이 되었다.

특히 1917년 장도빈은 신채호 등이 주도한 국내의 민족적 위인전 출간에 맞추어 『위인원효(偉人元曉)』를 발표하였다. 그리고 이 무렵 국내외에서 원효의 여러 저술 목록이 정리되면서 87부 2백 23권이 확인되었다. 이것을 접한 일본 조동종 대학 유학생 정황진은 1918년 『조선불교총보(朝鮮佛教叢報)』13호에 「대성화쟁국사원효저술일람표(大聖和諍國師元曉著述一覽表)」를 발표하였다. 이러한 일련의 과정들을 통해서 원효는 설화 속의 인물에서 역사적인 불교 사상가이자 대 저술가로 자리 잡게 되었다. 해외에서 독립운동을 하던 조소앙도 상해임시정부 위원으로 활동하면서 「신라국원효대사전병서(新羅國元曉大師傳幷序)」를 1933년에 저술하였다.

양란(兩亂) 이후 소중화를 자처하던 조선 후기에 보학(譜學)의 발달과 궤를 같이하여 조선의 불교계는 중국 선종에 연원을 두는 법맥에 집착하게 되었다. 그러한 집착은 사찰에 설치한 강원의 교재로 우리의 원효와 의상 등의 문헌을 대신해서 중국 화엄의 법장이나 중국 선어록을 근세까지 사용하는 결과를 낳았다.

원효의 저술이 국내외에서 수집하여 정리되던 무렵에 국내에서 최남선은 1918년 조선불교의 정체성에 관련된 여러 편의 글을 『조선불교총보』·『대한매일신보』 등에 기고하면서 불교에 많은 관심을 두었다. 그는 1916년 『대한매일신보』의 『동도역서기(東都繹書記)』에 이어서 1922년 잡지 『동명(東明)』의 창간사에서 처음으로 국학을 의미하는 '조선학'이라는 용어를 사용하였다. 또한 단군을 비롯한 조선의 역사와 문화뿐만 아니라 의천과 『고려대장경』의 상관관계에도 주목하였다. 이른바 '조선학'은 1920년대부터 이후로 국내에서 우리 학계와 사상계를 아우르는 화두로 자리 잡게 되었다.

이 당시 효당은 불교계 재일 조선 유학생들의 잡지였던 『금강저(金剛杵)』 운영과 기고에도 적극적으로 참여하였다. 최남선도 조선불교에 대한 관심으로 1925년에 『금강저』7호에 「조선불교에 대한 내적 반성(內的反省)을 촉(促)하노라」를 기고하였다. 같은 해 일본에서는 효당 등이 주축이 되어 '원효대성찬앙회(元曉大聖讚仰會)'를 조직하였다. 이후 효당은 대장경 연구를 위하여 1928년 재일 조선 유학생들과 '삼장학회(三藏學會)'를 주도적으로 조직하였다.

귀국 후에는 1937년 해인사에서 『고려대장경』의 인경도감(印經度監)을 맡아서 불교계의 항일 비밀결사체인 만당(卍黨)의 당원들과 함께 인경작업을 수행하였다. 이후 다솔사에서 신채호의 유고를 비밀리에 수집하고 보관하였다. 이 인경작업을 감독하면서 효당은 『대각국사문집』을 발견하였고 여기서 원효 교학의 전체적인 윤곽을 추론하여 말년에 기초적인 그 복원작업을 수행하였다. 본래 중국에서 당대(唐代)에 경·율·논의 형태로 완성된 대장경은 국가 주도로 송대 이후에 남송 시절까지 5회 출판되었다. 그러나 원효 교학의 기초 작업에 이은 복원의 완성은 효당의 생전에 이루지 못하였다.

효당은 『한용운전집』을 간행하여 만해학의 토대를 정립하였으며 『한국(韓國)의 차도(茶道)』를 저술함으로써 한국 차문화의 정체성을 확립하였다. 여기서 나타나는 효당의 '차살림살이'는 기존의 동양의 사변적인 혹은 고답적인 체용론, 혹은 '체·상·용'에서 벗어나 순수 우리말인 '살림살이'를 통하여 실존을 넘어선 실행의 의미로 총체화시켜서 한국 차문화의 정체성을 정립하였다.

필자는 이 책에서 근대 불교계의 실천적 지식인 효당의 독립운동과 함께 원효 교학의 복원, 한국의 차문화 연구, 만해학의 정립에 이르기까지 그 연구의 방향이 '조선학'에서 출발하여 '국학'을 지향했음을 논증하고자 한다. 또한 교육 및 해방공간에서 효당의 정치·사회 활동 역시 국가체제의 확립과 깊은 연관이 있었다. 따라서 효당의 생애를 재구성하여 그 활동의 내용과 성격을 재해석하고자 한다.

이러한 배경에는 아시아에서 불교가 가지는 사상적인 보편성과 우리의 역사적 경험이 가지는 특수성의 접점에서 주체성을 찾는 효당의 국학적인 연구가 식민치하의 '조선학'에서 현대의 '한국학'으로 연결되는 역사적 경험의 산물일 수 있기 때문이다. 이것은 단순히 산속에 머문 출세간적(出世間的) 수행승이 아닌 민족정신과 근대적 자각 하에 사회적 실천을 수행한 인물 연구로서 한국학 연구의 보폭을 넓히는 연구사적 의의를 지니게 될 것이다.

2. 선행연구 검토

효당에 관한 선행연구는 그동안 거의 이루어지지 않았다. 효당의 활동이 항일, 정치, 불교, 차문화 등 여러 방면에 걸쳐 있지만, 효당에 대한 인물 연구는 대부분 차문화 영역에 주로 집중되어 있다.

이런 연구 현실의 배경에는 첫째, 불교학계에서는 '조선학' 관련 연구가 거의 전무했다. 특히 만당과 관련된 조선학 연구는 지금까지 없었다. 둘째, 사학계에서도 불교권의 '조선학' 관련 연구는 거의 이루어지지 않았다. 일부 국학과 관련된 시각으로 1970년대 말, 단편적인 연구가 있었지만 지속적인 흐름은 아니었다. 다만 인물 연구로 최남선이나 다카하시 도루(高橋亨) 등과 관련해서 이루어진 일부가 있었다. 그러나 불교계나 만당(卍黨)을 '조선학'과 관련지어 전반적인 흐름으로 연구된 바는 아니었다. 최근에 필자가 「만당의 '조선학' 연구와 국학적 전승」을 발표한 바가 있다.[3]

그럼에도 근대 불교계의 가장 많은 자료를 섭렵한, 1996년 민족사에서 나온 『한국근현대불교 자료전집』 69권과 그에 대한 김광식의 해제(解題)인 『한국근현대불교 자료전집(해제판)』[4]은 만당을 포함하여 근대 불교계의 '조선학' 연구에 대한 기반을 제공하고 있다.

---

3) 채정복, 「만당(卍黨)의 '조선학' 연구와 국학적 전승」, 『大覺思想』 38(대각사상연구원, 2022.12), pp.111~156.

4) 金光植 解題, 李哲敎 資料收集, 『韓國近現代佛敎資料全集(解題版)』(서울: 民族社, 1996).

효당에 대한 종합적인 인물 연구도 거의 없었다. 다만 이천 년대에 와서 항일운동을 비롯한 관련 논문 몇 편이 출현했다. 최근에 새로운 시각에서 접근한 논문 수 편이 발표된 바 있다.

효당의 후학들이 주관하여 2006년과 2017년에 효당 최범술을 주제로 한, 종합적 성격을 지닌 학술대회가 두 차례 있었다. 그러나 내외의 여건으로 한계를 지닌 채 멈추었다. 따라서 다양한 특성과 활동의 이력을 지닌 인물인 효당 최범술에 대한 연구는 아직 미흡하다. 그러므로 당연히 효당의 활동과 학문적 연구를 국학의 시각에서 종합적으로 접근한 연구물은 지금까지 없었다. 이에 본 연구물이 그 첫 디딤돌이 되고자 한다.

선행연구 검토는 이 책의 목차에 따라 살펴보도록 하겠다.

효당의 항일운동은 해인사학림 시절에 전개된 해인사 3·1운동, 일본 유학 시절의 일왕 부자 암살 모의로 피체된 불령선인회 활동, 만해의 부름으로 귀국하여 제3대 '조선불교청년총동맹위원장'을 맡아 불교계의 비밀 항일결사 단체인 만당을 다솔사와 해인사를 근거지로 재건하여 활동한 사실 등으로 나눌 수 있다.

지금껏 해인사의 3·1운동을 다룬 연구물을 살펴보면 대부분 불교계 전체의 3·1운동을 주제로 다룬 가운데 작은 부분으로 분류되어 언급되거나 서술되었을 따름이었다. 오로지 해인사의 3·1운동만을 주제로 하여 기술된 논문은 없었다. 그러다가 2019년에 3·1운동 백주년을 맞아 '대한불교조계종 백년대계본부 불교사회연구소'가 주관하여 개최한 '불교계의 3·1운동과 항일운동'에 대한 학술세미나에서 최화정이 「해인사의 3·1운동」을 주제로 한 논문을 처음으로 발표하였다.[5)]

최화정은, 효당이 1969년 2월 16일부터 『대한불교』에 4회에 걸쳐 매주 기고한 「3·1운동과 해인사」를 비롯해 1975년 부산의 『국제신보』에 50회에 걸쳐 연재된 효당의 회고록인 「청춘은 아름다워라」[6] 등을 저본으로 하고, 나아가 새로운 사료를 발굴하여 해인사의 3·1운동에 대한 가장 구체적이면서도 심도 있는 논문을 발표하였다.

최화정은 효당의 「3·1운동과 해인사」가 기초자료가 되어 1969년에 이용락이 편찬한 『삼일운동실록』 속에 「해인사와 삼일운동」이라는 단일항목으로 기술된 사실을 처음으로 밝혔다. 또한 이용락의 『삼일운동실록』 중의 「해인사와 삼일운동」은 그 이후에 출간된 『독립운동사(삼일운동사(하))』(1971)·『한민족독립운동사』3권(1988)·『한국독립운동의 역사』38권(2008)·『한국독립운동의 역사』20권(2009) 등에 재활용되어 수록되었음도 밝혔다.

무엇보다도 최화정은 그 당시 헌병대가 조선총독부에 발신한 보고서와 일본 외무성의 기록을 찾아내어[7] 3인 1조로 활동하다가 체포된 행동대가 효당이 회고한, 경북 김천군에서 체포된 김도운·이봉정·남성엽임을 밝혀 효당의 회고록이 사실 기술에 충실하여 사료적 가치를 지님을 시사하였다.

---

5) 최화정, 「해인사의 3·1운동」, 『불교계의 3·1운동과 항일운동』(대한불교조계종 백년대계본부 불교사회연구소, 2019) ; 「해인사의 3·1운동」, 『대각사상』31(대각사상연구원, 2019) ; 「해인학림과 만당」, 『(3·1운동 백주년 기념 특별전) 아! 호국이여, 나라의 독립을 부르짖다-독립운동에 참여한 해인사 스님들』(해인사성보박물관, 2019) ; 「효당 최범술의 삶과 불교」, 『만해학보』17(만해사상실천선양회, 2017).

6) 당시의 원래 제목은 「청춘은 아름다와라」이다.

7) 최화정, 「해인학림과 만당」, 『(3·1운동 백주년 기념 특별전) 아! 호국이여, 나라의 독립을 부르짖다-독립운동에 참여한 해인사 스님들』(해인사성보박물관, 2019), p.75.

효당은 일본 유학 시절 새로운 근대문물을 습득하며 무정부주의자 박열과 함께한 흑우회(黑友會) 내지 불령선인회(不逞鮮人會)의 의열투쟁 활동에서 동지들과 조선인 노동자들의 노동조합을 결성시켰다. 또한 인권 자각에 기초한 신평민으로 불리는 천민인 백정계급 부락민의 수평사(水平社) 운동을 도왔으며 계급의식을 조장하는 적색 공산주의자와 일본 제국주의 타도를 목표로 하였다.

무엇보다도 불령선인회가 밀의한 거사 중 가장 큰 계획은 1923년 10월에 예정된 일제 히로히토(裕仁) 황태자 결혼식에 폭탄을 투척하여 일왕 부자를 비롯한 일본 황족과 고관들을 일시에 제거하는 일이었다. 이를 도화선으로 당시 일본 국내의 반제국주의 운동자들과 노동자, 농민들, 수평사 백정계급의 궐기를 일으키려는 거대한 계획이었다. 이 거사 계획은 1923년 9월 1일에 일어난 관동대지진으로 실현되지 못하였다. 게다가 동지간의 불화로 이 거사 계획이 누설되어 이른바 '박열대역사건(朴烈大逆事件)'으로 포장되어 효당은 박열 등과 더불어 일제에 피체되었다. 피체된 효당은 9개월 간의 예심을 거쳐 출감 후에도 약 2년여 동안 도쿄(東京) 각 구의 여러 경찰서에 피검되었다.

효당의 일본 유학 시절 박열과 더불어 활동한 흑우회 내지 불령선인회의 의열투쟁 활동에 관한 연구는 후세 다쓰지(布施辰治)[8] · 야마

8) 布施辰治 外, 『運命の 勝利者 朴烈』(東京: 世紀書房, 1946).[※ 후세 다쓰지(1880~1953)는 한국의 독립운동과 한국인의 인권을 위해 투쟁한 일본의 인권변호사이다. 1919년 2·8독립선언으로 인해 체포된 조선 유학생들의 변론을 시작으로, 제1·2차 조선공산당사건, 한신(阪神)교육투쟁사건 등 광복 전후 재일본 한국인과 관련된 사건을 도맡았으며, 1946년에 『조선 건국 헌법초안』을 저술하였다. 한국독립운동을 위한 공훈으로 일본인으로는 처음으로 2004년, 노무현정권 때 건국훈장이 추서되었다.]

다 쇼지(山田昭次)[9] · 전상숙[10] · 이호룡[11] · 반병률[12] · 박걸순[13] · 김명섭[14]의 직간접적 논문과 저술 등이 있다. 특히 후세 다쓰지는 일본패전 후에 쓴 자신의 저서에서 의열단원인 최영환(효당)이 중국 상하이(上海)를 다녀온 사실과 폭탄의 입수경로를 박열이 동료를 보호하기 위해 예심에서 철저히 숨겼음을 적시하였다.

김명섭은 그의 논문「박열의 일왕 폭살 계획 추진과 옥중투쟁」에서 일왕 폭살 계획을 위해 효당이 박열과 밀의한 후 상하이(上海)로 가서 다물단(多勿團)을 만나 폭탄을 받아온 사실을 적시하였다. 김명섭은 자신의 이전 시각과는 달리, 종래 학계에서 소위 박열의 대역사건은 실체가 없다고 하며 박열을 허무주의자로, 폭탄 입수를 실행한 효당을 나약한 인물로 묘사함은 연구자들의 자료 활용의 문제임과 논리적 한계임을 지적하였다.[15] 그럼에도 불구하고 김명섭은 후세 다쓰지의 저서에서 상하이(上海)를 다녀온 의열단원 최영환(효당)을 언급한

---

9) 야마다 쇼지(山田昭次), 정선태 역,『가네코 후미코』(서울: 산처럼, 2017).

10) 전상숙,「박열의 무정부주의와 민족의식」,『한국동양정치사상사』7(한국동양정치사상사학회, 2008).

11) 이호룡,『한국의 아나키즘(운동편)』(파주: 지식산업사, 2015).

12) 반병률,「서평-한국 근현대사상사의 지평을 확대한 아나키즘 연구」,『역사와 현실』46(한국역사연구회, 2002).

13) 박걸순,「1920년대 北京의 韓人 아나키즘운동과 義烈鬪爭」,『동양학』54(단국대학교 동양학연구원, 2013).

14) 김명섭,「1920年代 初期 在日 朝鮮人의 思想團體 : 黑濤會·黑友會·北星會를 中心으로」,『한일민족문제연구』1(한일민족문제학회, 2001). ;「의열단의 대일 거사 계획과 박열의 의열 투쟁」,『한일민족문제연구』38(한일민족문제학회, 2020). ;「박열의 일왕 폭살 계획 추진과 옥중투쟁」,『한국독립운동사연구』48(독립기념관 한국독립운동사연구소, 2014).

15) 김명섭,「의열단의 對日 거사 계획과 박열의 의열 투쟁」,『한일민족문제연구』38(한일민족문제학회, 2020), p.199의 각주3 참조.

부분은 살펴보지 못한 점이 있다.

효당의 만당 활동에 관한 연구는 김광식의 논문이 있다. 김광식은 일제강점기 불교계의 비밀 항일결사 단체인 '만당'의 활동이 초기활동 이후에 다솔사와 해인사를 근거지로 하여 효당을 중심으로 재건되어 전개된 사실을 밝혔다.[16] 이것은 종래 만당의 활동이 구체적인 활동을 한 실체가 없다는 학계의 인식을 새롭게 하여 불교계 항일 운동사를 진일보시킨 측면이 있다.

그러나 1937년 중일전쟁이 발발한 그해 효당이 중앙 교무원에 의해 '북지위문사'로 다녀오게 된 사실은 당시 다솔사와 해인사를 중심으로 활동하던 범 만당 당원들을 보호하기 위함이었고, 1939년 일본 천태종 고승들을 초청하여 다솔사에서 가진 '기묘다솔사하안거법회(己卯多率寺夏安居法會)'는 만당의 근거지를 해인사에서 다시 다솔사로 옮기기 위한 전략적 차원이었음을 간과한 측면이 있다.

김상현의 효당의 항일운동에 관한 연구논문이 있다.[17] 김상현은 논문의 전반부에서 1938년 이후의 효당의 독립운동자금의 모금과 전달, 단재 유고의 간행계획과 수난, 해인사와 만당에 관해 서술하였다. 이어서 임혜봉이 주도하여 효당을 친일 인사로 거론함에[18] 대해 효당이

---

16) 김광식, 「조선불교청년총동맹과 卍黨」, 『한국학보』21(서울: 일지사, 1995) ; 「만당과 효당 최범술」, 『동국사학』42(동국사학회, 2004) ; 「다솔사와 항일비밀결사 卍黨-한용운, 최범술, 김범부, 김동리 역사의 단면」, 『불교 연구』48(동아시아불교문화학회, 2018) ; 「다솔사 안거법회(1939) 개요와 성격」, 『퇴계학논집』24(한국불교 연구원, 2019).

17) 김상현, 「효당 최범술(1904~1979)의 독립운동」, 『동국사학』40(동국사학회, 2004).

18) 노무현 정권하에 『친일인명사전』 발간을 추진하던 '민족문제연구소'의 불교위원이던 임혜봉이 효당의 1937년 12월 22일에 출발하여 1938년 1월 18일에 경성에 도착한 28일 간의 '북지위문사건'과 일본 천태종 계열의 고승 47명 등을 초청하여

일제에 검거된 역사적 사실들을 제시하며 그 부당함을 지적하였다. 즉 북지황군위문사 발탁의 경위, 기묘다솔사하안거의 성격, 김지복 증언의 허구 등을 논리적으로 분석하여 그 왜곡을 비판하였다. 김상현은 효당의 행적 전체를 살펴보지 않은 채 일정 부분만을 문제 삼아 의문을 제기하는 것은 인물 연구의 바람직한 방법일 수 없다고 결론지었다.

그 논문은 효당의 북지위문사건에 대한 경위를 파악하게 하는 의미를 지닌다. 그러나 김상현도 효당의 은사인 임환경 측과 장보해 측간의 해인사 주지 선거를 둘러싸고 전개된, 항일운동파인 만당과 그 반대파와의 치열한 갈등 속에 효당이 북지위문사 파견 건을 수용하게 된 인과론적인 사실은 놓치고 있다.

해방 후의 효당의 불교 사회활동 전반에 관한 연구논문은 지금까지 나온 바가 없다. 다만 최화정이 앞의 논문에서 해방공간에서의 효당의 활동과 관련지어 일정 부분 개략적으로 언급한 바가 있을 따름이다.

필자는 해방공간에서 좌우 대립의 갈등으로 야기된 불교중앙총무원(태고사) 사태, 효당의 제헌 의정활동과 무소속구락부와의 연계성, 국민대학과 해인사 문제, 이승만의 정화 유시와 봉암사 결사의 관련 등을 고찰하고자 한다. 이를 위해서 제헌의회 기록, 국무 회의록, 국사편찬위원회 기록, 당시 신문 기사, 잡지에 게재된 몇 편의 효당의 기고문 등을 기본 자료로 살펴볼 것이다. 이외 효당을 주제로 한 논문은 아니지만, 해방 직후 효당을 비롯한 만당파의 불교계 종권 인수 활동

1939년 8월 20일~26일에 다솔사 대강당에서 가진 법회 즉 '己卯多率寺夏安居法會' 등을 이유로 효당을 친일 인사로 거론한 사건이다.

과 관련되어 그 시대의 불교계 상황을 파악할 수 있는 연구물들, 즉 박태균[19)]·김재명[20)]·허종[21)]·김광식[22)]·이기하[23)]·김순석[24)]·김상영[25)]·이재헌[26)]·강인철[27)]·윤승용[28)]·고영섭[29)] 등의 저서나 논문을 참작할 것이다. 또한 당시 불교계의 전반적 실정(實情)에 대한 이해를 위해 태고종사[30)]·조계종사[31)]도 참고할 것이다.

효당의 불교학에 대한 연구물은 효당 자신의 수 편의 연구물[32)]과 후학 김용표의 「원효의 반야심경소와 효당의 복원해석학」[33)], 고영섭

---

19) 박태균, 『조봉암 연구』(서울: 창작과 비평사, 1995).
20) 김재명, 『한국현대사의 비극(중간파의 이상과 좌절)』(서울: 선인, 2003).
21) 허종, 『반민특위의 조직과 활동』(서울: 선인, 2003).
22) 김광식, 『한국근대불교의 현실인식』(서울: 민족사, 1998) ; 『근현대불교의 재조명』(서울: 민족사, 2000) ; 『한국현대불교사연구』(서울: 불교시대사, 2006) ; 「봉암사 결사의 재조명」, 『봉암사 결사와 현대한국불교』(조계종 출판사, 2008).
23) 이기하, 한국현대사연구협의회 편, 「정치사회단체의 성격」, 『한국현대사의 전개』(서울: 탐구당, 1988).
24) 김순석, 대한불교조계종 교육원 불학연구소 편, 「이승만정권의 불교정책」, 『불교정화 운동의 재조명』(서울: 조계종출판사, 2008).
25) 김상영, 「'정화 운동'시대의 宗祖갈등문제와 그 역사적 의의」, 『불교정화 운동의 재조명』(서울: 조계종출판사, 2008).
26) 이재헌, 대한불교조계종 교육원 불학연구소 편, 「미군정의 종교정책과 불교계의 분열」, 『불교정화 운동의 재조명』(서울: 조계종출판사, 2008).
27) 강인철, 「해방후 불교와 국가: 1945~1960」, 『사회와 역사』57(한국사회사학회, 2000).
28) 윤승용, 「불교정화공간과 사회복지」, 『불교정화 운동의 재조명』(서울: 조계종출판사, 2008).
29) 고영섭, 「불교정화의 이념과 방법」, 『불교정화 운동의 재조명』(서울: 조계종출판사, 2008).
30) 종단사간행위원회 편, 『태고종사』(서울: 한국불교출판부, 2006).
31) 대한불교조계종 교육원 편, 『조계종사(근현대편)』(서울: 조계종출판사, 2015).
32) 효당의 불교학 연구물들은 제3장에서 자세히 다루기로 한다. 그 외 부록 2의 「효당 최범술 저술 목록」을 참조하기 바란다.
33) 김용표, 「원효의 반야심경소와 효당의 복원해석학」, 『宗教研究』. 46집(한국종교학회, 2007).

의 「원효 『십문화쟁론』연구의 지형도-조명기·최범술·이종익·이만용 복원문의 검토」[34] 연구논문이 있을 따름이다.

김용표와 고영섭의 논문은 2006년, 효당을 주제로 개최된 학술대회에서 발표하여 『효당 최범술 스님의 생애와 업적』[35]에 수록된 것을 다시 수정 보완한 논문들이다. 김용표의 논문은, 관련된 직접적인 잔존문헌이 남아있지 않은 상황에서 효당의 주관적 복원해석에 관한 고찰을 하여 복원해석학의 단초를 마련한 연구사적 의의가 있다. 고영섭 또한 『효당 최범술 스님의 생애와 업적』에 수록된 논문을 수정 보완하여 여러 연구자의 연구를 비교 검토하여 그 차이를 밝혀 비교론적인 연구를 가능하게 하였다. 그럼에도 김용표와 고영섭은 효당이 수행한 원효 연구의 전체의 구조와 흐름을 파악하지 못한 측면이 있다. 그 결과 효당의 연구가 지닌 주요한 상호의존적인 부분을 간과하였다.

효당은 1937년 해인사에서 인경도감을 맡아 『고려대장경』을 인경할 때 작성한 「해인사사간루판목록(海印寺寺刊鏤板目錄)」을 중요시하였다. 효당은 그 목록 속에서 대각국사 의천의 화쟁(和諍)에 대한 기록인 『원종문류(圓宗文類)』 22권의 「화쟁론(화쟁편)」에 주목하고, 이외 『칠곡선봉사대각국사비(漆谷僊鳳寺大覺國師碑)』의 기록을 근거 삼아 의천이 원효의 화쟁을 반야공관으로 해석하고 있음을 파악하였다. 효당은 의천의 그 해석을 근거로 원효의 화쟁론에 대한 복원을 진행하였다. 김용표와 고영섭은 그러한 효당의 연구 시각을 파악하지 못하였다. 다만 고영섭의 경우는 『원종문류』 부분을 언급은 하였지만 그 내용을

34) 고영섭, 「원효 『십문화쟁론』 연구의 지형도-조명기·최범술·이종익·이만용 복원문의 검토」, 『문학/사학/철학』 10(한국불교사연구소, 2007).
35) 효당사상연구회 편, 『효당 최범술 스님의 생애와 업적』(서울: 초롱출판사, 2006).

주목하지 않았다.

효당의 차문화 활동 부문에서는 일찍부터 효당의 차살림살이를 주제로 하여 대중에게 처음으로 알리기 시작한 필자 채원화[36]를 비롯하여 최규용,[37] 김운학,[38] 조영호,[39] 김화수,[40] 김태신,[41] 여연,[42] 김상현,[43] 천병식,[44] 정헌식,[45] 최석환,[46] 이진수[47] 등의 차와 관련된 효당에 대한 글들이 있다. 또한 채정복,[48] 박남식,[49] 정은자,[50] 박일주,[51]

---

36) 채원화, (소책자)『반야로차도』(효당본가 반야로차도문화원, 1983) ; 「효당과 한국차도회 그리고 한국차인회」, 『茶人』 1(한국차인연합회, 1990.1) ;「차로 가는 길」, 『남가람』2(재경진주여자고등학교 동창회, 1998) ; 「효당의 삶과 차도」, 『茶道』2~9(서울: 월간 茶道, 2004.2~2005.9) ; 「효당의 차살림살이」, 『차의 세계』8·9(서울: 차의 세계, 2005.8~9) ; 「효당본가 반야로차도문화원 수료생의 관문 '차도무문'」, 『茶道』(서울: 월간茶道, 2011. 3) ; 「한국 茶文化史에 끼친 효당 최범술 宗匠의 업적과 차도사상」, 『진주차인회 50년사』(진주: 한국차인연합회 진주차인회, 2019). 채원화는 필자를 지칭하는 것으로 '元和'는 효당에게서 받은 필자의 호이다. 필자의 본명은 채정복이다.

37) 최규용, 「효당 최범술과 차」, 『錦堂茶話』(서울: 이른 아침, 1978).

38) 김운학, 『傳統茶道風俗調査』(문화재관리국 문화재연구소, 1980) ; 『한국의 차문화』(서울: 현암사, 1981).

39) 조영호, 「유마의 후예들」, 『대원』53(대원회, 1987).

40) 김화수, 「효당스님의 약기」, 『茶心』9·10(차심연구회, 1990).

41) 김태신, 『라훌라의 사모곡』상·하(서울: 한길사, 1991).

42) 여연, 「초겨울 다솔사에서 피어오른 차의 향연」, 『茶道』(서울: 월간茶道, 2004.12).

43) 김상현 , 「해인사와 차문화」, 『차로경권』(해인승가대학 茶經苑, 2003).

44) 천병식, 『역사 속의 우리 차인』(서울: 이른 아침, 2004).

45) 정헌식, 『진주 차맛』(서울: 지식산업사, 2006).

46) 최석환, 『신세계의 차인』(서울: 차의 세계, 2012).

47) 이진수 편, 『한국 근·현대차인물연구』1(국제차문화협력재단, 2012).

48) 채정복, 「艸衣禪師의 茶禪修行論」(연세대학교 대학원 사학과 석사학위논문, 1992). ;「근현대 한국 차문화를 중흥시킨 초의와 효당」, 『한국불교학』46(한국불교학회, 2006) ; 「효당 최범술의 차살림살이와 반야로차도」, 『만해학보』17(만해사상실천선양회, 2017). 채정복은 필자의 본명이다.

49) 박남식, 「『韓國의 茶道』에 나타난 曉堂의 茶道精神」(성균관대학교 생활과학대학원 석사학위논문, 2005) ; 「曉堂의 茶詩감상을 통해 본 차살림정신 小考」, 『한국차학회지』16집(한국차학회, 2010).

강승수,[52] 이경순,[53] 정숙자,[54] 김기원,[55] 김은희,[56] 최화정[57] 등의 연구논문들이 있다. 이들은 대부분 효당의 차생활을 긍정적인 시각으로 묘사하고 있다.

1960~70년대에는 일상적인 차생활을 하거나 한국의 차문화에 대해 언급하는 인물이 사회적으로 거의 없었다. 더군다나 한국의 차문화에 관한 서적이 출판된 적도 없었다. 그러한 시대적 상황 속에 효당은 차나무를 심어 가꾸고 해마다 차를 만들어 음용하며 방문객에게 차를 대접하고 지인들에게 차를 선물했다.

나아가 효당은 신문의 기고나[58] 강연을 통해 한국의 차문화를 알렸을 뿐만 아니라, 『한국차생활사』(1967)와 『한국의 차도』(1973)를 출판하여 대중화하였다. 이러한 영향으로 1979년 효당의 입멸(入滅) 후에 쏟아져 나온, 한국 차문화의 길잡이인 효당에 대한 대부분의 글이 긍

50) 정은자, 「효당 최범술의 차도사상연구」(원광대학교 동양학대학원 석사학위논문, 2014).

51) 박일주, 「曉堂 崔凡述과 茶生活」(동국대학교 석사학위논문, 2011).

52) 강승수, 「한국의 차생활 공간에 관한 연구 : 다산·초의·효당을 중심으로」(한국국제대학교 석사학위논문, 2012).

53) 이경순, 「최범술의 차 정신 '中正의 道'-『한국의 차도』를 중심으로」, 『동아시아 불교문화』22(동아시아불교문화학회, 2015) ; 「朝鮮後期 차문화 中興祖의 美的 삶과 茶美論 硏究」(부산대학교 박사학위논문, 2017).

54) 정숙자, 「근·현대 한국 차인의 차문화 의식 연구 : 호암·효당·아인을 중심으로」(원광대학교 박사학위논문, 2016).

55) 김기원, 「曉堂 崔凡述의 生涯와 韓國 茶道의 中興」, 『계명대학교 차문화연구소 학술심포지엄』1집(계명대학교 차문화연구소, 2010).

56) 김은희, 「曉堂의 茶道精神이 茶生活에 미치는 影響」, 『차문화·산업학』22(국제차문화학회, 2012).

57) 최화정, 「현대 한국 차도 중흥의 효시 '효당본가 반야로차도'」, 『한국의 茶道 명가와 茶스승』(서울: 이른아침, 2013).

58) 최범술, 「한국의 茶, 茶論」 1~16, 『독서신문』(서울: 독서신문사, 1974).

정적 혹은 흠모적인 찬양으로 일관하였음은 자연스러운 현상일 수도 있다.

차문화의 연구사적 의미를 지닌 논문으로는 필자 채정복의 석사학위논문 「초의선사의 차선수행론(艸衣禪師의 茶禪修行論)」이 있다.[59] 그 논문에서 필자는 효당이 처음으로 초의선사를 재발견하여 초의선사의 차선일미를 대중화하고 초의선사를 한국 차문화의 중흥조로 자리매김하였음을 학계에 밝혔다. 나아가 초의선사의 개혁적인 실천불교 정신을 만해, 효당 등이 이어받았다고 서술하였다.

박남식은 「효당의 차시 감상을 통해 본 차살림 정신 소고」에서 효당의 차시는 격식을 아랑곳하지 않고 그냥 가슴을 열어놓고 들어오고 나가는 바람결을 그대로 품는 느낌으로 그 속에 자연스러운 차살림 정신과 멋 생활이 들어있다고 하였다. 무엇보다 차시를 통해 효당의 차살림 정신을 풀어내고자 하는 발상이 창의적이다.

이경순은 「최범술의 차 정신 '중정(中正)의 도'-『한국(韓國)의 차도(茶道)』를 중심으로」에서 효당의 『한국의 차도』를 샅샅이 훑으며 효당의 차 정신의 핵심이 '중정'과 '생명살림'이라고 서술한 점은 효당의 차살림 정신의 중요한 일면을 파악하였다. 그러나 효당의 차 정신의 궁극적 지향점이 체용을 아우른 총체적 '차살림살이'로 대사회성 실천에 있음은 파악하지 못한 점이 있다.

정숙자는 그의 학위논문 「근·현대 한국 차인의 차문화의식 연구 : 호암·효당·아인을 중심으로」에서 연구 대상을 호암·효당·아인 등으로 넓혀 그들의 차문화 의식의 배경과 사상 등을 비교하여 살피고자

---

59) 채정복, 「艸衣禪師의 茶禪修行論」(연세대학교 대학원 사학과 석사학위논문, 1992).

한 점은 훌륭한 연구사적 의의를 지닌다. 특히 호암 문일평에 대한 새로운 차문화사적 고찰이 그러하다. 그 외 주요 부문에서 원 출처를 밝힐 필요가 있다.[60)]

김은희는 「효당의 차도 정신이 차생활에 미치는 영향」에서 효당의 생애와 사상 및 차도 정신을 서술하며 효당의 차도 정신은 차생활에서 모든 인류가 함께 나아가야 할 사랑과 평등의 조화로운 사회 구현을 추구한다고 하였다. 이러한 차생활은 현대인이 추구해야 할 주요 덕목이라고 제시하였다.

김기원은 「효당 최범술의 생애와 한국 차도의 중흥」에서 효당의 교학 정신과 차도 중흥, 차도 정신을 말하고 다솔사와 진주를 중심한 차인들의 경향을 알려 그 지역 일대가 일찍부터 차문화가 활성화했음을 제시하였다.

또한 효당에 대한 첫 영문 소개였던 안선재[61)]의 「Korean Patriot

---

60) 본 연구자(채정복)가 수년간 고심하여 창안한 효당의 국학사상에 관련된 고유한 사상체계를, 2013년 『효당문집』을 출간하며 이미 간행사에서 간략히 밝혀 놓았다. 정숙자는 자신의 박사학위논문 「근·현대 한국 차인의 차문화의식 연구 : 호암·효당·아인을 중심으로」 p.67의 효당 서술 부문에서 출처를 밝히지 않은 채, 간행사에 실린 효당의 국학에 관련된 글을 그대로 사용한 측면이 있다. 또한 p.78의 차도용심, 차도무문을 서술하면서도 그 典據를 밝힐 필요가 있다.

61) Hwa-seon An Seonjae, 「Korean Patriot and Tea Master : Hyodang Choi Beom-Sul」, 『曉堂 崔凡述 스님의 生涯와 業績』, 효당사상연구회, 2006. 〔※ 영문명은 Brother Anthony이다. 영국 옥스퍼드대 영문학 전공 출신이자, 프랑스 '떼제' 남성수도사 공동체 출신으로 가톨릭 수사이다. 1980년 김수환 추기경의 인도로 한국에 왔으며, 이후 서강대 영문과 과장교수로 지냈으며 지금은 명예교수이다. 귀화하여 '안선재'라는 이름의 주민등록증을 받아 한국인 이름으로 산다. 그는 많은 한국문학 작품을 번역하였다. 고은 시인의 '화엄경'·천상병 시인의 '귀천'·서정주 시인의 '밤이 깊으면' 그밖에도 구상·신경림·김광규·이문열의 소설 등 한국의 시와 소설을 영문 번역하여 세계에 알려 대한민국 번역상 대상 등을 수상했다. 또한 안선재 교수는 '반야로 차도'에 대해서도 'The Panyaro Way

and Tea Master: Hyodang Choi Beom-Sul」 논문이 있다. 그 영문 논문은 안선재가 2006년에 개최된 '효당 최범술 스님 추모학술대회'에 참석하여 발표한 논문이다. 그 학술대회에서 총평한 김충렬은 특히, 안선재의 이 영문 논문에 대해 큰 의의를 두었다. 이는 한국을 넘어서 국외에 효당을 알린 금석문적인 중요한 의미를 지닌다고 논평하였다.[62)]

위의 연구자들은 모두 각자의 시각으로 효당의 차생활 내지 차도에 관해 논하여 그 연구사적 의미를 지닌다. 그러나 그중에는 출처를 정확히 밝히지 않았거나, 제시한 연대나 기타 자료가 틀린 곳이 많다. 아마도 원전을 확인하지 않고 재인용을 거듭함에서 오는 오류라 여겨진다.

이들 대부분은 한결같이 효당의 차도무문(茶道無門)·차도용심(茶道用心)·차문화(茶文化) 중흥을 서술하고 있어 효당이 한국 차문화 정립에 끼친 공적이 크다는 반증과 함께 '효당본가 반야로차도문화원'에서 기존에 발표한 내용들을 바탕으로 삼고 있어 특별한 차이점은 드러나지 않았다.

이외 효당사상연구회에서 편찬한 효당의 여러 후학의 효당에 대한 다양한 시각이 수록된 효당 추모집인 『찻잔에 비친 노불미미소(老佛微微笑)』[63)]와 효당에 관한 모든 기본 자료를 종합적으로 정비하여 편

---

of Tea'라고 영문으로 번역하여 국내외에 알려 왔다. 그러한 여러 가지 공로로 안선재 교수는 효당가의 '효당차인상' 제1회 수상자이며 그의 茶號는 和宣(Hwa-Seon)이다.]

62) 김충렬, 「효당 최범술 스님 추모학술대회 총평」, 『효당최범술문집』3(서울: 민족사, 2013), pp.443~448.

63) 채정복 편, 『찻잔에 비친 老佛微微笑』(효당사상연구회, 2006).

찬한 『효당 최범술문집』(1·2·3권)[64]이 있다. 이 자료들은 후학들의 효당에 관한 학문적 연구를 위한 바탕과 계기를 제공할 것이다.

효당의 국학의 선행연구 부문에서는 역사학계에서 이루어진 국학과 조선학의 연구물들을 중심으로 신채호·박은식·장지연·장도빈·최남선·문일평·안재홍 등, 불교계의 한용운·박한영·이능화·권상로 등, 허영호·김법린 등의 만당 당원들의 저술과 활동을 검토하여 이를 조선학 중심으로 살펴보았다.

64) 채정복 편, 『효당 최범술 문집』1~3(서울: 민족사, 2013).

3. 연구 범위와 방법

위에서 효당의 항일운동·정치 및 불교 사회활동·불교학 연구·차문화 활동 등에 관한 선행연구의 성과와 그 한계점을 살펴보았다.

이 책의 연구 범위는 효당 최범술의 생애 전반에 걸친 활동을 고찰할 것이다. 즉 일제강점기의 효당의 항일활동을 비롯해 해방 후의 정치 및 불교 사회활동, 한국의 불교와 차문화 정립을 위한 활동 등을 포함하여 그 활동의 성격을 비롯한 사상의 지향점까지를 고찰하고자 한다.

효당 최범술의 여러 방면에 걸친 활동을 종합적으로 다루고 효당의 활동과 학문적 연구를 접합시켜 국학의 시각으로 본 연구물은 지금까지 없었다. 이에 필자는 효당의 학문적 연구인 원효학의 복원연구, 한국 차문화 정립과 활동, 만해학 정립 등을 포함한 효당의 모든 활동을 국학의 시각으로 접근하여 진행하고자 한다.

제1장에서는 본 논문의 연구 목적, 선행연구 검토, 연구 범위와 방법에 대해 제시하였다.

제2장에서는 효당의 생애와 활동을 크게 세 부분으로 나누어 살펴보고자 한다.

첫째는 효당의 출가와 해인사 학림의 3·1운동의 전개와 전모를 살펴 해인사 학생들의 민족정신을 바탕한 주체성과 그 운동 이후의 확장성을 고찰하여 그 역사적 의미를 파악하고자 한다.

둘째는 일제 시기 효당의 의열 활동 및 독립운동을 살펴본다. 먼저 일본 유학 시절 근대 조류의 사상적 탐구 속에 전개한, 박열의 불령선인사 동지들과 펼친 의열 활동, 그들이 지향한 아나키즘, 인권에 대한 자각과 평등사상에서 비롯된 수평사운동 등을 살펴보려 한다. 또한 일제 천왕 부자를 암살하기 위한 폭탄을 상하이(上海)에서 도쿄(東京)로 운반하였으나, 1923년 9월 1일의 관동대지진으로 인해 실현되지 못한 채 '대역사건'으로 일제 경찰에 검거된 일련의 사건을 살펴볼 것이다. 나아가 종래 학계에서 이 사건은 실체가 없고, 박열을 허무주의자로, 폭탄 입수를 실행한 효당을 나약한 인물로 묘사한 자료 활용의 문제점과 논리적 한계를 지적하고자 한다.

귀국 후 불교계의 비밀결사 단체인 만당을 재건하여 다솔사와 해인사를 중심으로 펼친 항일활동을 살펴 만당의 항일운동사적 가치를 재조명하려 한다. 아울러 중앙의 종단 집행부가 결정하여 수행된 28일간(1937년 12월 22일~1938년 1월 18일)의 '북지위문사건'과 1939년에 일본 천태종 고승들을 초청하여 개최된 '기묘다솔사하안거법회'가 당시 만당을 둘러싼 위기 상황 속에 수용된 사실과 관련하여 그 인과론적 성격을 분석하고자 한다.

셋째는 해방 후 효당이 펼친 불교 사회활동을 살펴본다. 이해관계가 충돌하는 복잡한 해방공간에서 동지들과 함께 불교중앙총무원을 설립하여 식민지불교 청산을 위해 애쓴 활동을 살펴보고, 제헌의회에 진출하여 무소속 구락부 소속 의원들과 함께한 건국 활동을 살펴보며, 민족의 정기를 이어갈 인재 양성을 위해 국민대학·해인대학 등의 대학설립에 매진한 활동과 그 실패 과정도 살펴본다.

즉 해방 직후 항일결사 단체인 만당 출신들을 비롯해 젊은 엘리트 승려들로 구성되어 새롭게 출범한 교단 체제는 식민지불교를 청산하겠다는 확고한 목표 아래 그동안의 '조선불교 조계종'을 폐지하고 통불교적인 '조선불교'로 지칭하며 총26장 106조로 된 교헌을 제정 반포하였다. 또한 사찰령을 부정하여 '31본말사법'을 폐지하고 중앙에는 '총무원', 지방의 각 교구에는 '교무원'을 두어 교정에 박한영·총무원장에 김법린·총무부장에 최범술(효당) 등을 선출하여 개혁을 단행하여 불교 대중화와 사찰령 폐지 등을 강력히 추진하였다. 그러나 해방공간에서의 미군정의 비협조와 좌파 계열의 혁신단체들의 난립 속에 혼란스러운 상황이 전개되었다.

이러한 혼란 중에 제헌의회로 진출한 효당은 야권의 무소속 구락부 소속으로서 정국(政局)에 대한 이해가 다른 이승만과의 갈등, 국민대학을 둘러싼 신익희와의 갈등 속에서 결국 1949년 9월 말경에 일어난 '태고사 충돌 사태'로 총무원의 김법린·최범술 체제가 붕괴되었다. 이 태고사(현 조계사) 사태로 1950년 5월 해인사 주지 최범술·유엽 등 6명은 체탈도첩 당하였고 범어사 주지 허영호·선학원 김적음·마곡사 황태호 등 9명은 분한 정지 3년에 처해졌다.

1954년 5월 20일~1955년 12월 8일에 걸쳐 이승만의 8차례에 걸친 불교 정화 유시로 인해 한국 불교계가 유혈의 사태를 일으키며 대처파와 비구파라는 새로운 양상의 교단 분열로 치달았다. 효당은 이승만이 제1차 불교 정화 유시를 발표하기 하루 전날인 1954년 5월 19일에 해인대학 문제로 구속되어 5월 26일부터 6개월간 서울 서대문 구치소에 수감되었다.

1949년 태고사 충돌 사태 이후 효당은 중앙 불교계에 복귀하지 못한 채 결별한 것으로 보인다. 해방공간에서의 효당의 이러한 활동에 대한 직접적인 연구물은 없지만 당시의 상황에 대한 여러 기록물과 연구자들의 논문을 바탕으로 일련의 과정을 고찰하고자 한다.

제3장에서는 효당의 불교 활동과 교학 연구를 살펴보고자 한다. 먼저 일본 유학 시절의 활동과 불교 연구를 다룬다. 효당은 근대사상을 습득하는 한편 조선학에 관심을 갖고 동지들과 함께 『금강저』를 간행하였으며 원효대성찬앙회와 삼장학회를 설립하였다. 유학기의 불교 연구로는 「불타의 면영」·「비약의 세계」·「계(갈음의 결)에 대해서」·「화엄교학의 육상원융에 대하여」 등의 기고문을 발표하면서 적극적인 활동을 하였다.

만해의 부름을 받고 귀국 후에는 본·말사관계인 해인사와 다솔사를 근거지로 불교계의 비밀 항일결사 단체인 만당을 재건하여 활동하며 동지들과 함께 『고려대장경』과 『해인사사간장경』 인경 작업을 하였다. 그 인경 작업 시 「사간장경루판목록」을 작성하였는데 그 속에서 『대각국사문집』을 발견하였다. 그 문집에는 의천의 원효에 대한 시각이 들어 있었다. 그 문집 정리를 바탕으로 의천과 원효 등 불교 연구가 이루어진 상황과 효당의 기고문, 학술논문 강연 등을 바탕으로 그의 불교관과 한국불교의 정체성에 대한 견해를 살펴볼 것이다.

또한 종래 불교학계에서 국학 및 조선학과 관련된 어떠한 연구도 현재까지 실행되지 못하였다. 그러므로 불교계 전반에 걸친 조선학과 관련된 현황을 살펴보려 한다. 그 속에서 일제강점기에 활동한 효당을 비롯한 만당의 위치를 확인하고 이를 통해서 효당의 연구에서 『고려대장경』 인경 작업을 포함하여 국학적인 성격을 규명하고자 한다.

조선학과 불교학의 현황을 살펴본 후, 효당의 불교 활동과 교학 연구에 있어서 타자와의 차이점을 살펴보고 한국학, 곧 국학 형성에 미친 영향과 기여한 부분을 정리하고자 한다.

제4장에서는 효당의 한국 차문화를 정립하기 위한 활동을 비롯해 효당의 차살림살이와 그의 차도관을 살펴보고자 한다. 먼저 효당의 차문화 활동은 후일 효당의 차문화사의 공적이기도 한 세 방면, 그가 저술한 차서, 독특한 반야로 제차법의 과정, 처음으로 전국적인 규모로 창립한 한국차도회의 취지와 성립 과정 등을 살펴보고자 한다.

그런 후 협의의 차살림살이인 효당의 차도용심, 즉 실제로 차생활을 해가는 구체적인 내용과 방법도 살펴본다. 효당이 일상생활 속에서 실제로 차와 차기, 물과 불을 어떻게 준비하고 다루어 음차생활을 영위하였는지를 더듬어 보는 것은 실질적인 차생활을 위한 긴요한 사항이 될 것이다. 이어서 효당의 차도관을 살펴본 후 효당의 차살림살이의 국학적 의의를 정리하고자 한다.

제5장에서는 앞에서 서술한 내용에 대해 새롭게 고찰한 내용들을 짚으며 종합적인 결론을 맺고자 한다.

연구 진행을 위한 자료로서는 효당의 저술, 곧 효당이 젊은 시절부터 만년에 이르기까지 일생에 걸쳐 남긴 효당의 직접적인 기록물들인 연보·기고문·회고록·논문·연재물·저서 등이 망라된 『효당최범술문집』(1권, 2권)을 1차 사료로 활용할 것이다. 또한 효당을 주제로 한 후학들의 학술회 논문, 잡지에 게재된 기록물 등으로 구성된 『효당최범술문집』(3권)과 기타 연구물 등도 자료로 활용하고자 한다.

이를 위해 필자는 오래전부터 효당 최범술에 대한 자료를 수집해 왔다. 수집한 그 자료를 바탕으로 2013년에는 드디어 세 권으로 된 『효당 최범술 문집』(1~3권)을 간행하였다. 문집 1권과 2권은 효당의 직접적인 기록물들로 연구사적인 사료가치를 지닌다. 즉 문집 1권에는 효당의 젊은 시절 이래의 논문·기고문·사진 자료와 연보 등이 망라되어 있다. 문집 2권에는 문화·차도 등에 관한 효당의 저서, 항일운동 사료와 구술 사료를 비롯한 기타 문헌 사료, 연보 등이 실려 있다. 문집 제3권은 효당 입적 후 효당을 주제로 한 후학들의 학술논문과 회고문 등이 실려 있다. 필자는 본 논문의 연구 자료로 이를 충분히 활용하고자 한다.

제2장

효당의 생애와 활동

1. 출가와 해인사 3·1운동

1) 생장과 출가

효당의 생애에 관한 내용은 부산의 국제신보에 1975년 1월 26일부터 50회에 걸쳐 연재한 그의 회고 성격의 인생 비망록을 통하여 알 수 있다.[1] 그 비망록에는 그가 태어나서 해방되기 수년 전까지의 국내외에서의 독립운동을 비롯한 주요 활동이 간략하게 서술되어 있다. 필자는 그 비망록을 본 논문 구성에 주요 1차 자료로 삼았음을 밝혀둔다.

효당(1904~1979)이 태어나 생장했던 시기는 대내외적으로 격변의 시대였다. 대외적으로는 서양의 열강 제국들이 동양으로 진출하던 서세동점(西勢東漸)의 시대로서 서양 열강 제국들에 의해 조선의 문호가 강제로 개방되던 시기였다. 대내적으로는 조선보다 일찍 문호를 개방하여 근대문명을 적극 수용한 일본이 열강의 제국주의에 편승하여 러

1) 최범술, 「청춘은 아름다워라-내 고장 명사들의 인생비망록」 107~155회(최범술 1~50화)는 『국제신보』 5면(1975년 1월 26일~4월 6일)에 수록되어 있으며, 채정복 편, 『효당 최범술문집』 1권 (서울: 민족사, 2013) pp.518~659에도 수록되어 있다. 『국제신보』에서 기획한 경남 일대 명사들의 인생비망록인 '청춘은 아름다워라'라는 제목의 연재물에 초대받은 효당은 그 머리말에서 국제신보사의 청탁으로 1904년 출생부터 광복 후인 1960년대의 학생혁명까지의 100회 집필을 기약하고, 1975년 1월 26일부터 연재를 시작하였다. 유신시절이던 그 무렵 신문사 내부 사정이라며 갑작스럽게 50회로 종료되어 효당의 비망록은 1940년대 초엽, 광복 직전 무렵에 머물러 있다(연재 107회~155회 / 효당 1회~50회). 애초의 계획대로 진행되었더라면 해방공간이후의 많은 역사적 사실도 접할 수 있었을 것이라 아쉬운 점이 있다.

일전쟁(1904~1905)을 계기로 조선을 침탈한 시기였다. 효당은 이러한 제국 열강들에 의해 조선의 문호가 개방된 이래 청일전쟁·러일전쟁으로 전통적인 동아시아적 질서, 곧 중국적 국제질서 체제가 해체되고 근대적 제국주의 질서로 재편되는 과정 속에 태어나고 성장하였다.

효당은 1904년 음력 5월 26일 경남 사천시 곤양군 서포면 율포리에서 태어났다.[2] 효당의 족보상의 이름은 영환(英煥)이며 아명은 범술이다. 범이나 수리처럼 강건한 체질이라 하여 아명을 범술이라 부르게 되었다고 한다.[3] 효당은 태어나 해방이 되기까지의 일제강점기 시절에는 족보상의 이름인 '최영환'을 공사(公私) 간에 사용하였으며 광복 후 제헌국회의원으로 등원하면서부터 줄곧 '최범술'이라는 이름을 사용하였다.[4]

효당은 여섯 살 되던 해에 밤개마을에서 약 20리 동쪽에 있는 양개 구평으로 이사하여 김윤집 선생이 운영하는 서당에 다녔으며 일곱 살 되던 해에 사립 개진(開進)학교에 입학하였다. 효당이 입학하던 때는 학교에 우리 태극기가 게양되어 있었으나 8월 29일 오전 10시를 기점으로 태극기가 내려지고 일본기가 달렸다. 우리 국어는 조선어로, 일어를 국어라고 불러야 했다. 일본 궁성의 이중교 그림과 일제 명치천황 부처의 사진을 걸고 최대경례를 강요하고 소위 '교육칙어'라는

2) 본관은 경주이며 부친의 이름은 鍾浩, 조부는 景洛, 모친은 광산 金氏로서 부친 43세, 모친 33세에 4남 3녀 중 여섯째로, 1904(甲辰年)년 음력 5월 26일 辰時에 태어났다.

3) 최범술, 「청춘은 아름다워라」 108(최범술 2화), 『국제신보』(부산: 국제신보사, 1975.1.27), 5면.

4) 채정복 편, 「효당연보」, 『효당최범술문집』1 (서울: 민족사, 2013), pp.27~56.

것을 일본말조로 읽게 하였다.[5)]

효당이 3학년이던 1912년에 망국의 슬픔과 더불어 난폭한 일인 교사 기타무라(北村邦一)에 분개한 학생들은 마침내 일인 교사 배척과 동맹휴학할 것을 모의하고 진정서를 만들어 군수 김선재와 도의 장관에게 제출하였다.[6)] 얼마 후 도의 책임자, 군수, 일본인 헌병들이 와서 동맹휴학의 진상을 조사하였다. 그런 후 효당을 비롯해 효당보다 열 살 위인 같은 학급 급우인 신영곤·임성엽·빈기홍 등 4인을 동맹휴학 주모자로 지목하여 그해 6월에 퇴학 처분을 내렸다.[7)] 이 동맹휴학 사건은 개항 이후 우리나라 근대교육 최초의 동맹휴학 사건이라 할 수 있다.

그 후 효당은 서당에 가서 한문을 배우다가 다시 20리나 되는 곤양읍의 보통학교 3학년에 편입하였다. 아홉 살 된 나이로 매일 40리 통학길을 걸어 다니며 13세 되던 1916년 3월 24일에 효당은 11명의 동학과 함께 곤양 공립보통학교 제4회로 졸업하였다. 졸업 후에 효당은 그의 당숙 최남준이 가르치는 '구산재'라는 서당에서 사서(四書)를 수

---

5) 일제는 이러한 식민지화의 사전 준비로 1905년에 을사조약을 맺고 통감부를 설치한 이후, 조선을 식민지화해가기 위한 기초 작업을 실시해갔다. 통감인 伊藤博文은 조선의 전 부문에서 영역별로 조사사업을 바탕으로 각 분야의 보고서를 작성하게 하였으며, 그것으로 조선의 상황을 파악하고 식민지화해가는 구체적 방안을 마련하였다. 伊藤은 조선에서 농업과 수산업을 비롯한 산업조사를 실시하였고, 부동산과 관습조사를 바탕으로 민법, 상법 등을 편찬하고자 하였으며, 재정 조사 및 재원 조사 그리고 황실 재산 조사를 행하였다.[이영학,「통감부의 조사 사업과 조선 침탈」,『역사문화연구』39(한국외국어대학교 역사문화연구소, 2011), p.253]

6) 특히 일어 교사 北村邦一은 매우 거칠어 걸핏하면 조선 학생들에게 '바가', '고라', '칙쇼'라고 소리 지르고 주먹질하며 예사로이 뺨을 쳤다.

7) 최범술,「靑春은 아름다워라」110(최범술 4화),『국제신보』(부산: 국제신보사, 1975.1.30), 5면.

학했다. 이로 볼 때 효당은 한국의 주변부 지역의 한미한 서생가문(書生家門) 출신으로 품성은 매우 조달(早達)하였으며 일찍부터 민족애가 싹터있었음을 알 수 있다.

효당은 1917년 14세가 되던 음력 정월 12일(양력 2월 3일)에 다솔사로 출가하였다. 치문(緇門)에 현토를 단 안진호 강백의 주석에 의하면 출가(出家)에 세 가지 뜻이 있다.[8] 이 책에서의 효당의 출가는 세속의 집을 떠나 불가에 귀의함을 뜻하는 첫 번째 주석에 해당한다.

효당의 출가 동기는 다음과 같다. 출가하기 전해인 1916년, 13세인 효당은 음력 동짓달 16일(양력 12월 10일)에 '다솔사위친향촉계(多率寺爲親香燭契)' 연차 정기총회에 참석하기 위해 다솔사로 향하는 부친과 백부 두 분을 따라서 처음으로 30리 되는 곤양 다솔사로 갔다. 효당의 백부는 다솔사 향촉계의 계장, 즉 신도회 회장이었다.

이 향촉계는 그 당시로부터 50여 년 전에 다솔사 인근 노장(老丈) 열네 분이 주축이 되어 다솔사의 존속과 선대 조상들의 명복을 빌기 위해 결성한 신도회였다. 또한 이 신도회에서는 다솔사를 비롯해 다솔사에 소속된 암자인 봉일암과 미륵암 등에 필요한 양식과 일 년 동안의 모든 경비를 지원해 왔음을 알 수 있다.[9]

효당이 처음 갔던 다솔사는 그때로부터 2년 전인, 1914년 12월 8일

---

8) 안진호 편, 『精選懸吐 緇門』(서울: 법륜사, 1999), p.3.
"…첫 번째는 부모를 하직하고 세속의 집을 나오는 것이요, 두 번째는 道를 깨달아 五蘊을 벗어나는 것이요, 세 번째는 佛果를 證得하여 三界를 벗어나는 것이다."

9) 최범술, 「靑春은 아름다워라」 111(최범술 5화), 『국제신보』(부산: 국제신보사, 1975.1.31), 5면.[※ 경남 사천군 곤명면에 소재한 다솔사는 그 연혁에 의하면 AD.503년 신라 지증왕 4년에 연기조사가 창건하여 靈岳寺라 불렀으며 뒤에는 靈峰寺, 兜率庵 등으로도 불리어졌고 자장율사, 의상대사, 원효스님, 도선국사 등이 수도하며 머물기도 한 곳이다.]

화재로 인해 대강당 한 채만 남기고 모두 타버렸다. 절이 창건된 이래 여덟 번째로 재건 불사를 시작하여 내부 수리가 완전히 되어있지 않은 상태였다. 그날 밤 효당은 어른들과 함께 다솔사에서 유숙하게 되었고 산사에서 지낸 그날 밤이 효당이 불문(佛門)에 들게 되는 계기가 되었다.

효당이 백부와 부친을 따라 처음 찾아든 다솔사에는 20여 명의 스님이 있었다. 다솔사에서 하룻밤을 자게 된 그날 저녁, 윗방에서 글 읽는 소리가 들려 효당이 그 방문을 열고 들어가 보니 30세 남짓 된 스님이 책을 읽고 있었다. 그 스님에게 불서(佛書)냐고 물으며 책 이름을 물었다. 그 스님은 『치문(緇門)』이라는 책으로 승가에 들어온 하급생들이 읽는 기본서라고 말하였다. 효당에게 책을 내밀었는데 고산지원법사(孤山智圓法師)[10]의 「면학편(勉學篇)」이 펼쳐져 있었다.

『치문』은 중국 역대 고승들의 경훈(警訓) 법어집이다. 중국 당나라 말기 작자 미상의 『치문 보훈』 한 권이 있었는데 이것을 토대로 환주지현(幻住智賢)법사가 북송·진·수·당·송·명대에 이르기까지 역대 고승들의 유저(遺著)와 공경대부의 아고(雅誥)를 모아 『치문보훈』 9권을 만들었다. 그 후 1470년경에 진여청사(眞如請寺) 여근(如巹) 스님이 속편 한 권을 증보하여 총 10권이 되었다. 『치문』은 경훈(警訓)·면학(勉學)·유계(遺誡)·잠명(箴銘)부터 서장(書狀)·기문(記文)·서(序)·원(願)·선(禪)·시중(示衆)·찬(讚)·게(偈)에 이르기까지 모든 문한(文翰)의 모범이 총망라되어 있다. 총 10권 3책 4만여 단어로서 불성을 촉발하고 인심을 순화하는 내용으로 이루어져 있다.

---

10) 師의 생몰연대는 AD.975~1022년이며 항주 서호의 孤山寺에 오래 주하였다.

『치문』을 주석하여 "삭발염의왈치(削髮染衣曰緇) 입산수도왈문(入山修道曰門)"이라 한다. 그 뜻은 머리 깎고 물들인 승복을 걸치는 것이 치(緇)요, 산에 들어가 도 닦는 것이 문(門)이라는 뜻이다. 이 책은 오늘에 이르기까지 우리나라 불가의 강원에서 수강하는 승려들의 정규 과목 강독서이다.

그때 13세의 효당이 크게 감명받았던 구절은 고산지원법사가 쓴 「면학편」이었다. 고산지원법사의 「면학편」은 배움에 부지런히 힘쓰도록 권장하는 내용으로 오늘날의 현대인이 읽어도 가슴에 와닿는 절실함이 있다.

지원법사는 「면학편」을 짓게 된 동기를 "보통 사람의 성품은 배움에 힘써야 할 줄 알면서도 배움에 태만하기에 이에 '면학편'을 짓노라(中人之性 知務學而或惰於學 乃作勉學)"라고 서문에서 밝히고 있다.[11] 「면학편」은 세 페이지에 걸친 짧은 내용이지만 배움에 힘써야 하는 요지를 쉽고도 간결하게 표현하고 있다. 그 주요 몇 대목을 살펴보자

> "…배움은 잠시도 게을리할 수 없으며 도는 잠시도 떨어질 수 없는 것이다. 도는 배움으로 말미암아 밝아지니 배움을 게을리할 수 있겠으며, 성인의 영역은 도로 말미암아 도달하는 것이니 도를 떠날 수 있겠는가? 그러므로 보통 사람의 배움이 태만치 않으면 현인에 이를 수 있고 현인의 배움이 게으르지 않으면 성인에 이를 수 있다."[12]

---

11) 안진호 편 , 「孤山智圓法師勉學」, 『精選懸吐緇門』(서울: 법륜사, 1990), p.11.
12) 안진호 편, 위의 글, p.11.
"…學不可須臾怠며 道不可須臾離라 道由學而明이어니 學可怠乎며 聖賢之域에 由道而至어니 道可離乎아 肆凡民之學이 不怠면 可以至於賢이요 賢人之學이 不怠면 可以至於聖이니라."

"무릇 성인과 현인도 반드시 배움에 힘쓰는데 성현 이하의 사람이 어찌 배움에 힘쓰지 않고 사람다움이 있으리오. 배움이란 음식·의복과 같은지라. 사람에게 성인·현인·서민이 있음이여! 비록 세 가지가 다르나 주리면 밥을 찾고 목마르면 물을 찾고 추우면 옷을 찾는 것은 다르지 않으니 배움인들 어찌 다르겠는가. 오직 금수와 토목은 배울 필요가 없는 것이다."[13]

소년 효당이 처음으로 하룻밤을 지내게 된 다솔사의 젊은 스님에게서 접한「면학편」이 효당에게 내재한 불성을 촉발하여 입산수도의 길을 가게 한 계기가 되었음을 알 수 있다. 또한『팔만대장경』이 합천 해인사에 있다는 것을 듣고서 큰 기쁨을 느꼈다고 한다.[14]

그날 밤 효당은 부친과 백부에게 불제자가 되어 불교의 경전을 배우고 싶다는 뜻을 전하였다. 여러 정황으로 보건대 효당의 집안은 누대로 불교를 신봉해 왔고 불교를 배척한 조선왕조와는 정치적 견해가 달랐다. 또한 조선 성리학적 세계관을 지닌 유교 선비들의 망국적 통치에 대해 비판적 견해를 지녔음도 알 수 있다.[15] 이러한 가풍의 배경

13) 안진호 편, 위의 글, p.12.
"夫聖且賢도 必務於學이어든 聖賢以下 安有不學而成人哉리오 猶飮食衣服也라 人有聖乎賢乎衆庶乎여 雖三者 異而飢索食하고 渴索飮하고 寒索衣則不異矣니라 學也인들 豈得異乎리요 惟禽獸土木은 不必學也니라."

14) 최범술,「青春은 아름다워라」111(최범술 5화),『국제신보』(부산: 국제신보사, 1975.1.31), 5면.

15) 최범술, 위의 글.[※ 백부와 부친은 놀라면서 "세월이 이런 시대에는 입산하여 수도하는 것도 무방할 것이다마는 어머니와도 의논해야 한다" 하고는 다시 "佛道는 고려시대에 숭상하던 도이며 우리 집안에서도 누대로 신공을 드려왔던 터이다. 우리 집안의 派祖 화숙공과 석계공 같은 두문동 七十二賢도 불교를 배척한 이씨왕조와는 정치적으로 의견이 달랐다. 지금 와서 나라도 왜놈에게 빼앗기고 온 나라가 숭상하던 유교 선비들도 이 나라를 지고 갈 방도를 찾지 못한 탓으로 동학이 일어났고 판국도 크게 변했다. 그러니 네가 불도에 들어가는 것도 뜻있는 일이 될는지도 모르겠다"라고 하였다.]

으로 효당의 출가는 이루어졌다.

부모의 허락을 받은 효당은 1917년 14세가 되던 음력 정월 12일(양력 2월 3일)에 자신의 속가에서 30리 길인 다솔사로 출가하여 불교 공부의 첫길인 염불 공부를 시작하였다. 그 당시 다솔사는 본사인 해인사에 소속된 말사였다. 효당은 다솔사에 입산하여 2개월이 되었을 무렵인 4월 초경에 곤양 다솔사에서 삼백 리 길을 걸어서 팔만대장경이 있는 합천 해인사로 갔다. 해인사에서 임환경(1887~1983)을 은사로 정식으로 득도(得度)한 후 해인사지방학림에 입학하였다.[16]

2) 해인사지방학림과 3·1운동

(1) 근대적 교육기관 해인사지방학림

유학을 정치이념의 근본으로 삼은 조선왕조의 억불정책으로 구한말 불교계의 위상은 쇠락할 대로 쇠락한 상황이었다. 서구 세력에 의한 문호 개방 압력으로 조선 정부는 개신교 포교를 수용할 수밖에 없었다. 또한 인조 원년(1623) 이래로 승려들의 서울 출입을 금지해 왔던 '승려의 도성 출입 금지령'[17]도 고종 32년(1895년)에 해제시켰다.[18] 이를

---

16) 효당이 14세인 1917년에 입산(入山)한 첫 인연처인 다솔사는 이후 효당이 어느 곳에서 어떤 활동을 하더라도 다시 돌아와서 만년에 이르도록 주석하는 본거지 역할을 하였다.

17) 『인조실록』 2권, 인조 1년 5월 7일 병신 1번째 기사. ; 이능화, 『조선불교통사』 하(신문관, 1918), pp.839~840.
"…上又曰, '京城中禁僧爲可, 豈可使異類出入城中?' 貴曰, '城中禁僧, 自有祖宗

계기로 한국 승려들은 도성 출입과 포교의 자유를 얻어 근대화의 길을 걷게 되었다.

불교계는 1906년에 중앙 근대 교육기관으로 명진학교를 설립하였다. 1915년에는 선교양종 30본산 연합사무소 위원장 강대련이 조선총독부에 설립인가를 제출하여 1915년(大正 4년) 7월 15일에 지방학림인가를 받았고, 11월 5일에는 중앙학림 인가를 받았다. 그리하여 중앙에 전문학교 정도인 중앙학림, 지방에는 보통학교와 중등학교 과정인 지방학림을 설립하게 되었다. 이로써 보통학교·지방학림·중앙학림의 3단계 근대식 제도를 확립하여 교육체제를 일원화하였다.[19]

해인사[20]도 근대교육 취지 아래 해인사의 본·말사를 위한 공립 교육기관이 설립되었다. 효당이 해인사 학림에 입학했을 무렵의 대본산 해인사는 64개의 직말사(直末寺)가 예속된 대찰이었다. 소속된 승려의 수는 약 1천 명이나 되었으며[21] 그 교세는 조선불교의 1/10 규모였다.[22] 그 당시 대본산 해인총림의 주지인 이회광은 조선 총독의 신

朝法. 且禁儒生騎馬, 今則奢僭太甚, 市井之徒, 亦皆乘馬, 極爲可駭.' 上曰, '令憲府, 切勿贖放, 痛治可也.'…"

18) 『고종실록』 33권, 고종 32년 3월 29일 경자 2번째 기사.
"總理大臣金弘集, 內務大臣朴泳孝奏, '自今僧徒의 入城ᄒᆞᄂᆞᆫ 舊禁을 弛홈이 何如ᄒᆞ올지?' 允之."
[※ 일본 일련종 승려였던 사노 젠레이(佐野前勵)의 건의에 의해 김홍집 내각이 고종에게 주청한 것이다.]

19) 李能和, 『朝鮮佛敎通史』下(京城: 新文館, 1918), pp.1190~1191, pp.1195~1234.

20) 해인사는 경상남도 합천군 가야면 가야산에 위치한 법보종찰로서 통일신라시대인 802년(애장왕 3년)에 順應과 利貞에 의해 창건되어 현재는 대한불교조계종 제12교구의 본사로서 한국을 대표하는 사찰이다. 오랜 역사를 지닌 해인사는 강원과 선원, 율원 등 그 모두를 종합적으로 갖춘 대사찰인 海印叢林이다.

21) 최범술, 「靑春은 아름다워라」 112(최범술 6화), 『국제신보』(부산: 국제신보사, 1975.2.2), 5면.

22) 최범술, 「三·一運動과 해인사」1, 『대한불교』 287(서울: 대한불교사, 1969.2.16).

임을 받던 인물로서 1910년 한·일 병합 직후 일본 조동종과의 맹약을 체결하여 매종(賣宗)을 주도한 대표적인 친일 승려로 비판받던 인물이다.

그러나 당시의 사회 분위기는 일제에 의한 망국으로 일제에 대한 반감을 가진 인사들도 개명하고 개화해야 한다는 의식에는 공감하여 새로운 교육에 전폭적인 지지를 보내었다. 국권을 회복하기 위해서도 전심전력으로 신문화를 받아들여 개명하고 개화해야 한다는 생각이었다. 이러한 사조는 계몽기의 큰 물결로 의식 무의식 간에 전 국민을 지배하였다. 대본산 해인사에서도 신교육제도에 의한 학교의 설립을 보게 된 것이다.[23]

대본산 해인사에서도 1906년에 처음으로 근대교육을 위한 지방기초학교인 명립학교가 설립되었다.[24] 1908년에 해명학교로 이름이 바뀌어 수년간 운영되다가[25] 한·일 병합 이후 다시 해인보통학교로 개칭된 것으로 추정할 수 있다.[26]

1915년에는 불교계의 중앙교육기관으로 설립된 명진학교가 거듭 변모하여 중앙학림 체제로 정비되면서, 각 본·말사의 승려들을 교육하기 위한 지방학림의 설립도 추진됨에 따라 해인사에서도 해인사지방학림이 설립되었다.

효당은 자신의 회고록에서 1917년 무렵의 해인사에는 소속된 본말사 학승들을 가르치는 공립교육 기관이 설립되어 있었으며, 그 설립

---

23) 최범술, 「三·一運動과 해인사」 2, 『대한불교』 288(서울: 대한불교사, 1969.2.23).
24) 『대한매일신보』 371호(1906.11.15).
25) 『대한매일신보』 945호(1908.11.4).
26) 한동민, 「'사찰령'체제하 본산 제도 연구」(중앙대학교대학원 사학과 박사학위논문, 2005), pp.235~241.

연도는 1915년 말경이나 1916년 초경으로 보인다고 회고하였다. 1917년 4월 초에 입학한 효당 자신은 해인사지방학림의 제2기 입학자로서, 15세 때 1학년을 수료하고 16세가 되던 해에 2학년을 수료, 3학년에 진급하려는 때 해인사 학생들의 의거 사건인 '해인사의 3·1운동'이 일어났음을 전하고 있다.[27]

해인사에 설치된 본·말사 공립교육 기관으로는 오늘날의 초등교육과정에 해당하는 4년제 해인보통학교와 중고등교육과정을 가르치는 3년제 해인사지방학림이 있었다.[28] 해인보통학교에는 약 150~200명의 일반인이 다녔고, 지방학림에는 약 100명 정도의 승려들이 다녔다.

해인학림에 입학한 학인들은 당시 보통학교를 졸업하거나 재래의 불교 전수 강원을 졸업하고 온 이들이었다. 14세인 효당보다 12~13세가 많은 노학생들로서 효당과 같은 나이는 한 사람도 없었다.

해인사지방학림에 입학한 학인들은 해인사 본사 출신들과 해인사 말사인 쌍계사·대원사·청암사·청곡사·벽송사·영원사·영각사·용추사·용문사·화방사·다솔사 출신 등이었다. 해인사 본말사 외 다른 지역 출신으로는 황해도 패엽사와 신광사·충북 법주사·충남 마곡사·경북 동화사·부산 범어사 등이었다.

이들에 주목할 점은 위의 학림 학인들 대부분이 해인사에서 일으킨 3·1운동 의거에 자발적으로 참여하여 각 출신 지역으로 흩어져 전국적인 의열 활동을 한 점이다.

---

27) 최범술, 「三·一運動과 해인사」 3, 『대한불교』 289(서울: 대한불교사, 1969.3.2).
28) 『朝鮮佛教通史』의 下편에 따르면 지방학림의 수업연한은 3년제인데, 효당은 자신의 회고록에서 해인사지방학림을 4년제로 기술하고 있어 차이가 있다.[최범술, 「청춘은 아름다워라」 111(최범술 5화), 『국제신보』(부산: 국제신보사, 1975.1.31), 5면 ; 李能和, 『朝鮮佛教通史』下(京城: 新文館, 1918), p.1229]

승려들이 다니는 해인사지방학림과는 달리 해인사보통학교 과정에는 당시 향촌의 서당에서 수학하던 유림 출신 또는 지방의 유력 자제들인, 일반인이 수학하였다. 그들 대부분 20세가 넘은 나이로 과감하게 갓과 망건을 벗고 머리를 깎고 모자를 쓰고서 드물게 지방에서 신식교육을 받을 수 있는 해인사로 몰려들었다.[29]

그 구성원은 거창읍의 신씨(愼氏)들 중에 신모, 고령읍의 신철휴·신란휴·배호길·정봉진·이병직 등 20여 명, 합천·묘산 등지에서 온 장성균 형제, 유학자 곽면우 문하의 유생들을 포함하여 약 200명에 달하였다. 이들은 보통학교의 초등교육이기는 하나 지식수준이 상당히 높았다. 이러한 사실들은 그때 해인사보통학교에 다녔던 일반인인 학생들의 성향과 배경을 짐작해 볼 수 있게 한다.[30]

해인사지방학림의 교사로는 불교 과정에 백초월·김월우·김월주·김포광 등 스님들이었으며 일반학문 과정에는 조학유·김영주·김서현 등으로 불교계의 도쿄(東京) 유학생 출신들이었다. 특히 1908년 무렵부터 해인사 강원에서 강사를 지낸 백초월은 훗날 독립운동에 투신하여 청주 감옥에서 옥사하였다. 백초월과 김포광[31]은 함양 영원사 출신들로서 3·1운동 직후인 6월에 백초월의 지시로 김포광이 상해임정(上海臨政)에 군자금 3천 원을 전달하였다. 이 당시 백초월은 해인사

---

29) 최범술, 「三·一運動과 해인사」 2, 『대한불교』 288(서울: 대한불교사, 1969.2.23).

30) 최범술, 「三·一運動과 해인사」 4, 『대한불교』 290(서울: 대한불교사, 1969.3.9).

31) 생몰연대는 1884~1965년이다. 그는 함양 靈源寺 출신의 승려이자 순수한 전통 강원 출신의 불교학자로 어렸을 때 이름은 '昌辰'이며, 호는 '包光' 또는 '頭流山人'이고, '映遂'는 그의 법명이다. 혜화전문의 교수와 학장직을 역임한 데 이어 6.25전쟁 이후에는 전북대학교와 원광대학교에서 교수로 후진을 양성했다.[한국정신문화연구원 편, 『한국민족문화대백과사전』 15(성남: 한국정신문화연구원, 1997)의 '영수(映遂)' 항목 참조]

출신 김봉신을 통해 한용운과도 연결된 것으로 보인다.[32)]

또한 영원사 출신으로 해인학림에 입학한 임진종이 있다. 백초월·김포광·임진종을 배출한 함양 영원사는 이후, 일제강점기 불교계의 비밀 항일결사 단체인 '만당'의 근거지가 되는 사천 다솔사와 함께 해인사에 소속된 또 다른 항일의 근거지로 추정할 수 있다.

해인사보통학교의 교사로는 정광호·이현태·신학능·서광범 등과 일인 교사로는 40세 정도의 미야자와(宮澤)가 있었다. 광주 출신인 정광호는 1919년 1월 일본 명치대학 재학 중에 최팔용 등과 함께 2·8 독립선언서를 휴대하고 국내로 들어와서 3·1운동에 참가하였다. 이후에 상해임정(上海臨政)으로 가서 활동하였으며 광복 후에 효당과 함께 제헌의원으로 국회에 진출하였다.

이러한 항일정신을 지닌 해인사 교사들의 가르침은 학생들에게 민족의식을 고취하였다. 고취된 민족의식 속에 학생들은 매주 토요일 오후에는 토론회와 명사들을 초청하여 강연회를 열었다. 효당이 한용운을 만나게 된 계기도 해인사지방학림 2학년에 재학 중인 1918년 10월 중순 무렵의 초청 강연회에서였다.

초청 강연회에서 한용운은 '청년의 갈 길'이라는 주제로 강연하였는데 부처님이건 하느님이건 또한 그 누구에게도 동정받을 필요가 있는 사람이 되어서는 안 된다고 하여 당시 15세인 효당에게 큰 충격을 주었다고 술회하였다.[33)] 이후 효당은 만해 한용운을 정신적 스승으로

---

32) 김광식, 『백초월』(서울: 민족사, 2014), p.94.

33) 최범술, 「만해 한용운선생」, 『신동아』 75(서울: 동아일보사, 1970.11), p.314 ; 최남선도 1918년 9월 만해의 잡지인 『唯心』 pp.20~25에 '同情바들心要잇난者ㅣ되지 말라'라고 기고한 사실이 있었다.

모시고 따르며 행동하는 실천적인 지식인으로 거듭 변모해 갔다.

(2) 해인사 학생들의 3·1운동

① 해인사 3·1운동 연구 사료

3·1운동은 일제 강점에서 벗어나기 위해 전국 곳곳에서 거국적으로 일어난 민족 저항운동이었다. 불교계에서는 민족 대표 33인에 한용운과 백용성이 참여하였으며 젊은 청년 승려들의 적극적인 참여가 있었다. 각지의 사찰을 중심으로 3·1운동에서 만세운동이 전개되었다. 민족의 자주정신을 드높인 3·1운동을 기점으로 불교계는 항일운동에 적극적으로 참여하였다.

종래 발표된 해인사의 3·1운동에 대한 관련 단행본이나 연구물을 살펴보면 대부분 3·1운동 전체를 다룬 가운데의 단편적인 언급이거나 부분적인 항목으로 분류하여 서술되었다.[34] 그러다가 2019년에 3·1운동 100주년을 맞아 '대한불교조계종 백년대계본부 불교사회연구소'가 주관하여 개최한 '불교계의 3·1운동과 항일운동'에 대한 학술 세미나에서 「해인사의 3·1운동」[35]을 주제로 한 논문이 처음으로 발표되었다.

'해인사의 3·1운동'을 주제로 한 최초의 기고문은 해인사지방학림 출신인 효당이 『대한불교』에 기고한 「삼일운동과 해인사(三·一運動과

---

34) 이병헌, 『삼일운동비사』(서울: 시사시보출판국, 1959), pp.946~947 ; 이용락, 『삼일운동실록』(서울: 삼일동지회, 1969), pp.680~683 ; 독립운동사편찬위원회 편, 『독립운동사』 3(서울: 독립유공자사업기금운용위원회, 1971), pp.336~339.

35) 최화정, 「해인사의 3·1운동」, 『불교계의 3·1운동과 항일운동』(서울: 대한불교조계종 백년대계본부 불교사회연구소, 2019), pp.123~150.

海印寺)」이다.[36] 그 기고문에서 효당은 해인사의 3·1운동에 관한 상황과 전개 과정을 처음으로 상세히 서술하였다. 효당은 약 80매의 원고를 써서 1968년 6월에 집필을 끝낸 후 '대한불교사'에 건넸음을 밝히고 있다.[37] 효당의 그 원고는 삼일운동 50주년 행사에 맞추어 '대한불교사'의 주간 『대한불교』에 1969년 2월 16일부터 4회에 걸쳐 매주 「삼일운동과 해인사」라는 제목으로 게재되었다.[38]

무엇보다 중요한 점은 효당이 『대한불교』에 회고한 「삼일운동과 해인사」는 이후 모든 해인사의 삼일운동에 관련된 독립운동사에 하나의 기초자료가 되었다는 점이다. 효당의 회고 이전인 1959년에 나온 이병헌의 『3·1운동비사』는 독립선언서와 민족 대표 33인의 취조서 및 관련 재판기록들과 전국적인 만세운동의 상황을 정리한 것이다. 여기에는 해인사 3·1운동에 대한 만세 시위와 경찰에 의한 시위해산을 짧

---

36) 효당 최범술이 『대한불교』에 기고한 바는 아래와 같다.
① 최범술, 「三·一運動과 海印寺」 1, 『대한불교』 287(서울: 대한불교사, 1969.2.16).
② 최범술, 「三·一運動과 海印寺」 2, 『대한불교』 288(서울: 대한불교사, 1969.2.23).
③ 최범술, 「三·一運動과 海印寺」 3, 『대한불교』 289(서울: 대한불교사, 1969.3.2).
④ 최범술, 「三·一運動과 海印寺」 4, 『대한불교』 290(서울: 대한불교사, 1969.3.9).
※ 재수록본은 채정복 편, 「三·一運動과 海印寺」, 『효당최범술문집』1(서울: 민족사, 2013), pp.388~403 참조.

37) 효당 연보에 의하면 효당은 대한불교사 원고청탁으로 「三·一運動과 海印寺」를 1968년 6월에 원고 집필을 마친 후 대한불교사에 전하였다. 그러나 대한불교사 측에서 이듬해 3·1운동 시점을 맞추어 1969년 2월 16일·2월 23일·3월 2일·3월 9일 등 4회에 걸쳐 주간 『대한불교』에 게재한 것으로 추정할 수 있다. 효당의 회고에 의하면, 같은 해인사학림 출신이자 만당 당원인, 당시 부산에 거주하던 동지 강재호의 부탁으로 집필하게 되었음을 밝히고 있다. 이것은 아마도 강재호를 통해 효당에게 청탁하여 이뤄진 것으로 짐작된다.

38) 최범술, 「청춘은 아름다워라」 120(최범술 14화), 『국제신보』(부산: 국제신보사, 1975.2.14), 5면.

게 서술하였을 따름이었다.[39]

그러나 그 후인 1969년에 삼일 동지회에서 발간한 이용락의 『삼일운동실록』은 『3·1운동비사』 등에 기초하여 저술하였다. 그 책에서 해인사의 3·1운동에 대해 처음으로 작은 단일항목인 '(三十三) 해인사와 삼일운동(海印寺와 三一運動)'으로 분류하여 수록하였다.[40] 여타의 자세한 사항은 밝히지 않았지만 이용락은 '〈최범술(崔凡述) 기사〉'에 근거하였음을 p.683에서 짤막하게 밝혔다.

필자의 견해로는 이용락은 『대한불교』에 실린 효당의 「삼일운동과 해인사」를 기초자료로 삼아 『삼일운동실록』 속에 처음으로 「해인사와 삼일운동」이라는 단일항목으로 분류하여 요약 기술하면서 '〈최범술(崔凡述) 기사〉'라는 아주 짧은 표시를 한 것으로 볼 수 있다.

이후 효당은 부산의 『국제신보』 청탁으로 명사들의 비망록인 「청춘은 아름다워라」라는 제목으로 1975년 1월 26일부터 50회를 연재하였다. 그 비망록에서 그가 성장하면서 겪은 광복 이전까지의 독립운동을 회고하였다.[41] 여기에서도 상세한 해인사의 3·1운동에 대한 서술이 나오고 있다. 이것은 결과적으로 비록 반세기 뒤의 회고였지만 효당의 기록들은 해인사의 3·1운동에 대한 전모를 밝히고 있다. 당시 해인사지방학림에 소속된 학인으로서 즉 내재적 관점으로 유일하게 가장 상세히 해인사의 삼일운동을 밝히고 있다.

효당의 「삼일운동과 해인사」를 기초로 하여 이용락은 『삼일운동실

---

39) 이병헌, 『삼일운동비사』(서울: 시사시보사출판국, 1959), pp.946~947.

40) 이용락, 『삼일운동실록』(서울: 삼일동지회, 1969), pp.680~683.

41) 최범술, 「청춘은 아름다워라」 107~156(최범술 1화~50화) ; 채정복 편, 『효당최범술문집』 1(서울: 민족사, 2013), pp.514~659.

록』(1969) 중 「해인사와 삼일운동」 부분을 서술했다. 그 이후에 출간된 『독립운동사(삼일운동사(하))』(1971)·『한민족독립운동사』 3권(1988)·『한국독립운동의 역사』 38권(2008)·『한국독립운동의 역사』 20권(2009) 등에 실린 해인사의 삼일운동에 관련된 부분은 이용락이 활용한, 효당의「삼일운동과 해인사」가 기초자료가 되어 연이어 재수록되었음을 알 수 있다.

따라서 효당의 「삼일운동과 해인사(三·一運動과 海印寺)」는 해인사의 모든 독립운동사에 기초자료로 활용되었다고 할 수 있다.

② 해인사 학생들의 3·1운동 전모

이 무렵 합천군에는 삼가·초계·해인사에 일제 경찰의 주재소가 이미 설치되어 있었다.[42] 일제가 유일하게 조선 사찰 중 해인사 경내에만 팔만대장경 수호라는 미명하에 합천경찰서 소속 해인사 주재소를 설치하였다. 이것은 조선총독부 당국이 법보사찰 해인사의 문화와 사상 등을 매우 중시하였음을 단적으로 드러내고 있다.

그러한 상황 속에서 서울에서 3·1운동이 일어나자, 여러 경로를 통해서 해인사에 독립선언서가 입수되었다. 그중에서 효당의 조카인, 당시 경성고등보통학교 4학년에 재학 중인 최원형으로부터 효당에게 보내온 것도 있었다. 해인사에서 독립선언서를 여러 경로로 입수하게 되자 효당은 강재호, 송복만과 함께 해인사에 상주하는 일본 경찰의 삼엄한 감시를 피해서 비밀리에 2백여 리 떨어진 대구로 갔다. 대구의 지물상에서 미농지를 사서 일꾼을 고용하여 지게에 지워 해인사로 다시

42) 최범술, 「三·一運動과 海印寺」 2, 『대한불교』 288(서울: 대한불교사, 1969.2.23).

돌아왔다.

그들은 해인사와 학교에 비치되었던 등사판으로 몰래 교사(校舍)로 사용하였던 극락전의 밀실과 큰절인 해인사에 있는 관음전의 큰방 다락에서 미농지 3매로 선언서 1장을 만들었다. 이때 효당은 직접 등사에 참여하였다. 이렇게 해인사에서 등사한 선언서는 약 1만 부였지만 실제로 쓸 수 있는 것은 3천 백여 부 정도였다.[43] 선언서 등사 작업이 끝난 후에 그들은 총 3백여 명의 학생 중에서 대표자 23명을 뽑아 3월 7일 오후 2시경에 해인사 팔만대장경각 뒷산에 모이게 하였다. 그리고 행동할 모든 방안을 토의하여 아래와 같이 결정하였다.[44]

첫째, 3인으로 각 행동대를 구성하고 이를 단위로 그 활동 지역을 결정한다.

둘째, 행동대별로 할당될 선언서의 분량을 정한다.

셋째, 정해진 각지로 파견된 행동대의 대원은 일정한 시기에 정한 장소에 모여 각자의 경과를 보고한다.

넷째, 어떠한 경우에라도 모든 대원은 모든 조직의 내용을 비밀로 하고 최후까지 그 한 사람의 위험에 그치게 한다.

이러한 결정으로 그다음 날부터 각자의 임무에 따라 세 사람씩 하나의 행동대가 되어 독립선언서 1백여 부씩을 가지고 맡은 지방으로

---

43) 등사된 선언서의 수량에 대하여 「三·一運動과 海印寺」 3에는 만여 부로 나오고, 「청춘은 아름다워라」 7화에는 3천 백여 부로 나온다. 이를 비교해 볼 때, 대표자 23인이 각자 백여 부의 선언서를 나누어가졌다면 실제로 등사되어 배포된 숫자는 3천여 부 정도로 보는 것이 타당하다.

44) 최범술, 「三·一運動과 海印寺」 3, 『대한불교』 289(서울: 대한불교사, 1969.3.2).

파견되었다. 이는 헌병대가 1919년 4월 20일에 조선총독부에 발신한 보고[45]와 일본 외무성의 기록[46]에서 실제로 경북 김천 군에서 3인의 행동대가 활동 중에 일부가 체포된 사실로도 확인된다. 효당은 「삼일운동과 해인사」에서 이들이 김도운·이봉정·남성엽이라고 회고하였다. 효당의 회고와 일제의 발신 보고 및 기록이 일치함을 알 수 있다. 이에서 효당의 회고록이 개인의 기록이라는 한계점에도 불구하고 사실적 적시에서 객관성을 지니고 있음을 최화정은 그의 논문에서 밝히고 있다.[47]

여기서 주목되는 바는 해인사 학생들은 처음부터 독자적으로 전국적인 규모로 만세 시위를 계획하였고 각 연고지로 흩어져 이를 실행하였다는 점이다. 이러한 해인사의 학생들이 각각의 행동대별로 맡아서 파견된 곳은 아래와 같다.[48]

① 강재호·김봉율·기상섭은 대구·경주와 양산 통도사·동래 범어사·부산·김해 방면을 거쳐 통영으로 가는 행동대였다.

② 송복만·손복용·최범술은 합천의 초계와 삼가·의령·진주·사

---

45) 騷密 第550號「獨立運動ニ關スル件(第五十三)」,『大正八年乃至同十年 朝鮮騷擾事件關係書類 共七冊 其七』(발신일: 1919년 4월 20일)[※ 자료 출처: 국사편찬위원회].

46) 騷密 第550號; 秘受04750號 「獨立運動ニ關スル件(第五十三報)」,『不逞團關係雜件 朝鮮人ノ部 在內地 五』(발신일: 1919년 4월 20일 ; 수신일: 1919년 4월 24일)[최범술,「三·一運動과 海印寺」3,『大韓佛教』 제289호(서울: 대한불교사, 1969.3.2) ; 최범술,「三·一運動과 海印寺」4,『大韓佛教』제 290호(서울: 대한불교사, 1969.3.9).※ 자료출처: 국사편찬위원회].

47) 최화정,「해인학림과 만당」,『아! 호국이여, 나라의 독립을 부르짖다-독립운동에 참여한 해인사 스님들』(합천 : 해인사 성보박물관, 2019), p.75.

48) 최범술,「三·一運動과 海印寺」3,『大韓佛教』 제289호(서울: 대한불교사, 1969.3.2) ; 최범술,「三·一運動과 海印寺」4,『大韓佛教』 제290호(서울: 대한불교사, 1969.3.9).

천·곤양·하동·남해를 거쳐 통영으로 가는 행동대였다.

③ 박달준·박덕윤·이덕진·김장윤 등은 거창·안의·함양·산청·남원 등 전북으로 가는 행동대였다.

④ 박근섭·박응천·신문수·정봉윤 등은 산청·하동 쌍계사·구례 화엄사·순천 선암사·송광사를 들른 후 다시 여수·통영을 거쳐 강진·보성·담양 등지로 가는 행동대였다.

⑤ 경북 동화사에서 온 권청학을 중심으로 한 3인은 대구·달성·영천·동화사·은해사를 거쳐 예천 용문사와 안동 방면으로 가는 행동대로서, 본산 동화사와 대본산 은해사 등의 본·말사를 중심으로 하는 행동대였다.

⑥ 충북 속리산 법주사에서 온 박계성[49]은 충북 법주사 일대를 중심으로 한 행동대였다.

⑦ 충남 마곡사에서 온 우경조·나경화 등은 공주·마곡사·부여 등 충남 일대에서 활동한 행동대였다.

⑧ 황해도 해주 신광사에서 온 홍태현은 황해도 해주·황주·사리원·평안도 일대로 활동한 행동대였다.

⑨ 석왕사에서 온 박창두는 함경남도를 도는 행동대였다.

⑩ 김경환과 그 동지 수삼 인은 선산·상주 일대를 중심으로 활동한 행동대였다.

⑪ 김도운·이봉정·남성엽은 김천·성주 일대를 중심으로 활동한 행

---

49) 「三·一運動과 海印寺」 4와 다르게 「청춘은 아름다워라」 7화에서는 '박재성'으로 나오지만, 14화에서 '박계성'인 점으로 미루어 박재성은 誤記로 보인다.[최범술, 「청춘은 아름다워라」 113(최범술 7화), 『국제신보』(부산: 국제신보사, 1975.2.3), 5면; 최범술, 「청춘은 아름다워라」 120(최범술 14화), 『국제신보』(부산: 국제신보사, 1975.2.14), 5면]

동대였다.

⑫ 신광옥·신경재·거창 가조 출신인 김명수 등은 거창 일대를 중심으로 활동한 행동대였다.

⑬ 신철휴·신란휴·이도직 등은 고령·현풍·대구를 중심으로 활동한 행동대였다.

이들이 이렇게 먼저 떠난 후, 해인사에서는 3월 31일 오전 11시 무렵에 홍화문 밖에서 150여 명의 승려와 학생을 포함하는 대중이 만세 시위를 일으켰는데 일경은 무력으로 이들을 해산시켰다.[50]

효당은 송봉우·김봉율과 한 조가 되어 진주에 도착하여 친지들과 선배들을 찾아가 독립선언서 약 100부를 전한 후 곤양으로 갔다. 효당은 그곳에서 두 사람과 헤어져 다솔사로 가서 그 인근의 유지들에게 독립선언서를 나눠 주었다. 송봉우와 김봉율 두 사람은 남해의 용문사와 하방사를 중심으로 독립운동을 벌일 계획으로 남해로 갔다.

효당은 자신이 다니던 서포면 개진학교 동기였던 임성엽·신영곤·송지환·송수완·송용수·송찬범 등을 만나 독립선언서를 나눠주며 설득하여 곤양면 장날에 태극기를 들고 독립 만세를 외치기로 모의했다. 그들 7인이 곤양 장날의 거사를 위해 서포초등학교에서 밤에 촛불을 켜고 태극기를 만들며 열중하고 있는데 느닷없이 문짝을 치고 건장한 헌병들이 들이닥쳤다. 효당 일행의 피체로 곤양 장날의 독립

50) 朝鮮總督府 內秘補 467; 慶南地親202號 「騷擾ニ關スル件(第四報)」, 『大正八年 騷擾事件ニ關スル道長官報告綴 七冊ノ內四』(발신일: 1919년 4월 7일) ; 안계현, 「三·一運動과 佛敎界」, 『三·一運動50周年記念論集』(서울: 동아일보사, 1969), p.279.

만세운동은 좌절되었으나 이 소문은 널리 퍼져 지역사회에 큰 영향을 주었다. 효당이 곤양 헌병분견대에 끌려가니 효당에게서 독립선언서를 받았던 곤명의 김윤곤·이덕세·김상호 등도 이미 잡혀 와 있었다.

효당을 비롯한 일곱 사람은 포승줄에 묶인 채, 포악하기로 소문난 특무조장 와시다(鷲田)와 부하 네 명에게 나무 몽둥이와 총부리로 온몸을 마구 맞았다. 삽시간에 피투성이가 되어 정신을 잃고 쓰러졌다. 약 두 시간 반 뒤에 효당을 제외한 여섯 사람을 유치장 안에 집어넣은 후, 주모자인 효당을 다시 무자비하게 난장을 쳐 효당은 기둥에 묶인 채로 의식을 잃었다. 겨우 의식을 회복하니 헌병대 벽의 괘종시계가 오후 4시 반이었다. 효당은 오전 10시 반부터 6시간 동안 무자비하게 맞았다. 양편에 놓였던 대막대기 묶음이 남김없이 산산이 부서져 흩어져 있을 정도로 맞았던 것이었다.

그들은 소요죄라는 죄목으로 조서를 꾸몄다. 그런데 곤양 헌병분견대 안에는 일찍이 1913년, 개진학교에서 일어 교사 기타무라(北村邦一)를 축출하려고 함께 동맹휴학을 모의하고 효당·신영곤·임성엽 등과 주모자로 지목되어 더불어 퇴학을 당했던 빈기홍이 있었다. 일제의 헌병 보조원이 되어있었던 그는 잡혀 온 효당 일행과 마주치면 애써 외면하였다.

닷새가 지난 후에 효당 일행은 진주 검사국으로 끌려갔다. 효당은 심한 매질로 걸을 수가 없어 두 팔목을 오랏줄로, 허리는 포승줄로 묶인 채 지게꾼에 지워져 갔다. 70리 길의 진주 검사국에 들어서니 검사국 마당은 각지에서 잡혀 온 의거 인사들로 입추의 여지가 없었다. 효당은 선동주모자로 지목되었음에도 만 15세가 아니 되어 범죄자 자격 결격으로 그대로 석방되었다. 다른 여섯 사람은 최소 6개월 내지 1년

형을 받아 복역했다.[51]

약 2개월이 지난 7월 초, 효당은 건강이 회복되어 해인사 학림에 돌아가 학업을 계속하였다. 해인사에서 독립선언서를 지닌 채 흩어졌던 동지들을 다시 만나 그들의 뛰어난 활약상을 듣게 되었다.

이처럼 3·1운동 이후 해인사에서 각 지방으로 파견되거나 흩어진 학생들은 현지에서 항일투쟁을 이어 갔지만 그중에는 서로 만나지 못해서 해인사로 돌아오지 못하고 소식이 끊어진 경우도 많았다. 이후 해인사 학교 출신들의 항일투쟁은 점차 국내에서 만주와 일본 등지의 국외로까지 이어졌다. 고령 출신 신철휴·신란휴·이도직 등은 고령·현풍·대구를 중심으로 항일 독립투쟁을 전개하였다. 그중에서도 신철휴는 뒤에 초기 의열단의 결성에 가담하여 유명한 밀양 사건의 일원이 되었다.[52] 뒤에 그는 다시 1925년에 경북지역의 의열단 활동과[53] 1926년 충북 충주(혹은 청주)에서 김진성이 주도하여 군자금을 비밀리에 모집하던 일심단(一心團) 사건에 연루되었다.[54]

---

51) 후일, 효당을 비롯한 7인의 의거 활약상에 대해 서포면 주민들이 1968년에 서포초등학교 교정에 '3·1의거비'를 세워 지역의 역사적 사실을 기리고 있다. 효당이 직접 쓴 비문의 마무리는 아래와 같다. "청춘의 애끓는 조국애의 우렁찬 소리, 그 의로움이 끝끝내 빛나 광복이 오고 우리들이 배우던 교정에 이 비가 서노니 이 강산 이 조국 길이 빛나리. 대한독립만세를 드높이 부르세."

52) 김영범, 한국독립운동사편찬위원회 편, 『한국독립운동의 역사』 26(천안: 독립기념관 한국독립운동사연구소, 2008), p.134, p.138, p.141, pp.149~150.

53) 「爆彈事件關係者 出獄未久에 또 被捉, 밀양군 폭탄 사건 申喆休씨 모 중대 사건에 또 관계된 듯」, 『동아일보』(서울: 동아일보사, 1925.11.9), 석간 2면 ; 김영범, 위의 책, p.187.

54) 그의 여러 약력에서 나오는 1926년 8월에 일어난 '일심단' 사건에 대하여 동아일보의 보도기사에서 처음에는 충북 충주로, 뒤에는 충북 청주로 나온다.[「秘密結社「一心團」團長金振聲外四名 被捉, 충주의 ○○단톄 일심단당과 단원네명 「군자금」을 모집하다 발각되야 잡혀 忠州서「軍助」募集中 發覺」, 『동아일보』(서울: 동아일보사, 1926.8.18), 석간 2면 ; 「咸北地方에서 또 二名을 檢擧, 檢擧中 淸州一心團軍資金募集관

해인사 학생들 가운데 강재호·송복만·김봉율·손덕주·박덕윤·김장윤 등 10여 명은 만주의 김좌진·지청천 장군 휘하에 들어가 신흥무관학교에서 군사훈련을 받고 만주에서 독립군에 편성되어 항일투쟁을 계속하였다. 김봉율·박덕윤·김장윤 등은 신흥무관학교의 경영이 어려워지자, 본국에 돌아와 유수한 절을 돌며 군자금을 모금하였다. 김봉율과 박달준은 수년 뒤 체포되어 서대문형무소에서 3년간 복역하였다.[55)]

이렇듯 해인사학림의 청년들은 애국적 정열을 바쳐 부단히 독립운동을 계속하며 일제 탄압에 항거하였다. 이들 중 효당·강재호·이용조·장도환·박근섭 등은 1931년 3월 한용운을 중심으로 불교계의 비밀 항일결사 단체인 만당(卍黨)이 조직되자, 그 당원이 되어 해방되기까지 독립운동을 전개하였다. 특히 효당은 경남 경찰국에 여러 차례 검거 구속되었다. 1943년에는 '해인사사건'으로 검거되어 모진 고문 뒤에 13개월간 경남도감방에 투옥되었다. 이에 관한 자세한 내용은 뒤에서 다시 논하겠다.

이로써 살펴볼 때 당시 해인사는 불교계 독립운동의 거점이었으며 독립운동에 참여한 해인사학림 출신 애국지사들이 많았음을 알 수 있다. 해인사 승려들을 감시하고 문초하기 위해 조선의 사찰 가운데 오직 해인사에만 일제의 '해인사 주재소'가 있었던 사실에서도 해인사의 독특한 역사적 지위가 증명된다.

계로」, 『동아일보』(서울: 동아일보사, 1926.9.5), 석간 4면 ;「高靈青年委員 申喆休氏 淸州로 押送 사건은 비밀」, 『동아일보』(서울: 동아일보사, 1926.8.29), 석간 3면].

55) 최범술, 「청춘은 아름다워라」 120(최범술 14화), 『국제신보』(부산: 국제신보사, 1975.2.14), 5면.

2. 일제강점기 독립운동

1) 일본 유학과 사상적 탐구

3·1운동이 끝난 후 효당은 1921년 4월까지 해인사에 머물다가 다솔사 봉일암으로 왔다. 효당은 일본 도쿄(東京)로의 유학을 결심하고 봉일암에서 100일간 매일 하루 네 번 도합 열 시간을 기도를 드리면서 정진하였다. 당시 효당은 사찰의 전통 강원 과정인 사교과(四教科)와 대교과(大教科)를 마친 상태로 인명학(因明學)에 깊은 관심이 있었다. 그러나 적국 일본에 대한 견문과 당시 신조류였던 민권주의, 사회주의 등의 새로운 사상적 경향을 알기 위해서는 일본을 직접 겪어보아야겠다고 생각했다.

그리하여 효당은 다솔사 출신 신영진과 함께 걸어서 부산까지 갔다. 부산에서 다시 연락선을 타고 시모노세키(下関)에 도착하였다. 이후 이들은 열차로 갈아타고 1922년 6월 6일 일본 도쿄(東京) 시부야(渋谷)에 도착하였다. 효당은 먼저 청산학원에서 유학 중이던 집안 조카 최원형을 만났다. 최원형은 경성고등보통학교 재학 중일 때 효당에게 독립선언서를 보내준 장본인이었다.

효당은 1922년 6월 초순, 도쿄(東京)에 도착한 3일 뒤부터 도쿄(東京) 나카시부야(中渋谷) '가와이' 신문점에서 '독매신문(讀賣新聞)' 배달을 시작하였다. 그러던 중에 신문을 구독하던 박열을 만났다. 효당은 박열이 이끄는 흑우회의 멤버가 되었다.[56] 박열의 소개로 효당은 서상경과 마동기를 알게 되고 조선인 고학생들의 '갈돕회'[57]에 입회했다.

이 무렵 효당은 시부야(渋谷)에서 다른 취직자리를 구하러 다니다가 일본 천태종(天台宗)의 보천사(寶泉寺)라는 절을 발견하고 양해를 구하고 불전에 예배를 드렸다. 그것을 인연으로 그 절 주지였던 사카도 치카이(坂戶智海)를 알게 되어 호형호제하는 사이가 되었다. 그를 통해서 고려 제관(諦觀)법사의 『천태사교의(天台四敎儀)』를 접하게 되었다.[58]

사카도 치카이(坂戶智海)는 효당에게 고려 제관법사의 학설인 『천태사교의』는 특히 일본 천태종에 많은 영향을 주었으며 일본 각 종파에서도 『천태사교의』는 반드시 읽어야 하는 교과서라고 말하였다. 그러한 불교사적 배경은 일본 천태종의 보천사 주지인 사카도 치카이(坂戶智海)가 조선의 청년 승려인 효당에게 호의를 베푸는 한 원인으로도 작용하였을 것이다.

사카도 치카이(坂戶智海)는 이른바 효당이 참여한 '박열의 대역사건' 이후 1924년 독일 유학에 오르게 되고 독일 하이덴부르크 대학의 봐레케 교수 밑에서 「구주(歐州)에서의 대승불교(大乘佛敎)에 관한 연구」로 박사학위를 취득하고, 1931년에 다이쇼(大正)대학의 교수가 되었다. 그는 독일 유학 기간 습득한 학문적 지식과 경험을 바탕으로 독일의 전체주의를 언급하면서 이를 닮아가는 일본제국주의의 행보에 비

---

56) 최범술, 「청춘은 아름다워라」 120~123(최범술14~17화), 『국제신보』(부산: 국제신보사, 1975.2.14~19), 5면.

57) 자기들 자신이 서로 도와나간다는 自立自助의 의미이다.

58) 최범술, 「청춘은 아름다워라」 125~127(최범술 19~21화), 『국제신보』(부산: 국제신보사, 1975.2.21~23), 5면.

판적 견해를 갖고 있었다.[59] 그리고 그는 종종 효당에게 조선은 반드시 독립해야 한다고 말하였다.

효당은 다양한 고학을 하면서 1923년 4월 일련종에서 세운 릿쇼(立正)중학교 3학년에 편입하였다. 이 학교에는 해인사에서 같이 공부하던 이덕진·이지영·김상철이 4학년으로 다녔다. 그 후 효당의 소개로 송지환이 2학년으로 입교하였다.

효당과 김상철은 학교 근처 '토고시(戶越)'[60]라는 마을에 사는 동포들인 150여 명의 노동자들과 20~30명의 근처 공장의 직공들을 모아서 노동단체인 상조회를 조직하였다. 두 사람은 야간에는 노동자들에게 한글과 수학을 가르치며 사회의식을 일깨워 주었다. 특히 친일파인 박춘금·이기동이 주동이 되어 동족을 괴롭혔던 '상애회(相愛會)'를 투쟁의 대상으로 삼았다.[61] 이 당시 효당은 한편으로 고학 중에도 시간이 날 때마다 서점들을 돌아다니면서 다양한 사상적 탐구를 해나갔다. 입학 전부터 해오던 일이었다.

효당은 릿쇼(立正)중학교 재학시절에 한동안 사카도 치카이(坂戶智海)가 주지로 재직한 보천사에 거주하였다. 보천사에 살면서 효당은 일본의 임제종·조동종·일련종의 사찰을 방문하여 그들의 수행을 살펴보았다. 효당의 사찰 방문은 자연스럽게 일본의 고승 석학들을 만나

---

59) 坂戶智海는 1893년 이바라키현(茨城県) 출생으로 천태종대학을 마치고 1918년부터 寶泉寺의 주지직을 수행하였고, 전후에는 寶泉寺를 재건하고 70세를 살았다. 효당의 회고와 여타 기록과는 다소 차이가 있다.[제점숙, 「일제하 효당 최범술의 일본 유학과 교육 활동」, 『만해학보』 17(만해사상실천선양회, 2017), pp.61~63 ; 최범술, 「잊지 못할 일본인」, 『효당 최범술문집』1(서울: 민족사, 2013), pp.496~506].

60) 최범술, 「청춘은 아름다워라」 127(최범술 21화)의 본문에는 '도곳이'로 나온다.

61) 최범술, 「청춘은 아름다워라」 123~127(최범술 17~21화), 『국제신보』(부산: 국제신보사, 1975.2.19~23), 5면.

게 되었고 그들의 소개로 당대의 학자들과 사상가들을 알게 되었다.

그중에는 사카이 도시히코(堺利彦)·야마카와 히토시(山川均)·다카쓰 마사미치(高津正道)·가와카미 하지메(河上肇)·오스기 사카에(大杉榮)·나카노 세이고(中野正剛)·사이토 다카오(齊藤隆夫) 등을 자주 만났다. 특히 효당에게 사이토 다카오(齊藤隆夫)와 오스기 사카에(大杉榮) 등의 설(說)은 당시 많은 참고가 되었다. 그중에서도 효당에게 가장 놀라움을 안긴 사람은 무정부주의자 오스기 사카에(大杉榮)였다. 그는 대중 연설에 능하였고 또 어학에도 특출하여 영어·불어·러시아어·에스페란토를 자유롭게 말하였다.[62] 이러한 다양한 시대적 사회사상가들과의 교유는 효당의 근대사상사적 탐구의 폭을 넓히며 행동하는 사람으로 변모시켰다.

이 무렵 효당은 박열과 함께 니혼바시쿠 3정목에 있는 적기사(赤旗社)[63]를 찾아가서 그곳에 있는 '코스모폴리탄'이라는 결사에 참여한 일이 있다. 이 '코스모폴리탄'은 민족적인 편견과 국가적인 편견을 초월한 이상주의자들의 집단이었다. 이 코스모폴리탄이라는 단체는 효당과 관련된 인물들로 살펴볼 때, 코스모폴리탄이 아니라 평문사(平文社)에 위치한 '코스모구락부(コスモ倶楽部)'로 여겨진다.[64]

---

62) 최범술, 「청춘은 아름다워라」 136(최범술 30화), 『국제신보』(부산: 국제신보사, 1975.3.6), 5면.

63) 「組織化하는 衡平運動」, 『동아일보』(서울: 동아일보사, 1923.5.17), 3면.[※ 曉民會를 만들었던 다카쓰 마사미치(高津正道) 일파의 赤旗社는 1923년 5월 경남 진주의 衡平社운동에 축전을 보낸 일로 일본 도쿄(東京)의 여러 단체들인 北星會, 平文社, 漸進社와 같이 당시 신문기사에 나온다.]

64) 1923년 3월 31일에 발신된 경시청의 「京漢鐵道罷工問題ニ關シ在京鮮人ノ行動ニ關スル件」에는 코스모구락부(コスモ倶樂部)의 주소가 赤旗社가 아닌 '東京 中野 一六八 平文社(振替 東京 五二〇二一)內 コスモ倶樂部'로 나온다.[鮮高秘乙第102號;機密 受第2073號 「京漢鐵道罷工問題ニ關シ在京鮮人ノ行動ニ關スル件」, 『不逞團

특히 효당의 회고에 나오는 이 코스모폴리탄이 코스모구락부라고 한다면 1922년 8월 이후 효당이 일본에서 박열과 만나서 같이 행동한 시점까지도 코스모구락부를 사회주의 일색으로 보는 것은 무리가 있다. 왜냐하면 이 코스모구락부는 사회주의, 무정부주의, 공산주의 등 여러 색깔의 이념 주의자들이 모인 집합체였기 때문이다.

당시 일본 정부에서 볼 때 이 집단은 일본의 천황과 정부를 부정하는 문제아들의 집합체였다. 이 집단을 사회주의 일색으로 보는 시각은 일본에서 일어난 급진주의자들에 대해 일본 정부가 행한, 1923년 6월의 4일 밤과 5일 새벽의 대규모 검거를 위한 것이었다. 일본 정부가 소련의 자금지원을 이유로 일본 내의 사회주의자들과 무정부주의자들을 공산주의로 묶어서 탄압한 당국의 의도로 보아야 할 것이다. 이 직전인 1923년 5월 일본에서 제1차 공산당이 조직된 것에 대한 반응이었다.[65]

이때 효당과 친분이 있던 사카이 도시히코(堺利彦)·다카쓰 마사미치(高津正道)·오스기 사카에(大杉榮) 등이 연관되었다.[66] 당시 오스기 사카에(大杉榮)는 소련에 있었기에 체포를 피했다. 히로시마(廣島)에서 다카쓰 마사미치(高津正道)는 도주하였고 사카이 도시히코(堺利彦) 등 10여 명은 영장이 집행되어 수감되었다.[67]

關係雜件 朝鮮人ノ部 在內地 十三』(발신일: 1923년 3월 31일)].

65) 최범술, 「청춘은 아름다워라」 138(최범술 32화), 『국제신보』(부산: 국제신보사, 1975.3.9), 5면.

66) 이보다 앞서 1921년 5월 이동휘와 박진순은 중국, 한국, 일본 등 동아시아 각국의 공산주의자들을 포괄하는 동아총국의 조직을 추진하였는데, 이들은 오스기 사카에(大杉榮), 사카이 도시히코(堺利彦), 야마카와 히토시(山川均) 등이 연계되어 있었다.[반병률, 『성재 이동휘 일대기』(서울: 범우사, 1998), p.327].

67) 「全日本共產黨組織의 陰謀로 全國主義者大檢擧 第二幸德事件으로 全國에 擴

이들은 대부분 효당·박열 등과도 서로 친분이 있었다. 따라서 이 사건에 관련된 인물들과의 연관성으로 볼 때, 이후 이른바 효당·박열 등의 불령선인사의 '대역사건'에 대한 일제의 기소 배경을 보여준다. 불령선인사는 무정부주의를 표방한 단체였다.

이 무렵 일본에서는 이미 우리의 형평사운동에 영향을 준 호적상 신평민으로 불리는 천민인 백정계급 '부락민'의 수평사(水平社)운동이 활발하게 일어나고 있었다. 당시 계급적 평등 의식으로 일본 각지에서 일으킨 운동이 수평사운동이었다. 효당과 그 동지들은 인간의 평등을 자각하고 이를 되찾으려는 이들의 수평사운동에 적극 참여하였다. 도라노몬(虎ノ門) 사건을 일으킨 난바 다이스케(難波大助) 일파와도 접촉하였다.[68] 훗날 급진적인 다이스케는 관동대지진 이후인 1923년 12월 27일에 히로히토(裕仁)를 저격하였다가 이듬해 11월 사형을 당하였다.

1920년 전후로 일본은 정치·문화·사회 등 각 방면에 민주주의와 자유주의 풍조가 파급되던 '다이쇼(大正) 데모크라시'의 분위기였다. 이러한 분위기 속에서 불교계에도 승려들의 참정권 문제가 대두되었고 불교 교학의 연구와 함께 활발히 편찬 사업들이 전개되었다.

효당은 1927년 3월에 불교대학인 다이쇼(大正)대학 예과에 입학하여 본격적인 교학에 매진하였다. 그는 이보다 1년 전인 1926년에 릿쇼

大될 듯」, 『동아일보』(서울: 동아일보사, 1923.6.6), 석간 3면; 「露國잇는 大參一派와 聯絡하여 學生, 軍人에게 宣傳할 계획을 세운 것이다. 內應者의 首領은 堺利彦」, 『동아일보』(서울: 동아일보사, 1923.6.7), 석간 3면; 「勞農露國을 模倣하야 假政府를 組織」, 『동아일보』(서울: 동아일보사, 1923.6.9), 석간 3면.

68) 최범술, 「청춘은 아름다워라」 138(최범술 32화), 『국제신보』(부산: 국제신보사, 1975.3.9), 5면. ; 中島岳志, 「煩悶と超国家(13)難波大助と虎ノ門事件」, 『ちくま』(東京: 筑摩書房, 2013년 9월), pp.42~45.

(立正)중학교를 졸업하고 잠시 물리학교를 다녔었다.[69] 1928년 7월, 효당은 다솔사 주지에 피선되면서 주지직과 학업을 동시에 병행하던 상태로 방학 때는 고국에 돌아와서 주지 임무를 수행하였다.[70]

효당은 1928년 5월 14일 오관수 등과 도쿄(東京) 거주 불교 유학생들의 불교 교리 연구기관으로 '삼장학회(三藏學會)'를 조직하였다. 이때 효당의 사상적 탐구는 이후 1928년 6월에 발간된 『금강저(金剛杵)』에 기고한 「비약(飛躍)의 세계(世界)」에 잘 드러나 있다.[71] 효당은 1930년에 다이쇼(大正)대학 불교학과 본과에 진학하여 불교학에 더욱 정진하였다. 그는 대학 졸업논문으로 「소승시대(小乘時代)의 세친교학(世親教學)」을 제출하며 1933년 3월에 졸업하였다.

효당은 일본 유학 생활 동안 민족주의·무정부주의·사회주의를 비롯해 민주 사상과 평등사상 등 다양한 사상의 섭렵과 현실 참여 속에서 불교학 특히 원효학 연구에 대한 확신이 더해졌다. 효당의 원효에의 관심은 16세 때 해인사에서 읽은 장도빈의 『위인원효』라는 소책자에서 비롯되었다. 그때부터 원효의 교학을 중추로 삼아 전공하고자 하는 뜻을 지녔다. 효당은 일본 유학에서 다양한 사상적 탐구와 불교학에 대한 학문적 깊이가 더해지면서 우리의 불교사에서 가장 독립적이며 자생적인, 여타의 추종을 불허하는 원효의 교학을 체계화하려는 뜻을 확실하게 세웠던 것으로 추정할 수 있다.

---

69) 「佛教消息」, 『佛教』 24(京城: 佛教社, 1926.6), p.55.
70) 효당의 年譜와 달리 1930년 12월 10일에 발간된 『朝鮮總督府官報』 제1182호 4면의 「彙報」에는 1930년 6월 17일에 취임한 것으로 되어 있다.
71) 최범술, 「飛躍의 世界」, 『금강저』 16(東京 : 金剛杵社, 1928.10), pp.2~8.

2) 불령선인사와 의열투쟁

효당은 1922년 6월 초에 일본 도쿄(東京)에 도착하여 신문 배달을 하던 중에 구역 내의 구독자인 박열을 세타가야(世田谷) 오하시라 근처 '아이하라' 계단집에서 만났다. 이후 박열의 흑우회에 가입하여 적극적인 활동을 해왔다. 1923년 4월경 박열은 시부야 도네가야로 이사한 후, 그 집에서 '불령선인사(不逞鮮人社)'를 만들어 효당의 글씨로 쓴 나무 현판을 걸었다.[72)]

불령선인사는 박열을 비롯한 효당·육홍균·박흥곤 등의 흑우회 동지들이 함께 조직한 단체로서 무정부주의 활동을 해오던 흑우회의 다른 이름이다. 그 회원으로는 박열을 비롯해 효당·육홍균·최규종·박흥곤·하세명·서상경·김중한·장상중·김상철·가네코 후미코(金子文子)·오가와 다케시(小川武) 등이었다. 순보(旬報)인 『현사회(現社會)』 대신 『불령선인(不逞鮮人)』이라는 주보(週報)를 발간하였다.

이 무렵 효당은 보천사를 나와서 시부야 도겐자카(渋谷 道玄坂) 근처에 있는 동지였던 육홍균과 박창규가 일하던 국민 신문점에 들어가 고학으로 배달 일을 하였다.[73)] 1923년 5월 말부터는 경남 웅천 출신 추영신·권대형과 같이 도쿄(東京)의 오오쓰카 타케노가와(大塚 竹野川)에 이룩 신문점(二·六新聞店)을 내었다. 이에 해인사 출신 이창욱과 하세명도 동참했다. 효당과 이들은 공업지대인 오지(王子)·미나미센주

---

72) 최범술, 「청춘은 아름다워라」 137(최범술 31화), 『국제신보』(부산: 국제신보사, 1975.3.8), 5면.
73) 최범술, 「청춘은 아름다워라」 132(최범술 26화), 『국제신보』(부산: 국제신보사, 1975.3.1), 5면.

(南千住) 등지에 있는 조선인 노동자들과 자주 만나 접촉 끝에 노동조합을 결성시켰다. 그 조합원은 약 2천8백 명이었다.[74]

불령선인사의 활동에 대한 효당의 술회를 통해 그 단체의 성격을 짐작할 수 있다.

> "…우리 회원은 일본 정무 기관은 물론이요, 금융기관 일체를 옹호하는 언론기관과 일제에 협력하는 개인에 이르기까지 파괴·방화 등 폭력·비폭력·합법·비합법을 가리지 않고 행동을 전개하기로 결의한 것이다. 이것은 이미 단재 신채호 선생의 「조선혁명선언」 취지와 합치된 것으로 우리는 이를 위해 용감한 투쟁을 전개했다.…"[75]

원래 이 당시 재일조선인의 초기 사상단체는 조선 고학생동우회가 모체로 1920년 11월에 결성된 흑도회였다.[76] 그러나 날이 갈수록 사상적인 분화가 생겨서 1922년 10~11월에는 무정부주의자 박열 계통의 흑우회와 사회주의자 김약수 계열의 북성회로 갈라지게 되었다.[77]

---

74) 최범술, 「청춘은 아름다워라」 137(최범술 31화), 『국제신보』(부산: 국제신보사, 1975.3.8), 5면.

75) 최범술, 「청춘은 아름다워라」 127(최범술 21화), 『국제신보』(부산: 국제신보사, 1975.2.23), 5면.

76) 『高等警察要史』에 따르면 흑도회로 개칭하고 간사로 박열·정차영·김약수·정태성·서상일·원종린·조봉암·황석우를 뽑았다. 그러나 이후 박열·백무·조봉암·서상일·이용기·이옥 등의 자유연합적인 아나키스트의 실행파와 김찬·김종범·이명건·김약수 등의 중앙집권적인 이론파의 볼셰비키로 분열되었고, 1923년 1월에 이론파는 북성회로 분립되었다. 그러나 이에 대하여 분열 초기에 조봉암이 무정부주의자였는지에 대해서는 박태균과 같이 비판적인 견해가 있다.[慶尙北道警察部 편, 『高等警察要史』(大邱: 慶尙北道 警察部, 1934), p.162 ; 박태균, 『조봉암 연구』(서울: 창작과 비평사, 1995), p.23].

77) 이호룡, 한국독립운동사편찬위원회 편, 『한국독립운동의 역사』 45(천안: 독립기념관 한국독립운동사연구소, 2008), p.57.

이러한 분열의 배경에는 소련에서 혁명 도중에 크로포트킨[78]이 "이것은 혁명을 장송(葬送)한다"라고 하며 공산주의자들을 비난한 것과 혁명 직후에 비밀경찰을 앞세운 공산주의자들에 의해서 자행된 무정부주의자들에 대한 탄압이 있었기 때문이었다.[79]

무정부주의자들로 이루어진 흑우회는 주로 고학생들을 위주로 하였지만, 사회주의로 기울어진 북성회는 상대적으로 유복한 유학생들로 이루어져 있었다.[80] 불령선인사의 투쟁 목표 대상은 친일파인 박춘금 일파와 적색 공산주의자, 더 나아가 일본 제국주의의 권력층이었다.

불령선인사가 밀의한 거사 계획은 일제 히로히토(裕仁) 황태자 결혼식에 폭탄을 투척하여 일왕 부자를 비롯한 일본 황족과 고관들을 일시에 제거하는 일이었다. 이를 도화선으로 당시 일본 국내 반제국주의 운동자들과 노동자·농민들·수평사 백정계급의 총궐기를 일으키려는 거대한 계획이었다.[81]

박열은 그 거대한 계획의 실천을 위해 상하이(上海)에서 의열단과 연결되어 네 번째의 폭탄을 입수하는 막중한 책임자로 김중한을 선정

---

78) Pyotr Alekseevich Kropotkin(1842~1921). 모스크바 출신의 귀족으로 러시아의 지리학자이면서 무정부주의자이다. 대표작으로 자서전 외에 『러시아 문학의 이상과 현실』(1905), 『상호부조론』(1902), 『청년에게 호소함』 등이 있다.[인명사전편찬위원회 편, 『인명사전』(민중서관, 2002), '크로포트킨' 항목 참조 ; 김희보 편, 『세계문학사 작은사전』(가람기획, 2002)의 '크로포트킨' 항목 참조].

79) 독립운동사편찬위원회 편, 『독립운동사』 7(서울: 독립유공자사업기금운용위원회, 1976), pp.771~772.

80) 김명섭, 「1920年代 初期 在日 朝鮮人의 思想團體 : 黑濤會·黑友會·北星會를 中心으로」, 『한일민족문제연구』 1(한일민족문제학회, 2001), p.25 ; 김명섭, 「박열의 일왕 폭살 계획 추진과 옥중투쟁」, 『한국독립운동사연구』 48(독립기념관 한국독립운동사연구소, 2014), p.40.

81) 최범술, 「청춘은 아름다워라」 141(최범술 35화), 『국제신보』(부산: 국제신보사, 1975.3.14), 5면.

하였다. 앞의 세 차례 시도는 모두 실패하였다. 그러나 김중한의 신중하지 못한 언행으로 누설되었음을 알아차렸다. 박열은 한 달간의 투쟁 상황을 보고하는 자리인 8월 월례 모임에서 폭탄 운반은 취소되었다고 선언하였다. 이에 자존심을 상한 김중한이 흥분하여 박열에게 준비한 단도를 휘두르다가 가까이 있던 유도를 익힌 효당 등에게 제압을 당하였다.[82] 흥분한 김중한은 그날 바로 흑우회가 깨졌음을 선언하였다.[83]

박열과 김중한이 충돌한 1923년 8월 11일 저녁 7시에 모인 이들은 효당과 박열·가네코 후미코(金子文子)·서동성·육홍균·장상중·정태성·서상경·하세명·김중한·니야마 하쓰요(新山初代)였다. 또 오가와 다케시(小川武(朴沇))·노구치 시나니(野口品二) 등도 참석하였는지는 정확하지 않다.[84] 그 외에도 구리하라 가즈오(栗原一男)·김철·나가타 게이자부로(永田圭三郞)·홍진유·김영화 등이 있었다.[85]

---

82) 최범술, 「청춘은 아름다워라」 138(최범술 32화), 『국제신보』(부산: 국제신보사, 1975.3.9), 5면 ; 야마다 쇼지(山田昭次), 정선태 역, 『가네코 후미코』(서울: 산처럼, 2017), p.165.

83) 이날 밤 김중한은 "박열! 너는 평소 초연한 태도를 취하면서 기실 비열한 놈이 아니냐. 동지의 등을 향해 험담을 내쏟고 서로를 이간시켜 온 결과로 오늘밤 우리의 흑우회가 깨어지지 않았느냐. 하쓰요에게까지 내 욕설을 하다니……"라고 상기된 체 말하였다.[최범술, 「청춘은 아름다워라」 140(최범술 34화), 『국제신보』(부산: 국제신보사, 1975.3.13), 5면.

84) 「청춘은 아름다워라」 31회에는 모인 날짜는 8월 10일로 되어 있고 小川武(朴沇)는 '小川武(朴冷)', 野口品三은 '野口品二', 栗原一男은 '栗原一郞'으로 나온다. 또한 효당의 신문 스크랩에는 날짜를 8월 11일로 붉은 색의 친필로 효당이 손수 訂正하였다.[최범술, 「청춘은 아름다워라」 137(최범술 31화), 『국제신보』(부산: 국제신보사, 1975.3.8), 5면 ; 慶尙北道警察部 편, 『高等警察要史』(大邱: 慶尙北道 警察部, 1934), p.222 ; 김명섭, 「1920年代 初期 在日 朝鮮人의 思想團體 : 黑濤會·黑友會·北星會를 中心으로」, 『한일민족문제연구』 1(한일민족문제학회, 2001), p.23].

85) 야마다 쇼지(山田昭次), 정선태 역, 앞의 책, pp.137~139.

당시 일본 도쿄(東京)에는 이미 박열에 의해서 의열단이 조직되어 있었다. 도쿄(東京)에서 유학하던 박열은 1920년 11월경부터 조선 청년 15명을 모아서 처음 의혈단을 조직하였다. 이후 철권단·혈권단·박살단으로 개칭되었다. 이들은 상하이(上海)의 의열단과 연계되어 있었으며 이후에 박열은 1922년 9월 의열단원 김한과 서울에서 접촉하였다.[86]

이 무렵 효당은 박열과 밀의한 후에 1923년 초에 배편으로 직접 상하이(上海)로 건너갔다. 현지에서 다물단(多勿團)으로부터 폭탄을 입수하여 일본 도쿄(東京)로 밀반입하였다.[87] 효당은 자신이 만난 다물단에 대하여 다음과 같이 회고하였다.

> "…만주 각지와 북경을 중심으로 활약하던 신채호·조정환 등 제씨(諸氏)는 '다물단'이라는 결사대를 훈련하였다. 이 다물단 출신이 바로 윤봉길·이봉창·백정기 등의 의열 지사였다. 그 외에도 이름이 드러나지 않게 일제와 싸워 순국한 단원이 있었다. 이것을 당시 신문에서는 '조선 독립 의열단'이라는 이름으로만 보도되었다."[88]

---

86) 김명섭, 「1920年代 初期 在日 朝鮮人의 思想團體 : 黑濤會·黑友會·北星會를 中心으로」, 『한일민족문제연구』 1(한일민족문제학회, 2001), p.18 ; 김명섭, 「의열단의 對日 거사 계획과 박열의 의열투쟁」, 『한일민족문제연구』38(한일민족문제학회, 2020), pp.204~205.

87) 효당은 폭탄 입수에 대하여 "박열이 이미 上海에 연락되어 있던 곳을 알려 주어 나는 돈 1천 원을 갖고 九州 長崎(규슈 나가사끼)에서 2주일간 상해로 오가는 배편을 살폈다.…(중략)…상해에 내려 연락했던 다물단 동지로부터 받은 폭탄이 든 작은 상자를 중국 음식점에 옮겨 두었다가 그 선원에게 내 짐을 실을 수 있도록 협력을 얻어 무사히 東京까지 운반했던 것이다"라고 하였다.[최범술, 「청춘은 아름다워라」 127(최범술 21화), 『국제신보』(부산: 국제신보사, 1975.2.23), 5면]

88) 최범술, 「청춘은 아름다워라」 130(최범술 24화), 『국제신보』(부산: 국제신보사, 1975.2.27), 5면.

효당의 회고는 다물단이 원래 1925년 4월 중국 베이징(北京)에서 만들어진 것으로 보는 일제의 일부 자료와 다르다. 그의 회고는 오히려 1923년에 이미 만들어진 것으로 말했던 이우민에 대한 일제 심문조서와 일맥상통한다.[89] 다물단의 핵심 인물들은 유자명·이회영·신채호와 같은 무정부주의자들이었던 것으로 보인다.[90] 나아가 1923년 3월 하순 중국 상하이(上海)에서는 다물단의 또 다른 전신으로 추정되는 국민당이 조직되었던 사실도 있었다.[91]

이처럼 원래 박열은 의열투쟁에 적극적이어서 북해도에 있는 무정부주의자로 문인이며 재력가인 아리시마 다케오(有島武郎)[92]를 협박하여 받은 돈 만 원을 투쟁자금으로 삼았다. 박열은 이미 서너 차례에

---

89) 국사편찬위원회 편, 「이우민 신문조서」, 『한민족독립운동사자료집』 30(과천: 국사편찬위원회, 1997), pp.54~57.

90) 박환, 『식민지 시대 한인 아나키즘 운동사』(서울: 선인, 2005), pp.63~64 ; 박걸순, 「1920년대 北京의 韓人 아나키즘 운동과 의열투쟁」, 『동양학』 54(단국대학교 동양학연구원, 2013), pp.114~115 ; 김명섭, 「박열의 일왕 폭살 계획 추진과 옥중 투쟁」, 『한국독립운동사연구』 48(독립기념관 한국독립운동사연구소, 2014), p.49의 각주 24 참조.

91) 이 단체는 배천택·김동삼·남형우·김창숙·이학초·신채호·유청우·한진산 등이 창립하였다.[박환, 『식민지 시대 한인 아나키즘 운동사』(서울: 선인, 2005), p.65] ; 高警 제2394호 「不逞鮮人團 國民黨 및 多勿團에 관한 件」, 『不逞團關係雜件-朝鮮人의 部-鮮人과 過激派』5 (발신일: 1925년 7월 14일; 수신일: 1925년 7월 18일).

92) 아리시마 다케오(1878~1923)는 일본 東京 출신으로 젊은 시절 기독교를 믿었으나 1903년 미국에 유학하면서 신앙에 동요가 생겼고, 휘트먼, 입센, 톨스토이 등의 문학을 탐독하고 크로포트킨의 무정부주의 사상에 기울었다. 인도주의에 입각하면서 본격적 사실주의를 실현시킨 작가로 당시 일본 문단에서 특이한 지위를 차지하고 있었다. 효당은 박열이 다케오의 돈 만 원을 협박하여 받아온 것으로 회고하였지만 크로포트킨의 영향으로 무정부주의에 깊은 관심을 가졌던 아리시마 다케오의 경향으로 볼 때 그를 위한 일종의 保身策으로도 볼 수 있다.[박미영, 『有島武郎における「主義實現」への道程 : 『宣言一つ』, 『カインの末裔』, 「かんかん?」, 『或る女』を中心に = 아리시마 다케오의 「주의실현」의 도정』(경북대학교 대학원 박사학위논문, 2013), pp.115~116].

걸쳐 일본으로 폭탄의 반입을 시도하였지만 실패하였다. 이에 박열과 밀의 후, 효당은 직접 상하이(上海)로 가서 폭탄을 입수하여 도쿄(東京)로 운반하였다.[93]

그러나 그해 9월 1일 관동대지진으로 인한 사회적 혼란과 내부의 갈등으로 정보가 누설되어 거사는 무위로 돌아갔다. 효당은 박열 등과 함께 체포되어 고초를 겪었다.[94] 다행히 박열 부부의 침묵으로[95] 효당은 의열단원의 신분과 상하이(上海)를 다녀온 행적이 발각되지 않았다.

하지만 9월 23일경, 효당은 일본 경찰에 소위 '대역사건'으로 피체되었다. 효당은 9개월간의 예심서 출감 후에도, 도쿄(東京) 각 구, 시부야(涉谷)·메구로(目黑)·오사키(大崎)·시나가와(品川)·간다(神田)·토즈카(戶塚) 등 9개 경찰서에 2년여에 걸쳐 각 29일씩(소위 '다라이마와시: たらい回し') 돌아가며 끌려가 구금되었다.[96] 박열과 그의 처 가네코 후미

---

93) 「청춘은 아름다워라」 21회 본문의 '아리시마 다케로'는 '아리시마 다케오'의 오기이다.[최범술, 「청춘은 아름다워라」 127(최범술 21화), 『국제신보』(부산: 국제신보사, 1975.2.23), 5면. ; 김명섭, 「의열단의 對日 거사계획과 박열의 의열투쟁」, 『한일민족문제연구』 38(한일민족문제학회, 2020), pp.212~214.

94) 최범술, 「청춘은 아름다워라」137~141(최범술 31~35화), 『국제신보』(부산: 국제신보사, 1975.3.8.~3.14), 5면.

95) 효당은 박열 부부가 심문과정에서 "…그런데 박열도 후미코도 일체 나에 대한 질문에는 나와 꼭 같은 말 이외는 한마디 말도 없었고 굳이 물을 경우에는 무엇 때문에 묻는가 하고 대들었을 뿐이었다. 나도 그 후에 누차 그들이 물을 경우는 물은 말을 거듭 묻느냐고 강하게 답하고, 그밖에 어떤 질문에도 나는 응하지 않겠다고 하였다"라고 폭탄의 입수 사실 자체를 숨겼음을 회고하였다.[최범술, 「청춘은 아름다워라」146(최범술 40화), 『국제신보』(부산: 국제신보사, 1975.3.22), 5면.]

96) 야마다 쇼지의 『가네코 후미코』에는 9월 28일에 검속된 것으로 나온다.[채정복 편, 「효당 연보」 및 「잊지 못할 일본인」, 『효당최범술문집』1(서울: 민족사, 2013), p.28, p.505. ; 최범술, 「청춘은 아름다워라」 145(최범술 39화),『국제신보』(부산: 국제신보사, 1975.3.21), 5면 ; 야마다 쇼지(山田昭次), 앞의 책, p.402]

코는 피검되어 첫 공판에서 사형 판결을 받았으나 무기징역으로 감형되었다. 그러나 가네코 후미코는 1926년 7월 23일 우스노미야 형무소에서 의문에 찬 자살로 옥사했다.[97]

1923년 9월 1일 낮 12시 무렵 일본 관동대지진이 일어나자, 새로운 군부 출신 야마모토 곤노효에(山本權兵衛)의 내각은 그다음 날 오후 6시에 계엄령을 선포하였다. 일제는 이를 이용하여 사회적 불만을 무마하며 조선인과 일본 내 불만 세력으로 여겨지는 이들을 탄압하고 제거하고자 하였다. 일제는 관동대지진을 군벌정치의 내외정책에 반대하는 진보적 경향의 학자와 사상가를 비롯한 진보적 혁신 세력을 뿌리채 뽑을 수 있는 절호의 기회로 삼고자 하였다. 이것을 역이용하기 위해서 미즈노 렌타로(水野鍊太郞)의 포고(布告)를 내었다.[98]

일본 사회주의자들의 선동으로 조선인들이 우물에 독을 풀고 난동을 부린다고 유언비어를 퍼뜨려서 조선인을 퇴치하는 대학살을 교묘하게 위장하였다. 미즈노 렌타로의 포고로 자경단이 조직되어, 효당의 기억으로는 3천7백 명의 조선인들과 오스기 사카에(大杉榮)나 노동조합의 간부와 같은 3만 6천 명 이상의 일본 내 반제국주의 혁명 세력이 이들과 경찰 등에게 학살되었다.[99]

야마모토 내각(山本內閣)의 대학살 사건은 미국을 비롯한 세계 각

---

97) 채정복, 「효당사 일대기」, 『효당최범술문집』 3(서울: 민족사, 2013), p.70.

98) 최범술, 『효당최범술문집』 1(서울: 민족사, 2013), pp.496~506.[※ 원본은 尹青光이 편집하여 1979년 일본 東京의 六興出版社에서 간행된 『忘れ得ぬ日本人 : 朝鮮人の怨恨と裳惜』의 pp. 46~59에 수록된 「立松判事と朴烈大逆事件」이다.]

99) 「청춘은 아름다워라」 35화의 본문에 나오는 육군 대장 출신 야마모토 곤노효에(山本權兵衛)는 오류로 그는 해군 대신 출신이다.[최범술, 「청춘은 아름다워라」 141~143(최범술 35~37화), 『국제신보』(부산: 국제신보사, 1975.3.14~16), 5면 ; 「山本權兵衛伯 八日에 薨去」, 『조선일보』(경성: 조선일보사, 1933.12.10), 1면].

국이 강경하게 비판하면서 국제적으로 큰 문제가 되었다. 그러자 저들은 급히 당시의 다테마쓰(立松) 예심판사를 내세워 대학살의 직접적인 이유로 조작한 것이 이른바 '박열대역사건'이다. 이 사건은 일제 국내외의 비판에 대한 방편 극이었다. 비밀스런 실체는 있었지만 실행되지 않은 불령선인사의 소위 '대역사건'은 일제의 야마모토 내각이 관동대지진을 빙자한 대학살 사건을 은폐하기 위해 정치적 생명을 걸고 조작한 역사적 사건이라 할 수 있다.

관동대지진 때 일본 자경단에 의한 조선인학살의 혼란 속에서도 일본 천태종 승려인 사카도 치카이(坂戸智海)는 효당을 법당 불단 밑에 숨겨주어 보호하였다. 효당이 구속되었을 때는 면회를 와서 이 고난을 잘 견뎌 몸과 정신을 상하지 않도록 격려하고 신원을 보증해 주었다.[100)]

당시 박열의 변호인 후세 다쓰지(布施辰治)는 일본 패전 후인 1946년에 쓴 『운명의 승리자 박열(運命の 勝利者 朴烈)』에서 상하이(上海)에서 폭탄 입수와 관련된 여러 사실과 함께 의열단원인 효당(당시 최영환)이 중국 상하이(上海)를 다녀온 사실을 언급하였다.[101)] 또 그 책에서 동료를 보호하기 위해서 폭탄의 입수경로를 박열이 예심에서 숨겼음을 지적하였다.[102)] 따라서 흑우회와 불령선인사에 대한 사실관계 및

---

100) 최범술, 「청춘은 아름다워라」 144~146(최범술 38~40화), 『국제신보』(부산: 국제신보사, 1975.3.19~22), 5면. ; 최범술, 「잊지 못할 일본인」, 『효당최범술문집』 1(서울: 민족사, 2013), p.505 ; 제점숙, 「일제하 효당 최범술의 일본 유학과 교육활동」, 『만해학보』(만해사상실천선양회, 2017), pp.61~63.

101) 布施辰治 外, 『運命の 勝利者 朴烈』(東京: 世紀書房, 1946), p.104,

102) 布施辰治 外, 위의 책, p.172 ; 최화정, 「효당의 항일운동 및 기타사료」, 『효당최범술문집』 2(서울: 민족사, 2013), pp.3~12.

폭탄의 입수 사실은 철저히 감춰졌다. 그를 위해 박열과 가네코 후미코(金子文子) 부부는 심문마다 답변의 태도를 다르게 하였다.[103] 그러나 결과적으로 불령선인사의 2층 방에서 박열·가네코 후미코(金子文子)·김중한·니야마 하쓰요(新山初代) 등 4인의 설왕설래와 가네코 후미코(金子文子)와 니야마 하쓰요(新山初代) 간의 대화가 소위 '대역 불경 사건'으로 표면화되어 빌미가 되었음을 알 수 있다.[104]

후일 효당은 박열의 거사가 발각된 동기를 다음과 같이 설명하였다. 첫째, 박열이 깊이 사귀지 못한 경솔하고 단순한 김중한에게 대사를 부탁한 점. 둘째, 김중한이 막중한 임무를 그의 애인 니야마 하쓰요(新山初代)에게 선불리 알린 점. 셋째, 가네코 후미코(金子文子)가 그녀의 벗인 니야마 하쓰요(新山初代)에게 의열단 김한과 그 연락책인 이소홍에 대한 이야기를 털어놓은 점 등을 들었다.

이러한 박열과 불령선인사의 거사에 대하여 실체가 없었다고 잘못 알려져 왔었다. 그동안 야마다 쇼지(山田昭次)처럼 박열의 사상을 허무주의로 이해하는 시각[105]과 효당을 사회적이지 못한 나약하며 비정치적인 인물로 오해하는 경향이 있었다.[106] 김명섭은 그동안의 자료 활용의 문제점과 논리적 한계를 반성하며 역사적 사실을 재고찰하고자 하였다. 그동안 일본 측 검찰 조사만을 주목한 나머지, 폭탄 유입 과정상에 제대로 평가하지 못한 관련자(최영환)의 기록을 재검토하여

103) 야마다 쇼지, 정선태 역, 앞의 책, pp.194~201.
104) 최범술, 「청춘은 아름다워라」 141(최범술 35화), 국제신보』(부산: 국제신보사, 1975.3.14), 5면.
105) 야마다 쇼지, 정선태 역, 앞의 책, pp.112~113.
106) 김명섭, 「의열단의 對日 거사 계획과 박열의 의열 투쟁」, 『한일민족문제연구』 38(한일민족문제학회, 2020), p.199의 각주3 참조.

그 실행 여부를 재평가하려 한다고 논하였다.[107]

김명섭은 그 당시 정보를 캐려는 일제 경찰과 검찰의 혹독한 조사에 맞서 사실을 최대한 숨기려 했던 사건 당사자들의 진솔한 기록이 부족할 수밖에 없는, 그때의 사정과 박열의 폭탄 유입계획이 네 차례나 실패하여 거사는 단순한 망상에 지나지 않는다는 인식의 오류를 낳게 되었다고 반성하였다. 또 김명섭은 심지어 일부 연구자들은 '전혀 현실적 가능성이 희박한 계획' 혹은 '대역사건으로 적용하기에는 무리가 따른다'라고 평가절하하였음을 지적하였다.[108]

야마다 쇼지(山田昭次)는 『가네코 후미코』에서 다음과 같이 서술하였다.

> "…불교도인 최영환(효당)은 '현사회가 완전하다고 생각하지 않지만, 불평등이 생긴 원인은 아욕(我慾)으로 인해 종교의 참된 본의인 자비를 깨닫지 못하고 있기 때문이다'라고 생각하는 인물이었고(재판기록 4쪽) 따라서 사회 변혁의 지향과는 인연이 먼 사람이었다.…(중략)…최영환과 같은 비정치적인 인물까지 아우르고 있는 점과 자기현시적인 혁명적 로맨티시즘이 강하다는 점을 고려할 때, 이 단체를 비밀결사라고 부를 만한 뚜렷한 이유는 없다."[109]

야마다 쇼지(山田昭次)의 전체적 시각은 박열을 허무주의자며 비현실적인 소영웅주의자로 귀결시키고 여러 면에서 불령선인사의 정체성과 역사적 의의를 평가절하하였다. 반면, 가네코 후미코(金子文子)를

107) 김명섭, 「박열의 일왕 폭살 계획 추진과 옥중투쟁」, 『한국독립운동사 연구』 48(독립기념관 한국독립운동사연구소, 2014), p.39, p.43, pp.48~49.

108) 김명섭, 위의 글, pp.38~39.

109) 야마다 쇼지, 정선태 역, 앞의 책, p.143.

부각시키며 일본 근대사에 자리매김하려는 의도가 뚜렷해 보였다. 따라서 앞서 언급한 바의 야마다 쇼지(山田昭次)를 비롯한 일부 연구자들의 시각, 즉 박열을 허무주의자로 이해하거나 효당을 나약하며 비정치적인 인물로 이해하는 시각은 아래와 같은 사실 충돌로 인하여 모순됨을 지적한다.

첫째, 야마다 쇼지(山田昭次)는 효당이 의열단원으로서 폭탄의 입수를 위하여 상하이(上海)를 다녀온 사실을 확인하지 못했다. 그는 박열과 불령선인사 의열단원을 여러 차례 변호했던 변호사 후세 다쓰지의 기록을 제대로 살펴보지 않았다. 즉 의열단원 최영환(효당)이 배편을 이용하여 중국 상하이(上海)에서 일본 도쿄(東京)로 폭탄을 전달했음을 밝힌 후세 다쓰지의 기록을 세밀히 살피지 못한 측면이 있다.

그러므로 밀의한 폭탄 입수를 실행한 효당과 박열은 나약하거나 허무주의자가 아니다. 무엇보다도 박열이 네 차례나 실패한 폭탄의 다섯 번째 입수를 위해, 의열단원 신분으로 효당이 상하이(上海)에서 도쿄(東京)로 운반 실행한 것으로도 효당이 나약하고 비정치적인 인물이라는 야마다 쇼지의 견해는 편견이다. 무엇보다도 야마다 쇼지는 『가네코 후미코』에서 인용했던 후세 다쓰지(布施辰治) 등의 공저인 『운명의 승리자 박열(運命の 勝利者 朴烈)』을 정확하게 살피지 않았으며 단순히 기록된 심문조서에만 의존하였음을 알 수 있다.

둘째, 나아가 효당이 밝힌 것과 같이 일본의 수평사운동과 연계해서 난바 다이스케(難波大助) 등과도 접촉하며 투쟁했던 불령선인사 동지들의 활동은 그 실체가 연구되거나 혹은 언급되지 않았다. 따라서 난바 다이스케(難波大助)의 히로히토(裕仁)에 대한 저격인 도라노몬(虎ノ門) 사건은 충분히 불령선인사의 동지들에게서 영향을 받은 결과일 수 있음도 유추해볼 수 있다.

셋째, 그 외에도 효당과 박열 등의 동지들과 밀접한 관계를 맺었던 것으로 보이는 무정부주의자인 오스기 사카에(大杉榮)와 그 가족들이 관동대지진에서 일본 군부에게 피살당하자, 그의 복수를 위해서 같은 무정부주의자들인 일본인들이 조선으로 건너와 의열단과 접촉하여 폭탄을 입수하고 권총으로 군부 인사에 대한 저격을 실행하였다.[110] 이것은 박열을 비롯한 불령선인사가 영향을 주었을 개연성도 짐작해 볼 수 있다.

앞서 효당은 박열이 세타가야(世田谷) 오하시라 근처 '아이하라' 계 단집에서 1923년 4월경 시부야(渉谷) 도네가야로 이사한 후 흑우회 회원들이 불령선인사를 만들었음을 말했다. 또한 박열과 갈등을 빚은 김중한의 당시 언사를 통해서도 흑우회와 불령선인사는 사실상 같은 단체임을 알 수 있다. 이로써 볼 때 박열이 주도하여 설립된 흑우회와 불령선인사는 민족주의, 무정부주의, 인권 평등 등을 바탕으로 의열 투쟁을 하는 단체로서 시간의 흐름에 따라 개칭된 동일한 조직체라고 볼 수 있다.

---

110) 大杉榮 등의 피살은 일본 東京헌병대 본부소속의 대위 甘粕正彦의 지휘를 따르던 군인들에 의해서 일어났다. 그 결과 1924년 9월 1일에 大杉榮의 제자였던 和田久太郎이 권총으로 지진 당시의 계엄사령관이었던 대장 福田雅太郎을 저격하여 현장에서 체포되었다.[「無政府主義者 大杉榮을○○」, 『동아일보』(경성: 동아일보사, 1923.9.22), 석간 3면 ; 「大杉榮夫妻子의 絞殺되든 顚末」, 『동아일보』(경성: 동아일보사, 1923.10.9), 석간 3면 ; 「故大杉榮弟子가 福田大將을 狙擊」, 『동아일보』(경성: 동아일보사, 1924.9.3), 석간 2면] ; 김명섭, 「한일 아나키스트들의 사상교류와 반제 연대투쟁」, 『한국민족운동사연구』(한국민족운동사학회, 2006), p.48~49 및 각주 13 참조 ; 近藤憲二, 『我か見の日本アナキズム運動』(東京: 麦社, 1969), pp.58~60 재인용.]

3) 만당의 항일활동

(1) 만당의 결성

만당(卍黨)은 일제강점기인 1930년대 초, 조선 불교계의 청년 엘리트들이 만해 한용운의 지도하에 결성한 비밀결사 단체이다. 만당 결성은 당시 불교계 핵심적 현안을 자주적으로 확립하고자 하는 불교계 청년운동이었다. 그 강령은 정교분립(政教分立)·교정확립(教政確立)·대중불교화(大衆佛教化)였다. 엄정한 심사 과정을 거친 당원은 비밀엄수 확약, 당명 절대복종과 어떤 사안에도 기록을 남기지 않는 원칙이 있었다.

1913년 5월에 출판된 만해 한용운의『불교유신론(佛教維新論)』은 불교계에 새로운 기풍을 불러일으켜 30본산 연합회의 활동에도 박차를 가하게 되었다. 17개 항목으로 구성된 한용운의 불교유신론은 우상파괴로 시작하여 승려들의 현대교육·승려들의 결혼 허용·사원의 도시진출·기복신앙과 미신신앙 타파·참선과 염불당의 폐지 등 매우 혁신적인 이념으로 구성되어 있었다. 또한 불교계의 부패와 친일을 강력하게 비판했다. 뒤이어 동국대학교 전신인 불교중앙학림이 보성고보 근처에 설립되면서 불교청년회가 설립되었다.

이 청년회의 주동 인물은 범어사 출신 김상호로 그 조직체는 만해의 지도에 따랐다. 1919년 3·1운동이 일어나자, 중앙과 지방이 연계되어 활동이 끊이질 않았다. 이 불교청년회가 전국적으로 지부를 결성하여 1931년에는 '조선불교청년총동맹'이라는 이름으로 바뀌었다.

불교중앙학림이 '불교전문학교'로 개칭되어 제1회 졸업생이 나왔으며 이 졸업생들이 2958회라는 것을 조직했다. 그때 조학유·강재호·박근섭·박영희·효당 등 18명은 비밀 항일결사 '만당'을 조직하였다.[111] 이 조선불교청년총동맹의 초대 중앙집행위원장에 김상호,[112] 2대 위원장에 허영호, 3대 위원장에 효당이 피선되어 조선으로 급히 귀국하였다.

비밀리에 결성된 '만당'을 기축으로 하여, 1931년 3월에 중앙불전을 중심으로 종래의 조선불교청년회가 창립대회를 거쳐 '조선불교청년총동맹'으로 전환 창립된 것이다. 1931년 5월 23일에는 만당이 일본 도쿄(東京)에서도 결성되었다. 대외적으로 '조선불교청년총동맹동경동맹(朝鮮佛教青年總同盟東京同盟)' 창립을 내세우며 '정교분립'·'교정확립'·'대중불교화'의 원칙을 내세웠지만 실상은 조선 불교계에 대한 일제의 간섭과 개입을 차단하려는 의도였다.[113] 당시 동경동맹 초대 위원장은 김법린·서기장은 최영환(효당)·회계장은 한성훈 등이었다.[114] 만당의 선언문과 강령은 1933년 12월의 『금강저(金剛杵)』 21호, 강유문의 「십팔인인상기(十八人印象記)」라는 글에 당원명부와 같이 실려 있다.[115]

---

111) 만당의 결성 시기와 창립 구성원에 대해서는 이견들이 있다. 효당은 만당의 결성 시기를 중앙불전 졸업생들에 의해 '2958회'가 조직되고 조선불교청년총동맹 창립 시기와 맞물리는 즈음인 1931년 3월로 회고한 데 반하여 이용조는 1930년 5월이라고 주장하였다.

112) 초대 위원장이었던 김상호는 각 방면의 청년운동을 전개했을 뿐만 아니라 만해가 민족대표들과 함께 서대문형무소에 구금되어 있을 때 차입하는 의복을 이용하여 그 유명한 「조선독립의 서」를 받아내어 국내외에 유포시켰던 인물이다.

113) 최범술, 「청춘은 아름다워라」 147~148(최범술 41~42화), 『국제신보』(부산: 국제신보사, 1975.3.23~3.24), 5면 ; 김광식 외, 「종교계의 민족운동」, 『한국독립운동의 역사』 38(천안: 독립기념관 한국독립운동사연구소, 2008), pp.219~220.

114) 姜裕文, 「東京朝鮮佛教留學生沿革一瞥」, 『金剛杵』 21(東京: 金剛杵社, 1933.12.16), p.26.

115) 一佛子, 「十八人印象記」, 『金剛杵』 21(東京: 金剛杵社, 1933.12.16), pp.30~40.

효당은 30세가 되는 1933년 3월 초 일본 다이쇼(大正)대학을 졸업하였다. 그 무렵 만해로부터 조선불교청년총동맹 중앙집행위원장으로 선임되었으니 서울로 속히 오라는 전보와 서신을 받았다. 11년간의 일본 유학 생활을 정리하고 졸업 즉시 귀국했다.

효당이 불교청년총동맹의 책임을 맡게 된 직전, 불교계에 몇 가지 사건으로 내분이 발생했다. 하나는 불교전문학교에서 허영호 학감을 비롯한 다섯 강사들 간의 의견충돌이었고, 다른 하나는 각 사찰 재산의 백분의 일을 헌납하여 성립된 재단법인 불교중앙교무원 운영에 대한 사건이었다.

이 분쟁은 만당을 주축으로 한 세력이 불교기관을 장악하여 불교교단 내 친일파를 숙청하는 한편, '정교 분립'이라는 구호 아래 총독부의 간섭을 제거하려는 데서 시작되었다. 분쟁의 발단은 조선불교중앙교무원이 1924년 1월 천도교로부터 인수하여, 1927년 5월 10일 혜화동으로 교사를 신축 이전한 보성고보의 경영 문제로 시작되었다. 보성고보를 불교전문학교로 승격시키려 하니 40만 원의 증자가 필요했다. 이 증자를 합쳐 백만 원 재단법인이 되어야 했는데 30본산이 그 증자안을 결의했다.

당시 보성학교장 김경홍·불전 학감 허영호·'불교사' 주필 김법린 등이 모두 범어사와 통도사 출신이었다. 또한 재단법인의 운영에 관한 실무진도 통도사 주지 황경운과 범어사 주지 오리산 등이었다. 불교중앙교무원을 경남 삼본산(三本山)이 장악하자, 전남의 선암사·송광사·화엄사를 비롯하여 경북 오본산(五本山)과 경기도 봉은사·용주사 등 대부분의 사찰이 반발했다.

허영호가 40만 원 증자로 백만 원 재단을 만들어야 한다는 논문을 발표하자, 만당 당원으로 선암사 출신인 정상진이 『불교』 지에 반박문을 내었다. 이에 중앙과 지방에 일대 분규가 일어났다. 40만 원 증자 건은 내분 표출의 계기이고 경남 삼본산의 중앙교무원 장악에 본질적인 갈등이 내재해 있었다.

허영호 학감이 파면되고 김법린이 그를 편들자, 새로 피선된 상무이사진과 언쟁 끝에 물리적 소동이 일었다. 이에 송광사 출신 김해은·월정사 출신 이종욱·용주사의 강대련 등이 크게 분노하여 불교계의 기관지 『불교』를 펴내는 '불교사'를 폐간해 버렸다. 허영호·김법린·정상진 등은 만당 동지들이고 이종욱·강대련 등은 불교계 중진으로 친일파로 지탄받는 인물들이었다.

효당은 이러한 내분의 현상을 수습하기 위해 피선된 것을 알고 다음과 같이 술회하였다.

> "그러한 누란(累卵) 상태의 현상을 수습하기 위하여 내가 피선된 것을 알게 되었다. 나는 이같이 어려운 판국에 앞장서 뛰어들고 싶지 않았으나 한용운 선생의 은근한 권고로써 생각을 돌리었던 것이다. 내가 보는 인물 중에 김법린·허영호·장도환·강유문 등 동지들은 훌륭했고 내가 도와주고 싶었다."[116)]

효당은 만해 한용운의 간곡한 당부로 제3대 조선불교청년총동맹 위원장을 맡게 된 것이었다. 무엇보다 만당 동지들을 돕고자 하였다. 이에 중앙에서 실직한 김법린과 그의 전 가족·허영호·한보순 등과 불교계는 아니지만 민속학자 김범부와 그의 전 가족(범부의 동생인 소설가

116) 최범술, 「청춘은 아름다워라」 149(최범술 43화), 『국제신보』(부산: 국제신보사, 1975.3.27), 5면.

김동리도 포함) 등을 다솔사로 데려왔다. 효당은 다솔사 주변에 집을 몇 채 지어 그들을 살게 하며 생활을 책임졌다. 그 무렵 효당은 만해 선생의 생활도 책임진 것으로 보인다. 그 당시 다솔사의 기본 경제력은 추수 3백 석 남짓으로 그들을 수용하여 힘들게 이끌고 가야 하는 처지이었다.

한편 효당은 그해 4월 중순경, 당원들을 모아 만당 해체를 제의했다. 일본에서 박열과 함께한 '불령선인사' 투쟁 경험에 비추어 볼 때, 그와 같은 비밀결사는 총독부 당국에 역이용되어 동지 간에 불화가 생길 우려가 있었다. 그 내부에 이미 분열이 생긴 상황이었다. 강유문·박윤진·박근섭·장도환 등은 아쉬워했고, 강재호·조은택·서원출 등은 동의했으며, 나머지 당원들은 모든 것을 효당에게 일임했다.

이에 효당은 만당 해산을 선언하고 불교청년총동맹 간부들을 개편했다. 집행위원 중 서기장이었던 오관수는 유임시키고 '불교사' 경영 경비는 장도환, 불교청년운동은 김삼도가 주관하도록 하였다. 즉 효당은 우선적 해체를 통하여 동지 간의 불화를 종식하여 일제에 노출되는 것을 막은 다음, 만당의 재건을 도모하였다. 이때까지는 만당 활동으로 인해 당원이 피검된 기록은 없다. 따라서 1931년 3월 무렵에 결성된 만당이 1933년 3월, 효당이 3대 집행위원장을 맡아 해산을 선언할 무렵까지를 만당의 결성에 이은 그 초기활동으로 볼 수 있다.

(2) 만당의 재건

이러한 배경 아래 만당의 당원들이 집합한 다솔사는 자연스레 배일(排日)·항일(抗日) 활동을 하는 만당의 근거지가 되어 항상 일제 당국의 감시 대상이었다. 그러한 상황 속에서도 많은 애국지사가 왕래하며 범 만당 당원이 구성되었다. 효당은 일제의 예리한 주시를 피하면서 만당 당원들과 함께 민족운동을 지속할 방책으로 바로 그해 1933년에 불교전수강원인 '다솔강원(多率講院)'을 창립하였다.[117] 또한 6월에는 만당 당원 동지인 쌍계사 주지 박근섭과 함께 경기도지사의 인가를 얻어 경성에 명성여자학교(현 서울 구이동 소재, 동국대학교 사범대 부속 여고)를 설립하였다. 효당은 초대 교장을 역임하며 민족 여성 교육을 꾀하였다.[118]

효당은 이듬해인 1934년 1월에 이고경 스님의 해인사 주지 취임과 동시에 해인사 법무로 피임되어 두 사찰을 오갔다. 3월에는 농민 자제를 위한 광명학원(현 봉계초교)을 다솔사 인근인 원전에 설립하였다.[119] 효당이 설립한 광명학원과 불교전수강원은 대외적으로는 일제의 예리한 주시를 가릴 수 있는 명분이 되었고, 실제로는 김법린, 김범부 등의 만당 당원들이 공식적으로 생활하고 활동할 수 있는 터전이 되었다.

이렇게 다솔사에 만당의 당원들이 모여들자, 일제의 감시로 효당은 5월에 사천경찰서에 2개월간 피검되었고 7월에는 거창검찰에 6개월

---

117) 1933년 『금강저』 21호의 p.56에는 「우리 뉴스」에 "현 경남 사천군 다솔사 주지 崔永煥師의 新案으로 「현대불교도에게 필요한 불교 교리와 일반학술에 관한 지식기능을 교수하여 실제 생활에 적절한 인재 양성을 목적」으로 한 '다솔강원'이 창립된다고 한다. 이것은 正히 현학도들의 광명일진저."라는 기사가 있다.

118) 최범술, 「청춘은 아름다워라」 150(최범술 44화), 『국제신보』(부산: 국제신보사, 1975.3.28), 5면[※ 이와 달리 효당의 연보에는 다솔강원과 별도인 불교전수강원이 1936년에 설립된 것으로 나온다.]

119) 김광식, 「만당과 효당 최범술」, 『민족불교의 이상과 현실』(서울: 도피안사, 2007), p.175.[※ 김광식은 김범부 동생이자 광명학원 교사를 지낸 문학가 '김동리의 문학적 연대기'에 의해, 광명학원 설립을 1937년으로 본 오류이다.]

간 피검되었다. 그리고 다시 이듬해인 1935년 6월에 전북 임실경찰서에 3개월간 피검되었다. 그럼에도 다솔사의 불교 강원은 해인사 강원과 1935년 9월에 통합되어 개량된 형태로 유지되었다.[120] 이때의 강사는 김법린·김범부·효당 등이었다. 당시 다솔사에는 만해 한용운·만당 당원들·항일운동가·사회주의자·의열단원 등 다양한 항일지사들이 오고 갔다.

1934년 1월부터 해인사의 법무를 겸직했던 다솔사 주지 효당과 강원을 운영하던 만당의 당원들은 자연스럽게 해인사로 그 터전을 확장하였다. 이들이 해인사에서 공식적으로 활동할 수 있었던 또 다른 계기는 민족의 보전(寶典)인 『고려대장경(高麗大藏經)』의 인경(印經) 사업이었다. 만당의 당원들이 참여한 이 사업은 1937년 5월에 효당이 인경 도감을 맡으면서 그해 11월까지 6개월 동안 진행되었다. 이 작업은 『고려대장경』이 만들어지고 나서 10번째 인경이었다.[121] 결과적으로 조선총독부가 요구한 인경 작업을 이용하여 해인사를 항일결사인 만당의 터전으로 삼았다.

이 무렵 해인사는 주지 선거에서 압도적인 지지로 당선된 이고경의 체제였다.[122] 뒤이어 1936년 6월의 주지 선거에서 효당의 은사인 임

---

120) 최범술, 앞의 글.

121) 최범술, 「청춘은 아름다워라」 152(최범술 46화), 『국제신보』(부산: 국제신보사, 1975.3.31), 5면 ; 「陜川 海印寺에서 “八萬藏經” 印刷 九月一日부터 五十日間」, 『동아일보』(서울: 동아일보사, 1937.9.3), 석간 2면 ; 이 인경 작업은 1935년 일본을 방문한 만주국 황제 溥儀가 해인사 고려대장경을 열람하고 큰 관심을 보인 후에, 1936년 만주국 궁내부에서 조선 총독에게 인출을 요청하면서 시작되었다.[최영호, 「1937년 해인사대장경판의 印出 佛事와 滿洲國 溥儀」, 『만주연구』 27(만주학회, 2019), p.115, p.125의 각주 24]

122) 이고경은 7월 해인사의 대적광전에서 열린 주지 선거에서 유권자인 본사와 말사 주지들의 84표 중에서 65표의 지지를 얻었다.[「海印寺의 住持 李古鏡氏 當選

환경(林在修)과 장보해(張戒憲) 양쪽이 동점으로 나왔다. 이듬해 2월의 재선거 끝에 임환경이 당선되었지만, 사찰 재산 문제 등으로 결론이 나지 않는 파행을 겪고 있었다.[123]

이 파행의 시작은 해인사 신도들의 많은 신망을 받던 임환경이 해인사의 삼림으로 소속 암자를 짓고 문설주[屋根]를 수리한 것을 반대파에서 문제 삼은 것이었다. 이 문제로 1936년 10월 말에 그는 약식재판에서 삼림령(森林令) 위반으로 벌금형을 선고받았다. 그러자 임환경 측에서는 이에 불복하고 정식재판을 청구하여 무죄를 받았다. 그러나 일제는 이를 문제 삼은 장보해 측의 진정을 받아들였다. 복심(復審)에서 거창지청의 검사(담당검사 谷田)가 1937년 8월에 다시 이를 현지 조사하여 도(道)와 거창지청에 서류를 발송하였다.[124]

또한 해인사의 법무를 겸직하고 있던 효당도 이 주지 선거에서 나온 혐의인 사찰 재산 횡령과 서류 위조를 이유로 하여 이미 7월에 거창검찰(담당검사 谷田)에 피검되었다. 그러자 결국 이고경은 주지직을 사퇴

(陜川)」, 『동아일보』(서울: 동아일보사, 1933.7.14), 석간 3면].

123) [「住持選擧を繞り 二派醜い抗爭」, 『釜山日報』(부산: 부산일보사, 1937.3.13), 석간 2면 ; 「住持の選擧を繞る法城のお家騷動 海印寺二百の僧侶反目し醜い抗爭更に激化」, 『京城日報』(서울: 경성일보사, 1937.3.16), 서울대 중앙도서관 소장 신문 스크랩 자료 「新聞切拔 : 朝鮮關係 ; 14. R.종교.교육 ; 1937(14)」 ; 「いがみ合ひは本意でない 海印寺住持選擧問題 代表二名都廳へ陳情」, 『釜山日報』(부산: 부산일보사, 1937.3.18), 조간 2면] ; 또한 당시의 『동아일보』를 비롯한 일부 신문들은 1936년 장보해의 당선으로 誤報를 내기도 하였다.[「海印寺住持改選(晋州)」, 『동아일보』(서울: 동아일보사, 1936.7.6), 석간 3면].

124) 「僧たも冷い奄然たる法 海印寺の中林幻鏡師森林令違反罰金で」, 『釜山日報』(부산: 부산일보사, 1936.12.22), 석간 4면 ; 「海印寺の盜伐事件」, 『釜山日報』(부산: 부산일보사, 1936.12.30), 조간 3면 ; 「海印寺森林 盜伐問題再展開」, 『동아일보』(서울: 동아일보사, 1937.8.24), 조간 3면.

하였다. 8월에는 박보담 등이 효당에게 사직을 강요하였다.[125]

이 무렵 장보해가 개인적으로 거창지청의 현지 조사가 끝난 직후 1937년 개전한 중일전쟁을 위해 9월에 국방헌금으로 25원을 기부하였다.[126] 이에 만당 측도 전략적 차원에서 1937년 9월에 국방헌금으로 임환경이 20원, 그의 제자인 효당을 비롯한 해인사의 대중 51명이 51원 50전을 기부하였다. 11월에는 해인사가 500원을 당국에 헌금하였다.[127]

뒤이어 효당은 12월 말에 효당의 뜻과는 상관없이 당시 중앙종무원의 결정에 따라 중국으로 위문사로 파견되었다.[128] 이 위문사 파견은 1937년 7월 중일전쟁이 발발한 상황에서 총독부의 지시로 친일파 성향의 중앙 교무원의 일방적인 결정으로 촉박하게 진행된 사안이었다. 당시 일제의 예리한 감시를 받던 다솔사와 해인사를 중심으로 한 비밀결사 조직인 만당 당원들을 보호하기 위해 효당 측에서 이를 수용

---

125) 효당의 연보에는 거창검찰청에 1937년 6월 6일에 피검된 것으로 나온다.[「寺財横領等事實로 海印寺法務收容」, 『조선일보』(서울: 조선일보사, 1937.7.24), 조간 8면 ;「海印寺의 內訌 總辭職說擡頭」, 『동아일보』(서울: 동아일보사, 1937.9.2), 조간 4면 ; 채정복 편, 「효당의 공적 개요 및 연보」, 『효당최범술문집』1(서울: 민족사, 2013), p.32]

126) 「國防獻金·慰問金」, 『동아일보』(서울: 동아일보사, 1937.10.24), 조간 7면 ; 『佛教時報』 27(京城: 佛教時報社, 1937.10.1), p.7.

127) 채정복 편, 「효당의 공적 개요 및 연보」, 『효당최범술문집』1(서울: 민족사, 2013), p.33 ; 「國防獻金·慰問金」, 『동아일보』(서울: 동아일보사, 1937.10.24), 조간 7면 ; 『佛教時報』 27(京城: 佛教時報社, 1937.10.1), p.7 ; 『佛教時報』29(京城: 佛教時報社, 1937.12.1), p.5.

128) 「教界消息」, 『佛教』 10(京城: 佛教社, 1938.2), pp.30~33.[※ 원래는 중앙교무원 중진간부들이 갈 예정이었으나 나이가 많고 추운 겨울이라, 촉망받는 불교계의 청년 엘리트들을 위주로 다섯 안을 세워 제5안인 최영환(효당), 이동석, 박윤진 3인으로 결정되어 1937년 12월 22일 오후에 출발하여 1938년 1월 18일에 경성에 도착한, 28일 간의 위문행사였다. 이 세 사람은 모두 만당 당원들이었다. 효당은 이보다 약 한 달 전에도 총독부와 교무원이 상의하여 제의한 만주 봉천 관음사 포교사 취임 요구를 거절한 바 있다.]

한 것으로 추정된다.[129]

이 위문사 사건은 후일 2004년, 효당을 친일로 매도하는 파장을 일으켰다. 또한 '위문사' 사건의 파장을 전후하여, 일제에 의한 효당의 연이은 피검 사실과 항일운동은 효당을 친일 인사로 볼 수 없다는 연구자들의 논문이 나왔다.[130]

항일을 위한 비밀결사인 만당을 비호하던 임환경은 결국 일제에게 해인사 주지 인가를 받지 못하였다. 1938년 주지 선거에서 친일파 설호(雪醐) 변영세가 당선되어 5월에 취임하였다. 이 선거는 총독부 종교과의 담당자, 군수, 경찰서장 등이 직접 입회하여 감독한 관권선거였다. 단독 입후보한 변설호가 전체 132표 중에서 82표를 얻었고 나머지 50표는 기권표였다.[131] 이 기권표는 당연히 효당 등의 임환경 측 사

---

129) 이 위문사 사건으로 인해 효당은 후일 2004년, 친일로 매도되는 파장을 일으켰으나 효당 유족의 강력한 항의와 아울러 제출한 효당의 항일운동 이력을 '민족문제연구소' 위원회가 치밀한 심의를 한 끝에 그 연구소가 주관하는『친일인명사전』에 들지 않았다. 즉 2004년 3월 2일, MBC PD수첩의 '친일파는 살아있다' 3부에서, '민족문제연구소' 불교 위원이던 임혜봉의 왜곡된 자문으로 효당이 친일파로 매도 방송되었다. 효당 유족 측에서 임혜봉을 서울중앙지검에 사자명예훼손으로 고소 고발하고, '민족문제연구소' 임헌영 소장을 만나 효당의 항일사료를 제시하며, 왜곡된 사료 판단으로 인한 친일 왜곡의 부당함을 강력히 논증하자, 그쪽의 치밀한 검토 끝에『친일인명사전』에서 제외되었다.『친일인명사전』수록 예정자로 2005년 8월 29일 제1차 발표자 3090명, 2008년 4월 29일 제2차 발표자 1686명, 총합 4776명이 친일인사로 발표되었으나 효당은 그 모두에서 제외되었다. 그러나 유가족은 임혜봉의 망발을 용서할 수 없어 '사자명예훼손'으로 기소시켜 대법원까지 약 10년간 치열한 법적 투쟁을 하였다.

130) 김상현,「효당 최범술(1904~1979)의 독립운동」,『동국사학』40(동국역사문화연구소, 2004), pp.405~432.

131) 이날의 주지 선거는 경찰 2명이 입회하였던 이전과 달리 조선총독부가 직접 개입한 선거였다.[「陜川·海印寺の粉爭 住持の椅子を燒り兩派の對立激化 張派"陣情書"で應酬」,『釜山日報』(부산: 부산일보사, 1936.10.26), 서울대 중앙도서관 소장 신문 스크랩 자료「新聞切拔 : 朝鮮關係 ; 18. R.종교.교육 ; 1936(18)」;「海印寺住持後任選擧」,

람들의 표였다. 즉 기권표 50은 앞서 언급한 일종의 기만적인 위장술로 헌금한 인원수인 51명과도 거의 일치하여 해인사의 범 만당 당원으로 추정된다.

그 결과로 다솔사에서 해인사로 비밀리에 만당의 근거지를 확장하려던 당원들의 노력은 물거품이 되었다. 같은 해 8월부터 이어진 만당에 대한 1차 검거 선풍으로 박근섭·장도환·김법린 등이 진주경찰서에 검거되었다. 10월에는 효당을 비롯한 김범부·노기용·김적음 등의 당원들이 경기도 경찰서에 피검되었다.[132]

이렇게 해인사의 상황이 나빠지자, 효당은 1939년에 '기묘다솔사하안거법회(己卯多率寺夏安居法會)'라는 제목으로 일본 천태종과의 불교 학술교류 행사를 다솔사에서 개최하였다. 이는 일제의 감시 속에서도 만당의 터전을 다시 자연스럽게 해인사에서 다솔사로 옮기기 위함이었다. 이 교류 행사는 이른바 '박열대역사건' 당시 효당의 신원을 보증하며 효당에게 호의적이었던 일본 천태종 승려인 사카도 치카이(坂戶智海)와의 인연으로 성사된 것이었다. 이 당시 해인사를 비롯한 여러 사찰에서 많은 만당의 당원들과 지지자들이 이 행사에 참여하였다.[133] 우리 측에서는 김범부·김법린 등의 항일지사가 발표하였다. 특

『釜山日報』(부산: 부산일보사, 1938.3.9), 조간 1면].

132) 10월 2일에 효당은 경기도 경찰국에 4개월간 피검되었다.[채정복 편, 「효당 최범술스님의 공적 개요 및 연보」, 『효당최범술문집』1(서울: 민족사, 2013), p.33 ; 최범술, 「청춘은 아름다워라」 152(최범술 46화), 『국제신보』(부산: 국제신보사, 1975.3.31), 5면.

133) 이 행사에는 범패 대가인 쌍계사의 조범해 화상, 전통밀교의 대가인 율사 조영암, 해인사에서 백경하, 이고경, 임환경 老師와 그의 제자였던 청남 오제봉, 통도사의 김구하, 범어사의 김경산 등의 불교계 인사들과 만당의 당원들이 참석했다. 그리고 통역은 오종식이 맡았다.[최범술, 「청춘은 아름다워라」 152(최범술 46화), 『국제신보』(부산: 국제신보사, 1975.3.31), 5면. ; 김광식, 「다솔사 안거 법회(1939), 개요와

히 김범부는 위진남북조시대 청담파의 현리사상(玄理思想)에 관한 강연을 하였다. 또 행사 그다음 날에는 만해의 회갑연이 다솔사에서 성대히 열렸다.[134)]

이러한 일련의 노력은 일제의 감시를 돌리려는 위장 전술의 면이 있다. 해인사와 다솔사를 만당의 활동근거지로 제공하고 나아가 만당 당원들을 보호하기 위한 일종의 방책으로 보인다.[135)] 그러던 중에 결국 만당의 존재가 발각되어 그 근거지를 제공한 효당은 다른 동지들과 함께 검거되었다. 광복 전까지 만당의 당원들은 모두 여섯 차례에 걸친 검거 선풍으로 대부분이 수감되었으며 효당이 가장 많이 네 차례나 수감되었다.[136)]

1942년 7월에 조선어학회사건으로 만당 당원인 김법린이 홍원에 수감되었다. 1943년에는 해인사 홍제암의 사명대사의 비문인『자통홍제존자사명대사석장비(慈通弘濟尊者四溟大師石藏碑)』가 훼손되는 '해인사사건'이 발생했다. '해인사사건'은『자통홍제존자사명대사석장비』의 비문으로 절의 대중들에게 항일의 역사를 가르친 임환경과 이고경, 다솔사의 효당을 비롯한 많은 만당 당원이 끌려가 심한 고초를 겪

성격」,『퇴계학논집』24(영남퇴계학연구원, 2019), p.172].

134) 이때의 만해의 모습이『한용운전집』1의 권두에 실린 양복을 입고 웃는 모습이다.[최범술,「한용운전집 간행사 및 연보」,『효당최범술문집』1(서울: 민족사, 2013), p.436의 사진 참조]

135) 최범술,「청춘은 아름다워라」152~153(최범술46~47화),『국제신보』(부산: 국제신보사, 1975년 3.31~4.2), 5면.

136) 최화정,「효당의 항일운동 및 기타사료」,『효당최범술문집』2(서울: 민족사, 2013), p.21 ; 김광식 외,『한국독립운동의 역사』38(한국독립운동사편찬위원회 독립기념관 한국독립운동사연구소, 2009), p.222 ; 독립운동사편찬위원회,『독립운동사』8(서울: 독립유공자 사업기금 운용위원회, 1976), pp.881~882.

은 사건이다.[137)]

1941년 3월 일제가 악독한 '사상범 예방구금령'을 공포한 이후, 사상 불온자들을 색출한다며 반일 투쟁자들을 체포 구금하던 시기였다. 이때의 혹독한 고문을 이기지 못한 이고경은 결국 입적(入寂)하였다. 효당과 김범부 등은 진주의 감옥을 거쳐 일제 경남도 경찰국 감방에 이감되었으며 효당은 13개월간 수감되었다.[138)] 이때 다솔사의 효당은 만당 동지 박근섭 등과 함께 단재 신채호의 『조선상고사』와 『상고문화사』 등을 필사한 원고를 황밀을 먹인 후, 석탑을 만들어 보관하려던 일을 진행하다가 일제의 사상 검속령에 검거된 것이었다.[139)]

이 해인사사건은 전임 주지였던 이고경·임환경 계열의 승려들과 대립하던 친일 승려인 변영세의 밀고가 있었기 때문이었다.[140)] 그는 해인사의 주지 취임 이후 이고경이나 임환경과 달리 명목상의 국방헌금뿐[141)] 아니라 일제의 황민화정책인 심전개발(心田開發)에도 적극적으로 호응하여 일반대중을 선동하였다.[142)] 그의 이러한 태도는 당시 해

---

137) 이지관 편, 『가야산 해인사지』(서울: 가산문고, 1992), pp.1159~1162.

138) 최범술, 「청춘은 아름다워라」 156(최범술 50화), 『국제신보』(부산: 국제신보사, 1975.4.6), 5면 ; 최화정 , 「효당의 항일운동 및 기타 사료」, 『효당최범술문집』 2(서울: 민족사, 2013), p.21 ; 신형로, 「내가 만난 凡夫선생과 曉堂스님」, 『季刊 茶心』 창간호(부산: 계간 다심사, 1993.3), pp.77~81.

139) 최범술, 「만해 한용운 선생」, 『효당최범술문집』1(서울: 민족사, 2013), p.407.

140) 卞榮世는 堂號는 草牛, 法號는 雪醐이다. 『한국불교총람』의 연표에 따르면 1888년 합천에서 태어났으며, 『해인사지』의 역대 주지명단에 일제강점기 9~10세 주지로 나온다. 그는 '星下榮次'으로 창씨개명을 했고, 1976년에 서울에서 타계했다.

141) 1938년 4월 1일의 집계에 따르면 변설호가 해인사의 주지에 당선되자 바로 국방헌금 1094원 80전과 1305건의 각종 물품이 해인사의 本末寺 명의로 중일전쟁을 위해 일제에게 기부되었다.[「支那事變ニ依ル各種獻納金品調」, 『佛教』12(京城: 佛教社, 1938.5), p.55].

142) 1939년 11월 19일 해인사의 말사였던 합천 연호사의 준공식에 참석한 변설호는

인사에서 활동하던 만당 당원들과 여러 가지로 대립하였다.

해인사사건을 목격한 김태신의 증언에 따르면, 해인사사건 당시 이고경, 임환경, 효당 등의 만당 당원들이 검거된 이유도 일제가 주목했던 중국 상하이(上海)와의 연관성 때문이었음을 알 수 있다.[143] 의열단과 임정(臨政)이 있었던 상하이(上海)는 박열과의 밀의로 효당이 폭탄을 입수한 곳이었다. 그리고 만당과 의열단과의 연관성은 당시 다솔사에 드나들던 의열단원 이기주·박희창·이시목 등과[144] 만해와 호형호제를 하였던 남정(南汀) 박광과의 관계에서도 잘 드러난다.[145] 이들은 모두 의열단원이었다.

광복 후 박광은 보관하고 있던 만해의 유고를 효당에게 전하여 1973년 『한용운전집』이 간행되어 나오게 되었다. 의열단의 인사들과 가까웠던 효당은 1940년대 초부터 일명 「의열단선언」으로도 불리는, 「조선혁명선언」을 작성한 단재 신채호의 원고를 만해와 단재의 사촌인 신백우, 만당 동지 등과 함께 수집하였다. 이 수집한 원고를 전주 사괴지(四塊紙)에 써서 황밀을 먹여 다솔사 석탑 속에 보관하려 하였다.[146]

일반대중에게 心田開發을 강연하였고, 이는 당시 京城에도 크게 알려졌다.[「陝川煙湖寺重修竣工」, 『동아일보』(서울: 동아일보사, 1939.11.23), 조간 3면 및 석간 7면].

143) "…중국 上海에 본부를 두고 있는 조선독립단체에서 국내로 요인을 파견, 조선 내에서 일시에 들고 일어날 것을 독려하고 있다는 정보가 포착되었다는구나. 그 요원들과 내통하며 독립운동 자금을 걷고, 거사 계획을 세운 주모자가 임환경과 최영환(효당)이라고 들었다.…"[김태신, 『라훌라의 思母曲』 상(서울: 한길사, 1991), p.263].

144) 최범술, 「청춘은 아름다워라」 151(최범술 45화), 『국제신보』(부산: 국제신보사, 1975.3.29), 5면.

145) 최범술, 「한용운전집 간행사 및 연보」, 『한용운전집』 1권, 6권(서울: 신구문화사, 1973), pp.2~3, pp. 383~391. ; 인권환, 『한국문학의 불교적 탐구』(서울: 월인, 2011), pp.240~243.

146) 최범술, 「청춘은 아름다워라」 155(최범술 49화), 『국제신보』(부산: 국제신보사,

최근에 '민족문제연구소가 『조선인요시찰인약명부』를 발간했다. 이 책은 조선총독부가 조선의 요시찰인물들을 전국적으로 조사하여 1945년 5월 무렵, 『조선인요시찰인약명부』로 790명을 분류하여 일본 정부에 보고한 내용이다. 경남에는 그 대상자가 44명이었다.[147] 그들 중에서 효당은 사상범으로 정치적인 요시찰인물인 '정요(政要)'로 분류되었다. 효당에 대한 그 요시찰의 요점은 아래와 같았다.

> **인상 특징:** 키는 5척 5촌. 보통 체격이다. 각진 얼굴, 피부는 조금 검다. 코가 높고 귀와 입, 눈이 크다. 나머지는 평범하다. 머리를 바싹 짧게 깎았다.
> **시찰 요점:** 민족사상이 농후하며 포교를 구실로 신도를 사주·선동하고 정치의 변혁을 기도할 우려가 있다.[148]

위에서 서술한 바의 여러 상황을 종합해 볼 때, '해인사사건'에는 직접적으로 드러난 만당과 더불어 의열단이 배후에 연결되어 있었던 것으로 추정된다. 비밀결사단체인 만당은 결성과 발전적 해체를 거쳐 다솔사와 해인사를 거점으로 확장 재건되었다. 재건된 만당은 광복 직전까지 왕성한 활동을 펼치다가 여러 차례 검거되었음을 알 수 있다. 만당은 항일운동을 위한 비밀결사 단체로 출발했으며 다솔사와 해인사를 중심으로 재건된 만당은 '조선의 역사, 조선의 문화'를 보존코자 했음을 알 수 있다.

1975.4.5), 5면.

147) 정식명칭은 『昭和二十年 朝鮮人要視察人略名簿』이다.[민족문제연구소 편, 『조선인요시찰인약명부』(서울: 민연주식회사, 2023), pp.4~6, pp.15~20]

148) 민족문제연구소 편, 『조선인요시찰인약명부』(서울: 민연주식회사, 2023), p.239, p.574.

즉 민족의식을 깨우는 역사교육을 비롯해 뒤의 제3장에서 논하게 될 해인사의『고려대장경』인경 작업 완수와 목록작성, 다솔사에서의 신채호의『조선상고사』·『조선문화사』필사본을 보존코자 한 노력 등은 민족적 자주정신에 의한 조선의 역사와 문화 즉 '조선학(국학)'을 보존코자 한 운동이었다. 1937년 해인사에서의 인경 당시 효당이 정리한『해인사사간루판목록(海印寺寺刊鏤板目錄)』은 분명한 한 증좌이다. 따라서 불교계의 항일민족운동사에서 만당에 대한 새로운 인식과 역사적 평가가 요구된다.

3. 해방 후 불교 사회활동

1) 해방공간의 좌우 대립과 불교중앙총무원

광복 이후 해방공간은 복잡한 이해관계가 얽힌 국내외세력들의 각축장이었다. 불교계 또한 예외가 아니었다. 그러나 해방 직후 불교계는 식민지불교의 잔재를 청산하겠다는 의지를 지닌 일부 승려와 청년불자들이 기존의 교단 인수 작업에 들어갔다. 이들은 1945년 8월 21일, 태고사(현 조계사)에서 조선불교혁신준비위원회를 결성하고 종무를 인수하였다. 이어 9월 22일과 23일 전국승려대회를 개최하여 교단 조직체계를 새롭게 출범시키기로 하였다.[149)]

광복 이후 첫 승려대회인 이 대회에서 식민지불교를 청산하겠다는 확고한 목표하에 '조선불교조계종'이라는 종명을 폐지하고 '조선불교'라는 교단 이름으로 바꾸었다. 또한 종정(宗正)의 위치에 교정(敎正)을 두는 변화를 단행하였다. 사찰령을 부정하여 '조선불교조계종총본산태고사법'과 '31본말사법'을 폐지하였다. 각 지방 교구에는 '교무원(敎務院)', 중앙에는 '총무원(總務院)'을 설치하는 개혁을 단행하였다.

즉 총독부 체제하에 지속되어 오던 친일파 성향의 불교중앙종무원을 혁파하고 새로운 교단 체제인 한국불교중앙총무원을 설립하였다.

---

149) 이재헌, 「미군정의 종교정책과 불교계의 분열」, 『불교정화 운동의 재조명』(서울: 조계종출판사, 2008), pp.23~24.

그 교정에 박한영, 총무원장에 김법린, 총무부장에 최범술(효당) 등이 선출되었다. 1946년 3월 15일에는 임정 요인까지 참석한 가운데 전국 교무회의가 태고사에서 열려 시급한 불교 대중화와 불교혁신에 관한 사항들을 논의하였다.[150] 이 교무회의에서 총 26장 106조로 구성된 조선불교 교단의 교헌이 제정되어 5월 26일 정식으로 반포되었다. 그 교헌에는 해방공간의 불교인들의 식민지 시대 불교 청산을 위한 의지가 담겨 있다.

특히 주목할 점은 사찰령 폐지 촉진 문제를 강력하게 추진하기로 결의하였다는 점이다. 조선불교 교단은 조선의 전통과 형태를 가지게 된 것을 조선불교라고 칭하고, 특정 시대 특정 종파의 범주를 벗어나 한국불교 모두를 총괄하는 개념의 교단 설립을 추구하였다. 또한 조선불교의 특성을 원효와 지눌에서 찾고자 하였으며 선과 교를 함께 융섭하는 종합불교의 교지를 추구하였다.[151] 조선불교교단은 11월 25일부터 29일까지 조선불교중앙교무회를 열고 사유재산의 산림(山林)불교에서 대승(大乘)불교로의 전환을 촉구하였다.[152]

1945년 12월 16일~25일, 제2차 세계대전의 전후 문제 처리를 위해 미국·영국·소련의 3개국의 외상들이 모스크바에 모였다. 그 외상 회의에서 한국에 미소공동위원회를 설치하여 일정 기간 동안 신탁통치를 한다는 모스크바삼상회의가 국내에 전해졌다. 그러자 이념계열에 따라 반탁운동과 신탁운동으로 갈라져 커다란 소용돌이를 일으켰

150) 「光復事業討議 佛教教務會開催」, 『동아일보』(서울: 동아일보사, 1946.3.13), 2면.
151) 김상영, 「'정화 운동'시대의 宗祖 갈등 문제와 그 역사적 의의」, 『불교정화 운동의 재조명』(서울: 조계종출판사, 2008), pp.159~162.
152) 「山林佛教에서 大乘佛教로」, 『동아일보』(서울: 동아일보사, 1946.12.7), 2면.

다.[153]

극심한 사회적 혼란 속에 효당은 중앙불전을 비롯한 각 지방 학림 출신들과 함께 능동적으로 대처하였다. 효당은 1945년 12월 13일, 유엽·김법린·정광호 등과 통합된 애국금헌성회에 참여하였다. 1946년에는 김구가 주도하는 비상정치회의와 이승만이 주도하는 독립촉성중앙협의회가 통합되어 출범한 비상국민회의에 참여하였다.

불교계에서는 전형위원 겸 정무위원에 김법린·문교위원에 박윤진·예산위원에 최범술·선전정보위원에 유엽·교통위원에 정광호가 선임되었다. 또한 좌익합류를 위한 교섭위원으로 최범술·홍진·최동오·이극로·이단이 결정되었다.[154] 이들 불교계 인사들은 만당 출신으로 근대적 교육을 받은 지식인들이었다.

해방공간에서 정국(政局)의 주도권은 좌익계열이 쥐고 있었다. 좌파계열의 민족지도자 여운형은 일본의 패망을 예견하고 1944년부터 건국동맹이라는 단체를 만들어 활동하였다. 건국동맹은 1945년 8·15해방과 더불어 건국준비위원회로 개편되고 후에 다시 조선인민공화국으로 변모하면서 전국에 인민위원회를 조직하여 해방공간의 정국을 이끌었다.[155]

---

153) 브루스 커밍스, 김자동 역, 『한국전쟁의 기원』(서울: 일월서각, 1986), pp.280~341 ; 이정식, 『대한민국의 기원』(서울: 일조각, 2006), pp.207~214.[※ 한국을 둘러싼 모스크바협정의 실질적인 주도국인 미국과 소련의 의도에 대한 해석은 연구자의 견해에 따라 다름을 알 수 있다.]

154) 「政務委員會를 設置」, 『조선일보』(서울: 조선일보사, 1946.2.4), 1면 ; 정병준, 『우남 이승만 연구』(서울: 역사비평사, 2005), p.527.

155) 이기하, 한국현대사연구협의회 편, 「정치·사회단체의 성격」, 『한국현대사의 전개』(서울: 탐구당, 1988), pp.224~227.

불교계의 좌파인 혁신 계열은 비구승이 중심이 되었다. 그들은 새롭게 선임된 김법린 체제 총무원의 개혁 노선이 온건하다는 이유로 1946년 4월 25일 혁명불교동맹을 만들었다. 이외에도 혁신단체들이 난립하여 혼란스러운 상황이 전개되었다.[156)]

새롭게 출범한 불교중앙총무원은 미군정에 일제가 제정한 사찰령의 철폐와 불교 적산에 대한 정당한 처리를 두 차례나 요구하였으나 미군정은 이를 외면하였다.[157)] 이에 총무원은 1947년 3월 25일, 의원의 연서를 받아 사찰령과 포교 규칙 등 4개 법령을 폐지할 것을 입법 의원에 정식으로 제출하였다.[158)] 마침내 1947년 8월 8일 사찰령의 폐지와 함께 '사찰재산임시보호법'이 입법 의원을 통과하였다. 통과된 내용은 조선불교 교정의 허가 없이 양도·담보·처분을 할 수 없으며 사찰 재산을 처분하기 위해 행정관청의 인가를 받고자 할 때는 반드시 조선불교 교정을 경유하도록 하였다. 이것은 일제의 악법을 폐지하고 사찰의 재산을 보호하기 위한 제도적 장치 마련이었다.

그러나 미군정 당국은 10월 29일 이 법의 인준을 보류하였다. 이 인준의 보류에는 중앙총무원 측과 대립 관계에 있던 해방공간의 10여 개의 혁신단체들이[159)] 개정된 법의 철폐를 주장하는 항의문을 하지 중장·입법 의원 의장·군정장관·민정장관·대법원장 등 여러 기관에

---

156) 김순석, 대한불교조계종 교육원 불학연구소 편, 「이승만정권의 불교정책」, 『불교정화 운동의 재조명』(서울: 조계종출판사, 2008), pp.52~53.

157) 이재헌, 앞의 글, pp.24~27 ; 「寺刹令布敎規則 等 撤廢 佛敎總務院서 立議에 提案」, 『동아일보』(서울: 동아일보사, 1947.3.5), 2면.

158) 「宗敎界를 理解하라 金法麟氏談」, 『동아일보』(서울: 동아일보사, 1947.3.5), 2면.

159) 불교청년당, 혁명불교도동맹, 불교여성총동맹, 조선불교혁신회, 선우부인회, 재남이북승려회, 불교호법단, 조선불교학생동맹 등이다.

제출하여 작용하였기 때문이다.160) 이 외에 미군정의 기독교 우선 정책이 작용한 측면도 간과할 수 없다.161)

온건 우파였던 불교총무원의 김법린 체제는 신탁통치를 반대하고 농지 문제에서 '유상몰수 유상분배(有償沒收 有償分配)'를 주장하였다. 이 주장에 불교계 일부 좌익들은 극심하게 반발하였다.162) 특히 효당은 제헌국회 내에서 농지분배에 대하여 공공단체인 사찰이나 학교 등의 자산이 대부분 토지에 기반하고 있음을 상기시키면서 현실적인 접근을 요구하였다.163) 이 문제는 급기야 좌익계와 총무원이 충돌하는 '태고사사태'를 불러왔다. 또한 이승만 정부는 이를 이용했다. 즉 제헌의원이자, 불교계 인사인 효당이 소속되어 있는 야권인 무소속구락부와 불교계와의 연계를 이유로 중앙총무원의 김법린 체제를 붕괴시킨 것으로 보인다.

---

160) 「寺刹財産保護法撤廢」, 『동아일보』(서울: 동아일보사, 1947. 11.14), 2면.

161) 윤승용, 「불교정화공간과 사회복지」, 『불교정화 운동의 재조명』(서울: 조계종출판사, 2008), pp.190~202[※ 미군정의 편향적인 종교정책 참조] ; 고영섭, 「불교정화의 이념과 방법」, 『불교정화 운동의 재조명』(서울: 조계종출판사, 2008), pp.108~111[※ 정치종교적 정화론은 미군정과 결탁한 이승만 정부의 탈민족주의적 성향이 불교를 억압하고 기독교를 암암리에 지원한 관점으로 보고 있다.] ; 김순석, 「이승만정권의 불교정책」, 『불교정화 운동의 재조명』(서울: 조계종출판사, 2008), pp.45~78.[※ 이승만이 대처승 배제를 통하여 불교 문제에 개입한 것은 그의 기독교 우선 중심 정책에서 비롯되었으며, 이승만의 불교 문제 개입은 정치적 목적에서 나왔다는 관점이다.]

162) 이러한 반발 세력에는 여운형계의 건국준비위원회에서 활동했던 조병구 등도 있었다. 그러나 그가 말하는 태고사 폭력 사태의 내용은 당시 신문보도와 이철승의 회고로 비교해 볼 때 사실과 다르다. 주로 좌익인 이들은 이철승의 전국적인 우익 학생조직인 전국학련의 상대가 되지 못하였다. 또한 당시 효당은 현직 국회의원의 신분이었다.[선우도량 한국불교근현대사연구회 편, 『22인의 증언을 통해 본 근현대 불교사』(서울: 선우도량출판부, 2002), p.58, pp.76~79 ; 「佛敎總務院幹部軋轢露骨化 幹部交替에 말썽이 난 듯」, 『경향신문』(서울: 경향신문사, 1949.10.2), 2면.

163) 제헌국회 속기록 3 : 경제질서 및 기타 논의 [1회 26호] 85조(1948.7.6), p.456.

태고사 사태의 이면에는 1945년 12월경, 일부 좌익 학생들이 무단으로 점유한 적산인 박문사(博文寺)를 귀국하는 광복군의 숙소로 마련해준 데 대한 원망도 작용했었다[164]는 시각이 있다. 태고사 사태는 1949년 9월 말에 방한암 종정 체제하에 총무원장인 박원찬이 좌익 성향의 학생들을 불러들여 충돌이 발생하자,[165] 효당·허영호·유엽·한보순 등이 '전국학생총연맹'을 동원하여 이들을 해산시킨 사건이다.[166]

원래 이 사건의 배경에는 미소공동위원회를 공격한 남로당이 있었다. 남로당의 기관지였던 『노력인민(勞力人民)』이 미소공동위원회에 불교대표로 참여한 효당을 친일파로 비방하고 불교의 신도 수를 유령숫자로 왜곡 보도한 것이 그 원인이었다.[167] 따라서 이전에 박문사에

---

164) 김광식, 『한국근대불교의 현실인식』(서울: 민족사, 1998), p.272 ; 최화정, 「효당 최범술의 삶과 불교」, 『만해학보』17(서울: 만해사상실천선양회, 2017), pp.20~21.

165) 「佛敎總務院軋轢露骨化 幹部交替에 말썽이 난 듯」, 『경향신문』(서울: 경향신문사, 1949.10.2), 2면.

166) 이철승, 「남기고 싶은 이야기들(1476)|全國学聯〈제47화〉-나의 학생운동」, 『중앙일보』(서울: 중앙일보사, 1975.10.31), 5면[※ 당시 전국학련 총연맹장이었던 정치인 이철승은 회고하기를 "…그 중에서 색다른 것은 불교계의 좌익 축출 요청. 학련은 이 요청을 받아들여 행동에 나서기로 했다. 우선 불교의 총본산인 태고사(현 조계사) 총무원이 문제였다.……학련은 최범술(제헌국회의원, 해인사 주지) 허영호(제헌국회의원) 유엽(스님, 시인)씨 등 민족사상에 투철한 우익스님들과 접촉을 가지며 돌파구를 찾으려 했으나 불교라는 특수영역에 제약점이 많았다…"라고 하였다. 또 그 회고에서 '전국학생총연맹'은 이승만이 이철승을 경무대로 불러 전국학련을 만들도록 직접 지시하여 만들어진 것이라고도 하였다. 유신체제하인 1975년경 다솔사 효당 문하에는 민주화운동으로 형을 살고 나온 젊은이들을 비롯해 고려공산당 上海派 遲耘 김철수의 월북한 동생의 아들인 김용갑 등이 승려로 살고 있어 다솔사는 중정의 요시찰 대상으로 어려운 처지였다. 이철승의 이러한 회고는 효당과는 절친인 완주 출신 제헌의원이자, 이철승의 숙부인 이석주씨의 간접적 배려가 작용한 듯하다.] ; 채정복 편, 「효당의 항일운동 및 기타 사료」, 『효당최범술문집』2(서울: 민족사, 2013), p.26.

167) 「佛敎側一大憤慨 노력인민에 抗議」, 『독립신문』(서울: 독립신문사, 1947.7.31), 2면 ; 「共委에 신청한 敎徒 幽靈數字 아니다 佛敎總務院聲明發表」, 『동아일보』(서울: 동아일보사, 1947.7.27), 4면.

서 밀려난 당시 좌익인 이외윤과 김지복 등은 남로당의 노선에 따라서 비방에 동조하였다. 또 후대까지 이를 확대 및 재생산했다.[168] 그러나 효당과 관련된 항일운동을 보도한 당시 신문들과 출판물들은 효당의 해인사사건으로 인한 투옥과 박열과의 혁명활동과 같은, 전혀 다른 사실을 전하고 있다.[169] 결론적으로 이외윤 등이 귀국한 광복군의 숙소로 박문사를 내어준 효당을 친일파라고 주장함은 여러 정황으로

---

168) 이외윤은 스스로 좌익(즉, 동맹)으로 정의한 '조선불교학생동맹'의 위원장이었고, 김지복은 부위원장이었다. 그들은 효당을 해방공간에서 친일이라고 비방하였다. 이들의 비방을 인용하여 임혜봉은 2005년『친일승려 108인』에서 확대 재생산하였다. 그러나 1944년 4월에 발간된『신불교』59집의 p.8에 의하면 이외윤은 국내 銀海寺의 五山佛教學校에서 創氏改名한 '大田外潤'으로 2월 26일에 특별안거수료증을 받았다. 그는 광복 이후에 만주에서 귀국한 것으로『22인의 증언을 통해 본 근현대 불교사』에서 거짓말을 하였다. 더욱이 이 책에서 김지복은 스스로 좌익은 아니라고 주장하였지만, 한국전쟁 중에 완장을 차고 좌익활동을 하다가 인민군으로 참전한 사실을 회고하였다. 임혜봉은 이외윤의 창씨개명과 국내활동을 1993년『친일불교론』하권 p.625에서 이미 지적하였다. 그럼에도 임혜봉이 그들의 왜곡된 주장을 그대로 인용한 것은『친일승려 108인』의 근거와 집필 의도에 의문을 더하게 한다. 또 이외윤은 그의 말과 달리 우익인 '全國學聯(전국학생총연맹)' 이철승의 휘하에서 동국대의 대표로도 활동하였는데, 이는 일종의 保身策으로 보인다. 이와 같은 여러 사실로 볼 때 이외윤과 김지복의 주장은 정치적인 동기와 정직성에서 신뢰하기 어렵다.[선우도량 한국불교근현대사 연구회 編,『22인의 증언을 통해 본 근현대 불교사』(서울: 선우도량출판부, 2002), p.139, p.142~145, pp.150~153, p.161, p.173, p.176, p.185~187 ; 이철승,「남기고 싶은 이야기들(1425)|全國学聯〈제47화〉-나의 학생운동」『중앙일보』(서울: 중앙일보사, 1975.8.29), 5면 ; 이철승,「남기고 싶은 이야기들(1435)|全國学聯〈제47화〉-나의 학생운동」『중앙일보』(서울: 중앙일보사, 1975.9.10), 5면 ; 이철승,「남기고 싶은 이야기들(1445)|全國学聯〈제47화〉-나의 학생운동」『중앙일보』(서울: 중앙일보사, 1975.9.23), 5면]

169) 국사편찬위원회 편,「反民族行爲特別調査委員會 경상남도 조사부, 반민피의자 卞雪湖를 체포(『서울신문』 1949.6.29)」,『(자료)대한민국사』12(과천: 국사편찬위원회, 1999), p.665 ;「泗冥堂碑등破壞 22日住持, 卞雪醐被逮」,『民主衆報』(부산: 民主衆報社, 1949.6.25), 2면 ;「海印寺卞住持 反民特委에 被逮」,『東光新聞』(광주: 東光新聞社, 1949.6.26), 4면 ; 布施辰治, 姜一錫 역,『朴烈闘爭記』(서울: 朝鮮社出版部, 1948) ; 강진화,『大韓民國人事錄』(서울 : 內外弘報社, 1949), p.168.

살펴볼 때 모순이다.

2) 제헌의회 활동과 무소속구락부

태고사 사건 당시, 해인사학림 출신이자 만당 출신인 효당은 1948년 초대 제헌의원 선거에서 사천 출신 의원으로, 범어사 문중으로 만당 출신인 허영호는 부산에서 보선으로, 해인보통학교의 교사였던 정광호는 광주에서 당선되었다. 이 세 사람은 모두 만당 출신으로 제헌의회에 진출하였다. 태고사 사건은 좌우 대립의 정치 지형과 맞물려 새로운 파국을 가져왔다. 이른바 '국회 프락치 사건'으로 촉발된 국회 내 좌우 대립의 격화였다. 이에 불교계가 휩싸이게 된 것이다.

1949년 6월 25일에 검찰총장 김익진은 국회부의장이던 김약수 등이 남로당에 연루된 사건을 발표하였다.[170] 당시 제헌의원으로 '무소속구락부' 소속이었던 효당은 '태고 사폭력 사건'으로,[171] 같은 무소속구락부였던 경남 산청 출신 강기문 의원은 철도경찰대에 의해서 수뢰혐의로 수배되었다.

이듬해 1950년 5월에는 이에 암묵적으로 호응한 중앙총무원으로

---

170) 국사편찬위원회 편, 「김익진 검찰총장, 김약수의원이 남조선노동당 프락치라는 담화를 발표(연합신문 1949.6.25)」, 『(자료)대한민국사』 12(과천: 국사편찬위원회, 1999), pp.693~694.

171) 일부 신문보도에 따르면 효당은 모종의 사기혐의로도 영장이 발부되었다.[「國會議員에 檢擧旋風, 崔議員은 詐欺嫌疑, 姜議員유리事件에 四議員關聯」, 『民主衆報』(부산: 민주중보사, 1949.12.9), 1면 ; 「崔凡述의원은 사기 횡령죄로 영장 發布」, 『자유신문』(서울: 자유신문사, 1949.12.16), 2면]

부터 효당과 관련된 인사들이 대부분 징계를 받았다. 당시 총무원장 김구하는 교정인 방한암의 재가를 받아 해인사 주지 최범술·유엽·마곡사 주지 한보순·쌍계사 주지 장도환·유점사 주지 서인수·백담사 주지 곽우순 등 6인을 체탈도첩(褫奪度牒)[172]하였다. 또한 범어사 주지 허영호·선학원 김적음·청암사 이덕진·마곡사 황태호·김연배·위봉사 김재봉·구암사 진시헌·범어사 김동수·김필제 등 9인은 분한정지(分限停止)[173] 3년에 처하였다.[174]

그러나 1949년 12월 13일 대통령 이승만이 직접 주재한 「제109회 국무회의록」을 살펴보면 최범술, 강기문 두 의원의 혐의는 당시의 보도와는 달리 다분히 '정치적' 사건이었음을 알 수 있다. 이날 이승만이 직접 주재한 국무회의에서 주로 논의된 바는 국채소화대책위원회를 구성하고 귀속재산처리법안 등을 공포하기로 의결하는 것이었다. 대통령의 시정 일반 유시에 대한 보고 사항으로 다음과 같은 내용이 있었다.[175]

"가. 공산당 박멸 대책의 건 사법당국의 처리가 원만하니 대책을 법무·법제에서 건의하라.

나. 적산국공유물(敵産國公有物) 탈취 범죄 박멸의 건

---

172) 불교계에서 승려의 신분증인 도첩을 빼앗아 승적을 박탈하는 것을 말하는 것으로 가장 치욕적이고 가혹한 형벌이다.

173) 일정기간 동안 불교계의 어떠한 직책도 맡지 못하는 것을 말한다.

174) 「최범술 외 5인의 승적을 박탈키로」, 『동아일보』(동아일보사: 1950.5.18), 2면; 채정복 편, 「효당 최범술스님의 공적 개요 및 연보」, 『효당최범술문집』1(서울: 민족사, 2013), pp.39~40.

175) 국사편찬위원회 편, 「제109회 국무회의록(1949년 12월 13일)」, 『(자료)대한민국사』 15(과천: 국사편찬위원회, 2001), pp.514~517.

다. 국가보안법 개정 취지 선전의 건 민간의 의혹에 대한 답을 법무부에서 보고하여 온 것을 적요(摘要)하여 영문·국문으로 발표하라(공보·외무)."

또한 이에 대하여 해당 부처의 보고로써 다음과 같이 보고되었다.

"△법무: (3) 양심서(자백자)를 재료로 수사된 재판소 세포의 건 서울판사 2명, 지방 판사 3명, 검사 2명의 프락치를 발견하였으나 판사 3명은 도망, 강기문·최범술은 도망 중(부산)이며, 사용인 6인은 구금중인 뜻을(旨) 보고하다."

이것은 새 정부를 구성함에 이승만과 효당 간의 근본적인 정국(政局)에 대한 견해 차이에서 비롯된 점도 있다. 제헌의회가 구성되어 헌법이 제정되고 정부조직법이 제정되어 정·부통령 선거가 끝난 후, 효당은 다른 제헌의원 4인과 함께 이화장의 이승만 대통령을 찾아가서 거국일치내각의 모체를 조직할 것을 제안하였지만 거절당하였다. 즉 효당은 이시영·오세창·김성수·박헌영·김구·김규식 등 6인을 천거하며 거국내각 구성 모체를 조직할 것을 제안했다.[176] 실제로 이듬해 2월 당시 김익진 검찰총장은 국회 기자회견에서 이들 최범술·강기문 의원에 대한 구속에 반대의견을 피력했다. 검찰총장 김익진은 결국 경질되었다.[177]

---

176) 최범술, 「정치는 무상한 것인가」, 『月刊中央』 10월호(서울: 중앙일보, 1975.10), pp.154~158.

177) "金검찰총장은 작 6일 기자단과 회견하고 국정감사 거부문제 등 당면문제에 관하여 요지 다음과 같은 문답을 하였다.…… (문) 吳·鮮于 양 검사는 주일 대표부내의 프락치를 적발하고 귀국하였다는데 사실인가? (답) 그것은 사실이 아니다. 다만 일본의 검찰·법무 사무 등을 시찰하고자 도일하였던 것이다. 한국의 검사

1948년 5월 사천 군에서 제헌의원으로 당선된 효당은 같은 무소속 출신 당선자들과 국회 내의 '3·1구락부'를 주도하여 발기하였다. 6월에는 조봉암 주도의 '6·1구락부'와 연대하였으며[178] 서울 태고사와 역경원에 모여서 '무소속구락부'를 결성 통합하여 6인의 간사를 선임[179] 하였다. 효당은 간사로 선임되고 이어 태고사(현 조계사)에서 가진 국회 무소속구락부의 최초 총회에서 재정위원으로도 피선되었다. 조봉

가 어떻게 남의 나라에 가서 사람을 함부로 잡아올 수가 있겠는가? 하여간 그런 것은 허설이다. (문) 검찰청에서는 최근 최범술 의원에 대하여 태고사와 관련하여 체포할 것을 국회에 동의 신청을 하였다는데? (답) 아직 체포 동의를 할 생각은 없다."[국사편찬위원회 편, 「김익진 검찰총장, 국회의 파면결의에 대한 입장을 피력(연합신문 1950.2.7)」, 『(자료)대한민국사』16(과천: 국사편찬위원회, 2001), pp.346~347] ; 「檢察總長更迭」, 『조선일보』(서울: 조선일보사, 1950.6.24), 1면.

178) "국회 내에 있어서의 무소속을 중심으로 무소속구락부 조직설이 대두되고 있는데 국회측 소식통이 전하는 바에 의하면 동 구락부는 무소속구락부가 아니고 사천 출신 崔凡術 議員을 중심으로 한 것이며 구락부 내부 각 당 각 단체에 소속되어 있는 의원이 다수가 포섭되어 있으며 명칭은 3·1구락부로 될 것이라고 한다. 그리고 동 구락부는 과거 입법의원 一友俱樂部와 유사한 것이라고 한다. 기보한 바와 같이 국회의원은 상호 친목 국회 내에서의 행동 통일을 하기 위하여 회의가 끝난 후 시내 모처에서 빈번히 회합하였는데 그 결과 申翼熙의원을 중심으로 3·1구락부가 지난 2일로 발기되었고, 曺奉岩 金若水 양 의원을 중심으로 6·1구락부가 지난 1일 발기되었는데 近近正正 발족하기로 되었다 한다."[국사편찬위원회 편, 「국회의원들의 친목과 행동 통일을 위한 3·1과 6·1구락부 발기(동아일보, 경향신문 1948.6.5)」, 『(자료)대한민국사』 7(서울: 국사편찬위원회, 1974), p.218]

179) "…이와 동시에 6·1, 民友(假稱), 3·1의 일부를 포함한 무소속의원 간의 통합공작이 성숙되어 왔었는데 10일 오후 1시 시내 역경원에 裵憲(無)·金奉斗(無)·曺奉岩(無)·申性均(無)·尹錫龜(無)·金秉會(無)·李龜洙(無)·李鍾根(獨促)·吳澤寬(無)·吳基烈(無)議員 등 60여 명이 참석하여 민주주의 민족자결 국가의 건설과 남북통일자주독립을 평화적 방법과 정치적 수단으로 전취할 것을 목적으로 하는 규칙 강령을 통과한 다음 명칭을 무소속구락부로 정하였으며 崔凡述(慶南 無)·金奉斗(全北 無)·金基喆(忠北 大靑)·曺奉岩(京畿 無)등 6인의 간사를 선임하였다. 그리고 11일 오후에는 3·1, 무소속 양 구락부의 연석회의가 있을 예정이라고 하는데 그 진보 여하가 주목되고 있다."[국사편찬위원회 편, 「국회내에 무소속구락부 결성(조선일보, 서울신문 1948.6.12)」, 『(자료)대한민국사』7(서울: 국사편찬위원회, 1974), pp.284~285]

암 역시 간사이자 선전위원으로 피선되었다.

죽산 조봉암은 공개적인 사상전향을 한 후, 제헌의원에 당선되었다. 이후 이승만 정권 내에서 농림부 장관으로 '유상몰수 유상분배(有償沒收 有償分配)'의 원칙 속에 기초하여 농지개혁을 하였다. 하지만 죽산은 재직 중에 이승만 정권에 의해서 공금 유용 혐의로 몰려 소위 '독직사건(瀆職事件)'으로 물러나야 했으나 무혐의로 밝혀져서 무죄로 선고받았다.[180] 이 당시 제헌국회 내 200석 가운데 85석이 무소속 출신의 당선자였으며 이 중, 70여 인이 무소속구락부에 참여하였다.[181] 무소속구락부는 7월에 총리로 조소앙 임명을 이승만에게 요구하였으나 실현되지 못하였다.[182] 그러나 무소속구락부는 국회 내에서 친일파 청산을 위한 '반민법(反民法)'을 주도하였는데 효당은 반민특위에 각도별로 출신(出身) 국회의원 3인씩 선발할 것을 제안했다.[183] 이 당시 효당의 반민법에 대한 국회 발언을 살펴보면 다음과 같다.

> "**최범술 의원 :** 이 법안은 8·15 이전의 반민족행위를 처벌하는 법이지만 나는 8·15 이후의 반민족행위자도 응당 처벌하는 규정이 있어야 할 것을 주장하는 동시 최근의 반민족적 행위를 지적해 보려 한다. 전 민족이 신정부를 수립하여 행정권을 이양받기를 갈망하는 이때에 군정 관리인 모모 몇 자들은 자기의 기득권 세를 보유하기 위하여 미고문단의 설치를 군정장관에 건의했다 하는데 이러한 행위

---

180) 박태균, 『조봉암 연구』(서울: 창작과 비평사, 1995), p.171.
181) 채정복 편, 「효당 최범술 스님의 공적 개요 및 연보」, 『효당최범술문집』1(서울: 민족사, 2013), pp.36~37 ; 김재명, 『한국현대사의 비극(중간파의 이상과 좌절)』(서울: 선인, 2003), p.367.
182) 「協商派推戴는 新政府에 混濁加할 뿐」, 『동아일보』(서울: 동아일보사: 1948.7.23), 1면.
183) 제1회 국회 제40차 속기록(1948.8.5), pp.705~706.

는 마땅히 반민족행위로써 처벌할 것이라고 본다.

윤재욱 의원 : 최의원 발언은 본 회의와 기초위원 간에서 논의된 문제다. 그러나 이 법안은 헌법에 의거하여 해방 전 행위만을 처벌함에 한한 것이니 8·15 이후의 것은 포함할 수 없는 것이나… 우리는 인민의 권리로써 엄연히 처벌한다는 태도를 가지고 하루속히 이 법안을 통과시켜야 할 것이다."[184]

위의 국회 발언을 볼 때 효당은 자주적 정부수립을 지향하여 미군정에 부정적이며 친일파 청산에 적극적이었음을 알 수 있다. 7월 27일, 제헌국회에서 이승만이 대통령에 당선된 다음 날에, 무소속구락부를 중심으로 반대하던 '이윤영 국무총리 승인 거부' 문제로 이화장으로 찾아갔다. 효당, 정현모 등은 이승만과 면담을 한 후, 그 자리에서 이시영·오세창·김성수·박헌영·김구·김규식이 참여하는 좌우합작의 거국일치내각(擧國一致內閣) 구성을 제안했지만 거절당했다.[185] 이와 같은 정국에 대한 근본적인 시각차가 효당과 이승만이 서로 반

184) 국사편찬위원회 편, 「제1회 43차 국회 본회의, 반민족행위처벌법 제1회 독회(조선일보 1948.8.19)」, 『(자료)대한민국사』 8(과천: 국사편찬위원회, 1998), pp.42~43 ; 「반민족행위처벌법안 四三會議에 상정토의 그 결과는 미온 불철저」, 『남조선민보』(마산: 남조선민보사, 1948.8.19), 1면 ; 허종, 『반민특위의 조직과 활동』(서울: 선인, 2003), p.345.

185) 李允榮의 국무총리 승인은 27일 제35차 국회 본회의에서 재고할 여지조차 없이 다대수 반대로 완전히 부결되고 이로써 조각 공작은 27일 상오부터 새로운 출발을 보게 되었다. 이리하여 27일 상오부터는 조각 본부 이화장에는 또다시 요인의 내왕이 빈번하게 되었는데 하오 3시 반경에는 李允榮이 약 30분간, 동 4시에는 무소속 국회의원 崔凡述·鄭顯模 양씨가, 동 4시 30분에는 李靑天이 약 30분간에 걸쳐 각각 대통령과 요담하였고 28일 하오에는 9시 25분부터 1시간에 걸쳐 하지중장 정치고문 노블이 대통령과 요담하였다.[최범술, 「정치는 무상한 것인가」, 『월간중앙』 10(서울: 중앙일보, 1975.10), pp.154~158 ; 「韓民·無俱主張不變 組閣工作再出發」, 『조선일보』(서울: 조선일보사: 1948.7.29), 1면]

목하게 된 한 배경이었다.

그러나 앞서 언급한 것처럼 1949년 2월에 효당은 김병회 의원 외 70여 의원과 함께 외국군 즉시 철수를 요청하는 남북통일에 관한 긴급결의안을 제출하였다. 무소속구락부는 농림부 장관이던 조봉암의 독직사건으로 인한 면직과 5~6월에 터진 일명 '국회 프락치 사건'으로 인하여 사실상 와해되어 민주국민당으로 재개편되었다.[186] 효당은 민주국민당에 소속되어 국회 교섭단체의 소속 명부에 등재되었다.[187]

이승만은 효당을 비롯한 대부분의 불교계가 자신에게 몹시 비판적이었던 무소속구락부의 토대가 되는 것을 우려한 것으로 추정된다. 제헌의회 내의 무소속구락부의 주목할 만한 업적은 반민족행위자 처벌법의 제정이었다. 이 법으로 불교계의 변설호를 비롯한 많은 친일파를 법정에 세웠다.[188] 이처럼 혼란한 와중에도 효당은 제헌국회 내에서 국기 제작법을 공포할 당시 이재학·주기용 의원과 더불어 국기 시정위원으로 참여하였다.[189] 그러나 현실은 점차 좌우간의 대립으로 흘러가서 반민법도 무위로 그쳤고 한국전쟁으로 이어졌다.

---

186) 박태균, 『조봉암 연구』(서울: 창작과 비평사, 1995), p.156.

187) 「各派交涉委確定 二重入籍者는 無效로」, 『동아일보』(서울: 동아일보사: 1949.9.24), 1면.

188) "…반민법이 발동되자 그 자취를 감추었던 서울 종로구 누상동 166에 거주하는 변설호(62)는 지난 22일 하오 7시 40분경 대구 내당동 1064 金性空씨 집에서 드디어 경남 반민들의 손에 체포되어 23일 부산 형무소에 수감 중이라는데 日政時 이 자의 죄상을 살펴보면 합천 해인사 주지 당시 현 국회의원 최범술, 경남특위 사무분국장 김지홍씨 등 11인 애국지사를 합천서에다 밀고 투옥시키고…… 해인사에 있는 국보를 비롯한 유기를 대동아전에 헌납하며 매일 승전하여 달라고 부처님께 빌던 日政의 忠犬이다."[국사편찬위원회 편, 「反民族行爲特別調査委員會 경상남도 조사부, 반민피의자 卞雪湖를 체포(『서울신문』 1949.6.29)」, 『(자료)대한민국사』12(과천: 국사편찬위원회, 1999), p.665]

189) 문교부고시 제2호 공포, 특별심사위원 12인, 국기시정위원 42인.

3) 국민대학과 해인사

1945년 광복이 되자 효당은 김법린 등과 불교중앙총무원을 접수하였다. 당시 경남에서 국립대설립을 준비하던 윤상과 그 아들 윤인구로부터 국립대 설립기금을 희사해 줄 것을 부탁받았다. 이에 호응하여 효당은 경남불교교무원이 원래 해동중학교를 설립하려고 준비한 고성 옥천사 사답(寺畓) 13만 5천 평을 국립대설립 기금으로 희사하였다. 그 결과, 1946년에 당시 총 일천만 원의 소요경비 중에서 그 절반인 오백만 원(현시가로 600억 원 상당)을 부담하여 국립부산대의 신설을 도왔다. 그 대신 경상남도에서는 영도에 소재한 적산인 입정상업학교의 교사를 알선하였다.[190)]

이 무렵 신익희가 광복 이듬해 민족을 구하는 길은 교육밖에 없다는 것을 천명하며 1946년 12월에 군정청 학무국으로부터 인가를 받아 '국민대학관(國民大學館)'을 설립하였다. 그러나 미처 학교 건물을 마련하지 못해 서울시 성수동에 있는 보인상고(輔仁商高)의 교사를 빌려있는 형편이었다. 따라서 인가요건의 미비로 정식 대학이 아니었다. 그러던 중에 일본 중앙대학 출신인 조상만이 불교계에서 인재를 기르고자 하는 뜻을 알고 당시 불교계의 실력자였던 효당과 신익희가 서로 협력하도록 주선하였다.

국민대학을 정규대학으로 인가받기 위해서는 재단이 있어야 했다. 효당은 임시로 안호상 문교부 장관의 양해하에 해인사 재산을 재단법

---

190) 부산대학교이십년사편찬위원회 편, 『二十年史(釜山大學校)』(부산: 부산대학교, 1966), p.20 ; 현익채 외 편, 『(부산불교 100년의 발자취 1913~2013) 물처럼 살거래이』(부산: 무량수, 2014), p.137.

인 국민대학에 기탁 후, 당시 해인사 지가(地價)증권을 활용해 1947년 8월 10일에 재단법인 국민대학관을 발전적으로 해체하였다.

이어 효당을 이사장으로 하고 신익희·장택상·박승표·조상만·윤길중·김법린·임환경·박영희·한보순·황태호·장도환·한영태 등을 이사로 하는 재단법인 국민대학의 인가를 받았다. 또한 해공이 학장에 취임하여 광복 후 처음으로 출범하는 사립대학이 되었다. 이때 교사도 보인상고에서 총무원이 불하받은 적산이었던 서울시 남산동 1가 31번지에 있는 동본원사로 옮겼다. 다시 서울시 관수동에 있는 화광교회(명신여중)로 교사를 옮겼고, 1948년 2월에는 종로구 창신동 117번지 옛 체신 요원 양성소로 옮겼다. 출범 당시 범(凡) 만당 출신들을 위주로 이사진을 구성한 재단의 규모는 2억 5천만원이었다.[191]

그러나 재단 참여 비율이 효당측인 불교계(해인사 75%, 다솔사 5%)가 80퍼센트였고 해공 측이 20퍼센트 정도로서 지분비율에 의해 효당 측의 불교계 인사들로 이사진이 채워지자, 효당과 해공 사이에 대학의 경영권 문제로 내분이 생겼다. 이사장직을 원하던 신익희는 1948년 8월에 학장직을 사임하게 되었다.[192] 그러자 재단 이사직만을 유지하게 된 해공은 학생과 교직원을 동원해서 반발하였고, 그들은 재단이 기부금을 걷는 것을 문제로 삼았다.[193] 그해 10월 효당이 재단 이

191) 채정복, 「효당師의 일대기」, 『효당최범술문집』 3(서울: 민족사, 2013), pp.124~125[※ 원문은 『월간 茶道』(2004년 2월~9월, 2005년 9월)에 연재되었다.] ; 경남대학교 50년사 편찬위원회, 『경남대50년사』(마산: 경남대학교, 1996), p.69 ; 「國民大學移校後 財團陣容도 革新」, 『자유신문』(서울: 자유신문사, 1947.10.30), 2면 ; 「國民大學昇格, 二億財團確立」, 『자유신문』(서울: 자유신문사, 1948.8.12.), 2면 ; 국민대학교60년사편찬위원회, 『국민대학교 60년사(부문사편)』(서울: 국민대학교, 2007), p.8.

192) 채정복, 「효당師의 일대기」, 『효당최범술문집』 3(서울: 민족사, 2013), pp.125~126.

193) 「國民大學에 말썽, 崔理事長에 非難」, 『자유신문』(서울: 자유신문사, 1948.10.14),

사장이던 국민대학이 문교부 고등 교육국에 의해 휴교 처분이 내려졌다.[194)]

국민대학 재단 분규 문제는 해인사 지분출연과 관련하여 국회에서도 논의가 있었다.[195)] 즉 1949년 4월 16일 제2회 77차 국회 본회의에서는 문교 사회위원회의 국민대학에 관한 청원 심사안을 접수하여 통과시켰다. 그 중요내용은 다음과 같다.

1. 1948년 8월 10일 자 문교부 장관이 인가한 재단법인 국민대학의 재산에 관한 일체 조치는 모두 폐기할 것, 2. 재단법인 국민대학의 기본재산은 신익희가 제출한 재산은 즉시 접수 및 심사하여 재단법인 국민대학 기본재산으로 편입하고, 최범술(효당)이 제출하려는 재산은 1949년 4월 말일까지 접수 및 심사하여 학교 재단의 기본재산으로 편입, 재단법인 국민대학 이사진을 학교 측과 재산기증자 측과 일반사회인으로 선출하여 재편성하는 것 등이었다.

이에 해인사 재산 2억여 원, 경남 남해 정주환 형제와 진주 정기영

2면 ; 「虛僞財團反對! 國民大學校職員蹶起」, 『자유신문』(서울: 자유신문사, 1949.3.12), 2면 ; 국민대학교60년사편찬위원회, 『국민대학교 60년사(부문사편)』(서울: 국민대학교, 2007), pp.8~9 ; 해공은 이러한 학생들을 "코 안 흘리고 유복할 수 없다.", "최후의 승리는 정의에 있다.", "학교를 내 집같이 생각하라.", "가만히 앉아서 남의 도움만으로 기다려서는 되는 일이 없다." 등으로 말하며 교직원과 학생들을 자극하였다.[申昌鉉, 『海公 申翼熙』, (서울: 海公申翼熙先生紀念會, 1992), p.395]

194) 「國民大學休校處分」, 『동아일보』(서울: 동아일보사, 1949.10.19), 2면.

195) 국사편찬위원회 편, 「제2회 제77차 국회 본회의, 문교 사회위원회의 국민대학에 관한 청원 심사안을 접수통과(제2회 국회 속기록 제77호, p.509)」『(자료)대한민국사』 11(과천: 국사편찬위원회, 1999), pp.498~499.

등을 중심으로 독지가들에 의한 6억여 원의 증자를 얻어 1949년 4월 29일 문교 당국의 인가를 얻었다.[196] 그러나 국민대학을 둘러싼 효당과 신익희와의 대립으로 인해 두 가지 큰 문제점이 발생하였다.

첫째, 효당과 해공의 다툼으로 인한 야권의 분열 문제였다. 효당과 신익희 두 사람은 모두 야권인 무소속구락부 소속이었던 관계로 반이승만 연대를 하던 무소속구락부의 붕괴를 촉진하였다는 점이다.

특히 신익희는 무소속구락부에서 조봉암 세력을 약화하고자 했다. 신익희는 자신의 정치적 야심을 위해 일제시대부터 끊임없이 소속 정파를 옮겼다.[197] 당시 국회의장이던 신익희는 태고사 사건과 관련된 효당의 조속한 검거를 촉구하였다.[198] 이것은 서로 정치적 경쟁자였던 대통령 이승만과 국회의장 신익희가 효당을 둘러싸고서는 이해관계가 일치하였음을 알 수 있다.[199] 즉 이승만은 1949년 8월 26일 오전 10시 반 중앙청 제1회의실에서 기자단과 회견 중에 항간에 떠도는 안호상 문교 장관의 사표 제출 여부에 관한 질문을 받고 다음과 같이 말하였다.

---

196) 「國民大學 財團確立」, 『동아일보』(서울: 동아일보사, 1949.5.11), 2면.

197) 허종, 『반민특위의 조직과 활동』(서울: 선인, 2003), p.124.

198) 당시 신익희 국회의장은 1949년 12월 9일 오전 11시 국회 출입기자단과의 기자회견에서 姜己文·崔凡述의원 등의 구속에 대한 질문을 받고서 '의원은 진정한 의미에서 국민의 儀表가 되어야만 할 것인데 횡령이니 파렴치죄를 범한다는 것은 한심할 노릇이다. 그러나 법 앞에는 만민이 평등하니 법에 저촉되는 점이 있으면 당연히 법의 제재를 받아야 할 것이다'라고 답하였다.[「申翼熙 국회의장, 국정감사는 행정부와 협력하는 데 뜻이 있다고 기자회견(자유신문 1949년 12월 10일)」, 『(자료)대한민국사』15(국사편찬위원회, 2001), p.483].

199) 이에 대하여 태고사 및 국민대학의 문제로 효당과 허영호 의원 중에서 효당에 대한 구속영장이 발부되었음을 당시 법무부 장관이 방문한 기자에게 확인하였다.[「崔議員의 嫌疑 法務長官發表」, 『남조선민보』(마산: 남조선민보사, 1949.12.16), 2면].

"어디서 나온 말인지 나는 모르겠다. 그러나 국민대학 문제로 문교 장관과 나와 사이에 약간의 차이가 있다. 요컨대 국민대학 문제는 동 대학 내 문제요, 또 동 대학이 사립대학인 만큼 정부에서 간섭할 것이 아니다. 그 문제는 양자 간 회견하다 안 끝나면 나중에는 법에서 해결할 것이다."[200]

이에 대해 1949년 원래 효당과 가까운 사이였던 안호상 문교부 장관은 1949년 8월 31일 기자회견에서 국민대학교 분규 문제에 대하여 다음과 같이 말하였다. 그는 국민대학 문제의 조속한 해결을 시도하였음을 알 수 있다.

"교육기관인 학교가 정치적 세력 확장이라든가 개인의 공명심에 의해서 좌우되어서는 안 된다는 것은 교육의 신성성에 비추어 당연하다. 나는 애초에 국민대학교 문제를 공정하게 해결할 자신이 있어서 이에 간섭하였던 것이지 어떠한 사적 동기에서 한 것이 아니었다. 중간에 대통령 분부에 따라 현재 불간섭하고 있는데 당사자들이 잘 해결할 줄 아나 금후 요구하면 언제든지 원만 공정한 해결을 할 자신이 있으며, 사립학교라 하더라도 우리의 교육기관인 만큼 나로서는 많은 관심을 가지고 보고 있다."[201]

위의 이승만과 안호상의 기자 회견담을 살펴볼 때, 이승만은 국민대학 처리 문제를 두고 안호상과 이견(異見)을 노출하고 있다. 즉 이승

---

200) 국사편찬위원회 편, 「李承晩 대통령, 태평양동맹과 民族陣營强化委員會문제 등에 대하여 기자회견(경향신문 1949.8.27)」, 『(자료)대한민국사』 13(과천: 국사편찬위원회, 2000), pp.609~611.

201) 「『文化人의 집』 不願設立 國立劇場府民館이 最適 安文教部長官用紙事件等言及」, 『동아일보』(서울: 동아일보사, 1949.9.1), 2면 ; 「李대통령 교시로 국민대학에 간섭 않는다-安문교장관談」, 『자유신문』(서울: 자유신문사, 1949.8.24), 2면.

만은 국민대학에 대한 처리 지연으로 국민대학을 둘러싼 효당과 신익희와의 갈등을 유도하여 야권분열을 꾀한 측면이 있다.

다시 말하면 국민대학 재단문제로 대립하던 신익희 국회의장이 기자회견에서 최범술, 강기문 양 의원의 처벌을 주장하였다.[202] 며칠 후 이승만이 주도한 국무회의에서 효당은 강기문 의원과 함께 공산 프락치로 몰렸다.[203] 그러나 당시 신문에 보도된 혐의는 '불교총무원 태고사 사태(최범술)'와 '수뢰 및 밀수사건(강기문)'이었다.[204]

결국 국민대학은 박이순의 효자동 국민대학과 정윤환의 마포동 국민대학으로 학교가 분리되었다. 두 개의 국민대학이 운영되는 파행 속에서[205] 1950년 4월에 정윤환이 물러난 학장서리를 효당이 이사장직과 겸임하였다. 뒤이어 한국전쟁이 발발하였다. 1950년 5월, 이승만은 안호상을 해임하고 가까운 기독교계 인사인 백낙준으로 문교부 장관을 교체하였다.[206] 효당은 출마한 1950년 5월 30일 2대 국회의원 선거에서 패배하였다. 이러한 여파는 효당이 당시의 세(勢) 대결에서 실패한 결과였다. 원래 해공은 임정(臨政) 시절에도 자기의 세를 불리

---

202) 국사편찬위원회 편, 「신익희 국회의장, 국정감사는 행정부와 협력하는 데 뜻이 있다고 기자회견(자유신문 1949.12.10)」, 『(자료)대한민국사』 13(과천: 국사편찬위원회, 2000), pp.482~483.

203) 국사편찬위원회 편, 「제109회 국무회의, 국채소화대책위원회를 구성하고 귀속재산 처리법안 등을 공포하기로 의결(국무회의록 1949.12.13)」, 『(자료)대한민국사』 15(과천: 국사편찬위원회, 2001), pp.514~517.

204) 「崔凡述議員도 拘束令狀 太古寺 管理爭奪이 禍!」, 「姜己文의원 구속은 千餘萬圓 暴利·詐欺·贈賄嫌疑로」 『동아일보』(서울: 동아일보사, 1949.12.8), 2면.

205) 「두 개의 국민대학이 운영되는데도 문교부는 간섭하지 않는다는 입장(연합신문 1950.2.5)」, 『(자료)대한민국사』 16(과천: 국사편찬위원회, 2001), pp.341~342.

206) 「백낙준 문교장관 8일 사무인계」, 『동아일보』(서울: 동아일보사, 1950.5.7), 2면.

는 데 몰두하였다. 당시 장준하 등이 이에 격분하여 몽둥이를 들고 찾아가자 스스로 피한 사실이 있었다.[207] 이후 해방공간에서도 쿠데타 모의를 위해 각지의 부호(富豪)들에게 새 정부의 자리를 미끼로 매관매직(賣官賣職)을 하여 미군정의 조사를 받았던 사실이 있다. 해공의 국민대 기부금 비판에 대한 모순을 보여준다.[208] 또한 해공 측은 정병조의 국민대 재단에 365만환의 수표를 발행하였으나 한국전쟁을 이유로 지불(支拂)하지 않았다. 이후 정병조 재단과 해공 측은 대립하였다.[209]

둘째, 대부분이 토지였던 해인사지분과 관련하여 불교계 내부의 분열이었다. 즉 1945년 해방공간에서 전국 승려결의대회로 해인사에서 가장 먼저 가야총림이 창설되었다. 1947년 하안거부터 청담과 성철 등이 가야총림에 합류했다. 해인사에서 결사를 도모하던 산문회(山門會)의 비구 측에서 결사를 위한 토지를 요구하였다.

이들 비구 측은 이 무렵 국민대학 설립에 참여하는 임환경(효당의 은사, 해인사 주지)과 효당(총무원 총무부장)을 만나 타협을 시도했으나 재정문제로 여의치 않았다. 결과적으로 이들에게 줄 수 있는 것은 국민대학 참여 지분을 제외한 것이었다. 이들은 척박한 토지로는 살 수 없다고 하며 해인사를 떠나 그해 10월 봉암사에 모여서 다시 결사에 들어갔다. 그러나 곧 한국전쟁이 발발하였고 이들도 전쟁 중에 봉암사

---

207) 장준하, 『돌베개』(서울: 돌베개, 2015), pp.257~265, pp.270~271.
208) 서중석, 『한국현대민족운동연구』(서울: 역사비평사, 1991), p.440 ; 『United States Armed Forces in Korea, 駐韓美軍史(HUSAFIK)』 2(서울: 돌베개, 1988), pp.222~225.
209) 국민대학교 60년사편찬위원회, 『국민대학교 60년사(부문사편)』(서울: 국민대학교, 2007), pp.11~12.

를 떠나서 뿔뿔이 흩어지게 되었다. 김광식은 이 봉암사 결사를 후일의 불교계의 정화로 인한 분규의 내재된 배경으로 보았다.[210)]

해인사에는 공비들의 습격으로 인하여 두 차례의 위기가 찾아왔다.[211)] 해인사의 첫 번째 위기는 1951년 7월에 있었다.[212)] 효당의 연보에 따르면 남도부, 구주호, 이영애 등 공비 200여 명이 해인사를 내습하여 피해를 입혔다. 이 당시 해인사를 습격한 공비부대는 북한에서 강동정치학원(江東政治學院)의 교관을 지낸 남도부(南道富)가 지휘한 것으로 보인다. 함양 출신인 그는 원래 하준수(河準洙)가 본명으로 일제 말기 일본 유학 중에 징병을 거부하고 지리산에서 보광당(普光黨)을 조직하여 항일투쟁을 하였다. 이후 해방공간에서 이승만의 경호책임을 맡았던 전력이 있었던 인물로 원래 공산주의자가 아니었다.[213)]

이들과 군경의 토벌대를 동시에 설득하여 효당은 해인사의 팔만대장경을 가까스로 지켜낼 수 있었다. 효당은 해인사에 내습한 공산군 수뇌부와 그 일당 200여 명을 설득한 후, 연설과 함께 가야·야로·봉산·묘산(합천 방면), 가조·가북(거창 방면), 수륜·청파(성주 방면), 쌍림면(고령 방면) 등 네 지역 방면에 해인사 주지 자격의 포고령을 발포하여 인민 살상과 방화 금지 및 가축 살상을 금지시켜 해인사 일대 지역을

---

210) 김광식, 「봉암사 결사의 재조명」, 『봉암사 결사와 현대한국불교』(서울: 조계종 출판사, 2008), pp.23~28 ; 김광식, 『한국현대불교사연구』(서울: 불교시대사, 2006), pp.49~50.

211) 채정복 편, 「효당 최범술 스님의 공적 개요 및 연보」, 『효당최범술문집』 1(서울: 민족사, 2013), p.40 ; 채정복, 「효당師의 일대기」, 『효당최범술문집』 3(서울: 민족사, 2013), pp.126~128.

212) 「共匪勢力支離滅裂 山淸地區서 警察凱歌」, 『동아일보』(서울: 동아일보사, 1951.9.2), 2면.

213) 노가원, 『南道富』 上(서울: 월간 말, 1993), p.11, pp.30~36, pp.82~83, pp.231~240.

지켜내었다. 무엇보다도 팔만대장경의 소실을 막아 오늘날까지 보존될 수 있었다.[214)]

이러한 배경에는 당시 효당이 좌우합작으로 독립운동을 한 경력이 도움이 되었다고 전해진다. 특히 이 당시에 효당은 해인사에 큰 광목으로 태극기를 그려서 아군 비행기의 공습을 막는 일도 하였다.[215)] 피해를 당하지 않은 해인사에서 효당은 10월에 해인중고등학교를 설립하였다. 그 학교는 진주시로 이전하여 현재까지 유지되고 있다.[216)] 효당은 1952년 3월 당시 문교부 장관인 백낙준과 협의하여 국민대학을 해인사로 이전하였다. 4월 23일에는 '재단법인 국민대학'을 '재단법인 해인사'로 바꾸고 교명을 '해인대학'으로 하였다.

해인사의 두 번째 위기는 이듬해 1952년 7월에 있었다. 이때 해인사의 주지는 이용조로 바뀌어 있었다. 남부군 소속이었던 공비들에게 군경이 죽고 해인사의 일부 부속건물들이 방화를 당하는 큰 피해를 입었다. 학생들 약 30명도 납치를 당하였다.[217)]

---

214) 채정복 편,「효당 최범술 스님의 연보」,『효당 최범술 문집』(서울: 민족사, 2013), p.40.

215) 인용된『월간 海印』409호의 원문에 나오는 해인사사건 당시 공비들의 사령관 이현상은 남도부의 오류이다. 또한 당시 공비 토벌 작전의 관할로 볼 때 폭격의 주체는 미군이 아닌 것으로 보아야 한다. 이러한 혼란의 원인은 고 김영환 장군의 부관이었던 某氏가 야기한 문제로 보인다.[「유마의 방-1951년 9월 18일 해인사 폭격 하루 전날 밤의 일들」,『월간 海印』409(합천: 해인사, 2016.3), pp.28~29 ;「나눔我의 세상풍경-고 김영환 장군 추모제」,『월간 海印』333(합천: 해인사, 2009.11), pp.32~33 ; 장지량 구술, 이계홍 정리,『빨간 마후라』(서울: 이미지북, 2006), pp.150~155].

216) 진주시로 이전하여 오늘날에까지 이르고 있는 동명고등학교이다.

217)「共匪『海印寺』에 放火 學生等卅餘名拉致 八萬大藏經燒失與否未詳」,『동아일보』(서울: 동아일보사, 1952.7.18), 2면;「八萬大藏經은 安在! 文化財保全火急」,『경향신문』(서울: 경향신문사, 1952.7.20), 2면;「拉致學生脫出歸還中 陜川被襲事件에 朴警察局長談」,『동아일보』(서울: 동아일보사, 1952.7.22), 2면.

그 결과로 해인대학은 8월에 진주로 교사를 이전하게 되었고 효당은 9월에 해인대학 학장 겸 재단 이사장으로 취임하였다. 무장 공비의 잦은 출몰로 인해 다시 교사를 진주시 강남동 112번지로 옮기면서부터 효당과 이용조·유엽 등이 서로 대립하게 되었다. 이듬해 1953년 3월 4일에 효당은 학장서리에서 사임하였다.

그 후 1955년에 이용조가 이사장에 취임하였고 1958년에는 '재단법인 해인사'에서 '재단법인 해인학원'으로 개편되었으며 1960년 4월 23일에 김법린이 이사장에 취임하였다.[218]

그러나 결과적으로 불교재단의 실권자였던 효당이 이사장에 취임할 당시 학교 재단에 희사하기로 한 해인사의 지분은 후임자들이 산문회(山門會)의 추인을 받지 못하게 되면서 해인대학의 소유권을 상실하게 되었다. 결국 1967년 12월 22일에 해인학원은 이사회를 열어 해인중고(海印中高)를 제외한 나머지 마산대학(구 해인대학, 현 경남대학)[219]을 삼양학원에 양도하게 되었다.[220]

특히 해인대학을 둘러싸고 전개된 여러 과정에서 주목되는 점은 이승만 정권이 1954년 5월에 이미 해인대학에서 물러난 효당을 서로 대립하던 이용조와 함께 횡령으로 몰아서 구속한 '해인대학 사건'이었다. 이용조 역시 정치적으로 이승만을 줄곧 반대하던 인물이었다.

---

218) 경남대학교 50년사 편찬위원회, 『경남대50년사』(마산: 경남대학교, 1996), p.74.

219) 1956년에 대학을 진주에서 마산으로 이전하였고, 1961년 2월 22일에 교명을 '마산대학'으로 개명하였다.[경남대학교 50년사 편찬위원회, 『경남대50년사』(마산: 경남대학교, 1996), p.81, p.99]

220) 경남대학교 50년사 편찬위원회, 위의 책, p.74, p.98.

4) 이승만의 정화 유시와 봉암사 결사

불교 정화는 1954년, 5월 20일 이승만의 '불교 정화 유시'로부터 촉발되었다. 불교 '정화'는 비구측 승려들이 이승만 대통령의 '유시(諭示)'를 계기로 그들의 불교 이념과 사상이 관철되는 교단으로 만들려는 일련의 노력과 그 산물을 말한다. '법난'으로도 불리는 정화는 결과적으로 종단 주도권의 쟁탈이었다. 그 쟁탈전은 사찰의 점거 위주로 흘러 '분규'로 지칭되며 부정적인 인식을 초래하였다. 이 정화는 1954년 이승만의 유시로 시작하여 1970년 대처승 측의 태고종 등록이 완료된 시점까지 17년간 불교계를 지배하였던 중심 문제였다. 그 개요, 과정, 성격 등은 매우 복잡하여 그 이해도 쉽지 않다.[221]

이에 봉암사 결사를 지향하던 비구 측에서는 당연히 적극 호응하였다. 해인사도 예외가 아니었다.[222] 효당은 이승만의 불교 정화 유시가 있은 직후인 1954년 5월 26일부터 해인대학 문제로 구속되어 6개월간 서대문구치소에 수감되었다. 보다 이전, 효당은 1951년 8월에 야권에서 논의된 이승만의 하야를 위한 정변에 관련되었던 사실이 있었던 것 같다. 효당이 직접 기술한 그의 연보에는 '이승만 독재 제거 혁명을 책(策)함'이라고 짤막하게 적혀 있다.[223] 효당의 자필로 짤막하게 기록

---

221) 김광식, 『근현대불교의 재조명』(서울: 민족사, 2000), p.352.

222) 1955년 9월 해인사에서 이용조 등 80여 명은 스스로를 '民間佛敎'라고 자처하면서, 이대통령의 유시에 동조하여 해인사에 진입을 시도하던 이청담 등을 '官製佛敎'라고 비판하였다. 당시 寺內의 설석우 종정은 유보적인 입장으로 자리를 피하였다.[「接收前夜의 海印寺」, 『경향신문』(1955.9.5), 3면 ; 「佛敎宗正薛氏行方不明 寺刹接收問題와 有關?」, 『경향신문』(서울: 경향신문사, 1955.9.7), 3면].

223) 효당의 법적 사무를 오랫동안 맡아오던 비서 고순철의 구술에 의하면 부산 피난 정부시절 모종의 시도가 있었다고 한다.

되어 있어 그 이상은 알 수 없으나 이 사실은 후일의 심도 있는 연구가 요망된다.

이승만은 1954년 5월 20일 첫 '불교 정화 유시'를 필두로 1955년 12월 8일까지 모두 여덟 차례의 담화를 발표하였다. 그 유시는 불교계를 유혈의 소용돌이로 몰아 넣었다. 그는 해방 이후 불교계 내부에서 일본불교의 잔재를 청산하고 한국불교의 고유한 사상과 전통을 회복하려는 움직임이 진행되고 있는 사실을 모르고 있었다. 더구나 그는 국가의 최고 지도자로서 소관 부처의 장관에게 진상을 파악하여 적절하게 조치하라고 지시한 것이 아니라 구체적으로 대처승을 사찰에서 축출하라는 명을 내렸다. 이렇게 됨으로써 불교는 자정(自淨)의 노력을 더 이상 진행하지 못하고 공권력의 힘을 빌려서 파행적인 해결책을 찾게 되었다. 이로써 불교계는 지우기 힘든 상처를 남겼다.[224)]

비구승들은 대통령 이승만 유시에 따라 8월 24일부터 2일간 서울 안국동 선학원에서 60여 명이 모여 대표자 회의를 열었다. 10월 11일에는 경무대를 방문하여 불교 정화를 위한 강력한 유시를 다시 내려주기를 청하였다. 이승만은 11월 4일에 "일본식 정신과 습관을 버리고 대한불교의 빛나는 전통을 살리라"는 요지의 2차 담화를 발표했다. 짐작하건대 이승만은 한국불교 교리와 승단의 법맥 전수 등에 대해서는 전혀 아는 것이 없이 한국불교 전통이란 그저 승려는 결혼하지 않은 채 수도하는 독신자 정도로 알고 있었던 듯하다.[225)]

---

224) 김순석, 「이승만정권의 불교정책」, 『불교정화 운동의 재조명』(서울: 조계종출판사, 2008), p.55.

225) 김순석, 위의 글, p.69.

제헌 헌법 제2조는 "모든 국민은 신앙과 양심의 자유를 가진다. 국교는 존재하지 아니하며 종교는 정치로부터 분리된다"라고 명시되어 있음에도 불구하고 헌법을 지켜야 하는 국정의 수반자인 대통령 이승만은 불교계분쟁에 적극 관여하였다.

이승만의 불교 정화 유시가 있었던 시기는 1954년부터 1956년까지이다. 이 기간 동안 그는 자신의 독재 체제를 구축하기 위해서 불교계 문제를 활용했다고 볼 수 있다. 왜냐하면 이승만의 유시가 발표된 시기는 매번 그가 정치적으로 난관에 봉착했을 때였기 때문이다.

1954년 5월 20일, 제1차 유시는 민의원 선거 다음 날이었고, 11월 14일의 제2차 유시와 11월 19일의 제3차 유시는 국회에서 중임제한을 철폐하는 개헌안에 대해서 찬반양론이 치열하게 벌어졌던 날들이다. 12월 17일의 제4차 유시는 사사오입개헌 이후 야당 의원들이 호헌동지회를 결성하여 개헌 반대 투쟁을 전개하던 시기였다.[226]

이승만은 점점 강도가 센 담화를 이어갔다. 그는 주장하기를 비구승이냐 대처승이냐가 문제가 아니라 일제강점기 친일 행각을 했느냐 아니냐가 문제라고 하였다. 그러면서 대처승은 사찰에서 떠나라고 협박하며 점점 대처승은 친일 승려라는 등식을 성립시켜 갔다.

그렇다면 일제강점기 불교계 항일 승려로 첫 번째로 손꼽는 한용운은 개혁적인 『불교유신론』에서 승려도 결혼해야 한다고 주장하며 자신도 결혼하여 자녀를 두었다. 1930년대 그의 지도하에 결성된 비밀 항일 결사 단체인 만당의 창립 진성당원 20여 명 가운데 15명은

226) 김순석, 앞의 글, p.73.

일본에 유학한 승려들이고 이들 대부분은 결혼한 대처승이었다.[227] 이승만은 앞뒤가 맞지 않은 모순을 범하며 불교계를 분열시키는 정책을 구사하였다.[228] 비구승 측과 대처승 측의 분쟁은 우여곡절 끝에 1970년 5월 대처승들이 태고종이라는 새로운 종단을 창립함으로써 일단 막을 내렸다.

일제시대(특히 1920년대)에 사찰령 폐지를 통한 '불교 교단'의 자치운동을 주도했던 것은 한용운과 불교청년회, 불교 유신회 세력 등 모두 젊은 대처승이 주류였다. 그리고 1930년대 반일적인 만당(卍黨)운동을 주도한 젊은 엘리트 승려들 역시 대부분 대처승이었다. 따라서 1920~30년대를 거치면서 '반일 세력은 청년 엘리트 대처승'이라는 관계가 성립되었던 반면, 비구승 가운데 조직적이고 지속적인 민족운동을 벌인 사례는 거의 찾을 수 없다. 따라서 불교의 근대화와 혁신, 대중화 운동의 제일선에는 '개화승'의 맥을 잇는 신진 엘리트 대처승들이 앞장섰음이 분명하다.[229]

이 당시 비구는 200명, 대처승은 7000명이었다. 통합종단이 들어선 직후인 1964년 무렵 승려 수는 11,899명으로 급증했다.[230] 비구측은 숫자적 열세를 만회하기 위해 국가 권력의 강력한 개입요청과 급조된

---

227) 김광식, 「조선불교청년총동맹과 만당」, 『한국근대불교 연구사연구』(서울: 민족사, 1996), pp.268~269.[※ 효당은 1942년경 당시로는 매우 늦은, 약 40세 무렵 한용운의 권유로 여성계 단체인 '근우회' 집행위원장인 서석전의 딸과 결혼하였으나, 1964년 9월 27일 서울가정법원에서 박정임과 이혼 판결 송달 확정되었다(사건 64드93 이혼, 신청인 박정임)]

228) 김순석, 앞의 글, pp. 46~78.

229) 강인철, 「해방후 불교와 국가: 1945~1960」, 『사회와 역사』 57(한국사회사학회, 2000), p.88.

230) 「1964년 교계백서」, 『대한불교』(서울: 대한불교사, 1964.12.27).

승려를 필요로 했다. 이것은 이후 내내 승려 교육의 문제점을 배태시켰다.[231]

국가의 강력한 개입 아래 진행된 불교계의 정화는 한편으로 그 당위성을 지녔으나 그 실현 방안에서 많은 문제점을 야기했다. 불교와 정치의 유착은 불교 교단의 정치적 종속을 심화시켰다. 그뿐만 아니라 정화의 당위와 현실의 거리는 너무나 멀었다. 이외에도 수많은 인적 손실과 물적 손실을 가져왔다. 무엇보다 정화의 이념 과잉과 경직성, 방법과 전개 과정은 처음부터 한계를 지니고 있었음을 통찰해 볼 필요가 있다.[232]

1950년대 후반 이승만 정부의 종교적 개입은 비단 불교만이 아니라 천주교·유교·천도교 등 주요 종교들을 망라한 전면적인 것이었다. 이러한 점에서 국가에 의한 시민사회의 강제적 포섭의 일환으로 불교계의 내분을 조장하고 개입한 측면[233]이 있다. 따라서 불교계의 비구·대처 갈등은 국가에 의해 촉발되고 격화된 분규라고 할 수 있다. 이러한 이승만의 정책적 배려에 힘입어 비구승들은 비로소 불교계의 주류에 등장하게 되었다.

해방공간에서 정화 운동의 한 배경으로 김광식은 1947년 '부처님 법대로 살아보자'라는 슬로건을 내걸고 시작된 봉암사 결사를 꼽고 있다.[234] 그러나 보다 이전, 1945년 9월 22~23일 전국 승려대회 결의

231) 노치준, 「해방후 한국종교조직의 특성과 변천에 관한 연구」, 『현대 한국종교 변동연구』(한국정신문화연구원, 1993), p.103.
232) 고영섭, 「불교 정화의 이념과 방법」, 『불교 정화 운동의 재조명』(서울: 조계종출판사, 2008), pp.150~152.
233) 강인철, 앞의 글, pp.104~105.
234) 김광식, 「봉암사 결사의 재조명」, 『봉암사 결사의 재조명과 역사적 의의』(봉암사 결

로 김법린·효당·유엽 등의 만당계를 비롯한 젊은 엘리트 승려들이 해방공간에서 단행한 불교개혁에 주목할 필요가 있다. 그들은 불교계의 교권을 인수하고 식민지불교를 청산하겠다는 목적 아래 사찰령과 태고사법, 31본말사법 등을 폐지하며 일련의 개혁을 단행하였다.

이 무렵 불교계에서 인재를 기르고자 하는 뜻을 알고 1947년 8월에 조상만의 주선으로 효당과 신익희가 협력하여 '국민대학'을 설립하게 된다. 앞서 제2장의 3절 3항목인 '국민대학과 해인사' 항목에서 서술한 바와 같이, 정규대학으로 인가받기 위해서는 재단이 있어야 했다. 효당은 임시로 안호상 문교부 장관의 양해하에 해인사 재산을 재단법인 국민대학에 기탁한 후, 당시 해인사 지가증권을 활용하였다.

1947년 8월 10일에 효당을 이사장으로 하고 신익희·장택상·박승표·조상만·윤길중·김법린·임환경·박영희·한보순·황태호·장도환·한영태 등을 이사로 하여 재단법인 국민대학의 인가를 받았다. 또한 해공 신익희가 학장으로 취임하여 광복 후 처음으로 출범하는 사립대학이 되었다.

이러한 해방공간에서 중앙교단이 1945년 9월 22~23일의 전국 승려대회결의로 가야총림을 창설하여 1946년 10월경 구체화하기 시작하였다. 청담과 성철 등이 자신들이 구상했던 총림과 지향이 같다고 판단하고 1947년 하안거부터 해인사 가야총림에 합류했다.

하지만 당시 중앙교단 총무부장이던 효당과 효당의 은사이자 해인

사 60주년 기념 학술 세미나 자료집, 2007), pp.27~34.[※ 이 봉암사 결사는 성철·청담·우봉·보문·자운 등 20여 명의 승려들이 "일하지 않으면 먹지 않는다"는 원칙과 소작인의 소작료와 신도들의 보시 등을 거부할 것 등 18개 항목을 규약으로 삼았으며, 승가의 위의를 되찾고 중생을 구제하려는 근본불교를 지향하였다고 서술되어 있다.]

사 주지이던 임환경 측과 청담, 성철 등의 산문회 측이 가야총림의 제반 운영에 대해 논의하였으나 재정문제가 원만히 타결되지 않아 가야총림의 노선이 갈라지기 시작했다. 그 항변의 핵심은 변두리의 쓸모없는 전답에서 나오는 양식으로는 먹고 살 수 없다는 것이 총림 측, 즉 산문회(山門會)의 주장이었다.[235] 이후 성철이 먼저 해인사를 떠나 봉암사로 갔다. 이어 청담이 가서 함께 수행하며 봉암사 결사를 이룬다.

필자의 견해로는 당시 해인사의 전답이 국민대학 설립을 위해 이미 국민대학 재단법인에 귀속되어 있어 가야총림의 산문회 측에서 원하는 토지를 내어줄 수 없었던 것 같다. 이러한 갈등은 효당 이후의 후임자들이 해인사 산문회 즉 가야총림의 추인을 받지 못해 해인대학의 소유권을 상실하게 되는 결과를 낳은 것으로 추정된다. 결과적으로 불교계의 인재교육을 위한 큰 터전 하나를 잃은 셈이었다.

해방 이후 젊은 엘리트 대처승들이 불교 종권을 잡은 데 대해 1947년 5월 재야의 비구승들은 다양한 혁신적 단체들을 합작하여 전국불교도총연맹을 결성하여 중앙교단에 맞섰다. 교단 집행부는 연맹의 좌경 성향을 비판하면서 이들에 대항하였다. 정화 운동의 핵심 주제에 해당하는 대처승 문제는 총연맹이 '조선불교교단' 집행부를 비판하는 과정에서 이미 제기되고 있었다. 총연맹은 '조선불교총본원'이라는 별도 기구를 설립하여 '조선불교총무원'과 대립하였다.

이러한 양상은 1948년 초반 무렵까지 지속되었다. 하지만 총본원의 세력이 급속하게 약화되었다. 6·25 한국전쟁 직전 직후의 불교계는 '조선불교교단'이 대표하는 형국으로 유지되었다.[236]

---

235) 고영섭, 앞의 글, p.115.
236) 김상영, 앞의 글, p.162.

또 하나의 정화 운동의 배경으로는 1947년 송만암이 백양사를 중심으로 전개한 고불총림(古佛叢林) 정신에서 찾을 수 있다. 그러나 만암은 대처승 문제 해결에 있어 점진적인 해결 방안을 제시하였다. 1951년 6월 제3대 교정으로 선출된 송만암을 중심으로 불교계는 합리적이고 평화적인 방법으로 승단의 전통을 회복하려는 방안을 찾아가고 있었다. 이 자체적인 모색은 후유증이 적은 것이었다는 견해이다.[237]

그러한 내부의 합리적인 모색 중에 전혀 다른 방향에서 정화 운동이 시작되었다. 그 직접적인 계기는 1954년 5월 20일 이승만의 담화문에서 촉발되었다. 지극히 즉흥적이고 우연히 시작된 이 사건의 후유증은 상상을 초월하는 것이었다. 한국 불교계는 정화 운동의 소용돌이에 휘말려서 지울 수 없는 상처가 남게 되었다.[238]

봉암사 결사와 송만암의 고불총림 정신 등은 정화 운동의 내재된 배경일 수는 있었지만 직접적인 계기는 아니었다. 정화 운동의 직접적인 발단은 1954년 5월 20일 이승만의 담화문에서 시작된 것이다. 정부의 권력이 개입된 불교계의 파행은 단절되지 않은 채 오늘날에도 이어져 오고 있는 측면이 있다.

위의 연구자들이 언급한 바처럼 이승만은 정교(政教)분리정책을 지켜 불교계 정화는 불교계 내의 자정력(自淨力)에 맡겨두어야 했다. 그렇게 했더라면 그들 스스로 한국불교의 전통을 모색하여 그 정체성을 확립하며 순차적으로 종교의 본연성을 회복해 갔을 것이다.

237) 김순석, 앞의 글, p.54.
238) 김순석, 위의 글, p.55.

위에서 서술한 바처럼 한국 불교계를 대표해 오던 조계종과 태고종은 절 소유권을 두고 치열한 물리적·법적 투쟁이 있었다. 이 투쟁에서 이승만 정권이 비구 승단 조직인 조계종을 편들자, 국내 대부분의 사찰을 조계종단이 점유하였다.

효당은 두 종단 모두 종조(宗祖)의 연원을 중국에 둠은 큰 잘못이라 비판하였다. 효당은 자신이 평생 흠모해 온 원효의 교리 사상의 기반 위에 자생적이며 혁신적인 사회 참여성이 강하게 내포된 '원효불교'교단 설립을 1962년부터 추진해 왔다. 그러나 그의 생전에는 문공부의 '불교재산관리법'에 묶이어 '원효불교' 교단 설립인가가 나지 않았다. 효당 입적(入寂) 후 불교재산관리법은 폐지되었다. 현재는 허가제가 아닌 신고제로서 수십 개의 불교종단이 설립되어 있다.

이상으로 해방공간에서의 효당의 주요 활동을 살펴보았다. 해방 이후 효당은 불교계의 만당 출신 동지들과 함께 일제 식민지 치하의 상황을 극복하기 위해 매우 적극적인 대처를 하였음을 알 수 있다. 해방 정국에서 효당은 제헌의회로 진출하여 새롭게 수립된 헌법 제정에 참여하고 미래의 인재 양성을 위한 대학 설립에 주도적 역할을 하며 건국 사업에 적극적이었다.

그러나 세계대전 이후 국제적 이해관계에 따른 분단이라는 상황에 수반한 좌우 대립에 점차 주변부로 밀려나게 되었다. 그것은 단순히 외부적인 요인만이 아니라, 불교계 내부의 전통적인 수행과 새로운 시대를 맞이하여 적극적이고 개혁적인 사회화를 놓고서 벌어진 이해관계의 충돌이기도 하였다.

제3장

효당의 불교 활동과 국학적 교학 연구

1. 일본 유학과 불교 활동

1) 유학기의 활동

효당은 해인사지방학림에서 근대적인 중등교육과 함께 전통강원[1]의 사교과(四教科)와 대교과(大教科)를 마친 상태로 인명학(因明學)에 깊은 관심을 가졌다. 원래 효당은 해인학림을 다니던 16세에 1917년 신문관에서 발간한 장도빈의 『위인원효』를 읽고서 크게 감화를 받았다. 이후 이를 학문의 중추로 삼고자 하였다.[2] 그러나 일본에 대한 견문과 당시 신조류였던 사회주의와 같은 새로운 사상적 경향을 알기 위해서 1922년 6월 일본으로 유학을 떠났다.[3]

이후 박열을 만나게 된 효당은 시부야(渋谷)에서 다른 취직자리를 구하러 다니다가 일본 천태종(天台宗)의 보천사(寶泉寺)라는 절을 발견

---

1) 한국 사찰의 전통적인 교육과정인 강원은 17세기 이후 확립되어 각각 수년간 수학하게 되는데 초등과정인 沙彌科에서는『初發心自警文』·『沙彌律儀』·『緇門警訓』·『禪林寶訓』 등을 배우고, 중등과정인 四集科에서는『都序』·『書狀』·『節要』·『禪要』를, 고등과정인 四教科에서는『金剛經』·『楞嚴經』·『圓覺經』·『起信論』을 배운다. 이후 오늘날의 대학에 해당하는 大教科에서는『華嚴經』·『禪門拈頌』·『傳燈錄』·『禪家龜鑑』 등을 배우고, 대학원 기능의 經을 연구하는 隨意科나 禪院으로 들어간다.[한국정신문화연구원 편,『한국민족문화대백과』 1(성남: 한국정신문화연구원, 1997)의 '강원(講院)' 항목 참조]

2) 최범술, 「청춘은 아름다워라」 147(최범술 41화), 『국제신보』(부산: 국제신보사, 1975.3.23), 5면.

3) 최범술, 「청춘은 아름다워라」 120(최범술 14화), 『국제신보』(부산: 국제신보사, 1975.2.14), 5면.

하고 양해를 구한 후 불전에 예배를 드렸다. 그것을 인연으로 그 절 주지였던 사카도 치카이(坂戶智海)를 알게 되어 호형호제하는 사이가 되었다. 그를 통해서 고려 제관(諦觀)법사의 『천태사교의(天台四教儀)』도 접하게 되었다.

사카도 치카이(坂戶智海)를 만난 이후 효당은 서상영의 소개로 마동기가 이끄는 조선인 고학생들의 단체인 '갈돕회'에서 엿장수를 하게 되었다.[4] 이 갈돕회는 상호부조의 의미를 지닌 우리말 '갈돕'을 이념으로 하여 고학생들을 돕기 위해 1920년 6월 21일 국내 경성 중앙예배당(YMCA)에서 결성된 단체이다. 그 회장에 최현·부회장에 박희창·총무에 최하청 등과 함께 이들을 후원하기 위하여 총재에 이상재와 부총재에 이승준을 선정하였다. 그리하여 이듬해 일본에도 지회가 생겼고, 국내에서 회지로 1922년부터 '갈돕'을 발행하였다.[5]

또한 갈돕회에서는 전국적으로 순회하며 연극으로써 문화선전 활동을 병행하였다. 재일조선 유학생들로 이루어진 동경 고학생 순회연극단이 1922년 하기방학을 맞아 7월 5일 부산에 도착하였다. 그들은 8월 9일까지 구성원을 일신하여 전국의 주요 도시들과 간도까지 순회공연을 계속하다가 함경북도 회령 공연을 끝으로 해산하였다.

---

4) 효당은 우리말 '갈돕'을 자기들 자신이 서로 도와나간다는 '自立自助'의 의미로 설명하였다.[최범술, 「청춘은 아름다워라」 124(최범술 18화), 『국제신보』(부산: 국제신보사, 1975.2.20), 5면] ; 최범술, 「청춘은 아름다워라」 125(최범술 19화), 『국제신보』(부산: 국제신보사, 1975.2.21), 5면[※ 원문에는 17화로 誤記] ; 최범술, 「청춘은 아름다워라」 126(최범술 20화), 『국제신보』(부산: 국제신보사, 1975.2.22), 5면 ; 최범술, 「청춘은 아름다워라」 127(최범술 21화), 『국제신보』(부산: 국제신보사, 1975.2.23), 5면.

5) 「『갈돕』會創立」, 『동아일보』(경성: 동아일보사, 1920.6.23), 석간 3면 ; 독립운동사편찬위원회 편, 『독립운동사』 9(서울: 독립유공자사업기금운용위원회, 1970), pp.899~901 ; 최덕교, 『한국잡지백년』 2(서울: 현암사, 2005), pp.380~385.

당시 구성원은 단장 최진순을 비롯하여 무대감독 이수창·배경 장치 임성기·건축부 이규영이었다. 단원으로는 김철·최갑춘·조봉암·이지재·정병기·이민항 등이 있었다.[6] 이처럼 갈돕회는 민족주의와 사회주의 계열의 인물들이 혼재되어 광복 이후까지 존속하였다.[7]

그러나 효당이 숙식을 해결코자 처음으로 하게 된 갈돕회의 고학은 가짜 고려인삼 엿장수였다. 그 일은 어느 면에서 열악한 상황이었다.[8] 이후 곧 효당은 공사장 인부, 인력거꾼을 포함해서 다양한 고학을 하면서 1923년 4월 일련종파가 세운 릿쇼(立正)중학교 3학년에 편입하였다. 이 학교에는 해인사에서 같이 공부하던 이덕진·이지영·김상철이 4학년으로 다녔다. 그 후 효당의 소개로 송지환이 2학년으로 입교했다.[9]

(1) 조선학과 근대사상의 습득

이 무렵 국내에서는 개화기 이후 이어온 서구의 근대적 사상의 조류 속에서 조선의 문화적 정체성의 위기를 각 방면에서 다루는 여러

---

6) 한국정신문화연구원 편, 『한국민족문화대백과』 1(성남: 한국정신문화연구원, 1997)의 '갈돕회순회연극단' 항목 참조 ; 「今日釜山의 初幕으로」, 『동아일보』(경성: 동아일보사, 1922.7.5), 석간 3면.

7) 한규무, 「1920~1930년대 고학생 갈돕회의 설립과 활동」, 『한국민족운동사연구』 73(한국민족운동사학회, 2012), p.212, p.243 ; 「學究에 불타는 苦學生의 生活」, 『동아일보』(서울: 동아일보사, 1947.12.31), 석간 2면.

8) 최범술, 「청춘은 아름다워라」 124(최범술 18화), 『국제신보』(부산: 국제신보사, 1975.2.20), 5면.

9) 최범술, 「청춘은 아름다워라」 127(최범술 21화), 『국제신보』(부산: 국제신보사, 1975.2.23), 5면 ; 최범술, 「청춘은 아름다워라」 137(최범술 31화), 『국제신보』(부산: 국제신보사, 1975.3.8), 5면.

시도가 있었다. 대체로 역사 및 위인과 문화 전적에 대한 재조명이 주류를 이루었다. 조선의 문화에 대한 재조명은 1910년 전후, 신채호·박은식·장지연·최남선 등이 『대한매일신보(大韓每日申報)』와 그 후신인 『매일신보(每日申報)』 등의 언론에서 다루며 대표적으로 활동하였다. 그중에 장지연과 최남선은 불교계와도 밀접한 관계를 맺고 있었다.

특히 최남선은 1918년 조선불교의 정체성에 관련된 여러 편의 글을 『조선불교총보(朝鮮佛教叢報)』, 『매일신보(每日申報)』 등에 기고하였다. 그는 이미 1916년 12월 15일 「동도역서기(東都繹書記)」를 연재하던 『매일신보』 1면에서 '조선학(朝鮮學)'을 처음으로 거론하였다. 1922년 잡지 『동명(東明)』의 창간사에서 처음으로 진정한 국학의 의미로 '조선학'을 사용하였다. 이후 이른바 '조선학'은 1920년대부터 차츰 조선의 학계와 사상계를 아우르는 주제로 자리 잡게 되었다.

이 당시 유학 중이던 효당은 한편으로 입학 전부터 고학 중에도 시간이 날 때마다 서점들을 돌아다니면서 다양한 사상을 탐구하였다. 그에 대하여 다음과 같이 회고하였다.

> …당시 읽은 책 가운데는 마르크스·엥겔스의 『유물사관』, 『자본론』, 크로포트킨의 『청년에게 호소함』, 『상호부조론』, 다윈의 『종의 기원』, 멘델의 『유전학』, 드 프리스의 『돌변설』 등이었다. 그중 나는 생물학에 관한 것을 매우 재미있게 읽었다. 그리고 일본 무정부주의자 대삼영(大杉榮)의 「정의를 구하는 마음」[10]을 탐독했고 그 밖의 산천균(山川均)과 계리언(堺利彦), 하상조(河上肇)의 저서를 읽기도 했다.….[11]

---

10) 원제는 『正義を求める心』로 1921년 9월 9일에 발간되었다.[大杉栄, 『(大杉栄論集) 正義を求める心』(東京: アルス, 1921), pp.318~325]

11) 최범술, 「청춘은 아름다워라」 126(최범술 20화), 『국제신보』(부산: 국제신보사,

이 시기의 효당의 근대적 학문과 사상에 대한 탐구는 이후 1928년에 발간된 『금강저(金剛杵)』 16호에 기고한 「비약(飛躍)의 세계(世界)」에 잘 드러나 있다.[12] 이 글에서 비약의 의미를 해탈의 과정인 십이연기에 비유하며, 혁명적인 진화의 과정으로 재해석했다.

> "…곧 불교에서는 이 경이와 신비성을 가진 것을 무명(無明)이라고 말하고 또한 진리에 향하여 조직된 논리적 설명을 십이인연(十二因緣)이라 말하며 이 십이인연을 원인과 결과로 보아서 사진제(四眞諦)라는 방법으로서 설명한 것이라 합니다. 이 방식을 본 우리들은 진리를 인식하는데 일대 비약을 보게 되었습니다. 이같이 진리로 진리에 비약으로부터 비약한 흔적을 진화론적 학설이라고 말하여도 될 것 같이 생각됩니다.…"[13]

특히 이에서 크로포트킨을 비롯한 근대사조의 여러 사상과 과학이 효당에게 영향을 주었음을 보여준다.[14] 이러한 영향으로 효당의 「비약의 세계」에는 생물학으로 다윈의 진화론과 드 프리스의 돌연변이설[15], 물리학으로 뉴튼의 역학과 아인슈타인의 상대성이론, 서양철학의 논리학으로 아리스토텔레스·베이컨·헤겔·칸트 등을 언급하였다. 특히 철학자인 헤겔의 학설을 다윈과 같은 진화론으로 아래와 같이 파악하였다.

1975.2.22), 5면.

12) 崔英煥, 「飛躍의 世界」, 『金剛杵』 16(東京: 金剛杵社, 1928.6.27), pp.2~8 ; 최범술, 「飛躍의 世界」, 채정복 편, 『효당최범술문집』 1(서울: 민족사, 2013), pp.323~331.

13) 崔英煥, 위의 글, pp.2~3.

14) 崔英煥, 위의 글, pp.3~4.

15) Hugo de Vries는 네덜란드의 식물학자로 생몰연대는 1848~1935년이다.

"…또한 논리학도 고대의 형식에만 한하여 연구하던 연역적 논리(아리스토텔레스Aristoteles의 논리)나 귀납적 논리(베이컨Bacon의 논리)가 헤겔(Hegel)이나 다윈(Darwin) 등의 진화론적으로 발달하였으며, 또한 칸트(Kant)가 주창한 인식적 논리학을 보게 됨은 확실히 형식적 논리학에서 운운하던 것보다도 일층심입(一層深入)하여 사고하는 내용의 본질을 연구하는 인식론적 논리학의 수훈(殊勳)은 일대비약(一大飛躍)을 말하지 않습니까?…"[16]

이는 변증법에 대한 효당의 해석이었다. 또 나아가 사회사상가들로는 당시 '다이쇼 데모크라시(大正デモクラシ)'시대의 일본에서 유행하였던 크로포트킨과 마르크스를 열거하였다. 박열 등과의 불령선인사(不逞鮮人社) 활동에 참여했던 효당은 무정부주의를 대표하는 사상가인 크로포트킨의 『청년에게 호소함』[17]과 『상호부조론』[18]에 많은 영향을 받은 것으로 보인다.

이러한 크로포트킨의 사상들은 일본에서 1904년 6월 17일에 주간 『평민신문』에 『상호부조론』이 니시카와 고지로(西川光二郎)에 의해 「동물계 상호부조」로 소개되었다. 이후 고토쿠 슈스이(幸德秋水)가 차츰 이러한 크로포트킨의 영향을 강하게 받게 되었다.[19] 그리고 일본

16) 崔英煥, 앞의 글, p.4.

17) 크로포트킨이 1880년 프랑스에서 불어로 쓴 「Aux Jeunes Gens」이 원작이다.[김미지, 「동아시아와 식민지 조선에서 크로포트킨 번역의 경로들과 상호참조 양상 고찰」, 『비교문화연구』 43(경희대학교 비교문화연구소, 2016), p.172].

18) 크로포트킨은 영국에서 1888년 학술잡지 『19세기(The Nineteenth Century)』에 게재된 헉슬리(Thomas Henry Huxley, 1825~1895)의 「生存競爭論」에 대한 비판으로 1890년 『相互扶助論』의 첫 논문을 같은 잡지에 게재하였다. 이후 1902년 정식으로 출간되었다.[피트르 알렉세이비치 크로포트킨, 구자옥·김휘천 역, 『상호부조 진화론』(파주: 한국학술정보, 2008), pp.8~17, pp.47~48].

19) 유병관, 「고토쿠 슈스이(幸德秋水)의 제국주의 비판과 일본 아나키즘의 수용과

의 오스기 사카에(大杉榮)가 번역한 「청년에게 호소함(青年に訴ふ)」은 1907년 3월 『평민신문』에 번역되었다. 1922년에는 잡지 『노동운동』에도 게재되었다.[20]

원래 일본에서 초기에는 무정부주의가 사회주의 사상의 한 갈래로 소개되었다. 그러다가 1910년 '대역사건(大逆事件)'으로 인해, 성장하던 무정부주의를 포함한 초기 사회주의 세력은 일시에 위축되었다. 오히려 다이쇼시대(大正時代, 1912~1926)에 들어서 1910년대 중후반에 이르면 '다이쇼 데모크라시'가 시대의 정점을 이루었다. '다이쇼 데모크라시'라 불리는 이 사조는 민본주의 세력의 성장과 함께 노동운동과 사회주의 운동 전반이 활성화되는 새로운 국면으로 들어서게 하였다.

무정부주의자 고토쿠 슈스이(幸德秋水)가 주창하던 생디칼리즘(syndicalism)[21]의 '직접행동론(anarcho syndicalisme)'[22]을 따르던

정」, 『日本硏究』 41(한국외국어대학교 일본연구소, 2009), pp.38~39.

20) 김미지, 「동아시아와 식민지 조선에서 크로포트킨 번역의 경로들과 상호참조 양상 고찰」, 『비교문화연구』 43(경희대학교 비교문화연구소, 2016), p.177.

21) 20세기 초에 서유럽에서 나타난 운동이다. 이 운동은 정당이 아닌 노조가 사회의 혁명적인 변혁을 위한 적절한 수단이라는 생각을 가지고 있다. 어원은 프랑스어의 'syndicat'에 있으며, 노동조합을 통해서 사회주의를 실현하려 한 사상 및 운동을 말한다. 생디칼리즘은 2개로 구별되는데 그중 하나는 노동가 계급의 이해를 대표하는 정당 형성과 그를 통한 정치운동을 인정하지 않고 노동운동을 경제투쟁에 한정시키려는 노동조합주의의 '우파 생디칼리즘'이고, 나머지 하나는 과격한 '혁명적 생디칼리즘'이다. 이 '혁명적 생디칼리즘'은 오로지 노동조합의 직접행동과 그 최고 형태로서의 총파업(general strike)에 의해서 사회혁명을 달성하고 공산제에 의거한 생산·소비조합의 자유로운 활동을 통해 신사회를 구성하려고 한다. 보통 '생디칼리즘'이라고 하면 이 '혁명적 생디칼리즘'을 뜻하며 국가권력을 부정하는 점에서 무정부주의적인 '아나코 생디칼리즘(anarcho syndicalisme)'으로도 불린다.[고영복 편, 『사회학사전』(서울: 사회문화연구소, 2000), '생디칼리즘(syndicalism)' 항목 참조 ; 박은태 편, 『경제학사전』(서울: 경연사, 2010), '생디칼리즘(Syndicalism)' 항목 참조 ; 정치학대사전편찬위원회 편, 『21세기 정치학대사전』(서울: 아카데미아리서치, 2002)의 '아나코생디칼리즘(anarcho syndicalisme)' 항목 참조].

오스기 사카에(大杉榮)는 사카이 도시히코(堺利彦), 야마카와 히토시(山川均) 등과 어울렸다.[23] 그 위축의 시기인 1912년 10월에 그가 아라하타 간손(荒畑寒村)과 『근대사상(近代思想)』을 창간하면서 당대에 유행하던 개인주의 사상을 접합시켜 특유의 무정부주의적 이론과 운동론을 구축하였다. 그는 다이쇼(大正) 중반기의 사회주의 운동을 주도하였다. 이후 이러한 개인주의 사상은 일본에서 논쟁을 통해 사회주의 세력과 완전히 분리되는 하나의 중요한 계기가 되었다.[24]

또한 1910년 5월에 일어난 고토쿠 슈스이(幸德秋水)를 중심으로 일어난 '대역사건'은 불교 승려들도 깊이 관련되었다. 이 대역사건은 미야시타 타키치(宮下太吉), 니이무라 타다(新村忠雄), 후루카와 리키사쿠(高河力作), 간노 스가(管野スガ) 4명이 폭탄으로 메이지(明治)천황을 암살하려는 사건이었다. 사전에 그 모의가 적발되어 고토쿠 슈스이(幸德秋水) 등 모두 26명이 검거되었다. 이 중에 고토쿠 슈스이(幸德秋水)를 비롯하여 12명은 판결 후 1주일도 되지 않은 1911년 1월 24일에 처형

---

22) '직접행동론'은 '아나코 생디칼리즘(anarcho syndicalisme)'으로 '勞動組合主義'라고도 한다. 일본에서는 의회를 통해 개혁을 실현하려는 '의회정책론'을 거부하는 입장과 대별되는 의미로 '직접행동론'이라 호명되었다.[유병관, 「고토쿠 슈스이(幸德秋水)의 제국주의 비판과 일본 아나키즘의 수용과정」, 『日本研究』 41(한국외국어대학교 일본연구소, 2009), p.39의 각주32 참조 ; 조세현, 『동아시아 아나키즘, 그 반역의 역사』(서울: 책세상, 2001), p.33 ; 표트르 크로포트킨, 김유곤 譯, 『크로포트킨 자서전』(서울: 써네스트, 2014), p.511].

23) 유병관, 「1910년대 일본의 개인주의와 아나키즘-오스기 사카에(大杉榮)와 『근대사상(近代思想)』을 중심으로」, 『일본언어문화』 20(한국일본언어문화학회, 2011), pp.367~369 ; 유병관, 「1910년 '大逆事件'의 역사적 의미」, 『翰林日本學』 16(한림대학교 일본학연구소, 2016), p.39.

24) 유병관, 「1910년대 일본의 개인주의와 아나키즘-오스기 사카에(大杉榮)와 『근대사상』을 중심으로」, 『일본언어문화』 20(한국일본언어문화학회, 2011), p.375.

되었다.[25] 여기에는 하코네(箱根)의 조동종 임천사(林泉寺) 주지인 우치야마 구도(内山愚童)가 있었다. 그 외에도 무기징역으로 감형된, 정토진종 대곡파(大谷派)의 타카기 켄묘(高木顕明)·임제종의 미네오 세츠도(峯尾節堂)·정토진종의 사사키 도겐(佐々木道元)·진언종의 모리 사이안(毛森柴庵)·조동종의 이노우에 히데오(井上秀夫) 등이 있었다. 그리고 '무아애(無我愛)'운동으로 알려진 정토진종 대곡파의 이토 쇼신(伊藤証信)도 이 사건으로 구속되었다.

이들은 불교가 가지는 무정부주의 혹은 사회주의와의 공통점에 주목하였다. 무엇보다 교단불교에 대한 비판과 사회참여의 방법으로 아나키즘과 사회주의를 적극적으로 활용하고자 하였다.[26]

특히 이러한 공통점에 대하여 우치야마 구도(内山愚童)는 자신의 신앙으로 대승불교의 대표적 교리인 "모든 중생은 불성이 있고(一切衆生悉有佛性),[27] 이러한 법은 평등하여 위아래가 없으니(此法平等無高下),[28] 일체중생은 나의 아들이다(一切衆生的是吾子)[29]."라는 말이 곧 사회주의라고 하였다. 그는 석가모니가 왕권을 버리고서 출가수행한

---

25) 유병관, 「1910년 '大逆事件'의 역사적 의미」, 『翰林日本學』 16(한림대학교 일본학연구소, 2016), p.30.

26) 원영상, 「근대 일본불교의 현실참여와 아나키즘」, 『일본근대학연구』 33(한국일본근대학회, 2011), pp.351~352.

27) 『大般涅槃經』 卷第六 「如來性品」 第三(大正藏 12卷 No.0374 p.402 下).
"…是故我今 說是四依, 法者即是法性, 義者即是如來常住不變, 智者了知一切衆生悉有佛性, 了義者了達一切大乘經典.…"
[※ 주로 『大般涅槃經』에서 자주 보이는 문구가 '一切衆生悉有佛性'이다.]

28) 『金剛般若波羅蜜經』(大正藏 8卷 No.0236 p.757 上).
"…復次, 須菩提! 此法平等無有高下, 是名阿耨多羅三藐三菩提.…"

29) 『妙法法華經』 卷第二 「譬喩品」 第三(大正藏 9卷 No.0262 p.14 下).
"…一切衆生, 皆是吾子, 深著世樂, 無有慧心.…"

점에 주목하였다.[30]

또 앞서 언급한 '무아애'운동의 이토 쇼신(伊藤証信) 역시 아집을 타파하는 불교의 무아론에 기초해서 사회주의나 무정부주의가 가지는 공동체 의식에 주목하였다. 정천사(浄泉寺)의 주지로 임명된 타카기 켄묘(高木顕明)도 부락 문제 등의 차별철폐에 관심을 기울였다. 그는 특히 사카이 도시히코(堺利彦), 고토쿠 슈스이(幸徳秋水) 등과 선(禪)을 논하고, 이시카와 산시로(石川三四郎)에게는 좌선을 지도하기도 했다.[31]

이후 일련주의(日蓮主義)에 심취하여 이상적인 불국토를 꿈꾸었던 세노오 기로(妹尾義郎)는 1930년대에 신흥불교청년동맹을 주도하면서 『상호부조론』과 일맥상통하는 불교의 상의상관(相依相關)인 연기론(緣起論)에 주목하였다.[32] 그는 노조운동·농민운동·차별철폐를 위한 수평사운동과 반전운동을 주도하였다. 이러한 노선은 기본적으로 사회주의 이념과 당시 국제적인 무정부주의의 영향을 받은 것이었다. 특히 농민운동은 크로포트킨 계열의 무정부주의를 잇고 있었다.[33]

그러나 당시 일본에서 유학하던 효당이 영향을 받았던 크로포트킨의 『상호부조론』은 자연도태설을 무시하는 것이 아닌 극단적인 진화론에 대한 비판이었다.[34] 그러므로 효당 또한 이를 「비약의 세계」에

30) 원영상, 앞의 글, p.352, p.356.
31) 윤기엽, 「일본 근대불교와 사회주의운동-메이지기(明治期)의 사회주의에 한정하여」, 『한국사상과 문화』 46(한국사상문화학회, 2009), p.81, p.83.
32) 妹尾義郎, 「社会変革途上の新興仏教」, 『新興仏教パンフレット』3(東京: 佛旗社, 1932), p.88의 '附錄 新興佛教青年運動の指導原理運動方針と私案'에 있는 '三. 新興佛教青年運動の指導原理'를 참고.
33) 원영상, 앞의 글, p.353~355, p.362.
34) 피트르 알렉세이비치 크로포트킨, 구자옥·김휘천 역, 『相互扶助進化論』(파주:

서 '비약'이라고 하는 말로써, 「불타의 면영」에서는 불교의 '해탈'을 궁극적인 진화로 해석하였다. 효당은 해탈에 이르는 과정과 진화의 과정을 동일한 시각으로 이해한 것이다.

결과적으로 이처럼 불교계가 사회주의로부터 받은 영향은 매우 컸다. 국내의 만해 한용운에게서도 보인다. 1932년 잡지 『삼천리』와 회견한 「대성(大聖)이 오늘 조선에 태어난다면?」에서 불교의 경제관을 '불교사회주의'라고 한 것에서 일정 부분 확인된다.[35] 그러나 만해는 이후 1938년 잡지 『불교』 11집에 기고한 「공산주의적 반(反)종교 이상은 과연 실현될 것인가」에서 러시아 정교회(正教會)에 대한 종교탄압을 이유로 소련 공산주의에 대해 비판적 시각으로 변화했다.[36]

만해의 이러한 사상적인 변화는 그를 따르던 만당 당원들에게도 일정 부분 영향을 주었을 것으로 짐작된다. 그 외에도 효당은 1920년대 일본을 방문한 인도의 시성(詩聖) 타고르의 강연을 인상 깊게 들었다. 특히 효당은 풍부한 타고르의 음색과 음성에 경이로움을 느꼈다고 했다.[37]

한국학술정보, 2008), p.16의 애쉬리 몬타그(Ashley Montagu)가 쓴 「책 머리말(1955년판)」 참고.

35) 「大聖이 오늘 朝鮮에 태어난다면?」, 『三千里』(三千里社, 1932.1.1), p.71.

36) 萬海, 「共産主義的 反宗教異想은 果然 實現될 것인가」, 『佛教』 11(京城: 佛教社, 1938.2), pp.4~9.

37) 최범술, 「靑春은 아름다워라」 136(최범술 30화), 『국제신보』(부산: 국제신보사, 1975.3.6), 5면[※ 원문에 나오는 '타고르가 1916년에 타고르가 우리나라를 거쳐 일본 동경으로 온 적이 있다'는 오기이다. 타고르는 1916년부터 1929년까지 일본을 수차례 방문하였지만 조선에 온 적은 없었다.] ; 이옥순, 「식민지 조선의 '동양', 타고르의 '동양'」, 『담론 201(Discourse 201)』 7(한국사회역사학회, 2005), p.57의 각주3, p.65, p.75 ; 김우조, 「타고르의 조선에 대한 인식과 조선에서의 타고르 수용」, 『印度研究』 19(한국인도학회, 2014), p.43, p.46.

(2) 『금강저』의 간행

『금강저(金剛杵)』는 1924년 5월 1일 일본 도쿄(東京)에서 창간된 재일본불교청년회의 기관지이다. 이 잡지는 효당을 비롯한 조선 유학생들이 발행하던 『적련(赤蓮)』을 개칭하여 발간한 것이다. 이 『금강저』는 31본산에 대한 반발로써 반일적인 성향을 내포한 채 발간되었다.[38] 이후 1943년 1월 25일에 발간된 통권 26호로 종간되었다. 이 잡지의 발간 배경에는 구한말 개항 이후 조선 불교계가 일본 불교를 배워야 하겠다는 현실적 자각이 있었다. 현실적 자각 속에서 일본을 시찰하였고 많은 청년이 일본으로 유학을 떠났었다.

원래 이 금강저는 산스크리트어로 'Vajra'라 부르며 불교 의식에 사용되는 불교 용구의 하나였다. 저(杵)는 인도 고대의 무기 가운데 하나이다. 인도 신화에서는 제석천이 아수라와 싸울 때 코끼리를 타고 금강저로 아수라의 무리를 쳐부순다.[39] 뒤에 밀교(密敎)에서 파사현정(破邪顯正)의 의미로 이를 불구(佛具)로 채용하여 여러 존상의 지물(持物), 또는 수행의 도구로 사용하게 되었다.

따라서 이러한 제호는 당연히 현실에 대한 개혁의 의미를 지니고 있

---

38) 이때 유학생들은 효당처럼 불교계 출신인 河世明, 金相哲, 金鍾哲, 李德玧, 金世愚, 金鳳翼, 張道煥, 李昶昱, 宋芝煥, 金景凉 등의 10여 명과 信徒인 100여 명의 학생들이었다.[최범술, 「청춘은 아름다워라」 128(최범술 22화), 『국제신보』(부산: 국제신보사, 1975.2.24), 5면 ; 김광식, 『韓國近代佛敎의 現實認識』(서울: 민족사, 1998), p.139].

39) 『大寶積經』 卷第十三 密迹金剛力士會 第三(大正藏 11卷 No.0310 p.75 中).
"…爾時密迹謂天帝釋, '仁者名號執持金剛拘翼, 今日仁者且從地擧此金剛杵.' 時天帝釋以無限神力, 極闡神足, 欲擧其金剛了不能擧. 爾時天帝釋前白佛言, '吾等之身及諸天俱, 與阿須輪鬪, 以一手指擧維質阿須輪所在, 投之如一圓丸, 皆令犇馳不知所湊. 又是金剛其形小小而不能動乎?'…"

었다. 이처럼 다분히 개혁적인 성향을 지니고 일본으로 간 조선 유학생들은 학업 중에 상호간의 친목과 불교혁신을 기하기 위해서 불교청년단체를 조직하였다. 1920년 조선불교유학생학우회·1921년 재일본조선불교청년회·1931년 조선불교청년총동맹 동경동맹·1936년 조선불교동경유학생회 등을 결성하였다.[40]

이러한 재일 불교 청년단체에서 『금강저』를 펴낸 목적은 창간사에서 밝히고 있다.

> "조선불교의 시대상을 토구(討究)하며 늘려서는 세계불교와 아울러 문화의 움직임을 변조(遍照)하여 사정(邪正)을 비판하고, 사생(死生)을 계시(啓示)하여 권태에서 방황하는 교도와 절망으로 파멸되는 인류와 같이 새 운명을 개척하고 생의 문화를 창조하며 가사(袈裟)를 정엄(淨嚴)하고 자유의 춘광을 영원히 노래하자."[41]

라는 본원(本願)을 가지고 새 불교 건설의 '준비군(準備軍)'의 역할을 다하겠다는 사명 의식이 작용하였다. 또 나아가 '무산자(無産者)의 표본적 잡지! 역경아(逆境兒)의 대표적 잡지! 다시 말하면 선천적(先天的) 빈혈아의 잡지!'라고 스스로 그 사회 참여적인 성격을 표방하였다.[42]

그러므로 『금강저』에는 불교 연구에 대한 글을 포함하여 당시 조선불교계의 여러 실상에 대한 분석과 그에 대한 비판에 관한 많은 글이

---

40) 姜裕文, 「東京朝鮮佛教留學生沿革一瞥」, 『金剛杵』 21(東京: 金剛杵社, 1933.12.16), pp.22~26 ; 김광식, 『韓國近代佛教의 現實認識』(서울: 민족사, 1998), p.129, p.135, p.153, p.164.

41) 朴允進, 「金剛杵續刊에 際하여」, 『金剛杵』 19(東京: 金剛杵社, 1931.11.1), p.45.

42) 朴允進, 「金剛杵續刊에 際하여」, 『金剛杵』 19(東京: 金剛杵社, 1931.11.1), p.46.

실려 있다. 따라서 그 당시를 이해하는데 오늘날 중요한 사료적 가치가 있다. 이처럼 당시 조선불교의 현안에 대한 유학생들의 현실 인식을 보여주는 주제로는 1920년대 실시된 일본불교시찰과 학인대회 및 조선승려대회가 주요 현안이었다. 그 외에 교육, 인재 양성, 교계의 조직에 관한 사항이었다.[43] 이러한 시대 상황은 러시아혁명으로 인해 무정부주의와 사회주의의 조류가 끼친 영향이 컸다.

『금강저』의 창간에 관여한 여러 인물 중에서 효당과 해인사에서 같이 공부하던 이덕진·이지영·김상철은 일본에서 공산 계열로 분류된 노동운동단체인 조선노동총동맹공생회지부(朝鮮勞動總同盟共生會支部)에 관련되어 있었다. 여기서 이지영은 이용조의 이명(異名)으로 보인다. 일제의 감시기록인 『용의조선인명부(容疑朝鮮人名簿)』에 의하면 그는 일본 동경의학전문학교에서 유학을 하면서 1925년경에 노동운동에 관계하여 '이지영(李知英)'이라는 이름으로 활동하였다. 그러나 이 사찰 기록에 대한 근거인 일본외무성기록인 「朝鮮勞動總同盟支部設立こ關スル件」[44]에는 '이지영(李智榮)'으로 나오는데 여기에 이덕진·김상철과 같이 노동운동을 한 첩보가 있었다. 따라서 '이지영'이라는 한글 발음에 근거한 여러 이름을 사용한 것으로 보인다.[45]

---

43) 제점숙, 「근대 불교잡지에 나타난 재일 조선불교 유학생들의 현실 인식-재일불교청년단체의 기간지 「금강저(金剛杵)」를 중심으로」, 『비교일본학』43(한양대학교 일본학국제비교연구소, 2018), p.152.

44) 국사편찬위원회의 판독은 '朝鮮勞動總同盟支部設立ニ關スル件'이다.

45) 이용조는 1934년 일제가 작성한 『容疑朝鮮人名簿』에 따르면 일본에서 1929년 3월 東京醫學專門學校를 졸업하고 귀국하였다가 1932년 10월 朝鮮總督府 外事課 囑託醫官으로 만주국 길림 근무를 명령받고 파견되어 정작 만당의 중요한 국내활동을 함께하지 못하였다. 이용조는 『금강저』 21호의 p.28에 丁卯年(1927년) 졸업으로 실린 것과 다르게 1929년 5월 1일자 『금강저』 17호의 pp.2~3에 李智英이라는 필명으로 「졸업 축하를 받고」를 게재하였고, p.51의 「消息」에 따르면 東京

그러므로 이러한 당시 시대적 영향으로『금강저』에는 불교학 연구 외에 조선의 역사와 국어연구, 사회와 과학 등에 대한 다양한 주제의 글들이 수록되어 있었다. 효당을 제외한 여타 저자의 현존하는 중요 기고문을 효당의 유학 기간 중으로 한정하여 1933년까지 주제별로 살펴보면 다음과 같다.

◎ 불교학

『금강저』 15호 : 김태흡의「대은교주 석존의 인격과 그 종교에 취(就)하여」[46)]

『금강저』 16호 : 박창두의「불타의 고관」[47)]

『금강저』 17호 : 최응관의「불타의 정신」[48)]

『금강저』 19호 : 뇌묵의「주지론」,[49)]

허영호의「상좌대중 이부의 분열에 대하여」,[50)]

의학전문학교를 졸업하게 되어 1929년 2월 10일 오후 1시에 열린 졸업생 송별회에 참석하였다.[『國外ニ於ケル容疑朝鮮人名簿』(1934) 중의 '李龍祚'편 참조 ; 鮮高秘第8024號;機密 受第6335號「朝鮮勞動總同盟支部設立ニ關スル件」,『不逞團關係雜件 朝鮮人ノ部 在內地 十四』(발신일: 1925년 6월 14일 ; 수신일: 1925년 6월 15일) ;「消息」,『金剛杵』 17(東京: 金剛杵社, 1928.6.27), p.51].

46) 金泰洽,「大恩敎主釋尊의 人格과 그 宗敎에 就하여」,『金剛杵』 15(東京: 金剛杵社, 1928.1.1), pp.2~7.

47) 朴昌斗,「佛陀의 苦觀」,『金剛杵』 16(東京: 金剛杵社, 1928.6.27), pp.11~14. [※『金剛杵』 16호는 마지막 面에 6월 25일에 印刷納本해서 10월 27일에 發行되었다고 밝히고 있다. 그러나 1933년 12월 16일 발행된 金剛杵』 21호의「金剛杵 自創刊號 至二十號 總目錄」p.63에 의하면 1928년 6월 27일에 발행되었다. 따라서 16호는 인쇄되었던 달과 같은 6월에 발행된 것으로 보인다.]

48) 崔應觀,「佛陀의 情神」,『金剛杵』 17(東京: 金剛杵社, 1929.5.1), pp.22~23.

49) 雷黙,「住持論」,『金剛杵』 19(東京: 金剛杵社, 1931.11.1), pp.12~15.

50) 許永鎬,「上座大衆二部의 分列에 對하여」,『金剛杵』 19(東京: 金剛杵社, 1931.11.1), pp.16~20.

장도환의 「의식고금」[51]

『금강저』 20호 : 이강길의 「불타의 남성 정조관」[52]

◎ 역사

『금강저』 20호 : 강유문의 「'대위국'묘청론」,[53]

장도환의 「정업원과 부인운동과의 역사적 의의」,[54]

박한영의 「연담과 인악의 관계」,[55]

박윤진의 「인도 아육왕과 조선 세조대왕에 대하여」[56]

◎ 국어

『금강저』 20호 : 허영호의 「고구려 원음 추정에 대하여」[57]

『금강저』 21호 : 박윤진의 「'뫼' 어원의 일고」[58]

◎ 과학·사회·철학

『금강저』 15호 : 이덕진의 「자연과학과 종교사관」,[59]

---

51) 張道煥, 「儀式古今」, 『金剛杵』 19(東京: 金剛杵社, 1931.11.1), pp.27~33.

52) 李康吉, 「佛陀의 男性情操觀」, 『金剛杵』 20(東京: 金剛杵社, 1932.12.8), pp.58~59.

53) 姜裕文, 「'大爲國'妙淸論」, 『金剛杵』 20(東京: 金剛杵社, 1932.12.8), pp.23~25.

54) 張道煥, 「淨業院과 婦人運動과의 歷史的 意義」, 『金剛杵』 20(東京: 金剛杵社, 1932.12.8), pp.30~33.

55) 朴漢永, 「蓮潭과 仁岳의 관계」, 『金剛杵』 20(東京: 金剛杵社, 1932.12.8), p.34.

56) 朴允進, 「印度 阿育王과 朝鮮 世祖大王에 對하여」, 『金剛杵』 20(東京: 金剛杵社, 1932.12.8), pp.35~38.

57) 許永鎬, 「高句麗 原音推定에 對하여」, 『金剛杵』 20(東京: 金剛杵社, 1932.12.8), pp.7~22.

58) 朴允進, 「'뫼' 語原의 一考」, 『金剛杵』 21(東京: 金剛杵社, 1933.12.16), pp.4~5.

59) 李德珍, 「自然科學과 宗敎史觀」, 『金剛杵』 15(東京: 金剛杵社, 1928.1.1), pp.11~16.

곡산학인의 「사회주의와 종교의 정신」,[60]
장운현의 「생사문제와 그 가치」[61]
『금강저』 16호 : 곡산학인의 「사회주의와 종교의 정신」[62]
『금강저』 17호 : 허영호의 「유법적 입장에서 본 『아』의 성찰」[63]
『금강저』 21호 : 박성희의 「운동이 각기관에 미치는 영향」[64]

그중에서도 조선의 역사와 국어를 다룬 글들은 주로 『금강저』 20호와 21호에 수록되어 있다. 이는 국내에서 좌우를 막론하고 1930년대에 더욱 성행하였던 당시 조선학의 흐름과도 일맥상통한다. 그 주제와 내용을 대강 살펴보면 아래와 같다.

먼저 조선의 역사를 다룬 것으로는 『금강저』 20호의 pp.23~29에 실린 강유문의 「'대위국'묘청론」이 있다. 강유문은 『고려사』의 기록을 바탕으로 하여 요승으로 매도된 묘청을 자주적인 민족의식으로써 모화적인 김부식과 비교하여 재평가하고자 하였다. 같은 호의 pp.30~33에 실린 장도환의 「정업원과 부인운동과의 역사적 의의」는 조선조의 서얼과 부인에 대한 가족을 포함하여 사회 제도적인 결함을 논하며 비구니의 출가와 승가의 문제를 다루었다.

60) 谷山學人, 「社會主義와 宗教의 情神」, 『金剛杵』 15(東京: 金剛杵社, 1928.1.1), pp.16~21.
61) 張雲現, 「生死問題와 그 價値」, 『金剛杵』 15(東京: 金剛杵社, 1928.1.1), pp.21~27.
62) 谷山學人, 「社會主義와 宗教의 情神」, 『金剛杵』 16(東京: 金剛杵社, 1928.6.27), pp.14~17.
63) 許永鎬, 「唯法的 立場에서 본 『我』의 省察」, 『金剛杵』 17(東京: 金剛杵社, 1929.5.1), pp.13~21.
64) 朴成熙, 「運動이 各 器官에 미치는 影響」, 『金剛杵』 21(東京: 金剛杵社, 1933.12.16), pp.14~21.

그 외 p.34의 조선불교의 교정(敎正)이었던 박한영이 강유문을 통해서 일본 다이쇼(大正)대학교 이시이(石井)교수와 공답(供答)한 「연담과 인악의 관계」, pp.35~38의 박윤진의 「인도 아육왕과 조선 세조대왕에 대하여」가 있었다. 그러나 박윤진의 글은 인도 아쇼카왕(阿育王)에 대한 내용만이 먼저 수록되었고, 조선 세조에 대한 부분은 이어서 연재되지 못하였다. 아마도 4년 후인 1937년에 이어진 22호가 나온 관계로 끊어진 것으로 짐작된다.

국어 연구에 대한 글들에는 『금강저』 20호의 pp.7~22에 실린 허영호의 「고구려 원음 추정에 대하여」는 국호인 '고구려'의 원음을 한자가 아닌 우리말 단어의 음사(音寫)로 보고 그 기원을 추정했다. 특히 한역된 불경에 의거해 인도 범어의 음사인 한자음을 참고하여 우리말의 원음을 추정한 점은 특기할 만하였다. 그리고 『금강저』 21호의 pp.4~5에 실린 박윤진의 「'뫼' 어원의 일고」는 『삼국유사』, 『계림유사』, 이능화의 『조선종교사』, 최남선의 『신자전』, 지석영의 『자전석요』 등의 다양한 문헌적인 근거를 들어 산(山)의 우리말 어원을 고찰하였다.

결과적으로 제20호와 제21호에서 조선학과 관련된 글들을 처음으로 『금강저』에 기고한 이들은 교정 박한영을 제외하고 모두 만당의 당원인 강유문·장도환·박윤진·허영호이었다. 그러나 『금강저』는 21호 이후에는 무려 4년간 휴간이 되었다. 그 원인으로는 일제의 식민지 교화책인 심전계발(心田啓發)[65] 운동과 같은 대외적인 환경의 변화와 사

---

65) 당시에는 '心田啓發' 혹은 '心田開發' 모두를 사용하였다.[「佛教修養會」, 『동아일보』(경성: 동아일보사, 1935.4.9), 조간 2면 ; 「中樞院會議」, 『동아일보』(경성: 동아일보사, 1935.4.27), 조간 1면]

실상 만당과 연계된 조선불교청년총동맹의 내부적인 분란이 있었기 때문이다.[66] 따라서 이후 1937년에 속간된 『금강저』 22호부터 나타나는 조선학의 연구 경향은 어느 면에서 단순히 '조선불교'와 관련된 주제로만 한정되었다. 대표적으로 조명기의 「원효종사의 「십문화쟁론」 연구」[67]와 석천륜의 「사명당송운대사와 경철현소의 일면」[68]이 있었다. 이러한 흐름은 마지막 우리말본인 1941년 12월 10일 발간된 제25호에 실린 문동한의 「조선문화사상과 불교」[69]까지 이어졌다.

원래 『금강저』의 창간호는 등사판이었다. 그러나 2~14호는 석판인쇄로 간행되었으며, 15호부터는 활판인쇄로 간행되었다. 그중 1~14호는 현재 전하지 않으며, 지금까지 남아있는 15~26호 중에서 18호는 그 소재를 알 수 없다.

그리고 편집 겸 발행인은 이영재(1~6호)·김태흡(7~15호)·곽중곤(16호)·오관수(17호)·허영호(18호)·강유문(19호·21호)·박윤진(20호)·김삼도(22호)·장원규(23호)·곽서순(24호~25호)·홍영의(26호) 등이었다. 특히 주목되는 점으로는 1933년 12월 16일자 『금강저』 21호 pp.57~66에는, 1924년 5월 1일자 창간호부터 1932년 12월 8일자 제20호까지의 총 목차가 수록되어 있다.

66) 金鎭元, 「『金剛杵』 續刊에 際하야」, 『金剛杵』 22(東京: 金剛杵社, 1937.1.30), p.12.
67) 趙明基, 「元曉宗師의 「十門和諍論」研究」, 『金剛杵』 22(東京: 金剛杵社, 1937.1.30), pp.18~36
68) 釋天輪, 「四溟堂松雲大師와 景徹玄蘇의 一面」, 『金剛杵』 22(東京: 金剛杵社, 1937.1.30), pp.37~40.
69) 文東漢, 「朝鮮文化思想과 佛教」, 『金剛杵』 25(東京: 金剛杵社, 1941.12.10), pp.42~53.

그러나 조선불교청년총동맹의 동경동맹이 1933년 12월 16일자 『금강저』 21호를 낸 이후 조선불교청년총동맹이 내분을 겪게 되자 동경동맹이 해체되었다. 이어 재정난으로 인하여 휴간되었다. 이후 1936년 조선불교 동경유학생 학우회가 결성되면서 1937년 1월 30일자로 22호가 속간되었다.[70]

특히 이 『금강저』가 주목을 받는 바는 1931년 5월 23일 창립된 조선불교 청년총동맹 동경동맹이 조선불교 청년회로부터 이를 인수하여 1931년 11월 1일자 19호부터 그 기관지의 성격을 갖게 된 점이다.[71] 이로써 사실상 만당과 같은 성향을 가지게 되었다. 그 결과로 1933년 12월 16일에 간행된 『금강저』 21호에 만당의 선언문과 강령이 '일불자(一佛子)'라는 필명으로 쓴 강유문의 「십팔인인상기」에 실려 있다.[72] 이에 대하여 이용조는 1964년 『대한불교』 제55호에서 거의 동일하게 만당의 선언문과 강령을 회고하였다.[73]

---

70) 金光植, 『韓國近現代佛教資料全集(解題版)』(서울: 민족사, 1996), pp.39~40.

71) 金光植, 위의 책, p.156.

72) 「十八人印象記」 序頭인 p.30에는 "보라! 三千年 法城이 넘어가는 꼴을! 들으라! 二千萬 同胞가 헐떡이는 소리를! 우리는 참을 수 없는 義憤에서 일어선다. 이 法城을 지키기 爲하여! 이 同胞를 구하기 위하여! 안으로 教政의 確立을 關하고 밖으로는 大衆佛教化를 위하여 佛陀와 自性에 盟誓코 이에 ××을 ×는다. 一, 政教分立 一, 教政確立 一, 大衆佛教化"라고 이용조가 회고한 만당의 선언문과 강령과 거의 동일하게 서술되어 있었다.[一佛子, 「十八人印象記」, 『金剛杵』 21(東京: 金剛杵社, 1933.12.16), pp.30~40].

73) 이용조는 "〈黨宣言文〉 보라! 三千年 法城이 넘어가는 꼴을! 들으라! 우리는 참을 수 없는 義憤에서 敢然히 일어선다. 이 法城을 지키기 爲하여! 이 民族을 구하기 위하여! 向者는 同志요 背者는 魔眷이다. 團結과 撲滅이 있을 뿐이다. 우리는 안으로 教政을 確立하고 밖으로 大衆佛教를 建設하기 위하여 身命을 睹하고 果敢히 前進할 것을 宣言한다. 〈綱領〉 一, 教政分立 一, 教政確立 一, 佛教大衆化"라고 회고하였다.[李龍祚, 「내가 아는 卍字黨사건」, 『大韓佛教』 55(서울: 대한불교사, 1964.8.30)].

이러한 『금강저』의 간행에 효당은 1928년 4월 28일 제8회 정기총회의 결과로 이재부(理財部)에서 재정을 관리하였다.[74] 또한 기고도 활발히 하였다. 이때의 상황에 대해서는 『금강저』19호의 재정난으로 강유문이 효당에게 부탁해서 지인에게 급전을 융통한 일화가 「십팔인인상기」에 나온다.[75] 효당이 저술한 『금강저』의 글은 아래와 같다.

◎ 효당의 『금강저』 기고문
〈불현존〉
『금강저』 7호[76] : 「무불성」
『금강저』 10호[77] : 「림우근」
『금강저』 13호[78] :「대야형을 추억하고」

〈현존〉
『금강저』 15호 : 「불타의 면영」[79], 「애도의 일편」[80]
『금강저』 16호 : 「비약의 세계」[81]
『금강저』 17호 : 「불타의 계(갈음ㅅ결)에 대해서」[82]

---

74) 「消息」, 『金剛杵』 16(東京: 金剛杵社, 1928.6.27), p.44.
75) 一佛子, 「十八人印象記」, 『金剛杵』 21(東京: 金剛杵社, 1933.12.16), pp.36~37.
76) 「無佛性」 발행날짜는 1925년 10월 26일이다.
77) 「霖雨根」 발행날짜는 1926년 7월 3일이다.
78) 「大冶兄을 追憶하고」 발행날짜는 1927년 5월 25일이다.
79) 崔英煥, 「佛陀의 面影」, 『金剛杵』 15(東京: 金剛杵社, 1928.1.1), pp.7~11.
80) 崔英煥, 「哀悼의 一片」, 『金剛杵』 15(東京: 金剛杵社, 1928.1.1), p.38.
81) 崔英煥, 「飛躍의 世界」, 『金剛杵』 16(東京: 金剛杵社, 1928.6.27), pp.2~8.
82) 崔英煥, 「佛陀의 戒(갈음ㅅ결)에 대해서」, 『金剛杵』 17(東京: 金剛杵社, 1929.5.1), pp.4~12.

『금강저』 19호 : 「화엄교학의 육상원융에 대하여」[83)]

『금강저』 20호 : 한시 「석란대」[84)]

그러나 이후 『금강저』는 제25호까지는 우리말로 나왔다. 마지막 호인 제26호는 1943년 1월 25일에 일문(日文)으로만 나왔고 권두에 「皇國臣民ノ誓詞」가 실렸다. 그 무렵 조선에서는 1940년 8월에 『동아일보』와 『조선일보』가 강제로 폐간되었다. 1941년 4월에는 잡지 『문장』, 1942년 5월에는 잡지 『한글』이 폐간되었다. 그러나 태평양전쟁이 일어나던 무렵인 『금강저』 25호의 「금강저시단」에는 김달진·조종현·조영암·조지훈·황학성·박준용·홍영의·김종하의 시(詩)가 게재되었다.[85)]

(3) 원효대성찬앙회(元曉大聖讚仰會)와 삼장학회(三藏學會)의 설립

1925년 12월 15일에는 재일본 조선불교 유학생 43인은 도쿄(東京) 금강저사에서 원효대성찬앙회를 조직하였다.[86)] 이 모임에 효당은 발

---

83) 崔英煥, 「華嚴教學 六相圓融에 대하여」, 『金剛杵』 19(東京: 金剛杵社, 1931.11.1), pp.21~26.

84) 崔英煥, 「石蘭臺」, 『金剛杵』 20(東京: 金剛杵社, 1932.12.8), p.59.

85) 최덕교, 『한국잡지백년』 1(서울: 현암사, 2005), p.399 ; 「金剛杵詩壇」, 『金剛杵』 25(東京: 金剛杵社, 1941.12.10), pp.85~94.

86) 효당의 연보에는 1924년 12월 5일, 김광식의 연구에는 1926년 12월 15일에 원효대성찬앙회를 조직한 것으로 나오지만 모두 誤記이다. 당시 『불교』의 발행일인 1926년 1월 1일과 그에 실린 官報 등의 날짜로 보면 大正 14년, 즉 1925년이다. [채정복 편, 「曉堂의 功績 槪要 및 年譜」, 『曉堂崔凡述文集』1(서울: 민족사, 2013), pp.28~29 ; 김광식, 『韓國近代佛教의 現實認識』(서울: 민족사, 1998), p.142 ; 「佛教消息」, 『佛教』 19(京城, 佛教社, 1926.1.1), p.54].

기인으로 참여하였다.[87] 이 당시 국내의 최남선도 1925년에 조선불교에 대한 관심으로 효당이 「무불성」을 기고한, 일본에서 발간되던 『금강저』 7호에 「조선불교에 대한 내적 반성을 촉(促)하노라」를 기고하였다. 그러나 앞서 기술한 바와 같이 현재 제7호는 전해지지 않는다.

최남선은 이후 1925년 봄에 전라도 지역의 역사 유적을 돌아보면서 『시대일보』에 쓴 기고문들을 모아 1926년에 『심춘순례』라는 책을 발간하였다.[88] 이 책에서 원효와 지눌을 조선불교의 각기 교(敎)와 선(禪)의 양대 산맥으로 보았다.[89] 이후 더 나아가 1930년 8월에 나온 『불교』 74호의 「조선불교」에서 조선불교의 이론과 실행이 원만히 융화되어 인도 및 서역의 서론적 불교나 중국의 각론적 불교와 달리 결론적 불교로 발전한 것은 원효의 공이며 또한 최남선은 반도불교가 화엄으로서 주조(主潮)로 삼는다고 보고 원효를 화엄종의 진정한 완성자라고 했다.[90]

그러나 이와 비교해서 효당의 원효에 대한 인식은 1929년 5월 『금강저』 17호에 기고한 「불타의 계(갈음ㅅ결)에 대해서」에 잘 나타난다. 여기서 주목되는 점은 문자적이고 형식적인 '정의(正意)'와 본질적인 '정풍(正風)'으로 불교의 지계(持戒)에 대한 해석을 한 점이다.[91]

효당은 정풍적인 지계의 대표적인 인물로 원효를 거론하였다. 이는

---

87) 「元曉大聖讚仰會宣言」, 『佛教』 19(京城, 佛教社, 1926.1.1), pp.57~58.
88) 崔南善, 『尋春巡禮』(京城: 白雲社, 1926), p.3 ; 표정옥, 「최남선 〈심춘순례〉의 불교 사찰기행을 통한 붉사상과 조선신화의 상관성 연구」, 『비교한국학(Comparative Korean Studies)』23(국제비교한국학회, 2015), p.556.
89) 崔南善, 위의 책, p.173.
90) 崔南善, 「朝鮮佛教」, 『佛教』 74(京城, 佛教社, 1930.8.1), p.12.
91) 崔英煥, 「佛陀의 戒(갈음ㅅ결)에 대해서」, 『金剛杵』 17(東京: 金剛杵社, 1929.5.1), pp.4~12.

불교의 타율적인 '율(律)'과 대비되는 자율적인 '계(戒)'에 대한 본질적인 접근방법과 해석이었다. 이를 우리말인 '갈음의 결'로 풀이하였다. 흔히 삼취정계[92]로 대표되는 대승적인 계에 대한 본질적인 의미를 선택 혹은 구분을 뜻하는 우리말 '갈음'과 그 흐름인 '결'로 의미 부여를 한 것이었다. 이런 관점은 최남선을 포함하여 기존과는 다르게 우리말에 기초한 독자적인 효당의 해석이었다.

효당은 당시 이 『금강저』에 활발한 투고를 하였다. 동시에 1928년 5월 14일 오관수 등과 도쿄(東京) 거주 불교 유학생들의 불교 교리 연구기관으로 '삼장학회'를 조직하였다. 학회의 목적을 불교의 진리와 일반 종교 및 철학을 연구하고 토의해서 논문으로 작성하여 조선 불교계에 제공하고자 하였다. 이를 위해 기관지 『무아(無我)』를 격월간으로 발행하기로 하였다. 여기서 삼장이란 경·율·론의 대장경을 말한다. 그러나 삼장학회와 관련된 자세한 사정은 관련 기록의 부재로 기타 사항

---

92) 三聚淨戒는 대승불교 菩薩의 戒法에 대한 총칭으로 攝律儀戒·攝善法戒·攝衆生戒로 나뉜다. 섭율의계는 5계·10계·250계 등 일정하게 제정된 여러 規律威儀 등을 통한 윤리 기준이고, 섭선법계는 선한 것이라면 무엇이든지 총섭하는 선량한 마음을 기준으로 하는 윤리 원칙이며, 섭중생계는 일체의 중생을 제도한다는 대원칙에 따르는 윤리 기준이다. 이 계율은 대승불교의 『華嚴經』·『梵網經』·『唯識論』 등에 근거한 것으로, 대승과 소승, 출가인과 재가인에 관계없이 모두 다 이 계를 받게 된다. 따라서 5계·10계 등을 받는 것을 別受라고 하는 데 대해 삼취정계를 받는 것은 總受라고 한다. 이 계는 스승에게 받는 경우도 있지만, 스스로 佛前에 나아가서 『유식론』에 있는 대로 "곧바로 所應의 離法을 멀리 여의겠습니다. 곧바로 證하여야 될 법을 닦아 증하겠습니다. 곧바로 일체 중생들을 널리 이익이 되게 하겠습니다"라고 誓願하면 곧 계를 받는 것이 된다. 우리나라에서는 신라의 元曉·義寂·大賢 등이 그들의 저술에서 이 계율에 대하여 해설한 바 있는데, 그 가운데 원효의 『梵網經菩薩戒本私記』에 가장 상세하게 기술되어 있다.[한국정신문화연구원 편, 『한국민족문화대백과사전』 11(성남: 한국정신문화연구원, 1997)의 '三聚淨戒' 항목 참조].

은 알기 어렵다.[93]

이 무렵 1920년 전후로 일본은 정치·문화·사회 등 각 방면에 민주주의와 자유주의 풍조가 파급되던 '다이쇼 데모크라시'의 분위기였다. 이러한 풍조 속에서 불교계에도 승려들의 참정권 문제가 대두되었다. 또한 불교 교학의 연구와 함께 활발히 편찬 사업이 전개되었다.

대표적으로 모치즈키 신코우(望月信亨)의 『불교대사전』, 난죠오 분유(南條文雄)의 『대일본불교전서』, 마츠모토 분자부로(松本文三郞)의 『일본대장경』, 다카쿠스 준지로(高楠順次郞)의 『대정신수대장경』 등을 들 수 있었다.

이들 중 『대정장』의 편찬사업은 가장 주목할 만한 대사업이었다. 1923년에 대정일체경간행회가 조직되어 『고려대장경』을 저본으로 하여 『대정신수대장경』을 편찬하기 시작하였다.[94] 이 『대정장』은 이후 1934년 말에 모두 100권으로 간행되었다. 1권에서 55권까지의 정장(正藏)은 거의 인도와 중국과 한국의 찬술이다. 56권에서 84권까지의 속장(續藏)은 일본의 찬술이다. 85권은 돈황사본(頓煌寫本)이고 86권에서 97권까지는 도상부(圖像部)이며 나머지 3권은 총목록(總目錄)이었다.

이 중에 중심인 정장은 1928년 11월에 간행되었다.[95] 정장의 간행

---

93) 「佛敎彙報」, 『佛敎』 48(京城, 佛敎社, 1928.6), p.97 ; 김광식, 『韓國近代佛敎의 現實認識』(서울: 민족사, 1998), pp.142~143 ; 채정복 편, 「曉堂의 功績 槪要 및 年譜」, 『曉堂崔凡述文集』1(서울: 민족사, 2013), p.29.

94) 윤기엽, 「일본 大正時代 佛敎界의 編纂事業—大正新修大藏經의 편찬을 중심으로」, 『한국불교학』 48(한국불교학회, 2007), pp.547~548, p.554, pp.565~567.

95) 윤기엽, 「다이쇼 신수대장경(大正新修大藏經)의 편찬과정과 체재」, 『전자불전』 10(동국대학교 전자불전연구소, 2008), p.24, pp.31~40.

이 이루어지기 1년 전인 1927년 10월경에, 다음 해 11월에 간행 예정인 『대정신수대장경』의 최종회원을 조선에서도 모집했다.[96)]

이 해는 효당이 사카도 치카이(坂戶智海)의 영향으로 불교대학인 다이쇼(大正)대학 예과에 입학하여 본격적인 교학에 매진하던 시기였다. 그는 이보다 1년 전인 1926년에 릿쇼(立正)중학교를 졸업하고 잠시 물리 학교를 다녔다.[97)] 이 당시 효당의 학업은 1928년 다솔사 주지에 피선되면서 주지직과 학업을 동시에 병행하던 상태였다. 방학 때는 고국에 돌아와서 주지 임무를 수행하였다. 효당은 이후 1930년에 본과에 진학하였다. 그는 그 시절을 다음과 같이 술회했다.

> "1927년 초부터 나는 몸도 다소 건강하여지고 자유롭게 행동할 수 있었다. 그리고 단식의 효과인지 나의 심신도 5척 5촌이 되었다. 이 해 4월 초에 판호(坂戶) 스님이 권하는 대로 대정대학 예과에 입학하여 3년간 수료했다. 1930년엔 이 대정대학 학부 불교학과에 들어갔으며 이보다 2년 전엔 다솔사 주지로 피선되었다. 여름방학 때와 겨울방학 때는 나는 다솔사 주지 직무를 충실히 이행하였으나 다솔사 일에 항시 전념하지 못해 미안한 생각이 들었다.
> 대학 시절에는 불교 각 전문가의 가르침에 따라 열심히 공부하였다. 때때로 다른 대학에 가서 내가 듣고 싶어 한 교수의 강의도 듣게 되었다. 어학으로는 산스크리트(梵語)와 팔리어(巴梨語)를 하여야만 했고 재세불교·원시불교·부파불교의 각 교리며 인도·중국·일본 등 각국의 불교 교리사를 배웠다. 또 사회사·정치사·민족사·고고학과 특히 중국이동(中國以東)으로 동전(東傳)된 역경사(譯經史)를 위시하여 우리나라에 전래된 역사에 관한 것도 공부했다.

---

96) 「佛教彙報」, 『佛教』 41(京城, 佛教社, 1927.10), p.48.
97) 「佛教消息」, 『佛教』 24(京城, 佛教社, 1926.6), p.55.

매우 유의해 배운 것은 대승불교의 전래와 불교미술이었다. 여기서 우리 신라 통일시대에 이루어진 불교미술이 어떠한 것인가를 짐작하게도 되었다. 아울러 동방의 반대되는 페르시아지방과 근동 지방을 거쳐 인도와 서방문화가 교류한 사적(史蹟), 사라센의 아랍계와의 관계 등에 관심이 많았다. 특히 중앙아시아 실크로드 문화 유포상 필수 불가결한 종이의 교역로 같은 것이 매우 흥미 있는 연구의 대상이 되었다. 또 위대한 사상가이자 종교적 인물인 인도의 용수(龍樹)보살·무착(無着)보살·세친(世親)보살, 그리고 논리의 정묘(精妙)한 지경을 개척한 진나(陣那)보살 등에 심취했다. 이분들은 우리 원효대사에게 큰 영향을 주었다고 한다. 나는 원효성사의 교학을 체계화하려고 하였다."[98]

효당은 1927년 4월 일본 종파 연합의 다이쇼(大正)대학 예과에 입학하여 3년 후에 수료하였다.[99] 1930년 본과인 불교학과에 들어가서 졸업논문으로 「소승시대(小乘時代)에 있어서의 세친교학(世親教學)」을 제출하여 1933년 3월 졸업했다.[100] 또한 효당은 이보다 앞서 일본 유학 당시에 인도 사람인 승려 다르마팔라(Anagārika Dharmapāla, 1864~1933)로부터 붓다가야의 대탑에서 나온 진신사리 3과를 전해 받고 이를 부산 범어사에 전하여 탑으로 안치하게 하였다.[101] 범어사의

---

98) 최범술, 「청춘은 아름다워라」 147(최범술 41화), 『국제신보』(부산: 국제신보사, 1975.3.23), 5면.

99) 大正大學 졸업명단에 '豫科 崔凡述'로 나온다.[「今春卒業하는 東京留學生(上)」, 『東亞日報』(京城: 東亞日報社, 1930.3.13), 석간 7면]

100) 최범술, 앞의 글.

101) 원문은 '달마바라'로 되어 있다.[최범술, 「청춘은 아름다워라」 136(최범술 30화), 『국제신보』(부산: 국제신보사, 1975.3.6), 5면] ; 남인도 스리랑카(錫蘭島) 출신인 다르마팔라(達磨婆羅)는 1913년 조선을 방문하여 京城에 이르러 불사리 1과를 전한 사실이 있었다. "佛紀二九四〇年 癸丑大正二年 八月二十二日, 南印度錫蘭島高僧達磨婆羅, 來到京城. 自言, '爲朝鮮佛敎全體, 持獻佛舍利一粒, 用祝將來之興

석가여래 탑비명에는 당시 해인사 사미 최영환(효당)이 범어사 승려 승호에게 전하여 1938년 4월 15일에 범어사 주지 운호가 탑을 조성해 안치했다고 기록되어 전한다.[102)]

1940년에는 일제가 창씨개명을 시행하였다. 이 무렵 일본 도쿄(東京)에 있는 아사쿠사(淺草)의 관음사에서 효당은 강연을 맡게 되었다. 이 관음사의 전도회관의 강당에 약 5천 명의 청중이 모여 있었다. 그 대중에게 효당은 다음과 같은 요지의 긴 연설을 하였다.

> "이 절에 봉안된 관음금불상(觀音金佛像)은 우리 고구려의 선인들이 모셨던 것이다. 우리 선인들은 이 동경 근처 반능지(飯能地)의 고려신사(高麗神社)에서 이 불상을 모시고 있었는데 큰 홍수 때 아라카와(荒川)에 모래와 함께 떠내려갔던 것이다. 그때 지방 어민들이 그물에 걸려 올라온 불상을 발견하여 모셔다 놓고 고기 잡는 살생의 죄를 면해 줄 것과 생업이 잘 이루어지기를 빌었다.
> 이 불상은 영험 있기로 소문이 났고, 그 어촌은 날로 발전하여 강호(江戶)[103)]가 되었던 것이다. 후일 덕천가강(德川家康)이 이곳에 풍신수길(豊臣秀吉)의 아들을 쳐부수고 막부를 세웠던 것이다. 명치유신((明治維新) 이후 이곳이 일본의 수도가 된 것이요, 오늘날 아세아의 정치·문화·군사의 중심지가 된 것이다.
> 나로 말하면 위대한 큰 국민이다. 서방의 위대한 망국민은 유태인이요, 동방의 위대한 망국민은 바로 우리 조선 사람이다. 역사를 돌이

隆'云云."[李能和, 『朝鮮佛教通史』上(京城: 新文館, 1918), p.621 ; 조선불교통사역주편찬위원회 譯編, 『역주 조선불교통사』(서울: 동국대학교 출판부, 2010), p.588]

102) 효당이 전달한 진신사리 3과 중에서 현재 범어사에 전하는 사리는 모두 2과이다.[주영미, 「범어사, 7층 석탑서 사리 2과 발견」, 『법보신문』 1132(서울: 법보신문사, 2012.2.8), 교학]

103) 지금의 도쿄(東京)인 '에도'이다.

켜 봐도 조선을 망하게 하려거나 악용하려던 나라는 그들이 결국 망해 갔다. 고구려를 침범한 중국의 수(隋)나라가 패망했고 당(唐)나라가 그러했다. 원(元)이, 청(淸)이, 제정 러시아가 패망한 것도 우리 조선 때문이 아니었는가. 우리 조선은 강대국들의 세력에 굴복할 것 같은 난경에 처해 있으면서도 그들을 먼저 패망하게 하였고 우리는 그대로 문화와 언어와 의복 등을 지켜 왔던 것이다.

현재 일본의 전쟁 청부가 반드시 정치의 승리로 끝난다고만 볼 수 없다. 나는 일본 국민과 조선 사람들, 나아가 전 세계 인민의 행복을 위하여 지금 말하고 있다. 내가 위대한 망국민(亡國民)이라고 자부하고 있는 뜻을 현명한 여러분은 알아줄 것으로 믿는다."[104]

이와 같은 효당의 연설은 전시(戰時) 상태를 대하는 그의 불교적인 역사 인식을 잘 보여주었다. 효당은 연기적 세계관인 인과론으로 불교의 역사관을 설명한 것이다.

2) 유학기의 불교 연구

(1) 「불타의 면영」(불타관)

효당은 일찍이 일본 유학 시절부터 원효와 불교 교학에 관심을 기울였다. 그리고 그 관심사를 앞장서 조직화하였다. 효당의 관심은 단순히 불교와 사회운동에만 한정된 것은 아니었다. 그는 과학과 문학

---

104) 최범술, 「청춘은 아름다워라」 153(최범술 47화), 『국제신보』(부산: 국제신보사, 1975.4.2), 5면.

에도 주의를 기울였다. 효당은 20대 중반의 유학 시절인 1928년에 『금강저』 15호에 「불타의 면영」이라는 글을 발표하였다. 이 당시 효당은 다양한 사회사상과 과학적 지식에 관심을 가지고 섭렵하였다. 이 글에서 효당의 불타관을 알 수 있다.

여기서 주목되는 점은 부처[佛]가 수정주의(修定主義)와 고행주의(苦行主義)를 버리고 제행무상(諸行無常)의 도리 속에서 깨달은, 자기애를 버린 무아(無我)의 경지는 결코 개성을 망각한 것이 아니라 오히려 개성을 발휘시킨 것으로 본 점이다.

부처[佛]는 각행(覺行)이 궁만자재(窮滿自在)한 분을 이르는 말로 깨달은 행동이 자유자재하여 꽉 찼다는 뜻이다. 깨쳤다는 것은 망령된 생각을 떠난 것을 말한다. 부처의 깨침이란 자기가 깨치고 남을 깨치도록 하며, 그 깨친 바를 궁극의 경지[究竟]까지 밀고 나가 행동으로 실천하고 남에게도 실천하기를 권한다. 그리하여 광대한 지혜의 광명이 우주의 어느 곳에라도 다 비추어 모든 사람을 이익 되게 할 수 있다는 뜻이라고 하였다.

효당은 즉 시간적으로 상주(常住)하고 공간적으로 유일(唯一)한, 시공간을 지배하는 주재(主宰)가 실체로서 우리들의 육체나 다른 곳에 있는 것이 아니므로 이 무아를 통하여 묘유한 실상의 진면목을 보게 되어 스스로 실재한 개성을 명확히 인식하게 된다고 하였다.[105]

무아란 '우주와 나는 하나다'라는 동체의식(同體意識)이다. 이 '무아'의 동체 의식은 범아일여(梵我一如)의 아트만 사상과는 다른 법성이다.

105) 崔英煥,「佛陀의 面影」,『金剛杵』15(東京: 金剛杵社, 1928.1.1), pp.10~11.

즉 이 동체 의식은 마치 물속에 녹아버린 각설탕 같아서 아무 데서도 나를 볼 수가 없으면서 실상은 이 우주 안 어느 곳에나 내가 없는 곳이 없는 것이다. 나의 존재는 이렇듯이 금방 없어져 버리며 무수한 존재로 분산되어 있는 것이다.

이렇게 우주라는 법계에서 시간적으로 공간적으로 나는 종횡으로 얽히어 분리할 수 없는 인연의 존재이며, '나'라는 그 인연 자체로 생(生)하고 멸(滅)한다. 그렇기에 우리는 이것을 무아(無我)라고 하고 이 무아를 바로 보는 것을 '일심관(一心觀)'·'대사회성(大社會性)'·'대승(大乘)'이라 한다고 하였다. 그러하므로 불교가 현실을 떠난 무단적 공상이 아니며, 만유의 이법(理法)인 '무상'을 설하는 부처를 신봉한다고 인식하였다.[106] 이것은 중생의 아집을 타파하기 위한 불교의 사법인에 들어있다. 즉 '제행무상(諸行無常)·일체개고(一切皆苦)·제법무아(諸法無我)·열반적정(涅槃寂靜)'이다. 효당은 불교의 무아설은 불교의 가장 근본적인 입장으로 '나(我)'의 절대적인 부정이 아니라 진리의 문으로 들어가는 선행조건으로 인식하고 있다.

(2)「비약의 세계」

효당은 1922년 여름에 일본을 방문한 아인슈타인의 상대성이론에 대한 강연을 들었다. 효당은 그 상대성이론이 부파불교(部派佛敎)의 설일체유부(說一切有部) 학설과의 유사성과 공간 속에서의 빛의 파동성에 상당히 관심을 가졌다. 이는 추측하건대, '삼세실유(三世實有) 법

106) 崔英煥,「飛躍의 世界」,『金剛杵』16(東京: 金剛杵社, 1928.6.27), pp.7~8.

체항유(法體恒有)'를 주장하던 유부(有部)가 시공간 변화의 무상함 속에 가지는 항상(恒常)한 존재성인 실유(實有)와 아인슈타인의 상대성이론에서 어떤 유사성을 찾았던 것으로 보인다. 여기서 '삼세'란 과거·현재·미래이고 '실유'란 인공법유(人空法有)이다. 이 법은 유부에서 중생의 과보인 업을 설명하기 위한 전제이다.[107]

상대성이론의 요점은 시간·공간·물질·에너지의 통합에 있다. 따라서 기존에 뉴턴의 고전물리학이 절대적인 시간과 공간의 기준을 각각 따로 가지는 것과는 다르다. 상대성이론에서는 시간과 공간이 통합되어 시공간이라 하며 관측자의 운동에 따라 시간의 흐름과 공간적 측정이 달라질 수 있다.[108] 이러한 시각은 중생이 삼세에 걸쳐 여기저기를 떠돌며 스스로 지은 과보를 각각 받는 불교의 업력을 해석하는 유부(有部)의 시각과 상당히 유사하다.

또 진화론과 이를 비판하는 크로포트킨의 상호부조론, 돌연변이설 등을 제행무상의 관점으로 보았으나 결코 허무주의로 보지 않았다. 그것은 효당이 불교의 무상(無常)을 염세주의가 아닌 혁명적인 깨달음인 해탈로 나아가는 진화의 전제조건으로 보았기 때문이다. 이것을 효당은 불교에서 사성제(四聖諦)와 십이연기(十二緣起)로 설명한다고 보았으며 마르크스의 유물론적인 사회주의와의 근본적인 차이를 지적하였다.[109]

특히 대승불교의 깨달음에 대한 평등 의식에 대하여 효당은 다음

---

107) 길희성, 『印度哲學史』(서울: 민음사, 1984), p.68.
108) 『두산세계대백과사전』 14(서울: 두산동아, 1996)의 '상대성이론(相對性理論)' 항목 참조.
109) 崔英煥, 「飛躍의 世界」, 『金剛杵』 16(東京: 金剛杵社, 1928.10.27), pp.2~8.

과 같이 말하였다.

> "…오인(吾人)의 주장하는 사회개조는 곧 불국토(佛國土)의 실현에 있다고 믿습니다. 곧 불타가 창도(唱導)한 자애(慈愛)에서 계급을 부인하고, 절대 평등한 사회 건설에 있다고 합니다. 석존이 계급 의식을 근본부터 부정하고 평등한 승가 생활을 실행한 것은 금일 남방불교가 형성하고 있는 승단 생활을 이상화한 것이 아니고, 전 세계의 대중에게 교시한 자애를 중심으로 한 사회혁명이 아닌가 합니다."[110]

라고 하며 효당은 이러한 사회적 진화를 현실적 가치로 보았다.[111]

(3) 「계(갈음의 결)에 대해서」(계율관)

이러한 인식 속에서 효당은 불교의 계율을 '가름의 결'로 보았다.[112] 효당은 불교를 승(僧)과 속(俗)의 이분법으로 나누지 않았다. 승속의 구분은 본질이 아닌 하나의 용(用)으로 여겼다. 그러므로 계행을 내면에서 자발적으로 흘러나오는 하나의 흐름으로 보았으며 그 흐름은 스스로의 '결'에 따른다고 하였다.[113]

---

110) 崔英煥, 앞의 글, pp.6~7.

111) 다르마팔라도 진화론에 대하여 불교적인 관점으로 1926년 4~5월 무렵에 발간된 『Maha Bodhi Journal』의 Vol.34에 「Evolution from the Standpoint of Buddhism」을 기고한 사실이 있다.[Ananda Guruge ed., Return to righteousness : a collection of speeches, essays, and letters of the Anagarika Dharmapala(Singapore: Ministry of Cultural Affairs & Information, 1991), pp.433~438]

112) 원문에는 '갈음ㅅ 결'로 현대어는 '가름의 결'이다. 여기서 가름은 '가르다'(= 구분하다)의 명사형이다.

113) 채정복 편, 「刊行辭」, 『曉堂崔凡述文集』 1(서울: 민족사, 2013), p.5.

효당은 팔정도(八正道)에서 시작된 계(戒)와 그에 따른 행동규범인 율(律)의 본질을 계(戒)에서 정(定)으로, 정(定)에서 혜(慧)로, 혜(慧)에서 해탈(解脫)로, 해탈(解脫)에서 해탈지견(解脫知見)으로 가는 수행의 흐름, 즉 '결'로 본 것이다. 이 흐름의 결은 계향·정향·혜향·해탈향·해탈지견향으로 흐른다고 하였다.

다시 말하면 계(戒)는 좋은 행동이며 좋은 행동은 세상을 향기롭게 한다. 정(定)은 천하가 동요되어도 흔들리지 않고 안정된 그러한 것, 선정(禪定)도 향기롭다. 혜(慧)는 큰 지혜로서 덕행 있는 지혜는 세상을 향기롭게 한다. 해탈(解脫)이란 모든 것을 초탈하여 벗어난 것으로서 이른바 툭트인 사람을 일컫는 것으로서 옹색하지 않음은 위대한 향을 발한다. 해탈지견(解脫知見)은 중생으로 하여금 해탈케 할 수 있는 그러한 지식과 교화력을 갖춘 지도자로서의 역량을 뜻하는 것으로 매우 큰 향기로움이다. 따라서 이러한 신성한 다섯 가지 향을 피워 올리면 광명이 이 세상 우주 법계 안, 시방 삼세에 가득 차게 된다는 뜻으로 당연히 선불(先佛)과 후불(後佛)이 서로 상속하여 계승한다.

효당은 정의적(正意的)인 자장(慈藏) 등과 대비하여 원효(元曉)를 이러한 흐름(결)을 따른 정풍적(正風的)인 존재였다고 정의하였다.[114] 그래서 원효성사(元曉聖師)·부설거사(浮雪居士)·진묵대사(震默大師) 등이 그러한 스스로 증득한 바인 자증(自證)의 신념이 있었기에 비록 무계행(無戒行)이라도 반야(般若)에는 무방(無妨)이라서 보현행원의 개차(開遮)가 상징된 것으로 보았다.[115]

---

114) 崔英煥, 「佛陀의 戒(갈음ㅅ결)에 대해서」, 『金剛杵』 17(東京: 金剛杵社, 1929.5.1), pp.4~5.
115) 崔英煥, 위의 글, p.11.

효당의 이러한 논리는 이전의 「우담바라화의 재현을 축하고」[116]의 p.21에서 원효가 부처의 정의(正意)를 전승하려는 존재로 보았던 연장선에 있다. 이를 「계(갈음의 결)에 대해서」에서는 정풍적이라고 한 것이다. 그렇기에 자장 역시 부처의 정풍(正風)을 전하려는 정의적 존재로 설명했다. 즉 정의는 정풍을 내포하고 있고 정풍은 정의를 내포하고 있음을 의미한다.

실제로 구마라집이 한역(漢譯)한 『묘법연화경(妙法蓮華經)』의 「수학무학인기품(授學無學人記品)」에 의하면 라후라(羅睺羅)가 받은 수기(受記)도 먼 후세에 부처의 맏아들, 장자가 되어서 성불함을 말한다. 이는 후세의 부처 또한 사회적 존재임을 비유한 것이다. 그리고 효당의 이러한 자연스러운 계행에 대한 견해는 차도(茶道)의 범절로도 이어진다. 이것을 효당은 '멋' 있는 생활이라고 하였다.[117] 따라서 '멋'이란 계행이 온전히 체화하여 사회화의 순간으로 본 것이다.

이처럼 효당의 계율관은 그가 보는 사회관이었고 동시에 '조선적'인 순수 우리말의 시각으로 대승인 보살의 도리를 설명하였다. 그 표현이 바로 '가름의 결'이었다. 그가 생각한 대승적인 지계자(持戒者)는 '스스로 결이 고운 사람'이었다. 효당은 이러한 자각을 이미 청년기의 일본 유학 시절에 잡지에 기고하였다.

---

116) 崔英煥, 「優曇鉢羅華의 再現을 祝하고」, 『一光』 1(京城: 中央佛教專門學校 校友會, 1928.12.28), pp.20~24.
117) 崔凡述, 『韓國의 茶道』(서울: 寶蓮閣, 1973), p.15.

(4)「화엄교학 육상원융에 대하여」

불교의 법계관, 즉 세계관을 설명하는 대표적인 화엄교학의 체계가 육상원융(六相圓融)이다. 이것은 중생이 이 우주의 삼라만상을 인지하는 체계이기도 하다. 이 육상(六相)을 처음으로 설한 이는 인도의 세친보살(世親菩薩)로 그의 『십지경론(十地經論)』에서 설하였다. 이후 중국의 화엄교학에서 법계연기(法界緣起)를 설명하는 육상원융의 체계가 발전하였는데 차별적인 '항포문(行布門)'이 평등한 '원융문(圓融門)'으로 섭수(攝受)되는 육상은 다음과 같다.

◎ 육상(六相)

體 - 總相 : 一含多德故 ⇒ 圓融門(圓融平等)
別相 : 多德不一故 → 行布門(行布差別)

相 - 同相 : 不德不一故 ⇒ 圓融門(圓融平等)
異相 : 多義不相違同成一德故(諸緣互不相違)→行布門(行布差別)

用 - 成相 : 由此諸義緣起成故(諸緣辨果) ⇒ 圓融門(圓融平等)
壞相 : 諸義各自法不移動故(諸緣各住自法) → 行布門(行布差別)

이것은 모든 중생이 불성을 가지고 있으므로 언젠가 스스로 부처를 이루어 원만 구족하기에 평등해진 세계를 나타낸다. 또 화엄에서는 이러한 법계를 차별적인 현상계인 사법계(事法界)·진리의 세계인 이

법계(理法界)·진리와 현상이 하나인 이사무애법계(理事無碍法界)·모든 현상계가 서로 연기적 관계임을 말하는 사사무애법계(事事無碍法界)로 나누어 설명한다. 이 사사무애법계는 화엄사상의 특색을 나타낸 것으로 법계연기로 불린다.

여기서는 일체 존재가 다른 존재와 상즉상입(相卽相入)의 관계에 있기에 '일즉일체 일체즉일(一卽一切 一切卽一), 일즉십 십즉일(一卽十 十卽一)'의 논리이다. 즉 '상즉상입'이란 모든 현상의 본질과 작용은 서로 융합하여 걸림이 없음을 말한다.[118] 이에 대하여 효당은 다음과 같이 법계연기의 관념적 세계를 인간의 현실적 세계에 대응하여 해석하였다.

> "…곧 현상이 그의 전체무진(全體無盡)에 상즉(相卽)하는 관계는 심적(心的)에서는 예술의 회화·조각·건축물·음악에 있어서 보기가 가장 용이하다. 또한 경제적 원리로서 부여하는 점에 있어서든지 또한 종교적 관심에서 구하면 행자(行者)가 일체 행원(行願)을 만족하고서 무한의 불토(佛土)를 오로지 하는 것이 되느니라.
> 그리하여 이는 역사적 진화를 정신적으로 고찰한 바일지나 역사적 진화는 예술문학으로 객관적 성립이 되나니 이는 곧 화엄교적(華嚴教的) 사상이 각기 사회의 대중을 풍미하고 지도 원리로 되어 있을 때의 역사적 고찰에서 본 까닭이다. 또한 화엄교의(華嚴教義)가 도덕과 예술에 이 법문(法門)을 인식한 것인데 현상상호의 융통은 정신적(精神的)에 있는 것과 같이 물질적(物質的)에도 실행되는 것이다. 이미 예술에 둔 신념은 사실상 차별을 인식하면서 이 차별이 평등 원만한 원융 항포 곧 육상원융에 있는 것을 요하는 것이니 이는 화엄

118) 곽철환, 『시공불교사전』(서울: 시공사, 2003)의 '상즉상입(相卽相入)' 항목 참조.

교의가 현실의 진선미를 구족한 해탈 경지의 성정(聖淨) 되는 것을 구한 소이다."[119]

효당은 인간의 심미안을 통한 주체적 접근에 의한 상즉상입의 역사적 진화는 차별을 인식하여 객관적 시각을 가지게 하고 이를 통해서 발전에 대한 긍정적 인식을 완성함에 그 의의를 두었다. 이것은 예술에서 미추가 따로 존재할 수 없으며, 우열이 분리되는 세계가 아닌 열등함이 발전의 전제가 되는 원융적 세계이다. 따라서 분명한 발전의 방향성을 지닌다. 이를 통해서 효당은 자칫 관념적인 육상원융의 체계를 인간의 현실적인 역사적 진화론으로 수용하였다. 이것은 앞서 설명한 효당의 불타관과 사회관의 연장선에 있음을 알 수 있다.

화엄사상의 세계관은 모든 우주는 현상과 본체의 양면으로 일심(一心)에 통괄된다. 인연에 의해 화합된 현상은 미추·우열 등 차별의 한계를 지니나 그 본체는 모두가 평등한 진여(眞如)이다. 그러므로 본체계와 현상계는 서로 떨어져 있는 것이 아니라 걸림 없는 상호관계 속에 있다.

따라서 사(事)와 사(事)가 상즉(相卽)하여 다연(多緣)을 이루고 이 다연(多緣)은 서로 상응하여 일연(一緣)을 이룬다. 다시 일연(一緣)은 두루 다연(多緣)을 도와서 그 작용이 교류하게 되어 사사무애(事事無碍)하고 중중무진(重重無盡)이 되는 것이다. 이것을 무진연기(無盡緣起) 혹은 법계연기(法界緣起)라고 한다. 이 법계를 조직적·체계적으로 관찰하여 설명하는 것이 십현연기설(十玄緣起說)과 육상원융사상(六相圓融思想)

119) 崔英煥, 「華嚴敎學 六相圓融에 대하여」, 『金剛杵』 19(東京: 金剛杵社, 1931.11.1), p.26.

이다. 특히 육상원융은 모든 존재는 총상·별상·동상·이상·성상·괴상의 여섯 가지 모양을 갖추고 있다고 보는 것이다. 이 육상은 다른 상을 방해하지 않고 전체와 부분, 부분과 부분이 일체가 되어 원만하게 융화되어 이 우주계라는 대 오케스트라에 참여하여 작용하고 있다는 사상이다. 즉 두두물물(頭頭物物)의 모든 현상계 그 자체가 불성을 지닌 진리의 세계라는 뜻으로서 현실을 긍정하는 차원의 논리이다.

2. 효당의 국학적 교학 연구

1) 불교 자료의 수집 및 정리

(1) 조선학(朝鮮學)과 『고려대장경(高麗大藏經)』·『해인사사간장경(海印寺寺刊藏經)』의 인경

1934년 1월부터 해인사의 법무를 겸직했던 다솔사 주지 효당과 더불어 강원을 운영하던 만당의 당원들은 자연스럽게 해인사로 그 터전을 확장하였다. 이들이 해인사에서 공식적으로 활동할 수 있었던 또 다른 계기는 『고려대장경』의 인경(印經)사업이었다. 만당의 당원들이 참여한 이 사업은 1937년 5월에 해인사에 효당이 인경도감(印經度監)을 맡으면서 그해 11월까지 이루어졌다. 이 작업은 『고려대장경』이 만들어지고 나서 열 번째 인경이었다고 전해진다.[120)]

인경도감을 맡았던 효당은 만당의 당원들과 함께 『고려대장경』을 인경하면서 또한 그동안 해인사 장경판고(藏經板庫)의 동서재(東西齋)에 보관된 채로 방치되어 온 『해인사사간장경』도 빠짐없이 인간(印刊)하여 11월에는 11,391판에 달하는 「해인사사간루판목록(海印寺寺刊鏤板目錄)」을 완성하였다. 이 해인사의 『사간장경』[121)]에는 놀랍게도 아래

---

120) 최범술, 「청춘은 아름다워라」 152(최범술 46화), 『국제신보』(부산: 국제신보사, 1975.3.31), 5면.

121) 『寺刊藏經』은 사찰에서 직접 시주를 받아 사찰 단위로 간행한 대장경을 말한

와 같은 새로운 발견들이 효당과 만당 당원들에 의해서 처음으로 이루어졌다.[122]

첫째, 요(遼)나라 대안본(大安本)과 수창본(壽昌本)이 들어 있었으며 국간판(國刊版)보다 훨씬 우아하고 정교했다.

둘째, 여태 발견되지 않았던 원효대사의 『십문화쟁론(十門和諍論)』 상권판 4쪽, 의상대사의 『백화도량발원문(白花道場發願文)』, 『대각국사문집(大覺國師文集)』 등이 발견되어 세간에 처음으로 알려지게 되었다.

물론 1910년대부터 국내외에서 원효의 여러 저술 목록이 정리되면서 87부 2백 23권이 확인되었고, 이에 일본 조동종 대학 유학생 정황진은 1918년 『조선불교총보』 13호에 「대성화쟁국사원효저술일람표(大聖和諍國師元曉著述一覽表)」를 발표하였다. 이후 1937년 조명기는 「원효종사의 『십문화쟁론』 연구」에서 그 목록이 91부 240여 권에 이르기까지 하여 그 시대의 원효에 대한 재발견을 반증하였다.[123] 그러나 이후

다. 현존하고 있는 사찰판으로는 우리 나라에서 해인사(海印寺)와 부석사(浮石寺)에 소장되어 있는 판들밖에 없는 실정이다. 특히 이들 판들에 대한 판본 또한 거의 현존하고 있지 않으므로 이들 판에 대한 중요성은 한결 돋보이고 있다. 이들 사찰판은 해인사에서 소장하고 있는 판이 54종이고, 부석사에서 소장하고 있는 판이 3종으로 모두 57종에 달하고 있다.[『한국민족문화대백과사전』 10(성남: 한국정신문화연구원, 1997)의 '사간장경(寺刊藏經)' 항목 참조]

122) 「陜川 海印寺에서 "八萬藏經" 印刷 九月一日부터 五十日間」, 『동아일보』(서울: 동아일보사, 1937.9.3), 석간 2면 ; 최범술, 「大覺國師文集解題(二)」, 『大覺國師文集』(서울: 건국대출판부, 1974.12), p.19 ; 채정복 편, 「大覺國師文集解題(二)」, 『曉堂崔凡述文集』 1(서울: 민족사, 2013), p.464 ; 채정복 편, 「海印寺寺刊鏤板目錄」, 『曉堂崔凡述文集』 1(서울: 민족사, 2013), p.63, p.65, p.71, pp.86~87, p.89, p.98, p.126, p.154, p.166.

123) 손지혜, 「近代期의 元曉 再發見者들-鄭晄震, 崔南善, 趙明基, 許永鎬를 중심

의 효당처럼 체계적으로 『고려대장경』을 조사한 것은 아니었다.

앞서 살펴본 바와 같이 정황진의 원효저술 목록의 국내 발표 이후 일본에서 다카쿠스 준지로(高楠順次郎) 등이 주도하여 1923년에 대정일체경간행회(大正一切經刊行會)에서 『고려대장경』을 저본으로 삼아서 『대정신수대장경(大正新修大藏經)』을 편찬하기 시작하였다.

1권에서 55권까지의 정장(正藏)은 거의 인도와 중국과 한국의 찬술로 1928년 11월에 간행되었다.[124] 정장의 간행이 이루어지기 1년 전인 1927년 10월경에 다음 해 11월에 간행 예정인 『대정신수대장경』의 최종회원을 조선에서도 모집하였다. 이 무렵에 효당은 화장(和裝)과 양장(洋裝)으로 된 『대정신수대장경』을 일본에서 각각 구입한 것으로 보인다.[125] 1927년은 효당이 다이쇼(大正)대학 예과에 입학하여 본격적인 불교학을 공부하던 때로 효당이 입수한 『대정장』 속에 포함된 원효의 저술 목록은 아래와 같다.

◎『대정신수대장경』의 원효 찬술 목록[126]

○「정장」 속의 원효 찬술

『대혜도경종요』 석원효 찬(No.1697) in Vol.33

『법화종요』 원효사 찬(No.1725) in Vol.34

으로」, 『일본사상』 28(한국일본사상사학회, 2015), pp.107~108, p.110, p.119.

124) 윤기엽, 「다이쇼 신수대장경(大正新修大藏經)의 편찬 과정과 체재」, 『전자불전』 10(동국대학교 전자불전연구소, 2008), p.24, pp.31~40.

125) 1925년 조선에서 광고한 구입가격은 총액 기준 和裝 792원, 洋裝 594원으로 배송료는 별도였다.[「官報」, 『佛教』10(京城: 佛教社, 1925.4), p.54].

126) 大正新修大藏經刊行會 編, 『(大正新修)大藏經目錄』(東京: 大正新修大藏經刊行會, 1969), p.179, p.182, p.184, p.185, p.186, p.187, p.194, p.201, p.207, p.269.

『금강삼매경론』 신라국 사문 원효 술(No. 1730) in Vol.34
『양권(兩卷) 무량수경종요』 석원효 선(No.1747) in Vol.37
『불설아미타경소』 당(唐) 해동신라국 사문 원효 술(No.1759) in Vol.37
『열반종요』 원효 사 찬(No.1769) in Vol.38
『미륵상생경종요』 석원효 찬(No.1773) in Vol.38
『기신론소』 석원효 찬(No.1844) in Vol.44
『대승기신론별기』 해동사문 원효 찬(No.1845) in Vol.44
『보살계본지범요기』 신라국 사문 원효 술(No.1907) in Vol.45
『대승육정참회』 석원효 찬(No.1908) in Vol.45
『유심안락도』 석원효 찬(No.1965) in Vol.47

○「정장」 외(外)...
『화엄경소』 권제삼 석원효 술(No.2757) in Vol.85

효당이 『대정장』을 구입하게 된 배경에는 역시 앞서 상술했던 바와 같이 두 가지 사실이 있었다. 그 하나는 1925년에 재일본조선불교유학생 43인이 도쿄(東京) 금강저사에서 원효대성찬앙회를 조직하였을 때 발기인으로 참여한 일이 있다. 다른 하나는 그 이후 효당은 오관수와 함께 1928년에 대장경을 연구하는 '삼장학회'를 조직하고 기관지 『무아』를 격월간으로 발행했던 사실이 있다.

따라서 효당이 1929년 5월 『금강저』 17호에 기고한 「불타의 계(갈음ㅅ결)에 대해서」에서 독자적으로 정의(正意)와 정풍(正風)으로 불교의 지계에 대해 해석하며 원효를 정풍적인 대표 인물로 본 점은 어느 정도 당연한 수순이었다고 할 수 있다.

이 무렵 국내의 최남선도 1926년 1월 1일 『불교』 19호의 「대각심으로 돌아갑시다」에서 조선학의 연구와 관련해서 『고려대장경』을 주목하여 경전의 연구, 『고려대장경』의 인쇄와 보급, 대각국사 의천의 문집 간행, 경전사 연구 등을 주장하였다.[127]

(2) 『대각국사문집』의 발견

효당은 1937년에 『고려대장경』의 인경불사를 동감(董監)하던 중에 해인사에 소장된 『국간장경』 이외에 『사간장경』의 모든 판본을 한 장도 빠짐없이 인간(印刊)한 후에 잡다한 부분을 정리하고 결책(結冊)하여 그 판본의 서적명목(書籍名目)·권차(卷次)·제차(第次)·판상(板狀)·판형(板型)과 결책된 책자의 크기에 관한 것 등을 자세히 조사하였다. 그 일례로는 판상에 있어서 완전(完全)·마멸(磨滅)·괴(壞,부서진 것) 또는 판형의 종횡을 센티미터로 표시하고 매판(每板)의 행수(行數)와 매행(每行)의 자수(字數) 등을 조사하던 중에 대각국사의 문집을 발견하게 되었다.[128] 이후 그 존재를 처음으로 소개한 것이 1970년의 『동방학지』 제11집의 「해인사사간루판목록」이었다.[129] 이에 대하여 효당은 아래와 같이 『대각국사문집』의 체제를 설명하고 있다.

"…천(天, 1권~12권)·지(地, 13권~20권) 2책은 의천 자신이 찬(撰)한 것

---

127) 崔南善, 「大覺心으로 돌아갑시다」, 『佛敎』 19(京城, 佛敎社, 1926.1.1), pp.3~11.
128) 최범술, 「『大覺國師文集』解題(二)」, 『大覺國師文集』(서울: 건국대출판부, 1974), p.19.
129) 최범술, 「海印寺寺刊鏤板目錄」, 『東方學誌』 11(서울: 연세대 국학 연구원, 1970), pp.58~84.

으로서 서(序)·기(記)·표(表)·상(狀)·소문(疏文)·시(詩) 등으로 되어 있다. 일반은 이것을 다음에 있는 인자책(人字冊)의 외집에 대칭하여 내집이라고도 한다. 인종 4년에 쓴 김부식명(金富軾銘) 가운데 '(국사가) 생전에 자기의 글을 써서 새긴 것이 있으면 그 목판을 거두어 불살랐다.'130)라 함을 보아 이 『대각국사문집』의 편찬에 있어 적어도 양차(兩次) 이상이었다는 것을 알 수 있다.

그것은 현 체제로서는 제20권인데 『대각국사문집』 제23이라는 한 장이 보이는 바, 이 권 제23이라는 문제 되는 장문(張文)의 내용이 금외집(今外集) 제4권 四丁의 희중서(希仲書)와 같다. 이것을 보면 원래 이 문집의 편찬이 현행본과 구본이 달랐던 것이며 목차도 상이(相異)하였던 것을 알 수 있다.131) 그리고 별표(別表)와 여(如)히 동외집인자책(仝外集人字冊) 권차(卷次) 12 이하 부분도 역시 현행본 이외의 구본이었던 것을 말하는 좋은 증건(証件)이다."132)

저자인 대각국사 의천(義天)은 서기 1055년에 태어나 1101년에 입멸하였다. 고려 문종의 넷째 아들로 모친은 인예왕후 이씨(仁叡王后李氏)이고 원래 성명은 '왕후(王煦)'였다. 11세 되는 해에 영통사(靈通

---

130) 『大覺國師外集』 卷第十二 「靈通寺大覺國師碑文」.
"生前有以其文寫而刻之者取其板焚之."

131) 이에 대하여 최병헌은 그가 쓴 「大覺國師集解題」에서 1931년 경성제국대학 법문학부에서 해인사 사간장본을 영인하면서 별판 권23을 현존 문집에 잘못 혼입하여 발생한 문제이며, 이를 효당이 규장각본에 부가된 3매 이외에 1937년에 별판 1매를 새로 발견하여 추가한 것으로 보았다. 최병헌의 연구에 따르면 이 별판의 전반부는 외집 권10 끝장 제8지의 후반부에 실린 守長의 시와 부합하고, 후반부 역시 외집 권10 중간 제5지의 후반부에 실린 惟勤의 시와 부합한다.[의천, 이상현 역, 『대각국사집』(서울: 동국대 출판부, 2012), p.19 ; 최병헌, 동국대학교 불교학술원 불교기록문화유산아카이브사업단 편, 「대각국사문집」, 『한국불교전서 편람』(서울: 동국대학교 출판부, 2015), p.111]

132) 최범술, 「大覺國師文集解題(二)」, 『大覺國師文集』(서울: 건국대출판부, 1974), pp.19~20 ; 최범술, 「大覺國師文集 解題(二)」, 채정복 편, 『曉堂崔凡述文集』 1(서울: 민족사, 2013), pp.464~465.

寺)의 난원(爛圓)에게 출가하여 23세부터 화엄을 강의했다. 31세 되던 1085년에 송(宋)으로 가서 고승들을 만나 교학을 묻고 불전과 경서 3천여 권을 수집하여 돌아왔다. 귀국 후에는 흥왕사(興王寺)의 주지가 되어 화엄 종단을 이끌면서 교장도감(教藏都監)을 설치하고 장소(藏疏)의 간행을 추진하였다. 또 송(宋)의 자변종간(慈辨從諫)으로부터 전수해 온 천태종(天台宗)을 개창하여 1097년에 국청사(國淸寺)를 준공하였다.[133]

①『대각국사문집』

대각국사 시문을 모은 문집은 서기 1130년 무렵 간행되었다. 오늘날 연구에 의하면 20권 1책으로 판본 가운데 인출 시점이 가장 이르고 보존 상태도 가장 양호한 것이 규장각의 소장본이다. 이 판본에만 유일하게 외집(外集) 말미에 별개의 다른 판본 3매가 부가되어 있다. 이 때문에 문집(文集)과 외집(外集)으로 구분이 되어 간행된 판본 외에 문집과 외집을 합쳐서 문집이라는 판심(版心)을 새긴 다른 판본의 존재가 확인되었다. 이처럼『대각국사문집』은 현재까지 3종의 이판(異板)이 있으며 2종의 판본(板本)만이 남아있다. 20권 가운데 권19를 제외하고는 모두 결락된 부분을 가지고 있다. 총 247장 가운데 114장은 전해지지 않은 것으로 추정된다.[134]

문집 20권은 의천이 지은 시문들을 통해 그의 불교사상과 업적뿐

---

133) 의천, 이상현 역,『대각국사집』(서울: 동국대 출판부, 2012), p.7, pp.16~19, p.26, p.41 ; 박용진,「『大覺國師文集』의 편찬과 그 정치 사회적 배경」,『한국학』30(한국학중앙연구원, 2007), p.37.

134) 의천, 이상현 역, 위의 책, p.19, pp.40~41.

만 아니라 고려의 정치적 상황과 불교계 개편, 그리고 고려·송·요·일본 간의 불교문화 교류 사실을 이해할 수 있다. 그러나 중간에 결락된 부분이 많아 온전한 내용을 알 수 없다. 20권의 구성은 서문(序文)인 권1~2·치사(致辭)인 권3~4·표문(表文)인 권5~8·장문(狀文)인 권9~11·논(論)과 서(書)인 권12~13·소문(疏文)인 권14~15·제문(祭文)인 권16·시(詩)인 권17~20 등으로 구성되어 있다.

그중에 권1~2에 수록된 『신집원종문류(新集圓宗文類)』와 『신편제종교장총록(新編諸宗敎藏總錄)』 등 책의 서문은 의천의 저술과 불교사상에 관한 중요한 내용을 담고 있다.

권3~4는 경전을 강의할 때의 치사를 모은 것인데, 가장 중요한 것은 국청사의 준공식에서 강의할 때의 치사로서 천태종 개창의 소회를 밝힌 글이다.

권5~8에서 송의 철종과 황태후, 요의 도종, 그리고 고려의 선종과 숙종 등에게 올린 표문은 국사의 국내외 영향력을 보여 주는 좋은 자료이다.

권9의 장문은 송의 철종과 황태후, 고려의 숙종에게 올린 글과 송나라를 여행할 때 각 지방의 관리들에게 보낸 것이 16수에 달하는데, 대부분이 멸실되었다.

권10~11의 서신은 송의 고승들에게 보낸 것인데, 특히 국사와 정원(淨源)과의 밀접한 관계를 보여 준다.

권12는 화폐의 편리함과 이익을 주장한 주전론(鑄錢論)으로 고려에서의 주전(鑄錢)의 시행으로 이어졌다.

권14~15의 소문은 다양한 내용으로 천태대사 탑에서 천태종의 개창을 서원한 글과 교장(敎藏)의 수집과 조판(彫版)을 발원한 글 등으로 이루어져 있다.

권16은 국왕과 고승들에게 올린 여러 제문을 모은 것인데, 특히 분황사에 가서 원효의 업적을 찬양한 제문이 매우 중요하다.

권17~20은 국사의 시를 모은 것으로 절구(絶句)와 사율(四律) 등을 합하여 모두 146수가 수록되어 있다. 문집에 수록된 시는 31수만이 결실되고 대부분이 남아있다.[135)]

②「대각국사외집」

대각국사에 관련된 사람들의 시문을 모은 외집 역시 문집과 비슷한 시기에 간행되었다. 문집에 비하여 보존 상태가 양호한 편으로 총 121장 가운데 멸실된 것이 19장으로 추측된다.[136)] 또 일부 다른 판본이 혼입된 것이 없지 않은 것으로 추정된다.

문집 20권 본과 외집 13권 본 외의 별판 4장은 모두 외집의 내용과 중복된다. 이 외집은 문집의 보유(補遺)라고 할 수 있는 것으로서 송(宋)·요(遼)·고창(高昌) 등의 다른 나라 사람들로부터 받은 서간과 시, 의천에 대한 진찬문(眞讚文)과 비문(碑文) 등을 수록한 것이다. 이는 의천의 국제적 활동 내용과 위상을 알려 준다.

외집 13권의 내용은 서(書)인 권1~8·기(記)인 권9·시(詩)인 권10~11·비문(碑文인 권12~13으로 구성되어 있다. 그중에 권1~8에 수록된 75수의 서신 중에 권1에 수록된 송나라 철종의 조서 2수, 고려 예종이 지은 대각국사 진영의 찬문(讚文), 그리고 권8에 수록된 고창국 사문(沙門) 시라부저(尸羅嚩底)의 서신 2수와 발다라선(鉢多羅仙)의 서신 한 수, 요(遼)의 어

135) 의천, 이상현 역, 앞의 책, pp.28~36.
136) 의천, 이상현 역, 위의 책, p.26, p.41.

사중승(御史中丞) 야율사제(耶律思齊)의 서신 3수를 제외하고는 모두 송나라 승려 24인의 서신 49수이다.

권10~11에 수록된 시(詩)는 송의 승려 19인의 30수가 대부분이다. 그 밖의 시(詩)는 요의 사문 지길(智吉)·송의 관료인 양걸(楊傑)·소식(蘇軾)·서산복앙(胥山澓昻) 등의 시이다. 의천에게 서신이나 시를 보내온 송의 승려들은 화엄종부터 천태종, 운문종, 계율종 등이 포함되어 있다. 그 가운데 가장 많은 것은 화엄종의 승려들이다.

특히 화엄종의 정원(淨源)은 의천의 송나라 입국 이전부터 서신을 교환하기 시작하여 송에서 귀국 이후까지 17수의 서신과 2수의 시를 보내왔다. 그리고 서신과 시를 보내온 송의 다른 승려들도 정원과 관련된 인물이 다수이다. 또한 권9에 수록된 장형(章衡)이 지은 『대송중수능엄대사탑기(大宋重修楞嚴大師塔記)』와 시(詩)도 정원과 관련된 것으로 그 주요 내용이 의천이 송나라 불교계에 미친 영향에 관한 자료이다.

권12~13에 수록된 김부식이 지은 영통사(靈通寺)의 비문과 의천의 제자 임존이 지은 선봉사(僊鳳寺) 비문 2편은 가장 중요한 의천의 행장(行狀)이다.[137] 특히 이에서 효당이 주목한 『대각국사문집』의 내용은 아래와 같은 원효와 관련된 부분이었다.

"丁 : 대각국사 문헌에 나타난

1. 『원종문류』 22권 중[138] 「題화쟁론下」에서 지적된 동이(同異)·진속

137) 의천, 이상현 역, 앞의 책, pp.37~40.
138) 원문은 '圓宗文類十二卷中第二'이나 誤記이다.

(眞俗)·색공(色空)·탐유(探幽)와 망상(罔象)

2. 제효성문(祭曉聖文)에서 화백가이쟁지단(和百家異諍之端)을 주로 한 문증

戊 : 갑류형문헌중(甲類型文獻中)의 중단된 곳의 추정과 이에 대한 공백 부분을 고증 보완한다.

己 : 戊의 결정결과(決定結果)에서 연관된 내용으로부터 을류형과 병류형의 내용부분을 검토한 후에 다시 병류형과 정류형이 뜻하고 있는 논지에 계합되게 선후 부분을 체계적으로 편성한다."[139]

③ 『원종문류』(총 22권 중 1·14·22권)

현존하는 것은 목판본 권1, 필사본 권14, 권22 등 3권이다. 편찬 연대는 1088년 무렵이며, 권1 말미에 편찬·교정·서사를 담당하였던 의천을 비롯한 17인의 이름을 열거하였다.[140] 『원종문류』는 의천 생전에 개간되었던 것으로 보인다. 하지만 일본 류코쿠(龍谷)대학에 현존하는 권1의 목판본은 조선 초기에 중수된 것이다. 필사본 권14는 가마쿠라(鎌倉)시대에 필사된 것이고, 필사본 권22의 말미에는 일본 동대사(東大寺)의 오래된 장서 가운데서 좀먹은 1책을 발견하여 1710년에 필사하였다는 발문(跋文)이 붙어 있다.[141]

---

139) 최범술, 국토통일원 조사연구실 편, 「『十門和諍論』 復元을 위한 蒐輯資料」, 『元曉研究論叢-그 哲學과 人間의 모든 것』(서울: 국토통일원, 1987), p.970 ; 채정복 편, 『효당최범술문집』 1(서울: 민족사, 2013), p.220.

140) 박용진, 「의천의 『圓宗文類』 編纂과 그 의의」, 『史學研究』 82(한국사학회, 2006), pp.8~12 ; 박용진, 「고려전기 義天撰 『圓宗文類』 所收 불교 문헌의 현황과 전승」, 『한국학논총』 47(국민대학교 한국학 연구소, 2017), p.113.

141) 박용진, 「고려전기 義天撰 『圓宗文類』 所收 불교 문헌의 현황과 전승」, 『한국학논총』 47(국민대학교 한국학 연구소, 2017), p.114, p.116 ; 최병헌, 동국대학교 불교학술원 불교기록문화유산 아카이브사업단 편, 『원종문류』, 『한국불교전서 편

『원종문류』는 『신편제종교장총록』 제2편 제8투(套) 5책에 수록되어 있다. 화엄종에 관한 긴요한 글들을 내용별로 분류 편집한 총서이다. 『원종문류』에 수록된 장소(章疏)는 『신편제종교장총록』에 44부가 확인된다.[142]

권1은 「제문발제류(諸文發題類)」로 『화엄경』 주석서들의 서문 등 26편이고, 권14는 「제문행위류(諸文行位類)」로 수행의 행위에 관한 지엄(智儼)과 법장(法藏)의 요문(要文) 21편이며, 권22는 「찬송잡문류(讚頌雜文類)」로서 여러 사람의 『화엄경』의 찬송과 소문 등 50편이 수록되어 있다. 이 중에는 산일(散逸)된 글들이 많다. 그러나 중국의 화엄교학과 의상에게 보낸 법장의 서간문 및 최치원의 찬술을 비롯한 신라 화엄종에 관한 글들이 다수 수록되어 있다.

완본으로 현존하는 것은 권1, 권14, 권22 등 3권이다. 이외에 다른 자료들에서 단편적으로 전하는 일문(逸文)으로 『원종문류』의 일부 내용 항목을 복원할 수 있다. 권2 「본종오교류(本宗五教類)」 상, 권3 「본종오교류(本宗五教類)」 하, 권7 「제문종취류(諸文宗趣類)」, 권15 「제문행위류(諸文行位類)」 하, 권21 「제문별장류(諸文別章類)」 등 5권의 항목을 확인할 수 있다. 그 밖에도 해당 권수는 알 수 없지만 「제문삼생류(諸文三生類)」·「제문불신류(諸文佛身類)」·「제문불토류(諸文佛土類)」·「제문발심류(諸文發心類)」·「제문단장류(諸文斷障類)」·「십지종요류(十地宗要類)」 등 6종의 항목을 더 추정할 수 있다.[143]

람』(서울: 동국대학교 출판부, 2015), p.114.

142) 박용진, 앞의 글, pp.127~130 ; 최병헌, 앞의 글, p.114.

143) 박용진, 「의천의 『圓宗文類』 編纂과 그 의의」, 『史學研究』 82(한국사학회, 2006), pp.15~29 ; 최병헌, 위의 글, p.114.

(3)『한용운전집』의 발간

효당을 비롯한 만해의 제자들인 만당의 당원들이 최초로 문집발간의 뜻을 세운 것은 1945년 5월 만해 선생의 입적 1주기를 위해서 모인 회합 자리에서였다.[144] 그러다가 만해의 대기(大朞)를 끝낸 1948년 5월 무렵, 만해 한용운 전집의 발간을 위한 간행추진회를 조직하는 데 뜻을 모았다. 그때 모인 사람은 효당을 비롯하여 박광·박영희·박근섭·김법린·김적음·허영호·장도환·김관호·박윤진·김용담 등이었다. 이들은 각각 흩어진 만해의 원고와 자료를 수집하였다. 이렇게 모은 유고(遺稿)는 남정(南汀) 박광이 보관하였으나 곧 일어난 6·25 동란으로 문집의 간행 작업은 중지되고 말았다.

그 뒤 한국전쟁이 끝난 뒤에 조지훈과 문영빈을 비롯하여 당시 주로 고려대학교 학생들이었던 인권환·박노준·서정기·이화형·이기서·변영림 등이 자료를 수집하였고 임종국이 편집을 기획하였다. 그러나 박광으로부터 만해의 유고를 건네받은 효당을 둘러싼 당시의 복잡한 정치적 사건과 여러 가지 사정으로 오랫동안 지체되고 있었다.[145]

그러다가 효당과 민동선·김관호·문후근·이철우·인권환·박노준·이화형·조위규 등이 문집발간을 위한 제3차 간행위원회를 조직하여

---

144) 최범술,「萬海 韓龍雲 선생」,『新東亞』75(서울: 동아일보사, 1970.11), pp.314~315.
145) 이에 대해 효당은 "…그런데 선생의 전집 간행은 통문관 주(主) 이겸로 씨가 맡아서 할 예정이었으나 일반 독자가 적을『불교대전』,『불교유신론』등 불교관계 저서의 간행을 둘러싼 편집상의 이견과 경비의 문제도 곁들어 있어 끝내 빛을 못보고 말았다.…"고 하였다.[최범술,「만해 한용운 선생」『신동아』75(서울: 동아일보사, 1970.11), p.315.

1973년 신구문화사에서 출판하게 되었다.[146] 그러나 박광과 조지훈 등은 먼저 타계하여 간행위원 명단에 실리지 못했다. 이에 박노준 등이 불만을 가졌던 것으로 보인다.[147] 이때의 상황은 만해의 아들인 한보국의 월북 사실과 해방공간에서부터 이어진 효당을 둘러싼, 복잡한 유신 체제하의 정치적 상황 등을 고려대생들이 이해하지 못한 측면이 있었다.[148]

효당은 오늘날 우리에게 전하는 만해 한용운의 연보를 체계적으로 정리하여 이를 1971년 『나라사랑』 2집에 앞서 발표하였다.[149] 이를 다시 보완해 『한용운전집』에 수록하였다. 이러한 『한용운전집』 간행 업적에 대하여 인권환은 만해 연구의 시대를 분류하면서 다음과 같이 그 의의를 설명하였다.[150]

첫 번째는 일반적 관심의 시기인 1940~1950년대이다. 만해가 세상을 떠난 1944년을 전후한 1940년대와 1950년대의 만해에 관한 글은 대체로 독후감·인물평·추도문·감상문들이 대부분으로 일반적 관심 수준이어서 연구에 해당할 만한 것이 없었다. 1926년 『님의 침묵』이 간행된 직후 같은 해에 유광렬이나 주요한이 『시대일보』나 『동아일보』

---

146) 『한용운전집』 1(서울: 신구문화사, 1973), pp.2~3 ; 인권환, 『한국문학의 불교적 탐구』(서울: 월인, 2011), pp.240~243 ; 최범술, 「萬海 韓龍雲 선생」, 채정복 편, 『曉堂崔凡述文集』 1(서울: 민족사, 2013), pp.435~437.

147) 김광식, 『(만해)한용운연구』(서울: 동국대학교 출판부, 2011), pp.426~427.

148) 이에 대해서는 김광식이 쓴 『(만해)한용운연구』의 pp.337~372와 『효당최범술 문집』 3권 pp.449~638에 수록된 「老佛微微笑」를 참조하기 바란다. 당시, 유신체제하에서 긴급조치에 걸린 많은 학생이 효당을 찾아와 다솔사에 기거하고 있어 당국의 주시하에 있었다.

149) 최범술 외, 「만해 한용운 선생 해적이(年譜)」, 『나라사랑』 2(서울: 외솔회, 1971), pp.14~22.

150) 인권환, 『한국문학의 불교적 탐구』(서울: 월인, 2011), pp.244~245.

에 각각 쓴 시집에 대한 독후감 2편 등을 포함하여 이 시기에 발표된 글은 모두 21편에 지나지 않았다.

두 번째는 본격적 연구의 시기인 1960년대이다. 이 시기는 본격적 연구가 비롯되면서 만해학(萬海學)의 기초를 세운 기간으로 최초의 만해 연구 단행본인 박노준과 인권환의 『한용운연구』(통문관, 1960)가 앞서 설명한 바와 같이 효당의 지도로 간행되었다. 송욱의 만해 시 연구와 김학동·김윤식·신동문·최원규·고은·김우종·백낙청·김현 등 신진 평론가들의 만해의 시에 대한 다양한 접근이 활발하게 시도되었다.

세 번째는 영역의 확대와 연구의 심화기인 1970년대이다. 1940년대 이래의 만해(萬海)에 대한 일반적·학적 관심이 크게 확대되어 문단과 학계의 중심 과제로 부상한 시기로서 발표된 글이 160여 편, 새로 연구에 참여한 이만도 100여 명에 이르렀다.

이러한 만해 연구 활성화의 가장 큰 원인은 1973년 『한용운전집』의 간행이었다. 당시까지 시집 이외에 자료가 없었기에 6권의 전집 간행은 연구의 활기를 일으켰다. 이에 1970년대에 들어와 문단의 확장과 대학 문학 강좌의 증설, 대학원 학위논문의 증가 등 연구 여건의 향상이 이를 촉진했다. 그리고 이 시기 연구의 가장 두드러진 면은 연구 영역의 확대와 이에 따른 연구의 심화였다.

2) 한국불교 연구

효당은 젊은 시절부터 일제강점기의 시대 상황 속에서 불교를 중심으로 민족주의, 무정부주의, 사회주의와 같은 당시 사상적 조류들에 속하는 다양한 사람들을 사귀고 교류하였다. 효당은 당시 일제의 식민지 치하에서 독립운동의 참여와 불교 수행과 그에 따른 교학의 연구를 통해 점차 불교의 사회적 실천 즉 대승(大乘)의 보살도(菩薩道)를 자신의 종교적 회향으로 삼았다. 이와 같은 삶은 효당을 궁극적으로 원효 교학의 복원에 매진하게 하였다.

이러한 복원의 배경에는 동아시아의 전통에 있어서 불교라고 하는 보편성과 당시 신라가 지닌 지역적 특수성인 전통적 낭가사상이 있었다. 효당은 그 보편성과 특수성의 접점에 원효를 두고서 사상적 가치의 주체성을 찾는 국학적인 연구를 하였다.[151] 이러한 효당의 경험적인 토대 위에 기초한 원효 교학의 국학적 복원의 완성은 그의 염원과는 달리 효당의 생전에 성취되지 못했다. 그럼에도 기존의 불교학계나 효당의 제자들과 달리, 『효당최범술문집』의 간행사에서 그 편자였던 필자가 처음으로 효당의 복원 노력을 국학의 시각으로 해석한 바 있다.

> "따라서 효당은 원효를 보편성을 지닌 불교와 특수성을 지닌 우리의 낭가사상이 만난 접점에 두었다. 보편성의 불교와 특수성의 낭가사상이 만난 그 접점은 바로 원효이자, 국학(國學)이었다. 필자는 효당의 불교를 이해하는 핵심이 바로 여기에 있다고 생각한다. 효당이 우리의 차문화를 사랑하고 중흥함도 이런 맥락에 있다."[152]

또, 동시에 이러한 복원연구의 불교적 보편성은 효당의 불교관이 무

---

151) 최화정, 「효당 최범술의 삶과 불교」, 『만해학보』 17(서울: 만해사상실천선양회, 2017), pp.13~14.
152) 채정복, 「간행사」, 『효당최범술문집』 1(서울: 민족사, 2013), pp.5~6.

엇인가에 기초한다. 이것은 본질적으로 그가 10대의 해인사 시절에 들은 만해의 강연에서 느꼈던 강렬한 깨침에 근거하고 있다. 또한 만년에 '사람은 어떻게 살아야 하나?'라는 그가 던진 물음에서 그 해석의 단초를 찾을 수 있다.

앞서 이미 지적한 바와 같이 효당의 복원작업은 원효를 기반으로 하여 국학적인 모색을 도모함에 있었다. 그러한 효당의 원효 교학을 중심으로 하는 불교 연구가 세상에 알려지게 된 계기는 다음과 같다. 당시 연세대학교 사학과 졸업반으로 효당에게서 논문을 지도받던 필자의 적극적인 진언(進言)으로 연세대 사학과의 교수인 황원구, 이종영, 고성환 등이 다솔사를 방문하여 효당의 여러 연구물을 살펴보고 투고를 논의하였다.[153]

---

153) 필자의 대학 지도교수인 민영규 교수가 원효에 관한 졸업논문을 쓰고자 하는 필자의 뜻을 알고, 원효에 관한 자료를 가장 많이 소장하고 있는 효당을 찾아가 도움을 받도록 하라는 지시를 내렸다. 지도교수의 소개로, 필자는 1969년에 효당을 찾아가 그 문하에 들어가 원효의 『열반경종요』를 저본으로 강독 받았다. 필자의 논문 주제는 「원효성사의 사회사상사적 소고찰」이었다. 당시 민영규 교수는 일본 大正대학 불교학과 효당의 후배로서 동문이라고 스스로 말하였다. 이러한 인연으로 당시 다솔사의 효당을 찾은 필자는 효당의 불교학 연구물들이 그때까지 학계에 미발표된 것을 알고 모교의 신학과 한태동 교수와 사학과 교수들에게 적극적으로 알렸다. 그리하여 사학과에서 1970년 춘계답사지를 경남 일대로 잡으면서 그 과정에 다솔사 답사를 넣어 방문하게 되었다. 그때 황원구, 이종영, 고성환 사학과 교수들이 효당을 직접 만나 투고를 논의하였다. 드디어 효당이 1937년 해인사 인경작업 때 조사해 놓은 「海印寺寺刊藏經目錄」을 비롯해 평생 연구해온 「元曉大師般若心經復元疏」 등이 연세대 『東方學誌』(11집과 12집)에 차례로 게재되어 처음으로 학계에 알려지게 되었다. 이러한 사실에 대해 효당에게서 연구의 도움을 받은 이만용도 "최범술 스님의 조사연구는 1970년까지 공개되지 않아 「화쟁론」 殘簡은 다행히 발견되었음에도 불구하고 긴 세월 연구의 대상이 되지 못하였다"라고 기술한 바가 있다.[채정복 편, 「解題」, 『효당 최범술 문집』 1(서울: 민족사, 2013), pp.58~60 ; 이만용, 『원효의 사상(화쟁사상을 중심으로)』(서울: 전망사, 1983), p.78]

그리하여 연세대학교 국학 연구원에서 발행하던 『동방학지』 11집(1970년)에 「해인사사간루판목록」, 『동방학지』 12집(1971년)에 「원효대사반야심경복원소」가 게재되었다. 이후 당시 연세대 신학과 교수로 도서관장이었던 한태동도 다솔사를 방문하였다. 뒤이어 효당은 한국 사상사의 대표적 연구자인 홍이섭 교수와도 교유하여 김해 「남강조정환선생구국기적비」를 건립할 때 비문을 촉탁하였다.

그 이후 효당은 연세대의 『동방학지』와 외솔회의 『나라사랑』 등에 활발하게 기고를 하였으며 『한국의 차도』, 『사람은 어떻게 살아야 하나』 등의 여러 단행본도 연이어 출간하였다. 그러나 무엇보다도 효당의 『동방학지』 기고가 갖는 중요한 의미는 이를 계기로 이후 『판비량론』의 복원문 발표와 『대각국사문집』의 발간 등이 연이어 이루어졌다는 사실에 있다.

특히 이처럼 효당과 교유한 인사 중에서 한태동 교수는 그 부친인 송계(松溪) 한진교 선생이 젊은 시절의 효당과 연관성이 깊은 상하이(上海) 임시정부의 중요 인사였던 인연으로, 1937년에 해인사에서 인간(印刊)하여 효당이 보유하고 있던 『사간장경』을 1976년에 연세대학교에 수탁(授託)하게 되었다.[154] 이러한 수탁의 배경에는 효당이 1973년에 건국대 이영무 교수를 통해 알리게 된 원효의 『판비량론』의 복원 연구에 있어서, 한태동 교수는 효당과 수학적인 난수표대조법(亂數表對照法) 응용에 대한 논의가 있었다고 회고했다.[155] 이는 불교 해석학

154) 효당 문집의 학술논문 해제와 달리 문집 출간 이후인 2014년 3월 6일의 筆者의 영상녹취에서 한태동 교수의 지적에 따라 '寄贈'이 아닌 '受託'으로 정정한다.

155) 이영무, 「元曉大師 著『判比量論』에 대한 고찰」, 『건국대학교학술지』 15집(서울: 건국대, 1973), pp.37~39 ; 이영무, 『한국의 불교사상』(서울: 민족문화사, 1986), pp.187~189.[※ 효당의 『判比量論』의 복원 연구는 건국대학교 이영무 교수가 1973년 5

에 관한 효당의 고민이 담긴 그 무렵의 노트필기에서 그러한 의도의 근간을 어느 정도 짐작할 수 있다.[156]

그러한 효당의 원효 연구는 효당이 1979년 입적(入寂)하기 전에 복원 연구하여 정리해 놓은 화쟁(和諍) 연구의 일부분이, 입적 후인 1987년에 「『십문화쟁론』 복원을 위한 수집자료」로 발표되었다. 그러나 실제로 생전의 효당에게서 원효 연구에 영향을 받은 경우는 서울대 박종홍 교수, 일본 다이쇼(大正)대학 이만용 박사 등[157]과 고려대 김충렬 교수에게서도 확인할 수 있다.[158]

(1) 학술논문

① 복원의 순서

앞서 부분적으로 설명한 것처럼 효당이 연구한 복원작업의 흐름을 이해하기 위해서는 발표된 논문들의 순서를 살펴보아야 한다.

월에 건국대학교 학술연구원에서 발간한 『건국대학술지』 15집을 통해서, 인용 형식으로 간접 발표되어서 그 자세한 내용이 알려져 있지 않았다. 그러나 복원 과정에 있어서 검토에 참여한 연세대학교 한태동 교수의 회고에 의하면 수학의 난수표대조법이 사용되었다고 전한다.]

156) 생전에 효당이 직접 연필로 작성한 '佛敎解釋學'에 대한 대학노트 2쪽 정도의 필기가 확인된다.[최화정, 「최범술-원효 교학 연구와 복원에 평생을 바치다」, 『불교평론』 75(서울: 불교평론, 2018.9.1) p.406].

157) 이만용, 『원효의 사상(화쟁사상을 중심으로)』(서울: 전망사, 1983), p.78 ; 필자의 기억으로는, 효당은 생전에 서울대 박종홍 교수가 『한국사상사』의 원효 부분 저술을 위해 다솔사를 찾아와 자료를 부탁하자, 아낌없이 제공하였다고 회고한 적이 있다. 실제로 이만용은 이러한 박종홍을 통해서 효당을 소개받았다.

158) 김충렬, 「효당 최범술 스님 추모학술대회 총평」, 『曉堂崔凡述文集』3((서울: 민족사, 2013), pp.443~448.[※ 2006년 효당사상연구회가 개최한 '효당 최범술 스님 추모학술대회' 행사에서 김충렬 교수가 학술대회에 대한 총평한 것을 최화정이 녹화하고 정리하여 『효당최범술문집』3권에 실은 내용이다.]

①「해인사사간루판목록」: 1970년, 『동방학지』 11집.

②「원효대사반야심경복원소」: 1971년, 『동방학지』 12집.

③「판비량론」 복원부분 : 1973년, 『건국대학교학술지』 15집.[159]

④「『십문화쟁론』 복원을 위한 수집 자료」: 1987년,
『원효 연구논총-그 철학과 인간의 모든 것』.[160]

여기서 언급된 효당의 복원작업을 살펴보면 다음과 같이 서로 연관된 구조를 이룬다.

첫째, 효당이 『대각국사문집』에서 주목한 부분은 '2. 「제분황사효성문(祭芬皇寺曉聖文)」에서 화백가이쟁지단(和百家異諍之端)을 주로 한 문증무(文證戊)'에서 원효에 대한 고려시대 의천의 해석이었다.

> "이를테면 의천(義天)의 제효성문(祭曉聖文)에서 「천태구순지설단상이관(天台九旬之說但尙理觀)」[161]이라 한 것을 보면, 천태종조의 삼대부인 『마하지관(摩訶止觀)』 30권, 『법화현의(法華玄義)』 30권, 『법화문구(法華文句)』 30권이 설하고 있는 '일심삼관 삼천제법 일색일향 무비중도(一心三觀 三千諸法 一色一香 無非中道)'는 단지 이관(理觀)만 숭상한 데 비해 그 자신은 내심으로 미흡하였던 것을 알 수 있고, 그

159) 이 「判比量論」은 복원 과정이 생략된 채, 그 복원문이 인용되어 있다.

160) 최범술, 국토통일원 조사연구실 편, 「『十門和諍論』 復元을 위한 蒐輯 資料」, 『元曉研究論總-그 哲學과 人間의 모든 것』(서울: 국토통일원, 1987), pp.967~1049.

161) 「祭芬皇寺曉聖文」에 나오는 "…天台九旬之說, 但尙理觀.…"의 원문은 "…台嶺九旬之說, 但尙理觀.…"이다. 효당은 뜻을 명확히 하기 위해서 단어를 바꾼 것으로 보인다. 즉, 해석하자면 "천태대사 구순의 설은 단지 理觀만을 숭상한다." 이다.

> 반면에 원효성사에 대한 경앙의 표시로서는 '천행으로 일찍 어려서부터 불승을 생각하여 모든 선철의 학덕을 역관하여도 원효성사의 우(右)에 갈 스님이 없다'[162]는 것을 강조하면서 '백가(百家)의 이쟁(異諍)을 화(和)하여 석가세존 일대 교지의 지공(至公)한 논을 얻고 있다'고 말하는 구체적인 이유를 명시하고 있다. 또 이외에 독해동교적(讀海東敎迹)에서 '저론(著論)과 종경(宗經)은 대유(大猷)를 천명(闡明)하였으니 그 공업(功業)은 서천(西天)의 대승 창도자 마명보살과 용수보살 두 스님이라야 그에 필적한다'[163]라고까지 송덕(頌德)한 것을 볼 수 있다."[164]

이것은 의천이 제문 중에 "오직 우리 해동보살[元曉]만이 성상을 융회하여 밝히고 고금을 모아 백가 이쟁의 단서를 화합하고 일대사 지공의 논의를 얻었다."[165]라고 하였다. 이 중에 논의 핵심인 성(性)과 상(相)은 중관(中觀) 계열의 법성종과 유식(唯識) 계열의 법상종 논리를 가리키는 것이다. 이는 불교의 무아(無我, 空)에 대한, 즉 실체에 대한 논쟁을 말한다.[166]

이에 대하여 의천은, 불멸 후 500년대에 대월씨국의 인물로 대승불교를 시설하고 그 대표적 논서인 『대승기신론』을 조술한 마명보살과

---

162) 『大覺國師文集』 卷第十六 「祭芬皇寺曉聖文」.
"…某夙資天幸, 早慕佛乘, 歷觀先哲之間, 無出聖師之右.…"

163) 『大覺國師文集』 卷第二十 「讀海東敎迹」.
"著論宗經闡大猷, 馬龍功業是其儔. 如今惰學都無識, 還似東家有孔丘."

164) 최범술, 「大覺國師文集解題(二)」, 『대각국사문집』(서울: 건국대출판부, 1974), p.21 ; 채정복 편, 「大覺國師文集 解題(二)」, 『효당 최범술 문집』 1(서울: 민족사, 2013), pp.466~467.

165) 『大覺國師文集』 卷第十六 「祭芬皇寺曉聖文」.
"…唯我海東菩薩, 融明性相, 隱括古今, 和百家異諍之端, 得一代至公之論.…"

166) 의천, 이상현 역, 『대각국사집』(서울: 동국대 출판부, 2012), p.333의 미주14 참조.

불멸 후 700년대에 중남 천축국에서 태어나 고루한 소승불교를 파하고 대승의 '반야공관'을 펼치며 외도에 파사현정의 보검을 휘둘러 대승불교의 진면목을 세워 제2의 석가모니로 추앙받던 인물인 용수보살, 이 두 분 이상으로 해동보살 곧 원효의 학덕이 뛰어난 것이라고 추모 경앙하였다.

의천은 생애를 걸고 고려·송·요·고창·일본 등의 모든 불교의 전적을 수집하고 교장도감을 설치하여 『신편제종교장총록』·『신집원종문류』 등 많은 저술을 하였다. 의천은 분열된 고려불교를 통합하려고 노력하였으나 47세에 병마로 입적하였다. 의천은 임종 직전 병석을 찾아온 국왕 숙종에게 "화백가이쟁 득일대지공(和百家異諍 得一代至公)한 불타 정도의 중흥을 소원하였으며, 생애 47년이라는 세월을 두고 뜻한 모든 준비와 기초를 쌓았던 것을 병마가 그 뜻을 빼앗으니…"[167]라고 하였다. 이에서 그가 뜻한 바를 완성하지 못함을 통한으로 여겼음을 알 수 있다.[168]

둘째, 효당은 이를 통해서 '1. 『원종문류』 22권 중[題화쟁론下]에서 지적된 동이·진속·색공·탐유와 망상'을, 고려시대 의천이 원효의 화쟁론에 대해서 이해하고 해석한 시각의 구조로 보았다. 이에 대하여 효당 스스로 다음과 같이 복원작업에 있어서 그 연관성의 의미를 두었다. 그 내용은 아래와 같다.

---

167) 『大覺國師外集』 卷第十二 「靈通寺大覺國師碑文」.
"…所願重興正道, 而病奪其志.…"

168) 최범술, 「大覺國師文集解題(二)」, 『大覺國師文集』(서울: 건국대출판부, 1974), pp.21~23.

『원종문류』 권22 「화쟁편」

"인심은 남북이 다르나 불법은 고금이 같고,
(인심남북이 불법고금동 人心南北異 佛法古今同)

부서지지 않는 진리로 속됨을 밝히니 도리어 색(色)으로 말미암아 공(空)을 분별한다.
(불괴진명속 환인색변공 不壞眞明俗 還因色辨空)

저승[幽都]을 찾는 것은 오직 물귀신[罔象]이니 맛있는 것을 잃어버린 어린아이와 같고,
(탐유유망상 실지병동몽 探幽唯罔象 失旨倂童蒙)

어떤 집착으로 다툼을 삼는다면 망령된 뜻과 스스로 통함이다."
(유착사위쟁 망정자가통 有著斯爲諍 妄情自可通)

이것은 결론적으로 고려시대의 의천이 본 화쟁(和諍)의 의미는 색(色)과 공(空)의 논리인 '반야공관(般若空觀)'임을 말하고 있다. 따라서 최남선이 원효의 화쟁론(和諍論)을 통불교(通佛敎)의 관점으로 본 것은[169] 문제가 분명히 있다. 앞서 지적한 바와 같이 이미 효당은 1929년의 「불타의 계(갈음ㅅ결)에 대해서」에서 원효에 대한 해석의 궤를 최남선과는 다르게 독자적인 해석을 하였다.

또 이에 대하여 효당은 다음과 같이 부연해서 설명하였다.

"이에 나는 연래로 원효성사의 교학에 대한 그 일단으로써 원효성사

169) 崔南善, 「朝鮮佛敎」, 『佛敎』 74(京城, 佛敎社, 1930.8.1), p.17.

의 찬술하신 논소(論疏) 등에 대한 복원불사를 시도했던 바, 그의 백여 종목 중 다소의 원서가 복원 성취되었고 그의 대표적 저론(著論)인 『십문화쟁론』 등의 복원과 함께 『반야심경소』 등의 복원이 이제 논술하는 바와 같이 성취된 것을 자족히 여기며…(중략)…승연으로 안다."[170]

즉, 시간상으로 발표된 순서와 같이 (『원종문류』 22권 중[題화쟁론下]에서 지적된 동이·진속·색공·탐유와 망상'에 상응하는) 「원효대사반야심경복원소」를 (「祭분황사효성문」에서 화백가이쟁지단을 주로 한 문증무文證戊)'에 상응하는) 『십문화쟁론』의 복원을 위한 전제로 두었다.

그런데 효당의 「원효대사반야심경복원소」에서 기술된 차례와 「『십문화쟁론』 복원을 위한 수집 자료」의 목차는 사학적인 검토를 전제로 하여 원효의 교학을 복원했음을 알 수 있다. 즉 역사적 고찰인 성교량(聖教量)과 성사전기(聖師傳記)를 먼저 검토한 후 복원연구를 진행했음을 알 수 있다.

○「원효대사반야심경복원소」의 기술된 차례

1. 성교량(聖教量) [반야심경의 성전성립사관(사적 고찰)]
2. 한역(漢譯)된 이본(異本)과 역주와 주소제가(註疏諸家)의 약기
3. 특히 원효성사 교지(教旨)를 주로 한 경의(經意)의 개요
4. 금경과목(今經科目)의 시설(施設)[171]

---

170) 崔凡述, 「元曉大師般若心經復元疏」, 『東方學誌』 12(연세대 국학 연구원, 1971), p.281.
171) 崔凡述, 「元曉大師般若心經復元疏」, 『東方學誌』 12(연세대 국학 연구원, 1971), p.281.

○「『십문화쟁론』 복원을 위한 수집 자료」의 목차

1. 성사 전기(聖師傳記)
2. 찬술 서명 목록
3. 현존 부분에 색출된 제 문헌 목록[172]

② 국학의 근거[173]

효당은 원효 전기와 저술의 상관관계에 대하여 「『십문화쟁론』 복원을 위한 수집 자료」의 시작에서 분명히 밝히고 있다. 효당은 스스로 연구를 위한 집필 방침으로 '1. 충실한 조사 2. 정확한 보고'를 전제로 하였다. 또한 그 목차의 순서는 '1. 성사 전기 2. 찬술 서명 목록 3. 현존 부분에 색출된 제(諸) 문헌 목록'으로 하였다. 그러나 효당은 복원작업에 있어서 아쉽게도 원효 전기의 연구를 개별적인 항목의 연구로는 진행하지 못했다. 다만 복원작업을 위한 전제로 설정된 점이 아래와 같이 확인된다.

○「『십문화쟁론』 복원을 위한 수집 자료」

"병(丙) : 서당화상비명 중에 보이는 십문화쟁론 서문이 지시하는 '… 빗방울처럼 모여들어서 空空의 논의가 분분하였다. 혹자는 자기의 말은 옳고 다른 이의 말은 그르다고 하며, 혹자는 나는 그럴듯하나

---

172) 崔凡述, 국토통일원 조사연구실 편, 「『十門和諍論』 復元을 위한 蒐輯 資料」, 『원효 연구론총-그 철학과 인간의 모든 것』(서울: 국토통일원, 1987), p.969 ; 채정복 편, 「『十門和諍論』 復元을 위한 蒐輯 資料」, 『曉堂崔凡述文集』 1(서울: 민족사, 2013), p.219.

173) 최화정, 「효당 최범술의 삶과 불교」, 『만해학보』 17(서울: 만해사상실천선양회, 2017), pp.35~36.

다른 이는 그렇지 않다고 하여…'[174]와 '有를 싫어하고 空을 좋아하여…'[175]의 쟁(諍)을 회(會)하여 통융함으로써 십문화쟁론이라 명칭함이라는 데 의거하여 발현된 부분".[176]

또 직접적으로 원효에 대한 기록은 아니지만 원효와 관련된 인물의 행장도 부분적으로 검토되었다.

○「해인사사간장경루판목록(海印寺寺刊藏經鏤板目錄)」
『칠곡선봉사대각국사비(漆谷僊鳳寺大覺國師碑)』의 반야공관(般若空觀)에 관한 기술 부분.[177]

"…공(空)한 법(法)으로만 설하려 하면 제대로 살필 수 없음이니 공이 바로 색인 까닭이요, 가(假)인 명제로 집착한다면 역시 궁구(窮究)할 수 없음이니 색이 바로 공인 까닭이다. 이같이 본다면 이름하여 중도(中道)라고 하며 이에 따라 드러내면 원만한 깨달음이 두루 비추리니 삼세(三世)의 여러 부처님이 이 길에서 나옴이니라. 대각국사가 서쪽으로 가서 교관(敎觀)을 동쪽에 전했음이니 이런 이유로 명하여 세움이라 시조(始祖)의 비(碑)는 숭산(嵩山)이 높고 높은 것처럼 비는 산과 같이 마땅하리라."[178]

---

174) '…雨驟空空之論雲奔. 或言我是言他不是, 或說我然他不然…'

175) '憎有愛空'

176) 최범술, 채정복 편, 「『十門和諍論』 復元을 위한 蒐輯 資料」, 『曉堂崔凡述文集』 1(서울: 민족사, 2013), p.220.

177) 원문에는 김부식이 찬한 영통사의 비문으로 나오지만 誤謬이다.[채정복 편, 「海印寺寺刊鏤板目錄」, 『曉堂崔凡述文集』 1(서울: 민족사, 2013), p.155]

178) "…欲說空法, 則不可測, 空則是色, 欲執假名, 亦豈可窮, 色卽是空. 行如是觀, 名爲中道, 循而發之, 圓覺普炤, 三世諸佛, 由此塗出. 大覺西遊, 敎觀東流, 是故詔立, 始祖之碑, 嵩山高高, 碑與山宜."

그러므로 이것은 대각국사 의천 또한 교학에 있어서 '반야공관'을 중시했음을 보여준다. 특히, 이것은 앞서 지적한 바와 같이 효당은 원효 교학 복원의 궁극적 목표였던 『십문화쟁론』에서 성사(聖師)에 대한 전기(傳記)의 사학적 검토를 첫 번째로 하였다. 불교라고 하는 보편적 진리에서 원효가 가지는 사상사적 특수성을 고려한 것이다. 즉 효당은 사학적 검토를 통하여 '반야공관'을 원효 교학 복원의 출발로 삼고자 했음을 알 수 있다.

이와 같은 반야공관의 관점에서 주목해야 할 사학적 검토의 문제는 원효가 종교적 전이(轉移)인 오도(悟道)를 일으킨 동굴 무덤과 그가 수행한 혈사(穴寺)와의 종교적 연관성이다.

이에 대하여 『서당화상비(誓幢和尙碑)』를 살펴보면 "……□而□□大師神測未形 知機復遠 □□□歸 移居穴寺 緣以神廟非見神不喜意欲和光 故白日…"라고 하였다. 이 밑줄 친 부분은 중국의 여러 사서(史書)에서 신라가 일월을 숭배한 여러 기록에 비추어 보면[179] "…원효가 혈사로 옮겼는데, 신묘(神廟)가 멀지 않은 이유로 神이 기뻐하지 않음을 보고 뜻을 조화로운 빛에 두고서 그런 고로 밝은 태양에…"라고 직역할 수 있다. 이것은 아마도 원효가 당(唐)나라 유학을 시도하기 전일 것이다. 그런데 대부분의 기존 견해는 "…신묘가 멀지 않고 신이

---

179) 『隋書』 卷八十一 「東夷列傳」 第四十六 新羅.
"風俗·刑政·衣服, 略與高麗·百濟同. 每正月旦相賀, 王設宴會, 班賚群官. 其日, 拜日月神."
『舊唐書』 卷百九十九 「東夷列傳」 第百四十九 新羅.
"其風俗·刑法·衣服, 與高麗·百濟略同, 而朝服尙白. 好祭山神.…(중략)…國人多金·朴兩姓, 異姓不爲婚. 重元日, 相慶賀燕饗, 每以其日拜日月神."
『新唐書』 卷二百二十 「東夷列傳」 第百四十五 新羅.
"王姓金, 貴人姓朴, 民無氏有名. 食用柳杯若銅·瓦. 元日相慶, 是日拜日月神."

기뻐하지 않음을 보고, 또 화광동진(和光同塵)의 뜻이 있어서…"처럼 '백일'은 빼고 '화광동진'으로만 잘못 해석하고 있다.[180]

즉, 비슷한 장소이지만, 성스러운 의미를 지닌 종교적 장소인 혈사와는 달리 속된 고분(古墳)에서 원효는 성(聖)과 속(俗)의 경계선이 허물어지는 종교적인 오도(悟道)를 경험하게 되었다.[181]

그러므로 이것은 원효의 깨달음이 이 땅에서 자생적인 조건을 가지고 성과 속이 충돌하여 소멸된 삼계유심(三界唯心)의 반야공관(般若空觀)이라는 점을 추정케 한다. 또 효당이 복원작업의 출발점으로 『반야심경복원소』를 삼은 것과 같은 의미다. 특히 효당은 이러한 중도(中道)의 도리를 유(有)와 무(無)의 변증법적인 화쟁론으로 「원효대사 반야심경복원소」의 개요에서 아래와 같이 설명하였다.

이것은 용수보살의 『중론(中論)』에서 공(空)을 설명하는 팔불중도(八不中道)[182]를 『금강삼매경』에서 보이는, 법(法)에 대한 지장보살의 게송[183]을 빌려서 '유'와 '무'로 단순화시킨 것이다.

> "…① 그 「있다」「없다」는 것은 우리들의 운명 같은 것이 어떠한 것이 있으며 장차 어찌 될 것인가 하는 숙명론적임을 그릇 인정하거나 ② 우리들의 숙명론 같은 것이 어떠하였건 다시 그것이 어찌 될 것인

---

180) 崔和丁, 「元曉 傳記類에 대한 比較神話學的 研究」(동국대학교 일반대학원 석사학위논문, 2013), p.9 및 각주29 참조.

181) 崔和丁, 위의 글, p.14.

182) 『중론』 귀경게에 나오는 '八不中道'는 '소멸하지도 않고 발생하지도 않으며(不滅不生), 단멸하지도 않고 상주하지도 않으며(不斷不常), 같지도 않고 다르지도 않으며(不一不異), 오지도 않고 가지도 않음(不來不去)'이다.

183) 『金剛三昧經』「總持品」 第八(大正藏 9卷 No.0273 p.373 上).
"…爾時地藏菩薩言, '法若如是, 法卽無持, 無持之法, 法應自成.' 於是尊者, 而說偈言, '法本無有無, 自他亦復爾, 不始亦不終, 成敗則不住.'…."

지 간에 그 같은 것은 도무지 아랑곳없고 다만 현재의 자행(恣行)이 있을 뿐이라는 허무한 절망론에 빠져 있음을 구하고,
③ 다시 「있다」「없다」는 것을 다 같이 인정한다면 그 자신의 관념 안에서 서로 충돌이 생기는 우치(愚癡)한 생각에 빠질 것이요,
④ 이 두 가지를 다 아니라 부정하면 상위쌍부(相違雙負)의 모순에 당착하고 말게 되는, 이 무명(無明) 가운데에서 헤매고 있는 인생의 가엾은 것을 불타 그 자신이 알고 또한 모든 사람에게 이 밝은 도리를 알려주려는 것이오."[184]

이처럼 이 땅에서의 자생적인 깨달음은 사상사적 측면에서 국학의 출발점이 되기에 부족함이 없다. 이에 반해서 중국 측의 윤색인 '해골물'과 같은 설화적인 사족은 도리어 본질을 흐리게 한다.

이러한 자생적인 종교적 각성의 경험은 원효처럼 문무왕과 친인척 관계로서 동시대를 산 김유신[185]에 대한 『삼국사기』의 기록에서도 보인다. 그가 17세 때 신인(神人) 난승(難勝)으로부터 화랑으로서의 깨달음을 얻게 되는 중악(中嶽)의 석굴과 고구려 원정을 위한 기도 장소였던 현고잠(懸鼓岑)의 수사[岫寺]는 원효의 혈사와 유사한 성격으로 종교적인 수행이나 제의(祭義)를 위한 장소로 볼 수 있다.[186]

결과적으로 지금까지 살펴본 바와 같이 효당은 전통적인 사찰의 강원교육인 사교과(四教科)와 대교과(大教科)에 기반을 두되, 일본 유학을 통해 『고려대장경』에 기반한 『대정신수대장경』과 같은 근대불교학

---

184) 崔凡述, 「元曉大師般若心經復元疏」, 『東方學誌』 12(연세대 국학 연구원, 1971), p.304.
185) 김유신의 생몰연대는 서기 595~673년이고, 원효는 617~686년이다.
186) 崔和丁, 「元曉傳記類에 대한 比較神話學的 硏究」(동국대 일반대학원 석사학위논문, 2013), p.15.

을 습득했다. 이후 『고려대장경』의 인경 작업을 감독하면서 이에 대한 자료수집과 조사를 통해서 그때까지 발견되지 않았던 원효대사의 『십문화쟁론』 상권판 4쪽, 의상대사의 『백화도량발원문』, 『대각국사문집』 등을 발견하여 세상에 처음 알리게 되었다.

특히 효당의 이러한 작업은 「해인사사간루판목록」으로 정리되어 세상에 알려지게 되었다. 이 「해인사사간루판목록」은 한국 불교학 연구에 있어 그 지형도를 그려 제공한 것과 다름없어 오늘날 그 가치는 매우 크다고 아니 할 수 없다.

효당은 이처럼 『고려대장경』과 『사간장경』을 기반으로 두고 원효에 대한 해석학적 접근을 했다. 그것은 기존의 문헌에 주석학적 시각으로 매달린 다른 연구자들과는 달리, 효당은 『사간장경』 속에 포함된 원효에 대한 의천의 종합적인 시각과 그 해석에 철저히 기초하였다.

(2) 불교의 인간관

불교는 신이나 우주의 원리와 같은 초월적인 진리에서부터 설해가는 것이 아니라 우리들이 인식할 수 있는 구체적인 현실 세계의 관찰에서부터 시작한다. 불타도 늙고 병들고 주검 등의 현실적 사실을 보고 그 괴로움에서 벗어나기 위해 출가하였다. 불타는 정신의 자유를 얻기 위한 여러 오랜 고행 끝에 붓다가야의 조용한 숲속 보리수 아래에서 깊은 명상에 들었다. 마침내 '모든 것은 연기(緣起)한다'는 진리를 깨달았다.

깨달음이란 계시와는 달리, 인간이 스스로의 노력으로 진리를 발견하는 것을 말한다. 생로병사의 근본 원인이 인간의 마음 깊이 들어있는 진리에 대한 무지, 곧 무명(無明)에서 생사의 괴로움이 연기한다는 이치를 깨달은 것이다. 연기라는 말은 '연이어 결합해서 일어난다.'는 뜻이다.

일체 만유는 모두가 인(因)과 연(緣)이라는 조건에 의하여 생성된다는 것으로서 이 절대적인 진리가 연기(인연)의 법칙이다. 연기는 현상의 세계를 바탕으로 한 모든 존재의 생성과 발전의 사실적 파악이다. 불교의 연기론은 인간에게 생사의 괴로움이 있게 된 근본 원인을 밝혀준다. 인(因)과 연(緣)의 조건에 의해 연기한 것은 실체가 없으며 생사의 괴로움도 연기한 것이므로 실체가 없는 것이다.

궁극적인 깨달음을 얻은 불타는 지극히 평범한 현실적인 사실을 깨우치는 일에서부터 설하였다. 일체 존재, 즉 우주 전체는 눈[眼]·귀[耳]·코[鼻]·혀[舌]·몸[身]·의지[意]라는 여섯 개의 인식기관[六根]을 통해 현상[色]·소리[聲]·냄새[香]·맛[味]·촉감[觸]·개념[法]이라는 인식 대상[六境]으로 파악됨을 설했다. 불타의 육근과 육경을 합한 이 교설을 '십이처설(十二處說)'이라고 한다. 이 십이처설은 불교의 가장 기본적인 세계관이다.

이 소박한 세계관은 모든 존재를 인간의 인식을 중심으로 보고 있는 것으로서 인간을 중심한 세계관이다. "자기 자신에 의지하고 법(진리)에 의지하라."[187]는 말이 경전에 끊임없이 되풀이되고 있다. 이 말은 인간의 자각을 일깨우는 말이다. 불타는 일체 존재의 속성은 모두가 무상(無常)하고, 괴로움(苦)이고, 무아(無我)인 것이라고 단정하였다. 즉 일체는 '무상하고(一切無常), 일체는 괴로움이고(一切皆苦), 일체

---

187) 원시경전인 『잡아함경』 권2에 "자기 자신에 의지하고 법(진리)에 의지하라."라는 말이 설해져 있으며 이외에도 원시경전에 무수히 설해져 있다.

는 내 것이 아니다(一切無我)'라는 세 가지 명제이다.

불교의 무아설(無我說)은 불교의 가장 근본적인 입장이다. 이 무아설은 당시 인도 정통파 철학 사상의 주류를 이루고 있는 '범아일여(梵我一如)'를 주창하는 아트만 사상과 정면으로 충돌하였다. '범아일여'는 인도 우파니샤드의 중심 사상으로서 우주의 중심 생명인 '범(梵)'과 개인의 중심 생명인 '아(我)'의 본체가 궁극적으로 동일하다는 사상이다.

당시 인도의 정통파 바라문교에서는 세계 현상의 근본을 '범'이라고 설하였다. 범은 일체 창조주이며, 부(父)이며, 자존자라고 하였다. 곧 세계의 중심은 창조주인 범으로서 인간을 포함한 모든 존재는 그 종속적 피조물에 불과하며 인간의 길흉화복을 가져오는 것도 범의 의지에 달렸다고 설하였다. 마치 모든 사람과 모든 사물이 '신(神)'의 창조물이며 죄인인 인간은 신의 은총에 의해서만 구원될 수 있다고 보는 설과 동류이다.

그러나 불교적 관점에서 보면 모든 존재는 결과임과 동시에 원인이기도 한 상의상관성(相依相關性)으로 우주의 신비롭고 불가사의한 현상을 전개한다. 일체 존재는 생멸 변화하고 이합 집산하여 항구 불변하는 것이 하나도 없지만, 무상한 것 속에 상주하는 법칙이 존재한다. 즉 주체적 인간과 객체적 대상 사이에는 인과의 법칙이 존재하고, 사물의 변화에는 인(因)과 연(緣)의 두 가지 조건이 갖춰져야 하며, 존재와 존재 사이에는 상의상관성이 있어 새로운 원인이 되고 연이 되어 다른 존재에 관계하게 된다. 불교의 무아설(無我說)은 나의 절대적인 부정이 아니라 잘못된 아견(我見)을 시정하여 참다운 나, 진아(眞我)를 찾기 위한 기초이다.

이러한 보편적인 불교사상과 우리 전통의 사상사적 특수성이 접합하여 있는 효당의 불교관의 실체는 '사람은 어떻게 살아야 하나?'라는 명제로 귀결될 수 있다. 이것은 해인사학림 시절의 효당이 크게 감동한 해인사 강연에서 만해가 설한, "부처나 신에게 동정받는 사람이 되지 말라"는 말과도 일맥상통함이다.

효당은 보현보살의 10대 행원품의 내용을 담아 「육시행원예참문(六時行願禮懺文)」을 만들어 다솔사에서 동학반려(同學伴侶)들의 교육을 위해 강의를 시작했다.[188] 「육시행원예참문」이란 우리가 종교 생활을 하는 동안 한시도 쉴 새 없이 밤낮으로 의식을 받들어 절하고 참회하고 뉘우침에 지침이 되는 글이라는 뜻이다. 불교 속에 나타나는 여러 보살은 원만한 덕성을 두루 갖추었으되 특히 각기 불타의 일면을 강조하여 나타내는 특성이 있다. 문수보살은 반야의 일면 곧 지혜를 나타내고, 관세음보살은 자비를, 보현보살은 실천궁행하는 방면을 나타냄에 그 특성이 있다.

효당은 보현보살이 열 가지 큰 원을 세워 중생을 구제하고자 하는 행원을 담은 「육시행원예참문」 강의 초록을 다시 엮어 『사람은 어떻게 살아야 하나?』[189]라는 제목의 책으로 출판하였다. 그 책에서 자신이 재해석한 불교관을 피력했다. 효당의 만년에 출판된 그 책에서 일관하는 주제는 대승의 실천, 곧 대사회성의 구현이었다. 효당은 그 책에서 인간의 역사적인 행동은 비판의 대상이 됨으로써 우리는 이것을 사회성을 띤다는 말로 일컫는 것이라고 하였다. 이는 비판을 두려워하

---

188) 최범술, 『사람은 어떻게 살아야 하나』(서울: 보련각, 1974), p.4.
189) 『사람은 어떻게 살아야 하나』는 서울에 소재한 보련각 출판사에서 1974년 8월 25일에 초판 발행되었다.

지 않고 대사회건설의 사명감에 눈떠야 한다는 뜻이다.

효당은 "사람은 어떻게 살아야 하나?"라는 이 물음으로 삶에 대한 방향감각을 찾고자 했다. 불교가 신을 말하지 않음은 숙명론이 아닌 중도를 그 답으로 보았기 때문이라고 하였다.[190] 효당은 이러한 불교의 수행을 행원(行願)이라는 형식을 빌려서 설명하였다. 행원은 종교 생활의 지극한 신심의 귀명(歸命)이고 그 지향하는 바는 일심(一心)으로 대자대비의 삼보(三寶)를 향한다. 여기서 말하는 삼보의 불(佛)은 광명(光明)을 말함이고, 법(法)은 정대(正大)함을 이르며, 승(僧)은 화합(和合)을 말한다.

효당은 일심(一心)이란 '한마음'이 아닌 우주와 사회에 대한 실체 인식인 공정성(公正性) 혹은 대사회성이라고 하였다. 더욱 직접적인 표현으로는 사회의식이라고 했다. 이에는 신앙이 없으면 유(有)와 무(無)라는 양극단에 빠진다. 유(有)와 무(無)라는 이변(二邊)을 버리고 공정한 중도(中道)를 택하는 데는 확고부동한 신앙이 선행조건이라고 하였다. 그러나 확고부동한 신앙을 세우는 데는 이 세상의 본체에 대한 뚜렷한 인식 파악과 사회관이 밝게 이루어져야 한다. 진여·법계·대승의 실체 곧 바른 우주관을 가진 다음에 이루어진다고 하였다.[191]

원효는 『대승기신론소』에서 다음과 같이 말하였다.[192]

> "만일에 사람이 이 대사회성, 우주의 공정성을 잘 알 수 있으려면 먼저 반드시 크나큰 신근(信根)을 일으켜야만 한다. 믿음의 뿌리가 되

190) 최범술, 앞의 책, pp.3~4.
191) 최범술, 위의 책, p.38.
192) 최범술, 위의 책, p.43.

는 신근의 양상은 무엇보다도 알뜰함에 있고, 알뜰한 믿음은 애써 노력하면 얻을 수 있으며, 신(信)을 닦아서 얻었을 때, 이에는 무량한 공덕이 있다."[193]

신(信)의 이치는 알뜰함에 있다고 말한 것은 신(信)의 체(體)를 말한 것으로 신(信)은 일체 법을 가히 얻을 수가 있다는 뜻이다. 또 신(信)은 알뜰하므로 평범하며 애쓰고 노력하면 얻어진다는 것은 신(信)의 상(相)을 설명한 것이다. 신(信)이 이러한 체(體)와 상(相)을 갖추면 중생에게 많은 이익을 끼치는 것은 신(信)의 용(用)을 말함이다. 이것은 원효가 신(信)의 체·상·용을 구체적으로 설명한 것이다.

이 알뜰함은 진리와 방편[門]인, 수지행(修止行)과 관상(觀相)으로 의심하지 않음에 있다. 여기서 지(止)는 방편을 말함이고 관(觀)은 목적을 말한 것이다. 이러한 지관(止觀)의 수행으로 진리의 문(門)에 대한 의심을 풀어야 한다고 효당은 제시하였다.[194]

효당은 아미타불을 염(念)하는 것도 대 생명의 자비를 깨친 이에게 귀의하는 것으로서 '나는 사람이다'라는 대사회성의 자각이라고 설명했다.[195] 아미타불은 시간과 공간을 초월한, 무릇 모든 덕을 거룩하게 갖춘 부처님이다. 원효대사는 아미타불을 '무덕불비(無德不備)'라고 하였다. 모든 덕을 갖추었기에 아미타불은 석가모니의 이상인 동시에 전 세계 인류의 이상이다.

---

193) 釋元曉撰『起信論疏』上卷(大正藏 44卷 No.1844 p.203 上).
"…言起信者. 依画像此論文, 起衆生信, 故言起信. 信以決定謂爾之辭. 所謂信理實有. 信修可得. 信修得時有無窮德.…."

194) 최범술, 앞의 책, pp.38~50.

195) 최범술, 위의 책, pp.71~72.

그 이유는 이 부처님은 보신불(報身佛), 즉 형상이 있는 부처님이기 때문이다. 아미타불은 보신불로서 우주 법계의 덕과 같으며 우주의 체상(體相)을 갖추어 열반의 경지에 있는 부처이다. 열반이란 모든 망념에서 벗어나 깨달은 경지에 다다른 도통한 자리를 말한다. 도통한 자리, 곧 깨쳤을 때는 환희와 보은과 대자대비가 있을 따름이다. 이 지경이 대각을 성취한 극락세계이다.

효당은 극락세계란 아미타불이 대 왕생한 곳이며, 대사회성을 깨친, 그 대사회의식을 실천하여 건설한 세계를 말한다고 하였다. 열반은 진리, 법성, 진여로서 우리들의 깨친 행동 실천으로써 가능하다고 하였다. 효당은 잡념을 없애고 숙세(宿世)에 쌓인 업장을 소멸하며 열반의 세계를 체득하기 위해 원효의 '삼공지의(三空之義)'를 빌려 설명하고 있다.[196]

원효가 말한 삼공(三空)은 '공상역공(空相亦空)'·'공공역공(空空亦空)'·'소공역공(所空亦空)'이다. '공상역공'에서는 참된 진리의 중도를 설명하고, '공공역공'은 현실에 즉(即)해서 중도의 원리를 말하였으며, '소공역공'에서는 현실과 진리가 둘이 아닌 일제(一諦), 곧 일법계(一法界)의 진리성을 설명하고 있다.

예컨대 우리가 염불 생활함에 잡념이 많아 업장 소멸을 위해 나무아미타불을 부르면 극락세계에 가며 대자대비를 접한다는 것은 '공상역공'에 속한다. 비록 하품하생 중생일지라도 나무아미타불을 부르면 상품상생으로 왕생할 수 있다는 것은 '공공역공'에 속한다. 또한 극락세계에 가거나 왕생하더라도 우리가 그러한 곳에만 머물러 있지 않고

---

196) 최범술, 앞의 책, pp.192~196.

다시 중생에게로 나와 대자대비를 베푸니 사바가 곧 극락이고 극락이 곧 사바일 수 있는 이것은 '소공역공'이다.

효당은 "이를테면 오탁악세(汚濁惡世)를 떠나 현실도피를 한다면 연화세계(蓮花世界)는 생각할 수 없다. 모순과 부조리한 현실의 진흙 속에서 진리의 오묘한 꽃은 창조되는 것이다. 이 점이 원효대사의 사상이었다"라고 말하였다.

원효가 『금강삼매경론』에서 "비록 어느 때 그 사람에게 무슨 공이 있는지 무슨 천재적인 포부가 있는지 알 수 없더라도 어떤 기회에 당도하여 톡 말이 떨어질 때는 뇌성벽력 같은 소리가 난다(雖無功用, 應機發語, 猶如天鼓)"라고 말한 점을 언급하였다. 이것은 마치 『춘향전』 속에서 주인공의 신분적인 제약을 뛰어넘어 그 진실한 말이 공감을 주는 바와 같다고 하였다. 그리고 원효는 이러한 진리를 간파했다고 효당은 보았다.[197]

효당은 『사람은 어떻게 살아야 하나?』에서 지계(持戒)가 사회화되어 회향하는 경지를 직접 예불문의 헌향게(獻香偈)를 예로 들어서 설명했다. 즉 계(戒)에서 정(定), 정(定)에서 혜(慧)로 이어지는, 계·정·혜 삼학(三學)이 해탈(解脫)로 이어져서 중생을 해탈케 하는 보살의 해탈지견(解脫知見)으로 삼보(三寶)에 회향하는 것이다.[198] 즉 효당은 계향·정향·혜향·해탈향·해탈지견향, 다섯 지계(持戒)의 흐름을 진화하여 사회화하는 과정으로 해석하였다. 이러한 내면적 흐름을 스스로 사회화하는 대사회성을 효당은 원효가 말하는 '일심'이라고 보았다. 그리고 스스로 진여(眞如)인 대사회성은 유(有)와 무(無)라는 양극단을 초

---

197) 최범술, 앞의 책, p.230.
198) 최범술, 위의 책, pp.16~18.

월한다고 하였다. 유무(有無)를 초월한 이 '중도(中道)'는 궁극적으로 '상구보리 하화중생(上求菩提 下化衆生)'의 보살도이며 동시에 공자가 말한 '수신제가 치국평천하(修身齊家 治國平天下)'인 군자의 도리이다. 또 만해가 말하는 '님'의 의의도 『대승기신론』에서 말하는 대승의 뜻으로 대사회의식을 담고 있다.

효당은 대승이란 바로 진여인 '대사회성'으로 어떤 관념적인 형태가 아닌 '내가 사람이다'라고 하는 확실한 자각이라고 설명하였다.[199] 이것은 효당이 젊은 시절에 만해의 강연에서 "부처님이건 하느님이건 또한 그 누구에게서도 동정받을 필요가 있는 사람이 되어서는 안 된다"라고 들었던 그 '사람'이 라는 '자각'이었다. 그러므로 효당은 '불성(佛性)' 혹은 '여래장(如來藏)'[200]이라는 말을 굳이 사용하지 않았다. 이것은 부처가 아닌, 그냥 스스로 '사람'이라는 확실한 '자각'이었다.

다시 말하자면 관념적으로 부처의 전제는 중생이지만, 그 자체로 불성인 자성으로는 부처와 중생이 나누어지지 않는다. 그런데 그 자성을 가진 사람의 '삶'이 사회적이기에 대승이다. 그래서 효당은 대승의 진리가 개인적인 내면에서 사회적인 외연으로 확대된 '일심(一心)' 곧 '대사회성'이라고 말하였다. 이 연장선의 확장이 가져온 완성이 불타의 해탈로서 효당이 말하는 '비약(飛躍)'의 의미 즉, '진화(進化)'였으며 그 과정이 대승의 '보살도'였다.

효당은 그의 투쟁적인 젊은 시절부터 그의 삶과 불교를 일관되게

199) 최범술, 앞의 책, p.71.

200) 梵語로 'tathāgata-garbha'로 본래부터 중생의 마음속에 감추어져 있는 부처가 될 수 있다는 性品이다. 즉 佛性이다.[곽철환, 『시공불교사전』(서울: 시공사, 2003)의 '如來藏' 항목 참조).

관통하는 주제는 불교에서 말하는 인간의 '대사회성'이었고 그것은 인간 자각의 완성이었다. 그 사람다운 자각이 당연히 사회 속에서 성취되어야 했기에 승(僧)과 속(俗)의 이분법으로 구분하지 않았다.

효당은 13세 때 『치문(緇門)』 속의 고산(孤山) 지원(智圓)법사가 쓴 「면학편」을 우연히 듣고서 발심하여 출가를 결심하였다. 이는 동양사상의 전통에서 가장 중요한 덕목이었다. 효당은 스스로 종교적 발심(發心)의 귀의처를 어떠한 추상적 대상이 아닌 지극히 실존적인 곳에 두었다. 그의 이러한 귀의는 효당이 15세 무렵에 접한, 만해의 '청년의 갈길'이라는 주제의 강연에서 "부처님이건 하느님이건 또한 그 누구에게도 동정받을 필요가 있는 사람이 되어서는 안 된다"라는 데 크게 감명을 받았다. 이후 만해 한용운을 정신적 스승으로 모시고 따르며 행동하는 실천적인 지식인으로 거듭 변모하였다.

그러한 효당이 1929년 5월 『금강저』 17호에 기고한 「불타의 계(갈음ㅅ결)에 대해서」에서 원효를 정풍적(正風的)인 지계(持戒)의 대표적 인물로 보았다. 이는 불교의 타율적인 율(律)과 대비되는 자율적인 계(戒)에 대한 본질적인 접근이었다. 계(戒)를 효당은 주체적으로 우리말인 '갈음의 결'로 해석하였다.[201] 효당의 이러한 해석은 불교사에서 보여주는 초기교리나 후기 대승의 타력적인 염불 신앙에서조차 모두 인간의 가치와 범주를 벗어난 적이 없음과 같다. 이는 원효가 많은 영향을 받은 마명보살의 『대승기신론』의 요지와도 같다. 『대승기신론』은 그 본질을 인간의 마음으로 보고 심생멸문(心生滅門)과 심진여문(心眞

201) 崔英煥, 「佛陀의 戒(갈음ㅅ결)에 대해서」, 『金剛杵』 17(東京: 金剛杵社, 1929.5), pp.4~12.

如門)이라는 두 개의 문(門)으로 설명한다. 효당은 그가 평생 귀의한 의지처인 불교를 "사람은 어떻게 살아야 하나?"라고 물음으로써 역(逆)으로 설명하였다. 그 과정은 자각을 통한 비약적인 진화로 효당은 보았다.

효당의 불교관은 대승적 동체대비(同體大悲)의 대사회성을 자각하고 실천하는 정신이다. 대사회관, 대사회성, 대사회적 행동이 거창한 이상주의가 아니고 '나는 사람이다' 하는 인격 선언이라고 하였다. 효당은 인간으로서 완전한 인격을 갖추어 완전무결한 사람다운 행동을 하는 사람이야말로 부처의 정신이고, 사람 노릇을 빈틈없이 하는 것이 부처 되는 길이라고 생각하였다.

다시 말하면 효당의 불교관은 대사회의 모든 중생을 위하고 전 인류를 위할 뿐만 아니라 모든 생명체에 자비를 베풀기 위해서는 불국토의 실현에 있다는 신념이었다. 불국토의 실현, 곧 절대 평등한 사회 건설을 위해 새로운 역사 창조를 해야 한다는 사상이다.

(3) 한국불교의 정체성과 법맥

효당의 한국불교의 정체성에 대한 이해를 중심으로 논해보고자 한다.

1945년 광복 후, 급격한 변화 속에 조선불교 조계종(종정 방한암)을 이끌던 집행부는 1945년 8월 17일 종무원 전원이 사퇴하는 결정을 내렸다. 식민지불교의 잔재를 청산하겠다는 의지 아래 일부 승려와 청년 불자들이 교단 인수 작업에 들어갔다. 이들은 8월 18일 조선불교 혁신 준비위원회를 결성하였다. 8월 20일에 태고사(현 조계사)에서 종무총장 이종욱을 면담 후 종무를 인수하였다. 김법린·최범술(효당)·유엽 등 만당 출신들과 건국 청년 당원들이 중심이 되었던 조선불교혁신회는 9월 22일부터 23일까지 태고사에서 전국승려대회를 개최했다.

광복 이후 첫 승려대회로 기록된 이 대회는 각 지방의 본산 대표 다섯 명씩 모두 60여 명이 참석하여 진행되었다. 이 대회는 식민지불교를 청산하겠다는 뚜렷한 목적을 지니고 있었다. 대회 참가자들은 태고사법과 본말사제도를 폐기하였으며, '조선불교 조계종'이라는 종단 명칭을 '조선불교'라는 교단 이름으로 바꾸고 '종정(宗正)'의 위치에 '교정(敎正)'을 두는 변화를 단행하였다. 아울러 중앙총무원 등의 새로운 교단 기구를 출범시키며, 조선불교 교헌의 제정, 반포를 통해 정비되어 갔다.

승려대회에서 선정한 교헌 기초위원과 법규위원회가 성안한 교헌은 총 26장 106조로 구성되었다. 1946년 3월 제1회 중앙교무회의에서 통과되었으며 1946년 5월 28일 정식으로 반포되었다. 조선불교 교헌은 해방 공간기 불교인들의 식민지 시대 청산을 위한 의지가 담겨 있다는 측면에서 중시될 필요가 있다.[202] 조선불교교단의 교정(敎正)에 박한영, 총무원장에 김법린, 총무부장에는 최범술(효당)이 선출되었다.[203] 그 교헌의 주요 내용은 아래와 같다.

---

202) 대한불교조계종, 「조계종사-근·현대편」, 『조계종사』(조계종출판사, 2005), pp.157~160 ; 김상영, 「'정화 운동'시대의 宗祖 갈등 문제와 그 역사적 의의」, 『불교정화 운동의 재조명』(조계종출판사, 2008), pp.159~160.

203) 김광식, 『한국현대불교사연구』(서울: 불교시대사, 2007), pp.17~21 ; 채정복 편, 「曉堂 崔凡述 스님의 功績 槪要 및 年譜」, 『曉堂崔凡述文集』(서울: 민족사, 2013), p.35.

제1장 명칭(名稱)
제1조 불교가 고구려 소수림왕 2년 전래한 이래 역사적으로 지역적으로 조선적 전통과 형태를 가지게 된 것을 조선불교라 칭함.
제2장 교지(教旨)
제2조 조선불교는 불타의 자각각타(自覺覺他) 각행궁만(覺行窮滿)의 근본지를 체(體)하여 원효성사의 동체대비의 대승행원을 수(修)하여 보조국사의 정혜겸수에 의하여 직지인심·견성성불을 위주함으로써 교지로 함. 조선불교는 소의경전을 한정하지 아니함.

…(중략)…

제4장 전등(傳燈)
제4조 조선불교의 전등 계승은 나려시대(羅麗時代)에 오교구산(五教九山)의 종파적 분별을 가졌으나 근고 이래는 종파를 초탈한 종합불교의 교지를 가진 태고보우국사 이하 벽계정심선사의 법맥을 이은 청허휴정선사와 부휴선수선사의 법맥을 수수(授受)하는 예(例)에 종(從)함.[204]

여기서 주목되는 바는 종조(宗祖)에 대한 언급이 전혀 없고 일개의 종(宗)이 아닌 교단(教團)이라는 통합적인 형태를 취하였다는 점이다. 또, 교헌 제3장 본존에서 '조선불교는 대은교주 석가모니불을 본존으로 한다'는 내용만 수록하고 있다. 이를 통해 통합된 교단은 역사적으로 한국불교가 축적한 주체적인 경험을 그대로 종합적으로 수용하고자 함을 알 수 있다.[205] 그리고 이러한 교무원 체제하에서 1946년 동안거부터 출범한 해인사의 가야총림도 총림의 총칙 제4장인 수도 내

---

204) 朝鮮佛教宗會 편, 『朝鮮佛教教憲』(漢城: 朝鮮佛教宗會, 1946), pp.1~2.
205) 김상영, 앞의 글, pp.159~161.

용에서 그 성격을 말하고 있다. 총림의 수행은 원효의 동체대비(同體大悲)의 대승행원(大乘行願)과 보조의 정혜쌍수(定慧雙修)의 성적등지(惺寂等持)를 체현(體現)하는 것으로 하였다.[206)]

이에 대하여 효당은 1976년 1월 『법륜』 83집에 기고한 「전국불교도에게 고(告)함」에서 한국불교의 두 가지 문제점을 지적하였다.

하나는 한국불교의 근본 성격 즉 정체성에 관한 지적이고, 다른 하나는 한국불교의 법맥에 관한 간략한 지적이다.

① 한국불교의 정체성

효당은 한국불교의 정체성에 대해서 다음과 같이 술회하였다.

"현재 한국불교의 현상은 한국불교의 근본 성격과는 판이하게도 각종, 각파로 분립되어 있고 그 각종 중에서도 또한 각파도 내부적으로 내포하고 있는 상극성이 충만하여 실로 걷잡을 수 없는 심히 유감된 비극이 아닐 수 없다. 그러나 한국불교 현 사원에 이미 이루어져 있는 전체를 총람하여 볼 때, 우선 불상으로부터 건물의 구조·석탑·목탑 등 건축이며, 각 전당·칠성단·산신단·명부전·나한전·독성각 등등의 교리 내용이며, 신앙의 대상으로서 일반신자들이 숭봉하고 있는 사실! 이 신앙에 대한 순(純)과 잡(雜)이라는 점은 별도로 하고 이 같은 치성의 대상으로서 엄연히 존재하고 있는 것을 어디까지나 객관적인 대상으로 살펴볼 때 우리나라 불교의 성격·형태·구성을 종합적으로 다음과 같이 정리하여 말할 수 있다."[207)]

"한국불교는 불상을 숭고한 신앙의 대상으로 불단에 봉안하게 되기

---

206) 김광식, 『한국현대불교사연구』(서울: 불교시대사, 2007), pp.202~203.
207) 최범술, 「全國佛敎徒에게 告함」, 『法輪』 83(서울: 月刊 法輪社, 1976.1), p.7.

까지의 과정에서 조불사(造佛師, 佛母)의 손을 거쳐 그림이건 등상(等像)이건 불교의 아사리(阿闍梨)들이 말하는 안채비, 다시 말해서 밀교의 교리에 의한 의궤에 의하여 복장(腹藏) 채비를 완수한 다음 점안식을 거행한 뒤에 비로소 부처님의 자리에 안치 봉안되어 신앙하는 기초를 이루고 있음을 보아, 이것을 터전으로 하여 모든 불자가 숭신의 대상으로 하고 있다.
이 절대적이며 엄연한 사실을 천수백 년 동안 계승해 왔고 현재도 이 의궤에 의하여 불상·불화가 조성되어 안치됨을 보아 한국불교는 그 중심이 밀교인 것을 알 수 있다. 이 밀교의 교리에 비추어 보면 그 배면(背面)이 화엄의 사상과 교리의 내용이 된다. 이 밀교의 바로 전면이 선(禪)이기도 하다. 여기에서 밀교와 선은 굳이 말할 필요는 없겠으나 사족을 붙일 것 같으면 밀교에서 말하는 삼밀가지(三密加持)로써 이 부모로부터 받은 몸이 곧 성불한다는 밀교의 뜻과 견성성불 직지인심(見性成佛 直指人心)의 선지(禪旨)와 다를 것이 무엇 있으며, 불립문자(不立文字)의 뜻과 또는 부모생신전아(父母生身前我)와 아자본불생관(阿字本不生觀)의[208] 뜻과 무엇이 다르겠는가."[209]

"다시 한국불교의 중점이라고 보는 밀교의 오른편을 살펴보면 불타대자대비를 이상으로 하는 무연대비인 정토문의 미타신앙이 된 것

208) 최범술, 앞의 글, pp.7~8.[※ 밀교에서 음성을 다루는 聲字觀이라는 테마가 있다. 성자관에 의하면 우리의 음성은 다양한 소리를 낼 수 있는 것이며 이 음성의 변화로써 사물의 움직임을 잘 포착 전달토록 되어있지만, 그 가운데서도 점찍은 '·'자, 보통의 속된 말로 아래 아'·'자라고 하는 이것이 모든 음의 근원 즉 중핵이다. 세종대왕도 훈민정음에서 이 '·'를 하늘의 지경인 天으로 설명하였다. '父母生身前我'는 禪門의 화두의 하나로서 '부모에게서 이 몸뚱이를 받기 전의 그때 '나'란 것은 무엇이냐는 뜻으로 이를 깨달으면 우주의 실체를 파악했다는 것이다. 반면에 '阿字本不生觀'은 "우주의 가장 근본소리인 '아'자도 생기기 전의 우주의 근본자리를 본다"는 뜻이다. 이는 밀교의 중요한 테마의 하나로써 법신불인 비로자나의 성불하는 설교를 말하는 것이다. '父母生身前我'나 '阿字本不生觀'이나 우주의 근본을 묻는 취지라는 점에서 모두 같다는 의미이다.]

209) 최범술, 위의 글, pp.7~8.

이므로 이곳에서 한국 불교도들의 정토극락 왕생사상을 발견할 것이다. 그리고 다음 이 중정의 위치에 있는 방면에서 왼편을 바라보면 불타의 만행 만덕의 몸가짐새의 영락장엄(瓔珞莊嚴)과 삼천위의와 팔만세행의 교지의 일환으로 제율의(提律儀)를 인정하고 있다…(중략)…그러므로 한국불교는 불타의 근본취지에 입각하여 대화합 승가인 일대 통합된 교단의 구성이 금일 이후 내일을 위한 한국불교의 진로라 생각한다."[210]

효당은 한국불교의 중심은 밀교이며, 밀교를 중심으로 앞쪽은 선, 뒤쪽은 화엄, 오른쪽은 정토신앙, 왼쪽은 계율이라고 하여 한국불교는 종합적인 성격을 갖고 있다고 한 것이다. 효당은 오늘날 한국불교의 불자들은 이와 같은 역사적 사실을 명심하고 종합적인 불교를 우리나라에서부터 솔선수범하여 성취해서 전 세계 각국 불교도들의 모범이 되는 것이 불교의 세계사적 사명이라고 설하였다.

삼국시대의 고구려 제17대 소수림왕 2년(서기 372년)에 전래된 외래종교인 불교는 단순한 종교의 기능을 넘어서 전반적인 문화현상으로서 민족문화의 모체역할을 하였다. 새로운 사조를 동반한 불교문화는 우리 민족의 고대 신앙이나 고유 습속 등과 잘 융화되어 찬란한 민족문화로 형성되어 오늘에 이르고 있다.

효당은 천오륙백 년을 거치면서 형성된 한국불교의 근본 성격은 밀교를 중심으로 한 종합불교로 판단했음을 알 수 있다. 왜냐하면 오늘날의 한국 사찰의 불상을 비롯한 탑, 신앙의 대상이 되는 여러 전당을 비롯해 숭봉하는 신앙의 대상인 불상을 불단에 봉안하기까지 진행되

---

210) 최범술, 앞의 글, pp.8~9.

는 여러 가지 의궤들을 총람하면 한국불교의 성격·형태·구성은 밀교적인 성격을 띠고 있다고 하였다. 만약 그 성격이 '즉심시불(卽心是佛)' 곧 마음이 부처라는 종지를 우선으로 주창하는 선종(禪宗)이라면, 아침저녁으로 법당의 불상을 향해 예배하고 송경하며 염불하고 기도하는 의례는 필요가 없을 것이다. 종교도 인간문화의 한 단면이다. 오늘날 사찰에서 신도들을 대상으로 승려들이 직접 행하는 갖가지의 수많은 집전(執典) 의례들은 전래한 불교가 한국의 토착문화와 습합하며 형성되어져 왔음을 보여주는 사례이다. 효당은 한국불교는 이러한 종합적인 밀교 신앙 형태로 천수백 년 동안 지속되어 온 부정할 수 없는 엄연한 사실이라고 주장하였다.

밀교 곧 비밀불교는 정토 신앙과 더불어 대승불교의 중요한 사상으로 서기 7세기경 인도에서 성립되었다. 불교가 성립된 기원전 6세기 전까지만 해도 인도는 바라문교의 독무대였다. 그러나 불교의 출현으로 바라문의 대 지도자들이 수많은 제자를 거느리고 불교로 전향하여 바라문교는 직간접으로 많은 타격을 받았다. 불교는 1세기 반 동안 발전을 거듭하였으나 불타 입멸 후 100년경부터 교단이 분열되고 기원전 1세기경까지 부파 간의 대립이 계속되었다. 이 부파불교는 이론 중심의 불교, 승려 중심의 불교로 흘러가게 되어 약세를 가져왔다. 반면에 바라문교는 민간신앙을 흡수하고 불교사상을 모방하며 일반적이고 통속적인 종교(Hinduism)로 재정비하여 민간에 널리 보급되었다.

이러한 바라문교의 세력 확장은 자연히 불교 교단의 약세를 가져왔다. 바라문교의 상황에 대비하여 불교에서는 이러한 민간신앙의 사상을 폭넓게 수용하여 불교적으로 재정립한 것이 밀교의 출발이었다.

제천사상, 진언, 관음신앙을 위시한 여러 보살 사상 등은 이러한 영향 속에서 불교가 창안했거나 수용한 밀교 사상이다.[211]

또한 초기대승불교의 시기에는 반야경 계통의 공(空)사상을 주축으로 하는 용수계의 중도사상(中道思想)이 나타났다. 이 학파를 중관학파(中觀學派)라고 하며 이 중관학파는 인간의 심성이 본래 맑고 깨끗하다는 '심성본정설(心性本淨說)'과 '공사상(空思想)'의 입장을 조직적으로 잘 밝히고 있다. 대승불교의 중기쯤에 오면 『해심밀경』의 유사상(有思想)을 주축으로 한 무착, 세친 등이 중심이 되어 중생의 일심(一心)을 중요시하는 '심식설(心識說)'을 발전시켰다. 이러한 학파를 유가유식파(瑜伽唯識派)라고 한다. 밀교는 중관과 유식학파의 중심사상을 동시에 계승 발전시키면서, 그 양 학파의 결함을 보완하여 성립된 것이다. 따라서 밀교는 『화엄경』이나 『법화경』의 사상을 계승하고 『기신론』의 진여 연기설을 더욱 발전시켰다는 점에서 그 사상적 특성과 가치가 있다.[212]

밀교는 우리의 몸과 음성과 정신 즉 신밀(身密)·구밀(口密)·의밀(意密), 이 세 가지 신비가 한데 합일되었을 때 삼밀가지(三密加持)라고 한다. 몸짓의 신비성, 소리의 신비성, 정신작용이 자아내는 온갖 신비성, 이 지경이 한데 합일되는 삼밀가지는 육신으로서 성불하는 지경이다. 삼밀가지하면 즉신성불(卽身成佛)한다는 개념으로 선종의 '즉심시불(卽心是佛)'과 대비된다. 즉신성불은 곧 이 몸뚱이가 부처를 이룬다는 뜻이다.

---

211) 동국대학교 교양교재편찬위원회 편, 『불교학 개론』(동국대학교 출판부, 2000), pp.188~189.
212) 동국대학교 교양교재편찬위원회 편, 위의 책, pp.190~196.

중생이 삼밀가지의 수행을 닦아 일단 가지성불(加持成佛)을 하고 나면 별도의 결인(結印)과 특수한 진언(眞言)의 지송이 필요하지 않다. 입을 열어 소리를 내면 그것이 바로 진언이요, 마음을 일으켜 생각을 내면 그것이 곧 묘관삼매(妙觀三昧)이며, 일체 행위가 모두 밀인(密印)을 이룬다. 그리하여 깨달은 자의 일신삼밀(一身三密) 위에 우주 만유의 덕상이 모두 갖추어져 우주 법계의 대아(大我)를 이루게 된다는 사상이다.

불멸 후 천 년대에 이르러 모든 경전의 근간이 비밀불교라고 하여 이때부터는 경전의 주요 안목이 총지(摠持)에 있었다. 총지란 다라니, 즉 진언이 경의 총 안목처럼 되었다는 뜻이다. 마치 그물의 한 코를 잡아당기면 천 개의 코, 만 개의 코가 주르르 딸려 오듯이 하여 총지라고 한다. 쉽게 비유하자면 현대정치사회의 캐치프레이즈와 같은 역할이다. 진언과 비슷한 말로 만다라가 있다. 만다라는 원륜(圓輪)이 구족하다는 말이며 짜임새 있는 수련 도량이라는 뜻으로 불보살을 모신 사찰을 의미한다.[213]

오늘날 모든 사찰의 예불과 기도에는 몸으로는 손을 모아 절을 하고, 입으로는 다라니 지송을 하며, 마음으로는 부처님의 자비를 염원한다. 곧 신(身)·구(口)·의(意) 삼밀의 형태로 진행한다. 따라서 효당은 전통 의례로 판단하여 볼 때 한국불교는 종합적인 밀교(密敎)의 형식 속에 모든 종파적 가르침이 섭수되었다는 견해를 밝힘으로써 어느 한 종파가 아닌 종합적인 불교 성격을 갖추고 있다고 한 것이다.

---

213) 최범술, 『사람은 어떻게 살아야 하나』(서울: 보련각, 1974), pp.62~69.

② 한국불교의 법맥

효당은 한국불교의 법맥에 관해서 다음과 같이 언급하였다.

> "…한국불교를 말하는 학자들 가운데 흔히 전승(傳承)의 족보를 일삼기도 하고 조계(曹溪) 주류의 선을 정통으로 이어받은 것을 급급하게 말하기도 하며, 이것이 한국불교인 양 하는 분도 있다. 이에 대해서도 중대한 문제가 벽계정심선사(碧溪淨心禪師)에서 이어받은 법맥이 문제이다. 정심선사는 조계종 법계에 속하는 대사는 아니기 때문이다. 여하튼 이 같은 법계라, 종파라, 법맥이라 하는 제이·제삼의 지엽적 말단의 문제가 아니고, 가장 긴요한 중심 문제는 현재까지 전국 각 사찰에서 계승되어 오고 있는 일상 행사며 예불하고 숭봉하는 엄연한 사실이 가장 큰 것으로 보아야 할 것이며, 특히 말하여 두면 이것이 주되는 말이다."[214]

효당은 한국불교의 선맥(禪脈)은 벽계정심선사에서 이어받은 법맥으로 역사적으로 조계종으로 볼 수 없다고 하였다.

조선 중기 이후 한국불교의 법통은 태고보우–서산휴정을 적통으로 여겨 왔다. 1941년 조선불교 조계종이 출범한 이후 종단 구성원들은 줄곧 종조, 법통 문제와 관련한 논쟁을 해왔다. 법통 논의는 태고사법에 규정된 보우 종조설에 대한 도의 종조설, 지눌 종조설 등이었다. 이것은 한국불교 선종에 대한 사관의 차이에서 온 것이었다. 앞서 제3장에서 언급한 바처럼, 해방 직후 만당 출신들이 종무를 인수하여 개혁적인 '조선불교교단'을 창립하여 종단이 아닌 교단의 형식을 택하고 종조와 관련된 언급이 전혀 없음도 이와 무관하지 않았다.

---

214) 최범술,「全國佛敎徒에게 告함」,『法輪』83(서울: 月刊法輪社, 1976.1), p.9.

한국불교의 법맥인 종통(宗統)에는 두 가지 설이 대립해 왔다. 하나는 중국 당(唐)의 임제(臨濟)에서 18대 적손이 되는 원(元)의 석옥청공(石屋淸珙)에서 태고보우선사가 법을 받아 이어 왔다고 하며, 태고보우를 한국불교 조계종의 종조로 인식하는 견해이다. 이는 서산(西山)의 법손일가(法孫一家)로 형성되어 있었던 조선조 후기 승단에서 태고화상을 제1조로 만든 것이다. 즉 그러한 법통설이 만들어진 것은 언기(彦機)와 해안(海眼) 등 서산의 하대 문손(門孫)에 의해서라고 할 수 있다.[215] 또한 해인사 백련암에 주석했던 퇴옹성철의 견해도 이와 같다. 태고보우를 종조로 보면 그 법맥 계보는 다음과 같다.

> "임제(臨濟)…태고보우(太古普遇)-환암혼수(幻庵混修)-구곡각운(龜谷覺雲)-벽계정심(碧溪淨心)-벽송지엄(碧松智嚴)-부용영관(芙蓉靈觀)-서산청허(西山淸虛)-편양언기(鞭羊彦機)-풍담의심(楓潭義諶)-월담운재(月潭雲齋)-환성지안(喚性志安)-호암체정(虎岩體淨)…"[216]

다른 하나는 굴산 보조 종통설로서 교조로서 보조에 초점을 두는 것으로 이종익씨 등이 주장하고 있는 설이다. 이종익은 중국에 연원을 두는 태고보우 종조설은 사대사상이며 서산 후대에 와서 대대상전(代代相傳)의 선가풍토를 확립한 날조라고 하였다.[217] 우여곡절 끝에 1962년 통합종단 대한불교조계종의 '종헌' 제1조에는 '초조로 도의국사에서 기원하여, 보조국사의 중천을 거쳐, 태고보우국사의 제종포섭

---

215) 金煐泰, 「朝鮮 禪家의 法統考」, 『佛教學報』 22(東國大學校 佛教文化研究院, 1985.10), p.15.

216) 性徹, 『韓國佛教의 法脈』(陜川: 海印叢林, 1976), p.14.

217) 李鍾益, 『韓國佛教の研究 : 高麗·普照國師を中心として』(東京: 國書刊行會, 1980). pp.534~541.

으로서 조계종이라 공칭함'이라고 명시하였다.[218] 조계 혜능의 남종선을 전수받은 도의국사(?~825)를 종조로, 중천조 보조(1158~1210), 중흥조 태고(1301~1382)의 종조관을 확립하여 여전히 태고법통의 법맥에 정통성을 부여하고 있다.[219]

이에 대해 최병헌은 "한마디로 불교가 주체적인 역할을 담당하였던 신라시대나 고려시대의 불교 전통의 능력이나 가치를 제대로 인식하고 평가할 수 있는 능력이 상실되었던 조선 후기 불교에서 내세운 법통설이 정확한 것일 수도, 그리고 가치 있는 것일 수도 없을 것임은 자명한 것이다."[220]라고 하였다. 또한 그는 한국 불교사에서 일찍이 난립하였던 불교교학을 집대성하여 통불교를 성립시켰던 원효의 불교사상, 그 불교교학과 실천의 문제를 통합시킨 지눌의 불교사상을 재인식하여 불교 전통의 계승에 적극적으로 노력함이 불교법통설의 문제를 근본적으로 해결하는 길이라고 말하였다.

벽계정심은 생몰연대가 불분명하다. 그는 폐불의 사태를 만나 머리를 기르고 처자를 두었으며 황악산으로 들어가 이름을 숨기고 고자동 수다촌에 살면서 자취를 감추었다. 임종에 이르러 게송을 남기고 벽송에게 선법을 전하였다[221]고 하는 기록이 남아있다.

위와 같은 이유로 효당이 한국불교 선종 법맥의 문제점을 간략하게 언급한 것이다. 효당의 이러한 언급은 오늘날까지 이어지고 있는 한국불교의 선종 법맥이 1960년대 이후 조계종의 재출범으로 인하여 중

---

218) 교육원 불학연구소, 『조계종사 근현대편』(서울: 조계종교육원, 2001), pp.223~224.
219) 김용태, 「조계종 종통의 역사적 이해-근·현대 종명, 종조, 종지 논의를 중심으로」, 『韓國禪學』 35(한국선학회, 2013.8), pp.158~159.
220) 최병헌, 「韓國佛敎法統說의 問題點」, 『僧伽』 6(중앙승가대학교, 1989), p.85.
221) 退翁性徹, 『韓國佛敎의 法脈』 2판(해인사 장경각, 1990), p.21.

국불교의 아류로 재귀속(再歸屬)되는 문제에 대한 지적일 수 있다.

이 외에도 효당은 『대각국사문집』의 해제에서 우리나라의 불교계가 중국 화북의 신수(神秀) 계통의 북종선(北宗禪)과 강남의 조계산을 기지로 한 혜능(慧能) 계통의 남종선(南宗禪) 유파에 예속을 자원하고 전승을 자랑하며 소위 구산선문(九山禪門)에 배대하고, 선봉사(僊鳳寺)의 비문을 지은 임존(林存)이 천태시조 대각국사 운운한 것과 근현대의 불교학자 김동화 박사(한국의 사상대전집, pp.555~557)가 "의천은 화엄종지(華嚴宗旨)와 천태종의(天台宗義)를 가져 그의 중심사상을 삼고 있음이 분명하다"[222]라고 말하는 것은 경계해야 할 속단이라고 지적하였다. 효당은 이러한 속단은 민족의 자주성을 저해하는 종교문화의 예속으로서 그 예속은 한국불교의 정체성을 훼손하는 것이라고 우려한 것으로 볼 수 있다.

따라서 조선시대의 불교가 폐불정책 아래 온갖 핍박을 받으며 산중불교로나마 겨우 명맥을 이어온 점에서는 나름대로 의의가 있다. 그러나 중국 조계에 연원을 두는 조계종을 한국불교의 정체성으로 결론짓는 것은 두 가지 면에서 위험이 도사리고 있다. 그 하나는 위에서 언급한 바와 같이 한국불교의 민족적 자주성을 외면하고 우리 스스로 중국불교에 종속되고자 하는 불교문화 사대성이며, 또 다른 보다 큰 문제는 삼국시대와 고려시대에 국가적 불교로서 찬란했던 불교문화를 전면적으로 부정하는 결과를 낳게 된다는 점이다. 이러한 우려의 불식을 위해서도 전승되어 온 종합적인 한국 불교문화의 정체성에 대해 이제는 숙고해 볼 필요가 있다.

---

222) 崔凡述, 「大覺國師文集 解題」, 『大覺國師文集』(서울: 건국대출판부, 1974.12), pp.20~21.

3. 불교계의 국학 연구와 활동

1) 근대불교학의 국학적 성격

효당은 『한국의 차도』에서 한국 차생활의 역사를 설명하면서 '차와 호국정신의 일체(一體), 차와 선(禪)의 일체, 차와 실학(實學)의 일체화를 주목하고 아울러 고려자기·이조자기의 아름다움과 함께 차·선·국학·예술·실학이 서로 접근하면서 하나로 되는 경지'를 말하였다.[223] 여기서 주목되는 바는 차와 함께 호국정신·선·실학·예술·국학의 일체화를 강조한 것이다.

근대 이후 국학인 '조선학'과 그 중요 부분인 '실학'의 개념은 신문관(新文館)과 조선광문회(朝鮮廣文會)를 세운 최남선 등에 의해 1920년대 초반에 정의되고 발전하였다.[224] 구한말 이후 일제강점기의 이른바 '조선학'으로 대표되는 국학은 독립운동의 하나로 국어·역사·문학·민속 등의 민족문화에 대한 자각과 함께 그 의의를 적극적으로 주장한 것을 말한다. 그리고 1930년대의 대표적인 '조선학'이 '실학'이었다. 이른바 '조선학'의 성립에 있어서 대표적 인물들로는 박은식·신채호·최남선·안확·정인보·문일평 등이었다. 그들은 우리의 역사에서 민족 고유

---

223) 최범술, 『韓國의 茶道』(서울: 보련각, 1973), p.34.

224) 최남선은 1922년 잡지 『東明』 6호에 실린 「朝鮮歷史通俗講話」에서 처음으로 國學을 의미하는 '朝鮮學'을 주장하였다. 이후 1923년 「朝鮮歷史講話」에서 '實學'이라는 단어를 처음 사용하였다.[崔南善, 「朝鮮歷史通俗講話」, 『東明』 6(京城: 東明社, 1922.10.8), p.11 ; 崔南善, 『陸棠 崔南善全集』1(서울: 玄岩社, 1973), p.52]

의 정신을 찾으려 노력하였다. 이것은 흔히 박은식의 '조선혼(朝鮮魂)'·신채호의 '낭가사상(郎家思想)'·최남선의 '불함(不咸)'·안확의 '종(倧)'·정인보의 '조선(朝鮮)얼'·문일평의 '조선심(朝鮮心)'으로 알려졌다.225)

특히, 1910년대 국학을 주도한 최남선의 신문관과 조선광문회는 불교계와 관계가 밀접하였다. 본래 최남선은 불심(佛心)이 깊었던 조부와 모친의 영향으로 불교에 호의적이었다.226) 그가 세운 신문관과 조선광문회에 출입한 대표적인 불교계 인물들로는 한용운 외에도 최남선 등과 가까웠던 고승 범주사 출신 서진하(1861~1925)와 개운사 출신 박한영, 『조선불교약사(朝鮮佛教略史)』를 저술한 불교학자 권상로 등과 그 외에 『조선불교통사(朝鮮佛教通史)』를 저술한 이능화가 있었다. 또 대중적으로 알려진 신문관의 출판물로는 1917년 9월 17일에 발간된 장도빈의 『위인원효(偉人元曉)』가 대표적이었다. 이 무렵에 해인사지방학림에서 이 책을 읽었던 효당도 스스로 「청춘은 아름다워라」 41화에서 토로한 바와 같이 그 영향을 평생토록 받았다.227)

최남선과의 인연으로 조선광문회를 출입했던 임규는 아들인 임진종을 해인사의 말사인 영원사로 보냈는데 해인사지방학림에서 효당은 그와 동문수학하였다.228) 그 밖에도 한용운이 개인적으로 1918년

---

225) 정출헌, 「국학파의 '조선학' 논리구성과 그 변모양상」, 『열상고전연구』 28(열상고전연구회, 2008), p.7.

226) 류시현, 「일제하 崔南善의 佛教認識과 '朝鮮佛教'의 探究」, 『역사문제연구』 14(역사문제연구소, 2005), pp.179~180 ; 김광식, 「최남선의 '조선불교' 정체성 인식」, 『佛教研究』37(韓國佛教研究院, 2012), p.73.

227) 류시현, 위의 글, pp.186~188 ; 김광식, 위의 글, p.91 ; 오영섭, 「朝鮮光文會 研究」, 『韓國史學史學報』 3(한국사학사학회, 2001), pp.106~107, pp.124~132 ; 李智媛, 「1910년대 新知識層의 國粹觀과 國粹保存運動」, 『歷史教育』 84(역사교육연구회, 2002), pp.255~256 ; 張道斌, 『偉人元曉』(京城; 新文館, 1917), p.70.

228) 최화정, 「해인사의 3·1운동」, 『大覺思想』 31(대각사상연구원, 2019), pp.26~27.

9월부터 12월에 3호까지 발간한 불교종합교양지인 『유심(惟心)』도 신문관에서 인쇄되었다.[229] 이후 효당도 일본 유학 시기였던 1928년 『금강저(金剛杵)』 15호에 기고한 「애도의 일편」에서 최남선의 시조집 『백팔번뇌』에 나오는 「안겨서」를 인용했던 사실과 광복 이후 미소공동위원회에서 만난 국학자였던 안재홍의 글들을 관심 깊게 본 사실을 밝힌 일화[230] 등에서 당시의 시대적 영향을 어느 정도 확인할 수 있다.

(1) 불교계의 조선학

근대적 불교학의 연구자들은 사찰의 강원과 같은 전통적인 영향력 아래에 있었다. 따라서 그들의 학술은 일정 부분 전통을 반영하였다. 또 이 전통은 '조선'이라는 유교 사회의 모습도 포함하였다. 이는 조선의 불교와 불교 연구가 탈속적인 영역으로 제한되어 결코 사회적인 학술의 영역이 아니었다. 그러므로 근대적 전환기에 '불교'에서 '불교학'으로 전환할 수 있는 전통적인 불교계 지식인들이 많지 않았다.[231]

이런 점에서 근대화 시기의 불교 연구자는 몇 가지 유형이 있었다. 우선 불교계에는 박한영과 같은 전통적인 강원의 강백(講伯)이 있었는가 하면, 권상로처럼 전통과 근대적 '불교학'이 결합한 수용의 경우도 있었다. 그리고 외부 전문가 중에서도 이능화는 전통적인 지식인이었지만 근대적 지식에 남다른 이해가 있었다. 최남선도 조선불교만이 아

229) 최덕교, 『한국잡지백년』 2(서울: 현암사, 2005), p.494.
230) 최범술, 「청춘은 아름다워라」 131(최범술 25화), 『국제신보』(부산: 국제신보사, 1975.2.28), 5면.
231) 김영진, 「한국 근대 불교학 방법론의 등장과 불교사 서술의 의미」, 『한국학 연구』 23(인하대학교 한국학 연구소, 2010), p.86.

니라 근대적 불교학에 상당한 이해를 하고 있었다.[232]

그러나 1920년대에 이르러 일본과 유럽 등지에서 전문적으로 '불교학'을 익힌 연구자들이 본격적으로 등장하였다. 효당을 비롯해 허영호·김법린·백성욱·김태흡·김경주·조명기·김동화 등이었다. 이들은 유럽과 일본에서 진행된 근대 학술의 성과를 적극적으로 수용했다. 비록 수입 학문의 형태지만 빠르게 세계 불교학을 국내에 소개하였으며 유럽에서 시작된 근대불교학의 보편적이면서 과학적인 문헌학과 역사적 연구에 주목하였다.[233] 효당 또한 이 흐름에 속해있었고 이들과 일본 도쿄(東京)에서 함께 유학하였다.

이와 같은 유학생들의 배경에는 불교계가 근대적 교육의 필요성으로 1906년에 한성(漢城) 원흥사(元興寺)에 명진학교(明進學校)와 건봉사의 건봉학교를 포함하여 8개의 학교를 세웠다. 이후 1910년대까지 총 31개의 학교가 각 지방의 유력사찰을 중심으로 세워진 사실이 있었다.[234] 원래 명진학교는 일본 정토종의 주도로 불교 연구회가 설립하여 이능화가 2대 교장을 지냈으나 정토종이 직접 자본을 투자한 것은 아니었다. 이후 변천을 거쳐서 1915년에 교육과정의 개편으로 조선불교 삼십본산주지연합회에 소속된 중등교육 과정인 '중앙학림'[235]이

232) 김영진, 앞의 글, p.87.

233) 김영진, 위의 글, pp.87~88 ; 김영진, 「근대시기 한국불교계의 유럽불교학 인식과 그 영향」, 『韓國佛敎學』 64(한국불교학회, 2012), pp.112~114, pp.118~119, pp.124~129.

234) 이승윤, 「大韓帝國期 佛敎界 學校의 設立과 運營」, 『靑藍史學』 11(청람사학회, 2005), pp.25~63.

235) "…명진학교(1906.5~1910.4)로 출발한 이후 교단의 변동과 내부 사정에 따라 불교사범학교(1910.4~1914.4), 불교고등강숙(1914.4~1915.11), 불교중앙학림(1915.11~1928.3), 불교전수학교(1928.4~1930.4), 중앙불교전문학교(1930.4~1940.6), 혜화전문학교(1940.6~1946.9), 동국대학(1946.9~1953.2)으로 이어지면서 교명과

되었다. 이에 따라 같은 시기에 각 지방의 본산(本山)인 사찰들도 지방 학림과 보통학교를 세웠다.[236] 여기서 길러진 불교계의 인재들 중에 일부가 효당처럼 해외로 유학을 가서 근대적 불교학을 이 땅에 도입하게 되었다.

중앙불전은 혜화전문으로 바뀌기 전인 1940년까지 조선종교사·조선불교사·조선유학사·조선문학사 등 '조선학'에 관련된 전문 분야의 교육이 가능하였다. 해당 과목은 이능화·최남선·권상로·이병도·김문경 등이 지속적으로 출강하였다. 조선학과 관련된 과목 외에도 사회학·윤리학·경제학·법학·교육학 등 인문 사회과학 계열의 교과목도 비중이 적지 않았다. 그리고 경성제대 관계자들도 다수의 강의를 담당하였다. 경성제대의 교수직을 은퇴한 다카하시 도루(高橋亨)는 1940년 혜화전문의 초대교장을 지냈다.[237]

그러나 이미 앞서 지적한 바대로 1910년대부터 각종 불교계 학교에서 교육받고 1920년대 '조선학'의 성립 전후로 유학을 다녀온 유학생들이 있었기에 다음과 같은 단계로 발전했음을 알 수 있다.

첫째, 불교 중앙교단과 사찰들은 근대적 학교 설립에 의한 교육과 해외유학을 통해서 '불교학'의 전문연구자들을 양성하였다.

둘째, 근대적 '불교학'의 전문연구자들은 연구 및 교육과 불교계의 각종 신문잡지와 단행본을 포함하는 근대적 출판매체를 통해 홍법

학제가 변경되어 왔다."[이봉춘, 「불교 지성의 연구활동과 근대불교학 정립」, 『佛教學報』 48(동국대학교 불교문화연구원, 2008), p.6]

236) 南都泳, 「舊韓末의 明進學校」, 『역사학보』 90(역사학회, 1981), p.101, p.134 ; 이승윤, 앞의 글, pp.7~11.

237) 정준영, 「식민지관학과 '민족사학'의 사이-중앙불교전문학교와 식민지전문학교 체제」, 『사회와역사』 128(한국사회사학회, 2020), p.114, p.117.

(興法)과 포교(布教)를 위한 문예와 학술의 진흥을 담당하였다. 이를 통하여 일제강점기에 불교계는 역사와 문화에서 조선불교의 정체성을 재정립하고자 하였다.

그러므로 당연히 당시 '조선학'의 범주 안에서 이들의 활동과 연구를 살펴보아야 할 것이다.

① 불교사의 연구

1910년대 조선불교사 연구가 가지는 '조선학'으로서의 의미는 조선불교의 정체성을 설명함에 탈중화적인 역사적 자아를 일본의 간섭 없이 설정하는 것이었다. 즉, 단순히 '불교학'의 관점만이 아니라 '조선학' 차원에서의 접근이었다.[238]

또한 시간이 지날수록 근대적인 의미의 불교사 연구로서 역사적이고 문헌학적인 접근을 요구하였다. 문헌에 관한 비평적 연구와 역사적 연구, 그리고 비교연구였다. 이것은 전통적인 불교 연구와 구별되는 과학적인 방법이었다. 일본을 통해서 들어온 유럽 근대학문의 영향으로 기존의 문장을 인용하는 위주가 아닌 논리적인 연구로써 '의도'와 '방법' 및 '자료'의 차이를 보여주었다. 이 차이를 전통적인 불교 인식논리학의 관점인 인명학(因明學)으로 설명하자면, 성인의 말씀이나 문장을 인용하는 '성교량(聖教量)'· 직접지(直接知)인 '현량(現量)'· 추리인 '비량(比量)'으로 나누어 설명할 수 있었다.

이와 같은 과학적인 방법은 일본의 불교학자인 무라카미 센쇼(村上

---

238) 류시현, 「1910년대 조선불교사 연구와 '조선학'의 토대 형성」, 『한국학 연구』 44(고려대학교 한국학 연구소, 2013), p.110.

專精)의 『불교통일론』[239]에서 나오는 지적이다. 이는 권상로에 의해서 1912년 5월부터 『조선불교월보』 4~10호·13~17호·19호에 걸쳐서 13회로 번역되어 소개되었다. 유학생 출신이 아닌 박한영이나 권상로 등의 전통 강원 출신들도 근대적 불교학의 연구방법론을 소개했다. 이후 이러한 흐름은 앞서 제3장 1절에서 살펴본 『금강저』 20호에 실린 「고구려 원음 추정에 대하여」와 같이 1930년 전후부터 만당의 비밀당원이었던 허영호와 김법린 등에 의해서 산스크리트어나 팔리어 등과 한문전적의 비교연구로 더욱 발전하여 근대적인 '불교학'으로 나아가게 되었다.[240]

이러한 관점에서 근대에 간행되어 주목받는 조선불교의 역사서로 경성의 신문관에서 1917년에 발간한 권상로의 『조선불교약사』와 1918년에 발간한 이능화의 『조선불교통사』 3권 2책이 대표적이었다. 이후 국외에서는 식민사관으로 1929년 일본 도쿄(東京) 보문관(寶文館)에서 발간한 다카하시 도루(高橋亨)의 『(조선사상사대계)이조불교』, 1930년 일본 도쿄 춘추사(春秋社)에서 발간한 누카리야 카이텐(忽滑谷快天)의 『조선선교사(朝鮮禪教史)』 등이 있었다.[241]

먼저 근대 최초의 불교사인 권상로의 『조선불교약사』는 편년체의 서술로서 연대별로 불교 관련 사건 기록을 정리했기에 어느 면에서 불교사라기보다는 조선불교에 대한 연보에 가까웠다. 그는 서문에서

---

239) 村上專精의 『佛敎統一論』 1~5篇은 일본 東京의 金港堂에서 1901년 1篇 「大綱論」, 1903년 2篇 「原理論」, 1905년 3篇 「佛陀論」이 간행되었고, 이후 일본 東京의 東方書院에서 1927년 4~5編 「實踐論」 上·下가 출간되었다.

240) 김영진, 「한국 근대 불교학 방법론의 등장과 불교사 서술의 의미」, 『한국학 연구』 23(인하대학교 한국학 연구소, 2010), pp.88~96.

241) 김영진, 위의 글, pp.103~104.

"인도·중국·일본 등 불교가 있는 곳은 모두 불교사가 있는데 우리 조선만 홀로 없으니, 내가 이로써 이미 탄식하는 바가 여러 해가 되기에 대가(大家)가 하는 바를 대신하고자 하여…"라고 그가 불교사를 서술한 의도를 밝혔다.[242] 그리고 네 개의 부록으로 조선불교의 종파를 설명하는「제종종요(諸宗宗要)」, 『불조원류(佛祖源流)』에 의거한「불조략계(佛祖畧系)」·「편중인명고(篇中人名考)」, 삼국시대부터 조선까지 왕계(王系)를 정리한「조선역대약계(朝鮮歷代略系)」를 수록하였다.[243]

또한 이능화도 조선에서 승려조차 자국의 불교사를 모르는 현실에 대해 한심함과 안타까움으로 『조선불교통사』를 저술하게 되었음을 1917년 6월에 『조선불교총보』 6호의 「조선불교통사에 취ᄒᆞ야」에서 토로하였다.[244]

이 책에는 모두 3편의 서문이 실려 있고, 이 책의 말미에 붙은 발문은 장지연이 썼다. 책의 범례를 보면 구성과 집필 및 편찬 원칙에 대해 구체적으로 설명하고 있다. 가장 특징적인 것은 사료적 근거에 의해 객관적 접근을 노력한 점이다. 이 책의 저자는 근대학문의 중요한 연

---

242) 김영진, 앞의 글, p.104 ; "…然以於印度, 支那,日 本等凡有佛處ᄂᆞᆫ 皆有敎史ᄒᆞ되 而有我朝鮮則獨無也ᄒᆞᆯ식 余ㅣ 以是旣然ᄒᆞ야 賷志多年에 欲代大匠以所ᄒᆞ고…."[權相老,「序」,『朝鮮佛敎略史』(京城: 新文館, 1917), p.1]

243) 權相老,「附錄」,『朝鮮佛敎略史』(京城: 新文館, 1917), pp.257~328.

244) "…伊時에 僧侶와 晤談ᄒᆞᄂᆞᆫ 機會가 或有ᄒᆞ야 朝鮮에 불교가 輸入以後에 敎運의 興替盛衰와 宗派의 來歷年歷을 問議ᄒᆞ야본즉 明白히 對答ᄒᆞᄂᆞᆫ 者ㅣ 殆無ᄒᆞ더라、…(중략)…今也에 朝鮮佛敎가 千五百年以來로 系統的歷史가 絶無ᄒᆞᆷ은 彼系譜를 不知ᄒᆞ야 常漢되ᄂᆞᆫ 자에 鑑照ᄒᆞ야 可히 關心이ᄂᆞᆫ 안이ᄒᆞᆫ가、 余ᄂᆞᆫ 『조선불교통사』를 著述ᄒᆞ야 不充分ᄒᆞ고 不完全ᄒᆞ지마ᄂᆞᆫ 世人에게 公布ᄒᆞ야 斯道에 有志ᄒᆞᆫ 者에게 조선불교에 對ᄒᆞ야 參考資料를 供給ᄒᆞ기에 汲汲ᄒᆞᆷ으로써 動機를 作ᄒᆞ얏노라、…"[李能和,「朝鮮佛敎通史에 就ᄒᆞ야」,『朝鮮佛敎叢報』 6(京城: 三十本山聯合事務所, 1917.6), p.33] ; 류시현, 앞의 글, p.113.

구 방법인 문헌학과 역사 실증주의로 범주를 유형화하고 계통을 정리하여 객관적인 분석과 합리적 평가를 하고자 노력하였다.

책의 서술된 내용을 살펴보면 상편인 「불화시처(佛化時處)」는 불교의 교화가 미친 시공(時空)의 의미로 불교가 전래한 삼국시대부터 근대기인 20세기 초까지의 사료를 시기별로 편년체로 서술하였다. 다음 중편인 「삼보원류(三寶源流)」는 부처의 일대기와 삼장(三藏)의 결집(結集)과 인도에서 중국까지의 불교사를 서술하였다. 그리고 우리나라는 신라와 고려시대의 여러 종파의 연원과 특징을 설명하면서 그 전통을 선종(禪宗)인 임제종(臨濟宗)으로 보았다. 처음 1책에 상편과 중편이 수록되었고, 2책에 하편인 「이백품제(二百品題)」에서 한국불교 속의 인물·사상·사건·제도·신앙·영험·사적·지리·문화·예술·출판·기타 종교와 배불론 등의 200개의 주제를 다루면서 각 항목으로 저자의 해석이나 평가가 덧붙여져 있다.[245)]

그리고 권상로와 이능화, 최남선은 서로를 각자의 저술들 속에서 인정하고 격려하였다. 최남선은 자신의 신문관에서 발간한 권상로와 이능화의 불교사 저술에 대하여 적극적으로 광고하였고 광고문을 자신이 직접 주관하였다. 그는 1918년 6월 신문관에서 간행하는 『청춘』 10호의 광고문을 통해, 권상로가 『조선불교약사』를 저술하기 위해 "지성(至誠)을 기울여 동서로 자료를 찾고 해석한 지 수년 동안 법등(法燈)의 명암을 궁심(窮審)하고 혜덕(慧德)의 소장(消長)의 자취 실상을 조사"하였다고 했다. 『조선불교통사』를 지은 이능화의 공(功)에 대해서

245) 김용태, 「『조선불교통사』를 통해 본 이능화의 불교 이해」, 『애산학보』 41(애산학회, 2015), pp.46~48.

는 "영원히 사계(斯界)에 빛이 드러날지라"[246]라고 광고했다. 또한 자신의 신문관을 통해서 출간한 권상로의 『조선불교약사』에 이어서 이능화의 『조선불교통사』를 교열하고[247] 간행한 최남선은 1918년 6월 22일의 『매일신보』 1면에 기고한 「『조선불교통사』에 대ᄒᆞ야」 1회에서 조선불교를 통해서 '민족의 순수[民粹]'를 되찾고자 하였다.[248]

이러한 바탕에는 권상로·이능화·최남선이 그들의 불교 저술에서 일본에 영향을 끼친 고대 조선불교의 위용을 재평가하고 되찾고자 하는 염원이 있었다. 이를 위해서 불교 전래에서 중국과 대등한 독자성을 주장했다. 동시에 성리학을 조선 망국의 원인으로 보고서 이에 대한 비판을 가하였다. 예로서 『조선불교통사』 하편의 p.717에서는 조선의 당쟁에 비판적이었다. 그러므로 권상로와 이능화 모두 그들의 불교사 서술에서 조선시대 불교의 비중이 상대적으로 높았다. 이에 나아가 최남선은 성리학의 양반과 불교의 민중이라는 대립 구도로 보았다.[249]

최남선은 1918년 7월 5일에 『매일신보』 1면의 「『조선불교통사』에 대ᄒᆞ야」 5회에서 우리 불교사의 특징을 교(敎)보다 학(學)의 비중이 높았다고 보았다. 이를 통해서 중국불교에 대한 사상사적 독자성을 주장하였다. 이것은 민족적 '자아'의 세계사적 추세인 보편성을 불교로 확인하고자 하는 열망으로 조선 민족의 개방성과 진취성을 찾고자 했기 때문이었다. 즉, 암울한 조선의 식민지 상황에서 민족적인 '자아'가 역

246) 류시현, 「1910년대 조선불교사 연구와 '조선학'의 토대 형성」, 『한국학 연구』 44(고려대학교 한국학 연구소, 2013), pp.114~117.
247) 李能和, 『朝鮮佛敎通史』 上(京城: 新文館, 1918), p.1.
248) 류시현, 「1910년대 조선불교사 연구와 '조선학'의 토대 형성」, 『한국학 연구』 44(고려대학교 한국학 연구소, 2013), pp.117~118.
249) 류시현, 위의 글, pp.122~123, p.125.

사적으로 중국과 대등하면서 일본에 절대적인 영향을 끼친 사실을 불교로 보상받고자 한 것이었다. 그러한 연구의 성격이 바로 '국학'이자 당시의 '조선학'이었다.[250]

그 외에도 주목되는 일제강점기의 불교사 연구로는 1927년 계명구락부에 나온 최남선의 『삼국유사해제』가 있었다. 이 책은 최남선이 『삼국유사』에 방점을 찍고 교열을 보고 발간하였다. 최남선이 이 책을 내기 전까지 신채호를 비롯하여 국내에서는 『삼국사기』에 비해 『삼국유사』는 주목하지 않았다. 그러나 최남선은 『삼국유사』의 연구를 통해서 이를 정당하게 평가하였다. 그의 대표적인 단군론인 『불함문화론』에 대한 근거를 확인하였으며 이를 통해서 그가 1922년에 정의한 '조선학'을 발전시키려 하였다.[251] 나아가 이러한 흐름에서 1930년대의 불교사 연구의 정점을 이룬 것은 포광(包光) 김영수였다. 그는 1937년 「오교양종(五敎兩宗)에 대(對)하야」[252] 등을 발표하여 사상사적으로 오교구산(五敎九山)의 체계를 처음으로 세웠다. 1939년에 『조선불교사고(朝鮮佛敎史藁)』[253]를 발간하였다.[254]

② 불교와 조선학

구한말인 1908년 3월에 자생적으로 만들어진 조선불교계의 단일 교단인 원종(圓宗)은 중앙정부로부터 인가를 받지 못하게 되자, 종정

250) 류시현, 위의 글, pp.118~119, p.124, p.130, p.132
251) 유영옥, 「1920년대 『三國遺事』에 대한 인식-丹齋와 六堂을 중심으로」, 『동양한문학연구』 29(동양한문학회, 2009), p.183, pp.186~187, p.209.
252) 金映遂, 「五敎兩宗에 對하야」, 『震檀學會』 8(京城: 震檀學會, 1937.11), pp.74~100.
253) 金映遂, 『朝鮮佛敎史藁 』(京城: 中央佛敎專門學敎, 1939).
254) 김용태, 『조선불교사상사』(서울: 성균관대학교 출판부. 2021), p.33.

(宗正) 이회광과 종단의 지도부는 친일파 송병준과 일본 승려들의 도움으로 1910년 일본으로 건너가서 비밀리에 협약을 체결하였다. 당시 조선불교계는 이것을 일종의 매종행위(賣宗行爲)로 규정하였다. 초기에 한용운이 주도하여 박한영 등의 지리산 일대 승려들을 중심으로 적극적인 반대운동을 일으켰다. 이 운동은 본격적으로 송광사를 근거지로 하여 1911년 초부터 1912년 8월까지 해인사 출신 백용성을 중심으로 임제종을 건설하려 하였다. 이에 대하여 일제는 임제종 건설을 위한 모금을 불허하였고 표면적으로 원종과 임제종의 양쪽 현판을 강제로 철거하면서 이 운동을 탄압하였다. 그리고 중심인 한용운을 경성지방법원 검사국으로 압송하였다.[255]

이 와중에 일제의 식민지정책으로 조선총독부가 불교계에 대하여 1911년 6월 3일에 반포한 「조선총독부제령(朝鮮總督府制令)」 제7호인 사찰령이 전국적으로 시행되었다. 모든 사찰은 조선 총독에 의하여 직접적으로 완전히 장악되고 통제되는 것이었다. 더 나아가 1911년 7월 8일에는 이른바 총독부령 제84호에 의하여 「사찰령시행규칙(寺刹令施行規則)」 제8조를 발표하여 사찰령과 같이 시행하도록 하였다.

이에 따르면 전국의 사찰을 30개 본산의 본사와 말사로 구분함으로써 본사의 주지는 총독의 허가를 받고 말사의 주지는 지방 장관의 허가를 받도록 하였다. 또 그 임기는 3년으로 하되 주지에게 범죄 그 밖의 부정한 행위가 있을 때나 직무를 태만하면 그 직무의 인가를 취소하도록 하였다. 인가가 취소된 자는 1주일 이내에 그 사찰에서 퇴거

---

255) 김광식, 한국독립운동사편찬위원회 편, 『한국독립운동의 역사』 38(천안: 독립기념관 한국독립운동사연구소, 2008), pp.154~157.

해야 한다고 규정하였다.[256] 이후부터 사찰령과 시행규칙에 따라 조선총독부는 한국불교에 대한 실권을 완전히 장악하기에 이르렀다. 따라서 배일적인 임제종 운동을 일으킨 주체들은 당연히 새로운 돌파구를 찾고자 하였고 일반 대중의 정서에 부응하여 3·1운동에 불교계가 적극적으로 동참하였다.

임제종 운동 이후 이러한 서로 간의 친교는 박한영, 한용운 등을 중심으로 계속 유지되었다. 특히 앞서 서술한 바와 같이 박한영과 한용운은 최남선이 세운 신문관과 조선광문회에 자주 출입하였다. 최남선을 위시로 이능화·권상로·장지연·장도빈·정인보 등도 불교계와 관계가 밀접하였다.[257] 당시 조선 불교계의 대 강백인 석전(石顚) 박한영은 근대 한국 불교계를 대표하는 지성이었다. 정인보의 『담원문록(薝園文錄)』 5권에 따르면 1910년대 전후에 화엄사 진진응(陳震應, 1873~1942), 선암사 장기림(張基林, 1869~1916)과 함께 근대불교계의 3대 강백으로 평가받은 인물이었다.

박한영은 순창 구암사에서 20대에 설유(雪乳)의 법맥으로, 백파긍선(白坡亘璇)으로부터 설두유형(雪竇有炯)과 설유(雪乳)로 이어지는 호남불교의 선맥 및 강학의 계보를 이었다. 백파긍선(1767~1852)은 초의의순(1786~1866)과 치열한 선(禪) 논쟁을 벌인 인물이다. 백파와 초의

256) 김창수, 국사편찬위원회 편, 『한민족독립운동사』 9(과천: 국사편찬위원회, 1991), pp.495~498.

257) 김종진, 「박한영과 국학자의 네트워크와 그 의의」, 『溫知論叢』 57(온지학회, 2018), p.232, p.247 ; 김종진, 「『불교진흥회월보』의 전개와 문예 지면의 경향성」, 『문화와 융합』 43(한국문화융합학회. 2021), pp.433~435. ; 김종진, 「『조선불교총보』의 전개 양상과 시론(時論)의 지향성」, 『大覺思想』 35(대각사상연구원, 2021), p.169의 각주19 참조.

간의 선 논쟁은 그들의 후학들에게 약 1세기 동안 이어져 내려와 조선조에서 배불 정책으로 왜소화되고 침체한 불교계에 선 논리의 발전과 선문(禪門)의 기풍을 진작시키기도 하였다.[258]

박한영은 1914년 고등불교강숙의 숙사(塾師), 1915년부터 1922년까지 중앙학림의 강사와 교장, 1930년부터 1938년까지 중앙불전의 교장 등을 역임하였다. 모두 혜화전문(현재 동국대)의 전신이었다. 또한 박한영은 1926년부터 당시 불교계가 전통 강원의 부활을 위해 역량을 모아 세운 개운사 강원의 강주도 역임하였다. 1930년대에 중앙불전과 개운사의 강원에서 조종현·서정주·신석정·김어수·김달진·조지훈 등의 여러 시인이 배출되었다.[259]

박한영은 1910~1930년대 최남선·이광수·정인보·변영만·이병기·안재홍 등과 글 속에서 서로 언급하거나 자주 모여 친목을 도모하는 여행을 함께하였다. 최남선의 동명사에서 1940년에 발간한 박한영의 『석전시초(石顚詩鈔)』는 2/3가 기행시(紀行詩)로서 이러한 당시의 정황이 잘 나타나 있다. 이 『석전시초』에서 최남선은 임제종운동을 하던 박한영을 그가 동지 2~3인과 도와주었던 사실을 「서(序)」에서 밝혔고 정인보는 「석전상인소전(石顚上人小傳)」을 지었다.

이 외에도 박한영이 함께 1923년에 여행한 이광수의 『금강산유기(金剛山遊記)』(박한영·이광수·이병기 등)·1924년에 금강산을 둘러본 최남선의 『풍악기유(楓嶽記遊)』(박한영·최남선 등)·1925년에 호남지방과 지리산 일대를 순례한 최남선의 『심춘순례(尋春巡禮)』(박한영·최남선

---

258) 채정복, 「초의선사의 차선수행론」, 연세대학교대학원 석사학위논문, 1992, p.76.
259) 김종진, 「박한영과 국학자의 네트워크와 그 의의」, 『溫知論叢』 57(온지학회, 2018), p.231, p.235.

등)·1926년에 여행한 최남선의 『백두산근참기(白頭山覲參記)』(박한영·최남선·조선교육회 박물탐사단 등)·1933년에 금강산을 여행했던 정인보의 「관동해산록(關東海山錄)」[260](박한영·정인보·이건방 등)·1934년에 호남과 화엄사 등지를 순례한 정인보의 「남유기신(南遊寄信)」[261](박한영·안재홍·정인보 등) 등이 있다. 1926년에 나온 최남선의 시조집인 『백팔번뇌(百八煩惱)』에서 끝에 실린 발문(跋文)격인 「제어(題語)」를 박한영·홍명희·이광수·정인보가 함께 썼다.[262]

이처럼 최남선이 세운 조선광문회를 출입했던 박한영이나 한용운이 승속을 떠나서 세속의 식자층과 적극적으로 어울린 배경에는 1910년대 초부터 권상로·이능화처럼 잡지를 편집하고 발행한 배경이 있었다. 이미 임제종 운동이 시작되던 무렵에, 최초의 불교 잡지로 1910년 2월에 간행된 원종의 기관지인 『원종(圓宗)』이 있었으나 현재 전하지 않는다.

그리고 이후 창간된 1910년대의 불교 잡지로는 통권 19호까지 간행된 권상로의 『조선불교월보』(1912.2~1913.8), 통권 8호까지 나온 박한영의 『해동불보』(1913.11~1914.6), 이능화의 통권 9호까지 간행된 『불교진흥회월보』(1915.3~1925.12), 통권 3호까지 간행된 『조

---

260) 鄭寅普, 『薝園 鄭寅普全集』 1(서울: 延世大學校出版部, 1983), pp.99~157.

261) 鄭寅普, 앞의 책, pp.159~214 ; 김종진, 「박한영과 국학자의 네트워크와 그 의의」, 『溫知論叢』 57(온지학회, 2018), p.249의 각주35 참조.[※ 정인보는 42세가 되던 1934년에 朴漢永, 安在鴻, 尹錫五, 盧秉權과 충북 괴산의 華陽洞계곡, 속리산, 내장산, 순창, 남원, 화엄사 등지를 여행하고서 『동아일보』에 같은 해 7월 31일부터 9월 29일까지 「南遊寄信」을 연재하였다.]

262) 김종진, 앞의 글, p.232, pp.247~250 ; 김상일, 「石顚 朴漢永의 기행시문학의 규모와 紀實의 시세계」, 『동악어문학』 65(동악어문학회 , 2015), pp.52~57 ; 崔南善, 『百八煩惱』(京城: 東光社, 1926), 「목차」 참조.

선불교계』(1916.4~1916.6) 및 통권 22호까지 간행된 『조선불교총보』(1917.3~1921.1)가 있었다. 그 외에도 통권 3호까지 나온 한용운의 『유심』(1918.9~1918.12)이 있었다. 이 가운데 『유심』을 제외하고 사실상 모두 당시 교단의 기관지였다.[263] 이와 같은 배경에는 일제의 무단통치로 인한 언론과 출판의 제약으로 1910년대에 식민지 조선에서 간행된 잡지는 약 40여 종 가운데 24종이 종교 잡지였다. 여기에는 유교 1종, 기독교 7종, 천도교 7종, 시천교 3종, 불교 6종 등으로 불교 외에는 주로 기독교와 천도교 계통에 의해 주도되었다.[264]

특히, 권상로가 편집하고 발행인이었던 『조선불교월보』는 차츰 편집의 범주를 해체한 양식을 수용하였다. 당시로서는 드물게도 순수 국문의 기사들을 모아서 3호부터 「언문란」을 신설하였다. 이후 변화를 거쳐서 13호부터 「언문부」로 고정되었다.[265] 편집구성은 「논설」과 「광장설(廣長舌)」은 당시 교계의 현안에 대한 논설, 「강단」과 「사자후」는 불교교리, 「교사(敎史)」와 「무봉탑(無縫塔)」은 불교사 및 불교학 관련논문, 「문원(文苑)」과 「대원경(大圓鏡)」은 역대 고승들의 비문과 전기인 행장(行狀) 등의 불교 사료로 구성되어 있었다.[266]

그러나 『조선불교월보』 13호 이후의 편집 체제를 계승한 『해동불보』는 「무봉탑」에서 전통적인 교학의 비중이 늘어났으나, 「언문부」의 내용이 더욱 다양해지고 「한갈등(閑葛藤)」에서도 교리와 학술 관련 논문

263) 조명제, 「1910년대 식민지조선의 불교 근대화와 잡지 미디어」, 『종교문화비평』 30(한국종교문화연구소, 2016), pp.92~93.
264) 조명제, 위의 글, pp.89~90.
265) 조명제, 위의 글, p.94.
266) 김기종, 「근대 불교잡지의 간행과 불교대중화」, 『한민족문화연구』26(한민족문화학회, 2008), p.384.

을 수록하였다. 이어서 나온 이능화의 『불교진흥회월보』는 본격적으로 한국 고승의 저술과 비교종교학적인 논문 및 근대불교학의 연구성과를 소개하였다. 그리고 이후의 『조선불교계』도 체제와 내용이 앞서와 거의 유사하였다. 또한 『조선불교총보』는 「관보」와 「휘보」만을 남겨둔 채 여러 항목을 통괄하였고, 수록된 주요 내용은 불교계 현안, 고승의 비문과 전기, 한국 불교사의 서술, 근대불교학의 소개, 불교와 타종교의 비교 등으로 이전과 큰 차이가 없었다. 그러나 경전에 대한 일련의 해제와 세계종교에 관한 관심은 특징으로 볼 수 있다.[267)]

이후 1924년 7월 창간되어 권상로가 발행인으로 통권 108호까지 발행되었던 『불교』(1924.5~1933.7)의 편집 체재 및 내용은 위의 잡지들과 크게 다르지 않았다. 그렇지만 총독부의 문화정치와 유학승의 귀국 등 시대적인 변화와 10년이라는 발행 기간 동안 다양하고 풍부한 내용을 다루며 불교 대중화를 위한 적극적인 시도를 했다. 한용운이 사장과 발행인 겸 편집인으로 취임한 1931년 6월의 84·85합호 이후 교단 혁신과 정교 분립에 관한 논설의 비중이 커졌다.

그리고 『불교』의 속간으로 통권 67호까지 발행되었던 『신불교』[268)] (1937.3~1944.12)는 발행인 겸 편집인이 허영호로 바뀌면서 『불교』보다 내용 면에서 교리, 불전의 번역, 한국 고승의 탐구가 늘어났다. 교리는 타종교와 비교 및 서양 불교학의 소개 등으로 이루어졌다. 3종의 불전(佛典)을 번역한 『불교』에 비해 『신불교』는 1~19호에 『금강경』·『대승기신론』 등 9종의 불전을 번역하였다. 그리고 고승에 관한 논문뿐만 아

---

267) 김기종, 위의 글, pp.385~386.

268) 속간된 정식 제호는 『佛教』였다.[解題 金光植, 資料 收集 李哲教, 『韓國近現代佛教資料全集(解題版)』(서울: 民族社, 1996), p.17]

니라 고승전을 집성한 「청구승전보람(靑丘僧傳寶覽)」(21~56호)의 연재와 고승 설화를 수집하였다. 결과적으로 『조선불교월보』부터 『신불교』에 이르기까지의 중앙교단 중심의 편집 체재는 「관보」, 「잡보」, 「휘보」, 「교계소식」 등의 불교계 소식란이 있는 공통점이 있었다.

이외에도 이종천이 발행인 겸 편집인으로 통권 6호까지 발행됐던 통도사의 『취산보림(鷲山寶林)』(1920.1~1920.10), 포광(包光) 김영수 등의 통권 10호까지 발행됐던 중앙불전의 『일광(一光)』(1928.12~1940.1), 김적음의 통권 4호까지 발행됐던 『선원(禪苑)』(1931.10~1935.10)과 같은 몇몇 지역이나 학교와 불교단체에서 발간한 불교계 잡지들도 있었다.[269)]

이와 같은 중앙교단 중심의 불교 잡지 중에서 학술적으로 중요한 변화를 보인 바는 『불교진흥회월보』와 『불교』 및 『신불교』였다. 그런 점에서 1912년에 불교의 교리를 기독교·도교·유교·회교 등 11개 종교와 비교하여 논술한 『백교회통(百敎會通)』을 지은 이능화는 『불교진흥회월보』에서 그의 제자인 중문학자이자 번역자였던 양건식과 더불어 불교와 국학 방면에 치우친 특징을 뚜렷이 보여주었다.[270)]

먼저 불교는 「교리란」에서 선(禪)과 교(敎)의 전통적인 주제를 다루었다. 더욱이 이능화는 다양한 비교종교론인 「다신교·일신교·무신교」(4호), 「다처교·일처교·무처교」(9호) 등과 유·불·도의 비교론을 기고하였다. 또한 「학술란」에서는 서양철학을 포함하여 해외 불교학의 성과를 소개하였다. 양건식이 칸트철학에 대한 량치차오(梁啓超)의 「근세

269) 김기종, 앞의 글, pp.380~381, pp.386~387 ; 최덕교, 『한국잡지백년』 1(서울: 현암사, 2005), pp.393~394, pp.400~407 , pp.416~418.

270) 한국정신문화연구원 편, 『한국민족문화대백과사전』 9(성남: 한국정신문화연구원, 1997)의 '백교회통(百敎會通)' 항목 참조 ; 김종진, 「1910년대 불교잡지 『불교진흥회월보』의 학술 담론과 의의」, 『한마음연구』 6(대행선연구원, 2021), p.301.

제일대철강덕지학설(近世第一大哲康德之學說)」을 「서철강덕격치학설(西哲康德格致學說)」(1~7호)로 7회에 걸쳐 번역하였다.

그리고 국학자였던 안확은 '어연생(語硏生)'이라는 필명으로 한글에 관하여 「조선문자의 소론」(8호)을 '세계의 문자', '언문의 기원', '언문의 가치', '언문 사용의 고금(古今)'으로 나누어 기고하였다. 여기서 그는 '세계의 문자' 장에서는 성음학적 분석을 하였고 '언문의 기원' 장에서는 자형에 대해서 다양한 기원설을 살펴보았다. 또 '언문의 가치' 장에서는 세계적인 평가를 소개하였으며 '언문 사용의 고금' 장에서는 그 당시의 한글 운동에 관한 자세한 소개를 하였다.[271]

『불교진흥회월보』는 불교사의 정립에도 크게 기여하였다. 그러한 예로 이능화는 「이조억불사(李朝抑佛史)」(4~9호)와 조선불교의 사적(史蹟)에 대한 주제나 비명(碑銘) 등을 집중적으로 다루었다. 이는 이후의 그의 『조선불교통사』의 기초자료로도 의미가 있었다. 이 외에도 이네다 슌스이(稻田春水)의 「지리산화엄사신라시대화엄석경고」[272](4호)와 조선불교예술에 대한 「조선 범종에 취ᄒᆞ야」(6호) 등의 연구도 있었다. 그리고 장지연은 중국불교사에 대한 「지나불교의 연기」(5~9호)를 기고하였다.[273]

또한 1910년대의 『불교진흥회월보』와 더불어 1923년 최남선이 '조선학'을 정의한 이후에 주목할 만한 불교 잡지는 1924년 7월에 창간된

---

271) 김종진, 앞의 글, p.308, p.311, pp.317~320.

272) p.29의 원래 논문 제목인 「智異山大嚴寺新羅時代華嚴石經考」의 '大嚴寺'는 '華嚴寺' 혹은 '大華嚴寺'의 誤記로 보인다.[稻田春水, 「智異山華嚴寺新羅時代華嚴石經考」, 『佛教振興會月報』 4(京城: 佛教振興會本部, 1915.6.15), p.29]

273) 김종진, 「1910년대 불교잡지 『불교진흥회월보』의 학술 담론과 의의」, 『한마음연구』 6(대행선연구원, 2021), pp.321~325, pp.327~331.

권상로와 한용운의 『불교』와 1937년 3월에 속간된 허영호의 『신불교』였다. 그러나 발행인이 김삼도로 교체된 『신불교』 21호부터는 친일로 기울어졌다. 고문이었던 만해와 만당의 비밀당원이었던 허영호는 더 이상 관여하지 않은 것으로 보인다.[274)]

먼저 『불교』는 박한영과 한용운 등을 중심으로 하는 임제종 운동을 기반으로 하는 불교계의 국학적인 인맥이 발간 당시부터 영향을 끼쳤음을 짐작할 수 있다. 구체적으로 보이는 바는 1925년 1월의 제7호에 실린 「각 방면으로 관찰한 불교」와 1928년 9월의 50·51합호에 실린 짧은 문장들인 「나의 불교신앙」에서였다. 그중에 직간접적으로 조선학과 관련된 인물들을 살펴보면 먼저 『불교』 7호의 「각 방면으로 관찰한 불교」에서 신소설작가 최찬식의 부친인 한학자 최영년의 「시학상(詩學上)으로 관찰한 불교」·최남선의 「조선역사에 대한 불교」·이광수의 「불교와 조선문학」·역사학자 황의돈의 「교육상으로 본 불교」·음악가 백우용의 「조선음악상으로 보는 불교」·이병기의 「조선어로 보는 불교」·양건식의 「소설로 관찰한 불교」가 있었다. 또한 『불교』 50·51합호의 「나의 불교신앙」에서는 이능화의 「만사만리(萬事萬理)를 자심자성(自心自性)에 구하기 위하야」·최남선의 「묘음관세음」·철학박사 김중세의 「성격에 합치됨으로」·한학자 범보(凡夫) 김정설의 「지경공부(持敬工夫)와 인도철학으로부터」·정인보의 「대비구세의 정신」·문학사 윤태동의 「절대의 인격」·양건식의 「인류를 구제하는 종교」 등이 있었다.[275)]

이 무렵 정인보도 『불교』에 활발히 강연자로 등장하였다. 그는 1927

---

274) 김종진, 「박한영과 국학자의 네트워크와 그 의의」, 『溫知論叢』 57(온지학회, 2018), p.232, p.250 ; 김기종, 앞의 글, p.404 ; 최덕교, 앞의 책, pp.393~394, p.407.
275) 김종진, 위의 글, p.232, p.250~251.

년 5월 8일 각황 교단의 석존성탄기념식에서 백학명·정지월·한용운과 함께 '일대사인연'을 주제로 강연했다. 1928년 7월 8일 각황 교단의 일토설교(日土說敎)에서 불교와 문학 연구의 체험을 주제로 강연하였다. 이후 1929년 7월 16일에 중앙불전의 강사로 불전 학생들과 함께 백양사에서 박영희 등과 함께 '자리이타의 묘제(妙諦)'로 강연했던 사실도 있었다.276)

특히 최남선은 1926년 1월 『불교』 19호의 「대각심(大覺心)으로 돌아갑시다」에서 병인년 새해를 맞이하여 조선이 자랑할 만한 유산으로 해인사의 『고려대장경』을 제시하며 조선불교를 진흥하기 위해서는 모두 대각국사 의천의 정신을 기리는 사업을 전개할 필요가 있음을 주장하였다. 이어서 1927년 7월 『불교』 37호는 최남선의 「해동고승전해제」와 「대동선교고해제(大東禪敎考解題)」의 단 두 편의 글로만 이루어진 특집호였다. 이외에도 불교 사료를 소개하는 1929년 5월 『불교』 59호의 「영인대산어첩서(影印臺山御牒敍)」가 있었다. 그러나 최남선의 가장 특기할 만한 글은 1930년 7월 21일 미국 하와이에서 열렸던 세계불교대회에 조선불교를 소개하는 원고로서 영역을 위한 저본으로 작성된 「조선불교」였다. 즉 「조선불교-동방문화사상에 잇는 그 지위」로 발표된 글이었다. 이 원고는 1930년 8월 『불교』 74호에 다시 실렸다. 이에서 최남선은 조선불교의 특징을 '통불교(通佛敎)'로 규정했다.277)

또한 『불교』 이후 속간된 허영호의 『신불교』의 특징은 불전의 한글

---

276) 「佛敎彙報」, 『佛敎』 36(京城: 佛敎社, 1927.6), p.32 ; 「佛敎彙報」, 『佛敎』 50·51(京城: 佛敎社, 1928.9), p.217 ; 「彙報」, 『佛敎』 62(京城: 佛敎社, 1929.8), p.76.

277) 김종진, 「박한영과 국학자의 네트워크와 그 의의」, 『溫知論叢』 57(온지학회, 2018), p.232, p.252.

번역이었다. 근대불교계에서 역경이 본격화된 것은 1921년 8월 백용성의 삼장역회(三藏譯會)가 출범된 직후였다. 이후 불교 잡지에 번역된 다양한 불전은 모두 13종으로 한글 불전은『불일』·『선원』·『불교』·『신불교』에 수록되었다. 대부분은 허영호에 의해『신불교』에서 번역된『금강경』·『십이문론』·『천수경』·『마등녀경』·『대승기신론』·『보시태자경』·『천태사교의』·『원인론』이었다. 특히 허영호는 불교 한문 원전과 산스크리트어 및 팔리어와의 대조 연구뿐만이 아니라 근대 이후 광복 이전에 가장 많은 불교 경전을 기존과 다르게 되도록 순우리말로 번역하기 위해 노력하였다.[278]

이처럼 불교계는 근대적 학교설립과 더불어 임제종 운동 이후인 1910년대에 박한영과 한용운 등은 교단의 행정과 정체성의 확립을 목적으로 불교 잡지를 창간하여 포교를 활성화했다. 그 결과로 불교 잡지를 발행하고 편집했던 권상로, 이능화와 같은 지식인들은 불교사를 저술하여 불교계의 국학적인 토대를 마련하였다. 이후 국학으로써 '조선학'의 성립과 더불어 근대적 교육을 받은 불교계의 지식층이 증가하게 되자 불교 잡지는 학술의 진흥만이 아니라 대중 교화를 위하여 차츰 우리말 사용을 잡지의 지면과 불전의 번역으로 더욱 확대했다.

(2) 원효의 재발견

전통적으로 일본의 화엄학에 큰 영향을 미친 인물은 법장(法藏)이다. 그러므로 현대에 이르기까지 일본의 화엄사상 연구가들은 당(唐

278) 김기종, 앞의 글, pp.403~408 ; 김광식,「최남선의『조선불교』와 범태평양불교청년회의」,『백련불교논집』11(성철사상연구원, 2001), pp.143~147.

代) 법장의 영향을 강하게 받은 일본의 화엄교학을 연구하면서 원효와 의상의 화엄사상을 비중을 두고 다루었다. 따라서 원효의 화엄사상을 논할 때는 원효의 저술이 현존하지 않아도 법장의 『탐현기(探玄記)』에 제시된 원효의 교판론(敎判論)은 항상 중요한 논의 대상이었다. 이는 일본에서 1915년에 원효의 『화엄경소』의 잔결문(殘缺文)이 발견되면서 이마즈 쿄가쿠(今津洪嶽)가 발표한 「원효 대덕의 사적 및 화엄교의」로부터 주된 논의 대상이 되었다. 즉, 중국불교에서 형성된 종파의 교리에 대한 이론체계이자 해석인 '교상판석(敎相判釋)', 줄여서 '교판(敎判)'은 불교사의 전개에서 중요한 부분을 차지하기 때문이다.

이러한 일본에 자극받은 조선의 지식인들과 재일조선 유학생들은 두 가지 사실에 기초하여 원효를 주목하게 되었다. 첫째는 조선불교가 기존의 조선성리학과 달리 탈중화적이면서도 중국 사상사에 영향을 끼친 점이다. 둘째는 동시에 일본에도 절대적인 영향을 미친 점이었다. 이러한 점에 주목한 대표적인 이들은 장도빈·김영주·정황진·권상로·이능화·최남선·조소앙·조명기·허영호·이광수 등을 들 수 있다.[279)]

그러나 이와 같은 배경에는 다카하시 도루(高橋亨)처럼 "…항상 지나(支那)에 의해 개교되어 지나(支那)에 의해 발달된 종파를 그대로 모두 유입함에 그쳤을 뿐 조선불교 하나 건립함을 보지 못함이다. 조선불교사는 즉 소규모의 지나불교사(支那佛敎史)에 지나지 않는다"라고 보는 식민사관에 대한 민족적인 반발이 있었다.[280)]

---

279) 김미영, 「'원효학'의 형성 과정 고찰-20세기 화쟁담론을 중심으로」, 『국학 연구』38(한국국학진흥원, 2019), pp.124~126 ; 최재목 외, 「일제강점기(日帝強占期)(1910~1945) 원효(元曉) 논의에 대한 예비적 고찰」, 『일본문화연구』 34(동아시아일본학회, 2010), pp.460~461.

280) 孫知慧, 「近代期의 元曉 再發見者들-鄭晄震, 崔南善, 趙明基, 許永鎬를 중심

① 근대의 원효 연구

근대의 원효에 대한 저술은 크게 전기(傳記)와 연구로 구분할 수 있다. 먼저 전기 형식으로는 근대 최초의 원효와 관련된 저술이었던 1917년 신문관에서 나온 장도빈의 『위인원효』이다. 1933년에 집필한 조소앙의 한문본인 『신라국원효대사전병서』, 1942년 3월 1일부터 10월 31일까지 『매일신보』에 소설 형태로 연재된 이광수의 「원효대사」가 있었다.[281] 특히 조소앙[282]은 그의 경력으로 살펴볼 때 상하이(上海) 임시정부 시절에 망명지에서 집필한 것으로 보인다.

또한 근대 원효 연구로는 먼저 1918년 『조선불교총보』 12호의 pp.9~14와 『조선불교총보』 13호의 pp.25~30에 수록된 김영주의 「제서(題書)에 현(現)한 원효화엄소교의」가 있었다. 그리고 같은 『조선불교총보』 13호의 pp.14~25에 수록된 정황진의 「일람표고편서언(一覽表考編緖言)」에 실린 「대성화쟁국사원효저술일람표」는 총 87부 223권의 원효 저술을 서명·권수·출처·설명으로 작성되었다. 이는 기존에 확인된 원효의 저술보다 2배가량 늘어난 것이었다.

1915년에 와시오 준케이(鷲尾順敬)의 39부 95권부터 다카하시 도루(高橋亨)의 45부 59권·모치즈키 신코우(望月信亨)의 45부 89권·장도빈의 49부 97권·최남선의 50여 부 100여 권·이마즈 코오가쿠(今津洪嶽)의 53부 112권·정황진의 82부 223권·누카리야 카이텐(忽滑谷快天)의

으로」, 『일본사상』 28(한국일본사상사학회, 2015), pp.101~102 ; 高橋亨, 『朝鮮人』(京城: 朝鮮總督府學務局, 1920), p.24 ; 다카하시 도루, 구인모 역, 『식민지조선인을 논하다』(동국대학교 출판부, 2010), p.77.

281) 최재목 외, 「일제강점기(日帝強占期)(1910~1945) 원효(元曉) 논의에 대한 예비적 고찰」, 『일본문화연구』 34(동아시아일본학회, 2010), p.462, p.470.

282) 본명은 '趙鏞殷(1887~1958)'으로 '素昂'은 그의 호이다.

81부 · 에다 토시오(江田俊雄)의 87부 · 1937년에 조명기의 91부 243권까지 근대의 원효 저술에 대한 연구 및 확인 작업은 지속적으로 이루어졌다. 이 「일람표고편서언」 이후에도 정황진은 1920년 3월 '사후생(獅吼生)'이란 필명으로 『조선불교총보』 20호에 「서성구룡(書聖丘龍)의 격언」을 발표하여 원효의 『대혜도경종요』, 『중변분별론소』 등을 포함하여 8종 저술로부터 발췌한 서문을 약간의 해석과 더불어 격언의 형식으로 기고하였다.[283)]

그리고, 정황진 이후에 가장 주목되는 원효 연구는 앞서 나온 바 있는 1930년 8월 『불교』 74호에 실린 당시 중앙불전의 강사였던 최남선의 「조선불교-동방문화사상에 잇는 그 지위」로 1930년 7월 하와이에서 열린 범태평양불교도대회의 발표를 위해 쓴 것이었다. 이후 이 글은 불교청년단의 최봉수가 영역하여 도진호에 의해 1930년 7월 범태평양불교도대회가 열린 하와이에서 『Korean Buddhism and her Position in the Cultural History of the Orient』로 발표되었다. 여기서 최남선은 원효를 세계불교의 완성자로 지칭하면서 '통불교'를 주장하였다. 그의 이러한 주장은 이후에 발표된 1937년 1월 『금강저』 22호에 실린 조명기의 「원효종사의 십문화쟁론 연구」와 1941년 12월 『신불교』 31호와 1942년 4월 『신불교』 35호에 실린 허영호의 「원효불교의 재음미」에서도 일정 부분 수용되었다.[284)]

---

283) 최재목 외, 앞의 글, p.460, p.462 ; 孫知慧, 「近代期의 元曉 再發見者들-鄭晄震, 崔南善, 趙明基, 許永鎬를 중심으로」, 『일본사상』 28(한국일본사상사학회, 2015), pp.108~109 ; 趙明基, 「元曉宗師의 十門和諍論 研究」, 『金剛杵』 22(東京: 朝鮮佛教東京留學生會, 1937.1.30), pp.21.

284) 孫知慧, 앞의 글, p.11, pp.119~120, p.128 ; 김광식, 「최남선의 『조선불교』와 범태평양불교청년회의」, 『백련불교논집』 11(성철사상연구원, 2001), p.141~143.

조명기는 1931년 중앙불전을 졸업한 뒤 1937년 일본 토요(東洋)대학을 졸업하였다.[285] 유학 기간 중 그가 원효 연구에 몰두하였음은 재일 조선인 유학생의 회지 『금강저』 22호에 수록된 「삼형(三兄)을 보내면서」의 p.73에서도 볼 수 있었다. 조명기의 화쟁론 연구는 자료수집을 위한 그의 노력에도 불구하고 가장 핵심적인 자료인 『십문화쟁론』의 온전한 판본을 확보하지 못했다는 근본적인 한계를 가졌다.[286] 이러한 한계는 효당 최범술이 1937년에 『고려대장경』을 전수조사하고 인경 작업을 통해 『십문화쟁론』 상권판 네 쪽을 발굴한 결과 극복되는 계기가 마련되었다. 이로서 효당은 원효 연구를 더욱 진전시킬 수 있는 기반을 마련한 것이었다.

② 최남선의 통불교론

최남선이 일본에서 접하였을 것으로 추정되는 '통불교론(불교통일론)'은 메이지(明治) 이후 일본 불교계에 유행한 사조로 그 대표적 인물로 무라카미 센쇼(村上專精)의 『불교통일론』·이노우에 엔료(井上円了)의 『최신연구통불교』(有朋館, 1905)·다카다 도겐(高田道現)의 『통불교안심』(佛教館, 1904)·이노우에 세이쿄(井上政共)의 『통불교강연록』(통불교강연회사무소, 1911) 등을 들 수 있었다. 이들은 근대일본에서 신도(神道) 중심의 대표적인 배불사건이었던 '폐불훼석(廢佛毁釋)'운동의 위기를 벗

---

285) 조명기는 『금강저』 22호에 수록된 「三兄을 보내면서」의 p.73에 일본 토요(東洋)대학 불교학과를 다닌 것으로 나오지만, 이후 그의 약력에는 일본 토요(東洋)대학 문학부를 졸업한 것으로 되어 있다.[「日本에서 文學博士 學位를 받은 京畿大 趙明基氏」, 『조선일보』(서울: 조선일보사, 1962.4.11), 4면]

286) 孫知慧, 앞의 글, pp.119~119 ; 김미영, 「'원효학'의 형성 과정 고찰-20세기 화쟁담론을 중심으로」, 『국학 연구』 38(한국국학진흥원, 2019), p.141.

어나기 위해 불교계 변화를 모색하던 중에 서양의 종교연구방법론에 자극을 받았다. 비교연구와 역사학적 연구를 통해 종학(宗學)에 치우쳤던 종래의 방법에서 벗어나 불교의 본질적인 이해와 역사적인 발전 과정에 주목하였다. 이러한 사조는 앞서 이미 지적한 바와 같이 무라카미 센쇼(村上專精)의 『불교통일론』처럼 1910년대에 권상로와 박한영에 의해 국내에 소개되었다.[287]

따라서 이러한 영향으로 최남선은 종파적 성격이 강한 일본불교에 비해 융합적인 성격이 강한 조선불교의 우위성을 강조하였다. 특히 원효를 통해 그 성격을 증명할 수 있다고 보았다.[288] 그러한 시각으로 최남선이 1930년 8월에 기고한 『불교』 74호 pp.1~51의 「조선불교-동방문화사상에 잇는 그 지위」에 따르면 아래와 같은 목차의 구성을 갖추고 있었다.

○ 목차

제1장 조선, 그 문화사상의 지위

제2장 불교동전의 대세와 조선

제3장 불교교리의 발전과 조선

제4장 원효, 통불교의 건설자

제5장 불교예술사상의 조선

제6장 불교성전과 조선

제7장 불교유통상의 조선

제8장 일본불교와 조선

287) 孫知慧, 앞의 글, p.115.
288) 孫知慧, 위의 글, p.115.

특히, '제4장 원효, 통불교의 건설자'의 p.12에서 최남선은 다음과 같이 주장하였다.

> "반도의 불교인이 동방불교의 중심지인 지나에 가서 혹 드러나게, 혹 숨어서 지나인과 공동작업으로 교리의 발전에 공헌한 것도 물론 작지 아니하거니와 그러나 조선이 불교에 가지는 진정한 자랑과 독특한 위치는 따로 조선적 독창의 상(上)에 있을 것이다. 곧 불교의 진생명을 투철히 발양하여 불교의 구제적 기능을 충족히 발휘하여 이론과 실행이 원만히 융화하여진 「조선불교」의 독특한 건립을 성취하였음에 있다. 인도 및 서역의 서론적 불교, 지나의 각론적 불교에 대하여 조선 최후의 결론적 불교의 건립을 성취하였음에 있는 것이다. 그런데 반도불교에서 이 영광스러운 임무의 표현자 된 이가 누구냐면 실로 당시로부터 대성(大聖)의 칭(稱)을 얻은 원효가 기인(其人)이다."[289]

라고 하면서 오늘날까지 큰 영향을 미치고 있는 '인도 및 서역의 서론적 불교'·'중국의 각론적 불교'·'한국의 결론적 불교'라는 회통불교의 논리구조를 세웠다. 또 p.16에서,

> "불교의 대기(對機)가 대중이요, 불교의 생명이 구제(救濟)라 하면 화도(化導)의 수단에 결함을 가진 이때까지의 불교는 아직 완성한 것, 대전(大全)한 것이 아니었을지도 모를 것이다. 그런데 이제 원효는 들

289) 崔南善, 「조선불교-동방문화사상에 잇는 그 지위」, 『佛敎』 74호(京城, 佛敎社, 1930), p.12.

어앉아서 철리적 결론을 성수(成遂)하고 나와서는 대중적 실수방정(實修方程)을 완성하여 불교일승(佛教一乘)의 이상이 이에 비로소 구현됨을 보니 희(噫)라, 효공(曉公)의 화익(化益)은 진실로 석가후(釋迦後)의 일인(一人)이라고 할 것이며 효성(曉聖)의 일생에 체현된 불교의 정화(精華)는 불교 구원의 최고지시표로 탄앙될 것이다. 이리하야 효성은 진정한 의미에 있어서 불교의 완성자라고 할 것이다. 그러나 효성을 불교의 완성자라고 함에는 그 이행(易行)과 보급에 대한 공적(功績)의 외에 더한층 박대(博大)한 가치 창조가 있음을 알지 아니하면 안 된다. 그것은 효공의 불교가 불교적 구제(救濟)의 현실인 일면에 통불교·전불교·종합불교·통일불교의 실현인 사실을 간과해서는 못씀이다."[290]

라고 하면서 이러한 통불교의 논리를 다음과 같이 p.17에서 화쟁의 구조로 자연스럽게 설명하려고 노력하였다.

"원효의 불교사(佛教史)에 대한 자각은 요하건대 통불교전불교의 실현이니 이 거룩한 포부를 담은 것이 『십문화쟁론』 이권(二卷)이었다."[291]

이러한 최남선의 시각은 지금까지 한국의 불교학계에 영향을 주어 그 주류를 이루고 있다. 즉 화쟁론에 기반을 두고 있는 그의 '통불교' 이론은 현재까지 근대일본의 기원설과 함께 불교학계의 찬반논쟁을 일으키고 있다.[292] 특히 현대에 들어서 국내외의 많은 연구자에 의해

---

290) 崔南善, 앞의 글, p.16.
291) 崔南善, 위의 글, p.17.
292) 이에 대하여 대체로 비판적인 측은 심재룡의 「한국불교는 회통적인가」(한국정신문화연구원 주최 국제학술대회 발표문, 1985)·로버트 버스웰(Robert E. Buswell, Jr)

서 '통불교'이론의 국가주의적 변용성에 대하여 많은 비판과 도전을 받고 있다. 메이지(明治)시대의 일본의 통불교론자들은 13세기의 일본 승려인 교넨(凝然, 1240~1321)의 『삼국불법전통연기(三国佛法傳通縁起)』에 많은 영향을 받았지만, 정작 그는 원효를 존경하여 저술에서 상당 부분을 인용하였다.[293] 예를 들면, 그의 『범망계본소일주초(梵網戒本疏日珠鈔)』(대정장 Vol.62, No.2247)의 p.7·p.56·p.146과 『오교장통로기(五教章通路記)』(대정장 Vol.72, No.2339)의 p.457·p.459·p.559 등에서 여러 차례 원효를 '구룡대사(丘龍大師)'로 호칭하였다.

2) 효당의 국학 연구와 활동

(1) 만당의 조선학

한용운은 임제종 운동을 시작하기 이전인 1910년부터 『조선불교유신론』을 저술하기 시작하여 임제종 운동이 실패로 돌아간 1913년에 경성의 불교서관에서 이를 간행하였다.[294] 따라서 이 무렵의 한용

의 「국가시대 이전의 한국불교」(동국대학교 개교 90주년기념 세계불교학술회의 논문집 『21세기 문명과 불교』, 1996)·존 요르겐센(John Jorgensen)의 「16~19세기 한국과 중국불교 비교상의 제문제」(금강대학교 국제불교학술회의 논문집 『동아시아 불교사 속의 한국불교』, 2004)·길희성의 「한국불교 정체성 탐구-조계종의 역사와 사상을 중심으로 하여」(『한국종교연구-2, 서강대 종교연구소, 2000)·조은수의 「한국불교 성격론에 대한 소고-보편성과 특수성의 관점에서」(금강대학교 국제불교학술회의 논문집, 2004) 등이 있다.

293) 존 요르겐센(John Jorgensen), 「한국불교의 역사 쓰기」, 『佛教研究』 14(한국불교연구원, 1997), p.194~195 ; 金相鉉, 『元曉研究』(서울: 民族社, 2000), p.280.

294) 韓龍雲, 李元燮 譯註, 「朝鮮佛敎維新論」, 『韓龍雲全集』 2(서울: 불교문화연구

운은 자연스럽게 사상적으로도 자주와 혁신을 반영하고 있었다. 그는 불교의 본질을 신(神)과 같은 외적인 영역의 존재가 아닌 유심론(唯心論)에 있다고 보아서 불교의 성질을 다음과 같이 주장하였다.

> "…천당·지옥의 주장과 불생불멸의 말이 있기는 있는 터이나, 그 취지인즉 다른 종교와 다르다. 무엇이 다른가? 경에 이르기를 '지옥과 천당이 다 정토(淨土)가 된다'고 하셨고, 또, '중생의 마음이 보살의 정토'라고 하셨다. 이것으로 미루어 생각하면, 불교에서 말하는 천당은 상식적으로 생각되는 그런 천당이 아니라 자기 마음속에 건설되는 그런 천당이며, 지옥도 죽어서 간다는 그런 뜻의 지옥이 아님을 알 수 있다."[295)]

만해는 '불교의 주의(主義)'를 평등과 구세(救世)로 보았고, 이를 위해서 구태를 파괴하는 혁신인 '유신(維新)'을 주장하였다. 그리고 그러한 수단으로써 '승려의 교육'을 일반학문인 보통학, 교육학인 사범학, 그리고 외국 유학으로 구분하여 승려들의 적극적인 교육을 주장하였다. 그리고 '포교'를 논함에 있어서도 조선불교가 유린된 원인으로 포교의 약세로 인한 사회적 세력의 부진을 지적하였다. 그러므로 '사원의 위치'도 사회적 세력의 확장을 위해서 산속이 아닌 도시에 있을 것을 주장했다. 또 산중에 있는 사찰의 폐해로서 사회적 진보의 부재(不在)를 들었다. 나아가 승려의 인권 회복은 현실적인 생산에서부터 이루어진

원, 2006), p.33 ; 김광식, 『(만해)한용운연구』(서울: 동국대학교 출판부, 2011), p.61, p.429.

295) 韓龍雲, 李元燮 譯註, 「朝鮮佛敎維新論」, 『韓龍雲全集』 2(서울: 불교문화연구원, 2006), p.37.

다고 주장하였다.[296]

그 외에 주목되는 바는 칸트·량치차오(梁啓超)·베이컨·데카르트·콜럼버스·뉴튼·나폴레옹·공자 등의 다양한 세계사적인 위인들을 언급하였다. 이는 이후 한용운이 단순히 교계의 개혁만이 아니라 독립운동을 포함하는 적극적인 사회참여의 길을 걷게 되는 시각이 이미 이때부터 형성되었음을 보여준다.

① 조선학의 연구

이미 앞서 기술한 바와 같이 조선불교청년동맹의 도쿄(東京)지부가 발행했던 『금강저』는 1932년 12월의 20호와 1933년 12월의 21호가 가장 조선학의 경향이 강하였다. 즉, 단순히 조선불교에 한정된 연구를 넘어서서 조선학 전반에 걸쳐서 불교와 관련된 연구를 확장한 이러한 배경에는 만당(卍黨)이 존재하였기 때문이었다. 특히 『금강저』 21호의 「십팔인인상기」에서 보여주는 그들의 '대중불교화'에 대한 강렬한 사회참여 의식은 앞서 살펴본 한용운의 '불교유신'과도 밀접하게 연관되어 있었다. 한용운이 주장한 산중에 갇혀있지 않고 세상 속에서 사회적 진보를 이루려는 승려 교육의 목적은 '조선학'의 시대적 흐름과도 자연스럽게 연결되었다. 이러한 불교적인 '조선학'의 연구를 수행한 만당의 당원들은 다음과 같았다. 먼저 1932년 12월 『금강저』 20호에 「「대위국」 묘청론」을 게재하였던 강유문은 우리 역사 연구로 『신불교』에서 신돈(辛旽)에 대하여 연속적으로 다섯 편을 기고했다. 강유문은 승려의 사회참여에 관한 역사 연구에 지속적인 관심을 가졌던

---

296) 韓龍雲, 李元燮 譯註, 앞의 글, p.43, p.46, pp.49~52, p.61, pp.63~64, p.78.

것으로 보이며 그 내용은 다음과 같았다.

◎ 강유문

①「신돈고」 1,『신불교』 13(경성: 불교사, 1938.6), pp.11~16.

②「신돈고」 2,『신불교』 14(경성: 불교사, 1938.7), pp.13~20.

③「신돈고」 3,『신불교』 15(경성: 불교사, 1938.8), pp.9~15.

④「신돈고」 4,『신불교』 16(경성: 불교사, 1938.10), pp.4~11.

⑤「신돈고」 5,『신불교』 17(경성: 불교사, 1938.11), pp.13~17.

또한 같은 20호에「고구려 원음 추정에 대하여」를 게재하였던 허영호는 특징적으로 주로 산스크리트어 및 팔리어와 한역(漢譯) 경전 간의 비교언어학적 연구에 매진했다.

◎ 허영호

①「프랒냐-파-라미타 · 마음ㄱ경(반야바라밀다심경)」,『불교』 74(경성: 불교사, 1930.8), pp.53~64.

②「범 · 파 양어(梵 · 巴 兩語)의 발음법에서 본 조선어 발음법에 관한 일고찰」,『불교』 80(경성: 불교사, 1931.2), pp.13~17.

위의 논문(續) 2,『불교 』81(경성: 불교사, 1931.3), pp.25~28.

위의 논문(속) 3,『불교』 82(경성: 불교사, 1931.4), pp.15~19.

위의 논문(속) 4,『불교』 83(경성: 불교사, 1931.5), pp.19~24.

위의 논문(속) 5,『불교』 84 · 85(경성: 불교사, 1931.7), pp.47~50.

③「'절(寺)'의 어원에 대하야」,『불교』 86(경성: 불교사, 1931.8), pp.18~22.

④ 「'ㅎ'받힘 가부(可否)에 대해서」, 『불교』 99(경성: 불교사, 1932.9), pp.33~38.

등등.

특히 앞서 지적한 바처럼 허영호는 일제강점기에 가장 많은 불전을 우리말로 번역하였다. 그는 번역의 구체적인 방법에서 이전의 번역자들과 차이를 보인다. 한자로 된 불교 어휘를 되도록 알기 쉬운 우리말로 풀었다. 또 근대불교학의 언어학적 연구를 활용한 자세한 해설을 덧붙이는 것이었다.[297] 그의 이러한 특징은 이전의 연구자들과 분명히 구분되었다.

② 다솔사와 해인사의 활동

1933년 무렵 효당은 한용운의 권유로 전국불교청년총동맹 3대 위원장에 피선되었다. 효당은 취임하면서 표면적으로는 만당의 해산을 주도하였으나 실제로는 만당의 근거지를 효당이 1928년부터 이미 주지였던 다솔사로 옮겨서 비밀리에 활동을 이어 나갔다.[298]

당시에 효당은 서울에는 같은 만당인 쌍계사 주지 박근섭과 명성여학교(현재 서울 구이동 소재, 동국대 사범대 부속여고)를 설립하여 초대 교장을 역임하고 다솔사에는 불교전수강원을 설립하였다. 이름하여 '다솔강원(多率講院)'이라 하였다. 그 교육과정은 불교와 일반교육을 병행하

---

297) 김기종, 앞의 글, pp.406~407.

298) 최범술, 「청춘은 아름다워라」 148(최범술 42화), 『국제신보』(부산: 국제신보사, 1975.3.24), 5면 ; 김광식, 『민족불교의 이상과 현실』(경기도 안성: 도피안사, 2007), pp.166~178.

였다. 보통학교 과정인 보통과에서는 불교개설·불교 각론·불교사·법요 의식·교단 규칙·어학·지리 및 역사·수학·자연과학·작업·기예·체육을 가르쳤다. 또한 보통과를 졸업한 이들을 위한 연구과도 두었다.[299)]

다시 이듬해인 1934년에는 농민 자제를 위한 광명학원(현재 봉계초교)을 다솔사 인근인 원전에 설립하였다. 이는 만해를 위시하여 김법린, 김범부 등의 만당 당원들이 공식적으로 생활하고 활동할 수 있는 터전을 제공하기 위함이었다. 그러나 이렇게 다솔사에 만당의 당원들이 모여들자, 일제의 감시로 효당은 5월에 사천경찰서에 피검되었고 다시 7월에는 거창검찰청에 6개월간 피검되었다. 그리고 다시 이듬해인 1935년 6월에 3개월을 전북 임실경찰서에 피검되었다. 그럼에도 다솔사의 불교강원은 다시 해인사강원과 1935년 9월에 통합되어 개량된 형태로 유지되었다.[300)]

이렇게 되자 당시 다솔사의 주지로, 1934년 1월부터 해인사의 법무를 겸직했던 효당과 더불어 강원을 운영하던 만당의 당원들은 자연스럽게 해인사로 그 터전을 확장하였다. 이들이 해인사에서 공식적으로 활동할 수 있었던 또 다른 계기는 『고려대장경』의 인경(印經)사업이었다. 많은 만당의 당원들이 참여한 이 사업은 1937년 5월에 해인사에서 효당이 인경도감(印經度監)을 맡으면서 그해 11월까지 이루어졌다. 이 작업이 『고려대장경』이 만들어지고 나서 열 번째 인경이었다고 전한다.[301)]

---

299) 『金剛杵』 21(東京: 金剛杵社, 1933.12.16), 끝장(p.68).

300) 채정복 편, 「曉堂 崔凡述 스님의 功績 槪要 및 年譜」, 『曉堂崔凡述文集』 1(서울: 민족사, 2013), p.31 ; 최범술, 「청춘은 아름다워라」 150(최범술 44화), 『국제신보』(부산: 국제신보사, 1975.3.28), 5면.

301) 최범술, 「청춘은 아름다워라」 152(최범술 46화), 『국제신보』(부산: 국제신보사,

이때 그동안 해인사 장경판고(藏經板庫)의 동서재(東西齋)에 보관된 채로 방치되어 온 『사간판장경(寺刊版藏經)』을 빠짐없이 인간(印刊)하여 11월에는 11,391판에 달하는 「해인사사간루판목록(海印寺寺刊樓板目錄)」을 완성하였다. 이 해인사 사간판에는 앞서 기술한 바와 같이 요(遼)의 대안본(大安本)과 수창본(壽昌本)이 들어 있었다. 특히 이 사간판 속에서 그때까지 발견되지 않았던 원효의 『십문화쟁론(十門和諍論)』 상권판 4쪽, 의상의 『백화도량발원문(白花道場發願文)』, 『대각국사문집(大覺國師文集)』 등이 발견되어 세상에 처음으로 알려지게 되었다.[302]

결과적으로 '조선학'의 관점에서 보면 1934년부터 1938년까지 실학 쪽에서 『여유당전서(與猶堂全書)』의 발간이 이루어진 것처럼 불교계에서는 근세 최초로 1937년 효당과 만당의 당원들이 주도하여 『고려대장경』의 전수조사와 인경 작업이 이루어졌다. 이를 통하여 해인사 『사간장경』 속에 묻혀있던 여러 자료를 새로이 발굴하게 되는 성과를 거두게 되었다. 이러한 결과는 이후 조선어학회사건과 해인사사건으로 인하여 당대에 발표되지 못하였고 오랜 시간이 지나서 1970년대에 학계와 대중에게 소개되었다.

(2) 원효 교학 복원의 국학적 의의

1925년 12월 15일에는 효당(당시 최영환)을 포함하여 재일본조선불

1975.3.31), 5면.

302) 「陜川 海印寺에서 "八萬藏經" 印刷 九月一日부터 五十日間」, 『동아일보』(서울: 동아일보사, 1937.9.3), 석간 2면 ; 崔凡述, 「大覺國師文集解題(二)」, 『大覺國師文集』(서울: 건국대출판부, 1974.12), p.19.

교 유학생 43인은 도쿄(東京) 금강저사(金剛杵社)에 모여서 '원효대성찬앙회(元曉大聖讚仰會)'를 조직하였고 회칙을 정하였다.[303] 이 모임의 「원효대성찬앙회선언」은 다음과 같았다.

"성철(聖哲)은 어두운 대지의 광명이요 목이 마려운 인류의 단물이 나오는 샘입니다. 여러 별이 태양을 감싸 안고 그의 광명에 원함과 같이 인류의 역사는 성철로부터 자연히 비추는 정신을 대한 연후에 비로소 그의 광휘를 얻게 됩니다.…(중략)…그럼으로 공자나 노자를 말하는 자 있으나 대성(大聖)을 말하는 자 없고, 칸트나 맑스를 말하는 자 있으나 대성을 말하는 자 없습니다. 얼마나 한심한 일입니까?

---

303) 「元曉大聖讚仰會會則」, 『佛教』 19(京城, 佛教社, 1926.1.1), p.59.
※「元曉大聖讚仰會會則」은 아래와 같다.
第一條 名稱: 本會는 元曉大聖讚仰會라 稱함.
第二條 組織: 本會는 在日本朝鮮佛教徒及朝鮮內地佛教徒, 又는 一般紳士淑女의 大聖을 思慕하는 者로 써 組織함.
第三條 目的: 本會는 曠古絶今한 元曉大聖의 偉德鴻業을 奉讚闡明하는 同時에 朝鮮民族의 宗教的意識을 喚起하여 大聖과 같은 人格陶冶로써 目的함.
第四條 事業: 本會는 第三條의 目的을 達하기 爲하여 左의 事業을 行함.
一. 研究會(討論講演)隨時.
二. 精進會(看話坐禪)隨時.
三. 研究發表(機關誌鹿苑) 年二回(春秋).
四. 巡廻講演(朝鮮各地) 隨時.
五. 大聖誕降祭.
第五條 役員: 本會는 會務整理上左의 役員을 置함.
庶務部幹事 二人.
理財部幹事 二人.
顧問 若干名.
各役員의 任期는 一個年으로 하고 選出.
方法은 別로 定함.
第六條 會計: 本會의 經費는 左金으로써 此에 充함.
會員(本會會員 一個月 十錢), 其他有志의 贊助金.
第七條 事務所: 東京市 小石川區 大塚坂下町 一二九 金剛杵社에 置함.
第八條 會則變更: 本會會則의 變更은 總會의 决議에 依함. 以上.

이것이 사상 동요에 큰 원인인가 합니다.

오늘로부터 우리 조선도 조선의 특색인 종교·철학·문학·예술 등 온갖 문화사상에 체계를 세울 때가 되었습니다. 그러면 이 여러 문화사상(文化史上)에 대표적 인물은 누가 될까요? 물론 대성일 것입니다.…(중략)…그러함으로 본회는 몹시 분하게 느끼고 분연히 일으킨 바가 있어 지금까지 전례가 없는 대성의 크신 덕과 대업을 삼가 찬양하며 널리 알리는 동시에 조선 민족의 종교적 의식을 환기하여 대성과 같은 인격 도야를 목적으로 하고 본회를 조직한 바인즉 대성을 사모하는 여러분은 한 가지 참가하여 원조하여 주심을 축도(祝禱)하여 마지아니합니다.

불기 2952년 12월 15일[304]
발기인 일동
발기인 (가나다 순)
강재원 · 강정용 · 강재호 · 김홍수 · 김태흡 · 김창운 · 김상철 · 김재원
김진배 · 김응진 · 김훈영 · 김동진 · 김선익 · 김세우 · 권종진 · 권증원
조은택 · 이영재 · 이덕진 · 이지영 · 이동석 · 이명교 · 이지봉 · 이규환
임규섭 · 유성완 · 양성호 · 문창안 · 박규윤 · 박창두 · 권덕윤 · 박정행
박용협 · 박상전 · 변선유 · 서원출 · 서만준 · 엄홍존 · 오관수 · 장형순
장담현 · 최응관 · 최영환 (이상)"[305]

여기서 주목되는 바는 '조선도 조선의 특색인 종교·철학·문학·예술 등 온갖 문화사상에 체계를 세울 때'가 되었고, 우리 문화사에 대

---

304) 이때의 佛紀는 1956년 이후에 변화된 지금의 불기와 西曆 기준이 다르다. 지금은 서기전 544년(혹은 543년)이 부처의 涅槃日이다. 이전에는 修德寺 懸板 및 乾鳳寺 돌솟대의 기록에 따르면 서기전 1027년 4월 8일을 탄생일로 하였기에 서기전 948년 2월 15일이 부처의 열반일이었다.

305) 「元曉大聖讚仰會宣言」, 『佛教』 19(京城, 佛教社, 1926.1.1), pp.57~58.

표적 인물로 원효를 지목한 사실이었다. 또 동시에 이것은 내용상 국학적인, 당시로서는 불교의 '조선학' 선언이었다. 나아가 효당은 1928년 5월 14일 오관수 등과 도쿄(東京) 거주 불교 유학생들의 불교 교리 연구기관으로 대장경을 연구하는 '삼장학회(三藏學會)'를 조직하였다. 학회의 목적을 불교의 진리와 일반 종교 및 철학을 연구하고 토의해서 논문으로 작성하여 조선 불교계에 제공하고자 기관지 『무아(無我)』를 격월간으로 발행키로 하였다. 그러나 삼장학회와 관련된 자세한 사정은 관련 기록의 부재(不在)로 전하지 않는다.[306]

이 무렵에 주목되는 사실은 1925년 이 당시 국내의 최남선도 10월 26일 일본에서 간행된 『금강저』 7호에 「조선불교에 대한 내적 반성을 촉하노라」를 기고하였던 사실이 있었다. 그러나 동시에 일본에서 조선 유학생들의 이와 같은 움직임 또한 『불교』를 비롯한 교계의 소식란으로 생생히 국내에 전달되어 최남선 등에게 영향을 주었을 가능성도 쉽게 헤아릴 수 있다. 실제로 이후 앞에서 지적한 바와 같이 최남선도 1926년 1월 『불교』 19호의 「대각심(大覺心)으로 돌아갑시다」에서 병인년 새해를 맞이하여 조선이 자랑할 만한 유산으로 해인사의 『고려대장경』을 제시하며 조선불교를 진흥하기 위해서는 모두 대각국사 의천의 정신을 기리는 사업을 전개할 필요가 있음을 주장하였다. 그리고 더 나아가 1930년 8월에 기고한 『불교』 74호 pp.1~51의 「조선불교-동방문화사상에 잇는 그 지위」의 '제6장 불교성전(佛敎聖典)과 조선'에서

---

306) 「佛敎彙報」, 『佛敎』 48(京城, 佛敎社, 1928.6), p.97 ; 김광식, 『韓國近代佛敎의 現實認識』(서울: 민족사, 1998), pp.142~143 ; 채정복 편, 「曉堂의 功績 槪要 및 年譜」, 『曉堂崔凡述文集』 1(서울: 민족사, 2013), p.29.

도 제4장처럼 원효의 『십문화쟁론』에 기초한 통불교론에 이어서 같은 주장을 되풀이하였다. 최남선은 아래와 같이 『원종문류』를 덧붙여 설명하였다.

"…의천에게는 또 『원종문류(圓宗文類)』라 하여 불교 고덕(佛敎古德)의 단편 교설을 유찬(類纂)한 것과 『석원사림(釋苑詞林)』이라 하여 불교인의 문학적 작품을 휘집(彙集)한 대 저술이 있어 둘이 다 영본(零本)으로 남아 있다."[307]

즉 잔본으로 남아있어서, 의천이 『원종문류』의 「화쟁편」에서 효당이 확인한 바와 같이 '화쟁(和諍)'을 '반야공관(般若空觀)'으로 해석했음을 최남선은 실제로 알지 못하였다. 따라서 최남선의 시각인 통불교의 근거가 된 원효의 『십문화쟁론』은 이론적으로 모순이 된다. 이 무렵까지 『십문화쟁론』의 비교적 온전한 자료는 발견되지 아니하였다.

앞서 누차 확인한 바와 같이, 효당은 1937년 『고려대장경』의 인경작업과 그것을 위한 전수 조사에서 이 두 가지 자료, 즉 『원종문류』와 『십문화쟁론』을 발견하였다. 광복 이후 1970년, 연세대학교 국학 연구원의 『동방학지』 11집에 「해인사사간루판목록」을 게재하여 이들 자료를 발견한 경위와 조사 내용을 학계에 공개하였다. 이후 효당은 1974년 건국대학교의 출판부를 통해서 『대각국사문집』을 영인·출간하면서 이 문집에 대한 해제를 기술하였다.[308]

307) 崔南善, 앞의 글, p.29.
308) 최범술, 「大覺國師文集解題」, 『大覺國師文集』(서울: 건국대출판부,1974), pp.19~23.

① 복원 방법론의 비교

효당이 1970년 해인사사간장과 관련된 여러 자료를 공개하기 전까지 『십문화쟁론』을 국내에서 제일 처음으로 연구하여 논문을 쓴 사람은 조명기였다. 그것은 1937년에 속간된 『금강저』 22호에 수록된 「원효종사의 『십문화쟁론』 연구」였다. 이후에 그는 1962년에 「불교의 총화성과 원효의 근본사상」이라는 논문으로 그의 주장인 '총화성'을 심화시켰다. 이는 뒤에서 다시 설명하겠지만 최남선의 통불교론의 연장선 위에 있었다.

먼저 조명기가 수행한 1937년의 연구는 다음과 같은 구성으로 이루어졌다.

○ 「원효종사의 『십문화쟁론』 연구」

(一). 원효종사의 인격

(二). 원효의 저서와 사상

(三). 화쟁론의 내용

즉, 그는 '(二). 원효의 저서와 사상'에서 1937년 당시에 일본에서 수집되고 유통되었던 원효의 저술인 91부 243권을 바탕으로 문헌학적으로 주석적인 접근을 시도하였다. 그러나 결정적인 문제는 앞서 언급한 바처럼 화쟁론의 온전한 자료가 남아 있지 못한 점이었다. 이에 대하여 그는 다음과 같은 한계를 지적하였다.

> "『십문화쟁론』 2권은 의천(義天)의 『신편제종교장총록(新編諸宗教藏總錄)』, 영초(永超)의 『동역전등목록(東域傳燈目錄)』, 응연(凝然)의 『화

엄종경논소장목록(華嚴宗經論疎章目錄)』, 원초(圓超)의 『화엄종장병인명록(華嚴宗章幷因明錄)』 등 목록만 있으나 비재(悲哉)라. 실본(失本)은 세상에 전하지 아니한다."[309]

따라서 원효의 화쟁편에 관한 연구 자료를 습득하지 못한 조명기의 복원작업은 화쟁의 대의를 제대로 파악하지 못한 듯하다. 즉 부분적·주석학적 접근으로 인한 연구 방법의 한계가 있었다. 이에 대하여 이종익은 1975년 「원효의 『십문화쟁론』 연구」에서 다음과 같은 중요한 지적을 하였다.

"『십문화쟁론』의 유래에 대하여 살펴보면,…(중략)…일본 교토의 고산사에 『십문화쟁론』이 있다는 말을 듣고 조명기 박사가 고산사를 찾아가 보니 그 장서를 요코하마(横浜)의 금택문고(金澤文庫)에 기증하였다고 하기에 다시 금택문고를 찾아갔으나 없었다고 한다. 『의천록』의 편찬은 고려 선종 7년(1090)이고, 일본 『동역전등목록』 편찬은 관치(寬治) 8년(1094)이니 그때까지는 『십문화쟁론』이 현존했던 것으로 보인다. 그리고 거금(距今) 44년(1944) 전, 해인사 대장경을 인출할 때, 『십문화쟁론』 상권 중 9, 10, 15, 16장의 4매가 발견되었다. 또 불분명한 1매가 있어 이것을 최범술 선생이 판독하여 거의 원문을 보완함으로써 전 5매가 되었는데, 매 장마다 전후 27행, 1행 20자로 되어 있다. 그 내용을 점검해보면 9, 10의 두 장은 공(空)·유(有)쟁론에 대한 화회이고, 15, 16의 두 장은 불성(佛性)의 유성(有性)·무성(無性)에 대한 화회이다."[310]

---

309) 趙明基, 「元曉宗師의 『十門和諍論』 硏究」, 『金剛杵』 22(東京: 金剛杵社, 1937.1.30), pp.31~32.
310) 이종익, 「원효의 『십문화쟁론』 연구」, 『원효』(서울: 예문서원, 2002), pp.234~235.

라고 당시의 상황과 함께 현재의 『십문화쟁론』에 대한 검토와 복원을 효당이 수행했음을 분명히 밝히고 있다. 하지만 이종익은 『고려대장경』의 인출 연도를 1937년이 아닌 1944년으로 잘못 표기하였다. 이종익의 연구에서 효당과 중대한 다른 견해를 보여주는 부분은 효당이 복원한 31장에 대한 해석의 차이였다. 이에 대하여 이종익은 다음과 같이 지적하였다.

> "위에서 언급한 바와 같이, 『십문화쟁론』의 잔결부 4지(紙)는 1944년 해인사 대장경 인출 시 상권 중 9, 10, 15, 16장의 4매와 불분명한 31장이 발견된 바, 그중 9, 10장의 2매는 공유(空有)에 대한 화쟁론이요, 15, 16장의 2매는 불성 유무(佛性有無)에 대한 화쟁론이다. 불분명한 31장은 최범술 선생의 복원이라고 하는데, 그것이 『이장의(二障義)』의 말문(末文)과 같으므로 의심된다."[311]

라고 하며 그는 31장의 복원에 대해 주석학적인 방법으로 접근하여 효당과는 다른 견해를 제시하였다. 즉, 직접적으로 연결된 부분이 아니라는 것으로서 이는 고전적인 인문학의 방법론인 훈고적(訓詁的) 해석에 의한 비판이었다.

그러나 역(逆)으로 의천의 『원종문류』에 나오는 「화쟁편」의 대의를 파악하고서, 부분을 원효의 저술로써 보완해 나가는 효당의 시각에서 이를 비판하자면 『대반열반경』 32권에 나오는 '맹인모상(盲人摸象)'의 비유처럼 화쟁론의 종지(宗旨)를 왜곡할 수 있었다. 그러므로 훈고적인 주석학으로 연구한 조명기·이종익과 전체적인 대의를 알고서 이

311) 이종익, 앞의 글, p.237.

를 부분적으로 보완하고자 해석학적으로 접근한 효당의 차이는 분명한 것으로 보인다. 또한 박종홍을 통해서 1975년 효당에게 일본 다이쇼(大正)대 박사학위 연구의 도움을 받았던 이만용은 효당에 대한 감사의 뜻에서 다음과 같은 사실을 말하였다.

> "필자가 이 『십문화쟁론』의 잔간사본(殘簡寫本)을 입수한 것도 최범술 스님을 통한 것이다. 입수하고자 한국에 귀국할 때 마침 최범술 스님이 여행 중이라 다솔사에서 만나 뵙지 못하여 사본을 직접 받지 못하였다. 당시(1975년 3월) 청와대에서 장관을 지냈던 박종홍 박사를 소개받고 박종홍 박사로부터 『화쟁론』 잔간사본을 선뜻 분배받은 것이다. 일찍이 최범술 스님이 박 박사에게 제9·10·15·16丁의 사본 및 제31丁의 자필 복원문을 증여한 것이다."[312]

즉, 오래전에 박종홍이 다솔사의 효당을 찾아와 원효 연구를 위한 자료 도움을 받은 적이 있다. 따라서 『한국사상사』에서 보여주는 박종홍의 화쟁론 연구도 효당의 도움에서 비롯되었음을 알 수 있다. 그러나 박종홍의 종요(宗要)와 개합(開合)의 이론 전개를 비롯해 이만용의 연구 역시 효당과는 근본적인 연구 방법의 차이를 보여주고 있다. 그 근본적인 차이는 그들이 전개하는 화쟁론의 대의를 살펴보면 쉽게 알 수 있다.

---

312) 李晩用, 『元曉의 思想』(서울: 展望社, 1983), p.78.[※ 이 책은 李晩鎔의 大正大學 文學研究修士課程 佛教學 專攻의 『元曉大師の研究 : 和諍思想中心として』(東京: 大正大學, 1976)이 모체이다.]

② 화쟁론의 비교

조명기의 화쟁론에 대한 특징은 앞서 언급했던 그가 1962년에 쓴 「불교의 총화성과 원효의 근본사상」에 나오는 '총화성'의 정의(定義)였다. 그는 이에 대하여 다음과 같이 설명하였다.

> "…원효는 결코 화엄 일파에만 치우친 적은 없다. 전장에서도 말한 바와 같이 통불교를 조직하여 종교적으로 통일화회(統一和會)하고자 하는 것이 종지(宗旨)라고 할 수 있다. 이것은 삼론종(三論宗)과도 비슷하고 선종(禪宗)과도 상사(相似)하나 결국은 독특한 원효의 총화사상이라고 볼 수 있다."[313)]

그러므로 조명기의 화쟁론도 최남선의 통불교이론의 연장선상에 정확히 있다. 또한 이종익이 스스로 내린 원효의 화쟁론에 대한 정의를 살펴보면 다음과 같다.

> "이와 같이 원효는 화쟁사상을 핵으로 인도에서 발원한 대(大)·소(小)·성(性)·상(相)의 모든 교의가 중국에 와서 여러 학파·종파로 분열된 것을 회통귀일(會通歸一)시켜 하나의 회통불교(會通佛敎)를 건설한 것이다. 이런 뜻에서 대승불교의 개척자인 용수와 대·소승 교학의 총정리를 통한 일승불교의 건립자인 지의(智顗)와 함께 모든 분파불교에서 회통불교의 창설자로서의 원효의 업적은 동양 정신문화사상 불멸의 금자탑을 쌓아 올린 것이다.
> 특히 원효는 한국불교사상 제일인일 뿐만 아니라 민족정신문화사상 제일인이었다. 동방 문화사학 대가였던 육당 최남선 선생은 그의

313) 조명기, 「불교의 총화성과 원효의 근본사상」, 『원효』(서울: 예문서원, 2002), pp.55~56.

「조선불교-동방문화사상에 잇는 그 지위」라는 논설에서 '인도 및 서역의 서론적 불교, 지나의 각론적 불교에 대하여 조선에서는 최후에 결론적 불교를 건립하였다'라고 한 바, 그것은 특히 원효의 통불교사상에 대한 평론이다. 그런데 본인은 그 평론에 긍정하면서 그 문구를 다음과 같이 수정한다. 이것이 동방문화사상에 있어서 원효의 지위이다. '인도의 원천적 불교, 중국의 분파적 불교에 대하여 한국은 원효·보조에 의하여 최후의 회통불교를 실현했다.'…"[314]

즉, 이종익은 그 스스로 최남선의 통불교 이론의 충실한 계승자이자 '발전자'임을 밝히고 있다. 이에 비해서 박종홍은 뚜렷하게 통불교 이론을 주장하지는 않았지만, 그의 종요와 개합의 논리적 구조는 방법적인 묘용(妙用)을 살리면서도 한편으로는 통불교 이론의 논리적 구조와 상당히 유사성을 보여주었다.

"…오랫동안 모순상쟁하던 차에 백가(百家)의 이쟁(異諍)을 화합하여 서로 다른 견해를 귀일시킨 것이 바로 원효 사상의 가장 기본적인 특색이다.…(중략)…이른바 개합(開合)이 자재(自在)하고 입파무애(立破無碍)하여 개(開)한다고 번거로운 것도 아니요, 합(合)한다고 좁아지는 것도 아니다. 다시 말하면 개합(開合)에 따라 증감(增減)하는 것이 아니다. 그리하여 정립하되 얻음이 없으며 논파하되 잃음이 없다고 한다."[315]

이러한 박종홍에 대하여 조은수는 「'통불교' 담론을 중심으로 본 한국불교사 인식」에서 박종홍의 사상적 특징을 회통불교의 한 부류

314) 이종익, 앞의 글, pp.231~232.
315) 박종홍, 『한국사상사』(서울: 서문당, 1999), p.89, p.91.

로 보았다.[316] 통불교의 영향력은 박종홍에게서 효당을 소개받은 이만용도 예외가 아니었다. 그 역시 다음과 같은 논리로 그의 화쟁론의 결론을 통불교로 이끌었다.

"…최남선 선생이 그의 저서 「조선불교」에서 '인도 및 서역의 서론적 불교, 지나의 각론적 불교에 대하여 조선에서는 최후의 회통적 불교를 건립하였다.'라고 기술하고 있는 것은 정확히 원효대사의 회통불교이념을 표준으로 한 논지(論旨)이다."[317]

결론적으로 효당의 화쟁론은 원효에 대한 이해의 출발점으로 젊은 시절에 이해했던 계행에 대한 해석으로부터 말년의 화쟁에 대한 해석에 이르기까지 그 논지를 최남선 등과 달리하였다. 이처럼 효당의 화쟁론은 의천으로 이어온 원효의 반야공관(般若空觀)을 기초로 하여 용수의 대승적인 본질에 가깝게 다가가는 특징이 있다.

그러나 이후 박재현도 2001년 그의 「원효의 화쟁사상에 대한 재고」에서 화쟁을 회통으로 해석하는 문제에 있어서 효당이 복원한 『십문화쟁론』 31장의 '화(和)'를 단순히 문맥적으로만 판단하여 '회(會)'와 상통하는 것으로 보았다.[318] 이는 기존 학계의 연구 시각을 답습한 바가 여전히 큼을 알 수 있다. 이러한 오류는 「제분황사효성문(祭芬皇寺曉聖文)」 중에 나오는 "오직 우리 해동보살만이 성(性)과 상(相)을 융회하여 밝히고 고금을 쌓아서 포괄하여 백가(百家) 이쟁(異諍)의 단서를 화합

316) 조은수, 「'통불교'담론을 중심으로 본 한국불교사 인식」, 『불교평론』 21(서울: 불교평론사, 2004.12.28), pp. 41~43.
317) 李晩用, 앞의 책, pp.134~135.
318) 박재현, 「원효의 화쟁사상에 대한 再考」, 『불교평론』 8(서울: 불교평론사, 2001.10.22), p.196, p.200, p.211, p.214.

하고 일대사(一大事) 지공(至公)의 논의를 얻었다.(唯我海東菩薩, 融明性相, 隱括古今, 和百家異諍之端, 得一代至公之論)"라는 의천의 문장을 해석해 볼 때『신집원종문류』의「화쟁편」을 살펴보지 못한 바가 있다. 의천이 파악한 바로는, 원효는 용수의 반야공관에 대한 바른 이해(즉, '和')로 모든 이쟁(異諍)을 바로 잡는 화쟁(和諍)을 말한 것이었다.

그런데 근대 중국의 대표적인 국학자인 쟝빙린(章炳麟, 1869~1936)도 불교의 영향을 받았다. 그에게는 특히 불교가 만법(萬法)이 내재한 자신의 마음을 묻고 그것에 의지하는 것처럼 국학 또한 자신에게 대한 물음이었다. 그래서 개체(個體)의 자유와 평등을 보장하는 불교에 주목하였다.[319] 그는 이것을 '의자불의타(依自不依他)'로 표현하였다. 정인보도 이와 비슷하게 '조선얼'에서 말하는 '얼'을 '저는 저로서 함'이라고 하였다.[320] 정인보의 이러한 시각에 대하여 효당의 다이쇼(大正)대학 후배였던 민영규[321]는 그의 스승 정인보가 쟝빙린에게 일정 부분 영향을 받았음을 지적하였다. 그의 회고에 의하면 쟝빙린을 비롯한 절동(浙東)학파의 문장과 사상에 정인보가 관심을 가졌음을 알 수 있

319) 李賢馥,「章炳麟의 불교와 국학, 그리고 문학론」,『中國語文論叢』39(中國語文研究會, 2008), p.512 , p.517.

320) 김윤경,「정인보(鄭寅普)와 장병린(章炳麟)의 주체론 비교-'저는 저로서 함'과 '의자불의타(依自不依他)'의 비교를 중심으로」,『인문학연구』52(조선대학교 인문학연구소, 2016), pp.68~72 ; 章太炎,『章太炎全集』4(上海: 上海人民出版社, 1985), p.371, p.374 ; 鄭寅普,『薝園 鄭寅普全集』3(서울: 延世大學校出版部, 1983), p.8.

321) 閔泳珪는 1939년 연희전문학교 문과와 1942년 大正대학 사학과를 졸업한 것으로『한국민족문화대백과사전』에 나온다. 그러나 필자가 졸업논문 지도를 받은 대학은사인 민영규 교수는 스스로 大正대학 불교학과를 졸업한 것으로 술회하였다.[한국정신문화연구원 편,『한국민족문화대백과사전』8(성남: 한국정신문화연구원, 1997)의 '민영규(閔泳珪)' 항목 참조]

다.[322] 실제로 광복 이후 정인보는 '국학대학가(國學大學歌)'를 지은 사실도 있었다.[323]

그러나 효당을 비롯한 여러 사람은 비슷한 시기에 우리의 원효대성에게서 우리의 보편성과 특수성을 동시에 찾았다. 이들 중에서 효당이 그 실마리를 해인사에 보관된 『고려대장경』을 인경하고 조사하던 중에 대각국사의 문집에서 찾은 것이었다.

위에서 서술해 온 바의 제3장에서는 1920년대, 효당은 일본 유학에서 근대문물의 습득과 사상적 탐구에서 조선학 곧 원효를 통해 국학에 눈을 떴으며, 불교계의 잡지 『금강저』에 진보적 사상의 글들을 기고했다. 또한 불교계 동지들과 원효대성찬앙회와 삼장학회를 설립하여 활동했음도 살펴보았다. 귀국 후에는 만당 동지들과 더불어 해인사에서 국간판 『고려대장경』과 『사간장경』을 인경하고 그 목록을 작성하여 조선학의 보존에 심혈을 기울였다. 효당은 그 인경작업을 통해 『대각국사문집』을 발견하고 그 문집 속에서 원효에 관한 중요한 내용들을 습득하였다. 십대 시절 장도빈의 『위인원효』를 읽고 평생 원효 스님의 불교적 세계관에 공감하고 경모했다. 효당은 비로소 학문적 실천으로 나아가 남은 생애 내내 원효학 복원연구에 매진하였다. 효당의 원효학 복원연구는 워낙 지난한 복원작업이라 완성된 결과물을 많이 내놓지는 못했다. 그러나 발표된 연구물은 불교학 연구의 한 지

322) 閔泳珪, 「爲堂 鄭寅普 선생의 行狀에 나타난 몇 가지 문제 : 實學原始」, 『동방학지』 13(연세대학교 국학 연구원, 1972), pp.6~7 ; 이남옥, 「정인보의 학문 연원과 조선학 인식」, 『儒學硏究』 38(충남대학교 유학연구소, 2017), pp.224~225.
323) 鄭寅普, 『薝園 鄭寅普全集』 1(서울: 延世大學校出版部, 1983), p.83.

형도를 제시한 가치와 의의가 있다.

특히 많은 연구자가 조선학의 선구적 개척자인 최남선의 논리에 따라 원효의 화쟁을 회통불교로 결론지음에 비해, 효당은 1937년 해인사의 『고려대장경』과 『사간장경』 전수조사와 인경 작업을 통해 확보한 자료에 의해 원효의 화쟁을 반야공관(般若空觀)으로 해석하였다. 즉 효당은 원효에 관한 연구를 위해 대각국사의 의천 시각을 빌려 진행하여 다른 연구자들과는 크게 다름을 알 수 있다.

또한 효당은 일제강점기 불교계의 가장 혁신적인 인물의 표상인 만해 한용운을 현실의 스승으로 따랐다. 만해 사후 여러 난관 속에서도 뜻을 모아 『한용운전집』을 발간하여 마침내 만해학의 기반을 마련하였음도 살펴보았다. 무엇보다도 효당은 한국불교의 정체성이 종합성을 띈 불교라고 제언하며 한국불교의 민족적 고유성을 회복할 것을 당부하고 있다. 이러한 그의 민족적 문화사관이 기반이 된 그의 불교학 연구는 국학의 성격으로 규정지을 수 있다.

제4장

효당의 한국 차문화 정립과 국학적 '차살림살이'

차는 지구상의 인류가 즐기는 기호 음료이다. 우리 인류가 처음 이용한 것은 약 5~6천 년 전 상고시대 신농씨로부터 추정하고 있다.[1] 고대에 차는 약용가치로 이용되었다. 그러나 시대가 바뀌면서 머리와 심신을 맑게 해주는 식음료로 애호되어 문벌귀족들의 기호 음료로 자리 잡았다. 현학적인 노장사상을 숭배하던 시대에는 귀족들이 청담을 즐기면서 술 대신 차를 사랑하여 마셨다. 불교가 사상의 문화로 자리 잡았던 시대에는 불가의 승려들이 혼침(昏沈)과 도거(掉擧)를 막기 위해 차를 마셨다. 일반 백성들은 근심을 없애주고 불로장생을 돕는다고 믿어 마셨다.

차가 약용의 차원을 넘어 문화적 기호 음료로 자리 잡는 데 불교와 도교가 큰 역할을 하였다. 특히 불교의 선문화(禪文化) 속에서 '차 마시는 일'이 '차도(茶道)'라는 용어로 표현되며 고상한 취미 이상의 함의를 지니는 데 결정적 역할을 하였다. 즉 차가 처음에는 약리적으로 음용되다가 중국 당송 이후 융성해진 선불교 문화 속에 융해되어 '끽차거(喫茶去)', '선차일미(茶禪一味)' 등으로 회자하였다. 이에 차는 약리 음료나 기호 음료로서의 성격을 넘어 선문답(禪問答)의 주제로까지 등장하면서 차도로서 격을 갖추었다.

중국에서 전래한 우리의 차문화도 예외가 아니었다. 통일신라를 거쳐 고려시대에는 왕실의 보호 아래 선종(禪宗)이 수용되고 선불교 문화권 속에서 차문화 역시 널리 보급되었다. 조선시대 억불숭유정책 아래 불교문화 쇠퇴와 더불어 차문화도 위축되었지만, 차생활은 일반

1) 陳宗懋主編, 『中國茶經』, (上海: 上海文化出版社, 1994), p.3.

민가의 제례 의식에 확대되어 차례 문화로 깊이 뿌리내려졌다.

그러나 조선 후기 사회경제적 붕괴와 함께 뒤따르는 민란의 소요 속에 차문화는 피폐해졌다. 다만 일부 산사의 수행승들 중심으로 면면히 이어져 오는 양상을 지니게 되었다. 조선 후기 총체적 위기론 속에 등장한 실학의 대두와 함께 일부 선각자들에 의해 차와 차문화에 대한 성찰이 있었으나 일제강점기를 거치며 다시 위축되었다. 이러한 민족적 수난기를 겪는 속에서도 민족의 전통 차문화에 대한 복원은 계속되어 오늘에 이르렀다.

이 장에서는 먼저 업적이 된 효당의 차문화 활동을 살펴본 후, 효당의 실제 차생활의 구체적 내용과 그 차도관을 살펴보고자 한다.

1. 효당의 한국 차문화 정립을 위한 활동

효당 최범술(1904~1979)은 오늘날 한국에서 풍미하고 있는 한국의 차문화를 새롭게 정립하여 대중화한 대 종장이다.[2] 한국 차문화의 정립과 대중화를 위한 그의 활동은 크게 세 가지로 나눌 수 있다.

첫째는 최초로 한국 차문화에 대한 개론서를 저술하여 한국 차문화에 대한 일반인들의 관심과 체계적인 이해를 이끌어 대중화시킨 점이다. 둘째는 전국적 규모의 '한국차도회'를 결성하여 후일 많은 차 동

2) 채정복, 「근현대 한국 차문화를 중흥시킨 초의와 효당」, 『한국불교학』 46(한국불교학회, 2006), pp.581~604.

호회가 생기는 계기가 되게 한 점이다. 셋째는 자신의 반야로 제차법을 후학들에게 전승하여 한국의 제차사(製茶史)에 발전적인 기여를 한 점이다.

효당은 『한국차생활사(韓國茶生活史)』와 한국 최초의 차도 개론서인 『한국(韓國)의 차도(茶道)』를 저술하여 일반 대중에게 처음으로 우리 차문화의 전통과 우수성을 체계적으로 정리하여 알렸다. 또한 최초로 전국적 규모의 차 동호인 모임인 '한국차도회'를 조직하여 대중적 활성화를 꾀하였으며, 증제차법(蒸製茶法)의 '반야로' 제차법을 전승하여 우리 차 맛의 우수성을 입증하였다.

무엇보다도 일생 동안 직접 차나무를 심어 가꾸고 찻잎을 따서 차를 만들어 음용한 차승(茶僧)이었다. 한국 차문화에 관한 저술과 강연, 차도 수련회 등을 통해 오늘날의 현대인들이 민족의 전통 차문화에 관심을 갖고 차생활을 하도록 노력하였다. 효당이 이러한 차문화 활동을 하던 1960~70년대는 차생활에 대한 대중의 인지가 거의 없을 때였다. 한국 차문화에 대한 다양한 그의 활동은 오늘날 업적이 되어 효당은 현대 한국 차문화의 중흥조로 불린다.[3]

---

3) "…초의 스님이 한국 근세사에 있어서 차도계의 중흥조라면 효당 스님은 한국 현대사에서의 차도계의 중흥조라 할 수 있을 것이다."[채원화, 「효당과 한국차도회, 그리고 한국차인회」, 10주년 특대호 『茶人』 1(한국차인연합회, 1990.1), p.690] ; 김기원, 「효당 최범술의 생애와 한국차도의 중흥」, 『계명대학교 차문화연구소 학술심포지엄』 1(계명대학교 차문화연구소, 2010), pp.107~108.[※ 김기원은 1975년 12월 진주 비봉루에서 열린 진주 차회에서 진주 차인들이 모여 효당을 "…우선 진주 사람이 전국을 대표하여 한국 근대차 중흥조를 선언합니다"라고 한 진주 차회 회의록 기록을 적시하였다.]

1) 효당의 차서(茶書)

(1) 『한국차생활사』

『한국차생활사』[4]는 한국 차문화에 관해 효당이 처음으로 저술한 비매품 소책자이다. 발간하게 된 동기는 한국 정부 초청으로 내한한 재일 거류민 단장 김정주[5]가 1966년 11월 23일, 경남 사천 다솔사에 주석하고 있는 효당을 찾아와 한국 차문화에 관해 알고자 요청함에서 비롯했다. 효당이 구술하고 효당의 제자들이 받아 적고 정서한 40여 페이지의 필사본을 김정주가 일본 도쿄(東京)로 가져가 일어로 번역하여 간행하였다.

한편 한국에서는 그것을 1967년 1월경에 당시 사천군수였던 김상조가 150부 정도 등사하여 배포했다. 그해 2월에는 하동군수 손영식이 「한국 차의 원산지인 하동군수로서의 말」을 덧붙여 등사판으로 부산시 중구 대청동 '서림인쇄사'에서 1967년 2월 1일자, 비매품으로 350부 간행하였다.

그 후 대한불교신문에 6회에 걸쳐 연재되었으며 다시 해인대학 동창회보 '산해지(山海誌)'에 실렸다. 1970년 3월경에 6차로 진주시 대아고등학교장 박종한이 프린트 인쇄로 400부 간행하였다. 다시 각계 동호자들의 수요에 응해 효당은 자신이 창작한 차시 '차와 멋'을 첨부하

---

4) 최범술, 『韓國茶生活史』(사천: 1967.1) ; 채정복 편, 『효당최범술문집』 2(서울: 민족사, 2013), pp.248~280.

5) 일본의 성행한 차문화에 위압감을 느끼던 그가 한국 정부 초청으로 내한했을 때 한국 차문화를 알고자 소개받아 다솔사 효당을 찾아온 것이다.

여 1970년 8월에 7차로 간행하였다. 즉『한국 차생활사』는 효당이 생존해 있는 동안 7차례에 걸쳐 간행되었다. 이것은 당시 한국 차문화에 대한 많은 사람의 관심을 여실히 드러낸다.

『한국차생활사』에서 효당은 차는 한민족의 불기적(不器的)인 기호식품이라고 하였으며 통일신라 흥덕왕 때 입당회사 김대렴이 차의 종자를 가져와 왕명으로 지리산 화개동에 심었다고[6] 기술하였다. 그러나 실제로는 그보다 훨씬 이전인 삼한·한사군 시대 이전에 백산차가 있었을 것이라고 하였다.[7] 또한 '茶'자의 발음은 '쨔(丈加反)'·'탸(宅加反)'로 되어있는 강희자전 등의 문증으로 '차(cha)'라고 발음해야 옳다고 하였다. 역사상의 차인들과 초의의『동차송(東茶頌)』과『차신전(茶神傳)』을 언급하였으며, 특히 차성(茶聖) 초의가 김정희에게 보낸 차시의 원문과 번역을 함께 싣고, 범절의 중요성을 언급하였다.

『한국차생활사』는 위에서 말한 바처럼 재일교포 김정주의 요청으로 효당이 구술한 내용을 제자들이 받아 적은 것이다. 그 내용은 지극히 간략하지만, 일반인들의 요청으로 7차에 이르기까지 거듭 등사하여 배포되었다. 이로 볼 때 당시 한국 차문화에 관한 관심이 매우 컸음을 알 수 있다. 비매품인 이 소책자는 다솔사 주변 지역인 사천·진주·하동·부산 등 경남 일대에 보급된 한계가 있다. 하지만, 그 영향으로 한국 최초의 차 동호회인 '진주 차례회'가 1969년에 결성되어 효당은 그 차회의 고문으로 초대되어 교유하며 지도하기도 하였다.[8] 이『한국 차

---

6)『三國史記』卷第十「新羅本紀」第十 興德王條.
"冬十二月校勘, 遣使入唐朝貢. 文宗召對于麟德殿, 宴賜有. 差入唐迴使大廉, 持茶種子來, 王使植地理山. 茶自善徳王時有之, 至於此盛焉."

7) 최범술,『효당최범술문집』2(서울: 민족사, 2013), p.263.

8) 채정복,「한국 차문화사에 끼친 효당 최범술 종장의 업적과 차도사상」,『진주차인회

생활사』가 모태가 되어 후일 체재와 내용이 훨씬 보강되어 『한국의 차도』가 나오게 됨에 그 의의가 있다.

(2) 『한국의 차도』

『한국의 차도』[9]는 1973년 8월 30일에 308페이지의 국판 체재로 출판된 한국 최초의 상업판 차도 개론서이다. 그 내용은 아홉 장의 본문과 부록으로 구성되어 있다. 그 목차는 '서언·차생활의 사적 고찰·차도용심-차생활의 실제·차도·차례·차와 선·차와 멋·한국의 차인들·차의 내일을 위하여' 등의 체제이다.

역사적 고찰에 있어서는 시대별로 선사시대·삼국시대·고려시대·조선시대·현대의 차생활로 나누어 언급하였다. 나아가 차와 계절·차와 선·차와 멋·차생활의 실제·차의 미래 등에 관해서 서술했다. 또한 설총·충담사·의천 대각국사·서산대사·함허 득통선사·다산 정약용·초의선사·추사 김정희·이규보·정몽주 등 옛 선현들의 품격 높은 차생활에 관해서도 얘기하였다.

부록에서는 중국 당(唐)의 육우(陸羽)의 『차경(茶經)』·송(宋)의 휘종(徽宗)의 『대관차론(大觀茶論)』·근대조선 초의(草衣)의 『동차송(東茶

50년사』(진주: 경상대학교 출판부, 2019), p.286.

9) 『韓國의 茶道』 초판본은 '보련각'에서 1973년 8월 20일 자로 처음 출판되었을 때 인지대를 붙이지 않고 유포되었다. 그 후 효당과 출판사 간에 문서상 정식계약을 하고 인지대를 붙여 1975년 11월 20일에 인쇄하여 세간에 유포하였다. 그리하여 『韓國의 茶道』 초판본은 인지대가 없는 1973년 8월 20일 초판본, 그 초판본 잔류본에 인지대를 덧붙인 것, 1975년 11월 20일 추가 인쇄한 것 등 세 가지 형태가 모두 초판본으로서 세간에 유포되었다. 효당 入寂 후, 1980년에 재판되었다.[최범술, 『韓國의 茶道』, (서울: 보련각, 1973).]

頌)』과 『차신전(茶神傳)』의 원문과 번역을 싣고 있다. 『차신전』은 제3장의 차도용심(茶道用心)-차생활의 실제를 다룬 부문에서 풀어서 해석하고 있다. 무엇보다도 부록의 마지막에 초의의 저작인 『동차송』[10] 원문과 번역을 함께 게재하여 처음으로 대중에게 알렸다. 효당이 초의가 주창한 '동차(東茶)의 우수성' 곧 우리나라 차의 우수성을 재언급하며 초의의 차사적(茶史的) 가치를 부여한 점은 의의가 크다. 오늘날의 많은 차인이 초의를 한국 근대 차문화 중흥조로 일컫게 됨은 초의에 대한 효당의 재발견에서 비롯되었다고 할 수 있다.

『한국의 차도』는 민족사적인 암흑과 격변의 시대 속에서 효당이 칠십 평생 겪은 온갖 것들이 녹아 흐르는 물처럼 쓰여 있다. 따라서 언뜻 쉬운 듯 여겨지나 삶의 경험이 얕은 젊은 혈기로는 쉽게 닿을 수 없는 삶의 정수(精髓)가 행간 곳곳에 깊이 어려 있다. 이 책은 출간된 이래 많은 사람에게 차도 입문서가 되었다. 또한 이 책의 체재는 그 후 쏟아져 나온 많은 차서의 준거가 되었다. 효당은 『한국의 차도』에서 시대적 분류를 비롯해 우리 차문화의 우수성과 차와 선, 차와 멋, 차도, 차도용심뿐 아니라 차와 차구(茶具)를 다루는 실제적인 행사까지를 포함해 한국 차문화에 대해 종합적으로 서술하였다.

물론 효당의 차서가 나오기 이전에 한국의 차문화에 관한 문일평(1888~1939)[11]의 「차고사(茶故事)」가 있다. 「차고사」는 일제강점기 조선

---

10) 『東茶頌』은 정조의 부마인 *海居都尉* 홍현주(1793~1865)의 요청에 따라 초의가 1837년(丁酉年)에 저술한 것이다. 판본으로 출간되지 못한 채 대흥사의 박영희 스님이 소장하고 있었는데 1973년 출판된 효당의 『한국의 차도』 속에 부록으로 원문과 함께 효당의 번역이 실려 처음으로 대중에게 소개되었다. 현재 석오본, 백열록본, 채향록본, 법진본, 다예관본 등 여러 이본이 있다.

11) *湖巖* 문일평(1888~1939)은 한국의 사학자 겸 독립운동가로 그의 말년에 조선일보

일보에 1936년 12월 6일부터 1937년 1월 17일까지 총 18회에 걸쳐 문일평이 연재한 칼럼 모음집이다. 문일평의 유고인 「차고사」는 문일평 사후 1939년 조선일보 출판부에서 수집 정리한 『호암전집(湖巖全集)』 제2권에 수록되어 있다. 제2권은 문화·풍속 편을 다룬 내용이다. 앞의 「담배고(考)」에 이어서 차에 관한 고찰을 해보겠다는 2~3페이지에 걸치는 서술을 한 후, 연이어 17항목으로 실려 있다.[12)]

문일평은 「차고사」에서 삼국시대 중국으로부터 유입된 우리의 차문화가 신라와 고려의 불교문화권 속에서 찬란히 꽃피워 성행했으나 조선의 폐불 단행과 함께 자연스레 차문화도 쇠락했다고 지적했다. 문일평은 『삼국사기(三國史記)』·『삼국유사(三國遺事)』·『고려도경(高麗圖經)』·『고려사(高麗史)』·『용재총화(慵齋叢話)』·『해동제국기(海東諸國記)』·『보한재집(保閑齋集)』·『동국여지승람(東國輿地勝覽)』·『선조실록(宣祖實錄)』·『지봉유설(芝峯類說)』 등 사서와 문집을 역사적 사료로 삼아 기술하였다. 특히 조선조 차문화의 쇠퇴는 조선 군주와 조선시대 지식인의 차에 대한 보잘것없는 인식으로 인한 것이라고 비판하였다. 이로 말미암아 조선의 차문화가 산업화하지 못함을 아래와 같이 통렬히 논했다.

> "…이씨 조선은 개창할 때부터 송학(宋學)과 아울러 가례(家禮) 같은 것은 그대로 채용하면서도 정작 인간의 실생활에 필요한 생산 방법에 이르러서는 중국의 것을 도무지 채용하지 아니하였고 또 배우려고도 아니하였다. 그러므로 이조 일대를 통하여 그네 치자군(治者群)이 공리(空理)와 허례(虛禮)에는 눈이 밝았으나 한번 실리와 실용

편집 고문으로 활약하며 조선의 다양한 문화에 관해 기고한 언론인이다.

12) 문일평, 『호암전집』 2(서울: 조광사, 1978), pp.345~391.[※ 『호암전집』 2를 살펴보면 실제로는 「담배考」가 「茶故事」 뒤에 실려 있다.]

에 들어가면 망연히 색맹같이 되었다."[13]

문일평은 조선조 대부분의 지식인이 차문화에 관해 색맹이라고 지적했다. 다만 조선 후기에 이르러 정약용과 추사, 초의의 차도에 대한 깊은 조예는 예찬하였다. 특히 정약용의 『동차기(東茶記)』[14]와 초의의 『동차송(東茶頌)』을 언급하였다.

이는 중국과 일본에 비하여 산업 방면에서 뒤떨어져 일제에 강점당한 민족의 암담한 현실을 직시한 문일평의 통찰일 것이다. 이 통찰은 민족 문화의 정체성을 찾고자 하는 문일평의 조선학운동, 곧 국학운동의 연장선이었다. 문일평의 조선학운동은 효당의 불교와 차문화 활동의 지향점이 국학 연구에 있음과 일맥상통함이 있다.

그러나 문일평의 「차고사」는 시대에 따른 간략한 사료 관찰에 일관했다. 이에 비해 효당은 시대적 분류를 비롯해 차문화의 정신적·정서적 영역으로 확장하여 차와 선·차와 멋·차도·차도용심뿐만 아니라 차와 차구를 다루는 차생활의 실제적인 행사까지를 포함해 전반적인 한국 차문화에 관해 서술했다. 나아가 효당은 『한국의 차도』를 칼럼의 성격이 아닌 상업판 단행본으로 출판하여 전국적으로 대중화시킨 점이 다른 점이다. 『한국의 차도』가 갖는 의의를 아래와 같이 정리해 볼 수 있다.

13) 문일평, 앞의 책, p.387.
14) 초의의 '東茶頌'에 한 단락 언급된 '東茶記'는 종래 다산의 저술로 알려져 왔으나, 정민은 진도에 유배 중이었던 이덕리가 1783년경에 지은 '記茶'의 와전이라고 하였다. 이에 대한 앞으로의 연구가 필요하다.[정민·유동훈, 『한국의 다서』(서울: 김영사, 2020), pp.71~128]

"따라서 『한국의 차도』는 당시 참고할 만한 자료가 부족하고 연구가 미비하던 상황에서 저술된 단행본으로 불모지였던 한국의 차문화가 다음 단계로 건너갈 수 있게 해준 첫 번째 디딤돌이었다. 효당은 한국의 차문화를 역사적인 체계하에서 고찰하였으며 한국 차도의 특징을 정의하였고 다산·초의·추사 등 한국의 차인들을 발굴하고 조명하며 우리 차문화의 우수성을 말하였다. 또한 후학들의 다음 연구를 위해 관련 자료들을 정리하여 참고할 수 있도록 덧붙였다. 효당의 저작 『한국의 차도』가 일궈낸 내용적·형식적 성과가 준거가 되어 현대 한국 차문화가 발전되어 온 점이 한국 차문화사적 의의라고 할 수 있다.[15]"

2) '반야로' 제차법의 전승

(1) 차명(茶名) '반야로'와 작설차

'반야로'는 효당 자신이 직접 만든 차에 대해 스스로 명명(命名)한 고유명사이다. 효당이 입적(入寂)한 후 현재는 효당 본가에서 그 유지를 받아 계승해 만드는 차 이름이기도 하다.[16] 불제자인 효당이 이름 지은 '반야로(般若露)'는 불교 반야공(般若空) 사상의 중심이 되는, 자비가 충만한 지혜라는 뜻의 '반야(般若)'와 이슬이라는 '로(露)'자를 합쳐

15) 최화인, 「『한국의 차도』 교정본을 내면서」, 『효당최범술문집』 2(서울: 민족사, 2013), p.285.

16) 현재 '반야로'는 효당가의 고유한 차 이름으로 효당 입적 후 그 차살림살이를 실질적으로 승계한 元和 채정복이 만들고 있으며 또한 특허청에 상표 등록하여 타인이 도용할 수 없다.

만든 합성어이다. '자비가 충만한 지혜의 이슬'이라는 뜻이다. 차생활을 함으로써 차 한 방울 한 방울을 마심으로써 자비가 충만한 지혜를 얻는다는 뜻이다. 반야로라는 이름을 명명(命名)하기 전에는 그냥 작설차(雀舌茶)라고 통칭했다.

작설이 문헌에 보이는 최초는 진각국사 혜심(1178~1234)의 시(詩) 내용 중 "모두 떠서 작설을 달이네(悒澌煎雀舌)"라는 구절에서이다.[17] 이때의 작설(雀舌)이라는 뜻은 이른 봄에 채취하는 차의 어린 싹이다. 그 어린 차 싹의 형상이 새의 혓바닥과 같다고 하여 이처럼 형용한 것으로 본래 명사는 아니었다. 그 후 차츰 변하여 명사가 되었다.

'작설차(雀舌茶)' 세 글자가 완전히 보이기는 여말선초의 문인 원천석(1330~?)의 시의 내용에서이다.[18] 광해군 초기 허준의『동의보감』의 '고차(苦茶)' 항목 아래에서도 한글로 풀이하여 작설차라고 하였다. 이로부터 작설차는 익숙한 명사가 되었다.[19] 작설차는 처음에는 좋은 차를 의미하였으나 차츰 맛이 쓴 거친 차를 의미하였음을 알 수 있다. 조선 중기 이래 차문화에 대한 무관심과 함께 이러한 구별도 없어지고 근현대에 이르기까지 모두 작설차라고 통칭하여 내려온 것이다.

효당은 1970년대 초기에 자신의 제차법(製茶法)으로 만드는 차를 '반야로'라고 이름 지었다. 효당이 저술한『한국의 차도』가 일반 대중에게 널리 유포되면서 차문화에 관심을 가진 후학들이 효당을 찾아

---

17) 정민·유동훈, 앞의 책, p.553의 각주 22 참조 ; 반면에 문일평은「茶故事」에서 고려말 이제현(1287~1367)이 송광사 승려에게 준 장편 古詩에서 처음 보인다고 하였다.[문일평, 앞의 책, p.369]

18) 정민·유동훈, 위의 책, p.553. 각주 23 참조 ; 반면에 문일평은「차고사」에서 신숙주의 詩句라고 하였다.[문일평, 위의 책, p.369]

19) 문일평, 위의 책, p.369.

와 효당의 차생활을 접하고 가르침을 받기도 했다. 그중 일부는 효당의 제차법에 관심을 가졌으나 이미 효당이 병환으로 서울의 팔판동으로 거처를 옮긴 후라 지도를 받지 못했다. 그들은 효당의 제차법을 실제로 배우지는 못했지만, 차 이름(茶名)이라도 효당에게서 받고자 하였다. 그리하여 효당은 효당의 본가에서 효당 자신의 제차법으로 만드는 차는 '반야로'라고 이름하고 본가를 제외한 방계 제자들이 만드는 차는 모두 '반야차'라고 명명하여 공용하되 차를 만드는 사람의 이름을 각자 밝히라고 하였다. 오늘날까지 효당의 제차법대로 효당 본가에서 만드는 차는 '반야로'라고 이름하고 있으며, 효당의 가르침을 받은 제자들인 승려 여연·선혜 등은 모두 '반야차'라고 하여 각자 자신들의 이름을 밝히고 있다.[20]

(2) '반야로' 제차법 과정

반야로 제차(製茶) 작업은 처음부터 끝까지 손으로 만드는 완전한 수제(手製) 작업이다. 먼저 차를 만들기 전에 제차 작업에 필요한 모든 차도구를 깨끗이 씻고 햇볕에 잘 말려서 준비해 두어야 한다. 물론 장작도 몇 달 전에 미리 준비하여 잘 말려두어야 한다. 장작으로는 참나무과 나무를 선호한다. 찻잎 데치는 조선 쇠솥과 차를 덖는 큰 쇠솥, 대바구니, 면장갑, 면 행주, 대자리나 돗자리, 나무 주걱, 면 보자

20) 채정복,「효당 최범술의 차살림살이와 반야로차도」,『만해학보』17(서울: 만해사상실천선양회, 2017), p.161. [※ 효당이 법난으로 1978년 다솔사를 떠나와 서울 삼청동 처소에 머물 무렵 茶僧 여연, 선혜 등이 찾아와 비록 효당의 제차법은 배우지 못했지만 차 이름이라도 지어주기를 간청하자, 효당은 효당본가 직계의 제차는 '般若露'로, 방계는 '般若茶'로 공용하되 각자 法製人을 밝히라고 말하였다.]

기, 체, 참나무 장작 등을 준비해야 한다. 그 밖에 제차일지를 준비하여 제차현황에 대한 기록을 남긴다. 효당이 다솔사에서 사용하던 솥은 다솔사에 전래해 오던, 구리와 주석의 합금으로 된 큰 쇠솥이었다.

반야로를 만들기 위한 생 찻잎은 다솔사 법당 뒤쪽의 약 4~5천 평 되는 차밭에서 따온다. 다솔사 전래로 내려오는 차나무는 몇 그루 되지 않았다. 효당이 상주하면서 해마다 차 씨를 뿌려 심고 가꾸어와 무성한 차밭이 된 것이었다. 효당은 입하 절기에 차를 만들었다. 대개 보름간의 곡우 절기가 막 끝나고 입하 절기가 시작할 무렵 시작하여 일주일 정도 차를 따서 만들고 며칠 쉰다. 그 후 다시 일주일 정도 차를 따서 만들었다. 그런 다음 열흘 남짓 지난 후 세 번째로 막차인 번차를 만들었다.

초의 스님도 자신의 저서『동차송』에서 차를 따는 시기에 대해 다음과 같이 말하고 있다.

> "차를 따는 시기는 때를 맞추는 것이 중요하다. 너무 일찍 따면 향이 온전하지 못하고 너무 늦으면 차의 신기가 흩어진다. 곡우 5일 전에 따는 것이 상품이고, 곡우 5일 후에 따는 것이 그다음이요, 또 그 5일 후에 따는 것이 또 그다음이다. 그러나 경험해 보건대 우리나라 차는 곡우 전후에 따는 것은 너무 빠르다. 입하 절기에 맞추어 따는 것이 마땅하다."[21]

라고 하여 중국에서는 곡우 전후에 찻잎을 따서 만드나, 초의는 일지

---

21) 최범술,『韓國의 茶道』(서울: 보련각, 1973), p.298.[※ 艸衣意恂은『東茶頌』에서 "…採茶之候, 貴及時. 太早則, 香不全, 遲則神散. 以穀雨前五日爲上, 後五日次之, 後五日又次之, 然而驗之, 東茶穀雨前後太早. 當以立夏後爲及時也.…"라고 하였다.]

암에서 차를 만드는 자신의 경험에 비추어 우리나라에서는 차를 따서 만드는 시기로 입하 절기가 알맞다고 하였다. 효당도 생전에 입하 절기인 보름 동안에 집중적으로 차를 만들었다. 너무 어린 찻잎을 따서 만들면 부드럽고 향긋하지만 차의 독특한 깊은 향과 약리적인 효능이 적기 때문이다. 반야로 제차의 과정은 다음과 같다.[22)]

첫 번째, 차를 만들 때는 먼저 봄에 찻잎을 따는 시기가 중요하다. 효당은 대개 입하 절기가 시작되는 전후에 첫 찻잎을 따서 제차 작업을 시작하였다. 입하 절기의 시작은 대개 5월 초 무렵이다. 너무 어린 차 싹보다는 차 싹 하나에 어린 잎이 하나 달린 일창일기(一槍一旗)나 차 싹 하나에 잎이 두 개 핀 일창이기(一槍二旗)를 딴다.

따온 찻잎은 묵은 잎이나 줄기, 부스러기 찻잎을 가려낸 후 뭉쳐서 뜨지 않도록 바람이 잘 통하는 그늘진 곳에 펴둔다. 그날 따온 찻잎을 당일에 다 만들지 못하면 밤이슬을 맞힌다. 밤이슬을 흠뻑 받으면 감윤(甘潤)한 맛이 나는 차가 된다.

두 번째, 적당한 크기의 소쿠리에 2~3kg 정도의 찻잎을 담아 펄펄 끓는 물이 가득 찬 큰 무쇠 솥의 물에 반쯤 잠기게 하여 3~4분의 짧은 시간 내에 나무 주걱으로 골고루 뒤적거린다. 재빨리 소쿠리를 빼내어 몇 번 둥글게 뒤흔들어 물기를 털어낸다. 위아래를 뒤섞어 한 번 더 끓는 물에 넣어 데쳐낸다. 펄펄 끓는 가마솥 위에서 하는 작업 중에 간혹 뜨거운 물방울이라도 튀는 순간 당황하여 바구니를 놓치거나 자칫 손이 열탕 속에 빠지기라도 하면 큰 낭패라 숙련공이 아니면 절

22) 채원화, 「효당의 '반야로' 제차법」, 『茶人』 7월호, (서울: 한국차인연합회, 1998) ; 『효당 최범술문집』 3(서울: 민족사, 2013), pp.677~678, p.690 ; 정헌식, 『진주 茶 맛』, (서울: 지식산업사, 2006), pp.43~49.

대로 해서는 안 된다. 부뚜막에 한쪽 발을 걸치고 한 솥 가득 펄펄 끓는 물의 뜨거운 김을 쐬면서 찻잎을 데치는 이 순간은 호흡을 단전까지 내려 오로지 한마음으로 이 일에만 집중해야 한다. 찻잎을 데치는 사람이나 옆의 사람도 고요히 침묵해야 한다.

세 번째, 끓는 물에 가볍게 데쳐낸 찻잎은 공기가 잘 통하며 그늘진 곳에 미리 마련해 둔 평상 위에 펼쳐놓은 깨끗한 돗자리에 쏟아붓는다. 이어 나무 주걱으로 골고루 펴서 널어 말린다. 널어 말리는 작업은 두세 시간 정도이며 중간중간 부지런히 뒤적거려 잎을 골고루 펴서 물기가 빠지도록 해야 한다.

네 번째, 널어둔 데친 찻잎이 물기가 많이 빠져 꺼들꺼들해지면 소쿠리에 담아서 찻잎을 덖는 큰 가마솥으로 가져간다. 찻잎을 덖는 차 솥은 미리 불에 달구어져 있어야 한다. 즉시 가마솥에 넣어 뒤적이면서 덖기 시작한다. 얼핏 이 작업 과정은 따온 생잎을 바로 차 솥에 넣어 짧은 시간에 덖어내는 기존의 부초차(釜炒茶) 만드는 과정과 흡사해 보이지만 완연히 다르다.

반야로는 어느 정도 물기를 머금어 있는 찻잎을 덖기 때문에 차 솥에서 시간이 오래 걸린다. 차 솥에 한 번 들어가면 덖고 비비고 띄우고, 첫 차향을 내기까지 차 솥 안에서 보통 두 시간 정도의 시간이 소요된다. 차향이 날 때까지 차 솥에서 꺼내지 않는다. 손놀림이 느려 찻잎이 솥에 눌어붙거나, 장작불이 세어서 타는 냄새가 나도 안 된다.

중간 단계에서 찻잎을 차 솥 가운데로 모아 무명 보자기를 덮어 한동안 띄운다. 이 작업을 몇 차례 반복한다. 이 과정은 오묘한 반야로 특유의 맛을 내는 매우 중요한 과정 중의 하나이다. 이 과정에서는 불 조절이 관건이다.

다섯 번째, 은은한 차향이 나오기 시작하면 무명 보자기에 싸서 급히 후끈거리는 기운이 느껴질 정도의 따끈따끈한 장판방으로 가져간다. 몸에 땀이 날 정도의 뜨끈한 방안에서 한동안 무명 보자기에 싼 채로 치댄다. 오랫동안 치댈수록 차의 몸체에서 진액이 나와 맛과 향이 깊어진다. 그런 후 미리 마련해 둔 깨끗하고 넓은 무명 보자기를 깔고 골고루 펴서 말린다. 꾸덕꾸덕한 찻잎을 비비고 치댄 후 널어 말리고 모아서 띄우는 과정을 몇 차례 반복한다. 거의 밤새껏 하는 경우가 많다.

이렇게 하여도 찻잎은 강인하여 잘 바스러지지 않는다. 차 만드는 작업을 해보면 찻잎이 얼마나 강인한 식물인지 알 수 있다. 그 찻방에는 작업 담당자 외에는 들어오면 안 된다. 차는 순수하여 다른 냄새에 잘 끌려가서 변질되기 때문에 비누, 화장품, 음식물 등 일체의 냄새는 금물이다. 방안에서 완전히 건조되면 무어라 형언할 수 없는 차향이 방안 가득히 툭 터진다. 건조된 차는 양손으로 가볍게 둥글게 비벼 만들어진 찻잎 하나하나가 분리되어 떨어지도록 한다.

일반적으로 차향은 순향(純香)·청향(淸香)·진향(眞香)·난향(蘭香) 네 가지로 나눈다. 잡된 것이 섞이지 않은 순수하고 맑고 참되고 난과 같은 은은한 향이라는 뜻이다. 네 가지 향도 결국은 불 조절과 관계되는 말이다. 차향이 방 안에 가득하면 차는 거의 70~80퍼센트 이상의 작업공정이 끝난 것이다. 거의 완성된 차라도 밀폐된 차 방안에서 다시 선별 작업을 해야 한다.

여섯 번째, 잘 만들어져 선별작업까지 끝난 차는 습기 차지 않고 다른 냄새가 배어들지 않도록 차 항아리, 즉 찻독(茶櫝)에 넣어 보관한다. 찻독에 넣어둔 차는 차끼리 서로 어우러져 숙성되어야 깊은 향과 맛을 내기 때문에 적어도 한 달 동안은 열거나 꺼내지 않는다. 특히 장마철이나 비가 오는 날에는 찻독을 열지 않는다. 그 이후 작은 차통에 덜어내어 음용한다. 차는 사람의 입에 들어가는 물건이라 작업의 모든 과정에서 정갈해야 한다. 이외 제차 작업에서 말로 표현하지 못하는 부분도 있다. 이런 부분은 제차 작업에 참여하여 직접 체득해야 한다.

위의 여섯 가지 과정이 효당 생존 시의 반야로 제차법이다. 현재는 기후 온난화 현상으로 찻잎이 빨리 피어 우리나라의 제차 작업도 대부분 곡우 절기에 다 마무리되고 있다. 그 외에도 대부분의 차인들이 어린 찻잎으로 만든 차를 선호하는 경향이 있기 때문이다. 어린 찻잎으로 만들면 향긋한 단맛이 많이 느껴지기 때문이다.

그러나 차가 지닌 강렬한 향과 맛은 입하 절기에 만들어야 차의 오미(五味)가 톡 터져 나온다. 입하 절기에 만든 차는 쓴맛을 미각적으로 느낄 수 있다. 미세하게 느껴지는 쓴맛과 어우러진 차의 오미는 무어라 형언할 수 없는 황홀감을 준다. 쓴맛인 듯하면서도 연한 단맛이 어우러진 차의 맛이 인간의 영고성쇠에 비유되기도 하는 이치가 이에 있다. 따라서 물과 불, 오미가 어우러진 차를 음미하며 수련하는 차도 수련은 인간 유희의 극치라고 할 수 있다.

효당의 제차법을 이어가는 효당 본가에서는 아직도 입하 절기에 제차 작업을 하고 있다. 차 만드는 시기는 그해의 작황 상태에 따라 유연하게 바뀐다. 이에 대해 진주 강우차회 회장인 정헌식은 지리산 화개골에서 차를 만드는 채원화의 '반야로 만드는 과정'을 그 회원들과 함께 거의 해마다 와서 견학하고서는 다음과 같이 소개하였다.

"채원화 원장이 엄격한 법제 방식으로 만든 '반야로'라는 차를 선보이면서, 화개동에서 나는 차는 생산과 품질, 관리면에서 새로운 도약을 하게 됩니다. 이로써 예로부터 전해오는 약차인 햇볕에 말린차[日曬茶]에다 덖음차와 찐차[蒸製茶]의 기술이 보태져, 명실상부한 전반적인 녹차 만드는 기술이 지리산자락에서 완성되었습니다."[23]

라고 하여 효당의 반야로 제차법(般若露 製茶法)[24]이 한국 제차사에 발전적 영향을 끼쳤음을 언급하였다.

1992년 한국과 중국의 수교가 시작된 이후 양국 간 교류가 활발해져 요즘은 중국의 다양한 제차법과 문헌 등 중국 차문화에 관한 자료를 쉽게 접할 수 있다. 하지만 한중(韓中) 간 수교 이전, 효당이 반야로 차를 만들던 당시에는 차를 만드는 사람과 방법이 대중적이거나 다양하지 않았다. 대개는 차를 만드는 방법에 따라서 크게 부초차(釜炒茶)와 증제차(蒸製茶)로 나누었다.

부초차는 봄에 새순을 따서 생잎 자체로 가마솥에 넣어 덖은 후 꺼내어 비비다가 거듭 다시 솥에 넣어 구수하게 덖는 덖음차 제차법이

---

23) 정헌식,『진주 茶 맛』(서울: 지식산업사, 2006), p.48.

24) 채원화는 효당 생존 시 다솔사 효당 문하에서 10여 년간 製茶 일을 도우며 익혔고, 1979년 효당 입멸 후, 다솔사측과 협의하여 3년간 다솔사에 가서 차를 만들었다. 그 후 우리나라 차의 본고장인 지리산 화개골을 답사한 후, 1983년부터 2000년에 이르기까지 칠불사 아랫마을 범왕리 신흥 마을과 진목 마을에서 17년간 반야로 차를 만들었다. 제차 과정이 지방방송국에 몇 차례 방영되기도 했다. 이때 반야로 문도들을 비롯해 각 지역의 차인들, 강우차회 회원들이 거의 해마다 와서 견학을 해왔다. 다시 2000년 봄에 다솔사 봉명산 넘어 용산 마을로 가서 그동안 조성해 놓은 만여 평의 반야로 차밭의 차를 따서 2011년까지 12년 동안 차를 만들었다. 그곳에서의 제차 과정이 2002년 KBS1 '한국의 美'에 방영되기도 했다. 현지 사정으로 반야로 차밭은 묵혀둔 채, 2012년 다시 화개동으로 옮겨가서 제차해 오고 있다. 효당 入寂 후부터 현재까지 한해도 빠짐없이 40여 년간 반야로 차를 만들어 오고 있다.

다. 반면에 효당의 반야로 제차법은 위에서 언급한 바처럼, 따온 찻잎을 일정 분량씩 대소쿠리에 담아서 끓는 물에 넣어 가볍게 데쳐낸 후, 돗자리에 널어 뒤집어 가며 물기를 뺀다. 찻잎이 꺼들꺼들해지면 불에 달은 솥에 넣어 덖고 띄우고 증(蒸)하기를 거듭하는 증차 제차법이다. 이 방법은 부초차를 만드는 방법보다 훨씬 까다롭고 일이 많다. 그러나 증제차는 빈속에 마시거나 장복하여도 위를 상하지 않는 이점이 있고 색·향·미가 뛰어나다. 특히 그 맛이 부드럽고 오묘함이 있다.

그런데 김운학이 『전통다도풍속조사』[25], 『한국의 차문화』[26] 등에서 효당의 제차법에 대해 아래와 같이 언급했다.

> "…오늘날 한국에 차의 관심이 이만큼 고조되고 요즘 그 붐마저 일게 되게끔 된 뒤에는 이 효당의 영향이 절대적이다.……우리들이 전혀 몰랐었는데 효당이 이것을 소개하고 강연하고 또 독서신문이나 지상에 발표함으로써 비로소 우리는 우리 차에 대한 관심을 갖게 되고……국가에서까지 우리 전통차를 찾고 조사하는 일을 하게 된 것도 그 큰 힘을 준 것이 역시 이 효당에게 있다.……사실 효당에게서 일본 차도의 형식이 많이 배어 있는 것은 사실이다. 18세에 일본에 들어가 그곳에서 15년간 생활하면서 차도(茶道)를 익혔으니 그의 차풍(茶風)에 일본식이 밴 것은 당연하다. 그렇다고 그가 처음부터 이 일본차를 익힌 것은 아니고 어려서 이미 부친의 차 심부름을 하고 14세에 다솔사에 들어간 뒤에는 당시 66~67세가량의 차에 대한 조예가 깊은 경북 청송골 노인이 절에 와 있어 차에 대한 것을 안 다음

25) 김운학의 『전통다도풍속조사』는 한국문화재연구소 지원으로 1980년 발행된 차문화에 관한 풍속 보고서이다.

26) 『한국의 차문화』는 김운학이 『전통다도풍속조사기』를 보완하여 1981년 11월 10일 현암사에서 출판되었다.

일본에 들어갔으니 그가 우리 차에 대한 것을 먼저 알고 있었던 것은 사실이다.…"[27]

"…효당은 차가 철을 꺼리기 때문에 가마에 흰 장판을 깔고 살짝 덖어서 손으로 부빈 다음 이것을 다시 보자기에 넣어 발효시킨 다음 다시 가마에 넣어 살짝 덖는다는 것이다."[28]

"…효당의 제차법은 다분히 일본적인 것임에 틀림없다. 그 자신 31세 때 일본 천태종의 비예산(比叡山)에 올라가 80세 노인으로부터 제차법을 배웠다는 말을 들어도 짐작할 수 있다."[29]

등의 이 내용은 아마도 김운학이 효당과 잠시 만나 나눈 말을 잘못 들었거나 잘못 이해한 부분 같다. 효당은 자신의 저서『한국의 차도』서문에서 자신의 차생활은 집안의 부친에게서 비롯되었으며 13세에 다솔사로 출가한 후, 절 주변에 차가 군데군데 야생하여 찻잎을 따서 차를 만들어 마시기도 하였다고 밝히고 있다. 19세에 도일(渡日)하여 고학하던 시절 자신이 어릴 적부터 즐겨온 기호품인 차를 일본인들이 즐겨 마시는 것을 보고 그들의 음차 예절과 우리나라에서 전래되어 온 예속을 비교하며 그 대안을 뼈저리게 강구하였다고 하였다. 그 본문에서는 우리 차문화의 우수성을 알게 되었다고 서술하고 있다.[30] 즉 효당은 도일하기 전에 이미 우리 차 만드는 법과 그 우수성을 인식하고 있었음을 알 수 있다.

---

27) 김운학,『전통다도풍속조사』(문화재관리국 문화재연구소, 1980), p.46.
28) 김운학, 위의 책, p.52.
29) 김운학, 위의 책, p.53.
30) 최범술,『한국의 차도』(서울: 보련각, 1973), pp.9~11.

일제강점기 도일하여 온갖 잡일을 하며 고학하던 효당의 11년간의 일본 시절은 한가로이 차를 즐길 수만은 없는 민족의 수난기였다. 효당은 일본에서 아나키스트 박열을 만나 '불령선인회(不逞鮮人會)'를 만들고 박열과 밀의 후 상하이(上海)로 밀항하여 '다물단'으로부터 천황부자 암살을 위한 폭탄을 받아 도쿄(東京)로 운반하였다. 이러한 격렬한 항일운동을 하다가, 관동대지진 때 이른바 '대역사건(大逆事件)'으로 일제 경찰에 피체되어 예심에서 9개월간 구속되었다. 출감 후에도 약 2년여에 걸쳐 도쿄(東京) 각 구의 경찰서 유치장에 29일씩 연이어 피검되었다. 그러한 숱한 고난의 사실은 효당이 『국제신보』에 연재한 비망록에서 알 수 있다.[31]

효당은 30세인 1933년 3월에 다이쇼(大正)대학 불교학과 본과를 졸업한 직후, 만해 한용운의 부름을 받고 즉시 귀국하여 32세에는 일본에 있지 않았다. 김운학은 여러 면에서 그 고증이 실제와 어긋나고 있다. 효당이 만해 한용운 선생의 지도하에 불교계의 비밀 항일결사 단체인 '만당'을 재건하여 다솔사와 해인사를 거점으로 활동하고 있던 1939년 여름 다솔사를 찾은 어린 김태신에게 차를 내어주며 말한 내용으로 효당의 차도관을 짐작할 수 있다.

> "차도(茶道)는 본래 우리의 것이었다. 백제나 신라시대에 이미 우리에게는 차를 마시는 법도가 정립돼 있었어. 그것을 일본 사람에게 전해준 것도 우리 선인들이다. 일본 사람들은 그것을 계승 발전시켰는데 우리는 전통 차도가 소실되다시피 했거든.……좋은 법도를 소

31) 최범술의 「청춘은 아름다워라」는 부산의 『국제신문』에 1975년 1월 26일부터 50회가 연재된, 광복 이전까지의 효당 本人의 일대기이다.

실시킨 것을 부끄러워할 줄 알아야 한다. 독립은 다른 것이 아니고 우리 것부터 찾고 지키는 운동이어야 하느니라."[32]

더군다나 뜨거운 솥에 장판 조각을 깔고 차를 덖어 비빈다는 표현은 제차(製茶)에 문외한일지라도 상식적으로 납득이 가지 않는 부분이다. 아마도 대화 중 내용을 속기하면서 빠뜨렸거나 잘못 이해한 것일 수도 있다고 여겨진다. 김운학은 이미 지어져 있는 절간의 구조에 맞추어 차를 만드는 효당의 증차라는 용어에 사로잡혀 만드는 방법도 완연히 다른 일본의 증차와 혼동하고 있는 듯하다.

일본의 녹차는 우려내면 짙은 녹색이지만 효당의 차는 찌거나 가볍게 데쳐서 띄웠기 때문에 약간의 황금빛을 띈 밝은 녹빛이다. 오히려 황차 빛에 가까워 그것을 개선하려고 무척 애를 쓰기도 했다. 본초강목에도 증(蒸)한 것이 몸에 이롭다고 하였다.

중국에도 증청법(蒸靑法)과 초청법(炒靑法)이 있다. 증청은 증기살청(蒸氣殺靑)의 준말로 녹차를 만들 때 딴 찻잎을 증기를 이용해 짧은 시간에 고온으로 쪄서 산화효소 활동을 억제해 발효가 일어나지 않도록 하는 방법이다. 당나라 때 증청방식으로 병차(餠茶)를 만들었다. 초청살청(炒靑殺靑)은 솥에서 찻잎을 덖어 산화효소의 활성화를 억제시켜 덖음 녹차를 만드는 명나라 때 사용한 방법이다.[33] 즉 중국의 증청법은 증제차를 만드는 방법이고 초청법은 부초차 곧 덖음차를 만드는 방법이다. 모두 불발효차를 만드는 방법이다.

---

32) 김태신,『라훌라의 사모곡』상(서울: 한길사, 1991), p.168.[※ 김태신은 개화기 신여성으로 후에 수덕사 견성암으로 출가하여 비구니가 된 김일엽 스님의 아들이다.]

33) 김진숙,「唐대의 음차문화」,『한국차학회지』13(한국차학회, 2009), pp.51~52.

효당의 증제차법은 불발효차인 일본이나 중국의 증제법과는 다르다. 효당의 제차법은 따온 찻잎을 끓는 물에 살짝 데쳐내어 차의 독특한 특성을 완화시키는 점, 데쳐낸 찻잎을 돗자리에 널어 물기를 어느 정도 뺀 후 차솥에 넣어 덖고 증하기를 반복하는 점, 따끈한 방으로 가져가 일정한 시간 동안 숙성시키는 점 등이 전혀 다른 고유한 방법이다. 굳이 말하면 효당의 제차법은 증제법과 덖음법이 혼합된 제차법이라고도 할 수 있다.

효당의 '반야로' 차는 증하고 띄운 후에도 약 한 달 이상 찻독[茶櫝]에 밀봉한 채로 보관하여 차 항아리 속에서 차향이 서로 어우러지며 숙성되도록 한다. 따라서 약하게 발효된[34] 반발효차로서 발효가 전혀 일어나지 않은 불발효차의 완전한 녹색과는 다르다. 만들어진 차는 검은 색에 가까운 짙은 녹색이고, 우려낸 찻물은 은은한 황금색을 띤 밝은 녹색으로 그 맛도 오묘함이 있다. 굳이 비교한다면 중국의 6대 차류(茶類) 가운데 오룡차라고 불리는 청차(青茶)와 다소 비슷하다. 이러한 찌거나 끓는 물에 데쳐서 만드는 효당의 제차법에 의한 차를 두고 김명배는 증자차(蒸煮茶) 혹은 자비차(煮沸茶)라고[35] 함이 옳다고 말하기도 하였다. 그러나 효당의 제차법은 단순히 그것에 의존하는 것만이 아니기 때문에 그냥 효당의 독자적인 반야로 제차법이라고 함이 더 타당하다.

---

34) 발효란 일반적으로 말하는 미생물에 의한 발효가 아니라 찻잎에 함유된 주성분인 폴리페놀과 폴리페놀옥시데이스라는 산화효소에 의해 산화되어 황색을 나타내는 데아플라빈과 적색의 데아루비긴 등으로 변함과 동시에 여러 가지 성분의 복합적인 변화에 의해 독특한 향기와 맛과 색을 나타내는 작용을 말한다.[김종태, 『차의 과학과 문화』(서울: 보림사, 1996), p.103]

35) 김명배, 『茶道學』(서울: 학문사, 1984), pp.37~39.

효당의 제차(製茶) 과정을 실제로 한 번도 접해본 적이 없는 김운학의 위와 같은 언급은 적절하지 못하다. 김운학은 효당이 일본에서 고학하던 시절을 비롯한 효당의 전후 행적을 살펴보지 않은 채, 일본에서 수학하였다는 사실과 '증차'는 무조건 일본식이라는 선입견에 사로잡혀 있는 듯하다. 위의 김운학의 편견은 오늘날과는 달리 한중수교 이전이라 중국의 차문화나 제차사(製茶史)에 관한 지식을 접하지 못했음에 기인했을 수도 있다.

효당의 제차법 내지 차풍(茶風)에 대해 효당 입적 후 나온 위와 같은 김운학의 시각에서 비롯된 일본류 운운 언급은 효당의 제차법과 차풍을 전혀 접해보지도 않은 채 재인용되어 지금까지도 이어져 오고 있다.[36] 본의 여하에 관계없이 김운학은 효당의 평생에 걸친 한국 차문화 정립을 위한 활동에 대해 부정적인 평가를 재생산하는 결과를 초래하였다.

효당에게서 전수된 반야로 제차법은 1979년 효당 입적(入寂) 이후부터 오늘날에 이르기까지 40여 년 동안 효당 본가에서 해마다 반야로차를 만들며 이어오고 있다.[37]

---

36) 이경희, 「제차의 민간전승현황」, 『2016 제차 국가무형문화재 지정기념 학술대회』(문화재청·무형문화연구원, 2016), pp.122~124.

37) 반야로 제차는 효당 문하에서 10여 년 직접 수련 지도받은 채원화(필자)가 계승하여 1979년 효당이 入寂한 후부터 오늘날에 이르기까지 40여 년 동안 이어가고 있다. 현재 '반야로'라는 차명은 오래전에 원화 채정복(필자의 본명)이 효당본가 고유상표로 특허청에 등록하여 타인이 도용할 수 없다. 원화(元和)는 효당문하 入門時, 효당에게서 받은 채정복의 법호로서 채원화는 곧 채정복이다. 차도계에는 채원화로 두루 알려져 있다.

3) 한국차도회와 차선회 창립

(1) 한국차도회 창립

'한국차도회(韓國茶道會)'[38]는 차를 좋아하고 사랑하는 사람들이 다솔사에 살고 있는 효당을 중심하여 전국적으로 결성 발족한 차 동호회이다. 그 발족 동기는 차 애호가들의 요청에 따라 효당의 시봉자인 채원화의 수년간에 걸친 차도회 결성 필요성에 대한 적극적 진언과 준비로 출발하였다.[39]

한국차도회 창립 발기인을 선정하여 초대함에 있어 전혀 차를 접해보지 않은 사람은 제외하였다. 다솔사에서 효당과 마주하여 적어도 차를 한 번이라도 마셔본 사람을 그 자격 기준으로 하여 백여 명을 선별 초대하였다. 그 명칭은 한국차도회로, 그 본부는 효당이 살고 있는 경남 사천군 곤명면 원효불교 다솔사[40]로 하고 그 지부는 진주·부산·대구·광주·서울·대전 등지로 우선 설정해 두되 차츰 전국적으로

---

38) 채원화, 「효당과 한국차도회, 그리고 한국차인회」, (사단법인 한국차인연합회 10주년 특대호) 『茶人』(한국차인회, 1990.1), pp.13~19 ; 채정복 편, 『효당최범술문집』 3(서울: 민족사, 2013), pp.679~691.

39) 효당의 평소 지견은 차란 오고 가며 자연스럽게 마시면 되는 것이지 무슨 조직을 하여 어거지를 쓰면 안 된다고 탐탁하게 여기지 않았다. 이에 효당의 시봉자 채원화가 1972년경부터 약 5년 동안 한국차도회 설립의 당위성과 필요성에 대해 간곡히 진언하여 허락받아 정관 1조·2조의 기초 작업과 초대장 작성 및 발송 등 행사를 실질적으로 기획 진행하였다. 그뿐 아니라 산중 절간에서의 행사라 하루를 유숙해야 하므로 채원화는 그 전해 가을부터 행사를 위한 절간 음식과 이부자리를 준비하였다. 행사 당일에는 부산대학교 불교학생회 학생들이 와서 도왔다.

40) 당시 효당은 조계종과는 다른 '원효불교' 교단 설립 문제로 조계종과 법정 소송 중으로 다솔사에 재단 신탁 문제가 얽힌 매우 복잡한 사건이었다.

확대해 나가기로 계획하였다.

초대하는 글과 회의 내용 및 회장으로 선출된 효당의 인사말은 아래와 같다.[41)]

> 병진년(丙辰年)을 보내고 정사년(丁巳年)을 맞아 차 동호인 여러분께 오는 새해의 인사를 드립니다. 금번 이곳 다솔사에서 고래로 전승되어 온 차도의 모색과 차도의 미래 방향을 위한 차화(茶話)를 가졌으면 하는 충정에서 평소 차를 즐기며 뜻을 같이하는 분들과 함께 조촐한 자리를 마련하고자 합니다. 부디 여러 차인들께서 참석하시어 이번 차회를 빛내주기 바라오며 부처님의 대자비가 여러분 가정에 충만하기를 기원합니다.
> 정사 원단(丁巳 元旦) 효당 최범술 합장
>
> 차회 일시 : 1977년 1월 15일 오후 1시~16일 오후 1시(2일간)
> 차회 장소 : 다솔사 죽로지실
> 다과비 : 매인당 3천원

각 지역에서 초대한 100여 명 중에 40여 명이 참석하여 연세대학 교목 윤병상이 임시의장이 되고 전형위원과 규약제정위원을 뽑아 회의를 진행하였다. 윤병상, 김종희, 박종한, 강석희, 문후근, 엄봉섭, 박건재, 채원화 등이 역할을 나누어 맡아 정관 및 규약, 취지 목적 등의 방향을 설정해 나갔다. 당시 다솔사가 법난 중[42)]이라 삼천포시 경찰서에서 출동한 수십 명의 전투경찰이 절을 삼엄히 에워싸고 보안과장이

---

41) 채원화, 앞의 글, pp.13~19.

42) 한국차도회 설립을 방해하기 위해 행사 일주일 전인 1월 7일에(효당의 手記 연보에 의하면) '조계종 난도'들이 침입한 사건이다. 이들은 한국차도회 설립 후인 2월 14일에 다시 수십 명이 대거 침입하여 다솔사를 점거했다.

회의장으로 들어와 동석한 가운데 강행되었다. 그런 와중에도 차도회 설립 회의가 이틀에 걸쳐 진행되어 최초로 전국적 규모의 한국차도회가 정식으로 발족하게 되었다.[43] 그러한 절박한 상황임에도 참석했던 분들의 효당에 대한 깊은 신뢰와 존경, 차에 대한 순수한 열성과 진지함으로 드디어 결성된 것이었다.

그때 제정된 한국차도회 정관의 내용은 총칙 6장, 부칙 1장으로 모두 7장으로 구성되었다 본회의 명칭은 한국차도회로, 본회의 본부는 경남 사천군 곤명면 원효불교 다솔사로, 본회의 목적과 그 목적을 위한 사업을 제시하고 그 밖에 부칙을 두었다.

이렇게 해서 정식으로 한국차도회가 창립되어 그 회장으로 선출된 효당이 인사말을 하였다.

> "차도회의 창립을 보게 됨을 진심으로 기쁘게 생각합니다. 나이가 찬 이 사람이 큰일을 감당할 수 있을지 의문입니다만 본인은 차를 통한 공고한 결속으로 차를 알고 차를 즐기며 차와 같이 생활하는 동지들께서 본인의 충정을 잘 이해하시어 함께 힘찬 발전을 기약합시다. 본인은 온 힘을 다하여 우리 고유의 차문화를 후인들에게 넘기는 다리의 역할을 다할 각오입니다. 많은 협조를 바라마지 않습니다. 대단히 감사합니다."[44]

드디어 전국적 관계망으로 한국차도회가 결성되어 탄생하였다. 사

---

43) 그 당시 효당은 '원효불교' 교단 설립을 위해 조계종단 등과 수년간 법적 투쟁 중이었고, 反유신체제로 검거되어 긴급조치 등의 형을 살고 나온 젊은이들이 다솔사의 효당 문하로 와서 머리를 깎고 승려가 되어 살고 있어 다솔사는 항상 당국의 엄중한 감시를 받아 힘든 상황 아래 있었다.

44) 채원화, 앞의 글, p.17.

계(斯界)의 종장인 효당을 회장으로 하여 그 본부를 원효불교 다솔사로 하였다. 그 지회는 서울지구(지회장:청사 안광석), 부산지구(지회장:청남 오제봉), 대구지구(지회장:토우 김종희), 광주지구(지회장:의제 허백련), 대전지구(지회장:윤병규), 진주지구(지회장:은초 정명수)로 하였다. 실제적인 일을 주관해 나가는 데는 상임이사(아인 박종한), 재무이사(다솔사 측 채원화) 등으로 정하고 간사는 일의 용이함을 위해 다솔사 구성원 약간 명으로 했다.

이렇게 한국 차문화의 새로운 도약을 위해 야심 찬 취지와 목적, 계획을 갖고 제1차로 결성 발족한 한국차도회는 그해 8월에 다솔사에서 다시 총회를 개최하기로 하였다. 그러나 다솔사를 중심으로 오랫동안 지속되어 온 종단 분쟁과 효당의 병환 치료를 위해 효당 일행이 다솔사를 떠나 서울로 오게 됨으로써 다솔사에서의 8월 총회는 무산되었다.[45] 1978년 5월 10일 제자들의 배려로 서울 종로구 팔판동으로 거처를 옮긴 효당은 팔판동 처소에서 이듬해 1979년 1월 6일에 '한국차도회' 제2차 발기회를 가졌다.

---

45) 우리나라 불교계는 해방 이후 1967년도 무렵까지 종단 구별 없이 '대한불교'로 통칭했다. 이승만 정권 이후 한국 불교계를 대표해 오던 조계종과 태고종은 절 소유권을 두고 치열한 물리적·법적 투쟁이 있었다. 이승만 정권이 조계종을 편들자, 국내 대부분의 사찰을 조계종단이 점유하였다. 효당은 두 종단 모두 종조(宗祖)의 연원을 중국에 둠은 큰 잘못이라 비판하며, 자신이 평생 흠모해온 원효의 교리 사상의 기반 위에 혁신적 사회 참여성이 강하게 내포된 '원효 불교' 교단 설립을 1962년 3월부터 추진해 왔다. 그러나 문공부 '불교 재산 관리법'에 묶이어 인가가 나지 않은 상태였다. 다솔사는 일제강점기에는 해인사 말사로, 광복 이후는 쌍계사 말사로, 복잡한 이해관계에 따라 다시 범어사 말사로 편입되었다. 당시 다솔사는 외부적 세력 분포에 관계없이 수십 년간 그냥 불교계의 거목 효당 최범술이 주석하는 절이었다. 1977년도에 범어사 문중 세력 일부가 물리적 침입으로 점유해 오늘에 이르고 있다.[효당의 종단 분쟁 사건에 관해서는 채정복, 「효당사의 일대기」, 『효당 최범술문집』 3권(서울: 민족사, 2013), pp.131~160] 참조.

(2) 차선회 창립

효당은 1978년 5월 10일 자신의 병환 치료를 위해 후학들이 마련해 놓은 서울 종로구 팔판동으로 거처를 옮겼다. 효당이 서울에 상주하자, 이를 알게 된 후학들이 끊임없이 찾아들었다. 마침내 그들의 주청으로 효당은 병환 중임에도 불구하고 5월 22일 '반야심경복원소(般若心經復元疏)' 강의를 개설하였다. 이 강좌에는 돈연·여연·선혜 등의 승려와 김규현·채원화 등 10여 명이 수강하였다.

또한 1978년 5월 22일 서울 팔판동 처소에서 김종규·권오근·김충렬·중광·김지견·김종해·김상현·전보삼·오윤덕·채원화·국악인 김한희·임이조 등 후학들과 함께 '차선회(茶禪會)'를 창립하였다. 그들 대부분은 각자의 분야에서 일가견을 이룬 사회적 명사들이었다. 차선회 창립의 발기인은 김종규·권오근·중광 스님이었다. 매주 금요일마다 십수 명이 모여 효당의 강의를 들으며 차회를 이어갔다. 차회의 마지막에는 초청된 국악인의 우리 음악을 비롯한 춤 공연과 자유스러운 담론이 있었다. 서너 달 후 정원호와 몇 사람이 합류하였다. 차선회 회원들은 효당의 박학다식한 강의와 풍성한 고담준론의 법담에 심취하며 효당의 입적(入寂) 시까지 차회를 이어갔다.

다솔사에서 설립한 한국차도회가 한국 차문화의 발전을 위한 전국적인 규모의 성격임에 비해, 차선회는 효당과 친밀한 후학들 간의 친목회 성격이 강한 소규모의 차회였다. 그러한 상황 아래 팔판동 처소에서 이듬해 1979년 1월에 '한국차도회' 제2차 발기회를 가졌다. 아마도 효당은 한국 차문화의 미래를 위해 기획한 '한국차도회'에 깊은 애정으로 지속적인 성장을 희망한 것 같다. 이러한 한국 차문화 진흥을 위한 효당의 노력이 동인(動因)이 되어 사단법인 '한국 차인회' 발족을 위해 효당은 병든 몸이지만 고문의 자격으로 많은 조언과 지도를 하였다.

'한국차도회'와 '차선회'는 한국 차문화 진흥을 위해 노력해 온 효당이 1979년 7월 10일 입적함으로써 그 기능을 멈추게 되었다. 비록 효당의 입적과 함께 '한국차도회'의 기능은 멈추었지만 '한국차도회'가 모태가 되어 오늘날의 사단법인 '한국차인회'를 비롯한 많은 차 동호인 모임이 전국적으로 생겨 우리의 차문화가 대중화하는 계기가 되었음에 의의가 있다. 또한 차선회도 효당의 속가제자이자 차선회 회원인 정원호가 1981년 서울시 강남구 논현동에 '효동원'을 설립하여 효당의 교화의 취지를 살려 몇 년 동안 이어갔음에 의의가 있다. 효동원은 『차향선미(茶香禪味)』[46]라는 간략한 사료집을 편찬하였다.

무엇보다도 효당의 차살림살이를 계승한 효당본가에서 1983년 7월 '반야로 차도문화원'을 개원하여 후학을 양성하고 국내외에서 오늘에 이르기까지 활동해 왔다.[47] 특히 효당의 유지를 받들어 개원한 반야로차도 본원에서 선차도(禪茶道) 이론과 함께 선차도 행차법을 대중화시킨 점에 대하여 아래와 같이 차(茶)문화계에서 논평하였다.

---

46) 효동원차선회 편역, 『茶香禪味』 1(서울: 比峰出版社, 1986) ; 효동원차선회 편역, 『茶香禪味』 1~2(서울: 保林社, 1989).[※ 삼국시대·고려시대·조선시대의 차에 관련된 일부 기록을 정리하여 번역과 함께 편집되어 있는 자료집으로 비매품임.]

47) 채원화는 서울 인사동에 1983년 7월 2일에 '효당본가 반야로차도문화원'을 개원하여 그곳을 거점으로 2016년 6월 초까지 33년간 후학을 양성하며 국내외에서 차문화 활동을 하였다. 이어 2016년 6월에 강의실을 종로구 북촌로 42-3, 덕양빌딩 202호로 이전하여 현재에 이르고 있다.[최화정, 「현대한국차도 중흥의 효시-효당본가 반야로차도」, 『한국의 다도명가와 茶스승』(서울: 이른 아침, 2013), pp.55~88]

"…'선차일미(茶禪一味)'라는 용어는 오래전부터 전래되어 왔지만, 효당의 차선일미 사상을 행차법으로 창안하여 선차도(禪茶道)로 대중화하여 접근한 것은 채원화가 처음으로, 이것은 한국의 차인들에게 큰 문화적 충격을 주었으며, 나아가 반야로 선차도를 국내외에 시연하며 선차 열풍의 계기를 마련한 점은 차문화사적 의의가 크다고 볼 수 있다.…"48)

효당의 후학들이, 한국의 국악계와 차문화계가 협력하여 개발한 표현예술로서의 새로운 장르 개발에 적극 동참하여 한국 차문화의 지평을 확장한 점은 효당의 차살림살이가 발전적으로 계승된 또 다른 의의라고 할 수 있다.

---

48) 김은희, 이진수 편, 「효당본가 반야로 차도문화원 채원화에 관한 연구」, 『한국 근·현대 차인물 연구』 2(서울: 사단법인 국제차문화교류협력재단, 2012), p.222 ; "…'98 차와 우리 음악 다리 놓기' 행사에 초대되어 국립국악원 예악당과 우면당, 예술의 전당 콘서트 홀, 세종문화회관 컨벤션룸 등등의 수많은 무대에서 '반야로 독수선차도(獨修禪茶道)' 혹은 '반야로 공수선차도(共修禪茶道)'를 대중 앞에서 시연했다. 또한 해외에서는 십수 년 전부터 본인과 제자들의 열정적 의지로 한국의 반야로 선차도를 중국, 일본, 프랑스 파리, 캐나다 몬트리얼, 뉴욕 맨해튼 등지를 비롯해 실크로드의 북로를 되짚어 들어가 동북유럽의 벨라루시와 러시아 등 곳곳에 씨뿌려왔다…"[김은희, 이진수 편, 「효당본가 반야로 차도문화원 채원화에 관한 연구」, 『한국 근·현대 차인물 연구』 2(서울: 사단법인 국제차문화교류협력재단, 2012), p.220]

2. 효당의 국학적 '차살림살이'와 차도관(茶道觀)

1) 효당의 국학적 '차살림살이'

(1) '차살림살이'의 함의

차살림살이라는 용어는 순수한 우리말이다. 효당은 자신의 저서 『한국의 차도』에서 초의의 차시 구절을 인용하면서 '차살림살이' 개념에 대해 다음과 같이 말하였다.

> "인생의 천만사가 그 소종래(所從來)를 따져보면 봄눈처럼 허무한 것이지만, 그러나 그 생활 중에 결코 깎아 없앨 수 없는 일단(一段)이 있다. 이것은 바로 지은보은(知恩報恩)하는 감사의 기쁨, 즉 법희선열(法喜禪悅) 바로 그것이다. 이 '지은보은'하는 기쁨으로 차를 마신다면 비록 차를 지나치게 탐한다고 해도 허용될 수 있다고 초의는 말했다. 법희선열의 생활이야말로 용하게도 진리의 생활에 계합한 것으로……온전한 생활이기 때문이다. 우리는 이 온전한 생활, 그것을 일러 알뜰한 살림살이·올바른 삶이라고 하는 것이다."[49]

> "우리말의 '살림'이라는 말의 어원은 '살리다'라는 타동사에서, '삶'이라는 말은 '살다'라는 자동사에서 연유한 것이다. 이 '살림'이나 '삶'이라는 말이 이미 내포하고 있듯이 '알뜰한 살림살이'·'올바른 삶'이란

---

49) 최범술, 『韓國의 茶道』(서울: 보련각, 1973), p.65.

바로 어떠한 것도 죽이지 않고 잘 활용해 씀으로써(妙用) 그것의 가치와 공용을 최대한으로 발휘하게 하고 살려간다는 것이다. 생명을 가진 식물이나 동물만을 죽이지 않고 살려가는 것이 아니라, 우리 생활 주변의 모든 것을 선용하고 활용하여 그것이 지닌 바의 사명을 크게 살려가는 것이 바로 살림살이다. 이 살림살이를 잘하는 생활이야말로 올바른 삶이기도 하다.
모든 것을 잘 살려가고 알뜰한 살림살이를 하고자 해도 자비로운 마음, '지은보은'하는 알뜰한 마음이 없고서는 어려운 것이다. 이렇게 생각할 때 '지은보은'하는 확실한 자각, 이를 통한 자비의 실천만이 온전히 살려가는 길임을 알 수 있게 된다. 바로 자심불살(慈心不殺)이다. 차인의 알뜰한 차살림은 곧 법희선열을 양식으로 한 대비원의 실천에 있고, 묘용에 있는 것이다."[50]

효당은 '살림살이'라는 용어에 대해 지은보은하는 확실한 자각 아래 자비의 실천만이 살려가는 길로서, 자비로운 마음으로 죽이지 않는 '자심불살(慈心不殺)'이라고 해석하였다. 우리의 차생활을 포함한 의식주를 영위하는 생활 주변의 모든 것 중, 일부분이 손상된 부분이 있더라도 손쉽게 내버리지 않고 수선하여 잘 활용해 쓰는 것이 차살림살이의 묘용이고 공용이라고 말하였다. 따라서 효당이 의미하는 차살림살이는 차생활을 포함한 모든 인생살이를 내포하는 광의의 뜻을 지닌다.

효당의 차살림살이는 일상생활 속에서 행해졌다. 효당은 영욕을 겪는 인생살이 자체 모두를 차살림살이라고 표현하였다. 효당의 차살림살이의 중심은 효당의 거처인 다솔사 '죽로지실(竹爐之室)'이다.

---

50) 최범술, 앞의 책, p.66.

'죽로지실'이라는 용어는 초의와 더불어 막역한 교우를 나누며 차를 즐긴 추사가 자신의 차실(茶室)에 써 붙인 이름이다. 이후로 차인들은 이 '죽로지실'을 차실의 별칭으로 사용해 왔다. 효당의 차실이자 생활공간인 큰방의 바깥에는 추사체의 '죽로지실'이라는 편액이 걸려 있었다. 그 공간은 일정시대에는 민족주의, 사회주의, 공산주의 등 이념의 경계에 상관없이 독립운동 지사들이 모여든 역사적 현장이기도 했다. 그 죽로지실을 중심으로 효당의 차의 세계가 60여 년 펼쳐졌다.

즉 화로에 불을 피우고 간수하여 다스리는 법, 수관(水罐)에 물을 받아 보관하는 법, 끓인 물로 차를 간 맞게 우려내는 법, 차를 마신 후 미루지 않고 바로 즉시 뒷정리하는 법, 입체적 공간인 차실을 정리 정돈하는 법, 산에서 내려오는 생물을 받아두는 커다란 물확을 청결하게 다스리는 법, 문방사우 다루는 법, 앉고 서는 법, 문을 여닫는 법, 공양(식사)하는 법도 등등 일상적인 행동거지가 모두 차살림살이 속에 포함되었다.

이제 효당의 실제적인 차생활의 내용을 구체적으로 살펴보겠다.

(2) 효당의 차도용심(茶道用心) : 실제 차생활의 내용과 방법

효당은 인생살이 전체를 차살림살이로 포용하고 있지만 이 항목에서는 협의의 차살림살이인 효당의 실제 차생활의 내용을 살펴보고자 한다. 효당의 실제 차생활을 알기 위해서는 그가 어떤 차구(茶具)들을 갖추어 어떠한 방법과 태도로 차생활을 영위하였는지를 파악해야 한다. 차생활에 실제로 필요한 차구들을 갖추어 구체적으로 다루며 차생활을 영위하는 것을 효당은 차도용심(茶道用心)이라고 하였다. 효당은 실제 차생활의 구체적인 내용과 방법인 차도용심에 대해 다음과 같이 말하였다.

> "차도용심(茶道用心)이라는 말의 뜻은 차를 운용하는 사람의 마음 자세와 차살림을 하는 방도를 일컫는 것이다. 이것을 구체적으로 보면 다음 두 가지로 나누어 볼 수 있다. 즉 하나는 차를 달이는 차구·불·물은 물론이요, 가장 중추가 되는 차의 맛과 멋에 관련된 문제이며, 다른 하나는 차를 내어놓는 팽주(烹主)와 그에 응대하는 팽객(烹客) 간의 용심에 관련된 문제이다."[51]

효당은 실제적인 차생활을 하는데 가장 기본적으로 필요한 것은 차, 차기, 불, 물, 네 가지라고 말하였다. 이제, 효당은 차생활에 필수적인 이 넷을 어떻게 용심했는지를 살펴보고자 한다.

① 차(茶)

효당이 차생활에 사용한 차는 다솔사에서 자신의 제차법으로 만든 반야로 증차였다. 반야로 증차에 대해서는 이미 앞의 제차법에서 언급하였다. 큰 찻독(茶櫝)에서 덜어내어 일상에서 사용하는 소량의 차일지라도 차향이 빠지거나 다른 물질의 성분이 배어 들어 변질되는 점염실진(點染失眞)이 되지 않도록 주의해야 한다.

② 차기(茶器)

차생활을 하는 데 필요한 여러 가지 도구가 모두 차기에 속하지만,

---

51) 최범술, 앞의 책, p.34.

차생활에 필요한 기본적인 것만 말하면 다음과 같다.

㉠ 차관(茶罐) ㉡ 찻종(茶鍾) ㉢ 차반(茶盤) ㉣ 차시(茶匙) ㉤ 차선(茶筅) ㉥ 약탕관(葯湯罐) ㉦ 차정(茶鼎) ㉧ 차건(茶巾) ㉨ 차통(茶桶) ㉩ 차탁(茶卓) ㉪ 수관(水罐) ㉫ 퇴수기(退水器) ㉬ 숙우(熟盂) ㉭ 향로(香爐) 등은 갖추어야 한다. 차기에 대한 효당의 견해를 살펴보자.

차관(茶罐)은 차호(茶壺)라고도 한다. 그 안에 알맞은 양의 차를 넣은 후 적당히 식힌 물을 넣어 우려내는 차기이다. 일반적으로 조그마한 주전자 모양이다. 토기나 사기, 금은 등 금속을 합금하여 만들어 쓰기도 한다. 주수(注水)가 잘 되어야 한다. 차관이나 차호는 차를 넣기 전에 반드시 끓인 물로 먼저 가볍게 헹궈내어야 한다. 그렇게 해야 차의 기미(氣味)가 잘 살아난다.

찻종(茶鍾)은 찻잔(茶盞)이라고도 한다. 찻잔에 어리는 차의 색을 즐기기 위해서는 찻잔은 밝은 흰색 계통이 좋다. 차관이나 찻잔은 모두 검소하고 실용적이어야 한다.

오늘날에는 선고(先故) 차인들의 노력으로 차문화가 많이 보편화되어 그에 따라 도자기 산업도 발전하여 다양한 차기들이 나와 손쉽게 구할 수 있다. 하지만 효당이 차생활하던 시절에는 차기를 만들어 팔던 곳이 드물었다. 효당은 다솔사에서 한국차도회를 발족하기 위하여 백여 명의 인사들을 초청했을 때 진주 시장에서 조그맣고 흰 간장 종지 백여 개를 사서 찻잔으로 사용하였다. 상황에 맞는 응변성을 발휘한 것이었다.

또한 전국대학생 불교연합회에서 종종 방학 때면 3박 4일 혹은 4박 5일 동안 다솔사로 와서 효당에게서 불교 강의와 차도 강의를 수강하며 불교수련회를 가졌다. 수십 명, 혹은 백여 명에 가까운 대학생들을 하루 세 번 사원(寺院) 식사 작법인 발우공양을 시켰다. 한 사람이 갖는 발우 한 벌은 4개로 이루어져 있다.[52] 다솔사 내 평소 대중이 갖고 있는 발우 외에는 그렇게 많은 여분의 발우는 없었다.

효당은 즉시 사내(寺內) 총무에게 지시하여 적당한 크기의 양은그릇(양재기) 수백 개를 준비하여 수련회에 참가한 대학생들에게 발우 대용으로 4개씩 나눠주었다. 그들에게 발우공양의 우수성인 오관(五觀)[53]을 얘기하며 식사 작법을 가르쳤다. 절간에서 식사할 때 다섯 가지 사항을 유념하도록 하는 식사 공양 예법이다. 이 또한 효당의 차도용심의 응변성이다. 그 수련회에 참가한 대학생들은 사찰에서의 예법을 비롯해 음차 예법 등 한국의 차문화에 관한 강의를 수강하였다. 물론 희고 작은 간장 종지를 찻잔으로 사용하며 음차를 즐겼다.

차반(茶盤)은 차상(茶床)이라고도 한다. 찻잔들을 담는 쟁반인 차반은 화류나무, 대추나무, 모과나무 등의 무늬를 살려 만들어진 것이 좋다. 차숟갈은 가루차와 엽차의 경우가 다르다. 말차에는 대나무를 적당하게 굽혀 차가루를 뜰 수 있게 만든 것이고, 잎차의 경우는 은 등의 금속이나 화류나무, 대추나무 등으로 만들어진 숟가락을 사용한다.

---

52) 발우 한 벌은 밥그릇, 국그릇, 반찬그릇, 설거지할 찬물 받아놓는 그릇 등 4개로 이루어져 있다.

53) 五觀은 첫째, 量彼來處 : 곡식이 음식으로 만들어져 이곳 밥상에 오기까지의 여러 사람의 노고와 벌레 곤충 등 많은 중생들의 희생을 생각할 것. 둘째, 忖己德行 : 자신의 덕행이 앞에 놓인 음식을 받을 만한 자격을 갖추었는지를 되돌아보는 것. 셋째, 正思良藥 : 인간이 신체를 보위하기 위해선 먹지 않을 수 없으므로 좋은 약으로 생각하고 먹을 것. 넷째, 放心爲過 : 맛있는 음식이라도 과식을 금할 것. 다섯째, 爲成道業 : 이 음식을 먹고 수행을 잘하여 사람노릇 제대로 하겠다는 뜻을 굳게 세우는 것 등이다. 대부분의 사찰 식당 내에는 오관이 적혀 있다.

차선(茶筅)은 차전(茶筌)이라고도 한다. 대를 극히 잘고 가늘게 잘 일구어 마치 고기 잡는 통발형처럼 만든 것으로서 차사발에 담은 말차에 뜨거운 물을 부어 휘저을 때 사용하는 솔이다.

약탕관(葯湯罐)은 찻물을 끓이는 차주전자를 말하는 것으로 탕관 혹은 철병이라고도 한다. 실용적인 것은 토기주전자, 쇠주전자, 구리주전자이다. 쇠주전자나 구리주전자는 녹이 슬기 쉬우므로 건사를 잘해야 한다. 출타 등으로 사용하지 않을 때는 탕관 안의 물을 부어 내고 빈 탕관을 화로의 숯불 위에 얹어 달구어야 한다. 달군 후, 들어내어 뚜껑을 열어둔다. 그렇게 간수해야만 녹이 슬지 않는다. 녹이 잘 슬지 않는 사기로 된 주전자나 유기 주전자 등이 가장 실용적이며 은주전자와 같은 것은 너무 사치스럽고 내구성이 약하다.

차주전자는 그 안에서 물 끓는 소리가 가장 맑으면서도 운치 있는 청아한 소리를 내는 것이 좋은 것이다. 효당은 주석과 구리를 합금하여 만든, 연륜이 오래된 주물 주전자인 철병을 사용했다. 물 끓는 소리가 청아하여 그야말로 송풍회우성(松風檜雨聲)이었다.

차정(茶鼎)은 차솥이다. 차솥도 물을 끓이는 용도로 사용한다. 곱돌로 된 것은 석정(石鼎)이라 하고 금속으로 된 것은 쇠솥이다. 솥의 끓는 물을 떠내는 물바가지가 필요하다.

차건(茶巾)은 차행주이다. 차행주는 찻잔과 차반과 차주전자 등을 깨끗하게 닦기 위한 것으로 흰색의 마포나 면이 좋다. 이 차건은 여러 장을 준비하여 항상 정결해야 한다.

차통(茶桶)은 차합(茶盒)이라고도 한다. 법제된 차를 담아 차의 진향이 바깥으로 빠져나가지 않도록 보관하는 그릇이다. 법제된 차는 잘 건조하게 보관되어야만 차의 본색인 신령스러운 진향의 차맛을 음미할 수 있다. 차통은 외형이 아려한 미관이 있으면 더욱 좋다. 잎차의 경우라면 차향이 빠져나가지 않도록 잘 코팅된 봉지에 차를 담아서 다시 오동나무 통속에 그 차봉지를 넣어 보관하는 것도 가능하다. 차합은 주로 말차를 담아 보관하는 작은 통이다. 그러므로 반드시 속 덮개가 있어야 하며 은으로 만들어진 것이 좋다.

실제 효당의 차생활 시절에는 오늘날처럼 차향이 빠지지 않도록 하는 쇠나 알미늄 등으로 만들어진 차통이 없었다. 효당은 그 당시 분유통을 수십 개 구하여 깨끗이 씻은 후, 햇볕에 며칠 동안 말리고 거풍시켜 완연히 새 통처럼 만든 후에 차를 넣고, 차통 바깥 부분에는 화선지나 소포 싸는 종이를 휘둘러 붙여 붓으로 '반야로(般若露)'라고 일필휘지하여 사용하고, 또 지인들에게도 선물했다.

차도는 정(精)·조(燥)·결(潔)의 세 가지를 갖춤으로부터 시작된다. 차를 만들 때는 정성껏 해야 하고, 만든 차는 건조하게 보관해야 하며, 차를 우려낼 때는 청결해야 한다는 뜻이다. 이 정(精)·조(燥)·결(潔)의 세 가지를 갖추었을 때 비로소 차도의 외형면이 시작되었다고 할 수 있다.

차탁은 차대(茶坮)라고도 한다. 찻잔을 얹어 놓는 대(坮)를 말하는 것으로 차반처럼 크지 않고 찻잔 하나를 담아 객 앞에 내어놓을 수 있으면 된다. 따라서 너무 화려하지 않은 것이 좋다.

수관은 수통(水桶)이라고도 한다. 길어온 물을 담아두는 수관은 일반적으로 옹기 또는 도자기를 사용한다. 때로는 구리와 주석을 합금하여 만든 수관을 사용하기도 한다. 물을 보관하는 수관은 주전자처럼 주수(注水)되는 입구가 있어서 수기가 폐색되지 않아야 한다. 물을 따르는 입구가 없을 때는 수관 위를 수기가 통할 수 있도록 깨끗한 천으로 덮는 것이 좋다. 수관의 물은 매일 신선한 물을 바깥에서 길어와서 침전시켜 사용하는 것이 좋다. 효당은 구리와 주석을 합금하여 만든, 주수(注水)되는 입구가 있는 수관을 사용하였다.

퇴수기(退水器)는 찻자리에서 찻잔이나 차관 등을 가볍게 헹구어 낸 물이나 다 우려 마신 찻잎을 떨어내어 담아두는 용도로 사용하는 그릇이다. 그러므로 다소 큼직한 사발이 좋다. 효당은 실제 차생활에서 퇴수기라는 용어를 쓰지 않았고 이것저것 떨어 받아두는 그릇이라는 뜻으로 명사화하여 '떨이'라고 말하였다. 일상의 차생활에서는 깨질 염려가 없는 가볍고 큼지막한 양재기를 사용하였다. 방문객이 많을 때는 떨이는 하루에 몇 차례나 비워내야 한다.

숙우(熟盂)는 차를 우려내기 위해 뜨거운 물을 담아서 약간 식히는 그릇이다. 차관에 차를 넣은 후 뜨거운 물을 바로 차관에 붓지 않고 다른 사발에 약간 식혀서 부어야 차의 풍미가 좋게 우러나기 때문이다. 이때 뜨거운 물을 식히기 위해 사용하는 한쪽에 귀가 달린 사발 형태를 일반적으로 숙우라고 한다. 효당 생존 시에는 오늘날 흔히 볼 수 있는 귀사발 형태의 숙우는 없었다. 효당의 차생활에서는 뜨거운 물을 식히기 위해 말차잔 모양의 큰 사발을 사용하였다.

이외 향로는 점향(點香)하기 위한 것으로 소박한 것이 좋다. 향로에서 피어오르는 향내와 차의 진향이 한데 어울려 차인으로 하여금 무아경의 법열에 잠기게 한다.

③ 불(火候)

불 다스리기, 즉 화후란 차에 쓰일 물을 끓이기 위해 화로의 불, 곧 무화(武火)와 문화(文火)를 다스리는 요령을 말한다. 무화(武火)란 강한 불을 말하고 문화(文火)란 약한 불이다. 찻물을 끓일 때 처음에는 화로의 불을 강하게 하여 활활 세게 타도록 하는 것을 무화라 말하고, 찻물이 끓은 후에는 불을 약하게 재로 덮어서 은은하게 불 조절하는 것을 문화라고 말한다.

찻물을 끓이는 연료로는 백탄을 으뜸으로 친다. 차실에서 피우는 백탄의 독특한 담향(淡香)은 차의 격조에 어울리며 열 조정도 편리하기 때문이다. 효당이 사용한 백탄은 다솔사의 큰솥에서 밥 지을 때마다 밥물이 끓어올라 잦아들 때쯤에 참나무 몇 토막을 아궁이 불 속에 넣어둔다. 다음 끼니를 짓기 직전에 식은 아궁이 잿더미 속에서 불을 벌겋게 머금은 토막을 집게로 꺼낸다. 그 벌건 토막들을 마당 한구석에 두세 평 남짓으로 준비된 흙밭 속에 묻어둔다. 이튿날쯤 흙더미 속에서 꺼내면 카랑카랑한 맑은 쇠소리가 나는 백탄이 된다. 만들어진 백탄은 큰 푸대나 가마니에 모아 두었다가, 필요할 때마다 이것을 쪼개어 차실 용도의 숯 바구니에 담아서 차 화로에 사용한다.

현대에서는 물을 끓이기 위한 간편한 도구들이 많다. 하지만 반세기 전 전통적인 효당의 차실에는 화로를 사용했다. 효당이 사용한 화로는 백동과 주석의 합금으로 만든 화로였다. 화로는 반드시 차실 내의 기본 되는 위치에 놓아둔다. 그 화로를 중심으로 차실 내의 장치, 도구의 배열, 팽주와 객의 좌석 등이 이루어진다. 뜨거운 불을 담은 화로는 모든 차구의 좌장이라고 하여 이리저리 옮기지 않는다.

완당은 화로가 중심이 되는 차실을 '죽로지실(竹爐之室)'이라고 하였다. 화로에 불을 피우기 위해서는 백탄 숯을 담아두는 숯 바구니와 부손·부젓가락이 필요하다. 숯을 포섭할 수 있는 재와 탕관을 얹어놓을 수 있는 삼발이[九德]도 필요하다. 화로의 안팎이나 삼발이는 정결해야 하고 그 위에 얹히는 차주전자나 차솥의 밑 부분에 재가 묻히지 않도록 특히 주의해야 한다.

물을 끓일 때는 처음에는 화력이 센 불이 필요하다. 하지만 일단 끓은 후에는 재로써 숯불을 덮어 두어 미미하게 잘 보존해야 한다. 이렇게 화롯불을 조절하는 것을 화후용심(火候用心)이라고 한다. 다시 말하면 차를 법제하는 용심이나, 차를 간수하는 용심이나, 불을 다스리는 화후 용심은 내면적으로 상호 연결되어 있다. 이 용심이 선(禪)에 연결되도록 하는 것이 차인의 자세이다. 이러한 차도용심의 경지를 두고 완당은 다음과 같이 읊었다.

> "고요히 앉아 차를 반쯤 마셨는데 향은 처음과 같네
> 묘용의 시각에 물은 절로 흐르고 꽃은 피도다."[54]

④ 물의 품천(品泉)

차에서는 무엇보다도 물이 중요하다. 인간은 태어날 때부터 모유라는 액체를 먹기 시작하여 무언가를 마심은 생존과 생활의 습성이 되어있다. 이 습성화된 본능적 욕구로서 찻잎이 우러난 찻물 곧 차를 마시는 차도에서 그 교리 철학의 극에 이르렀다. 차도에서는 물을 차의 체(體)라고 한다.

물의 품질 즉 수질을 품천(品泉)이라고 한다. 물의 품질은 크게 경수질(硬水質)과 연수질(軟水質)로 나눌 수 있다. 찻물에 쓰이는 물은 일반적으로 산상수(山上水) 즉 산에서 나는 물을 상품으로, 강심수(江心水)

---

54) 최범술, 앞의 책, p.44.
"靜坐處, 茶半香初. 妙用時, 水流花開."

즉 강에서 길어온 물을 중품으로, 우물물을 최하품으로 친다. 산상수일지라도 10시간 정도 침전시켜 써야 한다. 폭포수는 수기가 거칠어 쓰지 못하며 고여 있는 물도 수기가 폐색되어 쓰지 않는다.

다솔사에는 뒷산에서 졸졸 부드럽게 끊임없이 흘러내리는 물을 대나무를 쪼개어 길게 이어, 큰 바위돌을 깎아 만든 한 섬지기 물확에 연결시켜 사용하였다. 많은 양의 물을 담을 수 있는 물확의 밑바닥에는 물 자체의 천진성으로 찌꺼기 같은 것이 가라앉아 있다. 따라서 물확의 윗물을 떠서 차실의 수관에 담아가서 사용해야 한다.

효당은 사흘에 한 번씩 물확의 남은 물을 다 퍼내고 문질러 깨끗이 씻은 후, 다시 물을 받도록 했다. 물바가지를 얹어두는 물확의 윗부분 가장자리에는 항상 흘러넘치는 물기 때문에 이끼 문양이 아름답게 피어있다. 꽃무늬처럼 자연스럽게 핀 이끼 문양을 박박 문질러 씻어내버리지 않고 행주로 자근자근 눌러 두도록 하였다. 효당의 자연에 대한 심미안적 차살림살이다.

차실의 수관에서 가라앉힌 물을 떠서 탕관 즉 철병에 넣어 화롯불이 일구어진 삼발이 위에 얹는다. 이때 철병의 밑 부분에 화로의 재나 숯 같은 것이 닿지 않게 해야 한다. 이어 적당하게 열을 받을 수 있도록 화로에 안정되게 얹는다. 그런 후 일정한 시간이 지나면 그 숯불에서 발하는 열을 받아 탕관의 물이 끓는 소리를 듣게 된다.

고요한 차실에서 듣는 물 끓는 소리는 형언하기 어려운 운치를 자아낸다. 이 소리를 송풍(松風)이라고도 하고 회우(檜雨)라고도 한다. 송풍이란 '소나무 숲속의 소나무 가지 위를 스쳐 지나가는 바람 소리'와 같다는 뜻이고 회우란 '전나무에 빗방울 떨어지는 소리'라는 뜻이다. 약탕관 안에서 물이 끓기 시작할 때 나는 '우우우~' 하는 소리는 솔바람 소리에 비유하고, 한창 세게 끓어 뚜껑이 들썩거리며 '후두둑' 하는 빗방울 떨어지는 듯한 소리는 회우성으로 비유한 것이다.

효당은 이에 대해 "…적당한 화력을 받아, 좋은 차솥 안의 물 끓는 소리는 매우 고요하면서도 맑고 그 무엇인가 우리 정신 자체 내의 갖가지 음악적인 천뢰의 주악을 듣는 경지라 하겠다."[55]라고 하였다.

고려 말의 경세가 정몽주도 찻물 끓는 소리를 들으며 꺼져가는 등불 같은 고려의 명운에 고독한 심회를 읊은 시가 있다.

> "나라에 아무 공효 없는 늙은 서생이
> 차 마시는 버릇이 생겨 세상 물정 모르도다.
> 눈보라 치는 밤 고요한 집에 홀로 누워
> 차솥에 물 끓는 소리 정답게 듣도다."[56]

또한 임진왜란 때 승병을 일으켜 왜병을 크게 물리친 서산대사의 시에서도 전란 중의 심란한 심정을 '찻물 끓는 소리'에 비유하여 나타내어 보인다.

> "만국의 도성은 개미집 같고
> 천가의 호걸들은 하루살이 같도다.
> 창으로 흘러든 밝은 달빛 베개 삼아 누우니
> 끝없이 들려오는 찻물 끓는 소리 고르지 않네."[57]

---

55) 최범술, 앞의 책, p.47.
56) 최범술, 위의 책, p.30.
"報國無效老書生, 喫茶性癖無世情. 幽齋獨臥風雪夜, 愛聽石鼎松風聲."
57) 최범술, 위의 책, p.29.
"萬國都城如蟻垤, 千家豪傑若醯鷄. 一窓明月淸虛枕, 無限松風韻不齊."

약탕관 안의 물이 끓기 시작하면 여러 가지 모양의 거품이 일면서 실꾸리 같은 김이 서리어 올라온다. 이 거품의 모양을 살피는 것을 탕변(湯辨)이라 한다. 탕변에서도 차솥 안에서 끓는 거품을 게눈 모양, 새우눈 모양, 연이은 구슬 모양 등으로 구별하는 것을 내변(內辨)이라 하고, 밖으로 들리는 소리를 듣고 물의 끓음을 판단하는 것을 외변(外辨)이라 한다.

물의 기운이 완전히 맹물의 분을 넘은 것을 순숙(純熟)이라 한다. 이때 막 끓기 시작하면 소리가 나기 시작하며 끓는 시간에 따라 초성(初聲)·전성(轉聲)·진성(振聲)·취성(驟聲)으로 바뀌어 간다. 이 모두는 덜 끓은 물이라 하여 맹탕이라고 한다. 맹탕이라는 것은 미숙하다는 뜻으로서 덜 끓은 물이라는 뜻이다. 순숙에서 더욱 끓인 것을 결숙(結熟)이라고 하는데 이것도 맹탕에 속한다. 결숙이 된 약탕관을 화로에서 들어내어 대나무로 만든 받침대에 옮겨두어 2~3분 정도 지나면 소리가 가라앉으며 아무 소리도 들리지 않게 된다. 이것을 경숙(經熟)이라고 하며 매우 끓어서 뜸이 잘 들었다는 것을 의미한다.

다시 말하면 경숙은 물이 잘 끓어 완전한 대류작용이 되었다는 뜻이다. 경숙된 탕수를 차호 안에 부어 약 2~3분 지나면 차의 체(體)가 되는 탕수에 차의 풍미스러운 신기가 우러나 그 물 전체에 퍼지게 된다. 이것을 "차신(茶神)이 경부(硬浮)한다"라고 말한다. 차의 신기가 강하게 떠 올랐다는 뜻이다. 이 차신과 차체가 잘 인온되어 간이 맞게 된다. 간이 맞게 된 차는 우리의 구미를 깨우고 상쾌하게 하여 삼매에 들게 한다. 차가 선에 통하는 까닭도 여기에 있는 것이다.

초의는 경숙된 물의 건령(健靈)과 차신이 잘 어우러져 풍미스럽게 우러남을 '신령스럽다'라고 표현했다. 또 음차(飮茶)에서도 간 맞는 좋은 차를 혼자서 마실 때가 가장 좋다고 하여 '신(神)'이라고 표현했다.[58] 음차법은 차를 마시는 경지의 설명으로서 차를 마실 때는 객이 적은 것을 으뜸으로 한다. 객이 많으면 자리가 시끄럽고 어수선하여 아취가 적기 때문이다. 이에 대해 효당은 '신령스럽다'라는 것은 무한절묘(無限絶妙)함을 말하고 '신(神)'이라 한 것은 신령스러운 차를 마시는 차인 자신이 영원하고 무한한 천지 대자연과 통하고 삼매경의 법희선열에 젖을 수 있는 신(神)이 된다는 것으로서, 내면적인 멋의 극치에 이르는 지경이라고 하였다.[59] 물론 여기서의 신은 귀신이나 전지전능한 신과는 다르다.

이 건(健)과 신(神)이 잘 어우러지기가 매우 어려워 숙련된 차인만이 간 맞게 된 차를 낼 수 있다. 간 맞은 차는 그 빛깔이 밝은 녹색을 띠고 좋은 향기가 나며 감윤한 입맛을 나게 한다. 다시 말하면 '간이 맞는 차'란, 차의 신기와 참된 수성이 서로 잘 어울리고 융화된 차라는 뜻이다. 이것을 차가 '중정(中正)의 도(道)'에 들었다고 한다. 이 '중정'이야말로 차도용심의 핵심이다. 고요히 홀로 차실에 앉아 찻물 끓는 소리를 들으며 중정의 도에 든, 간 맞은 차를 음미하는 순간이야말로 음차법(飮茶法)에서의 최고의 경지, 곧 '신(神)'의 경지에 든 차도용심(茶道用心)이다.

이상으로 효당이 직접적으로 차와 차기, 물과 불을 다루며 차생활을 영위한 구체적인 내용, 곧 차도용심을 살펴보았다. 위에서 살펴본 효당의 실제 차생활은 대체적으로 검박하고 응변성이 강하며 자연스러움을 관건으로 하였음을 알 수 있다. 이러한 효당의 차도용심을 한

---

58) 최범술, 앞의 책, p.233.
"飮茶以客少爲貴, 客衆則喧, 喧則雅趣乏矣. 獨啜曰神, 二客曰勝, 三四曰趣, 五六曰泛, 七八曰施.…"
59) 최범술, 위의 책, p.80.

번 더 일목요연하게 정리하면 아래와 같다.

> "차도용심(茶道用心)이란 차생활을 할 때 실제적으로 차기(茶器)를 다루는 태도와 그때 운용(運用)하는 마음 자세까지를 포함해서 말하는 것이다. 실제적으로 차기를 다루는 심신의 자세가 자연스럽고(自然性), 객기가 없이 검박하며(儉朴性), 중정의 도리로 차의 간이 맞고(中道性), 심신의 자세가 안정감이 있으며(安定性), 때와 장소 등의 상황에 어울려야 하고(應變性), 감사하는 마음으로 해야 함(報恩性)을 말한다. 그러나 그 으뜸 되는 관건은 본질적 자연스러움이다. 다시 말하면 물과 불, 차와 차기를 다루며 실질적으로 차생활을 함에 있어 중요한 차도용심의 강령은 자연성·검박성·중도성·안정성·응변성·보은성으로 요약할 수 있다. 이러한 몸가짐과 마음가짐으로서 차생활을 영위하면 차도는 완성될 수 있다는 뜻이다."[60]

이어서 효당의 전반적 차살림살이의 성격, 곧 효당의 차도관을 살펴보도록 하겠다.

2) 효당의 차도관(茶道觀)

(1) 효당의 차도관 성립 배경

효당의 차도관을 성립시킨 배경은 우리 한민족이 오랜 세월에 걸쳐

---

60) 이것은 효당본가 반야로차도문화원의 차도용심 강령이다.[채정복, 「茶로 가는 길」, 『남가람』 2(재경진주여자고등학교 동창회, 1988), pp.56~57 ; 「근·현대 한국 차문화를 중흥시킨 초의와 효당」, 『한국불교학』 46(한국불교학회, 2006), p.600]

전승해 온 실제적인 차생활 그 자체이다. 효당은 차나무가 생장하는 지역에서 나고 자라 어릴 때 집안에서부터 차생활을 하였으며 다솔사로 출가한 후에도 절 주변에 차나무가 자라고 있어서 차생활을 하였음을 알 수 있다.[61] 따라서 효당의 차도관 형성에 주요한 요인이 되었다고 판단되는 한민족 차생활의 사적 고찰을 간략히 짚어보고자 한다.

인간이 문화생활을 영위한다는 것은 물질적 측면에서 살펴보면 불을 피워 물을 익혀 먹는 것이 그 첫 출발이라 할 수 있다. 불을 피워 물 익혀 먹는 일의 극실함이 기호 생활인 차생활이다. 차는 산당과 식물의 어린 잎(嫩葉)으로 알맞게 법제하여 오래전부터 우리 일상생활의 기호품으로 애음하였다.

우리 한민족의 차생활은 차나무 엽아차 이전과 차나무가 역사상 등장한 이후로 나눌 수 있다. 차나무가 역사상 등장하기 이전에는 조선의 장백산에서 차가 나는데 백산차라고 하였다. 건륭 때에 청나라 사람들이 공물로 채취하여 궁정에서 어용으로 하였다고 한다.[62] 이것은 식물의 잎, 줄기, 열매 그 외 오곡 등을 달여 마시던 것으로 짐작할 수 있다.

『삼국사기』에 의하면, 우리나라 차생활의 풍모에 대한 언급은 신라 선덕여왕(632~646) 시대이지만 차 종자가 전래하기는 신라 흥덕왕 3년(828)이다.[63] 즉 입당회사(入唐廻使)인 김대렴이 차나무 종자를 가져오

---

61) 최범술, 앞의 책, p.10.
62) 이능화, 『朝鮮佛教通史』下, (京城: 新文館, 1918), p.461.
"朝鮮之長白山出茶, 名曰白山茶. 乾隆時淸人採貢, 宮庭爲御用之茶."
63) 『三國史記』 卷第十 「新羅本紀」 第十 興德王條 三年.
"冬十二月校勘, 遣使入唐朝貢. 文宗召對于麟德殿, 宴賜有. 差入唐迴使大廉, 持茶種子來, 王使植地理山. 茶自善德王時有之, 至於此盛焉."

자, 왕명으로 따듯한 남녘땅 지리산에 심게 하였다는 기록에 의해서 이다. 따라서 차생활의 성행도 차씨를 심은 이후로 추정할 수 있다.

김대렴이 가져온 차나무 종자를 심은 곳이 오늘날의 쌍계사 부근이라는 설이 대부분이다. 이에 대해 혹자는 화개동에 있는 쌍계사의 창건 연대가 신라 말 진감국사 시대이므로 화개동에 심었을 리가 없다고 하며 구례 화엄사 부근이라는 견해가 있다.[64] 그러나 효당은 정약용이 화개동에 나생(羅生)되어 있는 차라고 언급한 바 있고 화개동에는 쌍계사 창건 이전에 이미 옥천사라는 옛 절이 있었음을 밝혔다. 또한 그곳의 기후와 풍토가 차나무 발육에 가장 적당하고, 오늘날에도 그 근처가 가장 많이 나생되어 있는 점 등으로 볼 때 정약용의 견해가 타당하다고 하였다.[65]

그러나 한반도에 차가 전래된 것은 『삼국사기』의 기록보다 훨씬 이전으로 볼 수 있다. 『삼국유사』 기이(紀異) 제2권 「가락국기」에 의하면 가야국에는 오래전부터 왕실의 제전(祭典)에 차를 사용했음을 알 수 있다. 신라가 서기 562년에 가야를 병합한 이후에는 가야의 독자적인 제전을 허락하지 않다가 문무왕 대에 와서 비로소 처음으로 가야의 김수로의 자손이 직접 제사를 지내게 했다는 내용으로서 제사 때마다 차를 함께 올렸다는 기록이다.

> "…수로왕의 17대손인 갱세급간(賡世級干)은 조정의 명령을 받들어 그 제전(祭田)을 주관하여 매년 명절마다 술과 단술을 만들고 떡과 밥과 차와 과일 따위 많은 제물(祭物)로써 제사를 지내며 매년 빠뜨

64) 김명배, 앞의 책, pp.171~172.
65) 최범술, 앞의 책, p.21.

리지 않았다. 그리고 그 제일(祭日)도 거등왕이 정했던 연중 다섯 날(정월2일·7일,5월5일,8월5일·15일)을 바꾸지 않았다. 그제야 우리(가락국 후손)에게 맡겨졌다…"[66]

또한 이능화의 『조선불교통사』에 의하면 김해 백월산에 죽로차가 있는데 김수로왕비 허씨가 인도에서 가져왔다고 하였다. 이로 볼 때, 이 땅에 차의 전래가 『삼국사기』의 기록보다 훨씬 이전임을 알 수 있다.[67] 불교가 국교화가 된 신라시대에는 승려들이 차를 불전에 공양 올리고 차생활을 영위했음도 알 수 있다. 충담사(忠談師)가 매년 중삼중구일(重三重九日)에 경주 남산 삼화령 미륵 세존에게 헌차공양(獻茶供養)한 사실과 경덕왕에게 차를 달여 올린 일, 또 안민가(安民歌)를 지어 바친 사화(史話),[68] 화랑이자 승려인 월명사(月明師)가 도솔가(兜

---

66) 『三國遺事』 卷第二 紀異 「駕洛國記」.
"…王之十七代孫賡世級干祗禀朝旨, 主掌厥田每歲時釀醪醴設以餅·飯·茶·菓庶羞等奠年年不墜. 其祭日不失居登王之所定年内五日也. 芬苾孝祀於是乎在於我.…"

67) 이능화, 『朝鮮佛敎通史』 下(京城: 新文館, 1918), p.461
"…金海白月山 有竹露茶 世傳首露王妃許氏 自印度持來之茶種云…" ; 金秉模, 「김병모의 고고학 여행 ⑦한민족의 뿌리를 찾아서」, 『월간조선』 4(서울: 조선일보사, 2004), pp.334~437. [※『神井記』에는 東漢 普州 출신(現 泗川省 安岳縣) 伽倻 許黃玉의 許氏族의 源流를 밝혀주는 後漢 때의 金石文이 있다. 이에 의하면 허씨족은 정치적 변란으로 오래전에 인도를 떠나와서 사천성 보주 지역에 와서 살았으며, 허황옥 대에 와서는 토호 세력들의 수탈로 인해 다시 보주 지역을 떠나 항해 끝에 김해 별진포에 도착하여 김수로의 왕비가 되었다고 생각할 수 있다. 중국 사천성은 옛 촉 땅으로 차가 많이 나는 지역이며 허황옥은 그곳에서부터 차생활이 몸에 익어 차씨를 가져왔다고 추정해 볼 수 있다. 즉 『神井記』에 의하면 한반도 차의 전래는 A.D 48년경에 가야국 김수로 왕비가 된 허황옥 일행에 의해 시작된 것으로 추정할 수 있으며 2천년의 역사를 지니는 것으로 볼 수 있다.]

68) 『三國遺事』 卷第二 紀異 第二 景德王·忠談師.
"…僧曰 '忠談', 曰 '何所歸來.' 僧曰 '僧每重三重九之日, 烹茶饗南山三花嶺彌勒世尊, 今兹旣獻而還矣.' …".

率歌)를 지어 괴변을 물리침에 경덕왕이 차도구와 수정염주 108개를 주었다는 고사 등이 있다.

이외 신라의 태자 보질도와 효명이 오대산에 각각 암자를 짓고 살며 두 태자는 날마다 이른 아침에 골짜기의 물을 길어다 차를 달여 오대산에 상주하는 일만 진신의 문수보살에게 공양했다는 일화(逸話)[69] 등에서 살펴볼 때, 신라 후기부터 불교문화권 속에서 불전에 차를 올리며 사찰 중심으로 음차 풍습이 성행했음을 알 수 있다.

또한 고려 중기 문신이요, 대문장가인 이규보가 그의 여행기인 『남행월일기』에 부안의 원효방을 심방하고 원효(元曉)와 사복(蛇福) 성인의 차생활에 관한 옛 기록을 소개하고 있다.[70] 원효의 아들로서 신라 십현(十賢)의 한 사람인 설총도 차생활을 하였다. 통일신라시대 신문왕이 중하(中夏)의 어느 날, 설총에게 고담선학(高談善謔)을 청하자, 설총은 모란, 장미, 할미꽃 등 식물에 인격을 부여하여 왕에게 간언한 설화인 「화왕계(花王戒)」 속에 그 차에 대한 언급이 있다.

그 설화 속에 "… 가만히 생각해 보건대, 좌우의 봉공(奉供)이 넉넉하여 고량진미(膏粱珍味)로써 배를 채우고 차와 술로써 정신을 맑히더라도 상자에는 모름지기 원기를 도울 좋은 약과 독을 제거할 악석(惡

---

69) 『三國遺事』 卷第三 塔像 第四 溟州五臺山寶叱徒太子傳記.
"…兩太子並禮拜, 每日早朝汲于洞水煎茶供養一萬真身文殊.…."

70) 李奎報, 『東國李相國集』 第二十三卷 「南行月日記」.
"…與扶寧縣宰李君及餘客六七人至元曉房. 有木梯高數十疊足凌兢而行, 乃得至焉, 庭階窓戶, 上出林梢. 聞往往有虎豹攀緣而未上者, 傍有一庵, 俗語所云, 蛇包聖人所昔住也. 以元曉來居故蛇包亦來侍, 欲試茶進曉公, 病無泉水, 比水從巖罅忽湧出, 味極甘如乳, 因嘗點茶也. 元曉房才八尺, 有一老闍梨居之. 尨眉破衲, 道貌高古. 障其中爲內外室, 內室有佛像元曉眞容, 外則一甁雙屨茶瓷經机而已, 更無炊具, 亦無侍者.…."

石, 영사)이 있어야 합니다…"[71]라고 하였다. 이 말은 설총의 「화왕계」 중에서 백두옹 즉 할미꽃이 한 말이다. 백두옹이 "차와 술로써 정신을 맑게 한다"고 언급하였다. 이로써 볼 때 신문왕 때에 이미 차가 궁중에 널리 보급되었음과 설총 또한 부친인 원효와 더불어 차생활을 영위했음을 알 수 있다.

이외에도 최치원의 글을 통해서, 당시 덕 높은 무염화상과 진감선사에게 차와 향을 올렸음도 알 수 있다.[72] 또 고려 말기 학자이자 문인인 이곡(李穀)의 동해지방 기행문인 『동유기』에서도 동해빈과 강릉 경포대, 한송정 등에 화랑들이 차를 달여 마시던 차구인 석조(石竈)·석지(石池)·석정(石井) 등 차 유적을 발견하였다는 기록이 있다.[73]

위에서 사료를 통해 살펴본 바처럼 신라 사회에서는 왕실과 승려, 화랑들이 중심이 되어 차생활이 성행하였음을 알 수 있다. 대개 고대 역사서가 왕조 중심으로 서술된 탓도 있겠지만 일반백성들의 차생활에 관한 기록은 드물어 대중화하지 못했다고 추정할 수 있다.

고구려와 백제의 차문화에 대해서는 사료가 드물어 그 차문화 실

---

71) 『三國史記』 第四十六卷 列傳 第六 薛聰 花王戒.
"…竊謂左右供給雖足, 膏梁以充腸, 茶酒以清神, 巾衍儲藏, 須有良藥以補氣, 惡石以蠲毒. ….''

72) 崔致遠, 『孤雲先生文集』 卷二 「無染和尙碑銘」·「眞鑑和尙碑銘」.

73) 李穀, 『稼亭集』 卷五 東遊記.
"…上鏡浦臺 臺舊無屋, 近好事者爲亭其上. 有古仙石竈, 盖煎茶具也,…(중략)…東有四仙碑, 爲胡宗旦所沈, 有龜趺在耳. 飮餞于寒松亭, 亭亦四仙所遊之地, 郡人厭其遊賞者多, 撤去屋松亦爲野火所燒. 有石竈石池二石井在其旁, ….''
[※ 공민왕의 옹립을 주장하던 이곡(1298~1351)은 충정왕이 즉위하자, 신변의 불안을 느껴 관동 지방을 주유하였다. 「동유기」는 이때의 기록으로, 1349년 8월 14일 개성을 출발하여 금강산을 거쳐 관동 지방 남쪽 平海까지 1200여 리를 다녀온 내용이다. 이 글은 9월 12일의 기록으로, 이를 통해 경포대와 한송정에 차 유적들이 다수 있었음을 알 수 있다. 이 글은 『동문선』 권71에도 수록되어 있다.]

상을 파악함에 어려움이 있다. 특히 고구려가 그러하다. 다만 일본인 학자 아오키 마사루(靑木正兒)가 쓴 고구려 차에 대한 다음과 같은 기록이 있다.

> "나는 고구려의 옛 무덤에서 나왔다는 작고 얇은 떡차를 표본으로 간직하고 있는데, 지름 4센티 남짓의 엽전 모양이며 무게는 5푼 정도 된다."[74]

현재 그 떡차 실물의 행방과 진위 여부를 알 수는 없다. 그러나 고구려 차생활의 편린을 엿볼 수 있는 매우 귀중한 자료이다. 일찍부터 중국 남조와 교류하며 불교문화권인 백제에서도 차문화가 신라 못지 않게 성행했으리라 유추되지만, 자료가 많이 남아 있지 않다. 『세종실록』의 「지리지」에 적힌 35개 소의 차 산지는 대개 '토공(土貢)' 조에 작설차나 차라고 적혀 있다. 경상도의 차 산지가 8곳임에 비해 전라도는 27곳으로 나타나 있다. 『신증동국여지승람』에는 경상도가 10곳, 전라도가 35곳으로 기록되어 있다. '차(茶)' 자가 붙은 지명은 경상도와 전라도가 14~15군데로 비슷하게 나타나 있다.

또한 전라남도에 엽전 모양의 전차(錢茶) 제차법이 오늘날까지 전승되어 온다. 이것은 당나라 차 풍습을 본뜬 신라시대에 있었던 떡차 풍습의 유습으로도 볼 수 있다.[75] 즉 백제와 신라는 삼국이 통일되면서 차생활의 풍모가 융화되었다고 할 수 있다. 특히 백제인으로 일본으

---

74) 靑木正兒, 『靑木正兒全集』 8(東京: 春秋社, 1986), p.262.
"私は高句麗の古墳から出たと稱する小形で薄片の餠茶を標本として藏してゐるが直徑四センチ餘りの錢形で重量は五分ばかり有る."
75) 김명배, 앞의 책, pp178~184.

로 가서 불교와 차를 전했다는 행기 스님의 일화가 『동대사요록(東大寺要錄)』에 적혀 있다.[76] 이러한 사실들로 살펴볼 때 전라도 지역의 매우 광범위한 지역에서 차가 생산되고 차생활을 영위하였음을 미루어 짐작할 수 있다.

신라에서 기원한 음차의 유행은 고려 때 더욱 성행하였다. 궁중에서는 차방(茶房)[77]이라 하여 차를 다루는 관청이 생기고 사원에는 차촌(茶村)[78]이라 하여 차를 만들어 절에 바치는 마을까지도 생겼다. 특히 고려 왕궁에서 행하는 왕자나 왕녀의 책봉식[79], 원자 탄생 축하 의식,[80] 연등회[81] ·팔관회[82] 등 국가적 연중행사 의식에는 반드시 차로

---

76) 류건집, 『한국 차문화사』(서울: 이른아침, 2007), p.64.

77) 『高麗史』 卷七十五 志 卷第二十九 選擧 三 銓注.
"恭讓王二年十月 吏曹啓, '內侍·茶房, 出入禁闥, 其任匪輕. 以無定額, 規避軍役者, 爭相充補, 纔及數月, 便歸鄕里, 不供徭役, 動至數百. 乞擇儀狀端正者百人, 充之, 分左右番, 番各五十人.' 從之."

78) 『通度寺舍利袈裟事蹟略錄』「寺之四方山川裨補」.
"…北冬乙山茶村 乃造茶貢寺之所也. 貢寺茶図茶泉 至今猶存不泯, 後人以爲茶所村也."

79) 『高麗史』 卷六十七 志 卷第二十一 禮 九 嘉禮 王子王姬冊封儀禮.
"…執禮官贊'揖' 賓主相揖就座. 進茶訖, 酒至, 執禮官引賓主, 出就褥位. 主人請獻賓, 賓辭, 主人請獻, 至于三, 賓稱不敢辭. 凡賓主之辭, 執禮皆相之.…."

80) 『高麗史』 卷六十五 志 卷第十九 禮 七 嘉禮 元子誕生祝賀儀.
"…賓主相揖, 就坐. 訖, 進茶酒, 酒至, 賓主俱興, 獻酬. 訖, 設食. 禮畢罷宴, 賓主俱興, 下階, 各就初傳詔位, 立定.…."

81) 『高麗史』 卷六十九 志 卷第二十三 禮 十一 嘉禮雜儀 上元燃燈會儀式.
"…近侍官進茶, 執禮官向殿躬身, 勸每進酒進食, 執禮官, 皆向殿, 躬身勸, 後皆倣此. 次賜太子以下侍臣茶, 茶至, 執禮官贊拜, 太子以下再拜. 執禮官贊飮, 太子以下, 皆飮訖揖. 每設太子以下侍臣酒食, 左·右執禮, 贊拜·贊飮·贊食, 後皆倣此.…."

82) 『高麗史』 卷六十九 志 卷第二十三 禮 十一 嘉禮雜儀 仲冬八關會儀式.
"…左執禮官引太子·上公, 出詣洗所盥手. 近侍官進茶, 執禮官向殿躬身勸, 次酌酒. 訖, 殿中監奉盞, 近侍官奉注子, 先升. 太子·上公, 自東階, 升殿, 俛伏興, 詣御座左, 西向跪. 太子奉盞, 上公詣太子之左, 奉注子酌酒. 王擧盞, 協律郞擧麾, 樂

써 진차예식(進茶禮式)을 거행하였다. 차와 술을 함께 쓸 때도 차를 먼저 사용하였다. 물론 외국 사신을 영접할 때도 차로 공대하였다.

나아가 왕이 공덕재(功德齋)를 베풀며 직접 차 맷돌에 차를 갈아 불전에 헌차(獻茶)함에 대한 신하의 비판적인 상소[83]와 왕이 신하에게 차를 하사하는 빈번한 사차식(賜茶式)으로 인한 폐단 등이 있었다. 이를 살펴볼 때 고려시대 왕궁과 사원 등을 중심으로 한 차문화의 극성함을 짐작해 볼 수 있다. 이러한 사례들은 고려시대의 차문화는 국가의 정책으로 수용되고 공인되어 성행했으며 크고 작은 여러 가지 제도가 시행되었음도 알 수 있다. 이와 같은 국가적인 차문화의 성행이 고려자기의 발달을 가져온 한 원인이라고 볼 수 있다.

그러나 고려의 차생활은 차츰 형식화·예식화 되어 갔음을 송나라 사절단의 일원이었던 서긍(徐兢)의 『고려도경』에서 엿볼 수 있다. 서긍은 『고려도경』에서 고려의 연회 때의 의례화된 고려의 차풍(茶風)과 아울러 고려 토산 차는 맛이 쓰고 떫어 입에 넣을 수 없다고 하였다. 서긍은 고려의 차풍에 대해 비판적인 시각을 갖고 있었다.[84] 비록 서

官, 奏歌曲天醞香. 王擧酒訖, 太子受虛盞, 殿中監承受盞, 近侍官受注子, 少退跪. 協律郎偃麾, 樂止.⋯."

83)『高麗史節要』卷二 成宗 元年 六月 崔承老封以進時務二十八條.
"⋯聖上爲設功德齋, 或親碾茶, 或親磨麥, 臣愚, 深惜聖體之勤勞也.⋯."

84)『高麗圖經』卷第三十二 器皿(三) 茶俎.
"土產茶味苦澁不可入口, 惟貴中國臘茶幷龍鳳賜團. 自錫賚之外商賈亦通販, 故邇來頗喜飮茶益治茶. 金花烏盞, 翡色小甌, 銀爐湯鼎, 皆竊效中國制度. 凡宴則烹於廷中, 覆以銀荷徐步而進. 候贊者云, '茶遍乃得飮!' 未嘗不飮冷茶矣. 館中以紅俎, 布列茶具於其中, 而以紅紗巾冪之. 日嘗三供茶, 而繼之以湯. 麗人謂湯爲藥, 每見使人飮盡必喜, 或不能盡以爲慢己, 必怏怏而去, 故常勉强爲之啜也."[※ 宋 휘종의 명을 받고 1123년(인종 원년) 사절의 한 사람으로 고려에 왔던 徐兢의 『宣和奉使高麗圖經』에 궁중에서의 進茶禮儀式과 고려 토산차에 대한 내용이 적혀 있다.]

긍의 시각이 비판적이긴 하나 그 기록을 통해 고려시대에는 차가 이미 주요 기호품이었다는 사실과 다양한 차구들이 생산되었음을 알 수 있게 하는 사료적 가치가 있다. 또한 차와 선은 고려 중엽 이후에서야 일반화되었다.

이렇게 통일신라와 고려 불교문화권 속에서 성행하던 차문화는 조선왕조의 폐불 정책과 함께 쇠퇴하게 된다. 조선조 초기에는 고려 유풍이 어느 정도 남아 있었으나 조선 중엽 이후는 민속과 물명(物名)으로 전하는 이외에는 음차의 풍습이 거의 자취를 감추었다. 그러나 조선 후기 청의 고증학과 대두된 실학의 영향으로 일부 실학자들을 중심으로 음차문화가 재생하고 차산업에 관한 관심이 고조되었다. 그 가운데 특히 다산 정약용과 추사(秋史) 김정희, 초의(艸衣) 의순 등이 차를 즐기며 우리 토산차에 대한 깊은 관심을 나타내 보였다.

강진에 유배온 정약용은 백련사와 대둔사의 승려들과의 교분을 통해 차와 선을 직접 접하였다. 정약용은 차선삼매에 젖기도 하는 생활을 하였음을 그의 「산거잡흥이십수(山居雜興二十首)」[85]에서 알 수 있다. 정약용이 1801년 강진에 귀양 가 처음 산 곳은 동문 밖 주막집이었다. 을축년(1805) 가을에 아암혜장(兒菴 惠藏)을 처음 만났고 그해 겨울에 혜장의 노력으로 고성사 보은산방으로 거처를 옮겼다.

> "정약용이 1806년 가을에 보은산방에서 읍내의 이학래의 집으로 옮겼다가 다시 1808년 봄에 만덕산 아래 귤동의 윤단(尹慱)의 산정으로 옮겨, 해배될 때까지 11년간 차산초당(茶山草堂)을 꾸며 스스로 호를 차산초부(茶山樵夫)라 하고 자타가 차산(茶山)이라 부르는 데서

85) 『與猶堂全書』第一集 詩文集 第五卷.

도 정약용과 차는 깊은 관계가 있음을 알 수 있다."[86]

"정약용은 혜장에게 역학(易學)을 비롯한 유학을 가르친 반면에 혜장으로부터 차도를 접한 것이다. 혜장의 호는 처음에는 연파(蓮坡)였는데 차산 정약용의 권유로 아암(兒庵)으로 바꾼 것이다."[87]

정약용은 차를 심어 가꾸며 차를 즐기는 자신의 호를 '차산초부(茶山樵夫)', '차옹(茶翁)'[88]이라고 지었고, 『동차기』[89]·『각차고』[90]·『아언각비』[91]·『걸명소』[92] 등에 차를 언급했으며 적지 않은 차시를 남겼다. 또한 정약용은 18년간의 강진 유배 생활에서 고향으로 돌아갈 때 그곳

86) 채정복, 「艸衣禪師의 茶禪修行論」(연세대학교 대학원 석사학위논문, 1992), p.58. (※ 필자의 견해로는 '茶山'이라는 호는 오늘날의 '다산'이라는 발음과는 달리, 정약용 생존 당시에는 스스로 호를 '茶山'이라고 지은 정약용 자신도 '차산'이라고 발음하였을 것이라고 본다. 또한 '茶山樵夫'도 차를 심어 가꾸는 초부라는 뜻으로 '차산초부'로 발음하였을 것이며, '茶翁'도 차를 즐기는 사람(늙은이)이라는 뜻으로 '차옹'이라고 발음했을 것으로 본다. 따라서 이 책에서는 그의 생존 時 사실에 관한 언급에는 '차산(茶山)'으로 적음을 밝혀 둔다).

87) 채정복, 「艸衣禪師의 茶禪修行論」(연세대학교 대학원 석사학위논문, 1992), p.58.

88) 崔翰, 「茶山名號小攷」, 『韓國學』 35(영신아카데미한국학 연구소, 1986), pp.6~7.

89) 정민은 『東茶記』를 이덕리(1725~1797)가 저술한 『記茶』의 와전으로 보고 있다.

90) 『榷茶考』는 다산 정약용의 『경세유표』 권11에 수록되어 있다. 역대 중국에서 시행한 술·소금·철·차 등 각종 전매제도를 검토한 글로서, 특히 중국 역대 왕조에서 茶 전매정책을 어떤 방식으로 운영했으며 그 규모와 이익, 폐해 등을 사료에 의해 정리한 글이다.

91) 『雅言覺非』는 일반적으로 널리 쓰던 말과 글 중 잘못된 것을 찾아 문헌으로 검토하여 본래의 뜻과 어원을 밝힌 책인데, 이 가운데 차에 관하여 한 단락이 있다. 오직 차나무 잎을 법제하여 뜨거운 물에 끓인 것만 차인데, 조선 사람들이 맹물에 어떤 것을 넣고 끓이기만 하면 모두 차라고 하는 잘못을 지적한 내용이다.

92) 『乞茗疏』는 『洌水文簧』에 실려 전하며, 다산이 차가 떨어지자, 현벽병(痃癖病)으로 고생하는 자신에게 만덕산 수풀 속에 나는 山茶를 보내주어 달여 마시면 병이 낫겠다는, 차를 구걸하듯 부탁하여 혜장에게 보낸 글로서 한 頌이 초의의 『동차송』에 나타나 있다.

의 차맛을 잊지 못해 1818년(戊寅年) 8월 그믐날에 자신의 문하에서 수학하던 강진의 제자들과 함께 차신계(茶信契)를 만들어 그 절목(節目)을 제정했다. 이 '차신계절목'[93]은 그들이 신의로 합심하여 강진의 차밭을 관리하고 봄철에 차를 만들어 자신에게 보내도록 당부하는 세목이다. 정약용이 직접 차를 심어 가꾸고 차생활을 하며 차산초부·차산·차옹 등으로 자호(自號)하고 또 "차를 마시는 민족은 흥하고 차를 모르는 민족은 쇠한다."[94]라고 함에서도 그의 투철한 실사구시적(實事求是的) 실학 정신을 알 수 있게 한다.

동년배인 추사와 초의는 40년 지기로 차론(茶論)과 선론(禪論)에 대한 시각을 함께한 절친한 도우(道友)였다. 다산의 애민 정신과 실학사상, 추사와 초의의 격조 높은 차시(茶詩)들, 특히 초의의 『동차송』과 『차신전』은 효당의 차도관에 깊은 영향을 주었음을 알 수 있다.

효당은 그의 저서 『한국의 차도』에서 초의의순(艸衣意恂)에 대해 언급하여 대중에게 알린 인물이다.

> "19세기 초 무렵 대흥사의 명승 초의선사는 한국차의 중흥조이다. 문자 그대로 차승으로서 차를 논함에 있어 그를 빼놓고는 논할 수 없으며……그는 15세에 출가하여 19세에 대흥사의 고승 완호(玩虎)에게서 법을 받았으며, 강진에 유배와 있던 정다산(丁茶山)의 문하에 들어가 다산초당에서 3년여를 수학하였다. 초의는 정유산(丁酉山), 김추사(金秋史), 홍석주(洪奭周), 신자하(申紫霞), 김명희(金命喜), 신관호(申觀浩), 권돈인(權敦仁) 등 당대의 홍학석유(鴻學碩儒)들과 넓게

---

93) 이 '茶信契節目'은 李弘稙의 『한 史家의 流薰』의 pp.224~227에 있다.

94) 효당은 『韓國의 茶道』에서 몇 차례나 다산의 이 말을 인용하였는데 다산의 이 말에 대한 문헌 출전이 밝혀져 있지 않아 진위 여부로 왈가왈부한다.[최범술, 앞의 책, p.24]

교류하면서 당대 문화의 최첨단을 호흡하였다. 그러나 그는 폭넓은 교유와 새로운 호흡에만 그치지 않고 선(禪)의 오의(奧義)에 새로운 지평을 연 학승이요, 구도승이었다. 40여 성상을 노심초사 불이선(不二禪)의 오의를 찾아 각고면려 하였으며 마침내 대흥사의 일지암(一枝庵)에 들어가 '일지암의 구경을 터득하였던 것이다."[95]

라고 하였다. 효당이 초의를 한국차의 중흥조라고 일컬으며 경모한 것은 민족적이며 자주적인 차도와 선의 오의에 새로운 지평을 연 초의의 혁신적인 선론에 공감하였기 때문이다. 초의는 그의 저술『동차송』에서 동국차의 우수성을 논하고, 차생활은 각성의 참된 인간 생활을 목표로 하여 일상생활 속에서 그 체험을 통해 온전함을 자각하고 터득하자는 '평상심시도(平常心是道)'의 사상을 펼쳤다. 또한 초의의 선사상은 종래 선문의 화두 일변도를 질타하고 교학의 중요성을 강조하여 선(禪)·교(敎) 불이(不二)를 논할 뿐 아니라, 선의 모든 종파도 우열을 논할 수 없는 일체선(一體禪)임을 주창하였다.

초의는 일지암에서 그의 선의 논지를 밝힌『선문사변만어』[96]를 저술하여 종래의 편협한 선관(禪觀)을 비판했다. 또한 초의는 새로운 학풍의 영향을 받은 혁신적인 선론(禪論)을 전개하여 종래의 전통적인 선관을 극복하고자 하였다. 중국에서 선종(禪宗)이 성립된 후, 홍주의 마조 도일(709~790)에 이르러 기존의 모든 선론을 극복하려는 조사선(祖師禪)의 선지가 크게 풍미했다.[97] 고려도 그 영향을 받아 조사선에

95) 최범술, 앞의 책, pp.116~117.
96) 意恂,『禪門四辯漫語』(海南 : 大興寺, 1913).
97) 정성본,『中國禪宗의 成立史硏究』(서울: 민족사, 1991), p.835.

입각한 선론이 전개되어 조사선 우위론이 팽배하였다. 심지어는 진귀조사설(眞歸祖師說)[98]까지 대두시켜 본래 마조계에서 풍미하던 조사(祖師)의 의미와는 사뭇 달라졌다. 그 왜곡된 선사상의 맥락은 조선조의 서산(西山, 1520~1604)과 지안(志安, 1664~1729)을 거쳐 초의 시대까지 지배하는 전통적 분위기였다.

이러한 전통적 분위기 속에서 19세기 초 선운사의 거승 백파긍선(白坡亘璇, 1767~1852)이 『선문수경』[99]을 지어 마조계의 임제(臨濟) 삼구에 의해 모든 종파와 모든 근기를 망라하여 부처에서 중생에 이르기까지 우열을 논하며 만법을 가름하는 근본으로 삼았다. 이에 대흥사의 초의가 『선문사변만어』를 지어 백파의 선론이 잘못되었음을 지적하였다. 이것은 단순히 초의와 백파 간의 선 논쟁이 아니었다. 고려 말 이후 조선조 후대까지 이어져 내려온 전통적인 선론을 대변하는 보수적 입장과 영·정조 시대의 새로운 학풍인 고증학과 실학의 영향으로 현실적 토대 위에서 새롭게 선을 해석하려는 신진 학승 간에 전개된 선(禪) 논쟁이었다.

다시 말하면 고려말 천책(天頙)의 『선문보장록(禪門寶藏錄)』과 『선문강요(禪門綱要)』의 입장을 조선의 서산(西山)이 그의 『선가구감(禪家龜鑑)』·『선교석(禪敎釋)』·『금설록(金屑錄)』 등에 공식적으로 받아들이고 또한 『선문촬요(禪門撮要)』에서 금과옥조의 기본문으로 인정함에 따라

98) 고려말 천책(天頙)의 『禪門寶藏錄』에서 불타의 교조인 석가를 가르치는 스승이 있는데 여래가 아닌 숨어있는 조사로서 이른바 '진귀조사'라고 밝혔다. 진귀조사는 과거 칠불인 가섭불의 高足으로 석가가 미급하게 깨달을 것을 미리 알고서 설산의 叢木房에서 석가를 기다려 깨닫게 했다는 설화에서 나온 것으로 세계 어느 전적에도 없는 한국에만 전해오는 것으로 학계에서는 위설로 간주한다.

99) 백파긍선, 신규탁 역, 『禪門手鏡』(서울: 동국대학교 출판부, 1976).

조선조 후대의 선학계(禪學界)에 지켜야 할 전통이 되었다. 환성지안(喚醒志安)도 이러한 입장으로 『오종강요(五宗綱要)』에서 임제 삼구[100]에 의해 선문오종(禪門五宗)을 평가하였다.[101] 이러한 서산과 지안으로 이어지는 선 사상의 맥락이 조선 선문의 정로(正路)로서 굳어졌다. 백파 또한 이 맥락 위에서 조사가 깨친 도리를 조사선이라 부르고 조사의 구경 진리를 깨닫는 길을 임제 삼구에 의해 변별하여 각각 조사선(祖師禪)·여래선(如來禪)·의리선(義理禪)이라 하여 모든 선론을 차별적으로 전개하였다.

이에 초의를 비롯한 젊은 선승들이 수행상의 문제인 참된 선지(禪旨)를 어느 일구(一句)에 고착시켜 주석학적으로 천착하려는 태도에 비판을 가하며 선종 본래의 취지인 실천불교정신을 회복하자고 주창한 것이다. 본시 마조계의 조사선은 일체의 차별적인 사상(事象)이나 관념에 집착하지 않았고 분별심을 일으키지 않았다. 자재로운 평상심으로 인간의 일상생활 가운데서 실천정신을 구현하고자 하는 불교 운동이었다.

초의가 선사상이나 차도를 논할 때 번번이 '고덕운운(古德云云)' 한 것도 고덕의 실천불교정신을 회복하고자 한 것이었다. 초의의 선론을 살펴보면 초의는 임제 삼구를 극복하고 마조와 마조 이전의 선지를 회복하고자 한 것이었다. 즉 조선조 후대에 이르러 임제종 사상이

100) 임제선사(?~867)는 성은 邢氏, 이름은 義玄. 임제종의 개조. 黃蘗希運의 법을 이어 받았다. 임제는 제1구를 "三樂 開朱点窄 未容擬議主賓分"이라 하고, 제2구는 "妙喜豈容無着問 漚和爭負截流機"라 하며, 제3구를 "看取棚頭弄傀儡 抽牽全籍裡頭人"이라 하여 암시적으로만 표현했을 뿐 자세한 주석은 하지 않았다. 임제 이후 임제 3구에 대한 해석이 분분해졌다.

101) 한기두, 『韓國禪思想研究』(서울: 일지사, 1991), p.608.

변질되어 선문오종[102]의 우열을 비롯해 만물의 근기 우열을 가름하며 차별성을 논하였다. 이에 초의는 평등성을 주창하며 극복하고자 했던 것이다.

초의와 막역 도우인 추사 또한 이 선 논쟁에 참가하여 초의와 같은 맥락의 불교관에서 백파의 선론을 맹공했다. 그것이 바로 「변망증십오조례(辨妄證十五條例)」이다. 추사는 백파의 안목이 『전등록(傳燈錄)』이나 『선문염송(禪門拈頌)』, 『염송설화(拈頌說話)』에 머물러 이것을 금과옥조로 모시니 우스운 일이라고 하였다. 『전등록』에 가위질을 한 『오등회원(五燈會元)』이나 『대운오종록(大雲五宗錄)』 같은 책은 동국 선문에서는 꿈에도 얻어 보지 못하니 슬픈 일이라고도 하였다.

추사는 전통적 선가의 고질적 병폐인 간화선(看話禪) 즉 화두에의 천착을 공격했다. 추사가 백파에게 참선의 입문서에 지나지 않는 『안반수의경(安般守意經)』과 권선징악적인 기본 불경서인 『사십이장경(四十二章經)』을 읽기를 권하며 겸허하게 고덕(古德)의 정신으로 돌아갈 것을 강조하였다. 이러한 관점은 초의의 실천불교정신 회복을 주창함과 같은 맥락이다.

초의의 전통 복귀는 단순한 복귀가 아닌 전통의 재편 작업을 의미한다. 초의에서 비롯된 선 논쟁은 무려 1세기에 걸쳤었다. 조선조에서 배불 정책으로 왜소화되고 침체되어 있던 불교계 내의 선문(禪門)의 격렬한 논쟁을 통하여 선 논리의 발전이 거듭 모색되고 선문의 기풍을 진작시켰다는 점에서는 역사적인 의의가 있다.

초의가 『선문사변만어』를 지은 것은 조선 선문화의 재편 작업이었

---

102) 선문오종은 임제종, 조동종, 운문종, 위앙종, 법안종으로서 임제종이 최상이고 순서대로 차별되어 법안종이 제일 미급하다고 하는 사상이다.

고 『동차송』을 지은 것은 조선 차문화의 재편 작업이었다. 초의는 직접 차나무를 가꾸고 차를 만들며 장 담그고 단방약을 만드는 등 현실 생활의 실용성과 실천성을 중히 여긴 인물이다. 다산 정약용보다 24세 연하인 초의는 다산에게서 시도(詩道)와 유학을 배우며 다산의 실학 정신을 익힌 인물이다. 초의의 차도와 선도가 상의상즉(相依相卽)하고 일체화하여 인간의 현실적 일상생활 속에 전개되며 작용하는 실천불교정신으로 발전함도 다산의 영향이라 할 수 있다. 이러한 초의의 실천불교정신은 후대의 만해 한용운, 효당 최범술 등에게로 이어져 독립운동을 통한 적극적 사회참여로 전개되었다. 특히 차선수행을 통한 실천불교정신의 구현은 효당 최범술에게서 유감없이 발휘된 점에 그 역사적 의의가 있다. 일상생활 속에서 구현하고자 하는 실천정신은 초의, 만해, 효당에게서 드러나는 일관된 맥락이다.[103]

무엇보다도 초의는 『동차송』과 『차신전』을 저술하여 사대(事大)에서 비롯된 중국차에 대한 애호와 흠모를 타파하고 우리 차에 대한 우수성을 말하며 민족정신을 고취하였다. 이러한 점에서 효당은 초의를 한국차의 중흥조이자 차성(茶聖)이라 일컬었다.

효당은 그의 저서인 『한국차생활사』와 『한국의 차도』에서 초의의 차도를 비롯해 초의가 저술한 『동차송』과 『차신전』을 처음으로 전역(全

103) 채정복, 「艸衣禪師의 茶禪修行論」(연세대학교대학원 석사학위논문, 1992), p.76. [※ 만해 또한 『조선불교유신론』 중의 「참선」 항목에서 "선의 취지의 본말을 모른 채 세월만 끌고 다만 옛 조사들이 拈弄한 몇 마디 말로 口頭禪을 닦아서 금시에 意猿睡魔의 정다운 벗이 되어 昏沈과 掉擧 사이에서 청춘을 보내고 백발을 맞으니 이는 과연 무엇하는 것이라 하랴"라고 하여 좌선과 화두선의 병폐를 말하였고 또 "어찌 따로 선실을 만들어 놓은 다음에야 비로소 참선을 말할 수 있다는 법이 어디에 있겠는가? 물을 나르고 땔나무를 운반함도 妙用 아님이 없고 시냇물소리와 산 빛도 같은 眞相임을 알랴. 喝!이라고 하는데서 모든 현실 속에서 불교 정신을 구현하고자 하는 실천불교 정신을 엿볼 수 있다.]

譯)하여 대중에게 소개하였다. 나아가 초의의 차선일미(茶禪一味) 사상을 일반 대중에게 알리며 초의를 '한국 차의 중흥조'[104], '한국의 차성'[105], '한국의 육우'[106]로 일컫고 『동차송』을 '한국차의 성전(聖典)'이요 '한국의 『차경(茶經)』'[107]이라고 자리매김하며 차문화사적 가치를 부여했다.

효당의 초의에 대한 이러한 평가에 대해 비판적인 견해도 있다. 김상현은 그의 「초의선사의 차도관」에서 초의의 『동차송』에서 각각의 송(頌)에 붙여진 주(註)는 거의 모두가 고인의 설을 인용하고 있어 초의 자신의 견해라고 할 수 없다고 하였다.[108] 김명배도 초의가 자의로 『동차송』을 저술한 것이 아니고 정조의 부마인 해거도위(海居都尉) 홍현주(洪顯周)의 청촉에 의해 저술한 것이라며 심히 폄하하였다.[109] 그러나 이러한 초의의 서술 태도는 신학풍인 고증학의 영향으로 대부분 고덕의 설을 인용하여 서술하는 학문적 방식을 취하였기 때문이다. 초의는 그의 선론이나 차론 전개에서도 이러한 서술 방식을 사용하였다. 그러한 방식은 효당이 초의의 『동차송』의 모든 내용을 자득하고 체화하여 『한국의 차도』를 저술함과 같은 맥락이다.

초의는 65세인 경술년에 추사의 아우인 산천도인(山泉道人) 김명희에게 보낸 차시에서 다음과 같이 말하였다.

---

104) 최범술, 앞의 책, p.116.
105) 최범술, 위의 책, p.57.
106) 최범술, 위의 책, p.32.
107) 최범술, 위의 책, p.128.
108) 김상현, 「艸衣禪師의 茶道觀」, 『史學志』 10(단국사학회, 1976), p.11. p.63.
109) 김명배, 「東茶頌과 茶經採要」, 『국회도서관보』 149(서울: 大韓民國 國會圖書館, 1980.2), p.57.

"옛날부터 성현들이 모두 차를 사랑하였다. 그것은 차가 군자의 성품과 같이 사특함이 없기 때문이다…."110)

초의는 차라는 것은 범어로 '알가(閼伽)'인데 그것은 시원, 원초라는 뜻이라고 했다. 불교에서 시원, 원초는 무착바라밀을 가리킨다. 초의는 차란 곧 욕심과 번뇌 이전의 본래 마음 곧 무착바라밀이라고 했다. 효당은 이는 어느 욕심에도 사로잡힘이 없는 순연한 본래의 마음을 말한다고 하였다.111)

즉 초의는 그의 차시에서 차(茶)를 범어로 알가(閼伽)라고 하였다. 그 뜻은 묘원(妙源) 즉 시원, 원초 등으로 집착하는 바가 없는 바라밀로서 어떤 욕심에도 사로잡힘이 없는 순연한 본래 마음자리이다. 초의는 차란 모든 번뇌를 씻어버리고 대도를 성취하는 길이며 옛부터 성현들이 모두 차를 사랑하는 것도 군자의 성품처럼 사특함이 없기 때문이라고 하였다. 초의에 있어서 차란 곧 욕심과 번뇌 이전의 본래면목, 무착바라밀을 의미한다. 이런 점에서 효당은 초의의 차도(茶道)와 선도(禪道)가 일치하여 차선일체이며 차선일미라고 하였다.

효당은 원효의 '무리지지리불연지대연(無理之至理不然之大然)', 조주의 '끽차거(喫茶去)', 초의의 '무시선 무처선(無時禪 無處禪)' 등은 일상생활 속에서 각성한 평상심이 곧 도(道)임을 말하는 것이라고 하였다. 일상적인 살림살이인 차생활 속에서 터득한 묘용의 힘을 인생살이에서 발휘해야 하는 것이라고 강조한 것이다.

---

110) 최범술, 앞의 책, p.58. "古來聖賢俱愛茶 茶如君子性無邪……."
111) 최범술, 위의 책, pp.117~118. "閼伽眞體窮妙源 妙源無着波羅蜜(梵語閼伽 華言茶 大般經云於一切法 無所執着 故名波羅蜜)……."

결론적으로 효당은 초의를 재발견하여 한국 근대 차도의 중흥조로 추앙하고 초의의 혁신적 차선일미사상을 대중화하여 한국 차문화사에 자리매김하였다. 진실로 초의(1786~1866)의 차도에 대한 본격적인 언급은 효당에게서 시작되었다고 할 수 있다.[112)]

위에서 살펴본 바처럼 선인들의 자각으로 이어져 오던 차문화 명맥도 일제 강점과 더불어 절멸되다시피 한 상태였다. 해방 후에는 새로운 사조인 커피문화로 대체되어 흘러오게 되었다. 이러한 호국사상, 실학사상, 차선일체사상, 민족의 예술과 국학사상 등의 역사적 배경 속에서 효당은 차를 심어 가꾸고 만들어 마시며 여러 가지 활동을 통해 대중화하며 한국 차문화 정립을 도모하였다. 위와 같은 한민족의 차문화사적 배경 속에서 효당의 차도관은 자연스럽게 형성된 것이다.

(2) 효당의 차도관(茶道觀)

효당의 차도관이란 효당의 차살림살이론과 동의어이다. 효당이 일생 동안 영위한 그의 일상적인 차생활을 중심에 두고 세상을 바라보고 이해하는 견해, 즉 효당의 세계관이다.

효당의 차도관은 그가 저술한 『한국의 차도』와 효당의 실제적인 차생활을 중심하여 살펴볼 수 있다. 효당은 『한국의 차도』에서 시대에 따른 한국 차생활의 역사를 살펴본 후, 다음과 같이 말하였다.

---

112) 채정복, 「艸衣禪師의 茶禪修行論」(연세대학교대학원 석사학위논문, 1992), pp.1~2, pp.77~78.[※ 채정복은 본 논문에서, "효당은 초의를 '한국차의 중흥조'라 말하고 초의의 차도를 '차선일체', '차선일미'라고 하며 대중에 알리는 것이 계기가 되어, 그 후 제방에서 초의의 선과 차에 관한 관심이 계속되어 현재까지 이르고 있다"라고 서술했다.]

> "그 (역사) 가운데서 차와 호국정신의 일체, 차와 선의 일체, 차와 실학의 일체화를 주목하고 아울러 고려자기·이조자기의 아름다움과 일체화되는 이른바 차·선·국학·예술·실학이 서로 접근하면서 하나로 되는 경지를 더듬어 보기도 하였다."[113]

차·선·국학·예술·실학이 일체화한다는 효당의 관점은 한국 차문화의 역사가 곧 국학의 범주에 있음을 뜻한다. 다시 말하면 효당의 차도관은 민족의 불교정신, 국학정신, 예술정신, 실학정신에 기반하고 있음을 말한 것이다. 불교정신과 민족정신 등을 바탕으로 한, 효당의 평생에 걸친 차생활에서 드러난 그의 차도관 즉 '차의 길'은 우리 인간을 다음과 같은 덕목으로 인도한다고 이해하였다.

① 일미평등의 도(道)

차도는 '일미평등(一味平等)'의 길(道)이다. 남녀노소 어떠한 부류에 관계없이 누구나 차를 즐기고 차생활을 할 수 있다는 뜻이다. '일미'란 모든 중생은 부처를 이룰 수 있다는 불타의 대 이상을 설한 『열반경』의 주된 사상으로서 인간은 누구나 평등함을 의미한다.[114] 취미나 기호로서의 차생활은 누구나 영위해 갈 수 있다는 말은 곧 인권의 평등성으로 누구나 한 가지 맛으로 부처를 이룰 수 있다는 『법화경』의 '일승평등(一乘平等)' 사상과도 같은 맥락이다. 또한 '차도무문(茶道無門)'의 뜻과도 상통한다. 이에 대해 효당은 다음과 같이 말하였다.

---

113) 최범술, 앞의 책, p.34.

114) 『大般涅槃經』 卷第三十二 「師子吼菩薩品」 第十一之六(大正藏 12卷 No.374 p.559 上). "…三者一味, 一切衆生同有佛性, 皆同一乘, 同一解脱. 一因一果, 同一甘露, 一切當得常樂我淨, 是名一味.…."

“취미나 기호로 마시는 차는 무엇보다도 가장 자연스러운 인간의 기본행위이니, 삶을 받기 시작할 때부터 습성화된 본능적인 요구로서 물을 마시던 것이 차와 만남으로 그 사상 철학을 이루게 되었으니 우리들이 말하는 차도·차생활·차살림으로 불리는 내용입니다.…… 차는 선사들의 아끼는 바가 되었고, 심오한 불교철학의 영향을 받아 차의 사상체계는 더한층 깊게 되었습니다.”[115)]

차생활은 인간의 본능에 속하는 행위로서 누구나 평등하게 추구할 수 있는 권리의 범주에 속하며, 이것은 ‘차도무문’으로 압축하여 표현할 수 있다.

효당이 만년에 즐겨 휘호하여 선문(禪門)의 화두처럼 남겨놓은 ‘茶道無門(차도무문)’이라는 편액이 있다. 효당의 저서인 『한국의 차도』 그 어느 곳에도 이 ‘차도무문’에 대한 언급은 전혀 없다. 또한 생전에 주창한 바도 없다. 왜냐하면 ‘차도무문’이라는 휘호는 『한국의 차도』를 출판한 이후에 비로소 쓰기 시작했고 그 주창은 그의 후학들이 했기 때문이다.[116)] 그저 선문의 화두처럼 차의 길을 가는 후학에게 남겨놓은 명제 같은 것이다. 그러나 이 휘호의 뜻은 차를 삶의 본질로 보는 관점으로서 초의가 차를 ‘알가(閼伽)’라고 하며 시원, 원초로 해석하는 시각과 동일선상에 있다. 이러한 관점으로 효당의 ‘차도무문(茶道無

115) 최범술, 「韓國의 茶道와 茶僧」, 『法輪』 76(서울: 月刊 法輪社, 1975), p.71.

116) 효당의 ‘차도무문’을 효당가의 근본종지로 주창하고 선양함은 ‘효당본가 반야로차도문화원’에서 시작된 것이다. 1979년 효당 입적 후 효당의 차살림살이를 이어받은 필자가 1983년 서울 인사동에 ‘반야로차도문화원’을 설립·개강하여 효당가의 宗旨로 선포하며 후학을 양성하면서 주창하기 시작하여 대내외에 알려졌다. 이후 평등성을 내포한 ‘차도무문’은 ‘효당본가 반야로차도문화원’의 근본종지로 굳어졌다.

門)'을 다음과 같이 해석해 볼 수 있다.

> "차도무문(茶道無門)이란 글자 그대로 새기면 차도(茶道)에는 들어가거나 나오거나 할 문이 없다는 뜻이다. 문이란 들어갈 수도 있고 나올 수도 있으며 이쪽저쪽 아무 곳에나 어떤 모양으로도 만들 수 있어 가변성을 내포하고 있다. '무문(無門)' 즉 들락날락할 문이 없다는 것은 본질 그 자체라는 뜻이다. 따라서 '차도무문'이란 차생활 그 자체가 삶의 양식의 본질에 속하며 삶의 본질이기 때문에 때와 장소, 남녀노소, 신분, 직업, 국적에 관계 없이 누구나 차생활을 할 수 있으며 다만 물을 끓여서 간 맞게 해 마시면 된다는 뜻이다. 그러므로 차도의 본지는 차도무문이다."[117]

특별한 형식이나 법도에 구애됨 없이 남녀노소 누구나가 불 피워 물 끓여서 차를 우려 마시며 음미할 수 있다는 '차도무문(茶道無門)'을 불교적 발상으로 전환하면 곧 '일체중생 개유불성(一切衆生 皆有佛性)'이다. 모든 중생이 부처될 수 있는 종자를 지니고 있다는 사상은 인간의 존엄성과 평등성에 기반하고 있으며 '차도무문'의 개념과 상통된다.

중생은 본래부터 불성을 지니고 있기에 그 누구든 갈고 닦아 부처의 세계에 들 수 있듯, 그 누구든 특별한 격식에 구애됨 없이 차의 길에 들어설 수 있다는 뜻이다. 차의 길에서 자신과 우주가 하나임을 깨닫고 그 깨달은 힘으로 자신의 삶을 온전히 할 뿐만 아니라 나아가 더불어 얽혀 사는 이 세계를 다 함께 잘 살 수 있는 세상에로의 역사 창

117) 채정복, 「근현대 한국 차문화를 중흥시킨 초의와 효당」, 『한국불교학』 46(한국불교학회, 2006), p.600 ; 「현대 한국차도의 중흥조, 효당의 차살림살이」, 차의 세계』 8(서울: 차의 세계, 2005.8), pp.130~131.

조, 곧 대사회건설로 나아갈 수 있다는 뜻이다. 이것이 바로 대승적 자각이고 대사회성 회복이며 성불(成佛)의 지름길이다. 따라서 차도무문은 누구나 평등하게 차도 수련의 길에 들어설 수 있는 근본적 출발점이다.[118)]

② 각성의 도(道)

차도는 각성의 도(道)이다. 효당은 "차도는 각성(覺醒)의 참된 인간생활을 목표로 한다. 차도에서 각성의 생활을 강조하고 차생활을 통해 각성의 생활로 나아갈 수 있다고 하는 것은 '평상심시도(平常心是道)'라고 하는 일상적인 생활이나 체험을 통해서 그 온전함을 자각하고 터득하자는 것이다"[119)]라고 하였다.

차도의 각성은 먼저 차가 지니고 있는 물리적 성질, 혹은 약리적 효능으로 우리의 감각을 깨어나게 하여 두뇌를 맑게 해주고 몸을 상쾌하게 해준다는 사실이다. 이러한 사실에 대해 초의는 그의 『동차송』에서 "술을 깨우고 잠을 적게 함은 주성(周聖)이 증언한 바이다"[120)]라고 하였다. 허준의 『동의보감』에도 "머리와 눈을 맑히고 이변(利便)하게 하며, 갈증을 덜어주고 잠이 적어지며 모진 독을 풀어준다"라고 했다.[121)] 차가 몸의 피로를 풀어주고 잠이 적어지며 머리를 맑게 해주는

---

118) 효당본가 반야로차도문화원에서는 1983년 7월 2일 서울에 본원을 개원하면서부터, 평등성을 뜻하는 '차도무문'을 근본종지로 함을 대내외에 공포하여 오늘에 이르고 있다.

119) 최범술, 앞의 책, p.58.

120) 艸衣,『東茶頌』5首.
"解醒少眠證周聖……採葉其飮, 醒酒令人少眠,…."

121) 최범술, 앞의 책, p.59.

등의 약리적 효능은 끽차(喫茶)를 통한 각성의 생활을 강조하게 되는 근본적 의의가 있게 되는 출발점이다.

효당은 차생활을 통해 익히는 자각의 생활은 모든 일상적인 생활 하나하나에 적용되고 알뜰한 생활로 계합된다고 하였다. 특히 차가 지닌 오미(五味)[122]의 음미와 차실에 있어서 적청화경(寂淸和敬)의 분위기를 강조하는 것은 알뜰한 각성의 생활을 의미한다고 하였다. 즉 끽차에서 맛보는 쓰고·떫고·시고·짜고·단(苦·澁·酸·鹽·甘) 다섯 가지 맛으로 해서 인생의 쓴맛의 의의와 단맛의 기쁨을 음미하고, 차실의 분위기에 있어서도 차분히 가라앉아 고요하고·깨끗하며·평화롭고·경건함이 감돌게 하여 어느덧 차 마시는 사람이 적·청·화·경의 정신으로 된다는 뜻이다.

효당은 차생활을 통해 신체적·정신적인 각성이 되면 인간으로서의 철이 들어 주위의 모든 것을 높고도 자연스러운 안목으로 잘 처리하게 된다고 하였다. 잠시도 머무르지 않는 시간과 변하지 않는 것이라고는 없는 삶 속에서 차도 수련을 통해 각성의 도를 터득하여 살아 있는 사람으로서, 철이 난 사람으로서, 각성한 사람으로서의 인생을 영위하게 된다고 하였다.[123] 그러므로 차생활이라는 뜻은 우리들이 진리에 부합되고 각성한 인간생활의 진정함을 목표로 하는 것이다. 이

---

122) 최범술, 『사람은 어떻게 살아야 하나』(서울: 보련각, 1974), p.189.
효당은 "…五行은 중국사상이 아니라고 신채호 선생은 말한다. 팔괘의 여덟이라는 수는 중국의 것이다. 五行은 우리 고조선의 단군 계통의 사상이라는 것이다. 『고대조선문화사』에서 중국의 수는 八이고 우리는 五가 정수라고 하였다. 알기 쉽기로는 윷놀이가 있다. 처음 하나, 도에서 비롯하여 개·걸·윷·모로 끝난다. 우리의 원시적인 수는 모고 그것이 마지막이다. 모 위는 더 없다……하략"라고 하여 차의 맛을 五味로 함도 우리문화의 상징으로 당연시하였다.

123) 최범술, 『한국의 차도』(서울: 보련각, 1973), p.60.

를 불교에서는 '불보살(佛·菩薩)의 생활'이라고 부르고 유가에서는 '군자(君子)의 생활'이라고 부르는 것이다.

이러한 맑은 각성으로 이끄는 차에 대해 초의는 추사의 아우인 산천도인(山泉道人) 김명희에게 보낸 시에서 "옛부터 성현들이 모두 차를 사랑함은 차의 성품이 군자와 같아 삿됨이 없기 때문이다."[124]라고 하여 차의 성품을 잘 나타내었다.

우리는 화로에 불을 피우고 물을 끓이며 찻잔을 씻고 차실을 청소하는 등의 하잘것없는 일을 통해서 현실 생활의 중요성을 깨닫기도 하고, 물이 끓는 소리를 들으며 고요한 사색에 잠기기도 하며, 차기나 서화 등에서 예술적인 멋과 아름다움을 발견하기도 한다. 한 잔의 차를 마시기 위해서는 정성 들여 만든 차와 물·불·차구 등 여러 가지를 갖추어야 하고 이 모든 것이 조화를 이룰 때 좋은 차가 된다. 이같이 차인이 모든 사물에 대해 현실적인 것·예술적인 것·철학적인 것 등을 자유자재한 관찰과 안목으로 처리할 수 있어야만 온전한 각성의 차생활을 영위할 수 있는 것이다.

③ 중정의 도(道)

차도는 중정의 도(道)이다. 차성 초의는 그의 『동차송』에서 '중정의 도'에 대해 "차의 체(體)가 되는 탕수와 차의 정수(精髓)인 신(神)이 완전할지라도 중정(中正)의 도(道)를 넘어서는 안 된다. 이 '중정의 도'라는 것은 차의 신기(神氣)와 참된 수성(水性)이 서로 잘 어울리고 융화

124) 최범술, 앞의 책, p.58.
"古來賢聖俱愛茶, 茶如君子性無邪."

된 것을 뜻한다."[125]라고 하였다. 또 "차를 채취할 때는 묘(妙)하게 하고 제차(製茶)할 때는 정(精)해야 하고 차에 쓰이는 물은 진수(眞水)이어야 하며 점차(點茶)할 때는 중도(中道)에 맞아야 한다. 탕수와 차의 신기(神氣)가 잘 어울려서 간이 맞아 건실함과 신령스러움을 아울러 지니면 차도는 다 이루어진 것이다."[126]라고 하였다.

효당은 차도의 '중정(中正)'에 대해 다음과 같이 말했다.

> "…차도는 어디까지나 그 궁극의 목적이 일상생활의 기호에 있고 다만 물을 끓여서 간 맞게 하여 마시면 되는 것이다. 이 기호는 진실한 인간 생활의 중정의 대도를 실천할 것을 그 본지로 한다."[127]

효당은 차도의 '중정'은 "차는 다만 물을 끓여 간 맞게 하여 마시면 된다"라는 뜻이라고 정의하였다. 왜냐하면 "이것은 차의 생활이 어떤 형식이나 격식에 있는 것이 아니라 기호에 그 목적이 있기 때문이다. 그러나 한잔의 차로 목을 축이는 것이 가장 자연스러운 차생활이라고 하더라도 문제는 있으니 바로 '간 맞게 한다'는 그것이다"[128]라고 하였다. 차도에서의 중정은 어디까지나 차의 간이 잘 맞는 것이라고 거듭 강조하였다. 이 간 맞는 좋은 차가 되기 위해서는 물·불·차·차기 등을 알맞게 잘 다루는 차도용심에서 비롯되므로 차도용심의 중요성

---

125) 艸衣,『東茶頌』22首.
"體神雖全, 猶恐過中正, 中正不過, 健靈併."
126) 艸衣,『東茶頌』22首.
"…評曰採盡其妙, 造盡其精, 水得其眞, 泡得其中, 體與神相和, 健與靈相併, 至此而茶道盡."
127) 최범술, 앞의 책, p.58.
128) 최범술, 위의 책, p.62.

을 강조하였다. 이러한 효당의 차도관은 현실성과 실용성을 중시하는 실학 정신의 면모를 드러낸다고 할 수 있다. 민족적 자각에 기반한 효당의 차도는 지나친 격식을 비판하고 있음을 피력한 김용범의 견해를 살펴보자.

> "효당은 『한국의 차도』에서 '차는 다만 물을 끓여 간 맞게 마시면 된다'고 말했다. 얼마나 알아 듣기 쉬운 설명인가.……(이것을) 보면 효당의 차도는 원래 엄격한 격식주의·형식주의를 조장하는 것은 아니다.……다시 말해서 최소한의 격식을 지키면서 단정히 앉아 적청화경(寂淸和敬)의 자세로 마음을 한군데로 모아 차를 마시자는 게 효당의 지론이다. 이 지론은 형식과 격식에 지나치게 몰입하여 얽매이는 일본 차도에 대한 효당의 노골적인 비판으로 연결된다.……효당의 일본 생활을 상기해 보면 그는 일본 차도의 그런 의식화 경향을 눈여겨보았음에 틀림없다. 그래서 민족의 독립의식이 강한 효당은 일본 차도 비판에 정면으로 나선 것으로 이해된다. 그럼에도 그의 일본 차도 비판이 역으로 '의식화된 효당 차도'의 분위기를 풍긴다는 일부 한국 차인들의 지적이 있다는 것은 아이러니가 아닐 수 없다. 그런 사람들 중 하나가 바로 김운학이다. 그러나 그는 효당을 그렇게 비판하면서도 다른 한편으로는 현대의 대표적 차인으로서 해남 대흥사의 응송 스님과 함께 사천 다솔사 효당 스님을 꼽는 데 조금도 주저하지 않았다."[129]

위의 김용범의 글과 앞서 효당의 '반야로 제차'에서 지적한 바처럼, 김운학이 그의 저서에서 효당의 제차법 이외 범절을 중요시하는 효당의 차풍을 일본식이라 비평함은 효당의 차도를 깊이 있게 이해하지

129) 김용범, 「효당 다론의 차도무문」, 『다도』(서울: 월간 다도, 2012.7), pp.32~33.

못한 결과로 볼 수 있다.

모든 음식은 간이 잘 맞아야만 하듯이 차도 간이 맞아야 한다. 음식의 간이 맞을 때 그 음식의 진미를 맛보게 되듯이 차도 간이 잘 맞아야만 좋은 차가 되는 것이다. 이러한 구체적이고 실질적인 간 맞는 차의 음미를 통해 인간생활에서도 중정을 잃지 않는 참된 멋진 삶으로 나아갈 수 있다. 이것이 바로 차의 생활을 통해 중정의 도(道)를 발견하고 치우침 없는 생활 태도, 사고방식 등을 유지함으로써 온전한 생활을 영위할 수 있게 된다는 뜻이다.

효당은 도(道)란 생활에 있고, 생활 그것은 바로 중정을 잃지 않는 온전한 것을 말한다고 하였다. 중정을 잃지 않는 온전한 생활이란 제 빛깔[自己本色]·제 길수[自然의 妙理]·제작[天作]에 이르는 것으로 원효성사가 말한 '묘계환중(妙契還中)' 즉 '용하게 중정의 대도에 계합한다.'는 뜻과 같은 이치라고 하였다. 나아가 원효의 '묘계환중'은 유무(有無)·진속(眞俗)·염정(染淨)·시비(是非)의 양극단의 치우침을 여의고도 그 중간에 처하지도 않고, 독정(獨淨)한 일심(一心)의 원천으로 환원하는 것을 말하는 것이다. "옳은 이치가 아닌듯하면서도 이치가 지극하고 그렇지 않은듯하면서도 크게 그러한 바로 그것을 말함이다"[130]라고 하여 '중정'의 깊은 의미를 드러내었다.

간이 맞는 차의 음미를 통한 생활에서의 중정의 유지란 음식의 간이 잘 맞아야 참된 맛이 있듯이 사람이 중정을 잃지 않을 때 참맛을 지니게 된다는 뜻이다. 즉 차생활에서 간 맞는 차의 음미를 통해 각성하여 인간의 현실 생활에서 중정의 대도를 실천할 것을 목표로 한다

130) 최범술, 앞의 책, p.63. "無理之至理 不然之大然."

는 뜻이다. 간이 맞는 차의 진미, '묘계환중'의 생활, 이것은 우리 민족의 '멋'이라는 말과도 통한다. 중정의 도를 찾는 관건은 차도용심에 달려 있다. 이 차도용심에 대해 가장 적확하게 지적한 사람은 초의이다.

즉 초의는 정조의 부마였던 해거도위 홍현주의 부탁을 받아 중국의 차성 육우의 『차경』에 비견되는 『동차송』을 지었다. 이 『동차송』의 요지는 차의 체(體)인 탕수와 신(神)인 정차(精茶)가 합하여 그 중정의 도를 찾아야 할 것이며, 그 중정의 도를 찾는 본질적인 원리가 구체적인 차도용심이라 하였다.

④ 범절의 도(道)

차도는 범절의 도(道)이다. 효당은 차도는 모든 범절(凡節), 즉 일상 예절의 근간이 되는 덕목을 닦아나가는 길이라고 하였다.[131] 우리는 흔히 절도 있고 규모 있는 생활을 해나갈 때 '범절이 좋다'고 한다. 범절은 다시 객관적인 범절과 주관적인 범절로 나눌 수 있다. 객관적인 범절이란 외면적인 것이다. 우리의 언행이 예의 바르고 교양 있으며 의식주 생활이 검박하고 절도가 있으며 품위 있는 조화로움을 갖춘 것이다. 주관적인 범절이란 내면적인 것으로 한 사람의 인간으로서 충분한 인간성을 발휘하여 인간이 지닌 본래의 사명과 이 사명에 따르는 덕행을 이루어 가는 것을 말한다.

이 주관적인 범절이 주가 되어 행(行)·주(住)·좌(坐)·와(臥)·어(語)·묵(默)·동(動)·정(靜) 등의 모든 행동을 하게 되는 것이다. 그러므로 모든 범절을 통틀어 일상 예절이라고 한다. 이 예절의 근간 되는 것을 덕

131) 최범술, 앞의 책, p.16.

목이라고 한다. 효당은 이러한 덕목을 닦아나가는 데 차생활이 가장 적합하다고 본 것이다. 특히 차를 마실 때의 예의범절을 차례(茶禮)라고 하였다. 어느 때, 어느 곳에서 차를 마시더라도 그 분위기에 어울리는 예의가 필요하며 이러한 때에 행해지는 모든 범절을 차례라고 하였다.

효당은 우리나라에서는 차례(茶禮)라고 하는 미풍의 예속이 오래전부터 전래해 오고 있는데, 제례(祭禮) 때와 혼례(婚禮) 때 행해지는 차례가 바로 그것이라고 하였다.[132] 특히 우리는 제례를 차례라는 말로 불러오고 있다. 이것은 제사에 다식을 제수로 올리고 향을 사르고 차로써 제례를 행하였던 것을 말한다.

성현(1439~1504)의 『용재총화』에 "제사에는 여러 가지 과일과 인절미와 차와 술을 쓴다"[133]라는 기록이 보이고 차가 나생(羅生)하고 있는 경상도와 전라도의 일부 지방의 범절 있는 집안에서는 지금도 차로써 제사를 모셔 오고 있다. 또 옛적엔 거의 집집마다 다식판을 마련해 놓고 송화 다식이나 흑임자 다식 등을 만들어 제사상에 올렸다. 조선왕조 때 실학자 성호 이익(1681~1763)은 이 '다식(茶食)'에 관해 다음과 같이 말하였다.

> "우리나라 제사에는 다식이란 것이 있다. 쌀가루를 꿀에다 섞어 뭉쳐서 나무통 속에 넣고 짓이겨 동그란 떡으로 만들었는데 사람들이 그 다식이라는 이름과 그 뜻을 아는 이가 없다. 내 생각으로는 송나라 때의 대소용단(大小龍團)이 변한 것이 아닌가 한다. 차는 처음에

132) 최범술, 앞의 책, p.67.

133) 成俔, 『慵齋叢話』 卷之二.
"…祭奠諸果餈餅茶湯與酒."

는 끓는 물에 달여서 먹었다. 가례에는 점차를 썼는데 찻가루를 먼저 잔속에 넣고 탕수를 부어서 찻솔로 휘저었던 것이다. 지금 일본차가 모두 이와 같다.……지금 제사에 다식을 쓰는 것은 곧 점차(點茶)에서 온 것인데 이름만 남아 있고 물건이 바뀐 것이다. 어떤 집은 밤을 가루로 만들어서 다식 대용으로 쓰는데, 물고기나 새나 꽃잎 모양을 만들어 쓰는 것은 용단이 변한 것으로 보인다. 모난 그릇이 모나지 않게 만들어지는 일[고지불고(觚之不觚)]이 무슨 물건인들 그렇지 않겠는가?"[134]

가례에 점차를 했다는 것은 가루차를 썼다는 것이다. 이것은 신라나 고려 때에 크게 유행했던 것으로 볼 수 있다. 특히 설·추석 등 대명절에는 평소와는 달리 목욕재계하고 정성껏 마련한 갖가지 제수를 차려놓고 차례를 모시는 예속이 있어 왔다. 이러한 예속은 차로써 범절을 가르치던 유풍으로 민족적인 멋의 문화이기도 하다.

또한 효당은 혼사 때의 차례는 더욱 깊은 뜻을 지니고 있다고 하며 그것에 대해 다음과 같이 언급하였다.

"…일생에서 가장 중요한 결혼식을 전후하여 차례를 행함으로써 차도의 깊은 뜻을 현실 생활 속에 살려가고자 했던 것을 알 수 있기 때문이다. 우리나라의 결혼식에는 반드시 결혼 전후를 통하여 두 번의 차례를 행한다. 처음에 남혼여취의 납폐를 행할 무렵에 그들 부형은

---

134) 李瀷,『星湖僿說』卷之六 萬物門.
"…國家祀典有茶食. 用米麵和蜜, 木匡中築作團餅, 人不解其名義. 余謂此宋朝大小龍團之訛也. 茶始煎湯. 家禮用點茶, 則以茶末投之盞中 沃以湯水, 攪以茶筅也, 今之倭茶皆如此.…(중략)…今之祭用茶食 則點茶之義, 名存而物易也. 人家或有粉碎栗黃而代者, 作魚鳥花葉之狀, 視龍團轉訛. 觚之不觚, 何物不然?…"

차로써 예를 행하고 또한 혼약이 결정되면 '봉차(封茶)'라고 하여 차를 보내어 그 굳은 언약을 표한다. 다음에는 결혼식이 끝난 후 신부가 시가(媤家)로 가서 처음 시가댁의 선영을 모신 사당을 배알할 때에 차례를 행하게 되어있다. 이때에 신부는 그 친가에서 마련하여 온 다식·다과 등의 음식을 정중히 그 제상에 올려놓은 뒤에 헌차(獻茶) 예식을 행하는 것이다."[135)]

이에는 깊은 뜻이 내포되어 있다. 인생행로에서 경험하게 될지도 모를 그 어떤 경우에도 잘 인내하고 감내하며 가정을 잘 이끌어가겠다는 서약 행사이다. 또한 차나무는 옮겨 심으면 잘 살지 못하듯이 정절을 지키고 사시사철 푸른 차나무와 같이 시집살이를 잘하겠다는 의미가 내포되어 있다. 이같이 일생에서 가장 중요한 결혼이 차례로써 이루어져 온 예속을 생각해 볼 때 우리의 차례 문화는 깊은 역사성을 지니고 있음을 알 수 있다. 이러한 차생활이 위주가 된 범절 있는 가정은 자연히 건실한 사회를 이룩하는 바탕이 되지 않을 수 없다. 그러나 차례에 있어서 가장 중요한 것은 무엇보다 자연스러워야 한다는 점이다.

⑤ 수선의 도(道)

차도는 수선(修禪)의 길(道)이다. 선(禪)은 수행의 방법이다. '선(禪)'이란 인도 말인 드야나(dhyāna)를 선나(禪那)라고 한자화한 말의 약칭이다. 원래 인도인들이 수행하는 방법으로서 선나, 요가, 사마디, 삼매 등으로도 불린다. 불가에서는 이 수행의 방법을 가리켜 좌선(坐禪) 혹은 수선(修禪)이라고 한다. 그러면 이 수선을 통해 무엇을 얻을 수 있

---

135) 최범술, 앞의 책, p.70.

는가? 일상에서 행(行)·주(住)·좌(坐)·와(臥)·어(語)·묵(默)·동(動)·정(靜) 등을 행동하되 흐트러짐이 없이 침착하고 고요한 가운데 모든 사물이나 자기 마음속에서 온갖 것을 정관(靜觀)하는 일이다.

문화란 불 피워 물 끓여 먹는 데서 시작된 것이다. 불 피워 물 끓여 먹는 일의 극치가 바로 차도이다. 적적요요히 차실에 홀로 앉아 화로에 불 피워 물 끓이며 솔바람 소리 일 듯하는 물 끓는 소리를 들으며 정성껏 차를 우려내어 마시면서, 차가 지닌 쓰고·떫고·시고·짜고·단 오미를 음미한다. 차를 음미하며 자신의 주위에서 전개되는 모든 일들과 자신의 마음속에 일어나는 온갖 상념을 고요히 관찰한다. 그 고요한 관찰을 통해 마치 고인 물이 흐르는 물로 말미암아 맑은 여울을 이루듯, 치우쳐 고여 있던 감정의 찌꺼기들을 흘려보내어 초극(超克)한다. 이에 맑은 상념으로 정신을 정화시켜 정관(靜觀)의 소우주를 키워갈 수 있다.

효당은 이 선도나 차도를 통하여 자기가 없어도 우주·인생이 있을 수 있고, 자기도 없고 우주도 없는 마침내는 인생 또한 없이하여 주는 경지, 곧 자기와 전 우주·인생이 함께 호흡하고 같이 움직이는 힘을 얻게 된다고 말하였다.[136] 이러한 까닭으로 차와 선을 수련한 사람은 모든 사물에 달관 되어 그 마음이 맑고 고요하다. 또한 일상사를 대하는 모든 몸가짐이 침착하고 조용하며 이성적이고 슬기롭다. 바로 '차(茶)와 선(禪)'은 이러한 경지로 가는 지름길이다. 우리의 육신과 심정을 가볍고·쾌하고·평안하고·부드럽게 하는 길이 곧 이 '차와 선'을 통해서이다. 곧 차선일체·차선일미이다. 효당은 이 차선일체의 지경을 초의

---

136) 최범술, 위의 책, p.74.

선사(1786~1866), 원효대사(617~686), 천태지자대사(538~597), 보조선사(1158~1210), 조주선사(778~897) 등의 수행의 경계를 들어 설명하였다.

> "…초의는 이 선(禪)의 길을 선이라 부르는 것보다 지관(止觀)이라고 즐겨 말하고 있다.……지(止)는 어디까지나 관행(觀行)의 과정이며, 이 경지의 지(止)가 숙련된 경우에는 언제 어디서 어떠한 때를 막론하고 올바른 판단 하에서 생활하여 나가게 되므로 이것을 깨친 견해, 깨친 행동이라는 뜻에서 관행(觀行)이라고도 말한다. 이것을 원효대사는 그 『금강삼매론』 中에서 크게 밝힌 바이며, 그 이전 중국의 천태지자대사도 밝힌 바이요, 또 보조선사도 정혜쌍수(定慧雙修)라고 말하고 있는 바이다.……중국의 조주(趙州)라는 선사는 그 제자들이 불도의 대의를 그에게 물을 때나 혹은 조사의 깨친 지경을 물을 때마다 언제나 똑같은 말로서 "차 한 잔 마시게나" 하는 대답을 하였다는 것이다. 이것을 후인들은 그냥 선(禪)문답이라는 공안(公案)이라 하여 알기 어려운 의심의 표적이 되는 화두(話頭)라고들 한다. 그러나 그것은 조주선사가 묻는 제자들에게 복잡한 문제를 제시한 것이 아니요, 우리의 각성생활(覺醒生活)이라는 일상생활의 평상심(平常心)이 곧 도(道)라는 것을 지적한 것에 있다 할 것이다."137)

효당은 공안, 즉 화두에 몰두함은 정신 통일로서의 지(止)이며, 지(止)의 목적은 통찰력 즉 관(觀)을 얻는 것이라고 하였다. 지(止)는 어디까지나 과정이고 목적은 관행(觀行)임을 알아야 한다는 뜻이다. 참선의 목적은 정신 통일을 함으로써 사물에 통찰력을 얻어 현실적으로 잘 처리해야 함을 말한 것이다. 즉 화두나 공안은 선정의 방법이지 목적이 아니다.

---

137) 최범술, 위의 책, pp.75~76.

효당은 선정이 깨달음으로 가는 과정인 지(止)라는 사실을 잊고 인간현실을 외면하고 선정에만 머물러 있으면 심각한 벽하병(碧霞病)에 떨어지게 된다고 지적했다.[138] 선(禪)은 그 자체가 현실을 말하고는 있지만 때로는 너무 범박하고 추상적일 수도 있어 구두선(口頭禪)이나 야호선(野狐禪)에 떨어져 헤어 나오지 못하는 경우가 있다. 이에 비해 조주선사나 초의선사의 차선일체는 현실적인 힘과 생생한 활로를 열어준다고 하면서, 효당은 차(茶)로 가는 길에 선(禪)의 길이 있는 것이라고 논하였다.[139]

⑥ 멋의 도(道)

차도는 멋을 체현하는 길(道)이다. 차생활은 멋의 생활이라고 할 수 있다. 효당은 차생활의 일차적 목적은 무엇보다도 우리들의 취미나 기호생활에 있으며 이 취미생활이나 기호생활은 무한한 멋을 동경하고 추구하는 것이라고 하였다.[140] 멋의 정의는 쉽지 않고 다양할 수 있다. 한국인의 '멋'에 대해서 영국인 리처드·러트 주교는 다음과 같이 말하였다.

> "한국인에게는 '멋'이라는 독특한 감각이 있다. 이 감각은 한국인만의 독특한 감각이다. 한국에서의 멋은 아름다움, 즉 미(美)와는 다르

---

138) 최범술,『사람은 어떻게 살아야 하나』(서울: 보련각, 1974), pp.160~161.
"고요한 지경만을 닦고 있으면 자연히 그 靜寂한 곳에서 그만 마음이 침잠해져 맥이 풀리고 가라앉는 병이 든다. 명산의 공기 좋은 아름다운 풍광에 자지러져 모든 것을 다 망각하고 머리가 텅 비어 버리는 병이다……이와 같은 여러 가지 병통을 부수고 깨뜨리기 위해 우리는 관행 즉 비파사나(Vipassana)를 닦아야 한다."
139) 최범술,『한국의 차도』(서울: 보련각, 1973), p.77.
140) 최범술, 위의 책, p.78.

다. 물론 고상하고 우아한 것과도 다르다. '멋있다', '멋쟁이'라는 말이 풍기는 그 '멋'이라는 감각은 미(美)보다 활기가 있고 약간의 자랑기가 있고 유머러스한 일면도 띠고 있다. 영어로 멋을 나타내는 단어는 없다.……한국인들에게는 '멋'이라는 단어 하나로 그 모든 표현을 할 수가 있다.……이 멋이라는 감각이 그네들의 생활 속에, 문화 속에 스며들어 행동과 사고의 중요한 가치 기준이 되고 있다. 그러나 멋이라는 감각은 논리적인 것도 분석적인 것도 아닌 은유, 비유적인 습성에서 나온 것이다. '한국문화의 진수는 멋에 있다.'….”141)

외국인인 러트 주교의 이 말은 한국인의 혈관 깊숙한 곳에 흐르고 있는 우리 민족의 독특한 미적 감각을 생동감 있게 매우 잘 포착한 말이다. 외국인의 눈에도 한국인의 '멋'이 한국인의 행동과 사고의 가치 기준으로 느껴졌다는 것은 오랜 역사에 걸쳐 우리 민족이 살림살이하며 체화한 품성에 대한 직관일 것이다.

우리 한국인만의 독특한 멋은 차생활을 통해서 체현할 수 있다. 차생활을 통해서 체현하는 멋은 객관적인 대상에서 느끼는 멋과 주관적으로 체달하는 내면의 멋으로 나누어 살펴볼 수 있다. 우리는 생활의 주변이나 환경 곧, 주택·정원·차실 등을 비롯해 차실에 놓여있는 차도구, 걸려있는 서화, 상대방의 옷차림·말씨·행동거지 등에 이르기까지 객관적인 모든 대상을 멋이라는 말로 평가할 수 있다. 생활의 대상이 되는 그 모든 것이 장소와 때에 꼭 맞게 잘 어울릴 때 '멋있다'고 하고, 그렇지 못할 때 '멋이 없다'고 한다.

이때의 멋이란 조화나 '제격'을 기준 삼는다. 그러나 어떠한 사물이

---

141) 리처드 러트 주교, 「문화의 향기-내가 본 한국·한국인」, 『독서신문』 178(서울: 독서신문사, 1974.5.18), 6면.[※ 영국인 리처드 러트 주교의 한국 이름은 盧大榮이다.]

나 대상을 멋의 유무를 결정짓는 것은 객관적인 대상 자체의 조화나 제격이 일차적인 문제가 된다. 하지만 그에 못지않게 중요한 것은 대상을 보고 평가하는 사람의 안목이다. 그 안목에 따라 달라지므로 주관적인 내면의 멋이 더 큰 문제일 수 있다.

효당은 내면적인 참 멋은 우주 인생을 총체적으로 체달하여 이룬 덕성에서 얻은 대 환희, 즉 법희선열(法喜禪悅)에 있다고 했다. 환희로운 법희선열의 멋에 젖는 순간이야말로 인생에서 가장 신나는 때라고도 하였다.[142] 초의도 음차법에 있어서 물의 건령(健靈)과 차의 신기(神氣)가 잘 융화되어 우러난, 간 맞는 좋은 차를 혼자서 마실 때가 가장 좋다고 하여 '신(神)'이라고 표현하였다. 차를 마시는 차인 자신이 영원하고 무한한 천지 대자연과 통하고 삼매경의 법희선열에 젖을 수 있는 신이 된다는 뜻이다. 이때의 신은 귀신이나 전지전능한 신이 아닌, 우주의 원천적인 영기(靈氣) 즉 우주의 본질적인 건전한 기운을 뜻한다. 효당은 내면적인 멋에 대해 아래와 같이 설명하였다.

> "…내면적인 멋이란 참된 각성으로 생긴 커다란 환희의 생활에 있으니, '신난다'라는 우리말이 그 본뜻을 잘 나타내주고 있다. '신난다'는 이 말은 곧 그 자신에게 '신이 살아 난다'는 것이니, 이 순간이야말로 자기 본래성의 진면목이 조금도 손상 없이 활연히 나타난다. 또한 이 때야말로 자기와 타 인생과의 분별이 없어지고 자아가 세계, 세계가 자아로 되어 천지자연과 혼연일체가 되고 영원한 참삶의 환희에 젖게 되는 것이다. 이에 멋의 무한성과 영원성이 있다. 내면적인 멋의 가장 극치인 때야말로 자아의 여러 가지 한계가 없어져 무한으로 이어지고, 현재에서 과거도 미래도 동시에 살아 영원으로 이어지며, 시

142) 최범술, 앞의 책, p.79.

간적인 것과 공간적인 것, 계급적인 것 등을 포괄한 시방세계에 살게 되기 때문이다."[143]

우리의 선인들은 차를 통해 신나는 인생·멋진 삶을 누리려 했음을 알 수 있다. 효당은 이러한 참된 멋은 사유가 아니며 대중적인 공도(公道)여야 한다고 했다. 요사나 잔 솜씨나 흉내나 조작으로는 체득할 수 없는 것으로서 제 구색·제 장단·제 가락이 아니면 '설익은 멋' 즉 '설멋'에 흘러 맹탕이나 얼간이가 될 뿐이라고 하였다. 이러한 '참 멋'이 되살아난 진면목을 추사 김정희가 '불이선(不二禪)'의 경지에서 그린 난초화로 설명하였다.

"난초를 그리기 이십 년 세월
제대로 된 적 한 번도 없었는데
우연히도 그려졌구나.
오랫동안 생각하던 그 지경이.
문을 닫고 그 이유를 찾고 또 찾아보니
아! 이것이 유마의 둘이 아닌 지경(不二禪)에서 이루어졌구나."[144]

초의 또한 추사 김정희에게 보낸 차시에서 불이(不二)의 경지에서 차생활을 하였음을 알 수 있다.[145] 이것은 잘해보겠다는 생각이나 욕심이 사라져 둘이 아닌 지경[不二禪], 자타·주객을 분별하지 않는 지경에

143) 최범술, 앞의 책, pp.80~81.
144) 최범술, 위의 책, p.82.
"不作蘭花二十年, 偶然寫出性中天. 閉門覓覓尋尋處, 此是維摩不二禪."
145) 최범술, 위의 책, p.125.
"…上略…不二門中三十人, 都無所用廣長舌…."

이르러서만이 참 멋이 되살아난다는 것을 뜻한다. 효당은 이러한 멋은 대중의 것[公道]이며 결코 사욕의 자리[私道]가 아니며, 차의 생활·멋의 생활은 전 사회인이 공동으로 성취해야 할 공동의 광장이라고 단언하였다. 따라서 차생활을 통해 참 멋을 체현한 사람은 결이 고운 사람이고, 우리 사람 사람이 체현한 멋이 사회화할 때 결이 고운 세상이 되는 것이다.

⑦ 대자비행의 도(道)

차도는 대자비를 실천하는 길(道)이다. 효당은 차도는 법희선열을 양식으로 삼고 대자비의 행원을 목표로 한다고 하였다. 왜냐하면 차인은 한 잔의 차를 통해 한없는 은혜와 감사를 느끼며 그 은혜에 보답할 줄 아는 사람이기 때문이다. 이렇게 은혜를 알고 사회에 보답하고 보은하고자 하는 생각이 들었을 때 비로소 사람다운 정상적인 자리로 찾아든 것임을 깨달았다는 뜻이라고 하였다.[146)]

차인은 한 잔의 차에도 천지 대자연의 한량없는 은혜가 깃들어 있음을 깨닫고, 정성과 공력이 깃든 한잔의 차를 마실 수 있는 자격이 있는지를 스스로 반성한다. 결코 순간적인 갈증의 해소나 차의 맛과 향에 끌려서만 탐하지는 않기 때문이다. 한 방울의 물·한잔의 차일망정 그것은 심신의 건강을 위하고 또한 우리 각자의 사명을 성취하기 위해서 마신다는 절실하고도 심각한 자각으로 임하게 된다는 뜻이다.

효당은 이처럼 한 방울의 물·한잔의 차를 통해 한없는 은혜로움과 감사를 자각할 수 있을 때 차인의 생활은 기쁘고 반가운 것으로 변할

---

146) 최범술, 위의 책, pp.63~64.

수 있다고 하였다. 차성 초의가 쌍수도인(雙修道人) 김정희에게 보낸 차시를 빌려서 그 심정을 표현하였다. 즉 초의가 "그 참모습 나타날 때 환희스러워, 어떠한 심정인지 더욱 간절키만 해(一廻見面一廻歡, 有甚情懷可更切)"라고 읊은 것은 바로 한잔의 차를 통해 만유의 진면목에 환희하는 것이라고 하였다. 또 "수많은 인생행로 난관 있다고 해도 엄연히 비원대로 행하고저(三十柱杖曾不畏, 等閑隨雲下巖辟)"라고 함에서 지은(知恩)의 심정이 절실할 때 대비원(大悲願)을 행하고자 하는 마음도 더욱 간절해진다고 하였다.[147]

효당은 이처럼 은혜를 알고 은혜를 갚는다(知恩報恩)는 것은 사람의 도리를 다하는 것으로 이것은 자비의 실천으로 나타나는 것이라고 했다. 우리가 은혜를 확실히 알고 은혜를 확실히 갚겠다는 굳은 의지가 확립되면 우리의 인생행로에 수많은 장애와 난관이 있더라도 두려움으로 물러남이 없이 큰 비원을 실천하게 된다는 뜻이다.

인생의 천만사는 제행무상(諸行無常)하여 봄눈처럼 허무한 것이다. 하지만 그 생활 중에서 결코 깎아 없애지 못하는 일단(一段)이 있다. 그것은 바로 은혜를 알고 은혜를 갚고자 기쁜 마음으로 대비원을 실행하는 것이다. 지은보은(知恩報恩)하고자 하는 법희선열의 생활이야말로 진리의 생활에 계합한 것이다. 그 생활은 '옳지 않은듯하면서도 크게 옳고, 이치가 아닌듯하면서도 지극한 이치(不然之大然 無理之至理)'인 온전한 생활이 된다. 다시 말하면 물과 불이 상극이듯이 생과 사의 정반대의 양면성을 내포한 우리 인생길에서 만나게 되는 여러 가지 어려움을 차생활을 통해 극복하고 깨달음을 얻을 수 있다. 그 깨달

147) 최범술, 위의 책, pp.64~65.

음으로 대자비행을 실천함이 불보살의 생활이자, 대사회성을 구현하는 차인의 길이기도 한 것이다.

⑧ 살림살이의 도(道)

차도는 살림살이의 도(道)이다. 효당은 차생활을 포함한 모든 인생살이를 '차살림살이'로 표현했다. 우리의 인생살이는 일상생활에서 불을 피워 물을 익혀 먹는 데서 시작하고 차생활 또한 그러하다. 효당은 차생활과 인생살이에서 모든 것을 그대로 그 특성을 살려가면서 생활해야 한다는 뜻으로 '살림살이'라는 말을 쓰며 인생살이를 차살림살이로 표현하였다.

우리는 현재 살림살이를 영위해 가는 엄연한 현실에 살고 있다. 이 현실 속에 우리의 선인들로부터 이어져 온 고유한 규범과 예속 등 많은 살림살이가 내재해 있다. 우리는 선인들의 유산을 이어받은 상속자로서 한국인 본유의 살림살이 정체성을 잘 살려가야 할 것이며, 그 특성은 우리의 후손들에게 이어져가도록 해야 할 것이다. 이러한 관점에서 효당은 살림살이의 가장 근본적인 의·식·주 생활뿐만 아니라, 우리의 기본생활을 풍요롭고 아름답게 하는 차생활을 비롯한 갖가지 기호나 취미생활, 예술생활 등 우리의 인생을 위한 것이 살림살이에 포함된다고 하였다. 나아가 우리의 살림살이가 그 가치와 공용성을 충분히 발휘하면서 살려지는 살림살이인지를 고찰해 볼 필요가 있다고 하였다.[148] 먼저 우리의 의·식·주 살림살이에 대한 효당의 견해를 살펴보도록 하겠다.

---

148) 최범술, 앞의 책, pp.130~132.

첫째, 효당은 우리가 선인들에게서 물려받은 유서 깊은 건물 살림살이에 대해 다음과 같이 말하였다.

> "우리가……수많은 정자(亭子)나 누대(樓臺)며 모모 선생이 거처하였다는 서재, 그리고 재실 등과 같이 유서 깊고 매우 고아한 절간의 승사, 승방 혹은 암당(庵堂) 등이다. 아닌 게 아니라 멋도 있고 아담스럽기도 하여 좋게 보이는 것이다.……이와 같은 견지에서 보다 낫게 행하기 위해서는 규범 없는 난립이나 조작되어서는 안 될 것이다. 어디까지나 근원적인 미의 복원이어야 하며 부활이어야 할 것이다. 바꾸어 말하면 멋없는, 무의미한 조작은 조작(造作)이 되고 만다. 이런 의미의 창작보다는 건실한 중흥이라는 말이 더욱 적절할지도 모른다. 그리하여 '선의(善意)의 중흥'이라는 것은 새로 이루어진 창작보다도 더 어렵다는 말을 우리들은 전하여 오는 것이니, 이 말은 위와 같은 것을 두고 한 것만 같기도 하다."[149]

효당은 멋없는 무의미한 조작은 그야말로 조작일 따름으로 이런 관점에서는 그 유래와 구도, 목적 등을 고려하여 재건하되, 창작보다는 중흥이라는 말이 적절하다고 하였다. 이러한 관점에서 불국사의 석가탑 복원 공사에 대해 제언한 바 있다.[150]

둘째, 효당은 생존 시, 우리의 의복생활도 백의민족이라는 어휘에 사로잡혀 굳이 흰색의 옷을 고수할 필요는 없다고 하였다. 하얀 옷을 깨끗이 입기 위해 종래 주부가 감당해야 하는 시간과 공력은 너무도 커서 다른 생업에 힘을 쓰지 못했다고 하였다. 또한 평상복은 활동적

149) 최범술, 앞의 책, p.133.
150) 최범술, 「석가탑복원공사를 말한다-불국사의 법보는 어찌 되었는가」, 『불교』 10(서울: 월간불교사, 1971), pp.28~34.

이고 건사하기 쉬운 옷이어야 한다고 하였다. 반면에 고유한 역사를 지녀온 우리의 예복은 고귀하고 정중한 미를 지니고 있어 살려져야 하는 산 사람의 살림살이라고 논하였다.[151)]

셋째, 효당은 우리가 가장 절실히 생각해 봐야 하는 것이 우리의 식사법이라고 하며 다음과 같이 말하였다.

> "대부분이 가정에서 식사하거나, 또는 많은 사람과 회식하거나 혹은 외국인과 같이 식탁을 사이에 두었을 경우 대체의 몸가짐새 등이 좋지 못하다. 그리하여 일제시(日帝時)에는 일제의 하급 병졸 졸리(卒吏)에게까지 "조선 사람은 밥 먹을 때에 예절이 없이 그냥 밥상 위에 짐승처럼 지저분하게 어질러 놓으며 먹는다."라고 손가락질을 당하기도 하였다.……그러면 우리에게는 하루의 세끼 때마다 먹는 음식에 다하는 예의가 없단 말인가?……그것은 결단코 그렇지 않았다. 이보다 훨씬 높고, 현재의 어떠한 교양 높은 문화 수준이 월등한 국가나 민족보다도 더욱더 훌륭하고 아름답게 행사가 이루어졌음을 알 것이다. 그것은 불교인(佛敎人)인 나로서 편파된 말을 하는 것이 아니다. 지금 어느 절이든지 그 절의 소위 수행승(修行僧)이라는 미명을 쓰고 있는 대부분의 승려들이 말하는, 공양시(供養時)에 행하는 식당 작법을 참관하여 본다면, 그 아름답고 깨끗하고 가장 예절 있는 평등공양(平等供養)을 알게 될 것이다."[152)]

위의 글은 효당이 어느 나라 어느 민족이든 자신들의 고유한 정신적인 행사가 있을 수 있고, 우리 겨레에게도 수천 년 동안 모범 되는 식생활의 예절이 있었음을 강조한 내용이다. 또 다음과 같이 말했다.

---

151) 최범술, 『韓國의 茶道』(서울: 보련각, 1973), p.135.
152) 최범술, 위의 책, p.137.

"…차를 하는 사람들의 차례에서도 일본에서 성행하고 있는 일본식 차례가 가장 좋은 예식으로 알거나, 심지어 우리들이 하고 있는 작법이 일본식을 따른 별것이 아닌, 우리에게는 별로 없다고 단정하고 있는 것은 철없고 설 멋진 맹탕들의 일일 것이다."[153]

효당은 우리에게는 일본보다 훨씬 먼저 성립된 훌륭한 차례 문화가 있고 우리 차문화가 일본으로 건너가서 일본 차문화의 기저가 되었음을 말하였다. 일제강점기를 살았던 효당은 일본으로부터 독립하기 위해 투쟁한 역사적 배경 속에 있었기에 효당의 차도는 우리 차문화에 대한 민족적 자립 의식이 강하게 내포되어 있다.

효당은 우리에게는 제례나 혼례 때 행하는 아름다운 차례가 있고 차생활이 있다고 하였다. 그러나 차례나 차생활도 시대의 변화에 따라 적절한 창의와 투철한 견해가 바로 서서 어렵지 않게 처신해 나갈 때 진정한 차인의 면모가 드러난다고 하였다. 또한 차실을 아름답고 품위 있게 꾸미기 위한 화훼나 서화, 차기 등도 차를 마시며 각성의 생활을 하는 살림살이의 눈으로 볼 때 그 어느 경우에서도 합당하고 자연스러워야 함을 강조하였다.

무엇보다도 효당은 봄철, 동백과에 속하는 어린 찻잎을 따서 만든 이 기호품을 한민족 음식물의 '불기(不器)'라고 하였다. 이 말은 공자가 덕망을 갖춘 군자를 표현할 때 '군자불기(君子不器)'라는 용어를 쓰듯이 차를 우리 한민족의 불기적인 기호식품으로 정의한 것이다.[154]

『논어』의 「위정(爲政)」편에서 '군자불기(君子不器)'에 대해 다음과 같

---

153) 최범술, 앞의 책, p.138.
154) 최범술, 위의 책, pp.18~19.

은 뜻으로 주석했다.

> "그릇(사람의 됨됨이)이란 각각 그 쓰임새가 있어 아무렇게나 서로 바꾸어 음식을 담을 수 없듯이 보통의 사람은 됨됨이만큼만 역할을 할 수 있다. 그러나 덕을 갖춘 사람은 몸에 갖추지 않은 것이 없어 어느 곳 어느 때 어떤 역할도 다 감당할 수 있고 한 가지 역할에만 국한되어 그 옹색함을 고집하지 않는다."[155]

효당은 차의 '불기(不器)'란 차생활을 통해 심신의 덕목을 갖춘 사람으로서 원효의 "수무공능 응기설화 유여천고(雖無功能 應機說話 猶如天鼓)"라는 말을 빌려 비록 평소에는 잘나 보이는 것이 없는듯하나 계제가 되어 자신의 소신을 밝히게 될 때는 우레와 같은 바른 지견을 낼 줄 아는 지혜로운 사람이라고 말하였다.[156] 효당이 말한 '차의 불기'는 기호품인 차생활을 통해 심신을 수련하여 체득한 덕목을 유사시에는 제한된 범주에 옹색하게 걸림 없이 적재적소에 임기응변하여 사람 노릇을 잘할 수 있음을 뜻한다. 차에서 비롯되는 차생활은 우리 겨레의 구원실성(久遠實成)한 불기(不器)로서 종합적으로 가꾸고 키워가야 할 민족정신의 미래성을 담고 있는 살림살이다.[157] 아울러 효당은 민족문화의 전래성을 중시하여 '茶' 자는 '차'로 발음해야 한다고 주장하였다.

> "…그 이유로는 '茶' 자의 음은 장가반(丈加反) 또는 택가반(宅加反)으로 되어있는 『강희자전』등의 문증에서 볼 때에 중국에서는 '차'라

155) "器者, 各適其用不能相通. 成德之士, 體無不具, 故用無不周, 非特爲一才一藝而已"
156) 최범술, 앞의 책, p.16~19.
157) 최범술, 위의 책, pp.156~158.

는 발음이 없던 것이다. 말하자면 '茶'가 우리나라에 와서 '차'로 와(訛)하여 발음된 것이 다시 일본으로 건너간 것임을 그 음에서 짐작할 수 있다."[158]

효당은 『강희자전』 등의 전거(典據)에 의해 '茶' 자의 음은 '쨔(丈加反), 탸(宅加反), 쨔(眞加切)'로서 '다'가 아닌 '차'로 발음됨을 밝히면서 우리나라에 들어와서는 '차'로 발음되어 정착되었고 일본으로 건너가서는 '오챠'라고 발음되었음을 지적하였다.

차가 그 원산지인 중국 운남성 일대에서 북동쪽인 중국 내륙지방·몽골·러시아·한국·일본과 서쪽의 이란·터키 등으로 전파되어서는 '차(cha)'로 발음되었다. 반면에 서남쪽 바다를 건너간 유럽 쪽에서는 'te' 혹은 'ti'로 발음되다가 다시 'tea'로 된 것이다. 현재 중국 광동어 계통에서는 '차(cha)'로, 복건어 계통에서는 '다(te, ti)'로 발음되고 있다.[159]

또한 우리나라의 옛 문헌인 15세기의 『월인석보』·『동국정운』·『두시언해』 초간본·16세기의 『훈몽자회』·17세기의 『박통사언해본』 중간본·18세기의 『한청문감』·『역어류해』 등에서 '차'로 발음되어 차방(茶房)·차반(茶盤)·찻종(茶鍾)·차관(茶罐)·차통(茶筒)으로 표기되어 있다. 특히 차담(茶啖)은 고려시대부터 써온 것으로 밝혀졌다.[160] 현대에 와서 한자 사전류를 편찬하면서 모두 '다' 자로 번역되었으나 오늘날에는 '차'와 '다'가 혼용되고 있다. 그러나 전통의 차문화를 제대로 뿌리

158) 최범술, 앞의 책, p.24.
159) 채정복, 「근현대 한국 차문화를 중흥시킨 초의와 효당」, 『한국불교학』 46(한국불교학회, 2006), p.599.
160) 채정복, 위의 글, p.599.

내리기 위해서는 '차'로 발음하여 바로잡아야 할 것으로 사료된다.

따라서, 효당은 차 마시는 일에 관계되는 차사(茶事)에 있어서는 차도(茶道)·차례(茶禮)·차인(茶人)·차실(茶室)·차기(茶器)·음차(飮茶)·헌차(獻茶)·동차송(東茶頌)·차신전(茶神傳) 등 '차'로 발음해야 전래되어 온 우리의 차문화 살림살이를 제대로 복원하여 전승하는 길이라고 밝히고 있다.

효당의 차도는 차생활을 통해 각성하여 깨친 사람의 안목으로 모든 것을 살려가는 '차살림살이'다. 이러한 차생활을 통해 온전한 생활을 영위하는 알뜰한 살림살이를 올바른 삶이라고 할 수 있다. 차생활이라는 것은 우리의 생활주변 즉 살림살이하는 데 있으며, 이것은 차의 길이 곧 살림살이의 도임을 제시한 것이다.

차인의 차살림은 곧 법희선열을 양식으로 한 대비원(大悲願)의 실천에 있고 묘용(妙用)에 있는 것이다. 그 어떠한 것도 죽이지 않고 잘 활용해 씀으로써 그것의 가치와 공용을 최대한으로 발휘하여 살려가는 '알뜰한(實) 살림살이'이다. 이러한 알뜰한 '차살림살이'는 '멋'을 체현하는 생활이다. 조화로운 최고의 멋은 우주와 인생의 총체적 체성을 체달하여 사회화했을 때 얻어지는 것이다. 조화로운 멋은 우리 모두가 성취해야 할 대승적 목표이다.

효당의 차도는 차와 선, 예술, 국학, 실학 등이 일체화된 구도이다. 그러한 구도에서 성립된 효당의 차도관은 누구나 평등하게 차생활을 통해 각성하여 중정의 도를 터득하고, 모든 것을 살려가는 대자비를 실천하며, 대조화의 멋을 구현한 대사회건설, 곧 새로운 역사 창조를 궁극적 목표로 하는 총체적 '차살림살이'이다.

3) 효당의 '차살림살이'의 국학적 의의

효당이 주창한 '차살림살이'라는 용어는 국학의 범주에 있는 순수한 우리말로서 인생살이 자체를 의미한다. 효당은 우리가 일상생활에서 불을 피워 물을 익혀 먹는 그 어느 것도 모두 차생활에 포함될 수 있는 것이며, 차생활은 모든 것을 그 자체로서의 특성을 살려가면서 생활한다는 뜻으로 '차살림살이'라는 말을 사용하였다. 이때의 살림살이는 모든 것을 살려가는 깨친 안목을 지닌 삶이다.

본래 '살림살이'라는 용어는 사전적(辭典的)인 협의로는 '가계(家計)'를 말하는 것이다. 그러나 '차살림살이'는 차생활의 도리로 세상을 바라보고 이해하는 것으로서 각각의 체(體)·상(相)·용(用)으로 나누어지는 것이 아니다. 『대승기신론(大乘起信論)』에서는 일체법이 본체(本體)와 성상(性相)과 작용(作用)을 포함하는 것으로 설해져 있다.[161] 우주법계의 도리를 이해할 때 체용론의 이론과 실체를 함께 담아서 이해해야 한다는 뜻이다.

'살림살이'라는 범주는 작게는 '집안 살림살이'·'절 살림살이'에서부터 '나라 살림살이'에 이르기까지 대소·승속을 모두 아우르고, 궁극적으로는 법계연기(法界緣起)인 '우주적 살림살이'에까지 이르게 된다.

---

161) 『大乘起信論』 立義分(大正藏 32卷 No.1666 p.575c).
"已說因緣分. 次說立義分. 摩訶衍者總說有二種, 云何爲二. 一者法, 二者義. 所言法者, 謂衆生心. 是心則攝一切世間法, 出世間法. 依於此心顯示摩訶衍義. 何以故? 是心眞如相, 卽示摩訶衍體故. 是心生滅因緣相, 能示摩訶衍自體相用故. 所言義者, 則有三種. 云何爲三? 一者體大, 謂一切法眞如平等不增減故. 二者相大, 謂如來藏具足無量性功德故. 三者用大, 能生一切世間出世間善因果故. 一切諸佛本所乘故, 一切菩薩皆乘此法到如來地故.…"[※ 摩訶衍=大乘]

이것은 불가(佛家)에서 말하는 '상구보리 하화중생(上求菩提 下化衆生)'의 경계를 모두 포함하며, 유가(儒家)에서 말하는 '수신제가 치국평천하(修身齊家 治國平天下)'의 도리를 모두 포용하는 범주다. 즉 작게는 일신의 건사에서부터 크게는 광대무변한 우주적살이에 이르기까지 확장할 수 있고 또 포용할 수 있는 개념이다. 불교의 체·상·용에서 영향을 받은 유교에서는 체용론을 '이(理)'와 '기(氣)'로 설명한다. '이(理)'를 영구불변의 본체적 존재인 '체(體)'라 하였고, '기(氣)를 변화하고 작용하는 존재인 '용(用)'이라 하였다.[162]

우리말 '살림살이'는 체·상·용으로 나누지 않고 체·상·용을 모두 포용하여 '살림살이'인 그 자체로 시작이자 완성인 개념이다. 따라서 '차살림살이'는 실존을 넘어선 실행의 의미로 체화시켜서 국학적인 정체성을 확립하고 있음을 알 수 있다.

효당의 차살림살이의 국학적 의의는 효당이 한국 차문화정립을 위해 애쓴 여러 가지 활동을 비롯해 효당이 차나무를 심어 가꾸며 봄철이면 직접 차를 만들어 음용한 실제적인 차생활의 방도와 그의 차도관 등에서 쉽게 찾아볼 수 있다. 효당은 한국 최초의 차도 개론서인 『한국의 차도』를 저술하여 한국 차문화에 관한 관심과 이해를 이끌어 대중화하였다. 또 자신의 반야로 제차법을 전승하여 한국의 제차사에 활력을 불어넣었다. 나아가 전국적 규모의 '한국차도회'를 창립하여

162) 『한국민족문화대백과사전』 22(성남: 한국정신문화연구원, 1996)의 '體用論' 항목 참조.[※ 北宋의 程頤는 본체론을 구체적으로 理와 氣로 설명하였다. 그는 『주역』의 「繫辭傳」의 '形而上者謂之道 形而下者謂之器'에서의 '形而上'의 道와 '形而下'의 器를 理와 氣로 바꾸어 설명했는데, 理는 관념상의 존재로 道·太虛·無形 등이고, 氣를 질료적인 존재로 器·陰陽·有形 등이다. 그리고 그는 理를 영구불변의 본체적 존재인 體라 하였고, 氣를 변화하고 작용하는 존재인 用이라 하였다.]

수많은 차인 동호회가 생기는 계기를 만들어 한국 차문화의 대중적 활성화를 가져왔다.

즉 차서를 저술하여 한국 차문화를 정립하고, 직접 심어 가꾼 찻잎으로 제차 작업을 시행하며, 전국적 관계망의 차인 동호회를 만들었다. 이외 수많은 대중을 향한 차도 강연, 차문화에 관한 기고문 등을 통해 한국차의 우수성과 한국 차문화의 오랜 역사를 설파해 왔다. 이러한 모든 그의 활동은 한국적 차문화의 특성을 보편화하기 위함으로 국학적 의의를 지닌다. 특히 효당의 차살림살이의 국학적 의의는 아래와 같은 점에서 찾아볼 수 있다.

첫째, 효당은 『한국의 차도』에서 한국 차문화의 역사적 고찰을 통해 우리 차문화의 전통과 우수성을 체계적으로 정립하여 국학적 의의를 부여하였다. 우리 민족의 차생활이 엽아차 이전부터 비롯되어 그 역사성이 오래임을 논하였으며 삼국시대와 통일신라시대를 비롯해 고려시대에 걸쳐 국가적 불교문화권 속에서 성숙한 차문화가 성립되었다고 밝혔다. 아울러 그에 따른 우수한 도자 문화의 발달과 예술문화도 서술하였다. 또한 조선시대에 들어와 폐불 정책과 더불어 차문화는 일면 쇠퇴한 점도 있으나 그러한 사회적 환경 속에서도 면면히 이어져 민족의 차례문화로 깊이 뿌리내려져 왔음을 논하였다.

특히 이 차례문화는 제례와 혼례에서 한국적 삶의 방식의 하나인 예의범절로 자리 잡아 오늘날까지 전승되어 왔음을 볼 때 뿌리 깊은 그 실재성을 알 수 있다고 하였다. 효당은 우리 선인들의 차생활을 통한 삶의 편린을 이해하고 그 삶 속에 깊이 뿌리내려 현재까지 이어져 온 한국적 범절 문화의 실재성을 구체적으로 증명하였다.

둘째, 효당은 초의를 재발견하고 초의가 저술한 『동차송』을 처음으로 완역하여 대중에게 알렸다. 이에 초의를 근대한국 차문화사의 중흥조로 자리매김하며 그 가치를 부여하였다. 또한 초의가 주장한 한국차의 우수성을 초의와 동일한 시각으로 논하고 민족정신을 고취하며 초의의 차선일미(茶禪一味)를 대중화하여 한국적 선차문화(禪茶文化)로 정립했다.

또한 효당은 차생활을 통해 행(行)·주(住)·좌(坐)·와(臥)·어(語)·묵(默)·동(動)·정(靜)의 모든 일상에서 선(禪)을 익힐 수 있음을 논했다. 특히 간 맞게 차를 우려내어 마시며 자신을 둘러싸고 있는 주위의 사물과 사건을 관찰하고, 나아가 자신의 마음속에서 일어나고 있는 온갖 감정을 고요히 관찰하는 일, 즉 이 정관(靜觀)의 작업을 통해 소우주를 자기 마음속에 키워 마침내 내외의 온갖 사물에 달관할 수 있다고 하였다. 이것이 바로 생활 속에서 선을 닦는 일이다.

효당은 선(禪)을 닦는다는 '수선(修禪)'이라는 말보다는 우리의 선학(先學) 원효와 초의가 생활 속에서 즐겨 쓴 '지관(止觀)'이라는 말을 들어 일상생활 속에서의 깨친 견해와 깨친 행동을 주장하였다. 이것이 바로 원효와 초의가 주장한 생활 속의 어느 때 어느 곳에서도 선을 닦을 수 있다는 '평상심시도(平常心是道)', '무시선 무처선(無時禪 無處禪)'의 도리를 밝혀 올바른 살림살이가 곧 선이라는 한국적인 수선관(修禪觀)을 정립하였다.

셋째, 차도의 중정은 기호품인 차의 간이 맞는 것이라고 간명하게 지적하여 차의 형이하적인 물리성, 실질성, 실제성, 구체성을 우선적으로 강조하였다. 그런 후, 차를 간 맞게 우려내기 위한 무수한 차도용심의 수련을 통해 간이 맞는 인격, 중정의 도를 갖춘 인격으로 나아갈 수 있음을 제시하였다. 특히 우리 민족이 인물의 됨됨이를 말할 때

미각을 빌려 표현함을 지적하였다. 즉 '그 사람 싱거운 사람이다'·'그 여자 참 짭짤하다'·'저 사람은 시(고) 건방지다' 등의 미각적 표현은 우리 민족의 차생활의 영향으로 볼 수 있다고 하였다. 나아가 차와 현실과의 긴밀한 관계를 드러내는 것이라고 논하였다. 효당은 우리 민족의 미각과 차의 맛을 연결한 품성의 표현으로 한국 차문화의 독특한 특성을 정립하였다.

넷째, 차생활은 각성의 참된 인간 생활을 목표로 한다고 말하였다. 이것은 일상적인 차생활을 통해 그 온전함을 자각하고 터득하는 것을 의미하는 것으로 '평상심시도(平常心是道)' 사상이다. 이는 평소의 마음가짐을 자각하여 자연스럽게 온전히 함이 인간으로서 제대로 사는 길임을 말한다. 효당은 인생에서 자연스럽게 잘 살기 위해서는 각성한 온전한 안목이 필요하다고 하였다. 각성의 안목을 위해 우리말의 '철이 든다'는 말을 빌려 설명하였다.

'철이 든다'는 이 말은 계절의 감각을 잃지 않고 제때에 깨달았다는 뜻으로 각성을 의미한다. 이는 각성한 높고도 자유로운 안목으로 모든 사물을 잘 처리함을 의미하는 것으로 우리 민족만의 고유한 표현의 용어이다. 변하지 않는 것이라고는 없는 인생의 생활 속에서 그때그때마다 잘 처리하고 대처해 감이 살아있는 사람으로서, 철이 난 사람으로서, 각성한 사람으로서의 알뜰한 살림살이라고 강조한 것이다. 이러한 민족적인 정서로 풀어낸, 효당의 차살림살이에 대한 이해는 국학적인 의의를 지닌다고 할 수 있다.

다섯째, 차도는 멋을 체현하는 방법으로서 곧 차생활은 멋의 생활이라고 제시하였다. '멋'이라는 용어는 순수한 우리말로서 한민족의 독특한 정서적·미적 감각을 표현하는 말이다. '멋'은 우리 한국인에게 전승되어 온 살림살이에서 체현한 독특한 습관적 감각, 즉 체달(體達)에서 뿜어져 나오는 한국문화의 진수이다.

효당은 이 멋에 대해 객관적인 대상의 멋과 주관적인 내면의 멋을 논하고 설익은 멋을 경계하였다. 차생활을 통한 참된 멋은 우리 민족 모두가 성취해야 할 공동의 목표로 제시함으로써 멋의 사회적 체현을 꾀하였다. 이러한 결이 고운 멋의 체현이 한민족 고유의 멋이라고 하며 국학적 의의를 더하였다.

여섯째, 효당은 신채호가 우리 민족의 수(數)라고 주장한 '다섯'이라는 수에 비유하여 쓰고(苦)·떫고(澁)·시고(酸)·짜고(鹹)·단(甘) 다섯 가지 맛, 즉 오미(五味)를 차가 지닌 맛이라고 규정했다. 신채호는 '다섯'이라는 수를 고대부터 내려온 우리 민족의 수로 규정하고, '오행(五行)'은 우리 고조선의 단군 계통의 사상이며 '여덟'이라는 수는 중국의 것이라고 주장하였다. 이를 근거로 효당은 차의 맛을 오미로 하여 국학적 의의로 삼았음을 알 수 있다.

일곱째, 효당은 기호품인 차는 한국 민족의 식생활에 있어서 '불기(不器)'적인 것이라고 하였다. 이 말은 공자가 『논어』에서 융통성 있게 인격을 갖춘 군자를 표현할 때 사용한 '군자불기(君子不器)'[163]를 인용한 것이다. 차를 우리 한민족의 불기적인 기호식품으로 정의한 것이다. 즉 차는 주식물은 아니지만 주식물 이상으로 한민족의 지정의(知情意)의 생활문화를 구축하게 하여 한민족의 문화사 형성에 직간접으로 지대한 영향을 끼칠 수 있다는 것을 의미하였다. 그러므로 차생활

163) 성백효 역주, 「尉正」편, 『論語集註』(서울: 전통문화연구회, 1995), p.41.[※ '君子不器'의 뜻은 군자란 일정하게 만든 그릇처럼 옹색하게 국한되지 않는다는 뜻이다.]

은 한민족의 미래를 위한 등대 혹은 공덕탑이 될 수 있으며 우리 겨레의 구원실성한 불기적 문화품목이므로 종합적으로 가꾸어가야 한다고 하였다. 다시 말하면 차는 민족정신의 미래를 담고 있는 주요한 살림살이 품목으로서 국학적 가치를 지니고 있음을 강조한 것이다.

여덟째, 효당은 앞서 『한국의 차도』에서부터 '차(茶)' 자의 발음에 관한 주체적인 인식을 강조하였다. '茶' 자의 음은 『강희자전』 등의 문증에 의하면 쨔(丈加反), 탸(宅加反), 쨔(眞加切)로 발음되어 중국에서는 '차'라는 발음이 없었다. 이 '茶'가 우리나라에 와서 '차'로 와(訛)하여 발음되었다고 하였다. 우리나라의 옛 문헌인 15세기의 『월인석보』·『동국정운』·『두시언해』 초간본·16세기의 『훈몽자회』·17세기의 『박통사언해본』 중간본·18세기의 『한청문감』·『역어류해』 등에서 '차'로 발음되어 차방(茶房)·차반(茶盤)·찻종(茶鍾)·차관(茶罐)·차통(茶筒)으로 표기되어 있다. 특히 차담(茶啖)은 고려시대부터 써온 것으로 밝혀졌다.

따라서 효당은 '茶' 자에 대해 민족문화의 전래성을 중시하여 '다'가 아닌 '차'로 발음해야 하며, 차 마시는 일에 관계되는 차사(茶事)에 있어서는 '차'로 발음해야 전래되어 온 우리의 한국적 차살림살이를 제대로 전승하는 길이라고 하여 국학적 의의를 논하였다.

아홉째, 효당은 우리가 선인들에게서 물려받은 한민족 고유의 의·식·주의 살림살이를 비롯해 그 기본생활을 풍요롭게 하는 여러 가지 기호나 취미생활, 예술생활 등 모든 살림살이의 효용성과 공용성을 고찰해야 함을 말했다. 또 유정물·무정물 가릴 것 없이 그 한국적 특장(特長)을 살려서 쓰는 '살림살이'의 도리를 피력하였다. 기호 생활인 차생활에 있어서도 모든 것을 살려서 쓰는 '자심불살(慈心不殺)'의 도리 즉 살림살이의 도리를 적용하여 논하였다.

위에서 살펴본 바와 같이 효당의 차살림살이는 민족의 특수성과 차생활을 접목하여 그 국학적 특성을 도출하였다. 따라서 효당의 차도 내지 차살림살이는 국학적 의의를 지닌다고 할 수 있다. 효당은 차생활을 통해 체득한 모든 주체적인 실체를 우리말인 '차살림살이'로 포용하여 정의하였다.

종래 전통적으로 모든 고담준론이 한자어와 함께 그 권위를 가지고 행세해 왔던 바가 우리 역사에서는 있다. 이러한 현상에 대해 효당은 우리 민족의 문물을 업신여기며 사대주의 사상에 비롯된 자기상실적 자국관이요, 망국적인 의식의 소치라 하였다.[164] 그러나 근대 이후 자주적이고 주체적인 의식으로 '국수(國粹)'[165]이자 혼(魂)인 '조선얼'·'조선심'[166]과 같은 표현이 나타났다. 하지만 어느 면에서는 현학적인 요소가 있어 배타적이게 된 바가 분명히 있었다. 그러한 용어들은 지나치게 형이상학적이고 초월적인 '도(道)'의 형용이었다. 이에 비해 실생활에서 구체적이고 현실적인 용(用)으로 거듭나게 한 바가 바로 '차살림살이'이다. 이것은 현학적인 체상용(體相用)으로 나누어지는 표현이 아니다. '차살림살이'라는 단어 자체가 바로 생활을 나타내는 실존과 실행을 아우른 '우리말'이다.

'차살림살이'는 지나치게 낯선 한글화가 되거나 혹은 지나치게 현학적인 단어가 아닌, 순수한 우리말 속에 '도(道)'를 담고 '쓰임(用)'을 담

---

164) 최범술,『韓國의 茶道』(서울: 보련각, 1973), p.157.
165) 李智媛,「1910년대 新知識層의 國粹觀과 國粹保存運動」,『歷史教育』 84(역사교육연구회, 2002), pp.228~229, p.232~233, p.244.
166) 정출헌,「국학파의 '조선학' 논리 구성과 그 변모 양상」,『열상고전연구』 28(열상고전연구회, 2008), p.7.

아 있는 말이다. 즉 용어 그 자체로 실존과 실행의 구체성을 띠고 있는 말이다. 이렇게 현학과 생활 사이의 중도를 찾아서 효당은 우리의 차생활을 국학적 성격으로 정의하였다.

효당의 이러한 관점은 차생활이 문자 속에서 정의되는 존재가 아닌, 불 피워 물 끓여서 차를 우려 마시는 모든 현실의 생활임을 말한 것이다. 곧 살림살이 속에서 그 도(道)가 존재함을 꿰뚫어 본 것이다. 이러한 차이가 문자적인 정의(定義)에 머문 문일평의 「차고사(茶故事)」와 효당의 『한국의 차도』가 가지는 본질적인 차이이며 동시에 '국학'을 대하는 차이일 것이다. 따라서 효당의 '차살림살이'는 고답적이거나 사변적이 아닌, 순수한 우리말인 '살림살이'를 통하여 실존을 넘어서 실행의 의미로 체화시켜서 국학적인 정체성을 확립하였다고 결론지을 수 있다.

제5장
결론

이상으로 식민지를 경험한 전환기적 인물인 효당 최범술이 전통에서 근대로의 사회체제의 변화 속에서 그가 불교 사회활동과 차문화 활동을 중심으로 펼친 대내외적인 활동의 지향점을 살펴보았다. 효당 최범술은 전통적인 의미의 탈속적인 고승이 아닌 근대 불교계의 실천적인 지식인으로 그는 민족 정신과 불교 정신의 기반 위에 독립운동·교육·문화·정치·사회·차문화·국학 등 다방면에 걸쳐 활동한 인물이다. 이에 근대의식과 접목하여 펼친 그 활동의 맥락을 재구성하여 내용과 성격을 재해석하고 그 역사적 의의를 파악해 보았다. 이러한 관점에서 이 책은 단순한 수행승이 아닌 근대적 자각 하에 사회적 실천을 수행한 인물에 관한 연구서이다. 따라서 이 연구는 불교계의 근대사적 의의를 지닌다.

효당의 실천적인 활동은 크게 일제강점기의 항일운동, 해방공간에서의 정치 및 불교 사회활동, 한국 불교학 연구, 한국의 차문화 정립, 만해학 정립 등으로 분류할 수 있다. 그리고 그 모든 활동의 성격이 국학으로 귀결됨을 고찰하였다. 특히 효당은 승려 출신으로서 불교를 근간으로 하여 민족의 주체성을 확립하고 실현코자 한 원효·의천·만해 등의 활동에 주목하여 역사적 가치를 부여하였다. 이러한 인물들의 자주적 민족정신과 궤를 같이하는 민족의 정체성에 대한 자각은 그의 활동과 학문이 국학을 지향하게 하였다. 효당의 평생에 걸친 원효 교학 복원과 한국 차문화 정립을 위한 활동 등은 결과론적으로 국학을 지향하여 국학의 틀을 세웠다고 평가할 수 있다.

제1장에서는 이 책의 연구 주제와 목적을 밝히고 선행연구를 검토

하였다. 또한 그 연구 범위와 방법을 밝혔다. 제2장에서는 효당의 생애에 걸친 활동을 세 개의 절로 나누어 살펴보았다. 제2장의 1절에서는 효당의 생장과 출가 동기 및 근대적 교육기관인 해인사학림에서 수학함을 살펴본 후, 이어 해인사 학생들의 3·1운동 전모와 그 의의를 살펴보았다.

효당은 한국의 주변부인 곤양 지역의 한미한 서생가문(書生家門) 출신으로 조달(早達)했으며 유소년 시절부터 독립 정신이 매우 강했다. 사립 개진학교 시절 일인(日人) 교사의 난폭함에 분개하여 3인의 급우와 함께 동맹휴학을 모의하고 진정서를 군수와 도 장관에게 제출한 사건으로 퇴학을 당했다. 이 동맹휴학 사건은 개항 이후 우리나라 근대교육 최초의 동맹휴학 사건이었다. 효당은 고산지원법사의 '면학편(勉學篇)'을 접한 계기로 내재한 불성(佛性)이 촉발되어 출가하게 되었다.

해인사학림 시절에는 해인사 학생들이 자발적으로 일으킨 3·1운동 의거에 3인 1조의 행동대를 조직하여 각 지역으로 흩어져 전국적인 항일운동을 하였다. 곤양 일대 지역을 맡은 효당은 도모하던 동지들과 함께 일제의 곤양 분견대 헌병들에게 피체되어 무자비한 고초를 겪었다. 진주 검사국으로 이송되었으나 만 15세가 되지 못해 범죄자 자격의 결격으로 석방되었다. 이후 해인사 삼일운동에 참여한 많은 해인사학림 동지들은 만주·상하이(上海)·일본 등 해외로 가서 독립운동에 참여하였다.

해인사학림 학생들이 자발적으로 일으킨 삼일운동에 대해 1968년 효당이 '대한불교사'의 원고청탁으로 주간 『대한불교』에 「삼일운동(三·一運動)과 해인사(海印寺)」를 기고하였다. 효당의 기고는 3·1운동

50주년 기념에 맞추어 1969년 2월 16일·2월 23일·3월 2일·3월 9일 등으로 4회에 걸쳐 연재되었다. 그 이후 독립운동사 서술 부문에서 해인사의 삼일운동에 관해서는 효당의 「삼일운동과 해인사」가 기초자료가 되어 거듭 변용되어 재활용되었음을 밝혔다.

제2장의 2절에서는 일제강점기 효당의 독립운동을 서술했다. 효당은 일본으로 유학하여 사상적 탐구를 꾀하고 박열을 만나 흑우회(불령선인회)의 일원이 되어 의열 활동을 펼쳤다. 효당이 일본에서 고학하며 수학하던 시절, 민족주의·무정부주의·사회주의 등 새로운 근대문물 사조를 접하고 많은 인물과 교유하였다. 이에 효당은 전통에서 근대로의 세계관의 변화를 갖게 되었다. 특히 1922년 아나키스트 박열을 만나 흑우회(불령선인사)의 일원이 되어 일제에 협력하는 개인과 기관에 폭력과 비폭력·합법과 비합법을 가리지 않고 파괴 방화 등을 전개하였다. 이것은 신채호의 「조선혁명선언」 취지와 합치되는 것으로 인식하고 투쟁하였음을 알 수 있었다.

효당은 사회주의에 관심을 가진 다국적 유학생들을 망라할 목적으로 1920년 11월 25일 결성된 '코스모 구락부'에 참여하였다. 이 '코스모 구락부'는 기타 사회주의나 무정부주의 단체들의 모태였다. 효당은 일본에서 천민 백정계급 부락민을 위한, 인간의 평등을 자각한 수평사 운동에 적극 참여하였다. 효당과 박열은 히로히토 일왕 부자를 폭살하기 위한 다섯 번째의 폭탄 입수를 밀의하였다. 효당이 상해에서 다물단의 도움으로 폭탄을 가져왔으나 그 거사는 관동대지진으로 실행에 옮겨보지 못한 채 모두 피검되었다. 이외 효당과 박열의 불령선인회는 도라몬 사건을 일으킨 난바 다이스케(難波大助) 일파와도 접촉하고 관동대지진 이후인 1923년 12월 27일 난바 다이스케(難波大助)

의 히로히토 저격 사건에 영향을 주었을 것이라는 개연성을 제시하였다.

무엇보다 이에서 새롭게 밝힌 사실은 다음과 같다.

첫째, 박열이 설립한 '흑우회'와 '불령선인사'는 같은 단체임을 밝혔다. 기존의 연구에서는 두 단체가 선후로 설립된 단체로 기술되어 왔다. 그러나 효당의 회고에 의한, 1923년 8월 11일 저녁 7시, 불령선인사에 모인 동지들의 모임에서 박열과 김중한의 충돌과정 사건에서 두 단체가 동일한 단체임을 알 수 있었다. 당시 히로히토(裕仁)의 결혼식에 투척할 네 번째의 폭탄 입수 과정에서 김중한이 배제되자, 벌어진 갈등 상황에서 김중한이 단도를 휘두르며 흑우회가 깨졌음을 선언하였다. 그 당시는 불령선인사 간판을 걸고 활동하던 시절이었다. 이 사건에서 흑우회의 개칭된 조직체가 곧 불령선인회임을 파악할 수 있었다.

둘째, 계획된 폭탄 입수에서 김중한이 배제된 후, 효당과 박열이 밀의하여 효당이 상하이(上海)로 가서 다물단원을 만나 히로히토(裕仁) 부자 폭살 사건에 사용할 다섯 번째의 폭탄을 도쿄(東京)로 가져왔음을 밝혔다. 후세 다쓰지는 그의 저서『운명의 승리자 박열(運命の 勝利者 朴烈)』에서 상하이(上海)에서 폭탄 입수와 관련된 사실들과 의열단원 최영환(효당)이 중국 상하이(上海)를 다녀온 사실을 적시하였다. 또한 후세 다쓰지는 관동대지진 후 소위 '대역사건(大逆事件)'으로 효당과 박열을 비롯한 불령선인회 동지들이 피체되었을 때 박열이 동료를 보호하기 위해 상하이(上海)에서의 폭탄 입수경로를 예심에서 숨겼음을 그의 저서에서 적시했다. 이러한 일련의 사실을 이 책에서 필자가 처음으로 밝혔다. 그 사실과 아울러 효당이 예심에서 9개월간 구금되었으며 출감 후에도 약 2년간 도쿄(東京) 각 구의 유치장에 29일씩 구금(소위 다라이마와시)되었음도 서술하였다. 따라서 기존의 연구물에서 박열의 사상을 허무주의로, 효당을 정치적으로 나약한 인물로 묘사해 왔음은 사료를 철저하게 검토하지 못한 결과로 추정할 수 있었다.

불교계의 비밀 항일결사 단체인 '만당(卍黨)'은 일본에서 사회 참여적인 성격을 표방하는 『금강저(金剛杵)』의 간행을 통해서 조선학과 관련된 연구를 발표했다. 효당은 대정대학을 졸업하던 즉시 만해의 부름으로 '조선불교청년총동맹'의 3대 위원장으로 내정되어 급히 귀국하였다. 효당은 다솔사와 해인사를 근거지로 '만당'을 재건하여 불교 전수 강원과 농민 자제를 위한 광명학원 등을 창립하여 조선의 역사와 국어를 교육했다. 또 서울에는 명성여학교(현 동국대학교 사범대부속여고)를 세워 초대교장을 역임했다. 이렇게 일제의 감시로 다솔사에 만당 당원들이 모여들자, 효당은 1934년 5월에 사천경찰서에 2개월간, 7월에는 거창경찰서에 6개월간, 1935년 6월에는 임실경찰서에 3개월간 피검되었다.

그러함에도 불구하고 1935년 9월에 다솔사의 불교 강원을 해인사 강원과 통합하여 개량된 형태로 유지했다. 이러한 통합 아래 효당은 민족의 보전인 국간본(國刊本) 고려대장경의 인경 도감을 맡아 만당 당원들과 함께 인경(印經)하였다. 이때 그동안 해인사의 동서재에 방치되어 온 사간장경(寺刊藏經)도 전수조사하고 인경하여 '사간장경목록'을 완성했다.

1936년 해인사 내, 효당과 그 스승인 임환경 등 만당파인 항일파와 친일파 간의 주지 선거를 둘러싼 갈등이 있었다. 해인사 내의 갈등이 팽배해 있는 배경에서 1937년 중일전쟁이 발발하였다. 그해, 중앙교무원에 의해 효당은 28일간의 북지위문사로 다녀오게 되었다. 이렇게 해인사의 상황이 나빠지자, 효당은 만당의 터전을 다시 다솔사로 옮기기 위해, 1939년 '기묘다솔사하안거법회(己卯多率寺夏安居法會)'의 제목으로 다솔사에서 일본 천태종과 불교 학술교류 행사를 열었다. 이 행사는 효당이 일본에서 고학하던 시절, 일제에 피검되어 고초를 겪는 효당을 격려하며 신원보증을 해 주었던 사카도 치카이(坂戶智海)와의 인연으로 성사된 일이었다. 또 사카도 치카이는 관동대지진 때도 자기 절의 불단 밑에 효당을 숨겨주었던 인물이다.

이 '북지위문사' 사건과 '기묘다솔사하안거법회'는 후일 효당이 친일로 왜곡되는 파장을 낳았다. 그러나 효당의 유족 측이 『친일인명사전』 발간을 예정한 '민족문제연구소'에 효당의 항일운동에 관한 철저한 사료를 제공하며 항의하자, 그쪽 위원회의 치밀한 검토 끝에 효당은 제외되었다. 하지만 효당의 유족은 시류에 편승하여 효당을 왜곡한 인사를 '사자명예훼손'으로 고발 고소하여 마침내 피의자로 기소시켰다. 왜곡의 시작부터 10여 년이 걸려 대법원판결에 이르렀는데, 그 판결은 '표현의 자유' 운운하며 어정쩡하게 내려졌다. 참으로 지난(至難)한 세월이었다.

최근에 『친일인명사전』을 만든 '민족문제연구소가 『조선인요시찰인약명부』를 발간했다. 이 책은 1945년 8월 15일 조선이 일본으로부터 해방되기 수개월 직전까지, 조선총독부가 조선의 요시찰인물들을 전국적으로 조사하여 1945년 5월 무렵, 『조선인요시찰인약명부』로 790명을 분류하여 일본 정부에 보고한 내용이다. 주로 독립운동을 하다가 수감 된 조선인을 비롯해 조선총독부에서 가장 경계하는 대상 조선인 790명의 인상착의, 신체적·사상적 특징을 수록하여 일본 정부에 보낸 공문서이다. 경남에는 그 대상자가 44명이었다. 그들 중에서 효당은 사상범으로 정치적인 요시찰인물인 '정요(政要)'로 분류되었다. 효당에 대한 그 요시찰의 요점은 아래와 같았다.

> **인상 특징:** 키는 5척 5촌. 보통 체격이다. 각진 얼굴, 피부는 조금 검다. 코가 높고 귀와 입, 눈이 크다. 나머지는 평범하다. 머리를 바싹 짧게 깎았다.
>
> **시찰 요점:** 민족사상이 농후하며 포교를 구실로 신도를 사주·선동하고 정치의 변혁을 기도할 우려가 있다.

사카도 치카이는 고려의 제관법사를 공경하고 제관법사의 저서인 『천태사교의』를 효당에게 읽기를 권했던 인물이다. 이 행사를 계기로 자연스럽게 만당의 터전을 다솔사로 옮겼다. 북지위문사 파견을 수용한 일이나, 일본 천태종과의 학술교류 등은 다솔사와 해인사를 기반한 만당 당원들을 보호하기 위한 방책이었다. 이후로도 '해인사사건'으로 만당 당원들이 피체되었고 1943년 효당은 13개월간 경남도 감방에 구금되었다. 필자는 이러한 역사적 사실 등을 인과론적으로 파악하여 처음으로 정리하여 밝혔다.

제2장의 3절에서는 해방 후 효당의 불교 사회활동을 살펴보았다. 해방공간은 복잡한 이해관계가 얽힌 국내외세력들의 각축장이었다. 해방정국이라는 복잡한 이해관계의 충돌 속에 불교계의 현실 사회참여와 좌절, 그 가운데 효당이 있었음을 체계적으로 조명하였다.

그 해방정국 속에 식민지불교를 청산하려는 불교계와 무소속구락부의 연대를 밝히고, 효당과 이승만과의 다른 정견(政見)으로 인한 갈등과 국민대학 설립을 둘러싼 효당과 해공 신익희 간의 갈등을 살펴보았다. 이에 국회 내의 프락치 사건 등이 더해진 복합적인 갈등의 해방정국 속에 최대 당파이던 야당인 무소속구락부가 와해했다. 필자의 견해로는 효당과 신익희는 정치적으로 모두 '무소속구락부' 소속이었는데, 두 사람 간의 갈등이 무소속구락부가 와해 되는 하나의 원인이 되었다고 추론하였다.

불교계의 인재 양성을 위한 해인사와 국민대학 간의 관계를 살펴보았다. 효당을 뒤이은 관계자들이 불교계 산문회(山門會)의 추인을 받지 못해 불교계의 인재 양성을 위한 대학을 놓치게 된 사실을 알게 되었다. 또 한국전쟁 당시 효당은 해인사를 내습한 남도부·구주호·이영애 등의 200여 명의 공비들을 설득하여 해인사 주지 자격으로 해인사를 포함한 그 일대의 네 방면 모든 지역에 개인 포고령을 내렸다. 그리하여 해인사 일대 지역에 인민 살상 및 가축 살상을 막고 해인사의 팔만대장경을 지켜내어 오늘날까지 보존할 수 있었던 역사적 사실을 정리하였다.

제3장에서는 효당의 불교 활동과 국학적 교학 연구를 고찰하였다. 제1절에서는 일본 유학기의 효당의 활동과 불교 연구를 살펴보았다. 이에 효당의 불교학 연구에 있어서는 효당의 원효에 대한 복원작업이 의천의 관련 기록을 기반으로 하였음을 파악하였다. 효당의 원효에 대한 관심과 연구는 조선학의 흐름이 태동한 1910년대 말 해인사학림 시절에 시작되었다. 그러나 본격적인 그 복원연구는 이후에 진행되었다. 필자는 일련의 파악을 위해 먼저 효당이 기고한 일본 유학 시절의 글들과 당시의 회상에 근거한 불교와 여러 사상에 대한 그 섭렵을 살펴보았다.

당시 일본 다이쇼(大正)시대는 '다이쇼 데모크라시'라고 불리는 시대의 정점으로 민본주의 성장과 함께 노동운동과 사회주의 운동 전반이 활성화되는 국면으로 들어서 있었다. 일본 불교 승려들도 불교가 가지는 무정부주의 혹은 사회주의와의 공통점에 주목하였다. 특히 그들은 교단불교에 대한 비판과 사회참여의 방법으로써 아나키즘과 사회주의를 적극적으로 활용하였다. 또한 대승불교의 대표적 교리인 '일체중생 실유불성(一切衆生 悉有佛性)'은 '차법평등무고하 일체중생적시오자(此法平等無高下 一切衆生的是吾子)'라고 하며 불교의 '무아론(無我論)'에 기초해서 사회주의와 무정부주의가 가지는 공동체 의식에 주목하였다.

당시 일본 불교계와 접촉한, 효당을 위시한 재일본 조선불교 유학생은 사회주의와 무정부주의, 그 가운데서도 '아나코 생디칼리즘(anarcho syndicalisme)'에 의한 영향을 강하게 받았다. 그러한 점은 재일본 조선불교 유학생들의 활동을 담은 잡지 『금강저』를 통해 유추할 수 있었다. 『금강저』를 통해서 효당과 만당의 당원 유학생들이 기존의 연구에서 결핍되었던 노동조합 활동과 독립운동에서 '아나코 생디칼리즘(anarcho syndicalisme)'의 영향을 받고 조선학의 연구 흐름에 동참했음을 알 수 있었다. 이러한 흐름은 효당의 원효 연구가 민족불교의 자각인 동시에 원효가 천촌만락을 돌아다니면서 민중들에게 '모든 중생에게 불성이 있음'을 말하며 불교를 전파함과 일맥상통함을 파악하였다.

제3장의 2절에서는 효당의 국학적인 교학 연구를 살펴보았다. 우리의 『고려대장경』을 기반으로 하는, 『대정신수대장경』으로 상징되는 일본의 현대적 불교 연구와 이에 자극받은 효당을 위시로 조선불교 유

학생들의 활동을 살펴보았다. 먼저 효당의 불교 자료수집 및 그 정리를 고찰하였다. 효당은 대각국사의 문집을 발견하고 그 문집 속에 담긴 대각국사의 원효에 대한 시각을 통해, 원효 교학 연구를 했다. 효당은 원효를 흐름의 결을 따른 정풍적(正風的)인 존재로 정의하였다. 효당은 이 흐름의 결을 대사회성에 대한 인식의 결이라고 하였다. 효당의 삶과 불교를 일관하는 주제는 '대승적 자각', 즉 우주와 사회에 대한 공정한 실체 인식인 '대사회성 자각'이었다. 효당의 불교관은 동체 대비의 대사회성을 자각하고 실천하는 정신이었다.

필자는 효당이 해인사의 인경 작업을 통해 『대각국사문집』을 발견하고 그 속에서 원효에 대한 복원 실마리를 찾았다고 이해했다. 나아가 필자는 효당의 원효 교학 복원작업의 순서 및 구조를 파악하여 효당이 복원 저술한 『원효대사반야심경복원소(元曉大師般若心經復元疏)』가 기술된 차례를 체계적으로 조명하였다. 무엇보다 효당의 원효 연구가 대각국사의 문집과 자료에 근거하여 원효의 화쟁론(和諍論)을 대승불교의 개조인 용수(龍樹)의 반야공관에 기초했음을 파악했다.

그동안 이러한 경위가 자세히 밝혀지거나 여타의 연구 과정에서 검토되지 못하여 화쟁(和諍)에 대한 여러 설들이 분분한 가운데 효당의 연구가 외면을 받아왔다. 원효는 『반야경』에 대한 해석인 그의 『대혜도경종요』에서 『반야경』을 대승의 대표적인 경전인 『화엄경』과 같은 부처의 완전한 깨달음인 요의경의 위치에 두고 이를 해석하였다. 따라서 이는 원효가 용수에 대한 이해를 중시했다고 해석한 효당의 견해와 일치하였다.

특히 효당은 그의 『반야심경복원소』 말미에서 '유(有)'와 '무(無)'의 논증으로 용수가 『중론』에서 '공(空)'을 설명한 팔부중도(八不中道)의 설명을 더욱 단순화시켰다. 이는 기존의 해석들이 '공(空)'을 단순히 '무(無)'로 보는 견해에 대한 효당의 논박이었다. 효당이 최남선 등의 조선학의 흐름에 외형적인 시대적 영향을 받았겠지만, 그 연구의 내용이 최남선을 비롯해 최남선의 영향을 받은 조명기·이종익 등의 '통불교론'과는 실제로는 다름을 알 수 있었다.

이외 효당은 일찍부터 만해『한용운전집』간행에 뜻을 두어 만해의 다른 제자들과 함께 1948년 5월에 '한용운전집간행위원회'를 추진하였고, 드디어 1973년 만해의 행장을 직접 써서『한용운전집』을 간행하였다. 필자는 이 모든 내용과 과정을 정리하였다.

제3장의 3절에서는 불교계의 국학 연구와 활동을 살펴보았다. 효당의 국학 연구, 특히 원효학 복원연구와 활동을 살펴보았다. 일제강점기 이른바 '조선학'으로 대표되는 '국학'은 독립운동의 하나로 민족문화에 대한 자각과 함께 우리의 역사에서 민족 고유의 정신을 찾으려 노력하며 그 의의를 적극적으로 주장한 것이다. 이러한 민족의 정체성 자각의 추세 속에 불교계는 근대적 교육과 근대적 출판매체를 통해 역사와 문화에서 조선불교의 정체성을 재정립하고자 하였다.

먼저 불교계에서 조선학(국학)이 태동하게 된 배경을 살펴보면, 구한말 이회광의 친일적인 원종에 대항한 박한영과 한용운은 임제종 운동을 주도하며 친밀해졌다. 이렇게 시작된 이들의 친밀관계가 권상로·장지연·최남선·이능화·정인보·이병기·김정설·손진태·변영만 등이 불교계 잡지 등에 조선학과 관련된 여러 논문을 기고하게 하였다. 동시에 1910년대 일본에서 공부한 정황진 등의 유학생들이 원효를 재발견하였다.

이러한 움직임은 1920년대 중반 일본에서 유학하던 효당 등이 '원효대성찬앙회'와 '삼장학회'를 조직하게 하였다. 즉 이들은 민족적인 자아실현의 요구 속에 이 땅에서의 자생적인 깨달음을 성취한 원효를 재발견하여 사상사적인 측면에서 국학의 출발점으로 삼았다. 이후 국내외에서 결성된 '만당(卍黨)'을 중심으로 『금강저』에서 활발히 발표하던 효당·김법린·허영호 외에 김정설 등이 가세하여 1937년 해인사에서 『고려대장경』을 인경하는 작업을 주도하였다. 이 인경 작업에서 최초의 근대적 전수조사를 비롯해 『대각국사문집』 완질과 원효의 『십문화쟁론』 상권판 네 쪽, 의상대사의 『백화도량발원문』 등의 저술이 발견되었다.

이러한 전수조사 작업을 정리한 효당은 1970년 연세대학교 국학원의 『동방학지』 제11집에 「해인사사간루판목록(海印寺寺刊鏤板目錄)」을 발표하고, 1971년 제12집에 「원효대사반야심경복원소(元曉大師般若心經復元疏)」를 발표하며 활발한 연구 활동을 했다. 「해인사사간루판목록」은 한국 불교학 연구에 있어 그 지형도를 그려 제공한 것과 다름없다. 특히 효당은 『고려대장경』과 『사간장경』을 기반으로 원효에 대한 해석학적 접근을 하여, 기존의 주석학적으로 문헌에 매달린 연구자들과는 다름을 파악할 수 있었다. 효당은 『사간장경』 속에 포함된 의천의 원효에 대한 종합적인 시각의 해석에 철저히 기초하였다. 이외 효당은 1970년대 중반에 최초로 결성된 한국불교학회의 초대 고문이기도 했었다.

필자가 이 책에서 처음으로 밝힌 사실을 다시 요약하면 다음과 같다. 첫째, 효당의 원효 교학 복원 연구에서 효당이 화쟁(和諍)의 대의(大意)를 대각국사 문집과 그 비문을 통해서 확인한, 의천 대각국사와 동일한 시각으로 해석학적인 접근을 시도했음을 밝힌 점이다. 즉 효당은 의천이 원효의 화쟁을 반야공관(般若空觀)으로 해석하고 있음을 파악하고 그 해석을 근거 삼아 원효의 화쟁론(和諍論)에 대한 복원을 진행하였다. 이것은 최남선의 통불교 이론을 중심으로 원효의 화쟁에 대하여 주석학적 연구를 수행했던 조명기. 이기영, 이종익 등과의 중요한 차별성을 가진다.

둘째, 효당은 항일투쟁과 조선학의 중요 인물이었던 한용운의 저술과 활동을 조지훈과 협력하여 고대 국문과 학생들이었던 인권환·박노준 등과 정리하여, 이후 『한용운전집』을 1970년대에 간행하게 되었음을 밝혔다. 이러한 효당의 연구 활동들은 민족적 정체성 자각에 기반한 국학의 성격을 지닌다고 결론지을 수 있었다.

제4장에서는 효당의 한국의 차문화 정립을 위한 활동 및 효당의 국학적 차살림살이와 차도관 등을 고찰하였다. 제1절에서는 효당의 한국 차문화 정립을 위한 활동을 크게 세 방면, 즉 차서 저술, 반야로 증차 제차법 전승, 한국차도회와 차선회 창립 등으로 나누어 그 내용과 의의를 살펴보았다. 특히 효당의 저서 『한국(韓國)의 차도(茶道)』는 한국 최초의 상업판 단행본으로 출판된 개론서로서 한국 차문화의 정체성을 확립한 점에서 그 의의가 크다. 이 책을 통해 효당은 중국의 차성(茶聖)으로 일컫는 육우(陸羽)에 대비하여 우리의 초의(艸衣)를 재발견하여 한국근대차문화의 '중흥조'로 추앙하고 초의의 '차선일미(茶禪一味)' 사상을 대중화시켜 한국 차문화사적 가치를 확립하였다. 효당의 증차제차법(蒸茶製茶法) 전승은 후일 발효차 등 다양한 제차법이 나와 한국의 제차산업 발전을 촉진하였다. '한국차도회'와 '차선회' 창립은 전국 각지에 차를 애호하는 동호회가 생겨 차생활을 대중화하

는 촉매가 되었다.

제4장의 2절에서는 효당의 차살림살이와 차도관을 고찰하였다. 먼저 '차살림살이'의 함의를 정의했다. 이어 효당의 차도용심(茶道用心) 즉, 효당의 실제 차생활의 구체적 내용과 방법을 살펴보았다. 효당의 실제 차생활은 소박하고 검소하며, 실용성과 응변성이 강하며, 자연스러움을 중시했다.

효당의 차도관(茶道觀)은 불교 정신과 민족정신을 토대로, 인간의 평등성에 근거한 차도무문(茶道無門)에서 출발하였다. 이어 차도용심(茶道用心)으로 차도의 중정을 얻어 간이 맞는 차를 음미하며, 차선삼매에 들어 법희선열을 증득하고, 그 환희로운 대자비심으로 유정물·무정물 가릴 것 없이 만물을 살려지게 하는 '차살림살이'다.

우리의 차례(茶禮)문화는 전승되어 온 범절 문화로서 민족 공통의 '멋'이다. 효당의 '차살림살이'는 기존 동양의 사변적인 혹은 고답적인 체용론, 혹은 '체·상·용'에서 벗어나 순수 우리말인 '살림살이'를 통하여 실존을 넘어선 실행의 의미로 체화(體化)시켜서 국학적인 정체성을 확립하고 있다. 나아가 효당의 '차살림살이'의 궁극적 목표는 대승적 자각, 대사회성 자각으로 우리가 함께 실현코자 하는 조화로운 멋있는 세상, 대사회건설 즉 새로운 역사 창조를 지향하고 있다.

다시 말하면, 효당의 차도는 누구나 평등하게 중정(中正)의 차생활을 통해 각성하여 대비원을 실천하고 대 조화의 멋을 체현하고자 하는 우주적 차살림살이다. 즉 이 우주가 제망중중으로 얽혀있는 대사회임을 자각하여 다 함께 조화롭게 살 수 있는 세상, 대 조화의 멋있는 세상 불국토를 건설하고자 함이 효당의 궁극적인 '차살림살이'이다. 효당의 불국토 건설이란 적극적인 사회의식 아래 새로운 역사 창조에 동참하여 개혁하는 것임을 알 수 있었다.

효당의 차도관은 일상생활에서 누구나 차생활을 즐길 수 있는 일미평등(一味平等)의 도이며, 깨어있는 참된 인간 생활을 목표로 하는 각성(覺醒)의 도이다. 간이 맞는 음차 생활을 통해 간이 맞는 치우침 없는 인간 생활을 목표로 하는 중정(中正)의 도이며, 일상 예절의 덕목을 닦아나가는 범절(凡節)의 도이다. 일상에서 행동거지(行動擧止)를 행동하되 흐트러짐 없이 고요히 하여 자기를 둘러싸고 있는 모든 사물이나 자기 마음속에서 일어나는 온갖 것을 정관(靜觀)하는 수선(修禪)의 도이며, 차생활을 통해 참멋을 체현하여 결이 고운 사람이 되게 하는 '멋'의 도이다. 사람 사람이 체현한 멋이 사회화할 때 결이 고운 세상이 되는 것이다. 차생활을 통해 한잔의 차에도 천지 대자연의 은혜를 깨닫고 은혜를 갚고자 대자비를 실천하는 대자비행(大慈悲行)의 도이며, 차생활과 인생살이에서 그 특성을 살려가면서 생활해야 한다는 살림살이의 도이다.

필자는 효당의 '차살림살이'의 국학적 의의를 서술했다. '차살림살이'라는 용어는 국학의 범주에 있는 순수한 우리말이다. 효당은 불을 피워 물을 익혀 먹는 그 어느 것도 차생활에 포함될 수 있다고 하였다. 차는 모든 것을 그 자체로서의 특성을 살려가면서 생활한다는 뜻으로 인생살이 자체를 '차살림살이'로 표현했다. 이때의 살림살이는 모든 것을 살려가는 깨친 안목을 지닌 삶이다. '차살림살이'는 차생활의 도리로 세상을 바라보고 이해하며 실천하는 것으러서 체·상·용(體·相·用)으로 나누어지지 않는다. 우리말 '살림살이'는 체상용을 나누지 않고 모두 포용하여 '살림살이'인 그 자체로 시작이자 완성인 개념이다. 따라서 '차살림살이'는 실존을 넘어선 실행의 의미로 체화시켜서 국학적인 정체성을 확립하고 있음을 알 수 있다.

마지막 부분에서 효당의 차문화 활동을 비롯한 모든 '차살림살이'의 성격이 민족의 정서적 특성에 기반하여 종합적으로 국학적인 의의를 지녔음을 약술하였다.

지금까지 효당 최범술의 일생에 걸친 불교 사회 활동과 차문화 활동을 비롯한 대내외적인 활동의 성격과 그 지향점을 살펴보았다. 효당의 모든 활동의 성격은 궁극적으로 조선학에서 국학으로 지향함을 알 수 있었다. 그 국학의 기저에는 민족 정신을 비롯해 불교와 원효, 근대사상의 조류, 풍류도의 낭가사상, 멋있는 '차살림살이' 등이 자리하고 있다. 다시 말하면 효당의 국학을 이루고 있는 기반은 크게 민족불교의 정체성과 대사회성, 국학으로서의 원효 교학의 주체성, 한국차도의 정의 곧 한국적 '차살림살이' 등이다.

따라서 이 책의 연구에서 근대 불교계의 실천적 지식인 효당의 생애에 걸친 활동과 그가 수행한 불교와 차도(茶道)의 성격과 지향점이 '국학'으로 귀결되는 것을 논증해 보았다. 또한 효당의 불교와 차도의 궁극적 목표는 대승적 자각, 대사회성 자각으로 조화로운 멋있는 세상인 대사회 건설 즉, 불국토 건설을 위해 새로운 역사 창조를 지향하고 있음을 논증하였다.

이러한 관점에서 볼 때 효당의 독립운동을 포함한 정치·사회활동과 불교 및 차도의 연구가 실존적인 관점을 기반으로 사회화하고 '국학화'하였음을 논증함에 이 책의 의의가 있다. 효당이 완성하지 못한 원효 교학 복원의 완성과 그것에 따른 심도 있는 연구는 후학들에게 남겨진 과제이다.

참고문헌

○ 사료史料

『三國史記』
『三國遺事』
『高麗史』
『高麗史節要』
『世宗實錄』
『仁祖實錄』
『高宗實錄』
『孤雲先生文集』
『大覺國師文集』
『東國李相國集』
『稼亭集』
『湛軒書』
『慵齋叢話』
『東文選』
『星湖僿說』
『與猶堂全書』
『東茶頌』
『茶神傳』
『論語』
『孟子』
『隋書』
『舊唐書』
『新唐書』

○ 佛典

『金剛般若波羅蜜經』
『大般涅槃經』
『大寶積經』
『妙法法華經』
『金剛三昧經論』
『大乘起信論』
『大慧度經宗要』
『涅槃宗要』

○ 국사편찬위원회 소장 자료

朝鮮總督府 內秘補 467; 慶南地親 202號「騷擾ニ關スル件(第四報)」,『大正八年 騷擾事件ニ關スル道長官報告綴 七冊ノ內四』(발신일: 1919년 4월 7일).

騷密 第550號「獨立運動ニ關スル件(第五十三)」,『大正八年乃至同十年 朝鮮騷擾事件關係書類 共七冊 其七』(발신일: 1919년 04월 20일).

騷密 第550號; 秘受 04750號「獨立運動ニ關スル件(第五十三報)」,『不逞團關係雜件 朝鮮人ノ部 在內地 五』(발신일: 1919년 4월 20일 ; 수신일: 1919년 4월 24일).

秘 第572號; 朝鮮總督府 內秘補 1440「不穩文書ニ關スル件」,『大正八年 騷擾事件ニ關スル道長官報告綴 七冊ノ內七』(발신일: 1919년 8월 7일).

密 第102號 其625 高警 第34511號「獨立運動資金募集者檢擧ノ件」,『大正八年乃至同十年 朝鮮騷擾事件關係書類 共七冊 其五』(발신일: 1919년 12월 5일).

高警 第34511號; 秘受 14096號「獨立運動資金募集者檢擧ノ件(京城本町警察署長報告要旨)」,『不逞團關係雜件 朝鮮人ノ部 在內地 九』(발신일: 1919년 12월 5일 ; 수신일: 1919년 12월 09일).

鮮高秘乙 第102號; 機密 受第 2073號「京漢鐵道罷工問題ニ關シ在京鮮人

ノ行動ニ關スル件」,『不逞團關係雜件 朝鮮人ノ部 在內地 十三』(발신일: 1923년 3월 31일).
鮮高秘 第8024號; 機密 受第 6335號「朝鮮勞働總同盟支部設立ニ關スル件」,『不逞團關係雜件 朝鮮人ノ部 在內地 十四』(발신일: 1925년 6월 14일 ; 수신일: 1925년 6월 15일).
高警 제2394호「不逞鮮人團 國民黨 및 다물團에 관한 件」,『不逞團關係雜件-朝鮮人의 部-鮮人과 過激派』5 (발신일: 1925년 7월 14일; 수신일: 1925년 7월 18일).
『大衆新聞』第7號, 第8號」,『移輸 不穩印刷物 記事概要』(발신일: 1927년 5월 3일).
『國外ニ於ケル容疑朝鮮人名簿』(1934).
국사편찬위원회 편.『(자료)대한민국사』7. 국사편찬위원회, 1974.
______________.『(자료)대한민국사』8. 국사편찬위원회, 1998.
______________.『(자료)대한민국사』11. 국사편찬위원회, 1999.
______________.『(자료)대한민국사』12. 국사편찬위원회, 1999.
______________.『(자료)대한민국사』13. 국사편찬위원회, 2000.
______________.『(자료)대한민국사』15. 국사편찬위원회, 2001.
______________.『(자료)대한민국사』16. 국사편찬위원회, 2001.
______________.『한민족독립운동사자료집』30. 국사편찬위원회, 1997.

○ 서울대 중앙도서관 소장 신문 스크랩 자료

「新聞切拔 : 朝鮮關係 ; 18. R.종교.교육 ; 1936(18).
「新聞切拔 : 朝鮮關係 ; 14. R.종교.교육 ; 1937(14).
「新聞切拔 : 朝鮮關係 ; 12. R.종교.교육 ; 1938(12).

○ 단행본

葛兆光.『禪宗과 中國文化』. 鄭相弘·任炳權 역. 동문선, 1991.
강진화.『大韓民國人事錄』. 내외홍보사, 1949.

慶尙北道警察部 편.『高等警察要史』. 慶尙北道 警察部, 1934.
계승범.『정지된 시간-조선의 대보단과 근대의 문턱』. 서강대학교 출판부, 2019.
곽철환.『시공불교사전』. 시공사, 2003.
고영복 편.『사회학사전』. 사회문화연구소, 2000.
고영섭 편.『원효』. 예문서원, 2002.
橋本實.『茶의 起源을 찾아서』. 박용구 역. 경북대학교 출판부, 1997.
교육원불학연구소.『조계종사 근현대편』. 조계종교육원, 2001.
국민대학교 60년사 편찬위원회.『국민대학교 60년사』. 국민대학교, 2007.
국사편찬위원회 편.『한민족독립운동사』8. 국사편찬위원회, 1990.
국사편찬위원회 편.『신앙과 사상으로 본 불교 전통의 흐름』. 두산동아, 2007.
국제한국학회.『실크로드와 한국문화』. 소나무, 1999.
국토통일원 조사연구실 편.『원효 연구논총-그 철학과 인간의 모든 것』. 국토통일원, 1987.
權相老.『朝鮮佛敎略史』. 新文館, 1917.
경남대학교 50년사 편찬위원회.『경남대 50년사』. 경남대학교, 1996.
길희성.『印度哲學史』. 민음사, 1984.
김광식.『백초월』. 민족사, 2014.
_____.『한국독립운동의 역사』38. 독립기념관 한국독립운동사연구소, 2008.
_____.『韓國近代佛敎의 現實認識』. 민족사, 1998.
_____.『근현대불교의 재조명』. 민족사, 2000.
_____.『한국현대불교사연구』. 불교시대사, 2007.
김광식·박미경 편.『불교계의 3·1운동과 항일운동 자료집1 (신문)』. 대한불교 조계종 불교사회연구소, 2017.
金光植 解題. 李哲敎 資料收集.『韓國近現代佛敎資料全集(解題版)』. 民族社, 1996.
김명배.『茶道學』. 학문사, 1984.
김범부.『풍류정신』. 정음사, 1986.

金相鉉.『元曉研究』. 民族社, 2000.
김삼웅.『단재 신채호 평전』. 시대의 창, 2007.
_____.『약산 김원봉 평전』. 시대의 창, 2008.
김영범.『한국독립운동의 역사』26. 독립기념관 한국독립운동사연구소, 2008.
김용범.『김용범의 看茶錄』. 개미, 2011.
김용태 외.『해인사』. 불교사회연구소, 2019.
김운학.『전통다도풍속조사』. 문화재관리국 문화재연구소, 1980.
_____.『한국의 차문화』. 이른아침, 2004.
김재명.『한국현대사의 비극(중간파의 이상과 좌절)』. 선인, 2003.
김종태.『차의 과학과 문화』. 보림사, 1996.
김진호 외.『한국독립운동의 역사』20. 독립기념관 한국독립운동사연구소, 2009.
김창수.『한민족독립운동사』9. 국사편찬위원회, 1991.
김태신.『라훌라의 思母曲』상·하. 한길사, 1991.
김호성.『불교해석학 연구』. 민족사, 2009.
김희보 편.『세계문학사 작은사전』. 가람기획, 2002.
김희자.『조선시대 茶문화』. 국학자료원, 2015.
노가원.『南道富』上. 월간 말, 1993.
노태돈 편저.『단군과 고조선사』. 사계절, 2000.
다카사키 지키도.『유식입문』. 이지수 역. 시공사, 1997.
다카하시 도루.『식민지 조선인을 논하다』. 구인모 역. 동국대학교 출판부, 2010.
대한불교조계종 편.『불교정화 운동의 재조명』. 조계종교육원, 2008.
_______________.『불교와 국가권력, 갈등과 상생』. 조계종교육원, 2010.
_______________.『조계종사-근현대편』. 조계종교육원, 2015.
데이비드 노글.『세계관-그 개념의 역사』. 박세혁 역. 도서출판 CUP, 2018.
독립운동사편찬위원회 편.『독립운동사』3. 독립유공자사업기금운용위원회, 1971.

__________________. 『독립운동사』 7. 독립유공자사업기금운용위원회, 1976.
__________________. 『독립운동사』 8. 독립유공자사업기금운용위원회, 1976.
독립유공자공훈록 편찬위원회 편. 『獨立有功者功勳錄』 7. 국가보훈처, 1990.
동국대학교 교양교재편찬위원회 편. 『불교학 개론』. 동국대학교 출판부, 2000.
동국대학교 불교학술원 불교기록문화유산아카이브사업단 편. 『한국불교전서 편람』. 동국대학교 출판부, 2015.
류건집. 『한국 차문화사』. 이른아침, 2007.
文一平. 『湖巖全集』 2. 朝光社, 1978.
閔錫泓. 『西洋史槪論』. 三英社, 2020.
閔泳珪. 『江華學 최후의 광경-西餘文存其一』. 又半, 1994.
박경준. 『불교사회경제사상』. 동국대학교 출판부, 2010.
박동춘. 『초의선사의 차문화 연구』. 일지사, 2010.
박영희. 『東茶正統考』. 호영출판사, 1985.
박은태 편. 『경제학사전』. 경연사, 2010.
박종기 외. 『다른 역사, 다른 대학』. 국민대학교, 2007.
朴鍾漢. 『五性茶道』. 도서출판 토피아, 2006.
박종홍. 『한국사상사』. 서문당, 1999.
박태균. 『조봉암 연구』. 창작과 비평사, 1995.
박홍관. 『찻잔 이야기』. 이레디자인, 2003.
박환. 『식민지시대 한인아나키즘 운동사』. 선인, 2005.
반병률. 『성재 이동휘 일대기』. 범우사, 1998.
백파긍선. 『禪門手鏡』. 동국대불교문화연구소, 1976.
부산대학교이십년사편찬위원회 편. 『二十年史(釜山大學校)』. 부산대학교, 1966.
브루스 커밍스. 『한국전쟁의 기원』. 김자동 역. 일월서각, 1986.
사토 시게키(佐藤繁樹). 『원효의 화쟁논리』. 민족사, 1996.

삼보학회. 『韓國佛教最近百年史』 2. 東國大學校 中央圖書館, 1985.
서울대학교 국제문제연구소 편. 『이승만과 제1공화국』. 논형, 2007.
서중석. 『한국현대민족운동연구』. 역사비평사, 1991.
석성우. 『茶道』. 백양출판사, 1986.
석지현, 『茶禪一味』. 茶의 세계, 2005.
선우도량 한국불교근현대사연구회 편. 『22인의 증언을 통해 본 근현대불교사』. 선우도량 출판부, 2002.
性徹. 『韓國佛教의 法脈』. 海印叢林, 1976.
스칼라피노·이정식. 『한국 공산주의 운동사』 1. 한홍구 역. 돌베개, 1986.
손연숙. 『손연숙의 차문화 기행』. 이른 아침, 2008.
손인수. 『韓國開化教育研究』. 一志社, 1980.
송재소 외 편. 『한국의 차문화 천년』 2. 돌베개, 2011.
신국주 편. 『한민족독립운동사』 3. 국사편찬위원회, 1988.
丹齋申采浩全集 編纂委員會 편. 『丹齋申采浩全集』 上. 乙酉文化社, 1972.
안진호. 『精選懸吐 緇門』. 법륜사, 1999.
야마다 쇼지(山田昭次). 『가네코 후미코』. 정선태 역. 산처럼, 2017.
오제봉. 『菁南古道觀』. 일지사, 1984.
왕지아펑 외. 『대국굴기』. 양성희·김인지 역. 크레듀, 2007.
龍雲 편. 『艸衣禪師全集』. 亞細亞文化社, 1985.
원효. 『열반종요』. 이평래 역. 동국대학교 출판부, 2017.
원효. 『원효의 금강삼매경론』. 은정희·송진현 역주. 일지사, 2002.
유봉학. 『한국문화와 역사의식』. 신구문화사, 2007.
유부현. 『한문대장경의 문자이동 연구』. 한국학술정보, 2011.
유태용. 『문화란 무엇인가』. 학연문화사, 2002.
윤경혁. 『茶文化古典』. 弘益齋, 1999.
尹南漢. 『朝鮮時代의 陽明學 研究』. 集文堂, 1986.
윤병상. 『茶道古典』. 연세대학교 출판부, 2004.
윤창화. 『당송시대 선종사원의 생활과 철학』. 민족사, 2017.
이기영. 『열반종요 강의』. 한국불교 연구원, 2005.

이기윤. 『저널리스트의 눈에 비친 茶道熱風』. 보림사, 1987.
______. 『한국의 차문화』. 남양문화, 2008.
李能和. 『朝鮮佛教通史』 上·中·下. 新文館, 1918.
이만용. 『원효의 사상(화쟁사상을 중심으로)』. 전망사, 1983.
이병주. 『지리산』 6. 한길사, 2006.
李炳憲 편저. 『三·一運動秘史』. 時事時報社出版局, 1959.
이승만. 『이승만의 전시중립론』. 정인섭 역. 나남출판, 2000.
이영무. 『한국의 불교사상』. 민족문화사, 1986.
李龍洛. 『三一運動實錄』. 三一同志會, 1969.
이욱. 『조선시대 재난과 국가의례』. 창비, 2009.
이영훈. 『한국 경제사』 1·2. 일조각, 2017.
이정식. 『대한민국의 기원』. 일조각, 2006.
이지관 편. 『伽倻山 海印寺誌』. 가산문고, 1992.
이진수 편. 『한국 근·현대 차인물 연구』 1·2. 국제차문화교류협력재단, 2012.
이지원. 『한국근대문화사상사 연구』. 혜안, 2007.
이태진. 『21세기 한국학의 진로 모색』. 서울대학교 개교 60주년 및 규장각 창립 230주년 기념 한국학국제학술회의 조직위원회, 2006.
이호룡. 한국독립운동사편찬위원회 편. 『한국독립운동의 역사』 45. 독립기념관 한국독립운동사연구소, 2008.
인권환. 『한국문학의 불교적 탐구』. 월인, 2011.
인명사전편찬위원회 편. 『인명사전』. 민중서관, 2002.
임혜봉. 『일제하 불교계의 항일운동』. 민족사, 2001.
意詢. 『禪門四辯漫語』. 大興寺, 1913.
의천. 『大覺國師文集』. 건국대출판부, 1974.
____. 『대각국사집』. 이상현 역. 동국대 출판부, 2012.
張道斌. 『偉人元曉』. 新文館, 1917.
장준하. 『돌베개』. 돌베개, 2015.
전경수. 『문화의 이해』. 일지사, 1999.
정민. 『새로 쓰는 조선의 차문화』. 김영사, 2011.

정민·유동훈. 『한국의 다서』. 김영사, 2020.
정병삼. 『한국불교사』. 푸른역사, 2020.
정병준. 『우남 이승만 연구』. 역사비평사, 2005.
정성본. 『中國禪宗의 成立史硏究』. 민족사, 1991.
정수일. 『실크로드학』. 창비, 2007.
정영선. 『한국 차문화』. 너럭바위, 1992.
鄭寅普. 『薝園 鄭寅普全集』1~6. 延世大學校出版部, 1983.
정치학대사전편찬위원회 편. 『21세기 정치학대사전』. 아카데미아리서치, 2002.
정태영. 『조봉암과 진보당』. 후마니타스, 2006.
정헌식. 『진주시민과 차생활』. 강우차회, 2001.
______. 『진주 茶 맛』. 지식산업사, 2006.
조세현. 『동아시아 아나키즘, 그 반역의 역사』, 책세상, 2001.
朝鮮佛敎宗會 편. 『朝鮮佛敎敎憲』. 朝鮮佛敎宗會, 1946.
조영한·조영헌. 『옐로우 퍼시픽』. 서울대학교출판문화원, 2020.
조지훈. 『한국문화사 서설』. 나남출판, 1996.
종단사간행위원회 편. 『태고종사』. 한국불교출판부, 2006.
중국CCTV다큐멘터리 〈대국굴기〉제작진. 『강대국의 조건』. 안그라픽스, 2007.
채원화. (소책자)『반야로』. 반야로차도문화원, 1983.
채정복 편. 『찻잔에 비친 老佛微微笑』. 효당사상연구회, 2006.
________. 『효당최범술문집』 1~3. 민족사, 2013.
천병식. 『역사속의 우리 다인-孤雲에서 曉堂까지』. 이른아침, 2004.
천성림. 『近代中國思想世界의 한 흐름』. 신서원, 2002.
草衣. 『禪門四辯漫語』. 大興寺, 1913.
최규용. 『錦堂茶話』. 이른아침, 1978.
崔南善. 『百八煩惱』. 東光社, 1926.
______. 『尋春巡禮』. 白雲社, 1926.
______. 『六堂 崔南善全集』1. 玄岩社, 1973.

최덕교.『한국잡지백년』1·3. 현암사, 2005.
최문석 외.『진주차인회 반세기 차인들의 삶과 자취』. 문화출판인쇄, 2005.
최범술.『韓國의 茶道』. 보련각, 1973.
______.『사람은 어떻게 살아야 하나』. 보련각, 1974.
최석환.『신세계의 차인』. 차의 세계, 2012.
최용희.『태극으로의 여행』. 수피아, 2002.
통광 역주.『艸衣茶禪集』. 불광출판사, 1996.
退翁 性徹.『韓國佛教의 法脈』. 해인사 장경각, 1990.
피트르 알렉세이비치 크로포트킨.『相互扶助進化論』. 구자옥·김휘천 역. 한국학술정보, 2008.
한국고전용어사전 편찬위원회 편,『한국고전용어사전』, 세종대왕기념사업회, 2001.
한국불교총람편찬위원회 편.『韓國佛教總覽』. 大韓佛教振興院, 2008.
한국정신문화연구원 편.『한국민족문화대백과사전』4. 한국정신문화연구원, 1997.
____________________.『한국민족문화대백과사전』8. 한국정신문화연구원, 1997.
____________________.『한국민족문화대백과사전』11. 한국정신문화연구원, 1997.
____________________.『한국민족문화대백과사전』19. 한국정신문화연구원, 1997.
한국정신문화연구원 현대사연구소 편.『遲耘 金錣洙』. 한국정신문화연구원 현대사연구소, 1999.
한기두.『韓國禪思想硏究』. 일지사, 1991.
한영우 외.『21세기 한국학, 어떻게 할 것인가』. 푸른역사, 2005.
한용운.『한용운전집』1·6. 신구문화사, 1973.
한태동·현우식.『한태동의 역사학 방법론 강의』. 연세대학교 출판부, 2011.
한형주 외 편.『조선의 국가제사』. 한국학중앙연구원, 2009.
허흥식.『고려의 문화전통과 사회사상』. 집문당, 2004.

현봉.『반야심경』. 불광출판사, 2011.
현장.『대당서역기』. 김규현 역주. 글로벌콘텐츠출판그룹, 2013.
洪以燮.『朝鮮科學史』. 正音社, 1946.
효당사상연구회 편.『曉堂 崔凡述 스님의 生涯와 業績』. 효당사상연구회, 2006.
효동원차선회 편.『茶香禪味』1. 비봉출판사, 1986.
______________.『茶香禪味』1·2. 보림사, 1989.
허종.『반민특위의 조직과 활동』. 선인, 2003.
현영조.『차문화와 건축』. 요철요, 2006.
현익채 외 편.『(부산불교 100년의 발자취 1913~2013)물처럼 살거래이』. 무량수, 2014.
United States Armed Forces in Korea.『駐韓美軍史(HUSAFIK)』2. 돌베개, 1988.

章太炎.『章太炎全集』4. 上海: 上海人民出版社, 1985.
陳宗懋 主編.『中國茶經』. 上海: 上海文化出版社, 1994.
近藤憲二.『我か見の日本アナキズム運動』. 東京: 麦社, 1969.
大杉栄.『(大杉栄論集)正義を求める心』. 東京: アルス, 1921.
大正新修大藏經刊行會 編.『(大正新修)大正新脩大藏經目錄』. 東京: 大正新修大藏經刊行會, 1969.
李鍾益.『韓國佛敎の研究 : 高麗·普照國師を中心として』. 東京: 國書刊行會, 1980.
諸岡存·家入一雄.『朝鮮の茶と禪』. 東京: 日本の茶道社, 1940.
青木正兒.『青木正兒全集』8. 東京: 春秋社, 1986.
布施辰治·張祥重·鄭泰成.『運命の勝利者 朴烈』. 東京: 世紀書房, 1946.
Brother Anthony of Taize', Hong Kyeong-Hee. THE KOREAN WAY OF TEA : An Introductory Guide. Seoul: Seoul Selection. 2007.
Brother Anthony of Taize', Hong Kyeong-Hee and Steven D. Owyoung. KOREAN TEA CLASSICS : by Hanjae Yi Mok and the

Venerable Cho-Ui. Seoul: Seoul Selection. 2010.
Corinne Trang. ESSENTIALS OF ASIAN CUISINE : Fundamentals and Favorite Recipes. New York: Simon & Schuster. 2003.
David K. Naugle. WORLDVIEW : The History of a Concept. Grand Rapids, Michigan: Wm. B. Eerdmans Publishing Co. 2002.
Jane Pettigrew & Bruce Richardson. TEA CLASSIFIED : a tealover's companion. London: National Trust Books. 2008.
Mary Lou Heiss and Robert J. Heiss. THE STORTY OF TEA : A Cultural History and Drining Guide. Bakeley, California: Ten Speed Press. 2007.

○ 학위논문

강승수. 「한국의 차생활 공간에 관한 연구 : 다산, 초의, 효당을 중심으로」. 한국국제대학교 석사학위논문, 2012.
박남식. 「『韓國의 茶道』에 나타난 曉堂의 茶道精神」. 성균관대학교 생활과학대학원 석사학위논문, 2005.
_____. 「寒齋 李穆의 茶道思想 硏究」. 성균관대학교 일반대학원 박사학위논문, 2012.
박동춘. 「초의선사의 차문화관 연구」. 동국대학교 대학원 박사학위논문, 2009.
박미영. 「有島武郎における「主義實現」への道程 : 『宣言一つ』, 『カインの末裔』, 「かんかん?」, 『或る女』を中心に = 아리시마 다케오의 「주의실현」의 도정」. 경북대학교 대학원 박사학위논문, 2013.
박보은. 「曉堂 崔凡述의 茶道硏究」. 성신여자대학교 석사학위논문, 2005.
박일주. 「曉堂 崔凡述과 茶生活」. 동국대학교 석사학위논문, 2011.
이경순. 「朝鮮後期 차문화 中興祖의 美的 삶과 茶美論 硏究」. 부산대학교 박사학위논문, 2017.
이일희. 「생태적 관점에서 본 차문화공간에 관한 연구」. 성신여자대학교 박사학위논문, 2004.
정서경.「한국 차문화 기능의 전승에 관한 연구」. 목포대학교 박사학위논문, 2012.
정숙자.「근·현대 한국 차인의 차문화의식 연구 : 호암·효당·아인을 중심으로」. 원광대학교 박사학위논문, 2016.
정영식.「가야 백제의 차문화 형성에 관한 연구」. 원광대학교 박사학위논문, 2015.
정은자.「효당 최범술의 차도사상 연구」. 원광대학교 동양학대학원 석사학위논문, 2014.
채정복.「艸衣禪師의 茶禪修行論」. 연세대학교 대학원 사학과 석사학위논문, 1992.
최화인.「근대일본의 국민국가 형성과 언어 내셔널리즘 : 19세기 후반의 '國語國字' 논쟁을 중심으로」. 연세대학교 대학원 사학과 석사학위논문, 1999.
최화정.「元曉傳記類에 대한 比較神話學的 研究」. 동국대학교 일반대학원 석사학위논문, 2013.
한동민.「'사찰령' 체제하 본산제도연구」. 중앙대학교대학원 사학과 박사학위논문, 2005.

○ 논문

고영섭.「원효『십문화쟁론』연구의 지형도-조영기, 최범술, 이종익, 이만용 복원문의 검토」.『문학/사학/철학』10. 한국불교사연구소, 2007.
______.「불교계의 해인-마산대학(1946~1967) 경영」.『한국선학』22. 한국선학회, 2009.
______.「불교정화의 이념과 방법」.『불교정화 운동의 재조명』. 조계종출판사, 2008.
강인철.「해방후 불교와 국가 : 1945~1960」.『사회와 역사』57. 한국사회사학회, 2000.

김광식. 「다솔사 안거 법회(1939), 개요와 성격」. 『퇴계학논집』 24. 한국불교연구원, 2019.
_____. 「다솔사와 항일 비밀결사 卍黨-한용운, 최범술, 김범부, 김동리 역사의 단면」. 『佛教研究』 48. 동아시아불교문화학회, 2018.
_____. 「만당과 효당 최범술」. 『동국사학』 42. 동국사학회, 2006.
_____. 「봉암사 결사의 재조명」. 『봉암사 결사와 현대한국불교』. 조계종 출판사, 2008.
_____. 「최남선의 『조선불교』와 범태평양불교청년회의」. 『백련불교논집』 11. 성철사상연구원, 2001.
_____. 「최남선의 '조선불교' 정체성 인식」. 『佛教研究』 37. 韓國佛教研究院, 2012.
김기원. 「曉堂 崔凡述의 生涯와 韓國茶道의 中興」. 『계명대학교 차문화연구소 학술심포지엄』1. 계명대학교 차문화연구소, 2010.
김기종. 「근대 불교잡지의 간행과 불교대중화」. 『한민족문화연구』 26. 한민족문화학회, 2008.
김동환. 「근대 유교지식인의 인식 변화에 대한 연구」. 『선도문화』 20. 국제뇌교육종합대학원 국학 연구원, 2016.
김명배. 「東茶頌과 茶經採要」. 『국회도서관보』 171. 大韓民國 國會圖書館, 1980.
김명섭. 「박열의 일왕폭살계획 추진과 옥중투쟁」. 『한국독립운동사연구』 48. 독립기념관 한국독립운동사연구소, 2014.
_____. 「의열단의 對日 거사계획과 박열의 의열투쟁」. 『한일민족문제연구』 38. 한일민족문제학회, 2020.
_____. 「한일 아나키스트들의 사상교류와 반제 연대투쟁」. 『한국민족운동사연구』. 한국민족운동사학회, 2006.
_____. 「1920年代 初期 在日 朝鮮人의 思想團體 : 黑濤會·黑友會·北星會를 中心으로」. 『한일민족문제연구』 1. 한일민족문제학회, 2001.
김미영. 「"원효학"의 형성과정 고찰」. 『국학 연구』 38. 한국국학진흥원, 2019.
김미지. 「동아시아와 식민지 조선에서 크로포트킨 번역의 경로들과 상호 참조 양상 고찰」. 『比較文化硏究』 43. 경희대학교 비교문화연구소, 2016.
김상영, 대한불교조계종 교육원 불학연구소 편. 「'정화 운동'시대의 宗祖갈등 문제와 그 역사적 의의」. 『불교정화 운동의 재조명』. 조계종출판사, 2008.
김상일. 「石顚 朴漢永의 기행시문학의 규모와 紀實의 시세계」. 『동악어문학』 65. 동악어문학회, 2015.
김상현. 「金法麟과 한국 근대불교」. 『한국불교학』 53. 한국불교학회, 2009.
______. 「艸衣禪師의 茶道觀」. 『史學志』 10. 단국대, 1976.
______. 「曉堂 崔凡述(1904~1979)의 獨立運動」. 『동국사학』 40. 동국사학회, 2004.
金性玟. 「朝鮮史編修會의 組織과 運用」. 『한국민족운동사연구』 3. 한국민족운동사학회, 1989.
김순석, 대한불교조계종 교육원 불학연구소 편. 「이승만 정권의 불교정책」. 『불교정화 운동의 재조명』. 조계종출판사, 2008.
김영진. 「한국 근대 불교학 방법론의 등장과 불교사 서술의 의미」. 『한국학연구』 23. 인하대학교 한국학 연구소, 2010.
______. 「근대시기 한국불교계의 유럽불교학 인식과 그 영향」. 『韓國佛敎學』 64. 한국불교학회, 2012.
김영희 외. 「대한매일신보 국문 논설의 언론 관련 개념 분석」. 『韓國言論學報』 55. 한국언론학회, 2011.
金煐泰. 「朝鮮 禪家의 法統考」. 『佛敎學報』 22. 1985.
김용태. 「조계종 종통의 역사적 이해-근·현대 종명, 종조, 종지 논의를 중심으로」. 『韓國禪學』 35. 한국선학회, 2011.
______. 「『조선불교통사』를 통해 본 이능화의 불교 이해」. 『애산학보』 41. 애산학회, 2015.
김용표. 「원효의 반야심경소와 효당의 복원해석학」. 『宗敎硏究』46. 한국종교학회, 2007.
김윤경. 「정인보(鄭寅普)와 장병린(章炳麟)의 주체론 비교-'저는 저로서 함'과 '의자불의타(依自不依他)'의 비교를 중심으로」. 『인문학연구』 52. 조선대학교 인문학연구소, 2016.

김은희. 「曉堂의 茶道精神이 茶生活에 미치는 影響」. 『차문화·산업학』 22. 국제차문화학회, 2012.
_____, 이진수 편. 「효당본가 반야로 차도문화원 채원화에 관한 연구」. 『한국 근·현대 차인물 연구』 2. 사단법인 국제차문화교류협력재단, 2012.
김종진. 「박한영과 국학자의 네트워크와 그 의의」. 『溫知論叢』 57. 온지학회, 2018.
_____. 「『불교진흥회월보』의 전개와 문예 지면의 경향성」. 『문화와 융합』 43. 한국문화융합학회. 2021.
_____. 「『조선불교총보』의 전개 양상과 시론(時論)의 지향성」. 『大覺思想』 35. 대각사상연구원, 2021.
_____「1910년대 불교잡지 『불교진흥회월보』의 학술 담론과 의의」. 『한마음 연구』 6. 대행선연구원, 2021.
김진웅. 「1920년대 초 재일본 조선인 유학생의 사회주의 활동과 코스모구락부」. 『한일민족문제연구』. 한일민족문제학회, 2019.
김진숙. 「唐대의 음차문화」. 『한국차학회지』 13. 한국차학회, 2009.
김진한. 「舊韓末 日帝下 張道斌의 活動과 現實認識」. 『東洋學』 60. 단국대학교 동양학연구원, 2015.
金泰雄. 「일제강점기 朴殷植의 『韓國痛史』 출간과 筆寫本의 특징」. 『진단학보』 130. 진단학회, 2018.
金喜坤. 「同濟社의 結成과 活動」. 『한국사연구』 48. 한국사연구회, 1985.
남도영. 「舊韓末의 明進學校」. 『역사학보』 90. 역사학회, 1981.
_____. 「韓國寺院 教育制度」. 『歷史教育』 28. 歷史教育硏究會, 1980.
노관범. 「대한제국기 신채호의 '아(我)' 개념의 재검토」. 『개념과 소통』 14. 한림과학원, 2014.
盧大煥. 「1905~1910년 文明論의 展開와 새로운 文明觀 摸索」. 『유교사상문화연구』 39. 한국유교학회, 2010.
류시현. 「일제하 崔南善의 佛教認識과 '朝鮮佛教'의 探究」. 『역사문제연구』 14. 역사문제연구소, 2005.
_____. 「1910년대 조선불교사 연구와 '조선학'의 토대 형성」. 『한국학 연구』

44. 고려대학교 한국학 연구소, 2013.
______. 「1920년대 최남선의 '조선학' 연구와 민족성 논의」. 『역사문제연구』 17. 역사문제연구소, 2007.
______. 「1920~30년대 문일평의 민족사와 문화사의 서술」. 『民族文化硏究』 52. 고려대학교 민족문화연구원, 2010.
류승완. 「1920~1930년대 조선학의 분화에 대한 일 고찰」. 「숭실사학」 31. 숭실사학회, 2013.
文喆永. 「湖岩 文一平의 歷史認識」. 『韓國學報』 13. 일지사, 1987.
閔泳珪. 「爲堂 鄭寅普 선생의 行狀에 나타난 몇 가지 문제 : 實學原始」. 『동방학지』 13. 연세대학교 국학 연구원, 1972.
박걸순. 「1920년대 北京의 韓人 아나키즘운동과 義烈鬪爭」. 『東洋學』 54. 단국대학교 동양학연구원, 2013.
박남식. 「曉堂의 茶詩감상을 통해 본 차살림精神 小考」. 『한국차학회지』 16. 한국차학회, 2010.
박성순. 「文一平 近代史學의 本領, 朝鮮學運動」. 『東洋古典硏究』 50. 동양고전학회, 2013.
박용진. 「고려전기 義天撰 『圓宗文類』 所收 불교 문헌의 현황과 전승」. 『한국학논총』 47. 국민대학교 한국학 연구소, 2017.
______. 「『大覺國師文集』의 편찬과 그 정치사회적 배경」. 『한국학』 30. 한국학중앙연구원, 2007.
______. 「의천의 『圓宗文類』 編纂과 그 의의」. 『史學硏究』 82. 한국사학회, 2006.
박재현. 「원효의 화쟁사상에 대한 再考」. 『불교평론』 8. 불교평론사, 2001.10.
박종린. 「'김윤식사회장' 찬반 논의와 사회주의세력의 재편」. 『역사와현실』 38. 한국연사연구회, 2000.
박진영. 「창립 무렵의 신문관(新文館)」. 『사이(SAI)』 7. 국제한국문학문화학회, 2009.
박희준. 「조선시대 제다기법과 전승문화의 특징」. 『2016 제다국가무형문화재 지정기념 학술대회』. 문화재청·(사)무형문화연구원, 2016.

반병률. 「서평-한국 근현대사상사의 지평을 확대한 아나키즘 연구」. 『역사와 현실』 46. 한국역사연구회, 2002.
성해준. 「일본 국학과 근대한국 범부 김정설의 국학사상 고찰」. 『동아시아불교문화』 11. 동아시아불교문화학회, 2012.
손지혜. 「近代期의 元曉 再發見者들-鄭晄震, 崔南善, 趙明基, 許永鎬를 중심으로」. 『일본사상』 28. 한국일본사상사학회, 2015.
_____. 「근대기 한국불교계는 왜 원효에 주목했는가」. 『불교평론』 17. 불교평론사, 2015.
신주백. 「1930년대 초중반 朝鮮學學術場의 재구성과 관련한 시론적 탐색」. 『역사문제연구』 15. 역사문제연구소, 2011.
안계현. 「三·一運動과 佛教界」. 『三·一運動50周年記念論集』. 동아일보사, 1969.
여호규. 「한국사 연구의 신경향과 패러다임 전환을 위한 제언」. 『역사학보』 25. 역사학회, 2021.
원영상. 「근대 일본불교의 현실참여와 아나키즘」. 『일본근대학연구』 33. 한국일본근대학회, 2011.
오영섭. 「朝鮮光文會 硏究」. 『韓國史學史學報』 3. 한국사학사학회, 2001.
유병관. 「고토쿠 슈스이(幸德秋水)의 제국주의 비판과 일본 아나키즘의 수용과정」. 『日本硏究』 41. 한국외국어대학교 일본연구소, 2009.
_____. 「1910년 '대역사건(大逆事件)'의 역사적 의미」. 『翰林日本學』 16. 한림대학교 일본학연구소, 2016.
_____. 「1910년대 일본의 개인주의와 아나키즘-오스기 사카에(大杉榮)와 『근대사상(近代思想)』을 중심으로」. 『일본언어문화』 20. 한국일본언어문화학회, 2011.
유영옥. 「1920년대 『三國遺事』에 대한 인식」. 『동양한문학연구』 29. 동양한문학회, 2009.
윤기엽. 「다이쇼 신수대장경(大正新修大藏經)의 편찬과정과 체재」. 『전자불전』 10. 동국대학교 전자불전연구소, 2008.
_____. 「일본 大正時代 佛教界의 編纂事業—大正新修大藏經의 편찬을 중

심으로」. 『한국불교학』 48. 한국불교학회, 2007.
윤승용. 「불교정화공간과 사회복지」. 『불교정화 운동의 재조명』. 조계종출판사, 2008.
이기하. 한국현대사연구협의회 편. 「정치·사회단체의 성격」. 『한국현대사의 전개』. 탐구당, 1988.
이경순. 「최범술의 차 정신 '中正의 道'-『韓國의 茶道』를 중심으로」. 『동아시아불교문화』 22. 동아시아불교문화학회, 2015.
______. 「불교계 3·1운동의 기억과 표상 : 해방 후 불교잡지 《新生》을 중심으로」. 『佛教學報』 87. 동국대 불교문화연구원, 2019.
이경희. 「제차의 민간전승현황」. 『2016 재차 국가무형문화재 지정기념 학술대회』. 문화재청·무형문화연구원, 2016.
이남옥. 「정인보의 학문 연원과 조선학 인식」. 『儒學硏究』 38. 2017.
이동매. 「동아시아의 예로센코 현상」. 『한국학 연구』 45. 인하대학교 한국학연구소, 2017.
이봉춘. 「불교지성의 연구활동과 근대불교학 정립」. 『佛教學報』 48. 동국대학교 불교문화연구원, 2008.
이승윤. 「대한제국기 불교계학교의 설립과 운영」. 『靑藍史學』 11. 청람사학회, 2005.
이영무. 「원효대사 저 『판비량론』에 대한 고찰」. 『건국대학교학술지』 15. 건국대, 1973.
이영학. 「일제의 역사기록 수집 · 정리와 조선사 편찬」. 『역사문화연구』 71. 한국외국어대학교 역사문화연구소, 2019.
______. 「통감부의 조사사업과 조선침탈」. 『역사문화연구』 39. 한국외국어대학교 역사문화연구소, 2011.
이재헌, 대한불교조계종 교육원 불학연구소 편. 「미군정의 종교정책과 불교계의 분열」. 『불교정화 운동의 재조명』. 조계종출판사, 2008.
이지원. 「한국학의 근대성 고찰」. 『민족문화연구』 86. 고려대 민족문화연구원, 2020.
______. 「1910년대 新知識層의 國粹觀과 國粹保存運動」. 『歷史教育』 84. 역

사교육연구회, 2002.
이태훈.「1920년대 최남선의 조선학 연구와 실천적 한계」.『사학연구』 131. 한국사학회, 2018.
이황직.「김태준 조선학의 구상과 한계」.『한국인물사연구』 23. 한국인물사연구회, 2015.
李賢馥.「章炳麟의 불교와 국학, 그리고 문학론」.『中國語文論叢』 39. 2008.
장세윤.「日帝의 京城帝國大學 설립과 운영」.『한국독립운동사연구』 6. 독립기념관 한국독립운동연구소, 1992.
전상숙.「박열의 무정부주의와 민족의식」.『한국동양정치사상사』 7-1. 한국동양정치사상사학회, 2008.
鄭圭永.「京城帝國大學의 設立過程」.『論文集』 35. 淸州敎育大學校, 1998.
정종현.「단군, 조선학 그리고 과학: 식민지 지식인의 보편을 향한 열망의 기호들」.『한국학 연구』 28. 인하대학교 한국학 연구소, 2012.
정준영.「식민지관학과 '민족사학'의 사이」.『사회와역사』 128. 한국사회사학회, 2020.
정출헌.「국학파의 '조선학' 논리구성과 그 변모양상」.『열상고전연구』 28. 열상고전연구회, 2008.
제점숙.「근대 불교잡지에 나타난 재일조선불교유학생들의 현실인식-재일불교청년단체의 기간지「금강저(金剛杵)」를 중심으로」.『비교일본학』 43. 한양대학교 일본학국제비교연구소, 2018.
______.「일제하 효당 최범술의 일본 유학과 교육활동」.『만해학보』 17. 만해사상실천선양회, 2017.
조광.「개항기 및 식민지시대 실학연구의 특성」.『한국실학연구』 7. 한국실학학회, 2004.
조명제.「1910년대 식민지조선의 불교 근대화와 잡지 미디어」.『종교문화비평』 30. 한국종교문화연구소, 2016.
조범성.「1930년대 靑丘學會의 설립과 활동」.『한국민족운동사연구』 107, 한국민족운동사학회, 2021.
조아담.「재일 조선불교유학생들의 활동」.『佛敎學報』 48. 동국대 불교문화연구원, 2008.
조은수.「'통불교' 담론을 중심으로 본 한국 불교사 인식」.『불교평론』 21. 불교평론사, 2004.
조성산.「18세기 후반~19세기 전반 '朝鮮學' 형성의 전제와 가능성」.『동방학지』 148. 연세대학교 국학 연구원, 2009.
조형열.「식민지 조선 역사학의 방향 전환, 백남운의『조선사회경제사』(1933)」.『내일을 여는 역사』 78. 내일을 여는 역사재단, 2020.
존 요르겐센(John Jorgensen).「한국불교의 역사 쓰기」.『佛敎硏究』 14. 한국불교 연구원, 1997.
진단학회.「震檀學會 50年日誌」.『진단학보』 57. 진단학회, 1984.
채정복.「근현대 한국 차문화를 중흥시킨 초의와 효당」.『한국불교학』 46. 한국불교학회, 2006.
______.「한국 차문화사에 끼친 효당 최범술 종장의 업적과 차도사상」.『진주차인회 50년사』. 경상대학교 출판부, 2019.
______「만당(卍黨)의 조선학연구와 국학적 전승-효당 최범술의 자료수집과 연구를 중심으로」.『大覺思想』 38. 대각사상연구원, 2022.
崔起榮.「1910년대 국내외 國學 연구의 동향」.『韓國史學史學報』 21. 한국사학사학회, 2010.
최병헌.「韓國佛敎法統說의 問題點」.『僧伽』 6. 중앙승가대학교, 1989.
최재목 외.「일제강점기(日帝強占期)(1910~1945) 원효(元曉) 논의에 대한 예비적 고찰」.『일본문화연구』 34. 동아시아일본학회, 2010.
崔翰.「茶山名號小攷」.『韓國學』 35. 영신아카데미한국학 연구소, 1986.
최화정.「해인사의 3·1운동」.『大覺思想』 31. 대각사상연구원, 2019.
______.「해인사의 3·1운동」.『불교계의 3·1운동과 항일운동』. 대한불교조계종 백년대계본부 불교사회연구소, 2019.
______, 해인사 성보박물관 편.「해인학림과 만당」.『(3·1운동 100주년 기념 특별전) 아! 호국이여, 나라의 독립을 부르짖다-독립운동에 참여한 해인사 스님들』. 해인사 성보박물관, 2019.
______.「曉堂 崔凡述의 삶과 佛敎」.『만해학보』 17. 만해사상실천선양회,

2017.
표정옥. 「최남선 〈심춘순례〉의 불교사찰기행을 통한 붉사상과 조선신화의 상관성 연구」. 『비교한국학(Comparative Korean Studies)』 23. 국제비교한국학회, 2015.
한규무. 「1920~1930년대 고학생갈돕회의 설립과 활동」. 『한국민족운동사연구』 73. 한국민족운동사학회, 2012.
妹尾義郎. 「社会変革途上の新興仏教」. 『新興仏教パンフレット』 第3輯. 佛旗社, 1932.
中島岳志. 「煩悶と超国家(13)難波大助と虎ノ門事件」. 『ちくま』. 筑摩書房, 2013.

○ 효당 관련 기타자료

김용범. 「효당 차론의 차도무문」. 『茶道』. 월간 茶道, 2012.7.
김화수. 「효당스님의 약기」. 『茶心』9·10. 차심연구회, 1990.
리처드·러트 주교. 「문화의 향기」. 『독서신문』 178. 1974.
신형로. 「내가 만난 凡夫 선생과 曉堂 스님」. 『季刊 茶心』 창간호. 계간 다심사, 1993.3.
여연. 「초겨울 다솔사에서 피어오른 차의 향연」. 『茶道』. 월간 茶道, 2004.12.
조영호. 「유마의 후예들」. 『대원』 53. 1987.4.
최화인. 「『韓國의 茶道』 교정본을 내면서」, 『효당 최범술 문집』 2. 민족사, 2013.
최화정. 「현대한국차도 중흥의 효시 '효당본가 반야로차도'」. 『한국의 茶道 명가와 茶스승』. 이른 아침, 2013.
채원화. 「효당 최범술 스님」. (소책자)『반야로 茶道』. 반야로차도문화원, 1983.
______. 「효당과 한국차도회 그리고 한국차인회」. 『茶人』 1. 한국차인연합회, 1990.
______. 「차로 가는 길」. 『남가람』 2. 재경진주여고동창회, 1998.
______. 「효당의 삶과 차도」. 『茶道』. 월간 茶道, 2004.2~9.

______. 「효당을 친일파로 매도 말라」. 『경남일보』. 2005.4.23.
______. 「효당의 차살림살이」. 『茶의 세계』. 월간 〈茶의 세계〉, 2005.8~9.
______. 「효당본가 반야로차도문화원 수료생의 관문, 茶道無門」. 『茶道』. 월간 茶道, 2011.3.

○ 잡지 및 신문

『금강저』
『남조선민보』
『대한매일신보』
『대한불교』
『대한흥학보』
『계간 다심』
『독립신문』
『동광』
『동광신문』
『동명』
『동아일보』
『매일신보』
『민중일보』
『민주중보』
『부산일보』
『법륜』
『법보신문』
『불광』
『불교』
『불교신문』
『불교진흥회월보』
『삼천리』

『서울신문』
『신동아』
『신생』
『신천지』
『월간 중앙』
『월간 해인』
『자유신문』
『자유민보』

曉堂 崔凡述의 年譜(1904~1979)

1904년 5월 26일 : 先親 崔鐘鎬 居士와 先妣 光山 金氏 사이에서 출생.
(경남 사천 율포)

1909년 4월 2일 : 서포면 旧巢里로 이사.
5월 5일 : 까치섬에서 서당 공부.(김윤집 선생)

1910년 4월 5일 : 사립 開進학교 입학(당시 곤양군수는 金善在로 一進會員).

1913년 6월 : 개진학교 일어교사 北村邦一을 배척하여 근대교육 최초의 동맹휴학을 주도. 빈기홍, 임성엽, 신영곤과 함께 퇴학당함.[1)]

1915년 3월 1일 : 곤양 공립보통학교 졸업.
5월 1일 : 5월부터 鳩山濟에서 당숙 下에 사서, 시전, 서전 등을 수학.

1916년 1월 12일 : 多率寺 입산.(불교 입문).

1917년 4월 1일 : 해인사지방학림 입학.

1919년 3월 1일 : 己未독립운동에 참가, 해인사 동학끼리 선언서 삼천여 부 복사, 배부하여 일경에 피검, 晋州獄에 구치.

1921년 3월 1일 : 해인사지방학림 졸업.(사교과, 사집과)

1922년 6월 6일 : 일본 東京 도착.
8월 7일 : 박열 동지 만남.

1923년 4월 3일 : 東京 立正중학 3학년 편입.
6월 1일 : 박열, 박흥곤, 육홍균(전 제헌의원) 등과 함께 '不逞鮮人社'

---

1) 최범술, 「청춘은 아름다워라」 110(최범술 4화), 『국제신보』(부산: 국제신보사, 1975.1.30), 5면.

조직, 월간 '불령선인지' 발간. 天皇 암살을 위해 박열과 密議하여 돈 천원을 가지고 중국 上海로 밀항하여 多勿團에게 입수한 폭탄을 일본 東京으로 운반함.[2)]

9월 1일 : 일본 관동 대지진

9월 23일 : 일본 관헌에게 大逆사건으로 체포 8개월간 豫審서 구속된 뒤 출감, 그 뒤 약 2년여에 걸쳐 東京 각 구의 경찰서유치장에 29일씩 피검을 반복하여 당함(이른바 '다라이마와시(たらい回し)'라고 하는 구금 형태).

1925년 8월 2일 : 다솔사 개혁.

1925년 12월 15일 : 재일본조선불교유학생 43인, 일본 東京 金剛杵社에서 元曉大聖讚仰會 조직.[3)]

1926년 3월 1일 : 일본 입정대학 중학부 졸업.[4)]

4월 : 物理學校 입학[5)]

1927년 3월 1일 : 일본 大正대학 豫科 1년 입학.

1928년 1월 : 『金剛杵』 15호에 「佛陀의 面影」과 「哀悼의 一片」을 게재.

4월 29일 : 재일조선불교청년회 제8회 정기총회 理財部 간사로 선출됨.

1928년 5월 14일 : 최영환, 오관수 등은 東京 거주 불교유학생들의 불교교리 연구기관으로 三藏學會를 조직. 그 목적은 불교의 진리와 일반 종교 및 철학을 연구 토의해 논문으로 작성하여 조선불교계에 제공

---

2) 최범술, 「청춘은 아름다워라」 127(최범술 21화), 『국제신보』(부산: 국제신보사, 1975.2.23), 5면.

3) 「佛教消息」, 『佛教』 19(京城, 佛教社, 1926.1), p.32, p.54.

4) 「佛教消息」, 『佛教』 21(京城, 佛教社, 1926.3), p.42.

5) 「佛教消息」, 『佛教』 24(京城, 佛教社, 1926.6), p.55.

하고자 함. 기관지 『無我』를 격월간으로 발행키로 함.[6)]

6월 : 『금강저』 16호에 「飛躍의 世界」 게재.

7월 1일 : 다솔사 주지로 피선.

12월 : 『一光』 창간호에 「優曇鉢羅華의 再現을 祝하고」 게재.

1929년 5월 : 『금강저』 17호에 「佛陀의 戒에 대해서」를 발표.

1930년 3월 1일 : 일본 大正大學 예과 3년 졸업.

4월 4일 : 大正大學 본과인 불교학과 1학년에 입학.

6월 17일 : 다솔사 주지로 취임.[7)]

1931년 5월 23일 : 東京 시외 駒澤町 眞中庵에서 재일본조선불교청년회 정기총회를 개최하여 조선불교청년총동맹 동경동맹의 조직을 결의.

- 세칙 제정 및 통과, 기관지 발간 금강저 인수 속간, 집행위원 선거.

집행위원장 김법린, 집행위원 최영환(서기장),

한성훈(회계장), 강유문(문교부장), 이연주(문교부원),

한영석(체육부장) 등 피선.[8)]

11월 1일 : 『금강저』 19호에 「華嚴敎學 六相圓融에 대하여」 게재.

1932년 9월 1일 : 일본 東京에서 김법린, 강유문, 허영호, 박윤진 등과 함께 만당 결사.

12월 : 『금강저』 20호에 漢詩 『石蘭臺』 게재.

1933년 3월 1일 : 大正대학 불교학과 본과 3년 졸업.

4월 : 조선불교 청년총동맹 중앙집행위원장에 피선. (위원으로 金寂音, 李重乾, 李尙圭, 李炳洪, 盧企容 등) "귀국한 전 맹원 최영환 군은 조선

---

6) 「佛教彙報」, 『佛教』 48(京城, 佛教社, 1928.6), p.97.

7) 「彙報」, 『朝鮮總督府官報』 1182(京城: 朝鮮總督府, 1930.12.10), 4면.

8) 「우리 뉴스」, 『金剛杵』 19(東京: 金剛杵社, 1931.11.1), p.75.

불교청년총동맹 중앙집행위원장 겸 다솔사 주지에다 경성여자미술학교와 금강산 마하연사 일을 보지 않으면 안 되게 되었다. 이야말로 三頭六臂의 猛活動."[9]

6월 14일 : 서울 明星여학교 설립, 초대교장에 취임. 이 해에 일본 유학시절 인도 스님 達磨婆羅(Anagārika Dharmapāla)로부터 전해 받은 부처님 진신사리 3과를 범어사에 기증하여 사리탑 건립.

다솔강원 창립 : "다솔사 주지 최영환의 신안으로 현대불교도에게 필요한 불교 교리와 일반 학술에 관한 지식 기능을 교수하여 실제 생활에 적절한 인재 양성을 목적으로 한 多率講院이 이 절에서 창립된다고 한다. 이것은 정히 현학도들의 광명일진저."[10]

이 강원에는 김법린, 최범술, 김범부 등이 강사로 활동.

1934년 1월 1일 : 해인사 法務로 피임.

3월 5일 : 다솔사 인근 院田에 농민 자제들의 교육을 위한 光明學院을 설립함.(김범부의 弟인 소설가 김동리가 교사였음)

5월 9일 : 日警에 피체되어 사천경찰서에 2개월간 피검됨.

7월 16일 : 거창검찰청에 6개월간 피검됨.

1935년 6월 1일 : 전북 임실군 경찰서에 3개월간 피검됨.

9월 : 다솔사 강원을 해인사 강원에 병합하여 개량 강원으로 경영.

1936년 3월 1일 : 다솔사 불교전수강원 설립.(김범부, 김법린 등의 일가족이 효당의 배려로 다솔사에 함께 거주) 이후 다솔사는 불교계의 비밀항일결사인 卍黨 등의 경남 일대의 독립운동의 본거지가 됨.

5월 20일 : 서울 명성여학교 설립인가.(교장 재임 중)

---

9) 「우리 뉴스」, 『金剛杵』 21(東京: 金剛杵社, 1933.12.16), p.55.
10) 「우리 뉴스」, 『金剛杵』 21(東京: 金剛杵社, 1933.12.16), p.56.

6월 1일 : 해인사 不正分子 肅淸(寺刹境內地淨化, 전국에 亘함).

12월 : 일제 조선사상범 보호감찰령 공포.

12월 27일 : 전국불교도 통합 계획 이동석, 박근섭, 장도환, 양대응 등과 합의.

1937년 1월 1일 : 해인사 근린 가옥 철거.

2월 25일 : 31본산주지회의에서 총본산 건설을 가결하고 기초위원 14인을 선정했는데 이종욱, 임석진, 이동석 등 14명 중 최영환도 기초위원으로 뽑힘.[11]

2월 26일 : 총독부 제1회의실에서 개최된 31본산주지회의에 해인사 주지 이고경 스님 대리로 참석, 조선불교진흥책에 관해 진술.

2월 28일 : 31본산주지회의 의안심사위원 14인 중의 한 명으로 최영환이 선정됨.[12]

4월 : 「三十一本山住持會同見聞記」, 『신불교』 3집에 발표.

5월 해인사 고려대장경 印經度監 역임.

6월 6일 : 거창 검찰청에 피검.

8월 3일 : 선학원에서 全國 禪僧 遺敎法會에 참석, 법복 제정을 제안하여 현행과 같이 됨(총람).

9월 1일 : 총독부 해인사 대장경 인출 시작. 나중에 卍黨사건으로 함께 피검되는 해인사의 은사 임환경 스님이 中日전쟁에 20원을 위장 헌금함.[13] (뒤에 1943년경 일명 '해인사 사건'으로, 최범술은 다솔사에서 사상범으로 사전구속, 해인사에서 임환경은 피검, 이고경은 피검 6개월 후 獄死)

---

11) 「教界消息」, 『新佛教』 3(京城: 佛教社, 1937.4.1), p.59.
12) 「教界消息」, 『新佛教』 4(京城: 佛教社, 1937.6.1), p.48.
13) 『佛教時報』 27(京城: 佛教時報社, 1937.10.1), p.7.

11월 :「海印寺寺刊藏鏤板目錄」 완성, 정리.[14]

11월 2일 : 나중에 卍黨사건으로 함께 피검되는 당시 해인사 주지였던 이고경 스님이 31본산주지회의의 결정에 따라서 중일전쟁을 위한 국방 헌금으로 해인사 명의로 500원을 위장 헌금함.[15]

12월 22일 : 北地에 조선불교종무원의 지시로 조선불교위문사로 파견됨(당시 불교계 비밀항일결사인 卍黨의 비밀당원이었음).

1938년 1월 18일 : 위문사에서 돌아옴.

5월 11일 : 명성여학교 고등과 인가 받음.

10월 2일 : 일제 경기도 경찰국에 卍黨 조직 발각으로 4개월간 피검. (8월부터 시작된 검거 선풍으로 김범부, 海光, 靜海, 雨田, 寂音 등과 함께-항일 비밀결사조직인 '만당'이 검거 구속)

11월 4일 : 총본산 太古寺 건립회의(三十一本山住持會同).

1939년 8월 22일 : 일본 比叡山 天台宗 大學僧 48인을 초청 다솔사 夏安居 법회 개최, 당시 玄理 사상에 대해서 凡夫 金正卨 선생(卍黨 비밀당원)이 강설하고, 吳宗植 씨가 통역하여 7일간 개최함.[16]

1939년 8월 29일 : 만해 선생 회갑연을 다솔사에서 가짐.

1940년 2월 2일 : 日帝 創氏改名시행.

1940년 4월 10일 : 東京 淺草寺 佛道회관에서 對 日人 강연.

1941년 3월 1일 : 日帝 사상범 예방 구금령 공포.

---

14)「海印寺寺刊鏤板目錄」,『東方學誌』 11(연세대학교 국학 연구원, 1970), pp.1~95.

15)『佛敎時報』 29(京城: 佛敎時報社, 1937.10.1), p.5.

16) 최범술,「청춘은 아름다워라」 152(최범술 46화),『국제신보』(부산: 국제신보사, 1975.3.31), 5면 ; 최범술,「청춘은 아름다워라」 153(최범술 47화),『국제신보』(부산: 국제신보사, 1975.4.2), 5면 ; 김필곤,「범부의 풍류정신과 다도사상」,『季刊 茶心』 창간호(부산: 계간 다심사, 1993.3), pp.84~101.

1942년 3월 1일 : 단재 신채호 선생 문집 자료 수집에 착수.

7월 : 洪原에서 '조선어학회' 사건으로 250여 인이 감금.

1943년 2월 : 경남도 경찰국유치장 제3감방에 수감되어 그 감방 안에서 신사참배 거부 등으로 구금된 기독교인 주기철, 한상돈, 이약신 목사와 최덕지, 김영숙 전도부인 등 25~26명에게 기독교에 대한 강연을 함.

1943년 9월 : 일제 경남도 경찰국에 김범부 선생과 13개월간 구치.(단재 신채호 선생 문집 수집 건으로)[17]

1944년 2월 6일 : 경남도 경찰국유치장 안에서 함께 수감되어 있던 기독교인들에게 강연.

1945년 3월 : 조선총독부에서 민족사상이 농후하여 정치적 변혁을 꾀한다는 이유로 정치적 요시찰인물로 효당을 분류하여 『昭和二十年 朝鮮人要視察人略名簿』에 수록함.

경남은 44명, 4월까지 전국적으로 790명이 수록됨.[18]

1945년 8월 15일 : 광복

1945년 8월 : 사천군 建國會 결성 및 총무위원장 피임.

1945년 8월 20일 : 김법린, 최범술, 유엽 등 건국청년당원 40여 명이 조선불교 총본사 태고사 종무원 종무총장 이종욱을 방문하여 종단 운영권 인수 및 전국승려대회 준비위원회 설립.

9월 22일~23일 : 전국승려대회 한국불교중앙총무원 설립.(총무원장 김법린, 총무부장 최범술 등)

---

17) 최범술, 「청춘은 아름다워라」 156(최범술 50화), 『국제신보』(부산: 국제신보사, 1975.4.6), 5면 ; 신형로, 「내가 만난 凡夫선생과 曉堂 스님」, 『季刊 茶心』 창간호(부산: 계간 다심사, 1993.3), pp.77~81.

18) 민족문제연구소 편, 『조선인요시찰인약명부』(서울: 민연주식회사, 2023), pp.4~6, pp.15~20. p.239, p.574.

1946년 2월 1일 : 非常國民會議에 이극로, 김원봉 등과 좌우합작교섭위원에 선임, 예산위원으로 활동.[19)]

3월 : 계간지 『新生』 창간호에 단재 신채호의 「朝鮮史」 복간본 연재 시작.(소장처를 당시 효당이 주지였던 다솔사로 기재하여 4회에 걸쳐 연재, 그 뒤 잡지 폐간으로 중단됨)[20)]

3월 : 『新生』 창간호에 「己未運動과 獨立宣言書」 게재.

5월 : 부산대학교 설립 확정. 이 무렵 경남 불교교무원 원장 박원찬은 불교중앙총무원 총무부장인 효당의 지시로 당시 500만원 상당의 고성 옥천사 寺畓 13만 5천평을 부산대학교 설립에 기부함.

7월 : 『新生』 7월호에 「故 萬海先生 大朞를 當하여」 게재.

10월 : 『新生』 4집에 「國難에 際하여 全國同胞에게」 발표.

12월 5일 : 日本人 인권변호사 후세 다쓰지(布施辰治)가 저술한 『運命の 勝利者 朴烈』의 104面에서 "上海에서 의열단원 최영환(최범술)이 왔던 관계 … 云云"으로 아나키스트 박열과 密議한 후 일본 천황 일가족을 폭사시키기 위한 폭탄을 가져온 자가 崔英煥임을 밝혔음. (최영환은 光復 이전 사용한 효당의 족보상의 이름)

1947년 1월 : 『佛敎』 1호에 「國難에 際하여 全國同胞에게」(續) 발표.

2월 2일 : 美蘇공동위원회 대한불교단체 대표로 피임.

2월 15일 : 해인사 주지로 피임.

(음력)4월 : 「부처님께서 나신 거룩하신 날을 맞이하와」를 『佛敎』檀紀

---

19) 「政務委員會를 設置」 및 「法制委員을 選任」, 『조선일보』(서울: 조선일보사, 1946.2.4), 1면.

20) 「朝鮮史」 1, 『新生』 1(漢城: 新生社, 1946.3.20), pp.38~42 ; 「朝鮮史」 2, 『新生』 2(漢城: 新生社, 1946.6.19.), pp.33~40 ; 「朝鮮史」 3, 『新生』 3(漢城: 新生社, 1946.9.18), pp.17~20 ; 「朝鮮史」 4, 『新生』 4(漢城: 新生社, 1946.12.18), pp.61~64.

4280년 7월호에 게재.

7월 : 국민대학을 해공 신익희 씨와 창설, 동시 대학 이사장으로 피임.

7월 5일 : 남로당 기관지인 『노력인민』에서 미소공위에 참여한 효당을 친일파로 비방하고 불교신도수를 유령 숫자라고 왜곡함.[21)]

10월 16일 : 국민대학교 초대 이사장으로 취임.[22)]

1948년 1월 : 「新年初心」을 『佛教』 檀紀 4281년 1월호에 게재.

5월 10일 : 사천 삼천포에서 무소속으로 출마하여 제헌국회의원에 16,685표로 당선.[23)]

6월 2일 : 국회 내 '3·1구락부'를 주도하여 발기, 조봉암 주도의 '6·1구락부'와 연대.[24)]

6월 10일 : 서울 '太古寺'에서 50여 인(3·1구락부), '譯經院'에서 60여 인 (6·1구락부)의 의원이 모여 兩구락부를 '무소속구락부'로 통합, 崔凡述(慶南 無), 金奉斗(全北 無), 金基喆(忠北 大靑), 曺奉岩(京畿 無) 등 6명의 간사를 선임함.[25)]

6월 14일 : 국회 무소속구락부의 최초 총회를 '太古寺(현 조계사)'에서 개최, 재정위원으로 피선, 총무위원(申性均, 金秉會) 재정위원(崔凡述, 金仲基) 선전위원(曺奉岩, 金壽善) 연락위원(崔錫和, 吳澤寬, 金光俊, 金基培, 金益魯, 文時煥, 孫在學) 교섭위원(金明東, 裵憲) 감사(金奉斗, 金長

---

21) 「佛教側 一大憤慨 노력 인민에 抗議」, 『독립신문』(서울: 독립신문사, 1947.7.31), 2면 ; 「共委에 신청한 教徒 幽靈數字 아니다 佛教總務院聲明發表」, 『동아일보』(서울: 동아일보사, 1947.7.27), 4면.

22) 문교부의 발령문서 「文高發 제416의 2호」· [국민대학교60년사편찬위원회, 『국민대학교 60년사(통사편)』(서울: 국민대학교, 2007), pp.37~38]

23) 「國會議員當選者 續報」, 『조선일보』(서울: 조선일보사, 1948.5.14), 2면.

24) 「三一俱樂部 國議員이 組織」, 『동아일보』(서울: 동아일보사, 1948.6.5), 1면.

25) 「多數議員參席下 三一俱樂部誕生」, 『東亞日報』(서울: 동아일보사, 1948.6.12), 1면.

烈).[26]

6월 16일 : 국회 문교후생위원회에 소속.[27]

7월 2일 : 국회 무소속구락부, 총리에 조소앙 임명을 이승만에게 요구.[28]

7월 6일 : 효당은 제헌국회 내에서 농지 분배에 대하여 공공단체(학교, 사찰 등) 대부분이 토지에 기반하고 있음을 상기시키면서 현실적인 접근을 요구함.[29]

7월 27일 : 국회 내 무소속계 주도의 李允榮 국무총리 승인 거부문제로 鄭顯模 의원과 이승만대통령을 면담하였으나 승인을 반대함.[30]

8월 5일 : 효당은 제헌국회 내에서 반민특위에 각 도별로 출신(出身) 국회의원 3인씩 선발할 것을 제안함.[31]

8월 18일 : 국회발언을 통해 '반민족행위처벌법'의 상정, 토의 중에 8·15 이후의 반민족행위자의 처벌을 주장.[32]

10월 14일 : 문교부 고등교육국에 의해 國民大學 휴교 처분.[33]

1949년 1월 20일 : 중앙총무원 교정위원에 위촉됨.

2월 4일 : 金秉會 의원 외 70여 의원과 외국군 즉시 철수를 요청하는 남북통일에 관한 긴급결의안 제출.[34]

---

26) 「無所屬區總會」, 『조선일보』(서울: 조선일보사, 1948.6.16), 1면.
27) 「九個常任委員을 銓衡」, 『조선일보』(서울: 조선일보사, 1948.6.17), 1면.
28) 「組閣工作은 着着進陟中」, 『동아일보』(서울: 동아일보사, 1948.7.23), 1면.
29) 제헌국회 속기록 3 : 경제질서 및 기타 논의 [1회 26호] 85조(1948.7.6), p.456.
30) 「韓民·無俱主張不變 組閣工作再出發」, 『조선일보』(서울: 조선일보사, 1948.7.29), 1면.
31) 제1회 국회 제40차 속기록(1948.8.5), pp.705~706.
32) 「反民族處斷案審議 第一讀會尙未了」, 『조선일보』(서울: 조선일보사, 1948.8.19), 1면.
33) 「國民大學 休校處分」, 『동아일보』(서울: 동아일보사, 1948.10.19), 2면.
34) 「金秉會 의원 외 70의원, 외국군 즉시 철수를 요청하는 남북통일에 관한 긴급결

4월 16일 : 제2회 77차 국회 본회의, 문교사회위원회의 國民大學에 관한 청원 심사안 접수, 통과.[35]

6월 25일 : 金翼鎭 검찰총장, 金若水 의원이 남조선노동당 프락치라는 담화를 발표.[36] (효당이 1949년 3월 제헌국회 내 민족자결주의의 이름 아래 외국 군대 철수안과 남북통일 협상안 등을 주장한 당시, 국회부의장 김약수 등 13명이 1949년 4월 말~8월 중순까지 3차에 걸쳐 검거됨. 결과적으로 그 뒤에 여권의 정치공작 등으로 '무소속구락부'가 '民主國民黨' 등으로 재개편됨)

8월 2일 : 이승만 대통령이 기자회견에서 국민대학 처리 문제로 문교부장관 안호상과 異見 노출.[37]

9월 : 민국당에 소속되어 국회 교섭단체의 소속명부에 등재.[38]

9월 29일 : 佛教總務院, 간부 교체를 둘러싼 알력이 발생.[39]

10월 12일 : 국회 문교사회위원회에 소속.[40]

10월 15일 : '國旗製作法(문교부고시 제2호)' 公布 당시, 국회에서 李在鶴 의원, 朱基瑢 의원과 국기시정위원으로 참여. (당시 특별심사위원 12인, 국기시정위원 42인).

의안 제출」, 『제2회 국회속기록』 제22호(1949.2.4), pp.403~404.[자료출전: 『(자료)대한민국사』 제10권]

35) 「제2회 77차 국회 본회의, 문교사회위원회의 國民大學에 관한 청원 심사안을 접수 통과」, 『제2회 국회속기록』제77호(1949.4.16), p.509.[자료 출전: 『(자료)대한민국사』 제11권]

36) 「金翼鎭 검찰총장, 金若水 의원이 남조선노동당 프락치라는 담화를 발표」, 『연합신문』(1949.6.25).[『(자료)대한민국사』 제17권]

37) 「李承晩 대통령, 태평양동맹과 民族陣營强化委員會 문제 등에 대하여 기자회견」, 『경향신문』(1949.8.27).[『(자료)대한민국사』제13권]

38) 「국회 교섭단체 구성의 윤곽」, 국도신문(1949.9.19).[『(자료)대한민국사』 제14권]

39) 「佛教總務院軋轢露骨化 幹部交替에 말썽이 난 듯」, 『경향신문』(서울: 경향신문사, 1949.10.2), 2면.

40) 「常任委員決定」, 『경향신문』(경향신문사, 1949.10.13), 1면.

12월 9일 : 국민대학의 재단문제로 대립하던 신익희 국회의장이 기자회견에서 최범술, 강기문 兩의원의 처벌을 주장.[41] [이른바 '佛敎總務院 사태(최범술)'와 '수뢰 및 밀수 사건(강기문)']

12월 13일 : 이승만 대통령 주도 국무회의에서 姜己文 의원과 함께 (공산)프락치로 몰림.[42] 당시 신문에 보도된 혐의는 각각 '사기 혐의 혹은 佛敎總務院사태(최범술)' 와 '수뢰 및 밀수 사건(강기문)'.[43]

1950년 2월 6일 : 金翼鎭 검찰총장이 국회 기자회견에서 최범술, 강기문 두 의원에 대한 체포 동의 반대 의견 피력.[44]

4월 19일 : 조병옥 국무총리 추천에 동의.[45]

4월 25일 : 일명 '佛敎總務院 사태'로 종단에 의한 징계를 당함.[46] (해인사 주지 최범술, 동 유엽, 마곡사 주지 한보순, 쌍계사 주지 장도환, 유점사 주지 서인수, 백담사 주지 곽우순 등 6명은 褫奪度牒, 범어사 주지 허영호, 동 김적음, 청암사 이덕진, 마곡사 황태호, 동 김연배, 위봉사 김재봉, 구암사 진시헌, 범어사 김동수, 동 김필제 등 9명은 分限停止 3년 - 실제로는 당시의 '무소속 구락부' 등의 야당 활동과 불교계와의 연대성을 단절시키기 위한 여권의 정치적

---

41) 「申翼熙 국회의장, 국정감사는 행정부와 협력하는 데 뜻이 있다고 기자회견」, 『자유신문』(1949.12.10).[『(자료)대한민국사』 제15권]

42) 「제109회 국무회의, 국채소화대책위원회를 구성하고 귀속재산처리법안 등을 공포하기로 의결」, 『국무회의록』(1949.12.13).[『(자료)대한민국사』 제15권]

43) 「崔凡述 議員도 拘束令狀 太古寺 管理爭奪이 禍!」, 「姜己文 의원 구속은 千餘萬圓 暴利·詐欺·贈賄嫌疑로」 『동아일보』(서울: 동아일보사, 1949.12.8), 2면 ; 「崔議員의 嫌疑 法務長官發表」, 『남조선민보』(마산: 남조선민보사, 1949.12.16), 2면.

44) 「金翼鎭 검찰총장, 국회의 파면 결의에 대한 입장을 피력」, 『연합신문』(1950.2.7). [『(자료)대한민국사』 제16권]

45) 「104명의 국회의원이 연서로 趙炳玉을 국무총리에 추천」, 『서울신문』(1950.4.11). [『(자료)대한민국사』 제17권]

46) 「崔凡述外 五名의 僧籍을 剝奪키로, 불교를 폭력으로 파괴하려다」, 『동아일보』(서울: 동아일보사, 1950.5.18), 2면.

목적을 위한 것으로 1949년 12월 13일자 『국무회의록』 참조)

5월 30일 : 선거 패배.

6월 17일 : 백성욱 내무장관 특명으로 中部署 피검.

6월 28일 : 북한군 남침 시 북한군에 被逮.

7월 3일 : 종로서에 연행되었다가 다시 삼화빌딩으로, 다시 국립도서관으로, 옥인동 소위 정치보위부로 궤짝 속에 든 채로 끌려감.

7월 16일 : 다시 감찰위원회(李承燁)에 의해 城南 호텔 연금됨.
(金華秀 안내로 국회의원 50여 인 회동)

9월 19일 : 美 함대와 함께 북진하여 3개월간 함흥일보 사장에 취임.

12월 12일 : 흥남서 철수.

1951년 7월 20일 : 해인사에서 共匪 피습.(당시 해인사 주지 최범술)[47]

7월 25일 : 해인사 백련암에 내습한 공산군 수뇌 이영애, 남도부, 구주호 등(그 일당 200여 명)을 설득하고 연설과 포고문 발표하여 가야·야로·봉산·묘산(합천 방면), 가조·가북(거창 방면), 수륜·청파(성주 방면), 쌍림면(고령 방면) 등 네 지역 방면에 해인사 주지 자격의 포고령을 발포하여 인민 살상과 방화 금지 및 가축 살상을 금지시켰고, 팔만대장경의 소실을 막았음.

8월 31일 : 이승만 독재 제거 혁명을 策함.

10월 10일 : 해인 중·고등학교 창설.(해인사에서 개교)

1952년 7월 : 이현상에 의한 해인사 공비 피습.(당시 해인사 주지 李龍祚)[48]

---

47) 「共匪勢力支離滅裂 山淸地區서 警察凱歌」, 『동아일보』(서울: 동아일보사, 1951.9.2), 2면.

48) 「共匪 『海印寺』에 放火 學生等卅餘名拉致 八萬大藏經燒失與否未詳」, 『동아일보』(서울: 동아일보사, 1952.7.18), 2면; 「八萬大藏經은 安在! 文化財保全火急」, 『경향신문』(서울: 경향신문사, 1952.7.20), 2면; 「拉致學生脫出歸還中 陜川被襲事件에 朴

9월 1일 : 해인대학 창설하여 학장 겸 재단이사장에 취임.

9월 20일 : 許百鍊, 靑皐 金佑英, 李東泉 諸氏 해인사 來訪時 해인대학에서 '玉龍子 도선국사'에 대한 강연.

1954년 5월 26일 : 해인대학 문제로 구속되어 서대문 형무소에 6개월간 투옥.[49] (실제로는 특무대장 김창룡에 의한 정치적 목적을 위한 사건으로 1949년 12월 13일자 『국무회의록』의 연장선)

(음력)8월 15일 : 서대문 형무소에서 추석날 밤(旧八月十五日夜)에 四행시를 作함.

"甲午中秋夜 身繫仁王西 鐵窓明月閑 囹外人多忙."

1955년 10월 1일 : 서울 주거지 계동 14번지로 이사.

1956년 10월 1일 : 서울 주거지 계동 56의 16(桂水庄)으로 이사.

1957년 8월 1일 : 다솔사에서 만해 선생 원고 수집, 정리 시작. (고려대 정치학과 林鍾國, 국문과 李和衍, 朴魯埈, 李起墅, 印權煥 학생들과 함께)

10월 1일 : 서울 桂水庄의 桂水會上에서 불교학 강의와 만해 선생의 생애와 사상 강의.(이후 2년간 계속)

1958년 1월 : 재단법인 汶波학원 이사장에 취임.

1월 13일 : 진보당 사건으로 조봉암 등 7인 구속 발표.(진보당이 평화통일 방안을 주장하였다는 혐의로 정당 등록이 취소되고 위원장 조봉암은 이듬해 1959년 7월 31일에 사형됨)

11월 : M.R.A. 가족 來訪하여 月餘 同宿(美人 로란드 하카, 瑞西人 스페리)

警察局長談」, 『동아일보』(서울: 동아일보사, 1952.7.22), 2면.

49) 「罰金五千圓言渡 崔凡述氏事件」, 『동아일보』(서울: 동아일보사, 1954.11.21), 3면.

1959년 1월 : 원효대사 교학 연구와 그 교리 강의 종사 및 저술.(이후 계속)

1960년 7월 29일 : 참의원 선거에 민주당 구파로 입후보해서 敗함.

1961년 2월 16일 : 부산 대각사 기○(=결?).

8월 22일 : 김용석, 이원구 등이 대각사를 속여서 팔다.

12월 12일 : '동양화를 본다' 집필.(『국제신보』, 1961년 12월 12일)

1962년 3월 1일 : 원효불교교단 선포.

1963년 10월 5일 : 다솔사 동안거 중 『반야심경』 강의.

1964년 7월 15일 : 다솔사 하안거 중 『천태사교의』 강의.

9월 27일 : 서울가정법원에서 박정임과 이혼 판결 확정.(사건64드93,이혼. 신청인 박정임).

1965년 7월 13일 : 하안거 중 天台四教義 강의.

9월 13일 : 하안거 중 원효 교학 및 『금강삼매경론』을 김종해 등에게 강의.

12월 6일 : 『불교신문』에 「원효대사반야심경복원소」를 이듬해 1월 24일까지 연재.

1966년 8월 7일 : 毅齋 허백련, 遲耘 김철수 선생 등과 함께 부산, 경주 불국사 석굴암, 영주 부석사를 답사 후, 백곡 김진구 제헌의원 안내로 강릉, 삼척, 오대산 등지를 여행.

9월 1일 : 『二障章』, 『金剛三昧經論』, 『涅槃經宗要』 등 강의.

11월 23일 : 재일교포단장 金正柱내청에 의해 『韓國茶生活史』 저술.

1967년 5월 25일 : 도량 장엄.(원효불교 근본도량인 다솔사 경내를 불도저로 밀어서 터를 닦아 크게 넓힘)

5월 26일 : 서포면 鵲島亭 重建 낙성식 기념일에 '한국유학의 세계사적 지위' 강설.

11월 15일 : 음력 10월 15일 동안거 결제 중 '海東疏 間別記'[50] 중심으로 한 『起信論』 강설, 附 아비달마론장 成立 概述.

12월 25일 : 다솔사에 안붕언, 김종하, 강달수, 문후근, 정원석, 김경재, 안광석 등이 회동.

1968년 2월 7일 : 경전남부선 개통식.(다솔사역 개장)

4월 15일 : 「六時行願禮懺文」 강설.

4월 18일 : 「漢子書考」 복사.

4월 19일 : 毅齋, 遲耘, 育泉, 攸堂, 于南, 忍石 등 다솔사 회동.

4월 : 광주 전남여고 강당에서 허백련 선생, 이방자 여사와 함께 녹차 및 行茶 강연회.

9월 3일 : 法亂.(김용오 등의 무고에 의하여 9월 3일부터 6일 동안 부산교도소에 수감됨)

1969년 3월 : 『대한불교』에 「3·1운동과 해인사」 4회 기고.(2월 16일~3월 9일)

3월 5일 : 차녀 埰卿 동국대학교 불교대학 입학.

3월 7일 : 원효불교 승소 판결.(진주법원)

7월 24일 : 復原된 元曉疏에 의한 心經 강의 및 原始聖典 강의.

11월 11일 : 繼妻 채정복 연세대 사학과 졸업논문 지도.(「涅槃經宗要를 중심한 원효사상」)

12월 16일 : 국민훈장 무궁화장 받음.

1970년 7월 7일 : 攸堂 金鍾河 文鈔 跋文 기초.

1970년 8월 1일 : 和宗 김종해 還國 時 데리고 온 日人 岩谷徹郎 入弟子.

8월 : 하안거 중 『반야심경』 강의.(대중 약 30여 명)

---

50) 원효의 『대승기신론별기』이다.

11월 2일 : 만해 선생 문집 간행 계약 체결(신구문화사).

12월 : 연세대 '동방학지' 제11집에 「海印寺寺刊鏤板目錄」 발표.

12월 6일 : 원효불교 다솔사 주지 선거 박달수 피임.

12월 15일 : 동국대학교 동계 수련.(40명에게 7일간 반야심경 강설)

1971년 1월 5일 : 미국인 시볼드 來訪.

1월 6일 : 최원형(효당의 집안 조카) 義士碑 건립 착공식.

1월 10일 : 施補德(시볼드) 삭발하고 入弟子.

3월 15일 : 「석가탑 복원공사를 말한다」『불교』 10호에 발표.

3월 23일 : 연세대 『동방학지』 제12집에 「元曉大師般若心經復元疏」 발표.

4월 23일 : 만해 선생의 逸話인 「철창철학」을 『나라사랑』 제2집에 기고.

10월 21일 : 『한용운전집』 간행사 씀.

1972년 1월 5일 : 김해 南崗 曺正煥先生救國紀蹟碑 건립추진위원회 조직.(연세대학 홍이섭 교수에게 비문 촉탁)

2월 2일 : 차녀 垛卿 동국대학교 불교대학 졸업.

4월 22일 : 長子 和丁 出生.

8월 15일 : 申伯雨 선생에 관한 글 씀.

1973년 1월 20일 : 경남대학 동창회 고문으로 추대 받음.

5월 : 건국대 李英茂 교수의 「元曉大師著 『判比量論』에 대한 考察」을 통해서 효당의 판비량론 복원본을 소개.[51]

6월 15일 : 白冶 金佐鎭將軍·萬海 韓龍雲先生 기념사업회 고문으로 위촉받음.

---

51) 李英茂, 「元曉大師著 「判比量論」에 대한 考察」, 『學術誌』 15(건국대학교 학술연구원, 1973.5), pp.17~44.

7월 7일 : 사단법인 한국불교학회 초대 고문으로 추대됨.(이운허, 조명기, 김동화, 장원규 등과 함께)

7월 24일 : 『한용운전집』 간행, 간행사 및 한용운 연보 집필.[52](당시 간행위원회 대표로서 만해 遺稿의 최종정리와 만해 한용운에 대한 年報를 정리하여 발표함)

8월 30일 : 저서 『韓國의 茶道』 간행.

11월 12일 : 청도 운문사에서 茶道 강의.

11월 24일 : 진선미 꽃꽂이에서 茶道 강의.

12월 18일 : 동국사상연구회의 동계수련대회.(13일부터 18일까지)

12월 : 한국대학생 불교연합회 慶尙地區(경북, 부산, 경남) 수련대회 개최.(『반야심경』, 茶道, 만해사상 등 강의. 건국대 이영무 교수 참석)

12월 : 홍성에 세울 '독립의 書' 탑 비문을 겨울 내내 씀.(1974년 3월 1일 준공 예정)

1974년 2월 3일 : 『독서신문』에 16회에 걸쳐 「한국의 茶, 茶論」 연재.(2월 3일부터 5월 26일까지)

8월 2일 : 한국대학생 불교연합회 여자부 40여 명 茶道 수련.

8월 5일 : 『반야심경』 및 『금강삼매경론』 강의.(윤병상, 오윤덕 등 수강)

8월 25일 : 저서 『사람은 어떻게 살아야 하나』 간행.

9월 11일 : 3녀 和儿 출생.

9월 25일 : 『六時行願禮懺文』 간행(보련각)

9월 25일 : 『大覺國師 文集』 영인본 간행(건국대 출판부), 해제 집필.

12월 15일 : 장녀 連卿 출가.

---

52) 『한용운전집』(서울: 신구문화사, 1973.7.25).

12월 21일 : 광주 무등산에서 의제 허백련 씨와 함께 (檀君)開天宮 기공식.

1975년 1월 1일 : 반야심경 복원소 및 천태사교의 강의 시작.(원화 등 수강)

1월 10일 : 부산 『국제신보』에 「청춘은 아름다워라」 집필 시작.(1월 26일부터 4월 5일까지 연재됨)

4월 4일 : 박세인(동국대학교 인도철학과 대학원생) 「蓮花에 대한 연구」 논문 지도.

6월 3일 : 황을순(동아대학교 가정대학원, 茶의 예절면에 대하여) 논문 지도.

6월 : 「한국의 茶道와 茶僧」을 『법륜』 76호에 게재.

7월 9일 : 국사편찬위원회로부터 「일제하 불교계와 독립운동사」 위촉받음.

8월 12일 : 『월간 중앙』 10월호에 「정치는 무상한가」 게재.

9월 : 義湘大師 백화도량발원문, 萬海 先生 漢詩稿 영인, 草衣禪師 한시 영인.

11월 1일 : 서울대학교 佛聯 초청 강연.(연제 '한국 학생의 진로')

11월 20일 : 저서 『한국의 茶道』 再간행.(1973년 간행본에 印紙를 붙여서)

12월 29일 : 天台四教義, 불교학개론 강의 시작.(원화 등 수강)

1976년 1월 1일 : 『법륜』 83호 신년사로 「全國佛教徒에 告함」 발표.

3월 25일 : 遲耘 김철수 선생 來訪.

4월 3일 : 부산대학교 의과대학 간호학과 3학년 일동에게 茶講 三席.

4월 4일 : 경상대학 라이온스 구락부원 40명에게 '茶道' 강의.

10월 3일 : 역대 국회의원 書道 전시회에 출품.(장소 : 서울 신세계 백화점)

10월 5일 : '제헌국회의원 동지회' 설악산 답사.

11월 27일 : 병환 중인 무등산 의제 허백련 선생 방문.(아들 화정, 원화

등 5인)

1977년 1월 7일 : 다솔사에 曹溪宗 亂徒 침입.

1월 15일 : 다솔사에서 '韓國茶道會' 제1차 결성.

1월 16일 : '韓國茶道會' 회장 취임.

1월 19일 : 신장염 극심화.

2월 14일 : 다솔사에 曹溪宗 亂徒 대거 침입(수열, 봉정, 소경 부상).

2월 15일 : 의제 허백련 선생 他界.(다솔사 대환란과 병환으로 효당 問喪 가지 못함)

1978년 5월 10일 : 서울 삼청동으로 이사.

5월 22일 : 돈연 등 10여 인에 「般若心經復元疏」 강의.

5월 26일 : 서울 삼청동에서 '茶禪會' 창립.

6월 17일 : 서울대학병원에 입원.

8월 14일 : 「잊지 못할 일본인」 원고 씀.(작가 윤청광 청탁으로)

9월 9일 : 서울 원자력 병원에서 광선 치료.

11월 26일 : 白谷 金振九 제헌의원 行狀 씀.

1979년 1월 6일 : '韓國茶道會' 제2차 발기.

2월 5일 : 일지암 복원 추진위원회 결성.

1979년 7월 10일 : 낮 12시 30분에 入寂.

8월 27일 : 다솔사 입구에 부도 조성.

1986년 12월 16일 : 미망인 채정복이 3~4년에 걸쳐 효당의 독립운동 공적 사료를 수집 작성하여 국가보훈처 김후경 선생의 서식 자문을 받은 후, 제출하여 그 공적이 인정되어 '대통령표창장(제66601호)'을 받음.

1990년 12월 26일 : 미망인 채정복이 효당의 독립운동 공적을 보완하여 시인 구상 선생의 자문을 받아 국가보훈처에 제출, '건국훈장 애족장'

을 추서받음(제2500호).

1993년 6월 1일 : '국가유공자증(제11-436호)' 수여받음.

1995년 3월 : 長子 和丁 동국대학교 불교학과 입학.

1996년 10월 9일 : 대전 국립현충원 애국지사 제2묘역에 移葬.

2002년 9월 : 長子 和丁 동국대학교 일반대학원 불교학과 석사과정 입학.(효당의 長子인 和丁은 석사학위논문을 준비하던 시점인 2004년경부터 임명삼에 의해 부친 효당이 친일인사로 왜곡되자, 그 부당함을 밝혀내기 위한 논증과 그자를 응징하기 위한 모든 재판과정을 2010년까지 도맡아 전력투구하느라 2012년에서야 석사학위논문 「元曉 傳記類에 대한 比較神話學的 硏究」를 제출하여 학위를 취득

2003년 12월 25일 : 효당 탄신 백주년 기념을 위한 전년제행사로 '한국茶道문화예술제'개최.(장소: 경남문화예술관)

2004년 3월 2일 : MBC PD수첩의 "친일파는 살아있다" 3부에서 효당 최범술 스님이 임명삼(필명 임혜봉)의 왜곡된 자문에 친일파로 매도 방송되어 명예훼손을 당함.

3월 3일 : 미망인 채원화가 효당을 친일인사로 왜곡한 임혜봉에게 전화하여 그 망발을 용서치 않겠다고 강력히 경고함.

3월 19일 : 효당가 회주인 채원화가 효당의 항일운동 보완자료 수집을 위해 대전 정부기록보관소 방문.(6.25사변으로 대부분 소실)

3월 24일 : 미국서 전날 귀국한 효당 제자 木偶(박두칠) 스님이 '민족문제연구소'의 임헌영 소장을 찾아가 효당가에서 제공한 역사적 사료를 제시하며 스승 효당에 대한 친일 왜곡의 부당함을 강력히 논증함.

4월 4일 : 효당의 항일운동에 관해 생생히 묘사한『라후라의 사모곡』의 저자 일당 스님(김태신)을 만나 증언을 받기 위해 회주 채원화, 화

정, 반야로문도 화윤, 화용 등이 함께 직지사 중암으로 찾아가 확인한 후 이튿날 돌아옴.

5월 23일 : 오후 4시경 '반야로차실'에서 효당의 비서였던 고순철 씨를 만나 '부산 대각사 사건'에 대해 자필로 기록한 자료를 제공받음.

7월 15일 : 효당 제자로서 해인대학 졸업생이자 서도가인 변창헌 선생을 만나 효당이 신익희 씨와 설립 후 갈등을 빚은 '국민대학 사건'에 대해 자필로 기록한 자료를 제공받음.

7월 31일 : 오후 2시 반야로차실에서 '효당사상연구회' 발기 및 '효당추모학술대회'를 위한 효당문도회 1차모임을 가짐.(효당사상연구회 회주: 元和 채정복, 대회장: 彌天 목정배 교수, 집행위원장: 卍堂 김상현 교수, 위원에 栗觀 변창헌 선생, 以水 오윤덕 변호사, 曉海 전보삼 교수, 간사 최화정으로 선임).

11월 5일 : 오후 3시 반야로차실에서 '효당추모학술대회'를 위한 2차 모임을 가져 학술회의 성격과 방향 및 논문 저술 참가자를 논의함.(회주 채원화, 화정, 목정배 교수 등).

12월 19일 : 효당 최범술 스님 탄신 100주년 기념행사 개최.(장소: 동국대학교 예술극장)

2005년 3월 1일 : 임명삼(필명 임혜봉)이 『친일승려 108인』을 발간하여 효당 최범술을 친일로 왜곡함.

4월 1일 : 미망인 원화 채정복 '민족문제연구소' 임헌영 소장 및 그 소속인 6~7명을 만나 역사적 사료를 제시하고 효당에 대한 친일 왜곡의 부당함을 논증하며 효당을 『친일인명사전』에서 제외해야 함을 강력하게 피력함.

2005년 4월 23일 : 미망인 채원화가 경남일보에 「항일지사 효당을 친일파로 매도 말라」는 기고문 투고함.

2005년 8월 26일 : 미망인 원화 채정복과 아들 최화정 명의로 임명삼(필명 임혜봉)을 서울중앙지방검찰청에 사자명예훼손으로 고소함.

8월 31일 : 서울중앙지방검찰청에서 제출한 고소장은 '당청2005형제92989호'로 수리되어 수사 편의상 서울종로경찰서로 수사 지휘하여 10월 28일까지 송치하도록 했음을 통지해옴.(검사 박찬일)

10월 28일 : 종로경찰서에서 원화 채정복과 아들 최화정은 고소인 진술을 함.

2006년 1월 11일 : 피의자 임명삼의 사자명예훼손에 대한 고소 사건이 여주지청으로 타관이송되었음을 통지해옴.(발신자 검사 박찬일)

2월 8일 : 이천경찰서 '수사과 지능수사3팀'에서 피의자 임명삼에 대해 불기소 의견으로 진행되고 있음을 통지해옴.

4월 10일 : 수원지방검찰청 여주지청 검사 홍용준은 피의자 임명삼 소재 불명으로 기소 중지 통보해옴.

8월 6일 : 효당 스님 추모학술대회를 위한 혜국 스님의 축사를 받으러 회주 채원화, 화정, 화인, 화신 등이 충주 석종사 금봉선원에 다녀옴.

8월 15일 : 효당 최범술 스님 추모학술대회 개최. 논문집『曉堂 崔凡述 스님의 生涯와 業績』및 제자들의 효당 최범술 스님에 대한 추모 수필집『老佛微微笑』를 발간.(장소: 한국불교문화역사기념관)

2007년 2월 : 고소인 채정복이 제출할 참고자료를 가지고 반야로문도 화신과 함께 여주지청에 갔으나 홍용준 검사에서 허인석 검사로 바뀌었으며, 새로 바뀐 허인석 검사가 자리에 없었고 검사보조원들에게도 제출하지 못한 채 돌아옴.

2007년 4월 5일 : 수원지방검찰청 여주지청 검사 허인석은 형사사건에 대한 필수적인 고소인 조사도 없이 3월 30일자 결정으로 피고인(임명삼)에 대해 증거 불충분으로 '혐의 없음'을 통지함.

4월 18일 : 고소인 원화 채정복과 최화정은 수원지방검찰청 여주지청에 즉시 항고함.

4월 30일 : 항고한 사건기록을 서울고등검찰청에 송부했음을 통지해옴.(검사 최성진)

5월 9일 : 법무법인 '세종'의 변호사 김경한, 변호사 이용성, 변호사 강명숙의 3인을 선임.

6월 20일 : 서울고등검찰청에서 피항고인 임명삼에 대하여 원심청인 수원지방검찰청 여주지청에 재기수사를 명하였음을 통지해옴.(검사 이춘성)

8월 : 미망인 채원화와 미국서 귀국한 목우 스님이 '민족문제연구소'를 찾아가 임헌영 소장을 비롯한 위원들을 만나 효당의 抗日 공적 사료를 제공하며 친일인사 검증 작업을 위한 사료 해석의 문제점을 지적함.

8월 17일 : 수원지방검찰청 여주지청에서 검사 박명진의 지휘로 고소인 원화 채정복과 최화정은 피고인 임명삼(필명 임혜봉)과 약 8시간 동안 대질 심문을 함. 효당의 佛家弟子였던 목우 스님이 동행함.

8월 21일 : 수원지방검찰청 여주지청에 효당 제자 목우 스님이 피의자 임명삼에 대한 강력한 처벌을 요구하는 참고 진술서를 제출함.

10월 4일 : 수원지방검찰청 여주지청에서 피의자 임명삼에 대한 처분결과가 불구속공판임을 통보해옴.(검사 박영진)

10월 4일 : 수원지방법원 여주지원에 사건번호 '2007고단687'로 공소장(형제번호 '2007형제7296')이 접수됨.

2008년 4월 : 미망인 채정복이 '민족문제연구소' 임헌영 소장에게 전화하여 효당을 친일 인사로 왜곡한 일에 대해 방송이나 신문 지면을 통해 공식적으로 사과할 것을 요구.

4월 29일 : 인터넷과 저녁 9시 뉴스에 『친일인명사전』 수록 예정자로 2005년 8월 29일 제1차 발표한 3090명에 제2차로 1686명을 추가하여 4776명임을 발표함.(효당은 수년간 유족의 철저한 증빙 史料 제공으로 모든 친일 인사 발표에서 제외됨)

4월 30일 : MBC 라디오의 손석희가 진행하는 '시선집중'의 생방송에서 진행자 손석희의 친일 주장의 철회에 관한 질문에 대하여 『친일인명사전』을 펴낸 민족문제연구소 임헌영 소장은 효당 최범술 스님의 경우를 예로 들면서 그 유가족이 준비해온 철저한 자료에 의해 친일 주장을 철회하지 않을 수 없었음을 공식적으로 밝힘.

7월 14일~31일 : 60주년 제헌절 기념 「제헌국회 특별전시회」에 최범술 제헌의원이 사용하였던 찻잔 세트와 저서 『사람은 어떻게 살아야 하나』 및 『효당 최범술 스님 추모집』을 출품.

8월 25일 : 제60주년 제헌절 기념 「제헌국회 특별전시회」에 출품한 효당의 茶器와 저서들을 국회기록보존소인 '헌정자료관'에 기증함.

2009년 2월 19일 : 검사 황선옥, 검사 손진욱, 검사 이윤희 등의 주도로 1심 재판에서는 이날까지 15회의 공판과 고소인 측에 의한 6회의 진정서 제출과 3회의 열람 및 복사 신청이 이루어져 1심 재판이 종료됨.(담당판사 表克昶)

3월 11일 : 수원지방검찰청 여주지원의 검사 김지언이 상소함.(형제번호 '2007형제7296'). 수원지방법원에 사건이 접수됨.(사건번호 수원지방법원 '2009노1153')

6월 25일 : 수원지방법원 법정동 제108호 법정에서 첫 공판이 열림. (담당판사 주심 金耕皞)

10월 5일 : 검사 최은정 재판재개 신청 제출.

10월 7일 : 고소인 채정복, 최화정은 공증된 대표적 近現代佛敎史家인 김광식 교수의 진술서를 탄원서와 함께 제출함.

10월 8일 : 검사의 공판 재개 신청에도 불구하고 갑자기 재판이 종국됨. 2심 재판에서는 이날까지 5회의 공판과 고소인 측에 의한 3회의 진정서 제출과 1회의 열람 및 복사 신청이 이루어짐. 이후 신문과 잡지보도 등을 통하여 재판의 주심인 김경호가 정치적 논란의 대상이었던 '우리법연구회'의 구성원임을 알게 됨. 또한 1심 판사였던 表克昶도 경제학을 전공하여 졸업한 뒤에 10년 만에 사법시험에 합격한 행적 등을 알게 됨.

11월 4일 : 대법원에 사건 접수됨.(사건번호 대법원 2009도11989)

11월 8일 : 민족문제연구소 주도로『친일인명사전』발간.(효당 최범술 스님 제외)

11월 18일 : 검사 최은정이 상고이유서를 제출함.

2010년 1월 12일 : 검사 최은정이 상고이유보충서를 제출함.

2월 9일 : 고소인 원화 채정복과 최화정은 진정서를 제출함.

2월 11일 : 사실심인 1· 2심과 달리 서류심인 3심에서 상고기각으로 판결됨.(효당께서 비록 친일인사명단에서 제외되었지만, 시류에 편승하여 영합하는 임명삼(임혜봉)을 응징코자 효당본가는 대법원까지 무려 7년에 걸친 재판과정을 치루었음)

2012년 11월 13일 : '한국의 茶 스승' 으로 추대됨.(사단법인 티클럽)

2013년 3월 : 長子 和丁 동국대학교 일반대학원 불교학과 박사과정 입학.

2013년 10월 31일 : 1946년 부산대학교 설립자금의 절반인 500만원(現 時價로 600억)[53]을 기증한 공로로 감사패를 받음.(부산대학교 총장 김기섭)

12월 20일 : 효당 최범술 스님 문집 발간 및 개원 30주년 기념행사 및 제1회 효당차문화상 제정 및 수여(수상자 안선재 교수, 장소: 한국불교문화역사기념관)

2016년 2월 29일 : 효당본가 반야로차도문화원 15회 수료식 및 제2회 효당차문화상 수여(수상자 김정수 교수, 장소: 한국불교문화역사기념관)

2017년 7월 27일 : 만해학회·효당본가 반야로차도문화원 주관 '만해와 효당 최범술' 학술세미나 개최.(장소: 한국불교문화역사기념관)

2023년 12월 30일 : 효당본가 반야로차도문화원 개원 40주년 기념, 제3회 효당차문화상 수여 및 반야로공로족자 수여.(장소: 한국불교문화역사기념관)

---

53) 현익채 외 편, 『(부산불교 100년의 발자취 1913~2013)물처럼 살거래이』(부산: 무량수, 2014), p.137.

曉堂 崔凡述 著述目錄

Ⅰ. 학술논문(學術論文)

1. 「海印寺寺刊鏤板目錄」.『東方學誌』11. 연세대학교 국학 연구원, 1970.
2. 「元曉大師般若心經復元疏」.『東方學誌』12. 연세대학교 국학 연구원, 1971.
3. 「判比量論復原文」.『건국대학교학술지』15. 건국대학교 학술연구원, 1973.
4. 「『十門和諍論』復元을 위한 蒐輯資料」.『원효 연구론총 -그 철학과 인간의 모든 것』. 국토통일원, 1987.

Ⅱ. 기고문(寄稿文)

1) 광복 이전
1. 「佛陀의 面影」.『金剛杵』15. 금강저사, 1928.1.
2. 「哀悼의 一片」.『金剛杵』15. 금강저사, 1928.1.
3. 「飛躍의 世界」.『金剛杵』16. 금강저사, 1928.6.
4. 「優曇鉢羅華의 再現을 祝하고」.『一光』1. 중앙불교전문학교 교우회, 1928.12.
5. 「佛陀의 戒에 대해서」.『金剛杵』17. 금강저사, 1929.5.
6. 「華嚴敎學 六相圓融論에 對하야」.『金剛杵』19. 금강저사, 1931.11.
7. 「石蘭臺」.『金剛杵』20. 금강저사, 1932.12.
8. 「三十一本山住持會同見聞記 中에서」. (신)『佛教』3. 불교사, 1937.

2) 광복 이후
1. 「己未運動과 獨立宣言書」.『新生』창간호. 신생사, 1946.3.
2. 「故 萬海先生의 大朞를 當하여」.『新生』창 간호. 신생사, 1946.3.

3. 「國難에 際하야 全國同胞에게」. 『新生』 4. 신생사, 1946.10.
4. 「國難에 際하야 全國同胞에게」(續), 『佛敎』 1. 불교사, 1947.1.
5. 「부처님께서 나신 거룩하신 날을 맞이하와」. 『佛敎』 2. 불교사, 1947.7.
6. 「新年初心」. 『佛敎』 3. 불교사, 1948.1.
7. 「海印寺를 찾으며」. 『佛敎』 4. 불교사, 1948.4.
8. 「韓龍雲研究 序文」. 『(萬海)韓龍雲研究』. 通文館, 1961.
9. 「東洋畵를 본다-木齋 동양화 화백의 個人展을 보고」. 『國際新報』. 국제신보사, 1961.[1]
10. 「三·一運動과 海印寺」. 『大韓佛敎』 287~290. 대한불교사, 1969.2.16.~3.9.
11. 「萬海 韓龍雲 선생」. 『新東亞』 75. 동아일보사, 1970.11.
12. 「釋迦塔復元工事를 말한다: 佛國寺의 法寶는 어찌 되었는가」. 『佛敎』 10. 月刊佛敎社, 1971.3.
13. 「鐵窓哲學」. 『나라사랑』 2. 외솔회, 1971.
14. 「만해 한용운 선생 해적이(年譜)」. 『나라사랑』 2. 외솔회, 1971.
15. 「韓龍雲全集 刊行辭」 및 「韓龍雲年譜」. 『韓龍雲全集』 1·6. 신구문화사, 1973.
16. 「茶와 禪」. 『讀書新聞』. 독서신문사, 1973.8.26.
17. 「華嚴經序」. 『佛敎』 39. 월간불교사, 1973.12.
18. 「義湘大師와 法性偈」. 『佛敎』 39. 월간불교사, 1973.12.
19. 「序文」. 『二如印存』. 羽鱗閣, 1973.
20. 「無等山 祭天壇에 관한 小考」. 1974.[2]
21. 「大覺國師文集 解題」(二). 『大覺國師文集』. 건국대학교 출판부, 1974.
22. 「韓國의 茶道와 茶僧」. 『法輪』 76. 월간법륜사, 1975.6.
23. 「政治는 無常한 것인가」. 『月刊中央』 10. 중앙일보사, 1975.10.
24. 「全國佛敎徒에게 告함」. 『法輪』 83. 월간법륜사, 1976.1.
25. 「丹齋에 心醉했던 芸田」. (圖錄)『藝田許珉』. 국제신문, 1977.

---

1) 집필 시기가 12월 12일경으로 추정되나 확실하지 않다.
2) 정확한 서지사항은 不明이다.

26.「韓龍雲 先生의 思想, 韓龍雲 思想의 源泉」.『佛光』41. 佛光會, 1978.3.
27.「栗觀邊昌憲展에 붙여」. 1978.6.[3)]
28.「立松判事と朴烈大逆事件」.『忘れ得め日本人：朝鮮人の怨恨と裳惜』. 東京: 六興出版社, 1979.[4)]
29.「菁南 書藝集 序文」.『菁南書藝集』. 三省出版社, 1980.

III. 연재물

「한국의 茶, 茶論」1·16.『독서신문』. 독서신문사, 1974.2.3.~5.26.
「青春은 아름다워라」1·50.『국제신보』.국제신보사, 1975.1.26.~4.6.

IV. 단행본(文化)

文化
1.「漢字書考」(生前未刊).『효당최범술문집』2. 민족사, 2013.
2.『사람은 어떻게 살아야 하나』. 보련각, 1974.

茶道
1.『韓國茶生活史』. 西林印刷社, 1967.
2.『韓國의 茶道』. 보련각, 1973.

---

3) 제자인 栗觀 邊昌憲의 제7회 書藝展示會가 1978년 6월 20일에서 25일까지 부산 현대화랑에서 개최되었다.
4) 효당의 연보에는 작가 윤청광의 부탁으로 1978년 8월 14일에 원고를 작성하였다. 우리말 번역본은『효당최범술문집』1권 pp.496~506에 실려 있다.

ABSTRACT

A Study on the Life and National Studies of Hyodang Choi Beom-sul

-Focusing on his Buddhist activities and the establishment of Korean tea culture-

Chae Jung Bok
Department of Korean Studies
Graduate School of International Regions
Hankook University of Foreign Studies

Hyodang Choi Beom-sul(1904~1979) was a Buddhist figure, independence activist and educator. He was a politician who served as a member of the Constituent Assembly for Sacheon-si, Gyeongnam, and is known for his role in the revival of modern Korean tea culture. During the Japanese colonial period, he fought fervently with his comrades at home and abroad in the anti-Japanese struggle, being arrested and imprisoned dozens of times. After the 1945 Liberation, in 1947, he served as a representative of Korean Buddhists in the Joint Soviet-American Commission, he was the head monk at Haeinsa, founder and chairman of Kookmin University, a member of the Constituent Assembly, and the founder and chairman of Haein University. In his later years, he devoted himself to the restoration of and research into the teachings of Wonhyo Seongsa, to which he had devoted his entire life as a Buddhist, and to training disciples. He revitalized the forgotten Korean tea culture and is revered for his role in the revival of modern Korean tea culture.

Hyodang Choi Beom-sul was born in 1904 and died in 1979, at the end of the Yushin regime of the 4th Republic of Korea. Hyodang was born at the height of imperialism, when the advanced capitalist countries of Europe were competing to advance overseas and build colonial empires. Hyodang was born just as Korea's doors were being forcibly opened by these imperial powers, while the traditional East Asian order, that is, the Chinese international order system was in the process of being dismantled, and reorganized into a modern imperialist order with the Sino-Japanese War and the Russo-Japanese War. He grew up and lived through a period of national historical upheaval, including the 36-year-long period of Japanese colonial rule, Liberation and the troudbled liberated land, the division of South and North Korea and the Korean War, the April 19 student revolution, the May 16 military revolution, and the democratization movement.

Hyodang is a transitional figure who lived in an era when Korea entered the modern order through the colonial period under Japanese colonial rule, leaving behind the old Korean and early modern monarchist social order system based on the Neo-Confucian world view. He projected and practiced this in Korean society. In particular, as a monk, he received a rare modern university education, and with his modern awareness he gained social prominence by participating in the national independence movement as well as the Constituent Assembly and the establishment of universities in the course of the founding of the Republic of Korea. Hyodang's activities can largely be divided into the practical anti-Japanese movement during the Japanese colonial period, political and Buddhist social activities after Liberation, Korean Buddhist Studies and the establishment of Korean tea culture, as well as the establishment of Manhae studies, etc.

The purpose of this study is to show how Hyodang Choi Beom-sul, a transitional figure who experienced colonization, conducted internal and external activities with a consistent national spirit amid the change of the social system from traditional to modern times, and that the direction of all his activities resulted in 'national studies'. I wish to argue that 'national studies' here means not just what comes after tradition, but the rediscovery of the modern national self. This is a search for an answer to the question of how the modern awareness of Buddhism at that time and how its transmission has been passed down to modern national studies through the activities of Hyodang, a Buddhist practitioner and intellectual, under the harsh conditions of colonialism.

In preparing this paper, three major aspects of Hyodang's activities were examined in order to investigate the nationalistic aspects of his activities. First, the anti-Japanese activities of Hyodang during the Japanese colonial period and the Buddhist social activities after Liberation; second, the Buddhist activities of Hyodang and the study of Wonhyo, and third, the establishment of Korean tea culture and living with tea, etc. were considered.

Hyodang voluntarily participated in the March 1st Movement with the other monks of Haeinsa during his time as a student monk, was arrested, but was released at the age of 15. When Hyodang was living and studying in Japan, he encountered new modern cultural trends such as nationalism, anarchism, and socialism, and had a change of worldview from tradition to modernity through contact with many people. In particular, in 1922, he met the anarchist Park Yeol and became a member of the Huteisenjin Club, waging a struggle against individuals and organizations that cooperated with Japan, using both violence and non-violence, legal and illegal means. He also took an active part in the equal rights movement, which recognized the equality of all human beings including the poor, butcher-class 'Burakumin' villagers of Japan. In addition, Hyodang secretly conspired with Park Yeol to bring a bomb from Shanghai to Tokyo to blow up Hirohito's father and the son, but it was not put into action due to the Great Kanto Earthquake in September 1923. However, the members of the Huteisenjin Club such as Hyodang and Park Yeol were arrested for the so-called 'high treason incident'. Although the fact that he had obtained the bomb was not disclosed, Hyodang was detained for eight months at the preliminary trial, and after being released from prison, he was detained for 29 days in jails in each ward in Tokyo for about two years.

Shortly after graduating from the Department of Buddhism at Taisho University in Japan in 1933, he hurriedly returned to Korea after being summoned by Manhae to be appointed as the 3rd chairman of the 'Joseon Buddhist Youth General League'. Based on Dasolsa Temple and Haeinsa Temple, Hyodang reconstructed the 'Mandang'(卍黨), a secret anti-Japanese organization in the Buddhist world under the guidance of Manhae, and educated the members in the history and suffered many hardships as he was imprisoned by the Japanese several times.

After Liberation, Hyodang, together with the Mandang members, organized and launched a new Buddhist denomination, and actively worked for the eradication of colonial Buddhism. In addition, he advanced to the Constituent Assembly to promote solidarity with the Buddhist community and the independent club, the largest political faction, but suffered conflicts with Syngman Rhee and other political groups, and with Shin Ik-hee founded Kookmin University, which was established to foster talented students from the Buddhist world.

In his Buddhist studies of Wonhyo, he carried out the reform of studies of Wonhyo based on the related records of Uicheon. In other words, he found a collection of historical writings, the Collected Writings of the National Teacher Daegak through the engraving work of Haeinsa Temple, and found a clue to the restoration of Wonhyo studies there. Hyodang's interest in and research on Wonhyo had started at the end of the 1910s, when he began to study Joseon, while he was a student at Haeinsa, but full-scale research was carried out later. Hyodang defined Wonhyo as a positive existence following the texture of a natural flow, and the texture of this flow as the texture of recognition of metasociality. The theme consistent with Hyodang's life and Buddhism was 'Awakening of the Mahayana,' that is, 'awareness of great sociality', which is a fair realization of the universe and society. Hyodang revealed that Wonhyo's theory of harmonization(和諍論) was based on Nāgārjuna's Great Wisdom-Void(prajna-sunya般若空) thought, a reformulation of Mahayana Buddhism, based on the writings and materials of National Teacher Daegak. Hyodang's research has been neglected while various theories about Hwajaeng(和諍; Harmonization) have been divided as these circumstances have not been elucidated in detail or reviewed in other research processes. In particular, at the end of his "Heart Sutra Restoration(般若心經復元疎)," Hyodang borrowed the argument of existence and non-existence for truth found in Wonhyo's the Discourse on the Adamantine Meditative Concentration(金剛三昧經論Vajrasamādhi Sūtra) to further express 'emptiness' explained concisely.

Hyodang's activities for establishing Korean tea culture can be divided into three main areas: writing a guide to the Way of Tea, developing the banya-ro tea method and tradition, and establishing the Korean tea society and Chaseon-hoe. In particular, Hyodang's book "The Korean Way of Tea" is significant in that it established the identity of Korean tea culture as Korea's first commercial monograph introducing the Way of Tea. In addition, through this book, Hyodang celebrated the role of Choui, whom he compared to China's Lu Yu, the Saint of Tea, as the great reviver of Korea's modern tea culture, and introduced Chui's idea of 'chaseonilmi(茶禪一味, the unity of tea and Seon)', establishing the historical value of Korean tea culture by popularizing it.

Hyodang's actual practice of tea was simple and frugal, practical and responsive, and emphasized naturalness. Hyodang's Chado-gwan, based on the Buddhist spirit and national spirit, starts from the basis of Chado-mun, which is based on human equality. It was a 'living a tea life' that helped him to gain a higher level of self-esteem, and made all things come to life with his joyous compassionate heart. Hyodang's 'chasalim, tea-living' established a national identity by breaking away from the existing speculative oriental theory of use and embodying it as a means of practice that goes beyond existence through the pure Korean word 'salimsal'. The ultimate goal of that 'living a tea life' was to build a great society, a wonderful world of contrast, in which we can all come together with greater awareness. This means the creation of a new history.

It can be seen that all the activities of Hyodang throughout his life are ultimately directed toward national studies. The foundations of Hyodang's national studies are largely the identity of national Buddhism and social sense, the role of Wonhyo's teaching as a national study, and the Korean way of tea, which is the definition of the Korean way of life.

In this thesis, it is argued that the activities of Hyodang, a practical intellectual in the modern Buddhist world, through his life and the nature of his research, results in national studies. Therefore, the significance of this thesis is to demonstrate that Hyodang's study of Buddhism and the Korean Way of Tea as well his as political and social activities, including the independence movement, was socialized and nationalized based on an existential perspective. The completion of the restoration of Wonhyo studies, which Hyodang failed to achieve and the in-depth study of that is a task left to his descendants.

원화(元和) 채정복 박사 약력

현: 효당본가 반야로차도문화원 본원장
현: 효당사상연구회 회주
현: 40여 년간 후학양성 및 '반야로' 고유차 제차(製茶)
현: 반야로선차도(독수선차·공수선차) 개창(開創) 및 국내외 선양
현: 연세대학교 사학과 및 대학원(한국사전공) 졸업
현: 외국어대학교 국제지역대학원 한국학과(박사과정) 졸업

〈주요 논문 및 편저서〉

연세대학교 문과대학 사학과 학사학위논문: 「원효성사의 사회사상사적 소고찰」
연세대학교 대학원 사학과(한국사 전공) 석사학위논문: 「초의선사의 차선(茶禪)수행론」
외국어대학교 국제지역대학원 한국학과 박사학위논문: 「효당 최범술의 생애와 국학
　　연구-불교사회활동과 차문화정립을 중심으로」
「근·현대 한국차문화를 중흥시킨 초의와 효당」(한국불교학회 제46집, 2006)
「효당 최범술의 차살림살이와 반야로차도」(만해학보 통권 제17호, 2017)
「만당(卍黨)의 조선학 연구와 국학적 전승」(대각사상 제38집, 2022)
기타 다수의 글.
『논문집; 효당 최범술 스님의 생애와 업적』 편저(2006)
『효당 최범술 스님 추모집; 老佛微微笑』 편저(2006)
『효당최범술문집』(1~3권) 편저 (2013)

〈원화(元和) 채정복 주요 활동〉

1946: 경남 진주 태생
1964: 다솔사 심방
1969: 효당 최범술 스님 문하 정식입문(10여 년 원효사상과 차도 수련)
1983: 효당본가 반야로차도문화원 개원(서울 인사동)
1994: 한양정도(定都) 600년기념사업 '전통차도 계승자'로 선정됨(남산 타임캡슐에 듦)

1995.11.12: 효당본가 반야로차도문화원 제1회 수료식 개최(한국 걸스카우트 대강당)
1999.8: 제1차 중국 선차유적답사 시작(하북성 백림선원 조주선사 탑전에 헌차(獻茶))
1998~2005: '차와 우리 음악 다리 놓기' 행사에 매년 초청받아 국립국악원 예악당·우면당·예술의 전당 콘서트홀·세종문화회관 컨벤션센터·남산 국립극장 등에서 '반야로선차도' 수십 회 공연
2001.1.22: 아리랑TV '반야로 공수선차도' 녹화 방영
2001.1.29: 아리랑TV '반야로 독수선차도' 녹화 방영
2002.5.28: KBS1 '한국의 美-차, 마음을 담다'에 반야로 제차작업과 독수선차 방영
2002~2005: 연세대학교 사회교육원, 성균관대학교 생활과학대학원 강사 역임
2003.1: 파리 주불한국문화원 초청 한국전통차도 문화행사 개최
2003.12.25: '한국차도문화 예술제' 개최(경남문화예술회관)
2004.11: 파리 주불한국문화원 초청 한국전통차도 문화행사 개최
2004.12: '효당 최범술 스님 탄신 백주년기념' 행사 개최(동국대학교 예술극장)
2006.8: 효당 최범술 스님 추모학술대회 개최(한국불교역사문화기념관 공연장)
2006.11: 세계적 아트마켓 'CINARS 2006' 반야로 독수선차 초청공연(캐나다 몬트리올 모뉴망 내셔널 극장)
2006.12: 한·불 수교 120주년 기념 초청공연(파리 께브랑리 국립민속박물관 레비·스트로스 극장)
2007.1: '2007 APAP Conference' 반야로 독수선차 초청 공연(뉴욕 프랑스문화원 플로랜스 고울드 홀)
2009.5: 벨라루스 국립박물관 한국실 개관 기념 초청 공연 및 한국차 시음회
러시아 모스크바국립대학 ISAA '러시아대학 한국어교수 협의회' 창립기념 초청 공연
2013: 채원화 선생 '한국의 차(茶) 스승'으로 추대됨(사단법인 국제티클럽)
2013: 효당차문화상 제정·수여 및 『효당최범술문집』(1·2·3권) 출간.
2016.2.19: 반야로차도문화원 제15회 수료식 및 제2회 효당차문화상 수여
2017.7.27: '만해학회·반야로차도문화원' 공동주관 '만해와 효당 최범술' 학술세미나 개최(한국불교문화역사기념관)
2023.12.30: 효당본가 반야로차도문화원 개원 40주년 기념 및 제3회 효당차문화상 수여·반야로 수료문도 공로 족자 수여(한국불교문화역사기념관)

효당 최범술의 불교와 차도(茶道)

— 효당 최범술의 생애와 국학 연구 —

초판 1쇄 인쇄 | 2024년 1월 10일
초판 1쇄 발행 | 2024년 1월 15일

저　자 | 채정복
펴낸이 | 윤재승
펴낸곳 | 민족사

주간 | 사기순
기획홍보 | 윤효진
영업관리 | 김세정

출판등록 | 1980년 5월 9일 제1-149호
주소 | 서울 종로구 삼봉로 81 두산위브파빌리온 1131호
전화 | 02)732-2403, 2404　팩스 | 02)739-7565
홈페이지 | www.minjoksa.org
페이스북 | www.facebook.com/minjoksa
이메일 | minjoksabook@naver.com

ISBN 979-11-6869-048-6　93220